国家社科基金
GUOJIA SHEKE JIJIN HOUQI ZIZHU XIANGMU
后期资助项目

横向并购反垄断控制中的效率抗辩研究

Study on Efficiency Defense in the Horizontal Merger Control

余东华 著

北京大学出版社
PEKING UNIVERSITY PRESS

图书在版编目(CIP)数据

横向并购反垄断控制中的效率抗辩研究/余东华著.—北京:北京大学出版社,2014.3

ISBN 978-7-301-23790-8

Ⅰ.横…　Ⅱ.余　Ⅲ.企业合并　研究　Ⅳ.F271

中国版本图书馆CIP数据核字(2014)第015855号

书　　名:横向并购反垄断控制中的效率抗辩研究
著作责任者:余东华　著
责 任 编 辑:刘　京
标 准 书 号:ISBN 978-7-301-23790-8/F·3843
出 版 发 行:北京大学出版社
地　　址:北京市海淀区成府路205号　100871
网　　址:http://www.pup.cn
电 子 信 箱:em@pup.cn　　QQ:552063295
新 浪 微 博:@北京大学出版社　@北京大学出版社经管图书
电　　话:邮购部62752015　发行部62750672　编辑部62752926
出版部62754962
印 刷 者:北京宏伟双华印刷有限公司
经 销 者:新华书店
730毫米×1020毫米　16开本　34印张　573千字
2014年3月第1版　2014年3月第1次印刷
定　　价:78.00元

国家社科基金后期资助项目
出版说明

后期资助项目是国家社科基金设立的一类重要项目，旨在鼓励广大社科研究者潜心治学，支持基础研究多出优秀成果。它是经过严格评审，从接近完成的科研成果中遴选立项的。为扩大后期资助项目的影响，更好地推动学术发展，促进成果转化，全国哲学社会科学规划办公室按照“统一设计、统一标识、统一版式、形成系列”的总体要求，组织出版国家社科基金后期资助项目成果。

全国哲学社会科学规划办公室

摘　要

2008年8月1日,《中华人民共和国反垄断法》(以下简称《反垄断法》)的正式实施,标志着中国的反垄断政策开始走向系统化、程序化和规范化。《反垄断法》作为"经济宪法",其条文中的法律规定较为原则,为了确保其有效实施,需要制定释义性配套法规和可操作性较强的相关指南,而配套法规和指南的制定需要以大量研究为基础。横向并购的反垄断规制、市场支配地位及其滥用行为的界定、垄断协议的认定以及一些特殊企业行为的豁免等,均需要从经济效率和福利水平的角度予以研究。尤其是涉及横向并购的相关政策规定和操作性实施意见的制定,需要以深入、系统的经济学分析为支撑。横向并购的反垄断控制是现代竞争政策重点关注的三大领域(垄断协议、横向并购和滥用市场支配地位)之一。企业发起横向并购可能产生两方面的影响:一是通过并购优化资源配置,产生规模经济或范围经济,从而降低成本,提升效率;二是参加并购的企业通过行使单边行为或协同行为,增强市场势力,阻碍、排除或限制竞争,产生反竞争效应,从而损害消费者利益,降低社会福利水平。对横向并购进行审查和反垄断控制,需要全面评估其竞争效应,权衡其对社会福利水平的影响。效率抗辩主要是评估分析并购产生的效率效应与反竞争效应(或市场势力效应),并在二者之间进行权衡比较(tradeoff),以确定并购的净社会福利效应。横向并购评估审查的重点在于两个方面:一方面是分析并购导致的市场力量变化和并购企业之间的单边效应和协同效应;另一方面是分析并购可能产生的效率。在评估审查中,反垄断当局需要将这两个方面的效应进行权衡比较,从而确定并购的社会福利净效应,最终根据社会净福利效应对并购进行判定。本项研究将系统分析并购可能产生的反竞争效应与效率效应,提出效率抗辩的理论依据,构建效率分析的相关理论模型,从理论视角系统讨论效率抗辩的主要方法、基本程序和注意事项。这对于充实中国横向并购反垄断控制理论具有一定的理论价值。当前,中国反垄断当局正在制定《国务院关于经营者集中的评估审查指南》,以用于对并购进行评估分析。本书在借鉴已有的理论成果和实践经验的基础上,结合中国国情提出并购反垄断控制中效率分析和效率抗辩的方法、模型和政策建议，这对于中国反垄断当局制定和实施相关并购反垄断控制政策具有一定的参考和借鉴价值。

效率因素是反垄断当局对横向并购进行评估审查时需要重点分析的内容，同时也是并购企业在进行效率抗辩时需要重点举证的内容。效率的大小和类型、效率的实现程度、效率的举证以及效率是否能够传递给消费者，是效率抗辩中双方关注的中心问题。本项研究的基本思路是，在全面分析横向并购反垄断控制中相关市场界定、市场势力测度的理论与方法的基础上，研究横向并购可能产生的效率效应、反竞争效应（主要包括单边效应和协同效应）和社会福利效应；应用博弈论分析信息不对称条件下的效率抗辩问题和反垄断当局的价值标准和并购判定规则；提出横向并购反垄断控制中效率抗辩的主要方法和程序，并以世界主要国家为例对横向并购反垄断控制中的效率抗辩问题进行比较分析；最后，结合中国转型经济特点，研究中国横向并购反垄断控制中效率抗辩的必要性以及方法与程序问题，提出实施横向并购反垄断控制政策及进行效率抗辩的较为系统的政策建议。

围绕以上基本思路和主要内容，全书可以分为七个部分，共包括 16 章内容。

第一部分是先导分析，主要包括第一章和第二章。第一章是引言，阐明选题的背景和研究的价值，明确研究的重点、主要内容、研究方法和主要创新之处，提出研究的框架和基本思路。第二章是文献综述，从理论和实证两个视角对已有的国内外研究成果进行回顾和综述，把握和了解研究现状，进一步明确本项研究的方向和可以有所创新的领域。

第二部分是横向并购反垄断控制中的相关市场界定和市场势力测度，这一部分属于对横向并购进行反垄断评估分析的基础性工作，包括第三章和第四章。第三章是横向并购反垄断控制中的相关市场界定研究。对相关市场进行界定，是对横向并购进行反垄断评估分析的起点。本章对反垄断意义上的相关市场和相关市场界定的内涵和外延进行了讨论，分别分析了相关产品市场、相关地域市场和相关时间市场；研究了相关市场界定的理论基础和主要方法，重点讨论了功能界定方法和 SSNIP 测试两大类方法，并对 SSNIP 分析方法的改进、完善和最新发展进行了分析；对相关市场界定的三种主要方法（剩余需求弹性测算方法、临界弹性分析方法和临界损失分析方法）在司法实践中的应用进行了案例分析；最后讨论了中国在横向并购反垄断控制中进行相关市场界定时需要注意的相关事项。第四章是横向并购反垄断控制中的市场势力测度研究。在对市场势力和市场支配地位进行定义的基础上，讨论了市场势力测度需要关注的两个相互关联的问题，一是测度所采用的模型，二是测度所采用的方法。测度市场势力的模型分为三大类，即结构主义模型、新经验产业组织理论模型和时间序列模型；测度市场势力的方法分为两大类，一类是间接测度方法，包括采用结构类指标进行测度和使用价格成本差额进行测度，结构类指标包括市场份额、市场集中度、赫芬达尔指数、熵指数等；另一类是直接测度方法，较为常用的是基于估计剩余需求弹性的方法和 Logit 需求模型估计方法。

第三部分是横向并购的竞争效应分析，包括第五章、第六章、第七章和第八章。这是全书的重点内容，主要分析了横向并购的效率效应和反竞争效应。第五章主要分析并购可能产生的效率。在对效率进行界定的基础上，分析并购可能产生的效率类型、来源和性质，分析效率的不确定性及其对效率抗辩的影响。在比较分析消费者福利标准和社会总福利标准的基础上，提出了效率分析可以采用的具体福利标准。第六章是并购的反竞争效应分析。深入分析并购可能产生的效率和反竞争效应，是对并购净效应进行权衡比较的基础。我们从并购可能对价格、社会福利和竞争对手的影响等几个方面分析了并购可能产生的反竞争效应。第六章是从市场后果的角度分析横向并购的反竞争效应，第七章和第八章则是从单边效应与协同效应的角度分析横向并购的反竞争效应。第七章是横向并购的单边效应分析。从单边效应分析的理论基础、评估分析方法、评估分析的经济模型和步骤等方面讨论了并购可能产生的单边效应，以及如何测度和评估单边效应。第八章是横向并购的协同效应分析。该章与第七章是相对称的，也讨论了协同效应分析的理论基础、评估方法和可以选择使用的经济模型，提出了评估协同效应的基本步骤。

第四部分是横向并购反垄断控制中的信息与效率抗辩，包括第九章和第十章。第九章是信息不对称性、信号博弈与效率抗辩。我们构建了信息不对称条件下的信号博弈模型，分析并购企业与反垄断当局的博弈互动行为，通过纯策略均衡和混合策略均衡的比较分析，说明反垄断当局在不同信号下的最优政策选择。第十章是信息质量、并购补救与效率抗辩。我们构建了包含信息质量变量的博弈模型，首先分析信息质量差异和反垄断当局决策规则及其对于并购企业的不同激励，然后讨论并购企业在并购申报中如何选择是否提交并购补救措施，以及并购企业不同选择下反垄断当局的最优决策。

第五部分是横向并购反垄断控制中效率抗辩的实证分析，包括第十一章、第十二章、第十三章和第十四章。第十一章是效率抗辩的分析框架、主要方法与基本步骤。首先,我们讨论了效率分析的主要方法和效率抗辩的类型;其次,研究提出效率抗辩中的最低要求效率,包括如何计算最低要求效率和最低要求效率对于并购评估和效率抗辩的参考价值;最后,讨论了实际效率的评估分析及其注意事项。第十二章是横向并购评估审查中效率分析的目标、事项与程序。首先讨论效率分析中的政策目标与福利标准,然后分析效率辨识与测度的方法和程序,提出如何处理效率分析中的信息问题。第十三章是一个案例分析,我们以 Staples-Office Depot 并购案为例,详细阐释了横向并购审查中竞争效应分析和效率抗辩的基本内容、主要程序和分析方法,对竞争效应分析和效率抗辩中的相关市场界定、市场势力测度、单边效应分析和福利权衡比较等进行了讨论。第十四章是横向并购评估审查中效率抗辩的国际比较。我们将对美国、澳大利亚、英国、加拿大、德国、法国、瑞典和欧盟等八个国家(地区)的并购评估政策和效率分析进行比较分析,分析内容主要包括法律依据、反垄断执法机构、效率抗辩情况和相关案例等。

第六部分,即第十五章,是中国并购控制中的效率抗辩问题分析。首先,我们对中国并购控制中反对设置效率抗辩的理由进行逐一辩驳;其次,提出中国并购评估审查中效率抗辩的法律和经济等方面的依据;再次,从政治、经济、社会等不同侧面分析中国并购评估审查中效率抗辩的必要性;最后,讨论中国并购评估审查中如何进行效率抗辩,包括方法、步骤、程序等方面的问题。

第七部分是结束语,即第十六章,对整个研究进行总结并提出相关政策建议。

本项研究的创新之处主要包括以下几个方面:

(1) 对并购可能导致的效率效应和反竞争效应进行了全面的理论分析。系统分析了并购可能产生的效率,讨论了效率的类型和来源,研究了效率获得的不确定性,以及效率抗辩的福利标准;通过构建相关模型,从市场后果的视角分析了并购可能产生的反竞争效应,包括并购对消费者价格、社会总福利、竞争对手的影响;从市场行为的视角,深入分析了并购的单边效应和协同效应,提出了评估分析单边效应和协同效应的模型、方法和步骤。

(2) 对并购评估审查中效率分析的方法进行了对比分析。我们先后分析了一般推定方法、逐案分析方法和序贯决策方法的应用环境、分析程序和特点,提出了中国并购评估审查中使用序贯分析方法考虑效率因素的可行性和注意事项。

(3) 提出了并购评估审查中效率抗辩的一般程序和审查事项。在比较分析世界主要发达国家(地区)反垄断司法实践的基础上,对并购评估审查中的效率抗辩进行了系统归纳整理,研究提出了并购评估审查中效率抗辩的一般程序和审查事项。

(4) 分析了信息质量和信息不对称性对效率抗辩的影响。并购评估审查中,反垄断当局面临的主要困难之一是信息的不完善性(信息质量)和信息的不对称性。我们将通过构建博弈模型分析并购企业与反垄断当局在信息不对称下的最优选择行为,从而为解决并购控制中的信息问题提出一些建议和意见。

目　　录

第 1 章　引言 …………………………………………………… (1)
1.1　选题的背景与意义 ……………………………………………… (1)
1.2　研究的重点与创新 ……………………………………………… (4)
1.3　研究方法与基本思路 …………………………………………… (5)
1.4　研究的主要内容与基本框架 …………………………………… (6)
第 2 章　文献综述 ………………………………………………… (10)
2.1　效率抗辩的界定 ………………………………………………… (10)
2.2　效率抗辩的理论分析 …………………………………………… (13)
2.3　效率的评估方法 ………………………………………………… (27)
2.4　效率因素的实证分析 …………………………………………… (36)
2.5　国内相关研究动态 ……………………………………………… (55)
第 3 章　横向并购反垄断控制中的相关市场界定 ……………… (59)
3.1　引言 ……………………………………………………………… (59)
3.2　相关市场与相关市场界定 ……………………………………… (61)
3.3　相关市场的界定方法 …………………………………………… (65)
3.4　SSNIP 方法的改进与完善 ……………………………………… (77)
3.5　相关市场界定的案例分析 ……………………………………… (87)
3.6　中国横向并购反垄断控制中相关市场界定 …………………… (92)
3.7　本章小结 ………………………………………………………… (96)
第 4 章　横向并购反垄断控制中的市场势力测度 ……………… (98)
4.1　引言 ……………………………………………………………… (98)
4.2　市场势力与市场支配地位 ……………………………………… (99)
4.3　测度市场势力的常用模型 ……………………………………… (104)
4.4　测度市场势力的主要方法 ……………………………………… (107)
4.5　市场势力与效率 ………………………………………………… (119)
4.6　市场势力的动态研究 …………………………………………… (123)

4.7 案例分析:中国航空运输业市场势力测度 …………… (126)
4.8 本章小结 ………………………………………… (135)

第5章 横向并购的效率效应 ………………………… (137)
5.1 效率的界定 ……………………………………… (137)
5.2 效率的来源与分类 ……………………………… (138)
5.3 效率的不确定性与效率抗辩 …………………… (152)
5.4 效率分析的福利标准 …………………………… (161)
5.5 本章小结 ………………………………………… (174)

第6章 横向并购的反竞争效应 ……………………… (177)
6.1 引言 ……………………………………………… (177)
6.2 横向并购的价格效应 …………………………… (179)
6.3 并购对社会总福利的影响 ……………………… (185)
6.4 并购对竞争对手的影响 ………………………… (192)
6.5 本章小结 ………………………………………… (195)

第7章 横向并购的单边效应 ………………………… (197)
7.1 导言 ……………………………………………… (197)
7.2 单边效应分析的理论基础:寡头竞争 ………… (200)
7.3 价格竞争、产量竞争与单边效应分析 ………… (208)
7.4 横向并购的结构效应分析 ……………………… (225)
7.5 单边效应的评估方法 …………………………… (229)
7.6 本章小结 ………………………………………… (247)

第8章 横向并购的协同效应 ………………………… (249)
8.1 导言 ……………………………………………… (249)
8.2 协同效应评估的理论基础:默契串谋 ………… (254)
8.3 串谋分析与并购控制 …………………………… (283)
8.4 评估协同效应的经济模型与方法 ……………… (285)
8.5 协同效应的分类评估与步骤 …………………… (300)
8.6 本章小结 ………………………………………… (306)

第9章 信息不对称、信号博弈与效率抗辩 ………… (308)
9.1 导言 ……………………………………………… (308)
9.2 基本概念与假定 ………………………………… (310)
9.3 基本模型 ………………………………………… (314)

9.4 纯策略均衡 …………………………………………………… (315)
9.5 混合策略均衡 …………………………………………………… (317)
9.6 信号识别与分离均衡 …………………………………………… (319)
9.7 本章小结 …………………………………………………… (323)

第 10 章 信息质量、并购补救与效率抗辩 …………………… (324)
10.1 研究假定、博弈时序与决策规则 ………………………… (325)
10.2 不同决策规则下的消费者剩余与激励 ………………… (327)
10.3 信息质量、并购补救和效率抗辩的策略选择与博弈均衡 ……………………………………………………… (329)
10.4 信息质量与反垄断当局的最优决策规则 ……………… (335)
10.5 本章小结 …………………………………………………… (338)

第 11 章 效率抗辩的分析框架与主要方法 …………………… (340)
11.1 评估效率的主要方法 …………………………………… (341)
11.2 效率抗辩的类型 ………………………………………… (345)
11.3 效率抗辩中的最低要求效率 …………………………… (348)
11.4 实际效率的评估分析 …………………………………… (363)
11.5 本章小结 …………………………………………………… (367)

第 12 章 横向并购评估审查中的效率分析 …………………… (369)
12.1 并购控制的政策目标 …………………………………… (369)
12.2 效率的辨识与测度 ……………………………………… (373)
12.3 效率获得与竞争分析 …………………………………… (375)
12.4 评估审查中的信息问题 ………………………………… (377)
12.5 其他程序问题 …………………………………………… (380)
12.6 本章小结 …………………………………………………… (381)

第 13 章 竞争效应与效率抗辩的案例分析
——Staples-Office Depot 案 …………………………………… (383)
13.1 引言 ………………………………………………………… (383)
13.2 案例背景 …………………………………………………… (384)
13.3 OSS 市场的界定 ………………………………………… (386)
13.4 市场势力、单边效应与价格变化 ………………………… (389)
13.5 效率特性与效率抗辩 …………………………………… (394)
13.6 结论与启示 ………………………………………………… (397)

第 14 章 横向并购反垄断控制中效率抗辩的国际比较 …………… (401)
14.1 美国 …………………………………………………… (402)
14.2 澳大利亚 ………………………………………………… (411)
14.3 英国 …………………………………………………… (417)
14.4 加拿大 ………………………………………………… (423)
14.5 德国 …………………………………………………… (435)
14.6 法国 …………………………………………………… (442)
14.7 瑞典 …………………………………………………… (446)
14.8 欧盟 …………………………………………………… (449)
14.9 比较分析 ………………………………………………… (465)

第 15 章 中国并购评估审查中的效率抗辩 ………………………… (468)
15.1 反对效率抗辩的理由及其辩驳 ……………………………… (468)
15.2 中国并购评估审查中效率抗辩的依据分析 ………………… (471)
15.3 中国并购评估审查中效率抗辩的必要性分析 ……………… (477)
15.4 中国并购评估审查中如何进行效率抗辩 …………………… (480)
15.5 本章小结 ………………………………………………… (492)

第 16 章 主要结论与政策建议 ………………………………… (494)
16.1 研究的主要结论 ………………………………………… (494)
16.2 相关政策建议 …………………………………………… (501)

参考文献 ……………………………………………………… (505)

后记 …………………………………………………………… (526)

第1章 引　　言

1.1 选题的背景与意义

20世纪90年代以来,在横向并购的反垄断控制领域出现了两个重要的发展趋势:一是通过保护自由竞争来保证市场效率功能的并购控制政策在全球范围内广泛扩散;二是西方发达国家的反垄断当局在对并购进行评估审查时越来越关注并购可能产生的效率,并先后在横向并购控制政策中引入效率抗辩条款①。第一种趋势,也就是各主要市场经济国家先后引入多重并购制度以控制并购,保护有效竞争。然而,各国反垄断当局在阻止具有反竞争效应的并购以防止市场功能被扭曲的同时,也有可能挫伤企业从事并购活动的积极性,从而使有利于市场竞争和社会福利的并购被主动放弃。为了既能够阻止导致市场支配地位、损害消费者福利的并购,又能够鼓励和引导可以产生显著效率、有利于社会福利的并购,世界主要发达国家在并购评估审查中开始注重效率因素,并启动了效率抗辩,由此出现了第二种发展趋势(Brouwer,2008)。第二种趋势,就是随着反垄断的违法判定原则从"本身违法"到"合理推定"演进,各国的并购指南中先后增加了效率条款,并在司法实践中不断充实和完善。进入21世纪以后,经济全球化步入了一个新的发展时期,全球竞争更趋激烈,国际竞争力因素也成为各国反垄断当局评估并购的依据之一,企业并购活动中的效率因素日益得到重视。以美国为例,美国《横向并购指南》(以下简称《指南》)的演进在某种程度上可以说是效率条款的演进,从1992年《指南》到2010年《指南》,效率条款不断充实完善,效率抗辩的程序和方法逐步形成,并在一些重大并购案中得到应用。欧盟的情况也是如此,其2004年并购条例及其配套指南也改变了对效率的态度,增加了效率条款,允许并购企业提出效率抗辩。世界主要发达国家在并购控制政策上出现了趋同现象,尤其是在

① 余东华:《欧美并购规制政策中效率条款的演进及对中国的启示》,《天津社会科学》,2010年第3期,第65—72页。

对待并购可能产生的效率方面,从敌视到忽视,从忽视到重视,效率因素在并购评估审查中的作用变得越来越重要。

所谓的效率抗辩就是,如果参与并购的企业(以下称为并购企业)能够证实并购带来的效率(efficiency gains,下文称为“效率获得”)可以补偿因市场集中而可能导致的对竞争或消费者的损害,反垄断当局将批准这一并购。效率抗辩主要是评估分析并购产生的效率效应与反竞争效应(或市场势力效应),并在二者之间进行权衡比较(tradeoff),以确定并购的净社会福利效应。横向并购评估审查的重点在于两个方面:一方面是分析并购导致的市场力量变化和并购企业之间的单边效应和协同效应;另一方面是分析并购可能产生的效率。在评估审查中,反垄断当局需要将这两个方面进行权衡比较,从而确定并购的社会福利净效应,据此进行判定。由此可见,效率抗辩在逻辑上与并购的反垄断控制政策是内在一致的。

在并购评估审查中是否考虑效率因素,一直颇受争议,主要原因包括,第一,在并购评估审查以及司法判定中,效率因素很难被明确承认,也很难被明确预先排除;在并购评估审查中考虑效率因素或不考虑效率因素,似乎都有道理。第二,反对考虑效率因素者强调,效率很难量化,尤其是在完全依靠预测来判断一起尚未完成的并购可能带来的有利结果,并要权衡这些有利结果是否能够抵消反竞争效应时就更加困难。支持者则认为,这一问题可以通过将效率是否存在的举证责任交给并购企业和支持该项并购者得以解决,并且要求任何申辩的效率必须是明确、显著和可证实的。第三,怀疑者指出,如果并购能够通过规模经济、创新等产生效率,那么这些效率也可以通过单个企业内部扩大生产、合资、许可安排等对竞争限制较少的替代方式获得。支持者承认这一点,因而坚持并购企业所申辩的效率必须是并购所特有的,也就是说能被反垄断当局所承认的效率必须是无法通过该项并购以外的、具有较低反竞争效应的其他途径获得。第四,一些反对者认为,如果一起并购导致垄断或接近垄断的市场结构,那么该项并购带来的短期利益也会被并购企业在长期内提取垄断租金所抵消(Pitofsky,2007);支持者对这一正当关切的反应是,即使是允许效率抗辩,也不会让一项能够导致垄断或接近垄断的并购得以通过评估审查。大部分经济学家认为,竞争政策的首要目标是保护竞争、促进经济效率,而不是保护竞争者(Gellhorn and Kovacic,1994)。这一目标逐渐被反垄断当局所认可,因而竞争政策出现了一些变化。20 世纪 70 年代以后,欧美等西方发达国家的反垄断当局对待效率的态度开始转变,到 20 世纪 90 年代,一些国家的反垄断当局开始对并购的反垄断控制政策进行修改,将效率因素明确纳入并购评估审查中。

效率抗辩的出现具有深刻的现实背景和理论背景。一方面,商业环境变化十分迅速,国内市场的国际化、全球竞争的加剧、产业规制的放松、市场结构的变化、并购浪潮的兴起,使得企业面临日益复杂多变的竞争环境。在新的商业环境下,并购评估审查时考虑效率因素变得十分自然。企业并购已经成为现代经济生活中的重要经济现象,在市场经济体制下并购也是企业做大做强的有效途径之一,迫切需要理论界对并购中出现的各种现象和问题进行研究和分析。在特定条件下,并购能够给消费者、股东、雇员和供应商带来各种各样的利益。明显的利益包括生产成本的降低、产品质量的改善、新产品的开发等,隐性的利益可能包括雇员稳定性、技术工人作用的更好发挥、管理经验的更好使用等。然而,并购也可能给消费者、股东、雇员和供应商带来各种各样的风险或损害。同时,也有可能对竞争对手企业造成明显损害。正因为并购既有可能产生积极效应,也有可能产生消极效应,各国都将并购的反垄断控制作为现代竞争政策的三大主要任务之一①。另一方面,过去近30年来经济学尤其是“新产业组织理论”和“实证产业组织理论”的快速发展,竞争政策领域的计量方法、分析工具和以计算机为工具的模拟技术的发展,为并购反垄断控制中的效率分析(如计算反竞争效应,评估并购的总福利效应)提供了较为充分的理论支撑和实证方法。例如,欧盟等发达国家的反垄断当局在并购评估审查中的经济分析越来越多,经济分析方法(包括经济计量分析、模拟分析等)和经济分析模型(主要是寡占模型和垄断竞争模型)越来越多地应用于具体案例的评估分析。

中国的并购反垄断控制政策起步较晚,对并购控制政策的理论分析更是亟待加强。本项研究将系统分析并购可能产生的反竞争效应与效率效应,提出效率抗辩的理论依据,构建效率分析的相关理论模型,从理论视角系统讨论效率抗辩的主要方法、基本程序和注意事项。这对于充实中国并购反垄断控制理论具有一定的理论价值。当前,中国反垄断当局正在制定《国务院关于经营者集中的评估审查指南》,以用于对并购进行评估分析。本文在借鉴已有的理论成果和实践经验的基础上,结合中国国情提出了并购反垄断控制中效率分析和效率抗辩的方法、模型和政策建议,这对于中国反垄断当局制定和实施相关并购反垄断控制政策具有一定的参考和借鉴价值。

---

① 对卡特尔、市场支配地位和并购进行反垄断控制是现代竞争政策的三大任务。由于中国国情的特殊性,在2008年正式实施的《反垄断法》中增加了反行政性垄断的条款,因而中国反垄断政策有四大任务。

1.2 研究的重点与创新

本项研究包括五项重点内容:

(1) 对横向并购可能产生的反竞争效应和效率进行理论分析。一项并购可能产生双重效应:一方面,并购可能通过提高市场势力产生反竞争效应(包括单边效应和协同效应),从而降低消费者福利和社会总福利水平;另一方面,并购可能产生效率获得,从而增进消费者福利和社会总福利水平。在通常情况下,并购的判定以并购给社会带来的净效应为依据,而分析并购的净效应,需要将并购的反竞争效应与效率效应进行权衡比较。

(2) 横向并购评估审查中分析效率的主要方法。以经济学相关理论为依据,在比较分析的基础上,提出并购评估审查中效率分析和效率抗辩的主要方法。我们将分别分析一般推定方法、逐案分析方法和序贯决策分析方法的优点和不足之处,并在比较分析的基础上提出适合中国并购评估审查中分析效率的具体方法。

(3) 横向并购评估审查中效率抗辩的一般程序和分析事项。提高政策的透明度和可预期性可以增强政策的指导性,降低司法成本。提高政策可操作性可以提高执法效率和增强执法的准确性,降低犯Ⅰ类和Ⅱ类错误的概率。我们将在理论研究的基础上提出并购评估审查中效率抗辩的一般程序和分析事项,为反垄断当局的并购反垄断控制提供立法依据和借鉴参考。

(4) 分析中国并购评估审查中效率抗辩的可行性和必要性,提出中国并购控制中效率抗辩的基本程序和方法。中国是一个正处于转型时期的发展中大国,经济转轨与制度转型并存,并购反垄断控制的环境不同于西方发达国家,我们不能照搬西方国家的并购控制政策。同时也应看到,随着《反垄断法》的颁布实施和经济生活中的并购案的增多,中国需要自己的并购控制政策。我们将在理论分析的基础上,结合中国实际,讨论中国并购评估审查中效率抗辩的可行性和必要性,并在此基础上提出中国并购反垄断控制中实施效率抗辩的相关程序、方法和注意事项。

(5) 横向并购反垄断控制中的相关市场界定与市场势力测度。相关市场界定是对横向并购进行反垄断评估分析的起点,相关市场界定与市场势力测度是反垄断审查的基础性工作。我们将对相关市场的界定方法进行深入分析,重点是讨论以 SSNIP 测试为核心的临界弹性分析和临界损失分析方法,并以典型并购案为例进行实证分析。市场势力测度是产业组织理论的核心内容之一,市场势力测度的结果直接影响到反垄断评估审查的结果。我们将在界定市场势力和市场支配地位内涵的基础上讨论市场势力测度的主要模型和基本方法,并结合相关案例对市场势力进行实证分析。

本项研究的创新之处在于,一是对并购可能导致的反竞争效应和效率效应进行了全面的理论分析。系统分析了并购可能产生的效率,讨论了效率的类型和来源,研究了效率获得的不确定性,以及效率抗辩的福利标准;通过构建相关模型,从市场后果的视角分析并购可能产生的反竞争效应,包括并购对消费者价格、社会总福利、竞争对手的影响;从市场行为的视角深入分析了并购的单边效应和协同效应,提出了评估单边效应和协同效应的模型、方法和步骤。二是对并购评估审查中的效率分析方法进行了对比分析。我们先后分析了一般推定方法、逐案分析方法和序贯决策方法的应用环境、分析程序和特点,提出了中国并购评估审查中使用序贯分析方法考虑效率因素的可行性和注意事项。三是提出了并购评估审查中效率抗辩的一般程序和审查事项。在比较分析世界主要发达国家反垄断司法实践的基础上,对并购评估审查中的效率抗辩进行了系统归纳整理,研究提出了并购评估审查中效率抗辩的一般程序和审查事项。四是分析了信息质量和信息不对称性对于效率抗辩的影响。并购评估审查中,反垄断当局面临的主要困难之一是信息的不完善性(信息质量)和信息的不对称性。我们将通过构建博弈模型分析并购企业与反垄断当局在信息不对称下的最优选择行为,从而为解决并购控制中的信息问题提出一些建议和意见。

1.3　研究方法与基本思路

我们采用的主要研究方法包括:

(1) 将经济学与法学相结合的交叉学科研究方法。横向并购的反垄断控制既是一个经济学问题,也是一个法学问题,属于两大学科的交叉领域。本项研究将采用经济学理论和方法来分析横向并购控制的法律问题,需要综合使用产业经济学、法经济学等多学科的分析方法和分析工具;同时借鉴法学归纳和演绎的分析方法,注重政策层面的可操作性设计。并购反垄断控制中的效率分析更是需要多学科分析方法和工具。我们在研究过程中将经济学的研究方法和工具与法学、政治学等其他学科的研究方法相结合,探索新的交叉学科研究方法。

(2) 博弈分析方法。博弈论属于新产业组织理论的重要分析工具,具有较强的理论解释力。我们将构建和拓展信号博弈模型,分析信息不对称条件下效率抗辩中反垄断当局和并购企业的行为选择,揭示信息不对称对并购反垄断控制的影响。同时,将信息质量纳入博弈分析模型,分析信息质量对于效率抗辩的影响。在分析并购反竞争效应时,分别应用静态和动态博弈模型,分析相关市场上企业之间的策略互动,进而发现并购可能产生的单边效应和协同效应。

(3) 对比分析方法。首先,我们对并购可能产生的不同类型的经济效应进行比较分析,提高政策建议的针对性。其次,我们对世界主要发达国家横向并购反垄断控制中的效率条款和效率抗辩进行比较分析,从而为我国制定相应政策提供一些启示和借鉴。

(4) 以理论分析为先导,以实证分析为支撑的分析方法。正确处理理论分析与实证分析的内在逻辑关系,在理论分析的基础上得到相关结论,然后通过实证分析对理论结论进行验证。

本项研究的基本思路是:首先,对国内外的相关研究进行回顾与综述,把握研究现状,了解研究前沿,明确本项研究的突破点与可能的创新之处。其次,明确横向并购反垄断控制中相关市场界定和市场势力测度的模型与方法,分析横向并购可能产生的效率及其来源,分析效率特性;构建相关理论模型对横向并购的反竞争效应进行深入分析,研究并购对社会总福利、未参与并购的竞争对手以及消费者的经济影响,分别提出评估并购单边效应和协同效应的理论基础、模型、方法和基本步骤。反垄断当局在并购反垄断控制中最大的问题是面临着信息不完全与信息不对称,我们将分别构建相关博弈模型,分析信息不对称下的效率抗辩问题,以及信息质量对于反垄断当局并购控制政策的影响。再次,我们将在理论分析的基础上提出效率抗辩的主要方法与程序。为了对这些方法和程序进行实证比较,我们将对世界主要国家在并购控制中效率分析的相关政策和司法实践进行比较分析。最后,针对中国的具体国情,研究提出中国并购反垄断控制中效率抗辩的必要性以及方法与程序问题。

1.4　研究的主要内容与基本框架

本项研究的主要内容为:在全面分析横向并购反垄断控制中相关市场界定、市场势力测度的理论与方法的基础上,研究横向并购可能产生的效率效应、反竞争效应(主要包括单边效应和协同效应)和社会福利效应;应用博弈论分析信息不对称条件下的效率抗辩问题和反垄断当局的并购判定规则;提出横向并购反垄断控制中效率抗辩的主要方法和程序,并以世界主要国家为例进行比较分析;最后,结合中国转型经济特点,研究提出中国横向并购反垄断控制中效率抗辩的必要性以及方法与程序问题,提出较为系统的政策建议。

全书的基本框架可以分为七个部分,共包括16章内容。

第一部分是先导分析,主要包括第1章和第2章。第1章是引言,阐明选题的背景和研究的价值,明确研究的重点、主要内容、研究方法和主要创新之处,提出研究的框架和基本思路。第2章是文献综述,从理论和实证两个视角对已有的国内外研究成果进行回顾和综述,把握和了解研究现状,进一步明确本项研究的方向和可以有所创新的领域。

第二部分是横向并购反垄断控制的基础分析,包括第3章和第4章。第3章是横向并购反垄断控制中的相关市场界定研究,对反垄断意义上的相关市场和相关市场界定的内涵和外延进行讨论,分别分析了相关产品市场、相关地域市场和相关时间市场;研究了相关市场界定的理论基础和主要方法,重点讨论了功能界定方法和SSNIP测试两大类方法,并对SSNIP分析方法的改进、完善和最新发展进行了分析;对相关市场界定的三种主要方法(剩余需求弹性测算方法、临界弹性分析方法和临界损失分析方法)在司法实践中的应用进行了案例分析;最后讨论了中国在横向并购反垄断控制中进行相关市场界定时需要注意的相关事项。第4章是横向并购反垄断控制中的市场势力测度研究,在对市场势力和市场支配地位进行定义的基础上,讨论了市场势力测度需要关注的两个相互关联的问题,一是测度所采用的模型,二是测度所采用的方法。测度市场势力的模型分为三大类,即结构主义模型、新经验产业组织理论模型和时间序列模型。测度市场势力的方法分为两大类,一类是间接测度方法,包括采用结构类指标进行测度和使用价格成本差额进行测度,结构类指标包括市场份额、市场集中度、赫芬达尔指数、熵指数等;另一类是直接测度方法,较为常用的是基于估计剩余需求弹性的方法和Logit需求模型。

第三部分是并购的竞争效应分析,包括第5章、第6章、第7章和第8章。第5章主要是分析并购可能产生的效率。在对效率进行界定的基础上,分析并购可能产生的效率的类型、来源和性质,研究效率的不确定性及其对效率抗辩的影响。在比较分析消费者福利标准和社会总福利标准的基础上,提出效率分析可以采用的具体福利标准。第6章是并购的反竞争效应分析。深入分析并购可能产生的效率和反竞争效应,是对并购净效应进行权衡比较的基础。我们从并购可能对价格、社会福利和竞争对手的影响等几个方面分析了并购可能产生的反竞争效应。该章从市场后果的角度分析横向并购的反竞争效应,第 7 章和第 8 章则从单边效应与协同效应的角度分析横向并购的反竞争效应。第 7 章是横向并购的单边效应分析,从单边效应分析的理论基础、评估分析方法、评估分析的经济模型和步骤等方面讨论了并购可能产生的单边效应,以及如何测度和评估单边效应。第 8 章是横向并购的协同效应分析,该章与第 7 章是相对称的,也讨论了协同效应分析的理论基础、评估方法和可以选择使用的经济模型,提出了评估协同效应的基本步骤。

第四部分是并购反垄断控制中的信息与效率抗辩,包括第 9 章和第 10 章。第 9 章将分析信息不对称性、信号博弈与效率抗辩。我们将构建信息不对称条件下的信号博弈模型,分析并购企业与反垄断当局的博弈互动行为,通过纯策略均衡和混合策略均衡的比较分析,说明反垄断当局在不同信号下的最优政策选择。第 10 章是信息质量、并购补救与效率抗辩。我们将构建包含信息质量变量的博弈模型,首先分析信息质量差异和反垄断当局决策规则及其对于并购企业的不同激励,然后讨论并购企业在并购申报中如何选择是否提交并购补救措施,以及并购企业不同选择下反垄断当局的最优决策。

第五部分是效率抗辩的实证分析,主要包括第 11 章、第 12 章、第 13 章和第 14 章。第 11 章是效率抗辩的分析框架、主要方法与基本步骤。首先,我们将讨论效率分析的主要方法和效率抗辩的类型;其次,研究提出效率抗辩中的最低要求效率,如何计算最低要求效率以及最低要求效率对于并购评估和效率抗辩的参考价值;最后,研究实际效率的评估分析及其注意事项。第 12 章是横向并购评估审查中效率分析的目标、事项与程序。首先讨论效率分析中的政策目标与福利标准,然后分析效率辨识与测度的方法和程序,提出如何处理效率分析中的信息问题。第 13 章是一个案例分析,我们以 Staples-Office Depot 并购案为例,详细阐释了横向并购审查中竞争效应分析和效率抗辩的基本内容、主要程序和分析方法,对竞争效应分析和效率抗辩中的相关市场界定、市场势力测度、单边效应分析和福利权衡比较等进行了讨论。第 14 章是横向并购评估审查中效率抗辩的国际比较。我们将对美国、澳大利亚、英国、加拿大、德国、法国、瑞典和欧盟等八个国家(地区)的并购评估政策和效率分析进行比较分析。分析内容主要包括法律依据、反垄断执法机构、效率抗辩情况和相关案例。

第六部分,即第 15 章,是中国并购控制中的效率抗辩问题分析。首先,我们将对中国并购控制中反对设置效率抗辩的理由进行逐一辩驳;其次，提出中国并购评估审查中效率抗辩的法律和经济等方面的依据；再次，从政治、经济、社会等不同侧面分析中国并购评估审查中效率抗辩的必要性；最后，讨论中国在并购评估审查中如何进行效率抗辩，包括方法、步骤、程序等方面的问题。

第七部分是结束语，即第16章，对整个研究进行总结并提出相关政策建议。

第2章 文献综述

2.1 效率抗辩的界定

Renckens(2007)认为明确界定效率抗辩(efficiency defense)这一概念十分重要:第一,明确清晰的界定可以提高反垄断当局的不同执法机构之间和反垄断当局与并购企业之间的沟通效率,提高政策透明度和司法确定性;第二,明确清晰的界定是对不同司法判定进行比较时不可或缺的因素,或者说,若想比较不同司法制度下的效率抗辩的差异,首先必须明确什么是效率抗辩、效率和效率抗辩的含义是否具有可比性。

所谓的效率抗辩是指,在并购评估审查中,反垄断当局允许并购企业举证说明并购可能产生的效率获得,以证实效率获得将抵消并购可能带来的反竞争效应,从而使并购能够因为效率因素而获得反垄断当局的批准(Williamson,1968;Bork,1993;Shapiro and Farrell,1990;Roller *et al.*,2001)。效率抗辩的界定往往是与福利标准的选择联系在一起的。Bian and McFetridge(2000)、Rakovsky and Verouden(2003)等学者强烈关注并购评估审查中在考虑效率因素之前采用社会总福利标准的必要性。Bian and McFetridge(2000)将效率抗辩的程度与福利标准的选择联系起来,他们认为福利标准选择的不同意味着反垄断当局所采用的效率抗辩的范围和程度不同。Rakovsky and Verouden(2003)认为,除纯粹的价格标准以外,所有的福利标准都会考虑到并购的效率因素,但考虑效率因素并不意味着采用效率抗辩。Padilla(2006)、De la Mano(2002)认为效率抗辩只能发生在社会总福利标准下,允许使用生产者福利所得去抵消消费者剩余损失。Padilla(2006)讨论了消费者福利标准的来龙去脉,认为消费者福利标准与社会总福利标准的主要区别在于二者对待效率的态度不一样:在社会总福利标准下,即使是价格上升、消费者剩余下降,只要社会总福利增加,并购仍有可能被批准;而消费者福利标准只考虑消费者福利状况,无论并购带来的效率有多高,只要消费者福利可能存在损失,并购将被禁止。De la Mano(2002)也认为,在效率抗辩与福利标准之间存在着紧密的联系,效率抗辩有可能使得一项明显妨碍竞争的并购得以通过。他比较了效率抗辩与效率辩驳(efficiency rebuttal)的异同。效率辩驳指的是援引效率证据去证实效率能够抵消并购带来的潜在的妨碍竞争效应,从而增加在法庭上扭转反垄断当局判定的可能性。在效率辩驳下,一项有可能损害竞争的并购,当且仅当效率获得十分显著,能够阻止价格上升(或其他可能损害消费者的效应)时,才有可能被批准。因此,De la Mano(2002)认为,效率辩驳只应用于消费者福利标准下。其实,效率辩驳也应用于社会总福利标准下,效率辩驳与效率抗辩的主要区别在于二者应用的程序上(Renckens,2007)。一般而言,效率获得能够转化为并购企业的预期利润(提高生产者剩余),效率抗辩意味着在福利标准中给予了生产者剩余充分的权重。在社会福利净效应转变为负之前,生产者剩余的权重越高意味着消费者剩余下降得越多(Kolasky and Dick,2003)。

以上学者是从福利标准的角度对效率抗辩进行界定的,还有一些学者从应用程序的角度对效率抗辩进行了分析,将如何对效率获得因素进行程序性界定与什么时间采用效率抗辩联系起来。Fisher and Lande(1983)、Roller *et al*.(2001)和 Ilkovitz and Meiklejohn(2003)等学者认为,只有当以下情况发生时才可以称反垄断当局接受了效率抗辩:反垄断当局给予并购企业证实效率的机会,从而使其能够说明并购产生的效率可以抵消并购带来的消极效应,而不是仅仅将效率分析作为并购政策的一部分,或者只是在并购高于门槛条件并且涉及反竞争效应时才考虑效率因素。Fisher and Lande(1983)提出了一种较为极端的考虑效率因素的方法,他们称之为"一般推定方法"(the general presumptions approach),这种方法采用一些结构类指标测度并购的净效应,假定低于某一确定的门槛值的并购总是能够产生充分的效率,足以抵消该项并购可能带来的反竞争效应。这种方法较为简便易行,执行成本较低,但是可能增加反垄断当局犯错误的概率,同时准确设定结构性的门槛值指标也不是一件容易的事情。Roller *et al*.(2001)提出了另一种较为极端的效率抗辩方法,他称之为"纯粹效率抗辩方法"(the pure efficiency defense methodology),以逐案(case-by-case)分析的方式对并购可能带来的反竞争效应与效率效应进行权衡比较。这种方法可能使反垄断当局犯错误的概率最小化,但是由于信息成本较高和需要量化分析市场势力效应和效率效应,应用起来十分困难。Ilkovitz and Meiklejohn(2003)等学者将以上两种程序性方法进行了综合,目的是限制需要进行效率抗辩(权衡比较效率效应与反竞争效应)的并购案的数量,并将并购评估审查分为两个阶段:第一阶段,反垄断当局采用一般推定方法筛选出直接批准和直接拒绝的并购案,不进入效率抗辩;第二阶段,以逐案分析方法对剩余的并购案进行深入调查分析，权衡比较效率效应与反竞争效应。我们将第一阶段称为应用“安全港规则”进行初步评审的阶段，第二阶段称为效率抗辩阶段①。

Veint(2003)和Renckens(2007)等学者从概念和程序两个维度界定了效率抗辩，认为概念维度的效率抗辩与福利标准相关，程序维度的效率抗辩与实质性测试方法的应用相关。Veint(2003)明确区分了效率与福利标准，并在程序和方法论范畴内建立了效率分析的框架。在程序方面，界定效率在并购控制中所起的主要作用在于福利标准的选择和确定评估什么类型的效率；福利标准的选择是决定效率分析的关键因素，这将影响到效率是否必须抵消消费者福利损失，效率获得是否应该传递给消费者以及哪些类型的效率更有利于消费者等价值判断问题②。Renckens(2007)认为，如果并购产生的效率获得是逐案地被直接应用于权衡比较反竞争效应，那么效率抗辩的概念只能在社会总福利标准下才能得到适当应用；如果采用这一界定标准，虽然大多数国家的反垄断当局在并购评估审查中考虑效率因素，但只有加拿大和澳大利亚的反垄断当局真正采用了效率抗辩。Renckens(2007)将并购反垄断控制政策的福利标准分为六种类型，并比较了这六种福利标准下的效率抗辩与效率辩驳(见表2-1)。

表2-1 效率抗辩与效率辩驳的界定

概念维度	程序维度		
	一般推定方法	逐案分析方法	
		整体分析	单独分析
纯粹价格标准	—	—	—
修正价格标准	—	×	—
消费者福利标准	—	×	—
Hillsdown 标准	—	×	××
加权福利标准	—	×	××
社会总福利标准	—	×	××

注：“×”表示效率辩驳；“××”表示效率抗辩；“—”表示既不存在效率抗辩也不存在效率辩驳。

资料来源：Renckens(2007：173)。

① 余东华、乔岳、张伟：“横向并购反垄断规制中的安全港规则研究”，《产业经济研究》，2010年第3期。

② Veint, J., “The Role of Efficiencies in Merger Control”, in Gotz Drauz and Michael Reynolds (eds), *EC Merger Control: A Major Reform in Progress*, Richmond: Richmond Law and Tax, 2003, Chapter 19.

表 2-1 表明，在采用一般推定方法时，不需要采用任何福利标准，可以直接通过结构性指标对并购进行判定。效率辩驳不需要对效率因素进行单独分析，而效率抗辩需要对效率因素进行具体而深入的单独分析。

2.2　效率抗辩的理论分析

2.2.1　“威廉姆森替换”、效率抗辩及其争论

Williamson(1968)是第一位认识到并购分析中考虑效率因素的重要性的经济学家，他提出的“威廉姆森替换”(Williamson tradeoff)分析框架①是并购分析的简单但有效的评估分析工具。该分析框架表明，反垄断当局在评估市场集中的整体效应时，需要同时考虑市场势力上升给社会造成的损害(dead weight loss, DWL)与并购产生的成本节约所带来的效率获得(efficiency gains)，并在二者之间进行权衡比较(如图 2-1 所示)。如果评估结果显示净效应是负的，那么并购就应被阻止；如果净效应是正的，那么并购应被批准(Williamson,1968)。

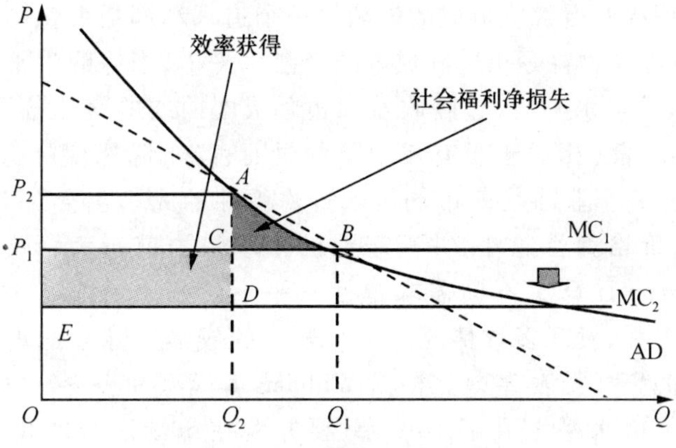

图 2-1　“威廉姆森替换”分析框架

资料来源：Williamson(1968)，作者对原图略有修改。

---

① Williamson 在 5 篇独立论文中提出并发展了这一分析框架。提出这一分析框架的论文是 Williamson, O., Economies as an Antitrust Defense: The Welfare Tradeoff, *The American Economic Review*, 1968(58): 18—36。其他 4 篇论文分别是：Williamson, O., “Economies as an Antitrust Defense: Correction and Reply”, *The American Economic Review*, 1968(58): 1372; Williamson, O., “Allocate Efficiency and the Limits of Antitrust”, *The American Economic Review*, 1969(59): 105—116; Williamson, O., “Economies as an Antitrust Defense: Reply”, *The American Economic Review*, 1969(58): 954; Williamson, O., “Economies as an Antitrust Defense: Revisited”, *The University of Pennsylvania Law Review*, 1977(12): 699—721。

Williamson(1968)假定并购前的相关市场是完全竞争的,产品价格等于边际成本,即 $MC_1=P_1$,该项并购导致市场集中并给并购企业带来了市场势力,使其能够通过将产量从 Q_1降低到 Q_2,将产品价格从 P_1提高到 P_2。由于产量下降,造成了三角形 ABC 的社会福利净损失。同时,并购带来了成本节约,使企业边际成本从 MC_1下降到 MC_2,从而带来了矩形 P_1CDE 的效率获得(见图 2-1)。一般情况下,成本节约被认为是社会福利获得,因为生产同等数量的产品所耗费的社会资源减少了。换句话说,如果资源具有稀缺性,那么节约的资源可以用于其他更有价值的领域,从而提高整个社会的福利水平。这一模型说明,判断一项并购的社会合意性,只需要比较社会福利净损失与成本节约的大小。Williamson 认为,即使成本节约的幅度变大,它也会主导社会成本的方向。首先,DWL 的大小主要取决于并购导致的产量下降的幅度,即图 2-1 中的 Q_1-Q_2;而成本节约的大小取决于并购后产量的大小。在大多数情况下,市场势力上升所引致的产量限制(产量下降的幅度)要比并购后的产量小很多,并购所导致的成本节约对总效应的影响将十分明显。其次,在大多数情况下经济性的存在会影响并购企业利润最大化的价格水平,从而降低总福利水平变化中的 DWL 因素所造成的影响。一个追求利润最大化的企业会将价格制定在边际收益等于边际成本的产量水平上,当并购带来的成本节约降低边际成本水平时,边际收益和边际成本曲线的交点位置会降低,从而使企业产量(相对于没有成本节约时而言)下降幅度降低,DWL 变小。最后,并购企业面临的市场需求价格弹性的大小也会对 DWL 造成影响。需求价格弹性越小,并购企业的市场势力就越大,DWL 就会越大。Williamson 计算了不同需求弹性水平下价格上升与成本节约(效率)之间的关系,发现多数情况下一个较小的成本下降会抵消一个较为明显的价格上升(见表 2-2)。根据 Williamson 模型和表 2-2 中的计算结果,即使是价格水平上升了 10%,只要并购在市场需求的价格弹性在 2—3 之间时能够带来 2% 的成本下降,那么社会总福利水平也不会下降。也就是说,Williamson 倾向于认为并购并不像结构主义学派所认为的那样“可恨”;抵消并购反竞争效应所需的成本节约幅度并不是很大,只要一项并购能够带来效率获得,降低边际成本,该项并购就很有可能具有“社会合意性”。

表 2-2　不同需求价格弹性下抵消价格上升的成本节约程度

价格上升(%)	需求的价格弹性(eta)			
	eta = 3	eta = 2	eta = 1	eta = 0.5
5	0.44	0.27	0.13	0.06
10	2.00	1.21	0.55	0.26
20	10.38	5.76	2.40	1.10

资料来源：Williamson(1968,1977)。

长期以来，关于“威廉姆森替换”分析框架在理论上的可行性、实践上的可操作性和适用性的争论一直是并购反垄断控制领域的热点问题①。在其论文发表后，很多法学家和经济学家纷纷寻找这一分析框架的缺陷②。Fisher and Lande(1983)认为，Williamson 模型中“并购将导致价格上升、价格上升不会超过 30%、市场需求价格弹性不会大于 3”这三个假定都是有问题的。针对这三个假定，他们认为，并购导致市场集中和成本节约的同时并不必然导致价格上升；实际经济生活中不少并购导致价格上升超过了 30%，例如 20 世纪 70 年代的石油公司并购；实证研究结果显示，市场需求的价格弹性分布在 1—15 之间。Fisher and Lande(1983)同时认为，竞争是一个动态过程，Williamson 模型没有考虑动态效率以及市场势力上升的潜在效应，只是分析了市场均衡时的静态效应，在成本节约和福利损失测度方面也存在一定的偏误。Jackson(1970)对 Williamson 计算的价格上升与成本节约(效率)之间的关系(表 2-2)提出了质疑，并进行了重新测算，发现 Williamson 的计算值偏小。Fisher *et al.* (1983)测算了并购产生市场势力的情况下为保持价格不变所需的成本节约，他们采用了 Williamson 同样的假定，即一起并购将完全竞争市场转变为垄断市场这种极端情况，研究发现所要求的效率(成本节约)如此之大以至于实践中很难实现。例如，当市场需求的价格弹性为 2 时，为了保持价格不变，需要成本下降 50%。Bork(1993)认为，Williamson 模型无法应用于实践的原因在于，该模型所要求的进行替换的两部分福利(DWL 和效率获得)不可能准确测度。

关于图 2-1 中的三角形 *ABC* 是否能够代表市场势力所带来的所有福

① Zampa, G., “The Role of Efficiency under the EU Merger Regulation”, *European Business Organization Law Review*, 2003(4): 573—622.

② Williamson(1968)本人也认为，这一分析框架没能考虑影响分析结果的众多实际因素，因而称其为“幼稚的”(naive)模型。Bork(1993)对法学界和经济学界关于 Williamson 模型的批评进行了回顾分析，参见 Bork, R., *The Antitrust Paradox: A Policy at War with Itself*, The Free Press, 1993。

利损失，学术界的争论较少，大部分经济学家认为DWL是市场垄断势力给社会带来的唯一不利影响，因而是反垄断政策应该关注的唯一“弊端”。而关于矩形 P_2ADE 是否能够代表并购企业获得的所有垄断利润、P_1CDE 是否能够代表所有的成本节约，还是一个颇负争议的问题。这一争论受到并购后并购企业的策略行为的影响。例如，并购企业为了观察市场势力大小，会通过限制性定价或掠夺性定价阻止新企业的进入或驱逐市场上的竞争对手。理论上，在位企业会将短期垄断利润全部用于保持长期市场支配地位。如果是这样，那么很多资源将用于保持垄断地位（阻止其他企业降低垄断程度或消除垄断），而不是用于更有价值或更有效率的其他用途。实际上，在高度集中的市场或串谋市场上，与保持现状有关的社会成本会更高。还有一类潜在的社会成本损失，那就是掠夺性行为或排他性行为有可能给新进入者或潜在竞争对手的投资带来消极影响，为了进入某一市场或巩固市场地位而投入的资源会无法回收，部分或全部损失掉。这部分损失在图2-1中也难以表示出来。关于如何计算矩形 P_1CDE 大小的争论主要在于：第一，哪些类型的成本节约（效率）应该纳入计算，不同类型的成本节约具有不同的福利效应，应用不同的福利标准会得到不同的结论；第二，并购导致的其他市场上的成本节约是否也应该纳入替换分析；第三，成本节约发生的时间问题，即并购发生后多长时间内的成本节约属于并购导致的成本节约。Thompson（2003）以一个零部件产业为例，通过模拟分析对Williamson的结论进行了反驳，认为成本节约的矩形面积不总是大于社会福利净损失的三角形面积。Thompson认为，第一，Williamson模型中整个生产过程内不变的、平坦的成本曲线的假定对于研究结果影响很大，如果假定边际成本向上倾斜更加符合实际，但测算结果会出现很大变化。如果边际成本曲线是平坦的，那么并购导致的社会福利净损失只需用消费者损失的三角形（DWL）表示；如果边际成本曲线是向上倾斜的，那么并购导致的社会福利净损失需用消费者损失的三角形（DWL）与生产者损失的三角形之和来表示。由于后者明显大于前者，因而Williamson模型低估了并购导致的福利净损失。第二，Williamson模型中使用的凹形需求曲线也低估了福利净损失。凹形需求曲线明显减小了福利三角形的面积，如果使用线性需求曲线（或者其他形状），福利三角形的面积会变大。第三，Williamson（1977）的估算值也是值得怀疑的，因为成本下降会导致矩形和三角形面积的变化。第四，Williamson的结论是在“假定相关市场上所有的企业都参与并购，形成完全垄断”这一条件下得到的，这一假定明显不符合实际，如果改变这一假定研究结论会发生很大变化①。其中一个变化是，相关市场上如果只有部分企业参与并购，那么市场势力会使并购企业和非并购企业（相关市场上的所有企业）的价格同时上升，而只有并购企业（相关市场上的部分企业）获得并购带来的效率，因此 Williamson 低估了福利净损失，夸大了效率效应。

Shapiro and Farrell（1990）认为，"威廉姆森替换"的前提条件是需要知道相关市场上的需求弹性，而这在司法实践中对于反垄断当局而言是一件十分困难的事情，更不用说模型所需的企业内部信息。Padilla（2006）认为 Williamson 模型中假定该市场上所有的企业都参加并购并形成一个垄断市场是不合理的，在实际经济生活中同一个市场上只有少数企业参加同一起并购，因而并购前后可能出现不同的竞争模式，可以应用不同的竞争模型，而不仅仅是同质产品的 Cournot 模型。另外，Lande（1989）认为，"威廉姆森替换"分析框架忽略了财富的的转移和分配问题，没有考虑效率获得是否应该传递给消费者；美国反垄断当局十分关注并购导致的财富再分配效应，而"威廉姆森替换"分析框架无法纳入这一因素，是一个很大的缺陷。美国联邦法院法官 Posner（2001）也对 Williamson 的效率抗辩提出了批评。他认为，在司法上很难找到合理的方法确定并购给并购企业带来的成本效应；并购还没有发生时去评估未来的成本节约，就像是一个一厢情愿的投机问题；同时并购还没有发生时去预测并购对价格的影响，也是不可能的。

总而言之，我们认为，虽然在实践中很难通过数学方法精确计量相互替换的两部分福利效应的大小，从而使 Williamson 模型很难直接应用于司法实践，但是这并不影响"威廉姆森替换"分析框架在并购评估分析中的强大洞察力和实用价值，它为其他分析方法提供了借鉴和基准。"威廉姆森并购分析"的基本观点，即并购效率是可取的，并且需要在某种程度上抵消潜在的市场势力效应，已经成为欧美国家进行并购分析的基本思路②。横向并购能够增强并购企业的市场力量，而市场力量的提升可能出现以下负面效应：一是企业通过将产量控制在社会最优水平之下使价格高于边际成本，产生生产的非效率；二是通过价格机制将财富从消费者转移到生产者，产生分配非效率；三是控制价格的能力使得企业失去降低成本的动力，

---

① Muris, T., The Efficiency Defense Under Section 7 of the Clayton Act, 30 Case W. L. Rev., 1980, pp. 384—393.

② Fisher, A., and R. Lande, "Efficiency Considerations in Merger Enforcement", *California Law Review*, 1983(71): 137—149.

这不仅意味着资源的无效使用,同时也意味着更高的价格。但是,同时也应注意到,并购可能带来效率获得,从而在某种程度上抵消其反竞争效应。

2.2.2 并购控制中的效率因素

Williamson(1968)之后,另一篇关于在并购反垄断控制中如何考虑效率因素的很有影响的文章是 Shapiro and Farrell(1990)发表在 *American Economic Review* 上的"Horizontal Merger: An Equilibrium Analysis"一文,在该文中他们建立了并购控制的一般均衡分析框架。Shapiro and Farrell(1990)建议在古诺寡头竞争框架下考虑并购对于消费者和竞争对手的外部效应。他们强调,一项并购若想导致价格下降,就需要显著的规模经济性或学习效应。然而,他们也认识到,即使是在并购导致产出下降的情况下,外部效应也可能有利于消费者和竞争对手:如果在古诺寡头竞争中,并购企业的产出下降,竞争对手对此的反应是扩大产出,产出下降和价格上升可能因此被抵消。Shapiro and Farrell(1990)在评估并购时,假定并购将给并购企业自身带来正的福利改进,然后考虑并购对消费者和竞争对手的联合福利效应。如果某项并购产生净的正外部效应,即使是给消费者带来负效应,该项并购也将被批准。Shapiro and Farrell 也承认,只要并购企业中至少有一家企业具有相对较高的边际成本,这种方法就可能使减少产量的并购获得通过。Shapiro and Farrell 关于并购将给并购企业自身带来正的福利改进的假定与实证结论①是相矛盾的,他们的分析难以应用于产品差异化或者公开串谋概率上升后的情况。

Pflanz and Cristina(2002)认为,当并购带来的效率获得传递给消费者从而导致价格降低时,可能给相关市场上的竞争对手一种降低成本、提高质量的强烈动机,从而推动相关市场上的创新活动。Lyons(2002)、Armstrong and Vickers(2010)、Nocke and Whinston(2010)等学者研究了效率因素、并购选择与并购控制政策之间的关系。他们认为,当并购企业面临不同的潜在并购选择时会权衡并购可能产生的效率、并购对消费者福利和社会总福利的影响,并根据反垄断当局的政策偏好和所采用的福利标准在不同并购之间进行选择②。因而,反垄断当局选择合适的并购反垄断控制决策规则十分重要,它能够对并购产生导向作用。Harris and Smith(2001)的

---

① 后文的分析将显示,实证研究结果显示,大部分并购并没有提高并购企业自身的盈利能力。

② Nocke, V., and M. Whinston, "Merger Policy with Merger Choice", The OEW Seminar, Working Paper, 2010.

研究显示,并购产生效率可能成为动摇垄断竞争市场上企业之间相互默契串谋的因素,或者说并购产生的效率有利于打破默契串谋,促进竞争。相应地,并购产生的成本节约将导致相关市场上的企业成本结构发生变化,并购企业由于成本降低可能更具效率,因而具有更大的动机打破默契串谋或者独立采取利润最大化的行动(Friederiszick and Roller, 2006)。因而,一项能够带来明显效率的并购使得寡头垄断企业之间达成默契串谋的条件更为困难,维持默契串谋的难度加大①。Schumpeter(1943)、Robert and Solap(1995)强调了并购的潜在扩散和溢出效应。他们认为,竞争是一个动态的过程,效率分析不能局限在并购对于并购企业的影响上,效率实现可能扩展到其他产业或者其他市场上,从而使得不同产业或市场上的竞争对手有动机通过模仿创新或独立创新跟上并购企业的竞争步伐②。也就是说,并购带来的成本节约给其竞争对手施加了额外的竞争压力,从而导致这种经济性的扩散:竞争对手需要付出额外的努力,降低自身成本,改进产品质量,以跟上产业的技术潮流,保持竞争优势③。

Hariton and Piaser(2006)使用局部均衡的分析方法研究了政府扭曲的税制在再分配方面的内在局限性,这种再分配局限性会影响并购效率获得在消费者和生产者之间的分布。他们通过研究发现,一项并购即使是降低了社会总福利,但由于政府在其目标函数中赋予家户部门(消费者)很大的权重,这项并购也可能被批准,原因是不完美的再分配工具使总福利(特别是并购产生的效率获得)在社会中进行不公平分配,消费者在再分配中占优。同时,一项并购即使是提高了社会总福利,但是由于政府在其目标函数中赋予企业部门很大的权重,这项并购可能被阻止,原因是不完美的再分配工具使总福利(特别是并购产生的效率获得)在社会中进行不公平分配,企业部门在再分配中不占优。Heidhues and Lagerlof(2005)讨论了最优并购控制制度,他们认为有三种可能的并购控制制度:自由放任的并购制度(laissez-faire regime, LF),即批准所有的并购;严厉的并购制度(strict regime, SR),即禁止所有的并购;允许效率抗辩但需要确凿证据的并购制度(hard evidence regime, HE)。允许效率抗辩的并购控制制度应用了以下规则:并购企业提供关于并购可能产生的效率大小的可证实证据,以影响

① Motta, M., and H. Vasconcelos, "Efficiency Gains and Myopic Antitrust Authority in a Dynamic Merger Game", CEPR Discussion Paper Series, No. 4175, 2004.

② Robert, G., and S. Salop, "Efficiency Benefits in Dynamic Merger Analysis", *World Competition Law and Economics Review*, 1995(5): 652—673.

③ Ordover, J., and R. Willig, "Antitrust for High-Technology Industries: Assessing Research Joint Ventures and Mergers", *Journal of Law and Economics*, 1985(28): 311—323.

并购被批准的可能性。Heidhues and Lagerlof(2005)指出,效率抗辩涉及并购控制的三个重要方面:市场势力上升与可能的效率效应之间的“威廉姆森替换”;并购企业具有的效率获得方面的信息优势;并购企业可能的以获得批准为目的的游说活动。因而,构建效率抗辩分析模型,需要考虑到这三个方面的因素。他们同时也注意到,并购企业获取效率也将耗费一定成本,收集和提供能够让反垄断当局信服的效率证据需要成本,并购企业对反垄断当局进行游说也会产生成本。他们的研究结论是,除非执行成本过于高昂,在并购控制中纳入效率抗辩是反垄断当局的最优选择。Cosnita and Tropeano(2006)将效率抗辩看成是引导企业更好地设计并购的一种激励机制,并在模型中假定效率抗辩不会发生执行成本。他们的研究结论显示,即使是在有可能导致“坏的”并购被通过的情况下,在并购控制中允许效率抗辩也是最优选择。Chone and Linnemer(2006)持相同观点,他们也认为,即使是在并购后效率能否实现方面具有不确定性的情况下,反垄断当局也应该在并购评估审查中考虑效率因素,允许效率抗辩。

2.2.3 最优福利标准

较早讨论并购反垄断控制政策的最优福利标准的是 Besanko and Spulber(1993),他们关注了信息不对称情况下的最优福利标准选择。Besanko and Spulber 的推理如下:由于并购企业(生产者)在并购可能带来的成本节约方面具有信息优势,因而在考虑福利标准的选择时应该赋予消费者剩余较高权重,这可能有助于抵消信息不对称可能带来的消极后果。Werden(1996)分析了纯粹的消费者福利标准,认为依据这一标准决策所需信息较少,易于反垄断当局在并购反垄断控制中实施,因而可能在反垄断的司法实践中表现更好。Lyons(2002)考虑了不同市场结构下评估效率的难易程度和替代并购的可能性,也认为消费者福利标准可能比社会总福利标准更好一些。Fridolfsson(2002)等学者认为,因为反垄断当局难以评估替代性并购和市场结构的后果,一个原本关心资源配置效率的政府可能更偏重于消费者利益,采用消费者福利标准,即使应用这一标准可能导致发生更多的Ⅰ类错误。Neven and Roller(2005)关注了并购评估审查的政治环境,分析了游说集团和“规制俘获”是如何影响福利标准选择的。他们认为,并购企业更有势力和途径去影响反垄断当局的决策,因而在福利标准的选择中应该偏向消费者利益,选择消费者福利标准会更优。

以上学者倾向于选择消费者福利标准,然而大多数经济学家还是倾向于选择社会总福利标准(Williamson,1968;Padilla,2006;Farrell and Katz,

2006)。Farrell and Katz(2006)回顾了并购反垄断控制政策的福利标准之争,对福利标准选择的经济学依据进行了详细分析。他们关注到并购反垄断控制决策涉及多个利益集团的事实,认为福利标准的应用和并购控制政策的执行同样重要。Farrell and Katz(2006)认为,首先,反垄断不是直截了当的福利主义,在这一语义上,一些降低福利的并购可能被批准;其次,并购的反垄断控制涉及多个程序和多个决策者(并购企业、反垄断当局和法庭),他们很难得出关于什么是最优福利标准的统一而又明确的结论。一些证据显示,采用消费者福利标准并非最优,反而是其他一些标准可能更合适。因此,虽然他们并不完全抛弃消费者福利标准是较好选择的观点,但是却表现出更多的怀疑态度。Renckens(2006)将决策者的偏好纳入福利标准选择模型,研究结果显示,如果考虑执法成本和政策偏好,选择社会总福利标准会更好一些。政策制定者应该将消费者利益纳入反垄断当局自身的偏好,并赋予较高权重。De la Mano(2002)认为,在并购发生前评估并购可能导致的再分配效应十分困难,因而在并购分析中采用社会总福利标准是较好的选择。Heyer(2006)注意到,虽然消费者消费的产品并非是他们自己生产的,但从某种意义上说经济中的生产者也是消费者,消费者剩余比生产者剩余更重要没有经济学依据,因而他倾向于采用社会总福利标准。Nocke and Whinston(2008)认为,反垄断当局试图最大化折现的预期消费者福利的反垄断政策是一项目光短浅的政策,在该项政策下,当且仅当并购不会导致消费者福利下降时该项并购才会被批准。然而,反垄断当局只考虑了并购申报时的消费者福利变化,并且假定了并购企业可能参与的潜在并购不会交叉。这种考虑既不全面,也不完全符合实际。如果采用社会总福利标准,反垄断当局就有可能最优化动态反垄断政策。

2.2.4 并购补救措施与效率

Ida(2007)引入价格上限并购补救措施拓展了 Motta(2004)提出的产品差异化条件下的策略互补模型①,分析了信息不对称条件下反垄断当局如何在并购评估审查中处理效率获得。他的研究结果显示:第一,在并购补救措施中设定一个低于并购前水平的价格上限(price-cap),将鼓励增进社会福利性的并购,因为在这种情况下,如果并购不能产生效率,并购企业将不会提出并购申请;第二,在并购企业声称具有较高的效率获得时,由于效率获得的信息在反垄断当局和并购企业之间是不对称的,此时设计一个

① 参见 Motta, M., *Competition Policy*, Cambridge University Press, 2004, 第5章。

自我选择合同,合同中预期利润水平设定为并购获得成功时(即并购企业宣称的效率都能够实现)的利润水平,这样就可以实现资源的最优配置;第三,在缺乏效率获得的并购中,可以修订合同,将预期利润水平设定在并购前水平,这样就可以实现资源的次优配置,便于反垄断当局对并购控制的不完全执行。Cosnita-Langlais and Tropeano(2009)分析了并购控制中补救措施与效率抗辩的最佳应用问题。他们认为,并购补救措施与效率抗辩之间是相互作用的,并购补救措施可能降低并购企业提高效率获得的动机,但可以作为实际效率获得的一个信号。并购企业在确定是否在并购申报中纳入补救措施时,会综合考虑自己所发起的并购可能产生的效率,因而反垄断当局可以将并购企业是否采取补救措施作为决策依据之一。

2.2.5 反垄断当局与效率

Motta and Vasconcelos(2005)构建了一个效率内生的并购序贯动态博弈模型,对比分析了"近视的"和"高瞻远瞩的"两种不同类型的反垄断当局在并购评估审查中对待效率的不同态度。他们发现,并购中的效率因素不会有害于社会福利;一项并购如果带来的效率足够大,即使它导致竞争对手退出市场,也有可能是增进社会福利的。因而,一个具有前瞻性("高瞻远瞩")的反垄断当局不会将效率因素当作"侵犯因素"去阻止一项能够带来显著效率的并购。因而,他们的研究结果暗示了效率抗辩是可取的。Cabolis *et al.* (2008)构建了一个由三企业组成的同质产品的古诺竞争模型,分析了企业并购前的长期策略决策(例如,降低成本的研发投资)对于并购所产生的效率获得的影响。他们的研究结果显示,企业在并购前的长期策略决策能够使内生的成本和效率非对称分布,从而使得并购有利可图;并购产生效率的可能性与并购企业长期决策的成本效率正相关,同时也取决于成本效率是来自于互补的技术还是替代的技术。由此可见,反垄断当局所实施的并购控制政策具有信号作用,正确的政策导向会鼓励有效率的并购,增进社会总福利。

2.2.6 并购内生性与效率

Seldeslachts *et al.* (2008)假定了并购是内生的,并购产生的效率也是内生的,并购企业之间可能存在内部冲突,在此框架内他们分析了投资决策效应和横向并购给企业内部组织带来的效率和稳定性。他们的研究结果显示,不论是否存在冲突,一个稳定的并购通常不会产生效率获得;在存在内部冲突的并购中,并购甚至能够导制效率损失;如果反垄断当局假定并购可能带来的潜在效率都能够实现,那么他们可能批准导致福利下降的并购(Ⅱ类错误)或者拒绝导致福利上升的并购(Ⅰ类错误)。Seldeslachts *et al.* (2008)认为,并购企业获得效率的可能性并不意味着这些效率在实践中一定能够实现。这是因为,第一,在并购企业内部使用一项资源可能意味着放弃该项资源更具市场导向的用途。经理根据特定关系进行投资也会被视为资源的正确使用,因而经理只会在该项目符合自己利益时进行投资。第二,在两个或多个独立的企业文化中提炼出一个共同的、有凝聚力的公司目标,可能是一件较为困难的事情。如果说经理人员的合作动机来自于团队精神和信任,那么这些恰好是新并购企业所缺乏的。如果一个团队内部缺乏信任,那么团队成员的首要目标是确保各自的利益,而不是为团队利益牺牲自己的利益。这将导致经理们的搭便车行为,甚至出现逆向选择行为(Flynn,2005)。

2.2.7　导致买方垄断的并购与效率抗辩

Roger(2010)应用"威廉姆森替换"分析框架分析了并购形成买方垄断条件下的效率抗辩问题。他认为,在评估导致买方垄断的并购对于社会福利的影响时,需要比较在没有并购时的成本节约与买方垄断势力所导致的分配非效率。Roger(2010)认为,相关市场上购买者之间的并购也能带来特定的效率,但是也有可能产生配置非效率从而导致社会福利损失,因此并购特有的效率需要与配置非效率进行权衡比较。购买者之间的并购导致买方垄断势力时,并购企业可能通过削减购买量将价格降低至竞争水平之下,从而可能产生与卖方垄断相似的妨碍竞争问题。他认为在多数情况下,并购可能带来难以通过其他具有较低反竞争性的途径而获得的特有效率,这些特有效率可能抵消妨碍竞争的效应。当买方并购能够带来特定效率时,可能出现三种情况,第一,如果并购前市场和并购后市场都是非集中的,这类并购不会引起反垄断当局的重点关注。第二,并购可能改变市场结构,导致非竞争价格,但是并购产生了显著效率,并购后的价格仍然高于并购前的价格。在这种情况下,效率导致派生需求增加较大,使得并购后的买方垄断价格仍然高于并购前的竞争价格。如果这些效率是该项并购所特有的,那么反垄断当局仍然应该批准该项并购,因为卖方从较高价格和更大的销售量中获得了利益。即使并购后价格略低于竞争价格,卖方总体上还是获益的。第三,并购特有的效率降低了买方的交易成本,但是买方市场势力的上升足以使并购后价格和数量都低于并购前,这种情况下需要在并购分析中应用"威廉姆森替换"分析框架进行权衡比较(Roger and

Kaserman,2009)。Roger and Kaserman(2009)假定买方购买中间产品用于生产最终产品,中间产品的需求派生于消费者对最终产品的需求,如果中间产品转移到最终产品中的成本下降了,那么派生需求将增加(需求曲线向右移动),并且对于购买者而言中间产品更具有价值。这一经济效应可以用图 2-2 表示出来。

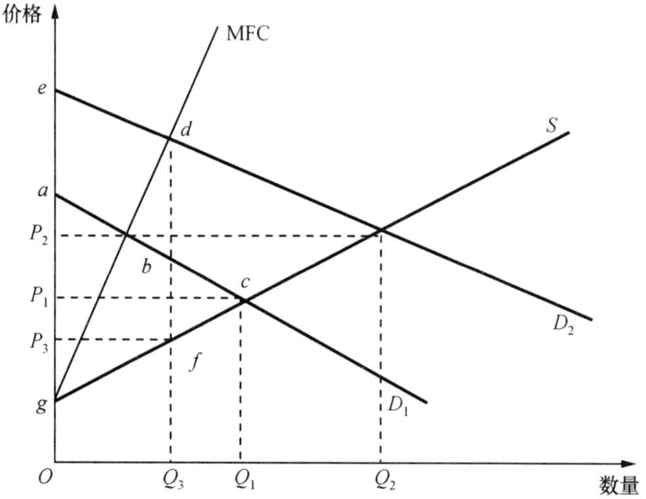

图 2-2　买方垄断与效率抗辩

资料来源:Roger and Kaserman(2010)。

在某一中间产品市场上,并购前的市场价格(P_1)和数量(Q_1)取决于派生需求(D_1)和供给量(S)(见图 2-2)。并购所产生的效率使得购买者的派生需求上升,从 D_1 上升到 D_2。如果并购前相互竞争的买者之间的并购没有导致出现买方垄断势力,那么购买量将上升到 Q_2,中间品价格从 P_1 上升到 P_2。在这种情况下,购买者剩余和生产者剩余都将上升,社会总福利水平也将上升,出现皆大欢喜的局面。这种并购不会产生竞争威胁,显然应被批准。

然而,如果并购在产生效率的同时带来买方垄断势力,那么中间产品的购买量将取决于边际要素成本(MFC)与派生需求(D_2)(Roger and Durrance,2009)。利润最大化的购买量将由 Q_1 下降到 Q_3,价格从 P_1 下降到 P_3。结果出现由配置非效率所导致的福利损失和效率效应所导致的购买者剩余增加。购买者剩余的增加中有一部分来自于生产者剩余的转移,还有一部分来自于并购产生的效率。在评估并购对于社会福利的影响时,只将后者与配置非效率进行比较(Koger and Durrance, 2009)。如果并购的合法性只取决于它对于竞争性供应商的影响，那么由于该项并购将生产者剩余从并购前的 P_1cg 降低到并购后的 P_3fg（见图 2-2），因而该项并购将被视为非法。然而，如果从社会总福利的角度分析，需要将配置非效率导致的损失（三角形 *bcf*）与效率获得导致的派生需求增加而带来的成本下降（四边形 *abde*）进行权衡比较。如果成本节约大于配置非效率，那么并购就应被批准；反之，就应被拒绝。当成本节约大于配置非效率时，并购符合 Kaldor-Hicks 效率标准①，购买者（获胜者）能够补偿生产者（失败者），从而使净福利上升。但是，如果配置非效率大于成本节约，并购将减少生产者剩余和社会总福利，根据 Kaldor-Hicks 效率标准判断，该项并购就是非效率的，应被禁止②。在并购评估中，反垄断当局很难确定一项效率增进型的买方并购的净效应必然是正还是负，需要对并购导致的成本节约和配置非效率进行估算。这一任务可能比较艰巨。从以上的分析可以看出，买方并购不直接涉及最终消费者，因而对此类并购进行评估分析，采用社会总福利标准较为合适（Roger，2010）。

2.2.8　效率的传递率

所谓的传递率主要是指并购导致的成本节约能够在多大程度上传递到消费者价格上，以降低产品价格，增进消费者福利（Roller *et al.*，2001）。Stennek and Verboven（2006）认为，在并购评估的效率分析中需要测度效率的传递率，尤其是在采用消费者福利标准时更应如此。一般情况下，测度传递率大小的方法有两种：一是测度当边际成本变化（例如，1 个单位）时产品价格变化的绝对水平，该方法测度的是"绝对传递率大小"；二是测度当边际成本变化 1% 时价格变化的百分比，该方法测度的是"相对传递率大小"，又称为"传递弹性"或传递率。二者之间的关系是：绝对传递率大小等于传递弹性乘以价格与边际成本之比。Stennek and Verboven（2006）分析了并购的价格效应后指出，如果边际成本节约很显著且传递率足够高，能够抵消市场势力的价格效应，那么并购可能导致价格下降。他们分别分析了产业层次和企业（产品）层次成本节约传递率的计算方法。

（1）产业层次的传递率。如果不同企业生产的产品是完全替代的，那

---

① 关于 Kaldor-Hicks 效率标准，本书的第五章将进行讨论，也可参见 J. de V. Graaf, *Theoretical Welfare Economics*, Cambridge University Press, 1963, 82—90，或者 Thomas, J. , *The Economic Approch to Law*, Stanford University Press, 2nd ed. 2009, 1—7.

② Reichard, E. , and D. Hueth, and A. Scmitz, *The Welfare Economics of Public Policy: A Practical Approach to Project and Policy Evaluation*, Edward Elgar Publishing, 2004, 32.

么在竞争性行业中的产业层次的传递弹性为：

$$\tau^R = \frac{\mathrm{d}P}{\mathrm{d}w}\frac{w}{P} = \frac{1}{1+\varepsilon w}$$

上式说明传递率受到两个因素 ε 和 w 的影响，其中，ε 为的价格的需求弹性，即 $\varepsilon = -\frac{\mathrm{d}Q}{\mathrm{d}P}\frac{P}{Q}$；$w$ 为参数，它测度的是产量的边际成本弹性，即当边际成本下降1%时产量上升的百分比，用公式表示就是，$w = \frac{\mathrm{d}MC}{\mathrm{d}Q}\frac{Q}{MC}$。

在垄断性行业中的产业层次的传递弹性为：

$$\tau^R = \frac{\mathrm{d}P}{\mathrm{d}w}\frac{w}{P} = \frac{1}{1+\varepsilon w+\frac{1}{\varepsilon-1}\eta}$$

上式中，参数 η 测度的是价格对于价格需求弹性的弹性，即 $\eta = \frac{\mathrm{d}\varepsilon}{\mathrm{d}P}\frac{P}{\varepsilon}$。

在寡头垄断行业内，产业层次的传递弹性为：

$$\tau^R = \frac{\mathrm{d}P}{\mathrm{d}\sum c_i/N}\left(\frac{\sum c_i/N}{P}\right) = \frac{1}{1+\frac{1}{N\varepsilon-1}\eta}$$

上式中，N 表示行业内企业数量，c_i 为第 i 个企业的边际成本，其他参数的含义与垄断行业传递率公式中相同。

Stennek and Verboven(2006)还提出了产品差异化行业中的传递水平（“绝对传递率大小”）的测度公式。寡头垄断且产品差异化的行业中的传递水平计算公式为：

$$\tau = \sum \frac{\mathrm{dCS}}{\mathrm{d}c_k} = \frac{\sum \frac{s_k(1-s_k)^2}{(1-s_k)^2+s_k}}{\sum \frac{s_k(1-s_k)}{(1-s_k)^2+s_k}}$$

上式中，CS 表示消费者剩余，c_k 为企业 k 的边际成本，s_k 为企业 k 的市场份额。

（2）企业层次的传递率。竞争性行业中，单个企业所面临的需求曲线为水平状，企业是市场价格的接受者，单个企业没有动机传递任何成本变化①。在同质产品的寡头竞争市场上，企业层次的传递弹性为：

---

① Yde, P., and M. Vita, "Merger Efficiency: Reconsidering the Passing-on Requirement", *Antitrust Law Journal*, 1996, 64: 735—747.

$$\tau_i^R = \frac{\mathrm{d}P}{\mathrm{d}c_i}\frac{c_i}{P} = \frac{(\varepsilon - s_i)/(N\varepsilon - 1)}{1 + \dfrac{1}{N\varepsilon - 1}\eta}$$

上式中各参数的含义与前几个公式相同。

在差异化产品的寡头竞争市场上,企业层次的传递弹性为:

$$\tau_i = \frac{\mathrm{dCS}}{\mathrm{d}c_i} = \frac{\dfrac{s_i(1 - s_i)^2}{(1 - s_i)^2 + s_i}}{\sum \dfrac{s_k(1 - s_k)}{(1 - s_k)^2 + s_k}}$$

上式中,s_i 表示某个具体企业 i 的市场份额,s_k 表示企业 k 的市场份额($k = 1, \cdots, N$)。

Stennek and Verboven(2006)通过模拟和比较分析发现,在一个产品差异化的行业中,无论是在垄断条件下,还是在寡头竞争条件下,产品层次的传递率低于产业层次的传递率。

Sumner(1981)、Bulow and Pfleiderer(1983)、Sullivan(1985)、Barnett *et al.*(1995)和 Verboven(1998)等学者对产业层次的传递率进行了实证测度,并分析了税收、中间产品价格等因素对于传递率大小的影响。Kreinin(1977)、Woo(1984)、Hooper and Mann(1989)、Feenstra(1989)、Athukorala and Menon(1994)等学者研究了汇率变化对于产品价格的传递率大小,这些研究成果对于分析成本节约的传递率大小具有启发和借鉴价值。Ashenfelter *et al.*(1998)、Kadiyali(1997)和 Stennek and Verboven(2006)等学者应用 Staples-Office Depot 等具体并购案例估计了企业层次的传递率。

2.3　效率的评估方法

2.3.1　结构类分析和行为类分析

Svetlicinii(2007)将横向并购反垄断评估中的效率测度范式分为结构类分析和行为类分析(structural analysis and behaviour analysis)两种。结构类分析是以一定的市场份额指标为门槛,市场份额高于门槛条件的并购将不考虑效率抗辩,在门槛条件内的并购才进入效率评估程序。这种制度安排相当于“安全港规则”(safe harbor),与我们后文介绍的“一般推定方法”有些相似。这种方法具有明显的缺陷,不太符合经济学的观点,缺乏经济学的理论依据,并且较为武断和机械。行为类分析主要考虑并购后“单边效应”和“协同效应”(Motis *et al.*, 2006),分析单边行为和协同行为对市场绩效产生的影响。所谓单边效应是指，一项并购通过消除对企业重要的竞争约束，从而使一个或者多个企业在无需借助于协调行为的条件下能够增强其市场势力。所谓协同效应是指，厂商数目的减少及并购厂商市场份额的增加可能导致厂商间默契串谋可能性的增加，使并购产生反竞争效应。这是并购分析较为常用的方法，能够较多地使用寡头竞争模型，使分析的经济学理论依据较为充分。

2.3.2 逐案分析和一般推定

Fisher and Lande(1983)认为，并购分析中考虑效率因素的方法可以分为逐案分析和一般推定(case-by-case analysis and general presumption)两种，并分析了逐案分析方法的局限性，认为一般推定方法优于逐案分析方法。Fisher and Lande 认为，从理论上说，应用"威廉姆森替换"分析框架对每一个并购进行逐案分析，是一个很好的选择。然而，这种方法极其复杂，不可能应用于司法实践。Fisher and Lande 认为，应用"威廉姆森替换"分析框架进行逐案分析的困难主要来自于三个方面，第一，效率标准与举证责任。任何时候，司法决定都应以证据为基础，最基本的问题之一就是证据标准问题。对于效率抗辩而言，成本节约的标准是什么？是有可能产生，还是很有可能产生，还是几乎可以肯定产生？效率来自于所有的并购企业，还是其中一个或几个企业？补偿市场势力效应的成本节约是1%，5%，还是20%？在并购分析中，效率证据是决定性的，还是只作为众多因素之一？逐案分析会产生大量的证据问题，检察官和法官需要评估这些证据。并且，很多重要的效率(如交易成本节约)不可能准确预测、度量和评估，尤其是对于并购企业以外的反垄断当局而言，很难获知并购企业的内部信息和交易秘密。即使并购带来的效率是显著的，有时候也只能在并购发生后几年内逐渐显现，在并购前难以准确评估。最后，逐案进行效率抗辩要求成本高昂的计算、比较和分析评估，这一过程可能十分复杂，耗时很长、花费巨大并且富有争议。第二，可预测性。可预测性问题是并购控制评估审查和对效率因素进行逐案分析的中心问题。并购判定需要最大化给定并购是否合法的确定性程度，或者说，使给定并购判定能够通过司法审查的可能性最大化。不确定性意味着几项成本：它可能提高企业发现合意性并购的成本，可能阻止企业从事一些具有潜在合意性的并购。因而，可预测性的提高能够降低司法成本，提高司法判定效率①。任何类型的逐案分析都将较大程度地提高不确定性，这一不确定

① Posner, R., "An Economic Approach to Legal Procedure and Judicial Administration", *Journal of Legal Study*, 1973(2): 423—426.

性会给并购企业的董事会、经理和银行、企业顾问、律师等相关者带来很多困惑,给并购司法判定带来风险。第三,反垄断当局与法庭的能力。反垄断当局和相关法庭在并购评估审查中分析效率因素方面的能力是有限的,它们不可能准确评估所有的效率因素。如果要求反垄断当局和法庭解决它们无法准确处理的问题,社会就会面临着司法系统可信度下降、反垄断执行成本上升的风险。如果采用逐案分析方法来评估并购,那么反垄断当局就需要确定并购的市场势力效应和效率效应,并在二者之间进行权衡比较。而准确预测市场势力效应和效率效应十分困难,即使是反垄断当局聘请反垄断专家进行评估,不同的专家对同一起并购所产生的市场势力效应和效率效应也会得到不一样的结果,这会使反垄断当局更加困惑。Ilzkovitz(2003)分析了欧盟应在并购条例中引入效率抗辩的经济原因和政治原因,讨论了效率抗辩中可能遇到的方法论和实际应用方面的问题,并提出了并购评估审查中分析效率因素的三种方法,即一般推定方法、逐案分析方法和序贯决策方法。

2.3.3　并购评估审查中纳入效率分析的不同方法犯错误概率的大小比较

在并购评估审查中选择分析效率因素的方法时,不仅要考虑分析方法的准确性,而且要考虑使用这些分析方法的成本。并购判定容易导致两类错误,即Ⅰ类错误和Ⅱ类错误。简而言之,Ⅰ类错误就是拒绝了有利于社会的并购,Ⅱ类错误就是批准了不利于社会的并购(Scherer,1980;Steiner,1975;Hausman,1981;Ehrlich and Posner,1974)。Fisher and Lande(1983)在此基础上提出了Ⅲ类错误。Ⅲ类错误指的是并购评估审查和控制政策给并购企业、执法者和决策者带来过度的不确定性以及过度的执行和司法成本,从而使并购决策背离社会最优结果的错误。与以上三类错误相对应,Fisher and Lande(1983)比较了 5 种并购执行政策在分析效率因素时可能犯错误的概率(见表 2-3)。

表 2-3　将效率纳入并购分析的五种方法及其犯错误概率大小比较

方案	Ⅰ类错误	Ⅱ类错误	Ⅲ类错误
所有并购都使用本身合法原则	0	最大化	0
除最低规模并购外都使用自身违法原则	最大化	0	很小
所有并购都使用逐案效率抗辩	中等	较大	最大化
部分效率抗辩	较大	较大	较大
使用并购指南中设定的市场份额门槛条件进行判定(没有明确的效率豁免)	中等	中等	较小

资料来源:Fisher, A., and R. Lande, "Efficiency Considerations in Merger Enforcement", *California Law Review*, 1983(71):145.

从表 2-3 可以看出，反垄断当局的偏好不同，选择的分析效率的方法就会不同。Fisher and Lande 认为，当预测并购导致的市场势力效应和效率效应都面临很大的不确定性时，使用以市场份额或者其他客观标准为依据的单一规则与使用逐案分析方法相比较，犯 I 类错误和 II 类错误的概率可能不会明显下降，也不会明显上升，但是犯 III 类错误的概率会明显下降。Fisher and Lande 特别强调了并购分析，尤其是使用逐案分析方法分析效率因素时犯 III 类错误的可能性，他们以 Dupont Seagram and Mobil 并购 Conoco 案为例说明了逐案分析方法可能带来的巨大司法成本①。因而，他们不赞成在并购评估审查中使用逐案分析方法分析效率因素。但是，随着经济学理论和分析方法的发展，尤其是计量分析工具和分析软件的广泛使用，以及企业信息收集和处理的规范化，逐案分析方法所涉及的成本在逐步下降，这种分析方法的实用性逐步增强(Roller *et al.*，2001)。

2.3.4 模拟分析方法

20 世纪 90 年代中期以来，一些国家的反垄断当局越来越多地采用较为先进的分析方法，包括计算机模拟分析方法，来帮助评估和权衡并购可能产生的各种效应(Werden and Froeb，1996；2006)。例如，美国和欧盟的反垄断当局在近期发生的一些并购案的评估中就已经使用结构性博弈模型和模拟分析方法(simulation analysis approach)来预测并购的价格效应(Ivaldi and Verboven，2005；Bergeijk and Kloosterhuis，2005；Davis and Garces，2010)。并购的模拟分析需要构建结构性模型，而结构性模型中一般需要包括以下方程：① 需求函数方程或需求函数方程组(相关市场上一种产品对应一个需求方程)；② 成本函数或边际成本函数(相关市场上一种产品对应一个成本函数方程)；③ 描述企业策略性行为的变量或参数(例如，价格、产量、广告、投资等)以及目标函数(利润，利润最大化目标函数)；④ 将相关市场上有所相互竞争的企业的目标函数结合在一起的描述性方程(例如，反映竞争性质的局部均衡方程、一般均衡方程或纳什均衡方程)②。Ivaldi and Verboven(2005)采用模拟分析方法对 Volvo-Scania 案进行了具体分析。他们使用了三步骤最小二乘分析法(the three-stage least-squares)和嵌套罗吉特模型(the nested logit model)对该项并购对重型卡车

① 该案给并购企业带来了 1350 万元的律师费，参见 Brill，S.，"Conoco: Great Plays and Errors in Bar's World Series"，*American Law*，1981(3)：35—49。

② Davis，P.，and E. Garces，*Quantitative Techniques for Competition and Antitrust Analysis*，Princeton University Press，2010，Chapter 8，382—435.

市场价格的影响进行了模拟分析。结果发现，潜在的市场规模越大，所估计的外部产品（非并购企业的产品）的市场份额就越大，价格的需求弹性也越大。Whinston（2007）认为，采用模拟分析方法对并购的价格效应进行估算并不是很困难，给定相关市场上不同产品的需求和成本函数以及企业行为的假定，可以通过并购后市场结构估算出均衡价格水平。Leonard and Zona（1994）、Nevo（2000）和 Werden and Froeb（1994）等学者采用显性的需求和成本函数以及定点演算方法（或者线性代数方法）对并购的价格效应进行了模拟分析。Peters（2003）采用模拟分析方法对发生在 1980 年代的 6 起航空并购的价格效应进行了测算，并通过与真实价格效应进行比较，评估了模拟分析方法的预测能力。Peters（2003）的研究结果显示，虽然并购模拟分析能够抓住价格变化的主要因素，但是它对不同并购所导致的价格变化的预测结果是不完美的，甚至会出现与现实相反的预测结果。

Whinston（2007）指出了采用模拟分析方法需要特别注意的事项：一是正确估计需求函数是保证模拟分析预测准确性的必要条件；二是模拟分析方法的一个关键组成部分是并购后相关市场上企业行为模型的选择，模型选择的差异会导致模拟分析结果的差异；三是价格仅是并购可能影响的几个重要变量之一，市场进入、生产能力上的长期投资和研发等也受到并购的明显影响，模拟分析时需要考虑这些因素。Whinston（2007）认为，随着结构性模型估计技术的发展，并购模拟分析将成为横向并购评估审查中越来越重要的分析工具。Budzinski and Ruhmer（2009）认为模拟分析只能应用于分析并购的竞争效应，由于这一分析技术使用的时间还比较短，在用于并购评估分析时应与其他传统分析工具结合起来使用，以全面分析并购可能产生的效应。这些方法与规范的结构性垄断计量模型相结合，能够模拟相关市场上并购可能产生的效应。虽然模拟分析方法能够推动横向并购反垄断控制的评估分析，但是也有其局限性。模拟分析需要大量数据和其他信息，并且在分析中需要事先做出一些结构性假设，这可能会导致较高成本和较长时间，并且给并购企业提供了很多游说机会①。Davis and Garces（2010）对并购模拟分析的模型、方法和效果进行了系统研究。他们的研究结论为：第一，并购模拟分析能够成为分析并购效果的有用工具，但在现阶段很难作为并购评估分析的主要工具，只能为并评估分析提供辅助性的支持证据；第二，与只应用 HHI 指数相比较，并购模拟分析需要做出

① Goppelsroeder, M., and M. Schinkel, "On the Use of Economic Modeling in Merger Control", in Bergeijk, P., and E. Kloosterhuis (ed.), *Modeling European Mergers*, London: Edward Elgar, 2005.

更现实的假设,以允许并购企业在并购后调整其产量;并购模拟分析可以通过调整并购后边际成本取值在分析中纳入潜在的效率效应;第三,使用并购模拟分析方法对并购效应进行评估,严重依赖于一些结构性的假设,例如消费者需求的性质、成本函数的性质、企业目标和行为假设、均衡的性质等,保证这些假设与现实相一致是做好模拟分析的重要组成部分,尤其是需要正确选择策略变量,评估静态与动态效应,以使模型能够包含市场结果的真正驱动因素;第四,模拟分析的步骤大体相似,需要估计模型中的参数,利用模型预测产权结构变化导致的市场结果可能出现的变化,常用的模型包括 Cournot 模型和差异化产品的 Bertrand 模型;第五,并购模拟分析结果的质量取决于模型的质量,尤其是模型能够在多大程度上反映经济现实,能够多好地获得相关数据,稳健性和灵敏度测试是构建模型和利用模型进行分析的重要步骤之一。

2.3.5 事后评估与审计方法

美国几位学者(Brodley,1987;Pitofsky,1993;Scherer,1991)提出了一种事后评估的方法(ex-post evalution and audit approach)。他们认为,应在并购前的评估审查中尽可能地权衡并购可能产生的效率和反竞争效应,以此为基础确定是否批准并购,并在并购发生后的一段时间内继续对其进行审查,评估并购企业所声称的效率的实际实现情况,根据这一实现状况确定相关补救措施,补救措施可能包括数额不等的罚款以及剥离乃至拆散该项并购等①。这一方法的主要好处在于它能够解决并购评估分析中的信息不充分和信息不对称问题,限制并购企业在事前分析中可能出现的投机问题。然而,这一方法的不足之处也十分明显:如果反垄断当局认定并购企业所声称的效率没有实现,很难恢复并购前的市场结构;对于反垄断当局和并购企业而言,事后拒绝并购的成本过于高昂,并且会影响到第三方。Fackelmann(2006)提出了一种事后审计的方法。他将并购可能产生的效率分为静态效率和动态效率,静态效率可以在事前进行评估和测度,动态效率可以在事后进行审计。他认为采用这种方法的好处是,可以更好地对并购可能产生的诸如"干中学"等动态效率进行测度,提高决策的透明度,同时可以让并购企业更加专注于实现自己所声称的效率。实际上,Fackelmann(2006)提出的事后审计方法并没有完全避免事后评估方法所面临的

---

① Brodley, J., "Proof of Efficiencies in Mergers and Joint Venture: Testing ex-ante Claims Against ex-post Evidence", *Antitrust Law Journal*, 1996, 64(3): 575—598.

问题。

2.3.6　博弈分析方法

Gowrisankaran(1999)构建了一个动态博弈模型,模型中横向并购内生地决定于一个特定的拍卖过程。这一模型较好地解释了并购决策与进入、退出和投资决策之间的关系:如果并购能够将投资的外部性内部化,那么并购将促进投资。我们将这类方法称为博弈分析方法(game theory analysis approach)。Gowrisankaran(1999)认为,并购能够阻止失败企业的退出,也有可能产生更多的产业利润从而诱致进入。Medvedev(2006)通过建立一个信号博弈模型分析了并购的反垄断控制中效率抗辩可能产生的问题及其解决方法,认为反垄断当局只要事先承诺某些评估审查规则和政策,提高并购控制政策的可预期性和透明度,犯Ⅰ类和Ⅱ类错误的概率就会降低。Lagerlof and Heidhues (2005)构建了一个两企业参与并购、效率信息由并购企业拥有并策略性地揭示的四阶段博弈模型,分析了并购控制政策的制度设计对于并购企业行为的影响,比较了三种不同制度设计下预期福利水平的差异,从而论证了适用于效率抗辩的最优制度。在博弈分析的基础上,Lagerlof and Heidhues 提出了三阶段并购评估审查程序,① 反垄断当局面临一起并购时询问自己以下问题:给定第一阶段所能获得的信息(在并购企业提交效率信息之前),反垄断当局是否认为该项并购能够增加社会总福利(不包括生产证据的成本)。如果答案是肯定的,就批准该项并购;如果答案是否定的,就进入第二阶段。② 反垄断当局继续询问自己以下问题:假定已经知道该项并购产生的社会总福利为正,那么在这一信息条件下,我们是否认为并购带来的效率很高并且能够传递给消费者(产生一个并购后的低价格)。如果答案是肯定的,那么反垄断当局就要求并购企业提供能够证实效率大小的证据。如果并购企业能够按照要求提供可信的相关效率证据,证明效率获得十分显著,能够提高社会总福利水平,那么反垄断当局就批准该项并购。反之,反垄断当局就继续进入第三阶段。③ 反垄断当局继续询问自己以下问题:假定已经知道该项并购产生的总剩余为正,那么在这一信息条件下,我们是否认为并购企业产生效率证据(或收集信息)的技术能够满足这一条件:相对于并购导致的价格上升的成本弹性较大? 如果答案是肯定的,那么反垄断当局就要求并购企业提供效率大小的证据。此时,如果并购企业确实提供了可信的证据,证明了并购产生的效率获得十分显著,足以提高社会总剩余,那么反垄断当局就批准该项并购。如果答案是否定的,那么反垄断当局就不需要并购企业提供证据,并阻止该项并购。Neven and Roller(2005)构建了由并购企业、非并购企业和反垄断当局三方参与的游说博弈模型,分析了特定政治经济环境下游说对于并购反垄断控制中福利标准选择的影响。他们的研究结果显示,并购审查程序的透明度越高、对反垄断当局问责越严格时,采用社会总福利标准就越合适。

2.3.7 指数分析方法

Goppelsroeder and Schinkel(2008)在 Werden(1996)和 Froeb and Werden(1998)提出的"补偿边际成本下降量"(compensating marginal cost reductions,CMCR)的基础上构建了"Werden-Froeb 指数"(Werden-Froeb-Index,WFI),用以评估横向并购可能产生的效率。我们将这类方法称为指数分析方法(index analysis approach)。这一指数测度的是并购完成后所需的能够恢复并购前均衡价格和均衡产量的加权平均边际成本下降量。他们认为"Werden-Froeb 指数"界定清晰、客观和稳健,并且测度时所需的信息相对较少。在横向并购的评估中,它可以作为集中度指标(例如,Hirschmann-Herfindahl Index)的自然补充指标,为反垄断当局的决策提供参考。并购所涉及的每种商品的"补偿边际成本下降量"是指,并购后商品的边际成本必须达到这样一个下降量,该下降量至少要能够使并购前的产量和价格维持原状。或者说,"补偿边际成本下降量"至少要保证并购后的价格不会上升,产量不会下降。"补偿边际成本下降量"的概念是建立在这一思想的基础上:并购所能够实现的效率正好能够抵消并购的单边反竞争效应,因而它能够在产量和价格方面复制并购前的状况。当一项并购正好能够产生"补偿边际成本下降量"时,该项并购是否被批准对消费者福利不产生任何影响。当并购产生的效率获得大于这一最低要求量时,原则上要求能够传递一部分给消费者(Farrell and Shapiro,1990)。在任何一个给定的产业内,商品的 CMCR 值取决于该商品生产成本的具体性质、商品特性和市场竞争模式①。然而,CMCR 分析方法也存在一些缺陷:第一,从概念上说,它抽象地产生于并购后产量从并购企业的低效率部门再分配到高效率部门的过程,可能只适用于单一同质产品市场分析,通常也会低估最低要求效率(Stennek and Verboven,2003);第二,CMCR 分析方法本质上属于一种恢复原状的分析方法,它没有考虑并购企业可能在并购后有动

① Werden, G., "A Robust Test for Consumer Welfare Enhancing Mergers among Sellers of Differentiated Products", *Journal of Industrial Economics*, 1996, 44(4): 409—413.

机重新设置产品组合，扩展或调整产品差异化程度对产品进行重新定位，或者终止一些生产线（Gandhi *et al.*，2005）；第三，CMCR 分析方法需要假定并购前后相关市场上的竞争模式没有变化，无法考虑并购可能带来的协同效应。正因为 CMCR 分析方法具有这些不足，Werden（1996）、Froeb and Werden（1998）和 Goppelsroeder and Schinkel（2008）等人在 CMCR 分析方法的基础上提出了"Werden-Froeb 指数"分析方法。"Werden-Froeb 指数"就是经过加权平均计算而得的"补偿边际成本下降量"，即

$$\mathrm{WFI} = \frac{\sum_{i=1}^{n_l} q_i \Delta c_i}{\sum_{i=1}^{n_l} q_i c_i} = \frac{q^{(n_l)} \Delta c}{q^{(n_l)} c}$$

上式中，n_l表示参与并购的企业，c 表示边际成本，q 为并购企业的产量。该公式表示 WFI 值等于并购后经过产量加权后的 CMCR 除以产品边际成本乘以产量之和。WFI 值可以看成是能够复制并购前市场结果的成本节约的百分比，它可以作为市场集中度和效率效应的权衡指标，给出了补偿（由并购反竞争效应导致的）消费者损失所需的最低（经过产出加权的）成本节约的百分比。当 WFI 值较低时，并购企业的效率举证责任就较轻①。然而，WFI 指数方法只能适用于消费者福利标准，同时准确计算 WFI 值也并不容易。

2.3.8 事件研究方法

Eckbo（1983）和 Stillman（1983）提出了一种较为简便易行的实证评估并购效应的方法，即事件研究方法（the event study approach）。这一方法的思路是：一起提高价格的并购将有利于竞争对手，竞争对手如果降低价格将损害自身利益。因此，研究者应该能够通过观察竞争对手企业的股票价格在并购宣布时和随后的执法行动时的变化情况来判断并购的价格效应②。Eckbo（1983）和 Stillman（1983）观察了几起并购事件，没有发现并购能够给竞争对手带来积极效应，因而他们认为大部分并购具有反竞争效应③。Roller *et al.*（2001）对采用事件研究方法的实证研究文献进行了回

---

① Goppelsroeder, M., and M. Schinkel, "Quantifying the Scope for Efficiency Defense in Merger Control: The Werden-Froeb-Index", *The Journal of Industrial Economics*, 2008(4): 778—808.

② Stillman, R., "Examining Antitrust Policy towards Horizontal Mergers", *Journal of Financial Economics*, 1983(11): 225—240.

③ Eckbo, B., "Horizontal Mergers, Collusion and Stockholder Wealth", *Journal of Financial Economics*, 1983(11): 241—273.

顾与综述,发现并购并未像人们所想象的那样增强并购企业的盈利能力,大部分并购企业的绩效在并购后下降了。Whinston(2007)认为,事件研究方法虽然较为简单实用,但是它具有一些潜在的陷阱。首先,事件研究方法的测试能力有限。McAfee and Williams(1988)对所谓的"显然具有反竞争效应"的并购进行了实证分析,并未发现统计上显著的竞争对手企业股票价格的积极变化。他们认为问题可能在于,竞争对手企业是股票收益高度变化的大企业,事件研究测试的效果较低。也就是说,研究者不能因为竞争对手股票价格没有发生统计上显著的变化就认为并购将不会提高价格。其次,事件研究方法的结果受到"先例效应"的影响。Prager(1992)认为,并购一旦宣布,关于市场条件的信息会更普遍地传播,从而影响相关市场上的价格和利润。例如,当一项效率增进型并购被宣布后,不仅并购企业的成本将有可能下降,而且产业内其他企业会效仿该起并购,从而导致所有企业的成本下降,利润上升。因此,发布一起预期能够降低价格的并购消息将导致竞争对手企业的股票价格上升,从而使"先例效应"抵消了反竞争效应。最后,一起能够提高企业规模的并购可能增加并购企业行使反竞争性的排他性行为,从而影响事件研究方法的结果。Bolton and Scharfstein(1990)认为,当并购能够导致并购企业的规模扩大时,并购企业可能向竞争对手企业实施掠夺性行为,使一起(在长期内能够提高价格的)并购的消息发布导致竞争对手企业股票价值出现负回报,从而影响事件研究方法的结果。

2.4 效率因素的实证分析

20 世纪 70 年代以后,产业组织学者开始关注并购的效率影响,并应用产业组织领域兴起的计量分析方法进行实证分析。虽然大部分实证分析并没有直接测算并购带来的效率获得,但是这些实证分析得到的证据能够或多或少地帮助我们了解效率获得是否存在及效率大小情况①。一些实证研究通过测算企业的会计利润或者股票价格的波动来评估并购对公司绩效的影响(Fisher and Lande,1983)。如果一家公司的绩效在并购后上

① 这些实证分析所获得的证据在很多方面存在局限性:首先,很少有实证分析文献研究并购对于生产率、价格和市场份额的影响;其次,公司绩效方面的分析结果往往相互矛盾,并且在方法论方面也存在问题;最后,大部分实证研究关注的是 20 世纪六七十年代美国制造业的并购问题,并且对并购带有明显的偏见。这些实证分析证据不足以得到并购在各方面可能产生多大影响的具体结论。

升了,就可以推断并购要么产生了市场势力,要么带来了效率获得,要么兼而有之。然而这些证据不足以区分开到底是哪一种因素促进了公司绩效上升。明确辨析这两种因素在促进公司绩效上升方面到底起了多大作用,需要获取进一步的信息。例如,一些文献通过分析并购后的消费者价格和市场份额的变动来解释并购对于市场势力和效率的影响。还有一些文献通过分析并购对于竞争对手的股票价格的影响来分解并购的两种效应;如果竞争对手的股票价格上涨了,就说明市场势力的作用比效率获得更重要。这是因为行业市场集中度的上升有利于竞争对手,而并购企业生产成本下降可能伤害竞争对手。股票价格、利润率和消费者价格可能不仅说明市场势力和效率动机在并购中的相对重要性,还可能揭示并购带来的利益(或损失)如何在不同的利益集团之间分配。关于并购是否能够真的带来效率,实证结果往往不如理论分析那样令人“满意”。根据著名会计师事务所 KPMG 在 2006 年 1 月份公布的一份研究报告显示,大约有 2/3 的并购交易没有提高公司价值①。考虑到并购企业的公司价值与并购产生的效率之间的高相关性,这一结果让人对并购是否能够带来显著的效率感到有些“悲观”。对于这一现象的一种可能的解释是,也许企业参与并购的动机并非像主流经济学所假设的那样,是为了(通过效率获得或者通过提高市场势力)使并购企业利润最大化,企业经理们可能还有其他非经济的目标②。

2.4.1 并购对公司绩效的影响

产业经济学家研究并购对公司绩效影响的方法是比较并购企业在一体化前后会计利润的变化。从理论视角看,并购既有可能提高公司利润也有可能降低公司利润:一方面,寡占理论认为并购将提高相关市场上的市场势力,企业能够制定一个高于边际成本的价格;另一方面,并购可能导致竞争对手扩大产量,从而可能降低并购企业的市场份额。行业的价格—成本加成(price-cost margin)上升和并购企业自身销售量下降的净效应是不明确的,同时,并购对于并购企业内部效率的影响也是不明确的③,因此并购对于公司利润的影响是一个经验实证问题,需要针对具体并购进行实证

---

① KPMG International, The Morning After Driving for Post Deal Success, 2006.

② Kamerbeek, S., “Merger Performance and Efficiencies in Horizontal Merger Policy in the US and EU”, Research in Law and Economics, Working Paper, 2009.

③ 这是因为并购可能通过实现生产合理化和规模经济产生内部效率,但是同时也可能因为降低产品市场竞争程度而导致管理松弛,从而产生内部非效率。关于并购可能带来的效率获得(内部效率),后文将做进一步的分析。

分析。Fisher and Lande(1983)对20世纪80年代以前的实证分析进行了回顾和评述。Mueller(1980)组织了部分产业经济学家对欧美的并购进行了较大规模的研究,这些研究成果收集在 *The Determinants and Effects of Mergers: An International Comparison* 一书中①。在该书中,Mueller对发生在美国和欧盟的并购进行了比较分析。他采用了并购企业1962—1972年的数据,测算了股票利润率和全部资产利润率,比较了并购前五年和并购后五年公司绩效的变化。为了控制外部冲击对于公司绩效的影响,他采用了两种可供选择的方法:一是将并购企业的利润与由与并购后企业相类似的企业构成的控制组企业的利润进行比较;二是将并购企业的利润与行业平均利润进行比较。Mueller的研究结论显示,横向并购能够提高市场力量,却未能明显改善公司绩效,在一些特定的并购案例中并购确实能够产生效率获得。Cable *et al.* (1980)研究了德国1964—1974年发生的50起并购,他们发现并购企业的公司绩效好于控制组企业,但是这一结论在统计上并不显著。Cosh *et al.* (1980)研究了英国1967—1969年的211起并购,他们发现,在并购前五年和并购后五年之间,并购企业的利润率出现上升,而控制组的非并购企业的利润率却在同期出现下降。Kumps and Wtterwulghe(1980)研究了比利时1962—1974年制造业和零售业行业内的21起并购案例,发现并购企业的公司绩效高于控制组的非并购企业,在并购前五年和并购后五年之间,并购企业的利润率的下降幅度小于控制组的非并购企业。Jenny and Weber(1980)研究了法国1962—1972年的40起横向并购,研究结果显示,并购前四年和并购后四年之间,并购企业利润率出现下降,并且这种下降幅度大于控制组内的非并购企业。Peer(1980)研究了荷兰1963—1973年的30起发生于制造业和零售业行业内的并购,发现并购企业的绩效要比非并购企业的绩效差。Ryden and Edberg(1980)对1962—1976年间发生于瑞典的25起大型并购进行了研究,结果显示,并购企业的利润率在并购前五年和并购后五年间出现了下降,与此同时控制组的非并购企业的利润率却出现了上升。Meeks(1977)研究了1964—1972年发生在英国的大公司的接管案例,被接管的对象是具有行业平均利润率且规模小于控制组企业的小企业,参与接管的企业是具有高于行业平均利润率且规模大于控制组企业的大企业,接管发生后的七年内,参与接管的企业的利润率出现了下降。同时,Meeks还研究了并购对于公司资产回报

① Mueller, D., *The Determinants and Effects of Mergers: An International Comparison*, Cambridge Massachusetts, Oelgeschlager: Gun & Hain Publishers Inc., 1980, 299—314。本段中,引用的成果除了特殊注明的以外,皆出自于本书。

率的影响，他发现并购没有产生价值，大部分并购甚至给并购企业造成了利润下降。从以上实证研究的成果可以看出，发生于 20 世纪六七十年代的并购对公司绩效的影响有正有负，并且通常这种影响较小且不够显著。

20 世纪 90 年代以前对美国并购的实证分析较有代表性的成果为 Ravenscraft and Scherer(1987)的 *Merger, Sell-offs and Economic Efficiency* 一书。在这本书中，Ravenscraft and Scherer 对发生在美国的、时间跨度较长、样本规模较大的并购进行了具体深入的研究。在其中的一项研究中，Ravenscraft and Scherer 估算了 634 个目标企业在被并购前的利润率，这些企业都为制造业企业，并且都是在 1968 年、1971 年或 1974 年被收购。公司绩效采用年度营业收入与年末总资产的比率来表示，目标企业的平均利润率为 20%。同期，所有制造业行业的平均利润率为 11%。因此，目标企业的利润率明显高于平均水平。Ravenscraft and Scherer 还单独测算了 1962—1976 年 95 家要约收购的目标企业的并购前利润率，这些目标企业的利润率要略低于它们所在行业的平均利润率。然后，他们采用美国标准行业分类的 3 位数和 4 位数产业测算了并购后企业(分公司)的绩效，发现并购对于公司绩效具有消极影响。Ravenscraft and Scherer 对并购后被并购的目标企业的售卖情况进行了分析，大约有 19%—47% 的被收购的目标企业在并购后被相继售卖，并且这些企业在售卖前都经历了利润率下降，利润率低于同行业其他非拆售企业的平均利润率。综合以上分析，Ravenscraft and Scherer 认为，那些被并购的目标企业在并购前处于“良好的健康状态”，而在并购后却慢慢进入“重病状态”。

Healy *et al.* (1992)研究了美国 1979—1984 年 50 起最大并购的并购后企业绩效。他们使用税前经营性现金流的资产回报率作为绩效指标，利用所在行业的绩效作为参考基准，数据来自于并购前五年和并购后五年(剔除并购当年)。并购前，并购企业获得的平均年度回报率为 25% 左右，并购后这一回报率下降到 20% 左右。然而，这一下降幅度小于行业内其他企业的下降幅度。Ikeda and Doi(1983)研究了日本 1964—1975 年制造业行业内 49 家并购企业的绩效变化情况。他们采用税前平均利润与年终企业市值和总资产的百分比来表示利润率，数据来自于并购前五年和并购后五年。他们分别测算了并购企业的绝对绩效和相对绩效①。绝对绩效测算结果显示，大约有 60% 的并购企业通过并购提高了绩效，大约有 40% 的并购企业绩效下降。相对绩效测算结果显示，60%—70% 的并购企业通

① 相对绩效是指相对于并购企业所在行业的其他竞争对手企业的绩效。

过并购提升了绩效。Dickerson *et al*.(1997)利用1948—1977年英国3 000家参与并购企业的面板数据分析了并购对于公司绩效的影响。他们发现,如果采用公司资产回报率指标进行测度分析,并购对于公司绩效的影响是负向的,公司内部增长的绩效好于并购。Gugler *et al*.(2003)通过实证研究发现,即使并购可能带来公司绩效的略微改善,也是因为并购产生了市场势力,而非并购带来的效率所致。Fridolfsson and Stennek(2005)认为,实证研究并购对公司绩效影响,既受到实证数据的影响,也受到研究方法的影响,因而在采用实证分析结果时应持谨慎态度。例如,并购可能产生正外部性,而这种正外部性很难纳入实证分析,因而实证结果往往会产生偏差。

一些学者研究了并购对于并购企业效率的影响。Schenk(2006)的实证分析结果显示,并购对生产效率的影响微乎其微。Berger and Humphrey(1992)采用1981—1989年美国银行业并购样本数据分析了并购对于生产效率的影响。他们的研究结果显示,平均而言,并购没有明显改进并购企业的生产效率,并购企业的规模经济性甚至略微逊于并购前;并购后并购企业的X-效率大约获得5%的改进,但结果在统计上并不显著。Akhavein *et al*.(1997)研究了较大规模的并购对于价格和效率的影响。他们指出,由于样本银行的成本相对于观察到的最佳银行而言通常要高出20%—25%,因而银行并购存在较大的潜在X-效率,并购银行之间效率的转移能够导致明显的X-效率改进。Akhavein *et al*.(1997)还提出了内部效率(internal efficiency)和利润效率(profit efficiency)之间的区别,利润效率将考虑到产出选择的成本和收益效应,而内部效率主要考虑生产效率和X-效率等。他们认为,银行并购可以通过卓越的产品组合提高利润效率;相对于其他大型银行而言,并购银行的利润效率大约提高了16%。Hitt *et al*.(1991)研究了并购对于动态效率的影响。他们分析了美国191起并购中R&D经费的变化,发现并购后R&D经费明显下降,并购企业的专利申请量相对于行业平均水平也出现了下降。

2.4.2 并购对公司股票价格的影响

通过分析并购宣布期内并购企业股票价格的波动(即并购宣布前几周和并购宣布后几周股票价格的差异)来评估并购对公司绩效的影响,这种实证研究方法被称为事件分析法。事件分析法的一个重要的潜在优势是,如果股票市场是有效市场,那么股票价格反映的是企业创造的未来预期利润的现值。这种分析方法与基于会计数据的利润率研究方法有着根本的区别。会计利润只是针对现期利润,而现期利润会受到非预期的临时收益或损失的影响,并且会计利润依赖于对收益和成本进行分类的特定方法。Jensen and Ruback(1983)回顾了1956—1981年内的13项事件研究,其中6项与兼并有关,7项与要约收购相关,并且与成功的公司接管相联系的非正常的股票价格变动的百分比中,30%属于要约收购,20%属于兼并。Jarrell *et al*.(1988)采用事件研究法对发生在1962—1985年的663个成功要约收购进行了研究,20世纪60年代的目标企业股票的平均溢价为19%,70年代为35%,1980—1985年为30%。同时,他们将样本按照投标企业和目标企业进行分组,以测算协同收益。在整个研究期内,平均联合收益为7%,并且在统计上显著。Bradley *et al*.(1988)运用发生在1963—1984年236个成功的要约收购样本,对股票价格波动进行了研究。他们发现整个研究期内的平均目标收益为32%,竞标企业间的竞争提高了目标回报率,降低了收购回报率。Schwert(1996)研究了1975—1992年成功接管和不成功接管中的1 814家目标企业股价变化,发现要约收购的平均收益率为36%,并购的平均收益率为17%。目标企业总回报率由近似相等的两部分构成,即注册加成(mark-up,是指宣布投标开始的第一天股票价格的上升)和运行加成(run-up,是指第一注投标前的40天内股票价格的上升),注册加成与运行加成的规模基本上没有关系。运行加成反映了其他潜在投标者所掌握的的信息状况,而不是内在交易或信息的泄露。Tichy(2001)对并购研究领域的32项事件研究进行了总结,发现并购企业的回报率总体上趋于下降。Schenk(2006)研究了1993—2001年110起大型并购样本,发现投标企业的非常规回报为负,位于-3.4%到-8.5%之间,并且这一结果随着观察期的变化而发生变化。如果选择并购宣布后的一个较长时期进行测度,并购企业的回报率趋于下降。事件研究的证据显示,目标公司的股票持有者能够从接管中获得较大的正的非正常回报,而投标企业的回报不够明确,但一般认为是收支相抵。由于目标企业能够获益而投标企业又没有明显损失,因此从实证研究的证据中能够看出,接管能够为参与企业创造价值。然而正如Jensen and Ruback(1983)所指出的,投标企业一般要大于目标企业,投标企业的一个较小百分比损失的价值可能超过目标企业的一个较大百分比收益的价值。因此,如果综合考虑投标企业的回报和目标企业的回报,并购企业的所得可能是负的。

也有一些实证研究结论要相对乐观一些。Stulz *et al*.(1990)研究了1968—1986年104起要约收购,发现平均回报率为11%左右,并且在统计上显著。Berkovitch and Narayanan(1993)研究发现1963—1988年330起成功的要约收购中,76%的并购获得了正的总收益。Houston and Ryngaert(1994)的研究显示,1985—1991年银行并购案例中总收益小幅为正。Banerjee and Eckard(1998)发现参与1897—1903年美国并购大浪潮的企业的总收益率为12%—18%。然而,需要注意的是:① 短期股票价格波动并不一定是评估并购绩效的非常准确的工具;② 股票市场是否是有效的,这一假定的变化会影响实证分析结果的价值;③ 目标企业的利润率的变化不仅仅是由于并购带来的,可能存在其他因素;④ 股票价格的波动可能受其他信息的影响,而不仅仅是并购这一"事件"[①]。

从以上实证研究的结果可以发现,并购并非总能获利,很大比例的并购降低了并购企业的利润率。并购导致利润率下降的原因可能有:① 并购提升了市场势力,但是同时并购企业产生了内部非效率,抵消了利润上升;② 并购对生产成本没有影响,利润损失源自于竞争对手在并购发生后扩大了产量,致使行业内产品价格下降或并购企业的市场份额下降。需要提醒的是,并购对平均利润的影响是变动的,一些并购能够提高利润率,一些并购无法提高利润率。这与一些并购能够提升效率的观点是一致的。这一观点的政策含义是,竞争政策不必要指望所有并购都能够产生一般的成本节约,但应该允许特定并购产生成本节约,进行效率抗辩。从以上评述可以看出:① 并购的反垄断控制不能以"并购能够产生成本节约"这个一般假定为基础,并购能否产生效率以及产生多大效率需要针对具体案例具体分析;② 关于利润率和股票价格可以获取的证据不一定必然成为期望利润所得的容易观察到的条件,需要联系具体情况进行实证分析。

现有文献对于并购对效率产生影响的实证研究主要集中于制造业,这些证据不足以得到其他产业内并购可能对效率产生何种影响的结论。现有文献采用的实证研究方法也具有较大差异,一些研究仅是简单地比较并购企业在并购前后利润率的差异;一些研究采用的方法稍微复杂一些,比较并购企业与同行业内其他企业利润率的差异,以控制研究期内其他因素对利润率的影响。然而,这种利用竞争企业控制外部冲击的方法又会产生新的问题。原因在于,通常情况下,一项并购会对外部企业产生外部性。也就是说,当两家企业并购并降低市场竞争程度后,未参与并购的竞争企业也将从中获益。实际上,在强外部性条件下,外部企业的获益可能大于并购企业。这是因为一般情况下并购企业会减少产量,而外部企业无需减

① 这可能是事件研究方法的缺陷。例如,在测算特定"事件"(比如说并购)对于股票价格的影响时,可能有其他"事件"同时影响股票价格,研究者很难准确区分哪些"事件"应该被纳入"并购事件"。

少产量,因此从价格上升中获益更大。这是一个有意思的结论,从这一结论可以得到以下推论:一项并购企业自身无法获利的并购,可能由于具有强外部性,变成能够提升社会总福利的并购;一项并购企业自身能够获利的并购,可能由于具有负外部性,变成损害社会总福利的并购。

在前文分析中,我们已经指出利润率研究和股票价格研究都受到方法论的困扰。如果将通过利润率研究获得的实证结果与通过股票价格研究获得的实证结果结合起来,情况会更加复杂,甚至会产生新的更大困扰。通过利润率研究获得的实证证据显示,大部分并购将降低利润率;而通过股票价格研究获得的证据却显示,并购将导致股票价格上涨(Caves,1989;Scherer and Ross,1990)。如果这两类证据都是正确的,那么就出现了两个"实证之谜":① 为什么不能获利的并购会出现? ② 企业利润下降时,股票价格为什么上涨? 第一个"实证之谜"实质上是,在并购无法获利的情况下,并购企业为什么还要参与并购? 对于这一问题的大部分理论解释认为,出现这一现象的原因是,企业所有者缺乏手段和工具约束企业的经营者,出现所谓的"委托—代理问题",企业的经营者因而相应地过分高估自己的能力,变得有些"自负"(Roll,1986;Hayward and Hambrick,1997;Frensch,2007);或者企业经营者具有很强的动机通过并购去建立一个"公司王朝",以获取更高收入、权利和威望,或提高在职享受水平和社会地位(Ravenscraft and Scherer,1987;Shleifer and Vishny,1988;Schenk,2006)。无论是"自负说"还是建立"公司王朝说",都无法解释为什么公司股票价格上涨和利润率下降同时发生。Fridolfsson and Stennek(1999,2005)提出了"先发制人并购动机"假说,试图同时解释这两个"实证之谜"。即使是并购将降低它们的联合利润(与并购前比较)的情况下,企业 A 仍然并购企业 C。这种事件可能发生在这种情况下:如果企业 A 不并购企业 C,那么企业 B 将并购企业 C(相关替代并购),这将导致企业 A 的利润下降更多。换一种说法,与并购前初始状况比较,即使并购将导致利润下降,但是与相关的替代并购发生后相比较,仍可能提高利润。所以,成为"局中人"比成为"局外人"更有利,企业 A 的并购行为是符合理性的。进一步而言,即使这种先发制人的并购降低了利润流,企业的总价值(所有预期的未来利润的折现总和)仍有可能上升。这是因为,并购避免了企业可能成为"局外人"的风险,使企业市场价值上升①。在股票市场是有效市场(股票

① Fridolfsson, S., and J. Stennek, "Why Mergers Reduces Profits and Raise Share Price: A Theory of Preemptive Mergers", *Journal of European Economics Association*, 2005(3): 1099—1121.

价格能够反映公司价值)的假定下,以上结果解释了两类文献的实证结论是一致的。根据"自负说"、"公司王朝说"和"先发制人并购动机说",市场势力和成本节约都成为了次要动机,因而这些假说描绘的是并购的悲观图景。无论怎么解释并购动机,毫无疑问,并购都将对市场力量和企业成本产生影响。

2.4.3 市场势力和成本节约的分解

1. 并购对产品价格的直接影响

现有实证研究结果倾向于认为,并购将导致产品价格上升。这一结论与并购将带来运营效率的观点是相左的。之所以出现不一致的结论,原因之一可能是效率获得对于价格的积极影响被市场势力上升对价格的消极影响所抵消,并且消极影响大于积极影响。研究并购对于产品价格影响在方法论上的困难是,如何将并购后影响产品价格的其他因素(例如,要素价格的变动)准确地纳入分析框架,剔除其影响,获得并购对于价格变动的净影响。西方产业经济学家解决这一困难的方法是,将并购企业已经变化的产品价格与其他产品价格进行比较。Barton and Sherman(1984)评估了两起收购的价格效应,这两起收购都使收购企业的市场份额显著上升。两起并购都是由世界最大的复制微缩胶卷生产商 Xidex 公司发起的。1976 年,Xidex 公司收购了其在所谓的重氮微缩胶卷方面的主要竞争对手,使其在美国的市场份额由 40% 提高到 55%。1979 年,它收购了在微泡微缩胶卷方面的主要竞争对手,将其在美国的市场份额由 67% 提高到 93%。这项研究使用的数据是 1973—1982 年十年间的实际交易价格。为了控制通货膨胀、要素成本和生产率变动的影响,他们使用的是重氮微缩胶卷和微泡微缩胶卷的价格比(相对价格)。这种方法基于这两类商品之间存在着良好替代关系的假设。研究结果显示,第一起并购使重氮微缩胶卷的价格上升了 11% 左右,第二起并购使微泡微缩胶卷的价格上升了 23% 左右。第二起并购使 Xidex 公司几乎成为垄断厂商,因而价格提高幅度大于第一起并购。Weinberg(2008)研究了航空业内并购的价格效应。他认为,由于在航空业内每一对城市之间的航线都可以作为一个相对独立的市场,航空业非常适合用于研究并购的价格效应;一起单独的并购可能影响到不同的航线,从而产生大量的观察样本。Weinberg(2008)的研究结果显示,并购的确提高了航运价格。Kim and Singal(1993)研究了美国 1985—1988 年航空业内发生的并购对于航运价格的影响,他的研究范围包括受并购影响并能获得数据的所有航线。这一研究的一个优势在于,在该时间段内美国政府尚未对航空业内的并购进行干预，另一个优势在于航空业的每一条航线都可以作为一个相对独立的市场，因而 14 起并购中每一起并购都产生大量的样本观察点。为了辨识并购所引起的价格变化，他们将样本航线的价格变化与控制组的平均价格变化进行比较。每一个并购案例中，他们平均选择了 196 个未受并购影响的航线作为用于比较分析的控制组。研究结果显示，从并购发起到并购完成整个期间内，相对于未受并购影响的控制组航线而言，并购企业将机票价格平均提高了 9%；而竞争对手作为对并购的反应，将受并购影响航线的机票平均提高了 12%①。机票价格变化与航线距离成正向关系，这一结论暗示，由于长距离航线被其他交通方式替代的可能性要小一些，航空公司倾向于在长距离航线上获取市场势力。Kim and Singal 还分别研究了并购宣布期和并购完成期内的市场力量效应和协同效应。他们发现，在并购宣布期内（主要是市场力量效应导致价格变化），价格上升了 11%；在并购完成期内（主要是效率效应导致价格变化），价格下降了 9%。Kim and Singal 发现的另外一个有意思的结论是，市场集中度的变化与机票价格变化之间存在显著的正向关系。由于在研究期内政府规制机构收到的顾客对于服务质量的投诉上升了 3 倍，他们否定了并购导致的服务质量上升会抵消价格上升不利影响的观点。Borenstein (1990)、Werden *et al.* (1991) 研究了发生在 1986 年的两起航空并购（TWA-Ozark 并购和 Northwest-Republic 并购）对于机票价格的影响。他们发现，Northwest-Republic 并购中，受并购影响的航线的机票相对价格显著上升；TWA-Ozark 并购中，机票价格并未发生明显变化。

2. 并购对产品价格的间接影响

由于并购效率获得效应的滞后性、价格变动影响因素的多样性等原因，研究并购对于产品价格直接影响的难度较大。很多学者致力于通过比较具有不同集中度水平的、相对独立的地理市场上的价格差异来获取补充证据，研究并购对于产品价格的间接影响。如果高市场集中度与高价格相联系，那么高市场集中度就成为横向并购将导致价格上升的间接证据。或者说，并购产生的市场力量效应大于效率效应。Schmalensee (1989) 较早综述了这类跨部门研究文献。根据 Schmalensee 的评述，这些研究显示的主要程式化的事实说明，市场集中度与价格水平之间存在正向关系。Bresnahan (1989) 也认为，跨部门研究证实了价格与集中度之间存在某种

① 由于并购对于价格提升的反竞争效应会在并购发生后立即显现，而并购对于价格下降的效率获得效应需要在长期内实现，因而文中实证结果可能有些夸大了并购对于航线机票价格的影响。

关系。Lamm(1981)研究了美国18个标准都市统计区(Standard Metropolitan Statistical Areas)1974—1977年食品零售业数据,发现食品价格和市场集中度之间存在正向关系。研究结果进一步显示,任何三家最大企业的市场份额上升将导致市场价格上升,而第四家最大企业的市场份额上升将导致市场价格下降。这一结论说明,三家企业可能合谋,而当市场中有四家或更多的大企业时合谋变得更加困难。Lamm还发现,如果将商场的平均规模提高10%,市场价格将下降5%左右,这说明存在销售的规模效率。从这个意义上说,如果一项并购能够实现销售的规模效率,就能够降低价格。Cotterill(1986)应用单个企业价格水平数据,研究了佛蒙特市(Vermont)18个本地食品零售市场,每一个零售市场包括1—17家不等的超市。他发现,同一市场中的不同企业根据企业自身特点制定不同的价格,这些特点包括连锁依赖性、销售能力利用率和店铺规模等。在控制了这些因素后,市场集中度对于企业制定的价格水平具有显著的正向影响。Marvel(1978)研究了1964—1971年22个美国城市的汽油零售市场,发现了市场集中度与价格水平之间在统计上存在显著的正向关系,并且这种正向关系在低价汽油市场(low-price segment)更为明显。Geithman *et al*. (1981)在回顾总结前人实证分析的基础上,研究提出了"关键集中度"(critical concentration ratios)的概念,并在保险承销市场、汽油零售市场和超市进行了实证测度。如果能够发现"关键集中度",也就是说在小于"关键集中度"的市场上,并购不对价格产生影响,那么这一发现对于竞争政策的制定将具有十分重要的意义。这就容易判定,发生在市场集中度低于关键水平市场上的并购,或者并购后市场集中度低于关键水平的并购,不会提高市场势力,或者至少能使效率效应超过市场力量效应,不会导致价格上升。他们研究发现,在特定产业可能存在"关键集中度",例如保险承销市场CR_4大约为50%;而有些产业(例如超市)很难发现"关键集中度"。因此,他们认为给整个制造业制定一个"关键集中度"是行不通的。Verboven(1996)分析了比利时、德国、英国、意大利和法国等欧洲五国汽车价格的差异。通过测算五国汽车市场上的价格—成本加成,Verboven发现行业内企业规模越大、市场份额越大,价格—成本加成就越高。国内企业具有较大市场份额的市场,例如意大利(Fiat集团),往往具有较强的国内市场势力。比利时的市场集中度最低,大部分市场的价格—成本加成也最低。Asplund and Sandin(1996)研究了1995年瑞典250个地方市场的543个驾驶学校。这些驾驶学校规模较小,为家庭所经营,一般拥有两辆中型汽车、两个雇员。驾驶培训的平均市场价格为每小时4.5—8瑞典克朗,但在同一个市场内价格是一致的。Asplund and Sandin 的研究结果显示,如果附近培训市场的价格较低,并且相隔距离较近,那么该学校会降低价格;如果本地市场的集中度上升,价格也会随之上升。Bresnahan and Reiss(1991)提出了另一种方法。这种方法的新颖之处在于,它能够应用于价格数据难以获取的情况下。Bresnahan and Reiss 研究的也是相对独立的不同地理市场,他们关注的是每一个市场中与市场规模相关的企业数量。进入一个市场,企业至少要能够回收其固定成本投资。一般而言,市场上的垄断者能够制定高于其边际成本的价格,因此垄断者只需要一个相对较小规模的市场就能够回收其固定成本投资。举例来说,如果垄断者的固定成本投资为 100,不变的边际成本为 1,垄断者能够制定单位产品的价格为 2,那么只需要销售 1 个产品就达到收支平衡。如果每个消费者只购买一个单位的该产品,那么市场规模至少应该为 100 个消费者。再来讨论两种情形:① 假定数据显示某一市场为了容纳两家企业,市场规模至少为 400 个消费者,那么我们就能够推断出双寡头价格为 1.5,也就是说,价格—成本边际为 0.5,价格—成本边际 0.5 乘以消费者数量 200,恰好能够弥补固定成本;② 假定数据显示某一市场为了容纳两家企业,市场规模至少为 200 个消费者,那么我们能够推断双寡头价格为 2,等于垄断价格。总而言之,通过研究多少个企业与市场规模相关,我们就能够推断出市场力量与企业数量的关系。应用这种方法,Bresnahan and Reiss(1991)研究了美国医疗市场、牙医市场、管道市场和轮胎销售市场。他们认为,当一个市场上的第二个企业或第三个企业进入市场时,竞争程度将显著上升;然而在低集中度市场上,企业数量对于价格—成本加成的影响微不足道。

3. 并购对于市场份额的影响

在研究并购对于产品市场价格的影响的同时,一些学者开始关注并购对于并购企业市场份额的影响,并进行了实证研究。如果并购的动机是为了获取市场势力,并购企业将降低产量、提高价格,这种初始变化将导致竞争对手的剩余市场需求上升,竞争对手企业通常会在提高产量的同时提高价格,确切的提高幅度取决于竞争的性质。例如,Cournot 模型预测竞争对手企业会通过更多地提高产量作为对并购的反应;而 Bertrand 模型预测竞争对手企业在剩余市场需求增加时会更多地提高价格。在这种情况下,并购企业的市场份额会下降。如果并购的动机是为了获得成本节约,并实现了充分的成本节约的协调效应,并购企业的市场份额将上升。实际上,并购如果导致价格变化上升,往往会降低并购企业的市场份额;并购如果导致市场价格水平下降,往往会提高并购企业的市场份额。因此,研究并购对于市场份额的影响与研究并购对于市场价格的影响,在原理和方法上有些相似。Goldberg(1973)研究了20世纪50年代和60年代发生在美国的44起并购,没有发现并购企业的市场份额在并购后的3.5年内发生明显变化。Mueller(1985)考察了1950—1972年美国1 000家最大企业的销售情况,构建了一个包括209家被并购企业和123家并购企业的样本,同时构建了一个由未参与并购且与并购企业性质相类似的企业构成的控制组,发现并购企业的市场份额在并购后的11年内出现明显下降。在非横向并购组内,控制组企业在1972年保留了1950年市场份额的88.5%,而参与非横向并购的企业仅保留18%;在横向并购组内,控制组企业在1972年保留了1950年市场份额的50%,而参与横向并购的企业仅保留了14%。Baldwin and Gorecki(1990)通过实证研究发现,横向并购中被并购企业的市场份额显著下降,而在其他类型的并购中被并购企业的市场份额没有明显的变化。一份制药行业的战略咨询报告(2000)显示,在1990—1998年欧盟医药市场上参与并购的12家并购企业中有11家企业的市场份额出现下降,而6家未参与并购的企业提高了它们的市场份额。Gugler *et al.*(2003)通过实证研究发现,平均而言,并购没有提高并购企业的盈利能力,但降低了并购企业的市场销售份额。

4. 并购对于竞争对手企业(外部企业)股票价格的影响

从理论角度分析,以提高市场势力为动机的并购有利于竞争对手,或者说,任何提高价格或限制产量的并购都会给竞争对手带来获利机会,导致股票价格上涨。与此相反,那些能够提高效率、节约成本、降低价格的并购将对竞争对手企业造成伤害,竞争对手企业的股票价格会下降。然而,关于并购影响竞争对手企业股票价格的实证研究结论莫衷一是。Stillman(1983)发现并购对于外部企业的股票价格没有统计上的显著影响。Eckbo(1983)发现了并购对于外部企业的股票价格在统计上显著但较小的影响。Schumann(1993)发现,当政府宣布对一项并购进行审查时,外部企业股票价格并未受到明显影响。Banerjee and Eckard(1998)的研究结果显示,在1897—1903年的大并购浪潮中,竞争对手企业遭受了大约10%的明显价值损失。这一结论可以作为该时期的并购存在节约成本的效率效应的证据。对Banerjee and Eckard研究方法的一个怀疑性的评论认为,如果并购企业实施掠夺性定价策略,即使是没有效率效应的反竞争性的并购也会损害竞争对手。Banerjee and Eckard(1998)论证了大并购浪潮期间竞争对手企业的损失与并购企业的掠夺性定价没有关系。原因在于,并购企业拥有较高市场份额时外部企业的回报率与并购企业拥有较低市场份额时外部企业的回报率之间并不存在统计上显著的差异。Singal(1996)通过将股票价格数据与产品市场数据结合起来分析的方法拓展了 Banerjee and Eckard(1998)的研究框架。Singal 研究了美国 1985—1988 年 14 起航空公司并购,将并购企业和竞争对手企业的股票价格变化与市场集中度的变化和并购企业所属的普通机场数量联系起来进行综合分析。后者被当作并购是否能带来效率的一个标志。研究结果显示,普通机场的数量与并购企业的获得、外部企业的损失正相关,因而可以作为效率获得的证据;市场集中度的较大上升将提高外部企业的所得,而对并购不存在明显影响,这被解释为与并购提高市场势力相关的经典搭便车问题①。

5. 小结

关于并购的福利效应和并购动机,学术界存在较大争议。产业经济学与金融经济学两类实证分析文献往往得到明显的相互矛盾的结论。产业经济学文献研究了并购对于产品价格和市场份额的影响,认为并购将导致价格上涨,并购企业的市场份额将下降。关于这一结论的一个合理的解释是,并购产生市场势力,从消费者的角度来说,并购带来的成本节约不足以抵消市场力量上升导致的消极影响。还有一些实证研究的结果显示,横向并购可能导致成本上升,而不是下降。这些研究结论都暗示,横向并购通过将剩余转移给生产者,或者产生社会福利净损失,而降低了消费者福利。金融经济学文献通过事件研究的方法分解并购导致的市场势力和成本节约效应。Eckbo(1983)、Banerjee and Eckard(1998)等通过比较并购宣布前后和并购的反垄断审查宣布前后外部企业股票价格变化,评估并购的福利效应。如果外部企业股票价格在第一宣布期(第二个宣布期)上升(下降),那么并购就被认定为具有反竞争效应。原因在于,具有反竞争效应的并购提高了产品价格,从而使外部企业获利。然而,关于这一论点的证据存在诸多分歧,没有得到统一的结论。一些对发生在近期的并购案例的研究没有发现并购对于外部企业股票价格的影响,或者影响很微弱。这可以被解释为,要么并购没有产生市场势力效应和效率效应,要么两种效应相互抵消了。事件研究方法受到了 McAfee and Williams(1988)和 Fridolfsson and Stennek(1999)的批评。McAfee and Williams(1988)运用与事件研究法相反的程序,分析当一项并购被认为具有反竞争效应并对外宣布和进入反垄断审查程序后,竞争对手企业的股票价格是否变动。实证分析的结果显

---

① Signal, V., "Airline Mergers and Competition: An Integration of Stock and Product Price Effects", *Journal of Business*, 1996, 69(2): 233—268.

示，给定一项并购具有反竞争效应时，被估计系数的符号通常与预测值相反。这一结论对事件研究方法是否能够发现并购的反竞争效应及其政策含义提出了质疑。McAfee and Williams 认为，之所以出现这一结论，是因为在他们的样本中，使用的是大型多产品企业作为外部企业，这些企业只有一小部分收益来自于并购的相关市场。Fridolfsson and Stennek(1999)通过构建理论模型进一步解释了事件研究方法不能辨识具有反竞争效应并购的原因。他们的理论研究显示，反竞争性并购对于外部企业股票价格的影响与通常认识相反，与 McAfee and Williams(1988)的实证证据一致。如果一项并购提高了价格，对外部企业产生正的外部性，但对内部企业更加有利，那么外部企业的价值最终还是会下降。假定股票市场是有效的，反竞争性并购能够降低外部企业的股票市场价值。并购前外部企业的价值上升，可能恰恰反映了其参与并购、成为内部企业的可能性。一旦并购发生，这种可能性被排除，外部企业的股票价格就将下降①。

2.4.4 效率获得与传递效应

1．并购对生产率的影响

大部分直接评估并购效率获得的方法是测度并购带来的生产率改进和规模经济(Caves，1989；Scherer and Ross，1990)。其中一些使用统计分析工具进行测算，还有一些是通过具体案例来界定。Berger and Humphrey(1992)研究了 1981—1989 年美国银行业大型并购。他们估计了一个新古典成本函数，并使用这一函数来评估两类效率，即规模经济效率和 X-效率。早期研究显示，规模已经很大的银行通过提高规模很难获得明显的成本效率，实际上可能存在轻微的规模不经济。另一方面，越来越多的文献研究银行 X-非效率和反映银行管理能力差异的成本变化，这些研究发现，这类效率能够解释成本变化的 20% 以上，并且效率差异在研究期内比较稳定。因而，一家效率高的企业接管一家效率较低的企业，能够产生显著的效率获得。Berger and Humphrey 得到三个结论。第一，并购对象的事前选择需要满足有利于提升 X-效率的条件。在 55%—70% 的并购案中，并购企业的效率高于被并购企业，并且有超过 70% 的并购伙伴在地域市场上相互重叠。第二，平均而言，这些并购在提高成本效率方面并不成功。平均 X-效率提升小于 5%，并且在统计上不显著。由于规模不经济，并购

① Fridolfsson, S., and J. Stennek, "Why Mergers Reduce Profit and Rise Share Price: A Theory of Preemptive Mergers", Working paper, Research Institute for Industrial Economics, 1999.

企业的绩效在并购后略微下降了，虽然这种下降在统计上也是不显著的。第三，更进一步，Berger and Humphrey 将事后成本效率获得与事前条件（被认为是存在预期效率的代表性指标，例如并购企业与被并购企业的 X-效率差异、市场重叠程度等）联系起来分析，没有发现它们之间存在显著的正向关系。Caves and Barton（1990）和 Lichtenberg（1992）等人研究了生产率是如何随着企业行为的多样化而变动的。他们的研究结果显示，当企业行为更趋多样化时，生产率将下降（Mueller，1997）。Scherer *et al*.（1975）研究了 1969 年发生在英国的三家抗摩擦轴承制造商之间的并购案例。并购企业卖掉了重叠程度较大的通用轴承生产线，通过生产任务的重新分配消除生产中的重叠和延误。三年内，单位劳动力产出提高了 40%，这其中至少有部分原因来自于专业化程度的提高。由于机械化程度的提高，一段时间以后可能实现进一步的生产率提升。这项研究同样对成本节约情况进行了测算，但没有发现显著的成本节约效应（Scherer and Ross，1990）。一些经济学家认为，大企业筹集资本的成本低于小企业，因而小企业通过并购加入大企业将会从大企业更低的资本成本中获得经济性。Ravenscraft and Scherer（1987）通过案例研究发现，获得资本的经济性是并购带来的最为引人注目的优势之一。Fisher and Lande（1983）对早期的并购案例进行了回顾分析，他们认为从这些具体案例中去寻找一般化的结论是危险的。然而，他们还是认为一些并购产生了明显的效率，一些并购明显是失败的。Fisher and Lande（1983）指出，对并购导致的效率获得进行预测的证据太少，不足以说明人们能够准确预测并购带来的成本节约，进而，将这些证据作为制定公共政策的主要依据也是不可靠的。

Scherer and Ross（1990）对估计规模报酬的实证分析文献进行了评述。这些文献间接评估了并购实现与规模报酬相关的成本节约的可能性。Scherer *et al*.（1975）研究了 7 个工业化国家 12 个主要产业的规模报酬状况。这些产业是啤酒酿造、烟草、棉布、涂料、炼油、皮鞋、玻璃瓶、水泥、复合钢、耐磨轴承、冰箱和汽车蓄电池。他们估计了 1967 年美国这些产业的最低有效规模（the minimum efficient scale）和实现最低有效规模的工厂生产的产量占市场需求的百分比（又称为 *d* 值），以及规模仅占最低有效规模 1/3 的工厂所导致的成本上升的百分比。他们的估计结果显示，最低有效规模占美国市场需求的百分比在 0.2%（皮鞋制造业）和 14.1%（电冰箱）之间；小规模企业导致成本上升的百分比在 1.5%（皮鞋制造业）和 26%（水泥）之间；大约一半的产业成本上升小于 5%。运用这些结果估计并购带来的效率很难得到明确结论。然而，这些结论能够为反垄断当局评估并购可能产生的结果提供有用的背景信息。

2．并购对创新的影响

根据熊彼特(1942)的观点,区分哪些产业组织最有利于解决定价过高问题,哪些产业组织最有利于加快技术进步十分关键。熊彼特认为,集中度较高的市场上的大企业是加快技术进步和长期内扩大产量的最强有力的引擎。一些理论证据充实了熊彼特的观点:大企业具有更大的、更稳定的资金去支持研发项目;研发活动具有规模经济性,这将刺激大企业的研发投资;企业生产的产量越大,创新带来的收益越高;研发活动与企业的其他活动之间存在互补性。然而,也有一些反对观点。① 由于并购将提高并购企业的规模,并使相关市场进一步集中,因而并购可能产生潜在的促进技术进步的重要效应。不幸的是,我们很难发现实证研究并购对于技术创新的直接影响的文献。所幸的是,有大量检验“熊彼特假说”的实证分析文献,这些文献可以作为评估并购对于技术创新影响的间接证据。然而需要注意的是,在这些文献中,存在很多方法论方面的问题(芮明杰和余东华,2006)。例如,一个最为基本的问题是,很难找到令人满意的测度新技术及其对技术进步贡献的指标。这些文献的一个主要结论是,即使企业规模和市场集中度对于创新存在影响,这些影响也不会很重要(Cohen and Levin,1989)②。

3．效率的传递效应(pass-on)

要想理解并购的福利效应,仅仅分析并购是否能带来效率获得是不够的,还需要分析效率获得导致的成本节约是否能够通过降低价格的形式传递给消费者。这对于评估分析并购对社会财富的分配效应十分重要。传递效应的重要性还体现在,它将影响到社会福利净损失。从实证分析的角度,关于传递效应的研究在很多领域得到了应用。举例来说,在国际经济学领域,一些文献较为具体地估计了汇率变化对于价格变化的传递效应(Goldberg and Verboven,1998;Goldberg and Knetter,1996)。这些研究显示,外国企业通常不会将汇率变化带来的获利充分地传递到当地消费者价格上。在国际经济学领域,还有一些学者研究了进口关税对于产品价格的影响。例如,Feenstra(1989)研究发现,进口关税与汇率变化一样,对产品价格具有非完全的传递效应。在财政学领域,一些学者实证研究了税负分担和税收的价格效应,即谁承担增值税,谁承担消费税。大部分传统文献

---

① 芮明杰、余东华:“西方产业组织理论中的技术创新思想的演进”,《研究与发展管理》,2006(4):3—11。

② 然而,有证据显示,那些预期能够有效提高企业市场力量的研发活动能够增强创新动机。

集中于研究完全竞争条件下的税负分担问题。20 世纪 90 年代以后，一些学者开始研究非完全竞争条件下的税负分担问题。Verboven（1999）构建了一个汽车市场非完全竞争模型，发现了源于非完全竞争的显著的税负归宿，燃油税的传递率大于每年征收的车辆税传递率。在农业经济学领域，大量文献研究了原材料价格变动对于最终消费者价格的非完全传递性（McCoriston，Morgan and Rayner，1998）。这些实证研究方法和结论对于研究并购中效率获得对于最终消费者价格的传递效应具有一定的借鉴和参考价值。从产业组织领域关于并购效率对消费者价格影响的实证研究可以发现，效率获得（成本节约）对于最终产品价格的传递效应是非完全的，传递率大约位于 30% 和 70% 之间。也就是说，如果并购导致成本节约 10%，那么价格可能降低 3%—7%。

4. 小结

截至目前，经济学界对于并购的生产率效应和技术进步效应的研究还不够成熟，难以得到一般性的结论。虽然一些并购确实能够产生效率，但没有明确而又清晰的证据来证实并购总能产生效率获得。进一步而言，即使能够产生效率，实证证据显示，只有 30%—70% 的成本节约传递到产品价格上。为了得到更加准确而清晰的结论，需要学术界投入更多努力进行后续研究，对规模报酬进行进一步的实证估计，以作为并购是否能够带来效率获得的间接证据。联系具体产业深入研究效率获得的传递效应，也是摆在产业经济学家面前的紧迫任务。

2.4.5　并购的分配效应

对横向并购进行反垄断评估不仅要关注并购是否能够产生效率获得，而且需要分析并购带来的社会福利获得（或社会福利损失）是如何在企业的不同利益集团（利益相关者）之间进行分配的。一般认为，并购将影响所有利益相关者的福利水平，包括供应商、购买者、竞争对手、企业债券持有者、雇员、经营者和股东。实际上，在上面的综述中已经或多或少地涉及了并购所产生的福利的分配问题，其中有两个方面的研究结论值得关注。

一方面，对消费者价格和并购企业市场份额的研究显示，横向并购将降低消费者福利水平。这就意味着，即使并购产生了效率获得，消费者也没有从该项剩余中获得任何份额。或者说，效率获得没有传递给消费者。

另一方面，事件研究的结果显示，被并购的目标企业的股票持有者将获益,而竞标企业的股票持有者通常是收支平衡①。这种不均等的分配暗示,无论本国企业是并购方还是被并购方,反垄断当局可能都会有条件地批准跨国并购,相对而言,反垄断当局可能对本国企业是被并购方的并购案更温和一些。但是,也有证据显示,由于担心就业机会的丧失或出于保护民族产业的目的,反垄断当局可能对本国企业是被并购方的并购案更严厉一些。即使是在国内并购中,这种不均等的财富效应也可能对不同的利益集团的收入分配产生一些影响。抛开并购对于消费者和股票持有者的影响不论,并购对于雇员也将产生影响。例如,并购可能导致的潜在工作岗位损失是反垄断当局需要重点考虑的因素之一。然而,还没有理论和实证研究真正深入分析横向并购以及横向并购可能导致的效率获得对于工资和雇佣的影响。这可能是因为,并购对于工资和雇佣的影响十分复杂。一个反竞争效应较明显的并购将减少产出,因而也将减少雇佣。即使是能够产生效率获得的并购,也有可能降低产出、减少雇佣。这是因为,并购企业的资产(或雇员)在某种程度上是互补的,或者一些重叠的功能可以被消除。前一种情况下,劳动力的边际产出将上升,短期内可能导致工资上涨;后一种情况下,消除重叠功能可能导致裁员。并购的反竞争效应和效率效应是在相反的方向上起作用,而总效应与产出变动的方向一致。也就是说,如果并购导致产量降低、消费者价格上升,雇员数量也将减少。实证研究结果显示,并购往往会导致产量下降。因此,我们可以推论并购通常会减少雇佣,增加裁员。从以上分析可以看出,无论是反竞争效应,还是效率效应,并购总是会降低雇员使用数量。

一般而言,横向并购可能导致并购企业内部的雇员数量减少(第一种效应)。与此同时,我们也应注意到,并购企业的竞争对手企业可能扩大产量(如果并购导致消费者价格上升),增加雇佣(第二种效应)。因此,第二种效应在某种程度上可以抵消并购给就业带来的消极影响。不过,第一种效应往往占主导地位。如果雇员减少了,我们需要了解这些雇员的流向。假设社会不存在失业现象(或仅存在摩擦性失业),那么这些雇员将很快在同等工资水平上找到新的工作。然而,如果社会存在失业,那么并购将对这些失业人员造成十分显著的伤害。

以上分析预先假定了工资由市场确定,并购企业仅通过调整雇员数量

① 实证研究结果显示,并购仅是提高了并购前参与并购的企业的股票总价值。这并不意味着并购后的股票总价值也将高于并购因被反垄断当局严厉审查而没有被批准时的总价值。这是因为,前一种情况下,即将发生并购的可能性影响了并购前的股票总价值;而后一种情况下,并购前股票总价值是在已经获知并购将被禁止的情况下形成的,参见 Fridolfsson and Stennek(1999)。

来适应并购后的需要。然而,如果工资是可谈判的,并且雇员一方具有较强的讨价还价能力,那么分析将变得更加复杂。在这种情况下,并购企业在最终产品市场上通过市场势力获得的利益,将在一定程度上转移给雇员。一项能够提高市场势力的并购将提高留在并购企业内的雇员的工资水平。另一方面,并购可能提高并购企业在劳动力市场上的市场势力(买方势力),可能通过讨价还价降低工资水平。因此,并购对工资的影响是不确定的。

2.5　国内相关研究动态

1992 年以前中国处于计划经济与市场经济并存的改革开放初期,市场竞争对资源配置的作用能力有限,对反垄断和竞争政策的研究较少。1992 年,中共十四大确立了建设社会主义市场经济体制的目标以后,市场经济体制的建设步伐加快,市场对资源配置的基础性作用逐渐形成,保护市场公平竞争、反对不正当竞争的政策法规陆续出台,社会各界越来越重视与市场经济相配套的法律体系和竞争政策。1994 年制定《反垄断法》被提上了立法日程,开始了起草工作。同时,学术界对竞争政策的研究和介绍的文献也逐步增多。2007 年 8 月 1 日《反垄断法》的正式颁布掀起了对反垄断和竞争政策问题研究的热潮,经济学界和法学界对反垄断法实施和竞争政策问题的关注空前高涨,先后出现了一大批研究成果。法学界的学术成果大多集中于对《反垄断法》条文本身的研究和阐释,以及对具体案例的评价和分析;经济学界的研究成果大部分集中于反垄断政策实施的经济学原理和依据,国外相关分析模型的引入和应用。相对于行政性垄断和卡特尔而言,我国经济学界对经营者集中和滥用市场支配地位的研究相对滞后。

2.5.1　经济学界的相关研究动态

经济学界对垄断产业和垄断行业规制的宏观层面方面的研究成果较多,比较具有代表性的成果有,王俊豪等(2005,2008)以具体行业为例,对中国垄断性产业的结构重组、分类管制与协调政策进行了研究,提出了中国垄断性产业管制结构设立和运行的相关政策建议;于良春(2008)、戚聿东(2009)、陈富良(2007)等分析了新经济条件下中国自然垄断性产业改革的方向和路径,并对中国反垄断政策的实施提出了政策建议。

横向并购的反垄断控制方面。张昕竹等(2007)、李虹(2011)等对中国反垄断执法中相关市场界定标准问题进行了研究，分析了剩余需求曲线评价法和“微幅但显著且非暂时提价”检验法（SSNIP）两种主要的相关市场界定方法以及子市场、创新市场、集群市场的评价方法。于立等（2008）研究了控制横向并购的一般做法，对横向集中、纵向集中和混合集中的经济理论和政策含义进行了分析，讨论了控制横向并购的申报制度。吴汉洪（2008）研究了横向并购反垄断审查中的国家经济安全因素，认为应明确区分反垄断审查和国家经济安全审查之间的界限，尽快制定和颁布横向并购指南，明确横向并购反垄断审查的职责、任务和程序。干春晖（2004）分析了并购发生的经济学原理和并购可能产生的经济效应，并介绍了并购分析的经济模型。田明君（2006）对横向并购的产业组织理论和反垄断政策进行了综述。她认为，反垄断法与经济学密不可分，二者的结合在横向并购问题上尤为明显，横向并购的处理过程就是一个经济分析的过程，很大程度上是产业组织理论和经济计量学相关模型的应用过程。黄坤和张昕竹（2010）利用中国软饮料四位数行业的产销数据，估计了碳酸饮料和果汁的需求函数。然后采用假定垄断者测试方法，界定了可口可乐—汇源果汁案的相关市场，最后分别采用结构方法和并购模拟方法评估了该并购案的单边效应。研究结果显示，碳酸饮料和果汁分处两个相关市场，并且此案在果汁市场将产生较为显著的单边效应。这个结果表明，尽管商务部否决此次并购的决定是合理的，但竞争损害并非来自似是而非的组合效应，而是果汁市场的单边效应。李青原等（2011）以汇源果汁与可口可乐并购案为例，研究了公司横向并购动机。他们认为，资本市场的经验证据支持了效率理论而非市场势力理论，市场预期可口可乐和汇源果汁的并购会产生协同效应而非共谋行为。可口可乐收购汇源果汁会引发下游市场更加激烈的竞争，同时汇源果汁希望通过出售股权实现业务重心上移，也会加剧上游市场的竞争。效率理论实现路径的进一步分析显示出可口可乐与汇源果汁存在着管理经营和财务等多种形式的协同效应，预期的协同效应是可口可乐高价收购汇源果汁的主要动因。

横向并购评估审查的具体问题方面。吴汉洪等（2011）对企业横向并购反垄断审查的 UPP 方法进行了评述。他们指出，在企业横向并购的反垄断审查中，现有方法具有一定的局限性，为此美国学者近期提出了企业横向并购反垄断审查的 UPP 方法，该方法有较坚实的经济学基础，在一定程度上克服了现有方法的局限性，但该方法仍存在争议，也有其缺陷，其走向值得关注。黄坤和张昕竹（2011）利用 2004—2007 年中国工业四位码行业数据，采用非参数方法估计出 HHI 和 ΔHHI 的分布函数，并依据并购案件损害竞争的概率，提出了我国横向并购反垄断审查中的安全港规则问题。他们认为，安全港规则可以节省执法资源，提高执法效率，降低企业成本，增加并购审查结果的可预见性。王继平和吴瑨（2010）以在兼并分析中被广为应用的 Logit 模型为基础，通过一个虚构的中国国内服务器产业兼并的例子，探讨了如何用兼并模拟方法评价差异产品产业横向兼并单边效应的问题。但是，作者没有考察兼并模拟方法在引入促销、产品再配置等变量时的应用，没有考察兼并模拟在剥离方案评价中的应用，也没有考虑有关兼并模拟可靠性评价的问题。庄连平和李晶（2006）基于供给函数竞争的兼并模型分析了横向兼并的均衡影响。他们认为，供给函数竞争下，任何兼并都会使产业的总产出下降，价格上升；供给函数竞争不仅使兼并企业产量下降，而且会使非兼并企业减少供给，结果导致兼并总是有利可图。安果和伍江（2007）在拓展 SALANT 模型的基础上，研究了存在协同效应的情况下，同质企业横向兼并发生的条件及社会福利变化情况。研究结果表明，当协同效应足够大时，企业不仅有兼并动机，而且兼并有利于社会福利的提高，该研究为普遍存在的兼并行为和政府规制政策标准提供了理论依据，破解了 Repall 的“兼并悖论”。

2.5.2 法学界的相关研究动态

相对于经济学界而言，法学界侧重从法律操作层面对横向并购的反垄断规制问题进行研究。尚明等（2007，2008）对欧盟国家的横向并购反垄断规制的法律法规和执法经验进行了研究。黄勇等（2008）通过案例剖析研究了欧盟和美国在横向并购反垄断审查中的破产企业抗辩制度，认为中国也需要构建横向并购反垄断审查中的破产企业抗辩制度。王先林（2008）分析了基于知识产权视角的横向并购的反垄断规制问题，分析了知识产权许可与禁止滥用市场支配地位的相关制度。尚明等（2008）、丁茂中（2011）等对反垄断法实施中的相关市场界定的程序问题进行了讨论。史建三（2009）对完善我国经营者集中实质审查抗辩制度进行了讨论。他认为，在审理经营者集中案件时，抗辩制度是对统一的实证审查标准的合理补充，避免了实质审查过于僵化的弊端。他建议我国以法律形式正式引入效率抗辩和破产企业抗辩制度，同时完善我国经营者集中实质审查的抗辩体系。应品广（2010，2011）从法学视角研究了反垄断法实施中的效率抗辩问题。他认为，反垄断法上的效率抗辩是指经营者通过证明集中的效率效果足以抵消或超过反竞争效果而取得反垄断法豁免。在效率抗辩的适用上，世界范围内存在抵消分析、一体分析和混合分析三种模式。基于我国国情和反垄断法的相关规定,我国更宜采用混合分析模式。在此基础上,还需要借助相应措施克服效率抗辩本身的不确定性,提高制度运用的可能性。我国需要对效率抗辩在经营者集中反垄断审查中的程序做出明确而又具体的规定,正视效率抗辩的程序依赖性。杜志华和蔡继祥(2011)综述了欧盟并购控制中的效率抗辩问题。他们指出,欧盟效率抗辩的条件包括效率必须是可证实的,必须是并购所特有的,必须惠及消费者。我国应借鉴欧盟经验,积极构建以《反垄断法》为主体,以行政法规、地方性法规和行政规章为补充的效率抗辩制度。

2.5.3 简要评述

中国学术界对于反垄断问题的研究对于中国反垄断法的制定和实施起到了很好的指导作用。然而,由于中国的反垄断政策的制定和实施起步较晚,对横向并购及其反垄断规制问题的相关研究还存在一定滞后性,大部分研究成果是应用定性方法对企业并购进行描述性研究,在理论模型构建和定量分析方法的应用方面还需要付出努力。对横向并购反垄断控制中的效率抗辩问题,国内法学界稍有涉及,但经济学界鲜有研究。然而,恰恰该问题最需要经济学界应用经济学理论、方法和模型进行研究。例如,如何在横向并购反垄断评估审查中引入效率抗辩,如何测度和分析市场势力,如何分析横向并购的效率效应和反竞争效应(包括单边效应和协同效应),如何将二者进行权衡比较分析横向并购的净福利影响,如何分析效率抗辩中的不确定性问题,等等。这些尚待研究的问题,为研究横向并购反垄断控制问题的学者提供了广阔的空间。

第 3 章　横向并购反垄断控制中的相关市场界定

3.1　引　　言

界定相关市场与测度市场势力是对横行并购的反竞争效应进行评估分析的基础性工作,相关市场范围大小、市场势力高低是对横向并购进行司法判定的重要依据,同时相关市场界定和市场势力测度的结果将对横向并购的反竞争效应评估分析和判定结果产生直接影响。正因为相关市场界定涉及竞争领域和范围的大小,市场势力测度涉及竞争程度的高低,二者对横向并购的最终评估分析结果可能产生决定性影响,所以大多数国家和地区的理论界和实务界都十分关注这两个关键环节。同时,这也是在许多并购案中,诉讼双方之所以在相关市场界定与市场势力测度的模型和方法选择上存在较多争论的原因。我们将在本章中对相关市场及其界定方法进行分析和讨论,在下一章讨论和分析市场势力及其测度模型与测度方法,并结合中国的特殊制度环境提出中国横向并购反垄断控制的相关市场界定以及市场势力评估和测度的相关建议。

竞争与垄断及其效率和福利影响是反垄断经济学研究的核心问题,反垄断经济学是反垄断立法与执法的主要理论依据之一。纵观各国的反垄断立法,其基本内容主要是由三个方面构成:禁止经营者滥用市场支配地位的制度、禁止经营者达成垄断协议的制度、经营者并购的反垄断控制制度。三种制度对应的正是排除或限制市场竞争的三种垄断行为,而要判断每一种垄断行为是否对竞争造成排除、限制乃至损害,首先需要确定的就是相关市场。任何竞争行为,包括具有或可能具有排除、限制竞争效果的行为,都是发生在一定的市场范围内,界定相关市场就是明确经营者竞争的市场范围。合理界定相关市场是对竞争行为进行分析的起点,是反垄断执法工作的重要步骤,是有效实施反垄断法,尤其是实施横向并购反垄断控制政策的基础环节①。在反垄断法执行过程中，一旦界定了相关市场，则在该市场内的企业之间所存在的竞争关系以及具有相互竞争可能性的商品或服务的范围，也就随之被确定下来。如果相关市场界定过窄，那么并购企业就将占有较大的市场份额，从而具有市场支配地位的可能性就较大，进而可能产生排除或限制竞争的效应；相反如果界定过宽，企业可能相对占有较小的市场份额，判定其拥有支配市场能力的可能性也就越小，但市场竞争程度可能会被夸大。因此，相关市场界定对并购案件的审查和评估具有决定性影响，往往成为最引人注目的诉讼焦点之一。OECD（经济合作与发展组织）甚至认为："任何类型的竞争分析的出发点都是相关市场的界定。"

鉴于相关市场界定在企业并购反垄断控制中的重要性，国外学术界对相关市场界定进行了系统而深入的研究，目前已经形成以假定垄断者测试为主流的相关市场界定方法。与理论研究相对应，为克服企业并购反垄断当局在市场界定方面的随意性，同时提高相关市场界定的透明度，美国在1982年及以后的《横向并购指南》中都对相关市场界定进行了专门规定，欧共体1989年《并购条例》和欧盟1997年《市场界定通告》中对相关市场界定标准和方法也进行了明确规定。与发达国家近百年反垄断立法执法的实践相比，我国的反垄断政策尚处于起步和探索阶段，无论是理论研究还是实际应用都与国外有很大差距。国内学者大多停留在对国外相关市场界定理论的一般介绍层面，且更多的是对传统的相关市场界定方法的介绍和研究，缺乏对假设垄断者测试这一更加科学、更加精确的市场界定方法的深入而系统的研究。2009年《国务院反垄断委员会关于相关市场界定的指南》颁布，该指南对界定相关市场的基本依据、一般方法和分析思路做了明文规定，这是中国反垄断立法执法中的巨大进步。但是，指南仅仅是对国外假定垄断者测试思路框架的简单照搬，并未给出详细的相关市场界定步骤，且未能全面揭示司法运用中的重点及难点，因而在实际应用中意义不大。尤其在中国这样一个市场经济体制不是十分完善且欠缺竞争法传统的国家，存在着诸如行政性垄断等特殊因素，在假定垄断者测试的执行过程中更需要结合本国的具体国情，避免"水土不服"带来的各种问题。

---

① 《国务院反垄断委员会关于相关市场界定的指南》，2009年，参见商务部反垄断局网站 http://fldj.mofcom.gov.cn/aarticle/j/200907/20090706384131.html。

3.2　相关市场与相关市场界定

相关市场(relevant market)是反垄断立法和执法中的一个核心概念,各国反垄断法对其内涵都进行了界定。根据我国《反垄断法》的界定,相关市场是指经营者在一定时期内就特定商品或者服务进行竞争的商品范围和地域范围。[①] 美国《横向并购指南》认为,一个市场可以定义为一种产品和一个地域,该地域生产或销售产品的厂商以利润最大化为逻辑前提。[②] 欧共体《关于为欧共体竞争法目的定义特定市场的通告》中指出,一个特定市场包括产品市场和地域市场,特定产品市场由所有在消费者看来在其特征、价格和用途方面具有可替代性的产品和服务组成;特定地域市场由在产品或服务的供给和需求方面从事经营活动的相关企业所在区域组成,在该区域内竞争条件充分趋同并显著区别于与其相邻的地区,在其相邻区域内有着足够的不同的竞争条件。[③] 俄罗斯在《有关保护竞争的联邦法》第 4 条第 3 款中指出,相关市场是指能被替代的一种商品或替代品的流通领域。该区域的形成基于经济的、技术的或其他的可能性,或是购买者获得该商品的偏离,并且这种可能性或偏离性在该区域外将缺失。印度在 2003 年修订的《竞争法》第 2 条规定,相关市场是指可以由委员会界定的相关产品市场或相关地域市场或相关产品地域市场。相关地域市场是指在一个特定区域内形成的市场,在该区域内,货物或服务的供给或需求的竞争条件明显同质并能够区别于相邻区域的主流竞争形态;相关产品市场是指由基于其特性、价格和使用目的而被消费者认为可以相互交换或替代的全部产品或服务所构成的一个市场。[④]

从不同国家和地区对相关市场的定义可以看出,相关市场是反垄断理论中的基本概念之一,通常是指当事人在其中从事经营活动的有效竞争范围或在各当事人所经营的商品或服务之间存在竞争约束的场所。界定相关市场的目的在于帮助寻找市场内的同业竞争者及由此产生的竞争关系,因而界定相关市场的首要任务是确定谁是某产品的竞争者,处于同一相关市场上的市场主体才是反垄断法意义上的竞争者。一般情况下,相关市场

---

① 《中华人民共和国反垄断法》第十二条第二款,中国法制出版社,2009 年。

② 美国《横向并购指南(1997)》第一章引言部分。

③ Commission Notice on the Definition of the Relevant Market for Purpose of Community Competition Law, 1997C372/3, 9/12/1997。

④ 全国人大常委会法制工作委员会经济法室编写:《中华人民共和国反垄断法:条文说明、立法理由及相关规定》,北京大学出版社,2007 年,第 62—65 页。

由产品[①]、地理和时间三个基本要素组成。与这三个基本要素相对应，相关市场可具体划分为相关产品市场(relevant product market)、相关地域市场(relevant geographic market)和相关时间市场(relevant time market)。相关产品市场是由能够与某种产品发生竞争关系的同类产品或紧密替代品所组成的市场，主要判定的是一定的空间和时间范围之内的数个商品或服务是否处于具有竞争关系的场所之内。也就是说，相关产品市场包括消费者依据产品特征、价格和用途认为可以互换和替代的所有产品或服务。界定相关产品市场的中心问题是确定判断商品或服务是否具有“同一性”和“替代性”的标准。相关地域市场是指在相关产品市场内的商品或服务所能展开竞争的空间范围，是发生产品或服务的供给和需求的区域，该区域内的竞争条件充分同质，据此可以将该区域与其他邻近区域区分开来。相关时间市场通常是指在相关产品市场内的商品或服务所能展开竞争的时间范围。在反垄断执法实践中，通常需要界定的是相关产品市场和相关地域市场。美国反托拉斯成文法中虽然有界定相关市场的概括性规定[②]，但没有相关市场的定义性表述，也没有使用过相关市场这一概念。美国反托拉斯判例法中，最早使用相关市场这一术语的是美国最高法院于 1948 年对哥伦比亚钢铁公司案的判决。但是，直至此时，相关市场的界定依然很不明确，没有统一的界定标准和明确的界定方法。

(1) 相关产品市场。从产品维度界定的相关市场就是相关产品市场，它是指能够与被考察产品发生竞争关系的同类产品或其密切替代产品构成的集合，是根据商品特性、价格及其使用目的等因素可以相互替代的一组或者一类商品所构成的市场。界定相关产品市场的中心问题是确定判断商品或服务是否具有“同一性”(同一竞争关系)或“替代性”(相互替代关系)，一旦确认了相关商品或服务之间具有同一竞争关系或相互替代关系，那么也就等于说，已经认定了这些商品或服务是位于同一市场之内。界定相关产品市场需要权衡的因素包括以下几个。① 产品的需求替代性。从消费者角度考察产品之间的替代性，就是考察消费者对价格的反应，即需求的价格弹性，如果有较多消费者因为特定商品或服务的价格上涨而转向选择其他商品或服务，则其他商品或服务可能被列为需求替代品。影响需求替代性的因素包括产品用途、物理特征和性能、消费转移成本、消费者偏好和品牌忠诚度以及商品消费支出在消费者预算支出中所占

---

① 以下所用的产品概念都包括商品和服务。

② 《谢尔曼法》第 2 条及《克莱顿法》第 7 条中所论及的相关市场，实际上是被作为了事实上的问题和判定违法性问题的基本前提而加以规定的。

的比例等。② 价格歧视对于相关市场界定的影响。经营者因追求利润最大化而实施的价格歧视对相关市场界定会产生一定影响。例如,在保证消费者无法利用价格歧视所形成的价差而牟利的情况下,一些先前较为庞大的消费群体可能被分割成多个独立的市场,相关产品市场的范围可能就被界定为一个特殊的消费群体。[①] ③ 产品的供给替代性。供给替代性可以用供给弹性来表示,是指某种产品价格的很小但实质性的提高引起竞争者扩大供给的幅度。从生产者的角度考察产品之间的替代性,一般需要关注企业的制造技术类型、设备、市场进入壁垒、转产所需时间、可调动的生产能力、投入成本差异和消费者对新产品的认可程度等因素,并以此判断企业转产成本的高低,转产成本低的产品之间的可替代性较高,反之则较低。[②]

(2) 相关地域市场。从地理维度界定的相关市场就是相关地域市场,它是指在相关产品市场内的商品或服务所能展开竞争的空间范围,或者说是与被考察产品发生竞争关系的同类产品或其密切替代产品进行竞争的地理区域。相关地域市场是对涉案产品的纵向地理分割,分割的依据是产品之间的空间替代性,空间替代性强的区域应归属于同一地域市场,反之则归属于不同的地域市场。一般而言,地域市场的范围应当由当事人在相应的产品市场内的商品或服务的主要供给地域来确定,而且是在该商品或服务进入交易时,为了适于评价当事人的经济实力,已经将竞争条件充分"均一化"了的地域。但是,在实际案例中的地域市场范围常常因具体情况的不同而千差万别,相关地域市场的范围小到某一城市的局部区域,大到整个国家或数个国家的地域,甚至全球。[③] 界定相关地域市场的范围时需要考虑需求、供给和进出口等几个方面的因素。① 在需求方面,产品价值、搜寻成本、交通成本、服务成本和消费者偏好等将会影响到市场范围的大小。一般而言,产品的价值越高,消费者越愿意花费更多的搜寻成本和交通成本去购买价格相对便宜的商品。运输成本或服务成本占产品价值的比例越高,则地域市场的范围就越小。消费者偏好和消费选择也是影响地域市场范围的需求方因素。例如,有时候尽管两个地区的商品从用途上看是临近替代品,但是由于消费者特殊偏好,导致虽然本地区的商品价格上涨,消费者却没有将另一地区的价格相对较低的同类产品作为替代品。② 供给方面,产品特性、运输成本、进入壁垒和行政性垄断是影响地域市场范围大小的主要因素。保存期短的易腐商品的地域市场范围较小,

---

① 丁茂中:《反垄断法实施中的相关市场界定研究》,复旦大学出版社,2011 年。

② Office of Fair Trading, Market Definition—Understanding Competition Law, Section 3. 15, 2004.

③ 尚明主编:《中国企业并购反垄断审查相关法律制度研究》,北京大学出版社,2008。

包装、保险和运输成本很高且占商品价格比例较大的商品地域市场范围较小。市场分割和地方保护等行政性垄断因素也会对地域市场产生影响。③ 在进出口因素方面，主要考虑法律、关税、配额、产品检验检疫标准等贸易障碍对相关地域市场的影响。贸易障碍会增加生产者进入他国市场后的经营成本并失去价格优势，促使国外消费者转移消费需求，减少对该商品的需求，从而使该商品的地域市场范围变小。在相关地域市场界定中，也需要权衡进口的影响。

（3）相关时间市场。从时间维度界定的相关市场就是相关时间市场，它是指相同商品或服务或其密切替代品在同一区域内相互竞争的时间范围。在界定与预测潜在竞争的未来发展趋势、特定时期内的或与流行商品等有关的竞争行为相联系的相关市场时，界定相关时间市场就十分必要。在相关产品市场和相关地域市场给定的情况下，只要时间因素使得产品竞争条件一致，那么我们就认为这些产品属于同一相关时间市场；反之，则不属于同一相关时间市场。在考虑时间因素在界定相关市场中的地位和作用时，需要权衡的因素有以下几个：① 产品使用的期限。一般而言，产品使用期限越短，替代品就越多，产品的供给弹性就越大，相关市场的范围就越大。② 产品的季节性。具有季节性的产品，其供给者的供给在时间上是无法替代的，季节性较强的产品，只有在一定季节内才可能存在竞争，产品的相关市场范围也就较狭窄。③ 知识产权保护等法律因素。保护期的长短将影响到相关时间市场的长短，保护期结束后原本拥有该项知识产权的垄断企业的垄断地位将消失，相关市场将会发生变化。[①] ④ 产品升级换代与生产周期。当消费者认为所拥有的产品早期版本与现行产品具有替代性，或者认为新发明或新技术在不久即将能够生产出比现行产品更好的产品时，则可能延缓相关消费支出，从而影响相关市场界定。产品生产周期和消费者的需求替代的时间周期也会影响市场供需关系，从而对相关市场界定产生影响。如果产品的生产周期很短，其他竞争者可以迅速进入该生产领域并完成投资到产出的收益过程，因此该产品的市场范围相对宽泛；相反，如果该产品的生产周期较长，竞争者进入该市场需要较长时间才能获得投资收益，回报周期较长，潜在竞争者进入该产品市场就会更加谨慎，该产品的相关市场范围就会相对狭窄。一般而言，当商品的生产周期、使用期限、季节性、流行时尚性或知识产权保护期限等已构成商品不可忽视的特征时，界定相关市场就需要考虑时间维度。同样道理，在技术贸易、

① 李虹：《相关市场理论与实践：反垄断中相关市场界定的经济学分析》，商务印书馆，2011年。

许可协议等涉及知识产权的反垄断审查工作中，在界定相关市场时可能还需要考虑知识产权、创新市场、技术市场等相关问题①。

3.3　相关市场的界定方法

在相关市场上企业面临的竞争压力主要有三个来源，即需求替代、供给替代和潜在竞争，这三种竞争压力对相关市场的影响见图 3-1 所示。在相关市场界定中，尽管供给替代构成随后进行的潜在竞争分析的一部分，但反垄断当局往往将分析的重点放在需求替代所带来的竞争压力上。为了确定哪些产品或地域构成一个相关市场，需要确定两种产品或地域在何种程度上被消费者视为可以相互替代。这一原则在实践中可以通过价格的相对变化进行测试，测试的基本思路为：假设相关产品的价格在被考察的地域范围内进行小幅的、持久的变化，如果这一假设的价格上涨不会导致消费者转向购买其他产品，或向其他地区的供应商购买，从而引起销售量的显著降低，那么现有的产品或地域组合就构成一个相关市场；如果出现了销售量降低，那么现有市场应扩大到消费者为应对价格上涨而转向的其他产品或地域。依此类推，所有产品在新市场和新地域的相对价格的虚拟增长效果也将被分析，直至相关市场得以界定②。

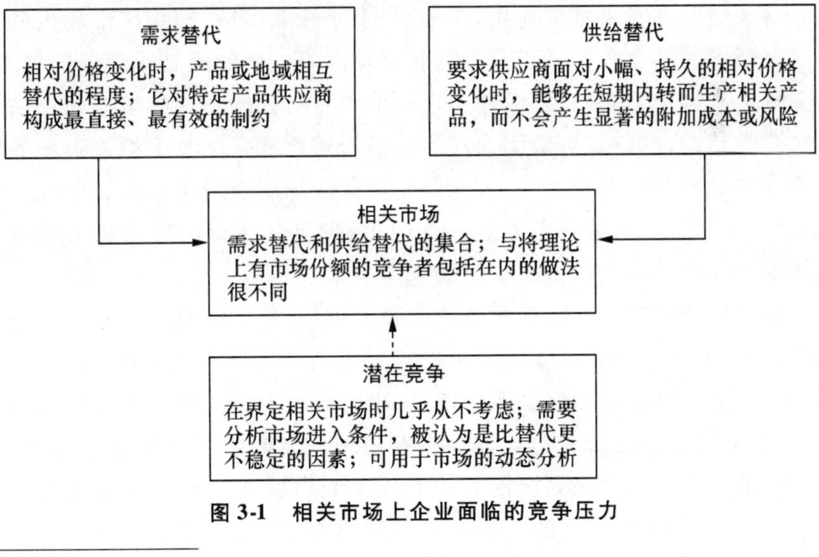

图 3-1　相关市场上企业面临的竞争压力

---

① 王先林：《中国反垄断法实施热点问题研究》，法律出版社，2011 年，第 26—28 页。

② 葛拉雷兹、瓦罗纳、阿罗索和克里斯普：《欧盟企业合并控制制度：法律、经济与实践分析》，解琳等译，法律出版社，2009 年。

相关市场界定的主要理论基础就是需求替代分析理论、供给替代分析理论和潜在竞争理论。从目前各国立法规定来看，在界定相关产品市场时都以需求替代分析理论作为主要的理论依据，而将供给替代分析理论和潜在竞争理论作为辅助性的理论依据。需求替代性理论来源于需求弹性理论，强调的是需求者对于价格变化的反应，无法考虑产品的特有性质、用途等因素，因而美国司法判例在具体案件中发展出了"合理替代性"和"特有性质和用途"等标准。供给替代分析理论的意义主要在于保证需求替代得到充分保障和满足，在一定条件下，也能产生与需求替代同样的竞争效果。潜在竞争理论是一种主要用于判定企业并购是否会因为限制了潜在竞争而产生反竞争效果的理论①。一般而言，供给替代分析和潜在竞争分析较多用于动态市场，当分析并购对市场竞争的动态影响时，需要对供给替代和潜在竞争给予关注。

从逻辑上讲，一个完整的横向并购反垄断控制过程包括三个主要阶段，即市场界定，计算市场份额或市场集中度，依据有关市场份额或市场集中度信息进行企业并购规制的实体分析，具体的评估分析步骤如图 3-2 所示。科学合理地界定相关市场，对识别竞争者和潜在竞争者、判定经营者市场份额和市场集中度、认定经营者的市场地位、分析经营者的行为对市场竞争的影响、判断经营者行为是否违法以及在违法情况下需承担的法律责任等关键问题具有重要作用。一旦界定了相关市场，则在该市场内的企业之间所存在的竞争关系以及具有相互竞争可能性的商品或服务的范围，也就随之被确定下来。因此，相关市场的界定对并购案件的审查和评估具有决定性影响，往往成为最引人注目的诉讼焦点之一。鉴于相关市场界定在企业并购规制中的重要性，为克服企业并购规制当局在市场界定方面的随意性，同时提高相关市场界定的透明度，世界各主要国家在相关法律法规中对相关市场界定都进行了明确规定。

相关市场界定的标准是竞争性原则，与行业分类的同质性原则有明显区别，相关市场只能就具体的案例进行界定而不可能预先完成②。相关市场涉及相关产品市场和相关地域市场，也有人认为包含相关时间市场第三重维度，而行业或者产业的划分却没有地域或者时间上的概念。因此，根据假定的垄断者测试来界定的相关的反垄断市场并不是总能够凭直觉获得，可能与产业成员使用的"市场"术语不匹配，相关市场不等于行业。美

① 史建三等:《企业并购反垄断审查比较研究》,法律出版社,2010 年,第 220—225 页。
② 于立:"中国反垄断经济学的研究进展",《广东商学院学报》,2010 年第 5 期。

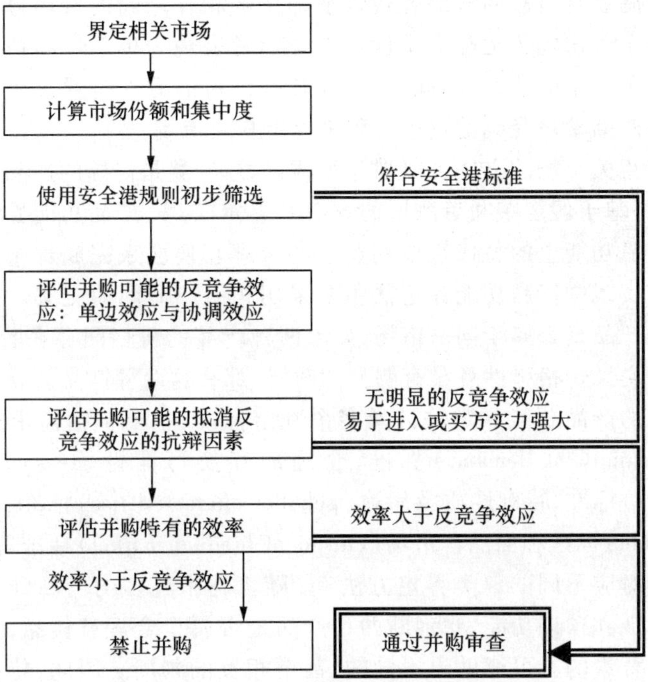

图 3-2　企业并购反垄断审查的一般步骤

国 1984 年《横向并购指南》把相关市场界定为一种或者一组产品和地理区域,利润最大化的假定垄断者实施“小而显著的非暂时性价格上涨”是有利可图的,这一种或一组产品和地理区域分别构成了相关产品市场和相关区域市场。该定义继承了和发展了 1982 年《横向并购指南》中关于“小而显著的非暂时性价格上涨”的思想,强调假定垄断者对价格的控制能力,更加明确了相关市场包括相关产品市场和相关地域市场的原则。国内学者对相关市场界定的定义充分考虑了具体案例和竞争约束的思想。曹虹(2007)指出反垄断法中的市场是相关市场,指与具体案件有关系的市场,即在具体案件中限制竞争行为发生在这个市场上。李虹(2011)把相关市场界定为相互施加竞争约束的同类产品或密切替代品存在的一定的时间范围和空间范围,其中最核心的思想是强调竞争约束,竞争约束即制约彼此行为有效性的市场势力。我国《反垄断法》第十二条规定,相关市场是指经营者在一定时期内就特定商品或者服务进行竞争的商品范围和地域范围。国内目前对相关时间市场的研究还比较少。从以上界定可以看出,相关市场界定注重的是对竞争关系的分析,强调竞争约束。相关市场界定的实质标准是市场竞争条件的一致性。相关市场界定最终的问题落在考察产品之间是否具有明显的替代性从而影响相互之间的市场势力与竞争优势地位上。市场势力与竞争优势地位通常表现为单个厂商把价格提高到竞争水平以上的能力,因此,一种比较被认可的方法是通过分析厂商单方面提高产品价格受到的竞争约束来界定相关市场。

界定相关市场的方法可以划分为两大类:一类是传统的产品功能界定法,一类是基于假定垄断者测试的 SSNIP 界定法。[①] 产品功能界定法主要是依据产品功能上的替代性或用途上的合理互换性来完成对相关市场的界定。在实践中产品功能界定法主要采用相似产品间的交叉价格弹性来判断两种产品是否属于同一市场,如果两种产品的价格间存在着接近于 1 或更高的交叉价格弹性且没有明显的时滞,那么这两种产品就属于同一市场。传统的产品功能界定法涉及多个判定标准,主要包括需求交叉弹性(cross elasticity of demand)标准、合理的互换可能性(reasonable interchangeable)标准、特有性质及用途(peculiar characteristics)标准、次级市场(sub-market)标准和商品群市场(cluster of product market)标准等,不同的判定标准对应不同的亚类界定方法[②]。随着越来越多的产品具有多样化的物理特征和预期功能,要判断两种产品是否属于合理替代品,具有不同专业知识背景的人可能做出不同的、甚至相反的判断。因此,传统的产品功能界定法具有很强的主观随意性。20 世纪 80 年代以后,随着经济学的发展和经济理论在反垄断领域的应用,另一种新的更为精确和可计量的相关市场界定方法——SSNIP 方法得以产生,并且世界主要国家和地区越来越多地采用 SSNIP 方法来界定相关市场[③]。

3.3.1 功能界定法

功能界定法主要是依据产品功能上的互换性或用途上的合理互换性来完成对相关市场的界定。在实践中,功能界定法主要采用相似产品间的交叉价格弹性来判断两种产品是否属于同一市场,如果两种产品的价格间存在着接近于 1 的交叉价格弹性且没有明显的时滞,那么这两种产品就应当属于同一相关市场。在具体案例中,功能界定法所采用的具体分析方法和分析标准包括:

---

① 传统的产品功能界定法依据的是交叉弹性原理,而 SSNIP 方法采用的是针对自身弹性的分析方法。

② 传统的产品功能界定法的具体标准及对应的亚类界定方法参见尚明主编:《中国企业并购反垄断审查相关法律制度研究》,北京大学出版社,2008 年,第 6—20 页。

③ 余东华:“反垄断法实施中相关市场界定的 SSNIP 方法研究——局限性及其改进”,《经济评论》,2010 年第 3 期。

1. 需求交叉弹性方法

需求交叉弹性指的是需求的交叉价格弹性，是指在某种产品（产品 i）价格不变的条件下，当另一种产品（产品 j）价格发生变化时，该产品需求发生变化的程度。也就是当产品 j 价格变动 1% 时，产品 i 的需求量变化的百分比。用公式可以表示为：

$$\varepsilon_{ij} = \frac{\Delta Q_i}{\Delta P_j}\frac{P_j}{Q_i}$$

这一比值越大，则说明产品 i 与产品 j 之间的替代性就越高；反之，这一比值越小，则说明产品 i 与产品 j 之间的替代性就越低；若等于零，则说明产品 i 与产品 j 之间互不相干。当需要考虑某一区间的需求交叉价格弹性时，可以计算交叉弧弹性：

$$\varepsilon_{ij} = \frac{\dfrac{Q_{i2} - Q_{i1}}{(Q_{i2} - Q_{i1})/2}}{\dfrac{P_{j2} - P_{j1}}{(P_{j2} - P_{j1})/2}} = \frac{\Delta Q_i}{\Delta P_j}\frac{P_{j2} + P_{j1}}{Q_{i2} + Q_{i1}}$$

需求的交叉弹性反映了某产品的需求对于其他产品价格变动的反应程度，交叉弹性越大，说明两种产品的相互可替代性越强，一种产品价格的提高对另一种产品需求量的影响较大，也就是说另一种产品对这种产品施加了竞争性约束，从而两种产品可以被认定属于同一相关市场。如果我们令：

$$S_i = \frac{P_i Q_i}{M}, \quad S_j = \frac{P_j Q_j}{M} \qquad (3\text{-}3\text{-}1)$$

（3-3-1）式中，M 表示总支出或总收入，S_i 表示产品 i 的支出占总支出的份额，S_j 表示产品 j 的支出占总支出的份额。根据勒纳指数的定义可以得到：

$$L = \frac{1}{\varepsilon} = \frac{1}{1 + \sum\limits_{i \neq j} \dfrac{S_j}{S_i}\varepsilon_{ji}} \qquad (3\text{-}3\text{-}2)$$

从（3-3-2）式可以看出，产品 i 与产品 j 的需求交叉弹性越大，生产产品 i 的企业的市场势力就越小。美国反垄断当局在实际应用交叉弹性理论的过程中，通过具体判例明确了以下基本准则：商品或服务间的需求交叉弹性主要取决于商品或服务的价格相互作用的程度和合理互换可能性、需求者的相似点以及周边的竞争程度；而商品或服务间的供给交叉弹性主要取决于商品或服务的共同性或互换的可能性、技术上适应的可能性、生产设备的可分解程度、供给者的见解以及潜在的可替代性等因素①。

早期界定相关市场的功能界定法注重产品的性能、用途等物理性能，定性式的分析很大程度上依赖行业特性，对竞争约束的分析不够充分，依据不可量化的替代程度界定出来的相关市场具有很强的主观随意性。其中需求交叉价格弹性方法将定性式的替代性分析扩展到定量分析，一定程度上纠正了主观倾向，但仍存在一些问题：

（1）需求的交叉价格弹性以“其他条件不变”为假设前提，使用的价格应该是完全竞争条件下的价格，这在某种程度上有些脱离实际；

（2）需求的交叉价格弹性只能用来判断两个产品的替代性，但具体应该取哪两种产品来分析，需要借助其他方法；

（3）仅仅关注单个替代品而不能同时关注所有替代品；

（4）需求的交叉价格弹性具有不对称性；

（5）需求的交叉价格弹性临界值难以确定；

（6）有些替代只在一定价位上才能发生。

相关市场功能界定方法中的需求交叉弹性方法从整体上表现出很强的主观性，这一时段的相关市场界定结果与政府的政策导向密切相关。

2. 合理的互换可能性标准

这一界定相关市场的方法源自美国政府诉杜邦公司的玻璃纸案②。在该案中，相关商品市场的界定成为了诉讼双方争论的焦点。作为本案原告的美国司法部提出，应当将玻璃纸界定为一个商品市场。如果这样，那么作为被告的杜邦公司所经销的玻璃纸在该商品市场中的市场份额超过了75%，这意味着杜邦公司违反了《谢尔曼法》第二条的规定。对此，杜邦公司主张，应将包括玻璃纸、铝箔、石蜡纸、硫酸纸等在内的所有软质包装材料界定为一个相关商品市场。如果这样，杜邦公司在该商品市场上份额就降低到了20%以下，据此被告否认了司法部对其的指控。受理此案的美国联邦地区法院基于顾客面对杜邦公司的玻璃纸价格的变化将会敏感地转向其他软质包装材料的判断，做出了“由于玻璃纸面临着其他软质包装纸的竞争，因此，应将包括玻璃纸在内的所有软质包装材料界定为一个商品市场”的判决③。随后，美国司法部将此案上诉到了美国联邦最高

① Kintner, E., J. Bauer, and W. Kratzke, *Federal Antitrust Law: A Treatise on the Antitrust Laws of the United States*, Vol. Ⅳ, pp.252—253.

② United States v. E. I. Du pont de Nemours and Company, 351 U. S. 377. 76 S. Ct. 994 [1956].

③ United States v. E. I. Du pont de Nemours and Company, 118 F. Supp. 41 [1953].

法院。

美国联邦最高法院在考虑如何界定相关市场时明确表示，商品是否具有相同的物理性质是不能成为界定相关市场的标准的。该法院以“在需求者看来，玻璃纸与其他软质包装纸之间是可以进行合理互换的”为理由，将所有的软质包装纸界定为一个相关市场，最终做出了与美国联邦法院相一致的判定[①]。值得关注的是，美国联邦最高法院在这里直接引入了合理的互换可能性标准，并在判决书中指出，所谓的合理互换可能性标准，是指需求者为了同一目的能够进行合理互换的“商品群”构成了一个商品市场；不同商品间是否存在合理的互换可能性，应当根据商品的价格、用途和品质来进行判断[②]。合理的互换可能性方法，也称为合理替代性方法，它是一种通过测试产品在功能或用途上是否具有合理互换性，或者产品是否具有可以满足消费者相同需求的能力，从而认定产品是否应被纳入同一相关市场的方法。如果产品之间存在明显的需求替代性，它们就属于同一相关市场；否则就分别属于不同的相关市场。

从美国联邦最高法院的判定中可以看出，在界定相关市场时既使用了合理的互换可能性标准，也应用了需求交叉弹性理论。或者说，需求交叉弹性理论是引入合理的互换可能性标准的基本前提和理论基础，而合理的互换可能性标准则是需求交叉弹性理论在司法审判实务上的具体应用和辅助标准[③]。这是因为，需求交叉弹性理论在实际应用中面临着一系列的局限性：① 需求交叉弹性理论难以用于直接界定相关市场，而仅仅是给出了“其他条件不变”的前提下两种商品之间存在的相互替代的可能性；② 需求交叉弹性较高是垄断左右市场的结果，还是激烈竞争的结果，难以准确识别；③ 测度需求交叉弹性的数据往往难以获得，因而导致了其难以应用于司法实践。合理的互换可能性标准在某种程度上能够弥补需求交叉弹性方法的缺陷，是对该方法的一种补充和改进。

3. 特有性质及用途标准

这一界定相关市场的方法源自美国政府诉杜邦公司的车用涂料及装饰织品案[④]。在该案中，美国联邦最高法院针对如何界定该案的相关市场问题，引入了商品特有性质及用途标准，并且依此得出了与玻璃纸案截然

① Cellophane, 351 U.S. at 394.

② Cellophane, 351 U.S. at 394.

③ 王为农：“反垄断并购审查中相关市场界定研究”，载尚明主编《中国企业并购反垄断审查相关法律制度研究》，北京大学出版社，2008 年，第 3—44 页。

④ United States v. E. I. Du pont de Nemours and Company, 353 U.S. 586 [1957].

相反的结论。在该案中,美国司法部认为,被告杜邦公司为了排挤其他向通用汽车公司提供车用涂料和装饰织品的竞争对手,而取得了占该公司全部股份23%的份额,进而完全控制了向通用汽车公司出售的车用涂料和装饰织品,因而违反了《克莱顿法》第7条的规定。在相关市场界定上,美国司法部和杜邦公司各持完全对立的主张。美国司法部主张仅将车用涂料和装饰织品界定为一个产品市场,而杜邦公司主张将美国国内生产的所有行业用涂料和织品划分为一个产品市场。美国联邦最高法院支持司法部的主张,以"车用涂料和装饰织品具有同所有用于其他行业的涂料和织品完全不同的特有性质和用途"为由,做出了"车用涂料和装饰织品已构成《克莱顿法》第7条所称的产品市场"的判决①。这一判决结果与玻璃纸案中界定相关市场的判决形成了强烈反差。导致相关市场界定不同结果的根本原因在于,美国反托拉斯法中的《谢尔曼法》和《克莱顿法》分别设定了不同的规则标准和要求。这种在确立相关市场的界定标准问题上存在的差异,实际上是美国反托拉斯法对垄断协议、卡特尔等垄断行为和企业并购,分别设定了不同的规则标准和要求而产生的必然结果②。

4. 供给替代性方法

供给替代性方法是利用供给弹性来界定相关市场的一种方法,其基本原理是:当假定垄断企业实施提价时,那些处于竞争或潜在竞争状态并且能在一年内无须承担重大沉没成本就能进入市场的其他企业,因与该假定垄断企业具有供给替代效应,从而属于同一个相关市场。在司法实践中,如果一个厂商被怀疑控制市场力量并降低市场竞争程度,那么供给替代性方法就可以用来检测该厂商是否有能力在不考虑其他潜在竞争对手的情况下非暂时性地将价格提高到完全竞争水平之上。如果涉案厂商的产品供给交叉弹性很大,那么说明其他厂商很容易通过转产和进入来替换生产,相关产品市场的范围就应该界定得较广泛;反之,如果供给交叉弹性很小,那么相关产品市场的范围就应该界定得较狭窄③。

供给替代性方法常用的衡量方法是测算供给交叉弹性,计算公式为:

$$\varepsilon_{xy} = \frac{\Delta Q_x}{\Delta P_y} \frac{P_y}{Q_x} \qquad (3\text{-}3\text{-}3)$$

① United States v. E. I. Du pont de Nemours and Company, 353 U. S. 586 [1957].

② 王为农:"反垄断并购审查中相关市场界定研究",载尚明主编《中国企业并购反垄断审查相关法律制度研究》,北京大学出版社,2008年,第3—44页。

③ 李虹、张昕竹:"我国反垄断执法中相关市场界定标准问题研究",载尚明主编《中国企业并购反垄断审查相关法律制度研究》,北京大学出版社,2008年,第66—73页。

(3-3-3)式中,Q 表示供给量,P 表示价格水平。一般而言,采用供给替代性方法界定的相关市场范围较大,正因为如此,欧美国家的反垄断当局在界定相关市场时多从需求替代的角度来分析,供给替代性方法仅仅起到补充作用,在确认参与市场竞争的企业以及市场进入方面加以考虑。

3.3.2　相关市场界定的 SSNIP 方法

1. SSNIP 方法的分析思路、基本框架与原理

SSNIP 方法也称假定垄断者测试方法,也就是通过小而显著的非暂时性价格上涨进行假定垄断者测试,它是目前相关市场界定的主流方法。SSNIP 方法采用了针对自身弹性的分析思路:从并购后企业的一个假定的狭小产品市场出发,逐步分析在价格发生小幅、显著和非短期性变化的情况下①企业赢利水平的变化情况。如果价格上涨后有足够多的消费者转向其他产品,那么企业就不能从涨价中获得盈利,原先作为分析起点的产品市场就应当被扩大到消费者拟转向的目标市场,这个测试过程要一直进行下去,直到最后出现某一产品市场,在这个市场上企业可以通过涨价实现盈利。SSNIP 测试是一种有效的反复测试过程,一般分为四个步骤:第一步,确定最初的候选市场,通常情况下仅包括与并购有关的产品及其密切替代品;第二步假定整个候选市场的产品处于假设垄断者的控制之下,确定垄断者提价(幅度一般在 5%—10%)后会出现的情况;第三步如果有足够多的消费者因为涨价而转向了其他替代品,涨价本身无利可图,则表明其他替代品对候选市场中的产品构成了足够大的竞争压力,可以认为候选市场太过狭窄,没能将密切替代品都包括进去,需要增加次优替代品,在得到一个更大的候选市场以后,重复以上步骤;第四步当大部分消费者面对这个小幅且显著的非暂时性涨价而不再转向购买其他替代品,从而使得假设垄断者涨价变得有利可图时,停止检验。这时得到的市场就是反垄断机构所需要确定的相关市场。SSNIP 测试实际上体现了一种思想测试,在测试的每个阶段,那些被认为是最接近的替代品都将被纳入相关市场中来,直到最终形成一个组合,这个组合就是反垄断分析所要界定的相关市场②。

SSNIP 方法所提供的"假定垄断者测试"给出了一个可以收集相关市

① 一般情况是假设在可预见的未来价格上升 5%—10%。

② 余东华:"反垄断法实施中相关市场界定的 SSNIP 方法研究——局限性及其改进",《经济评论》,2010 年第 2 期。

场证据并进行分析的结构框架①。下面我们用一个简单数学模型来表示这一分析框架的原理和程序。假定价格上涨前的利润、平均成本、价格、产量分别为 π_0、C_0、P_0、Q_0，且满足 $\pi_0=(P_0-C_0)Q_0$；价格小幅上涨后的利润、平均成本、价格、产量分别为 π_1、C_1、P_1、Q_1，且满足 $\pi_1=(P_1-C_1)Q_1$；则价格变化为 $\Delta P=P_1-P_0$，需求数量变化为 $\Delta Q=Q_1-Q_0$，平均成本变化为 $\Delta C=C_1-C_0$，价格上涨前后的利润变化为：

$$\begin{aligned}\Delta\pi &= (P_1-C_1)Q_1-(P_0-C_0)Q_0\\ &= \Delta PQ_1+(P_0-C_0)\Delta Q-Q_1\Delta C \qquad (3\text{-}3\text{-}4)\end{aligned}$$

在 SSNIP 测试过程中，当 $\Delta P>0$ 时，我们希望 $\Delta Q<0$，并主要关注 $\Delta\pi$ 不大于零的情况。因而将(3-3-4)式两边同时除以 P_0，可以得到：

$$\frac{\Delta\pi}{P_0}=\frac{\Delta P}{P_0}Q_1+\frac{P_0-C_0}{P_0}\Delta Q-\frac{Q_1}{P_0}\Delta C \qquad (3\text{-}3\text{-}5)$$

(3-3-5)式中，$\Delta P/P_0$是假设的价格上涨(一般被设定为5%—10%)。当平均成本不变，即 $\Delta C=0$ 时，则(3-3-5)式可变为：

$$\frac{\Delta\pi}{P_0}=\frac{\Delta P}{P_0}Q_1+\frac{P_0-C_0}{P_0}\Delta Q \qquad (3\text{-}3\text{-}6)$$

从(3-3-6)式可以看出，当$\frac{\Delta P}{P_0}Q_1>\frac{P_0-C_0}{P_0}\Delta Q$ 时，对新产量(比涨价以前低)收取的价格上涨后的收益大于数量减少所损失的收益，价格上涨就是有利的。这时就可以界定受测试的市场为相关市场。如果存在规模经济导致平均成本下降，那么只需要解出$\frac{Q_1}{P_0}\Delta C$，就可以对价格上涨是否有利进行判断，从而继续以上过程，直到界定出相关市场。

SSNIP 方法在理论上明显优于传统产品功能界定法中依据需求交叉弹性理论笼统地分析商品间合理互换可能性和需求替代性的分析方法：首先，SSNIP 方法提供了一个连贯一致的分析框架，该框架考虑了被调查企业所面对的竞争约束的相关问题，并最终有助于使分析中的争论明确集中于需求或供给方面的替代性等关键概念；其次，SSNIP 方法能将市场界定与识别市场中的竞争者区别开来，在市场界定的地理维度和价格歧视方面有所创新，并能将越来越多的经济学数量分析方法引入到市场界定中来，丰富了市场界定的量化标准。正因为如此，20 世纪 80 年代中期以后，SSNIP 方法开始在反垄断司法实践中得到广泛应用，成为世界大多数国家

---

① 董红霞：《美国欧盟横向并购指南研究》，中国经济出版社，2007 年。

和地区界定相关市场的主要方法。

2. SSNIP 方法的缺陷

在进行 SSNIP 测试时,如果假定的垄断者在最小市场中实施价格上涨而不能赢利,就把下一个最接近的替代品加入相关市场中再次运用 SSNIP 方法进行测试,这个过程一直持续到假定的垄断者可以赢利地施加一个 5%—10% 的价格上涨,这样界定的产品范围或地理区域就构成相关市场(Kamerschen and Kohler,1993)。SSNIP 方法的经济学理论依据较为充分,内在逻辑简单明确、较易理解,已经成为企业并购规制中受到国际广泛认可的相关市场界定方法。然而,在反垄断司法实践中,SSNIP 方法的局限性也是很明显的。

(1) 基础价格选择不当可能导致评估失误。基础价格为 SSNIP 测试中的价格上涨提供了一个基准,它影响着消费者作为对价格上涨的反应而转向其他可供选择商品的发展,进而影响到市场份额和市场力量评估中的最小市场确定。美国司法界在基础价格选择上存在较大争论,在司法实践中多数情况下采用竞争价格作为基础价格。欧盟一般采用主导市场价格作为基础价格,当主导价格不是竞争价格时,则采用竞争价格作为基础价格。但是,主导价格和竞争价格不一致时,基础价格选择的差异可能导致测试结果的背离。在主导价格明显高于竞争性水平,可能的未来价格更加接近竞争性水平的情况下,采用主导价格作为 SSNIP 方法的基础价格将导致对并购的错误评估。另外,在一些类似建筑、高速公路建设合同等所谓的招投标市场以及国防等产业中,一般不存在作为 SSNIP 界定法基础的主导价格或基础价格,此时,SSNIP 方法难以使用。

(2) 价格上涨幅度的不确定性使得测试具有较大随意性。自美国司法部 1982 年《横向并购指南》发布以来,5% 标准被视为测定某种产品需求替代的主要方法。美国司法部在其并购指南中提出的这一数额不大、但持续性涨价的幅度虽然是 5%,但也指出根据不同行业的不同性质,这个涨价幅度可以大一点或者小一点。1992 年美国司法部和联邦贸易委员会共同发布的《横向并购指南》对此作了修改。因为设想不同相关市场上的产品可能会有不同的涨价幅度,新指南指出,这个幅度不需要做出统一的规定。对不同的相关产品的涨价幅度不作统一规定虽然在理论上是正确的,但这种做法会大大提高界定相关市场的难度。因为不同的企业和不同的产品有着不同的价格政策,如果法律上不规定统一的涨价幅度,参与并购的企业和执法机构便难以在无数个似乎有理的涨价幅度中进行选择。如果涨价幅度定得过大,所界定的市场范围就大;如果涨价幅度定得过小,市场的范围也小。这样,企业并购指南便失去其作为“指南”对执法机构和当事人应当具有的可预期性优点,并由此增加了指南的不确定性,降低了其指导的价值,增大了反垄断执法机构的随意性。

（3）SSNIP 方法可能导致“玻璃纸谬误”。SSNIP 方法在评估并购的竞争效果时,主要关注的是并购是否将导致价格上涨到主导水平之上。为此,竞争评估集中于对并购企业目前商业行为的竞争约束上。在此意义上,并购调查所进行的分析是面向未来的,并且是在主导价格水平上确定竞争约束。利润最大化的厂商总是力图将价格设定在不能通过进一步提价而获利的水平上,这意味着产品之间彼此产生竞争约束的程度部分地依赖于目前的相对价格。当产品在一个价格水平上可以构成替代品时,在一个更低的价格水平上可能就不构成替代品。如果垄断产品的价格足够高,即使劣质的替代品对消费者也将具有吸引力。这就意味着在目前的价格水平上,一个企业面对着来自其他产品或企业的竞争约束时,并不能表明该企业是否拥有市场势力以及是否在行使其市场势力。换句话说,一个企业具有一个特定的相对高的需求价格弹性的事实,并不意味着该企业不具有任何将其价格提高到竞争水平之上的市场势力。在有效竞争的价格水平上,该企业特定的需求价格弹性实际上可能相当低,从而该企业能够将那个有效竞争的价格提高到目前的价格水平;在目前的价格水平上,由于存在其他企业需求方面或供给方面的替代性而导致进一步涨价无利可图。因此,按照 SSNIP 方法确定的相关市场可能过宽,从而弱化反垄断执行。这一问题在反垄断司法中被称为“玻璃纸谬误”。在 1956 年美国政府指控杜邦公司垄断玻璃纸生产案中,因为玻璃纸为杜邦公司独家生产和销售,政府认定该公司在玻璃纸产品市场上占有 100% 的市场份额,并且实行了垄断价格。在垄断高价下,价格的任何细微提高都会导致消费者转向其他柔性包装材料。美国最高法院在这个案件中将玻璃纸看作包装材料中一种材料,而在包装材料这一产品市场上,杜邦公司仅占 18% 的市场份额。因此,政府在该案中败诉。“玻璃纸谬误”的关键问题是,在现存价格上确定的替代品并不必然就是那些在竞争价格上有效的替代品,而竞争价格才是并购案件中界定相关市场的基准点。

（4）SSNIP 方法在具体操作中存在缺陷。这些缺陷包括,① SSNIP 方法主要测度的是自身弹性,而要想对自身弹性进行准确分析,必须拥有足够的相关经济数据支撑。可是在现实中要想获得能够用于进行 SSNIP 测定的经济数据却是相当困难的,而且数据的可靠性值得怀疑。在重复检验过程中,每增加一种替代产品或者一个地理区域,都要对利润的最大化水平进行比较,这就要求对产品成本数据的正确预测和计算。由于取得准确数据的难度很大,往往使得利润水平计算的信度不够,使得 SSNIP 方法的准确性不够。② SSNIP 方法中次优替代品的认定是一种简单的“是与非”的判断,有时候与实际情况并不相符。当产品具有多种使用功能,而两种产品的所有用途并不能完全替代时,就会发生矛盾,此时相关市场可能被扩大,也可能被缩小,导致相关市场界定的不确定性。③ 新型产业的出现以及产业创新与转型对 SSNIP 方法提出了挑战。例如,在新经济行业中,由于产品品质的竞争或技术的竞争已经远大于价格的竞争,以价格理论为基础的 SSNIP 测度标准根本不能有效界定相关市场。因此一些学者建议运用 SSNIP 测度标准的原理,以产品性能的变化取代价格的波动来测试需求弹性,进而界定相关市场,即所谓的产品性能测试法。④ 随着高新技术产业的发展,技术创新成为提高企业竞争力的核心,如何界定创新市场,协调创新与竞争之间的矛盾,也成为 SSNIP 方法面临的一大问题。

3.4　SSNIP 方法的改进与完善

SSNIP 检验的主要思路是“小而显著的非暂时性价格上涨有利可图”,但是并没有给出如何判定所谓的价格上涨是否“有利可图”(Harris and Simons,1989)。这个疏漏因大大降低了兼并指南的可操作性而广受批评。受数据、程序、方法等因素的制约,SSNIP 方法在司法实践中的应用也遇到很多困难。尤其是,随着宏观环境的变化、技术进步的加快和创新因素的凸显,SSNIP 方法的局限性日益明显。为了弥补 SSNIP 方法的缺陷,欧美国家的反垄断当局在司法实践中对 SSNIP 方法中的关键环节进行了改进和完善,使得 SSNIP 方法更加可行和有效,并采取了一些其他替代的辅助测定方法,形成了相互映照的方法体系。

3.4.1　剩余需求弹性方法

剩余需求是指一个市场上单个企业所面临的需求,它等于市场总需求减去同行业其他企业的供给。剩余需求曲线表示的是单个企业面临的剩余需求及其价格之间的关系,其形状是由消费者需求和替代品生产者的供给共同决定的,剩余需求曲线的弹性就是剩余需求弹性。Scheffman and Spiller(1987)认为,估算剩余需求弹性可以成为 SSNIP 方法的关键环节:从最小的假定垄断者开始,通过连续增加新的生产者,直到假定垄断者面临一个足够缺乏弹性的剩余需求曲线,最终确定的相关生产者范围就是相关市场。Kamerschen and Kohler(1993)在此分析基础上进一步提出,由于SSNIP中10%或5%的价格增加幅度所对应的基准剩余需求弹性是10或20,如果兼并后的剩余需求弹性小于基准弹性,则属于同一相关市场。目前很多学者认为,剩余需求弹性分析方法与兼并指南的思想最一致(Baker and Bresnahan, 1985),但是该方法不仅需要详尽的数量和价格的数据,有时还需要成本的信息,因此往往由于信息不足而很难实施(Stigler and Sherwin,1985)。

Baker and Bresnahan(1985)给出了估算单个企业剩余需求弹性的方法。假定一个产品差异化行业内有 n 个追求利润最大化的企业,企业1的需求函数为:

$$P_1 = P_1(Q, Q_1, \gamma, \eta_1) \tag{3-4-1}$$

(3-4-1)式中,P_1 和 Q_1 分别表示企业1所生产产品的价格和产量,Q 是其他 $n-1$ 个企业的产量向量,即 $Q=(Q_2, Q_3, Q_4, \cdots, Q_n)$;$\gamma$ 表示进入需求函数的外生变量组成的向量,也称为需求移动因子,η_1 是一个参数向量。企业1以外的其他 $n-1$ 家企业的需求函数可以表示为:

$$P_i = P_i(Q, Q_1, \gamma, \eta_i), \quad i = 2,3,\cdots,n \tag{3-4-2}$$

定义 P 为第2到第 n 家企业的价格 P_i 组成的向量,企业 i 的边际成本函数为:

$$\mathrm{MC}_i(Q_i, W, \beta_i), \quad i = 2,3,\cdots,n \tag{3-4-3}$$

(3-4-3)式中,W 是要素价格向量,β_i 为参数向量。企业 i 的边际收益函数可以写为:

$$\mathrm{MR}_i(Q, Q_1, \gamma, \eta_i), \quad i = 2,3,\cdots,n \tag{3-4-4}$$

根据利润最大化原则($\mathrm{MC}_i = \mathrm{MR}_i$)可以求得向量 Q 为:

$$Q = E(Q_1, \gamma, W; \eta, \beta) \tag{3-4-5}$$

将(3-4-5)式中 Q_i 对 Q_1 的弹性称为反应弹性,记为:

$$\xi_{i1} = \frac{\partial \ln E_i}{\partial \ln Q_1} \tag{3-4-6}$$

将向量 Q 表达式(3-4-5)代入企业1的需求曲线,可以得到企业1面临的剩余需求曲线方程:

$$P_1 = P_1(Q_1, E(Q_1, \gamma, W; \eta, \beta); \gamma, \eta_1) \tag{3-4-7}$$

(3-4-7)式可以简化表示为:

$$P_1 = R_1(Q_1, \gamma, W, \eta, \beta) \tag{3-4-8}$$

从(3-4-8)式可以看出,企业1面临的剩余需求函数里面包括企业1的产量 Q_1、结构需求变量 γ 和其他企业的成本变量 W,η 和 β 则是待估参数。根据弹性的关系公式,我们知道企业 1 的剩余需求弹性 η_1^{γ} 取决于自需求弹性 η_{11}、交叉需求弹性 η_{i1} 和其他企业对其涨价的反应弹性 ξ_{i1},用公式表示就是:

$$\eta_1^{\gamma} = \eta_{11} + \sum_{i=2}^{n} \eta_{i1}\xi_{i1} \tag{3-4-9}$$

在剩余需求弹性方法的具体操作中,除了估算部分剩余需求曲线以外,还需要计算并购前和并购后的剩余需求弹性并进行比较,从而判断并购对于企业市场势力的影响。剩余需求弹性方法能够有效识别价格是否可以由于并购而提高,从而识别产品间的可替代程度,对使用 SSNIP 检验来界定相关市场具有较大的促进作用(Simons and Williams, 1993)。剩余需求弹性方法依靠事前数据就可以较为简便地估算出两个企业并购对于它们市场势力可能造成的影响,既可以用于市场支配定位的评估,也可以用于界定相关市场①。

3.4.2　临界弹性分析方法

临界弹性(critical elasticity)是指"假想的垄断者通过实施明显的且非暂时的小幅度提价可以获得利益的价格弹性的最大值"(Fredrick, 1989)。一般而言,如果并购前的需求价格弹性值小于临界弹性值,那么商品提价而导致的需求减少的幅度就会较小,因此提价将会使当事人获益,这也就意味着假想的垄断者极有可能决定实施提价。这样的商品(地域)市场将构成假想垄断者可以行使其市场支配力的所谓相关市场。相反,如果需求价格弹性值大于临界弹性值,那么提价就会造成需求大幅度地减少,这就意味着提价不能给当事人带来利益。这样的商品(地域)市场就不会被界定为一个相关市场。临界弹性分析包括三个步骤:第一步,计算临界弹性值,如果假定需求曲线是线性的,假想的垄断者是利润最大化的,那么使用纯粹的计算公式就可以计算出临界弹性值;第二步,推算实际的需求价格弹性值,通常以可能得到的数据为基础,模拟演算需求曲线,进而推算实际弹性值,测算中需要注意弹性值同其他定量和定性证据之间的相互印证,在计量分析过程中对参数、变量和模型的选取需要动态调整;第三步,将推算的需求价格弹性值与临界弹性值进行比较,进而界定相关市场,如果实际需求弹性值小于临界弹性值,说明需求是非弹性的,提价能够带来利益,

---

① 李虹、张昕竹:"我国反垄断执法中相关市场界定标准问题研究",载尚明主编《中国企业并购反垄断审查相关法律制度研究》,北京大学出版社,2008 年,第 66—73 页。

那么将该商品市场界定为相关市场就是适宜的，反之，就需要实施 SSNIP 测定。

由于不同形状的需求曲线具有不同的价格弹性，从而垄断企业能够承受的提价程度也会不同，因此在推导临界弹性的计算公式时需要明确需求曲线的形状。在经济学分析中，常用的需求曲线的形状或为等弹性的双曲线或为线性。下面，我们分别推导利润最大化假设和盈亏平衡假设两种条件下的临界弹性计算公式（Werden，1997；李虹，2011）。

我们先来推导利润最大化假设下的临界弹性计算公式。假设并购发生前的价格为 P_0，提价后价格上升为 P_1，使垄断者利润最大化的价格为 P_m，边际成本保持不变且为 c，并购前的以相对值表示的价格成本边际（price-cost margin）为 m，且：

$$m = \frac{P_0 - c}{P_0} = 1 - \frac{c}{P_0} \tag{3-4-10}$$

最小的显著价格上升幅度为 t，且：

$$t = \frac{P_1 - P_0}{P_0} = \frac{P_1}{P_0} - 1 \tag{3-4-11}$$

价格上升 t 之后新的价格成本边际为：

$$m + t = \frac{P_1 - c}{P_0}, \quad 且有\ 1 + t = \frac{P_1}{P_0}$$

根据垄断企业实现利润最大化的一阶条件，可以得到：

$$\frac{P_m - c}{P_m} = \frac{1}{\varepsilon(P_m)} \text{ 或 } \varepsilon(P_m) = \frac{P_m}{P_m - c} \tag{3-4-12}$$

（3-4-12）式中的 $\varepsilon(P_m)$ 就是垄断价格所对应的需求弹性。令 $P_m = P_1$，根据以上算式可以计算出利润最大化假设下的需求临界弹性的计算公式：

$$\varepsilon(P_m) = \frac{P_m}{P_m - c} = \frac{P_1}{P_1 - c} = \frac{\frac{P_1}{P_0}}{\frac{P_1 - c}{P_0}} = \frac{1 + t}{m + t} \tag{3-4-13}$$

当需求曲线的形状为等弹性的双曲线时，并购前的需求弹性与并购后的需求弹性相等，所以需求的临界弹性就等于：

$$\varepsilon = \frac{1 + t}{m + t} \tag{3-4-14}$$

当需求曲线的形状为线性时，假定反需求函数为 $P = a - bq$，则需求的临界弹性为：

$$\varepsilon(P) = \frac{P}{a - P} \tag{3-4-15}$$

将(3-4-15)式代入利润最大化条件中，可得：

$$P_m = \frac{a + c}{2P_1} \tag{3-4-16}$$

根据变量 m、t 和临界弹性的定义，可以推导出：

$$\varepsilon(P_0) = \frac{P_0}{a - P_0} = \frac{P_0}{2P_1 - c - P_0} = \frac{1}{m + 2t} \tag{3-4-17}$$

接下来，我们推导盈亏平衡假设下的临界弹性计算公式。盈亏平衡是指企业提价所导致的销售额损失和涨价的额外收入正好相抵，从而提价后的利润不变。盈亏平衡假设下需求的临界弹性是指保持提价后假定垄断者利润不变时企业所需要的需求弹性。假设实现盈亏平衡的价格为 P_b（令 $P_b = P_1$），其他变量与利润最大化假设下的界定相同，那么实现盈亏平衡意味着 $\pi_0 = \pi_b$，即

$$q(P_0)(P_0 - c) = q(P_b)(P_b - c) \quad 或 \quad \frac{q(P_b)}{q(P_0)} = \frac{P_0 - c}{P_b - c} \tag{3-4-18}$$

根据变量 m 和 t 的界定公式，可以得到：

$$\frac{P_0 - c}{P_b - c} = \frac{\dfrac{P_0 - c}{P_0}}{\dfrac{P_b - c}{P_0}} = \frac{m}{m + t} \tag{3-4-19}$$

当需求曲线的形状为等弹性的双曲线时，根据等弹性双曲线的定义和性质有：

$$\frac{q(P_1)}{q(P_0)} = \left(\frac{P_1}{P_0}\right)^{-\varepsilon} = (1 + t)^{-\varepsilon} \tag{3-4-20}$$

由于 $P_b = P_1$，$\dfrac{q(P_b)}{q(P_0)} = \dfrac{m}{m+t}$，综合以上算式，根据弹性定义，就可以得到盈亏平衡假设下需求的临界弹性计算公式：

$$\varepsilon = \frac{\log(m + t) - \log m}{\log(1 + t)} \tag{3-4-21}$$

当需求曲线的形状为线性时，根据现行需求函数的特点，可以得到：

$$\frac{q(P_1)}{q(P_0)} = \frac{a - P_1}{a - P_0} = 1 - \frac{P_1 - P_0}{P_0}\frac{P_0}{a - P_0} = 1 - t\varepsilon(P_0) \tag{3-4-22}$$

由于我们令 $P_b = P_1$，且$\dfrac{q(P_b)}{q(P_0)} = \dfrac{m}{m+t}$，综合以上算式，可以得到：

$$t\varepsilon(P_0) = 1 - \frac{m}{m + t} \qquad (3\text{-}4\text{-}23)$$

(3-4-23)式两边同时除以 t 就可以得到盈亏平衡假设下的需求临界弹性：

$$\varepsilon = \frac{1}{m + t} \qquad (3\text{-}4\text{-}24)$$

以上介绍的临界弹性方法是基于成本不变假设下推导出来的，这一假设具有一定的非现实性。这是因为并购等市场行为往往会导致企业的边际成本发生变化，为了弥补这一不足，Baumann and Godek(2006)等学者基于边际成本递增的假定，提出了修正的临界弹性计算公式，新公式的推导思路和内在逻辑与上文是一致的。

3.4.3 临界损失方法①

临界损失(critical loss)是指"假想的垄断者决定实施明显的且非暂时的小幅度提价仍然可以获利的销售量减少的最大值"(Werden,1998)。临界损失分析法就是通过分析当假想的垄断者提价时，伴随着价格的上涨而引起涨价商品的市场占有率下降，对于由此造成的损失(临界损失)，提价起了多大作用，来比较精确地判断现实中的企业能否实施提价的一种分析方法。一般而言，如果提价造成的实际销售量的损失值小于临界损失值，这就意味着假想的垄断者将决定实施提价，因此将这样的市场界定为相关市场是适宜的。反之，如果提价造成的实际销售量的损失大于临界损失值，这就意味着提价没有给假想的垄断者带来利益，因此将这样的商品市场界定为相关市场，就将是一个过于狭窄的市场。临界损失方法是 SSNIP 测试应用在相关市场界定中的又一成功尝试，是 SSNIP 方法的发展和改进。临界损失分析法与临界弹性分析法的步骤大体相同，临界损失分析法多用于数据较少、提价幅度较大的场合。1995 年的 Donnelley 案中，美国反垄断当局就是使用临界损失分析法来界定相关市场的。

临界损失方法从竞争约束的角度考虑相关市场界定，认为企业滥用市场势力即单方面提高产品价格主要面临两方面的竞争约束：需求替代和供给替代(现存的和潜在的)，竞争约束的存在使得企业单方面提高产品价格会导致有效需求的减少，从而使涨价无利可图。临界损失方法涉及两个主要概念：临界损失和实际损失。临界损失表示垄断企业的涨价行为能够

① 马路萌同志参与了本部分的资料收集整理和前期研究工作。

有利可图的最小有效需求减少量，实际损失表示垄断企业涨价行为导致的实际有效需求减少量。临界损失分析通过比较临界损失和实际损失得出相关市场的界定范围：如果实际损失小于临界损失，表示企业涨价有利可图，相应的相关市场界定范围是可行的；如果实际损失大于临界损失，表示企业还面临其他的竞争约束，应该相应扩大相关市场的界定范围。根据临界损失分析的思路，临界损失分析分为三个主要部分：计算临界损失、计算实际损失、临界损失与实际损失的比较。

第一步：计算临界损失。临界损失分析作为学术概念最早是由 Harris and Simons(1989)提出的。一般情况下，价格上涨对企业利润主要有两个方面的影响：价格上涨造成有效需求减少对利润的负面影响以及既存消费者面临的价格上涨对利润的正面影响；两方面影响相互抵消后的净影响即是价格上涨造成的影响，如图 3-3 所示。

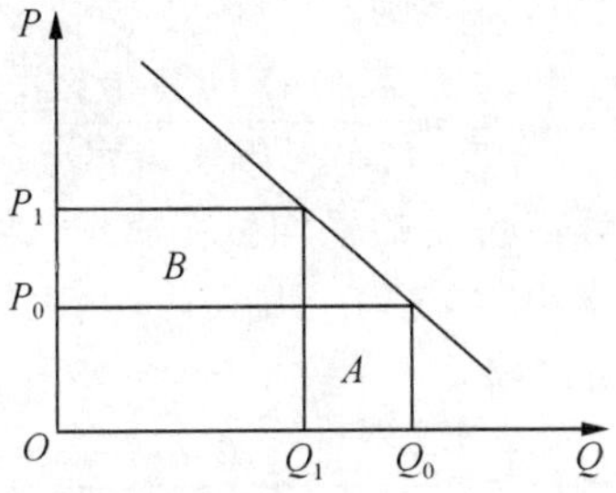

图 3-3　价格上涨的影响

价格上涨带来的利润增加为 B 部分，有效需求减少带来的利润减少为 A 部分，如果 A 和 B 两部分抵消后的净影响使得利润增加，则表示涨价行为有利可图。Harris and Simons(1989)将临界损失定义为使得 $A=B$ 的销售数量的减少比例。如果 $A=B$，即企业的价格上涨行为造成的盈亏平衡，如果实际损失大于临界损失，则会使涨价无利可图。我们用 π_0、P_0、Q_0、AVC_0 分别表示涨价前的利润、价格、产量和平均可变成本，π_1、P_1、Q_1、AVC_1 表示涨价后的利润、价格、产量和平均可变成本，FC 表示固定成本。具体计算方法如下：

$$\pi_0 = P_0Q_0 - Q_0\mathrm{AVC}_0 - \mathrm{FC} = P_0Q_0 - \int_{i=1}^{i=Q_0}\mathrm{MC}_i - \mathrm{FC} \quad (3\text{-}4\text{-}25)$$

$$\pi_1 = P_1Q_1 - Q_1\mathrm{AVC}_1 - \mathrm{FC} = P_1Q_1 - \int_{i=1}^{i=Q_1}\mathrm{MC}_i - \mathrm{FC} \quad (3\text{-}4\text{-}26)$$

涨价后盈亏平衡可以表示为：

$$P_0Q_0 - \int_{i=1}^{i=Q_0}\mathrm{MC}_i - \mathrm{FC} = P_1Q_1 - \int_{i=1}^{i=Q_1}\mathrm{MC}_i - \mathrm{FC} \quad (3\text{-}4\text{-}27)$$

根据定义,涨价幅度为 $X=\frac{P_1-P_0}{P_0}$,即 $P_1=P_0(1+X)$;销量减少即临界损失为 $CL=\frac{Q_1-Q_0}{Q_0}$,即 $Q_1=Q_0(1-CL)$,代入盈亏平衡公式:

$$P_0Q_0-\int_{i=1}^{i=Q_0}MC_i-FC=P_0(1+X)Q_0(1-CL)-\int_{i=1}^{i=Q_1}MC_i-FC \tag{3-4-28}$$

化简后可得:

$$\begin{aligned}CL&=\frac{X}{1+X}+\frac{\int_{i=1}^{i=Q_0}MC_i-\int_{i=1}^{i=Q_1}MC_i}{P_0(1+X)Q_0}\\&=\frac{X}{1+X}+\frac{Q_0AVC_0-Q_0(1-CL)AVC_1}{P_0(1+X)Q_0}\end{aligned} \tag{3-4-29}$$

求解(3-4-29)式,就可以得到:

$$CL=\frac{P_0X+AVC_0-AVC_1}{P_0X+P_0-AVC_1}$$

在实际计算中,估计涨价后的平均可变成本 AVC_1 比较困难,一般假设平均可变成本不变,即 $AVC_1=AVC_0$,则 $CL=P_0X/(P_0+P_0X-AVC_0)$,分子分母同时除以 P_0 化简可得:

$$CL=\frac{X}{X+(P_0-AVC_0)/P_0} \tag{3-4-30}$$

(3-4-30)式中,$\frac{P_0-AVC_0}{P_0}$ 被称为价格成本边际(price-cost margin)或者边际贡献(contribution margin),记为 M,也就是毛利润率。

综上,$CL=\frac{X}{X+M}$,(3-4-30)式中 $X=\frac{P_1-P_0}{P_0}$,$M=\frac{P_0-AVC_0}{P_0}$,临界损失与毛利润率成反比,与价格上涨幅度成正比。

从以上推导可以看出,Harris and Simons(1989)定义的临界损失暗含的一个前提假设是假定垄断企业涨价行为的"盈亏均衡",回答了假定垄断者是否能够在不减少利润的条件下提高价格的问题。但是该方法并没有回答调整以后的价格是否是能够使得企业利润最大化的价格的问题,也就是说,该方法不能回答企业是否有动机去改变(提高或降低)价格以求得利润最大化。这涉及假定垄断者的前提假设是涨价行为的盈亏平衡还是利润最大化,盈亏平衡和利润最大化条件下的两种方法被分别称为 Could Approach 和 Would Approach。Could & Would Approach 的争论源于兼并指南中用词的区别(Baumann and Godek,1995)。Johnson(1974)最早发现并解决了临界弹性分析方法 Would Approach 的问题，Werden 解决了临界损失分析方法的 Would Approach 问题（Werden，1998）。

Werden（1998）给出了利润最大化假设下的临界损失计算方法，即 Would Approach。我们将主要变量定义如下：P_0表示初始价格水平，P_1表示提价后的价格水平，P_m表示假定垄断者利润最大化的价格水平；c 为短期边际成本，假设为不变；M 为提价前的价格成本边际（price-cost margin），且 $M=(P_0-c)/P_0$；X 为价格上涨幅度，且 $X=(P_1-P_0)/P_0$，$\frac{P_1}{P_0}=1+X$；ε 表示绝对值形式的需求价格弹性。因为该方法需要确定企业利润最大化的价格水平，所以需要考察企业面临的需求曲线。

① 当企业面临的是等弹性需求曲线时，需求函数为 $Q=aP^{-\varepsilon}$。根据微观经济理论，垄断者利润最大化的条件为：$\frac{P_m-c}{P_m}=\frac{1}{\varepsilon(P_m)}$，即 $\varepsilon(P_m)=\frac{P_m}{P_m-c}$；根据假设条件，$P_1$是利润最大化的价格水平，则利润最大化（令 $P_1=P_m$）的需求价格弹性为：

$$\varepsilon=\frac{P_1}{P_1-c}=\frac{P_1/P_0}{(P_1-c)P_0}=\frac{P_1/P_0}{(P_1-P_0+P_0-c)/P_0}=\frac{1+x}{x+M};$$

价格从 P_0到 P_1造成的有效需求减少率也就是临界损失为：

$$\mathrm{CL}=\frac{Q_0-Q_1}{Q_0}=1-\frac{Q_1}{Q_0}=1-\frac{aP_1^{-\varepsilon}}{aP_0^{-\varepsilon}}=1-\left(\frac{P_1}{P_0}\right)^{-\varepsilon}$$

$$=1-(1+X)^{-\varepsilon}=1-(1+X)^{-\frac{1+X}{X+M}}$$

综上，等弹性需求曲线假设下的临界损失为：$\mathrm{CL}=1-(1+X)^{\frac{-1-X}{M+X}}$。

② 当企业面临的是线性需求曲线时，需求函数为 $P=a-bQ$，即 $Q=(a-P)/b$。根据微观经济理论，垄断者利润最大化价格 $P^m=(a+c)/2=P^1$，$a=2P^1-c$；同理：

$$\mathrm{CL}=\frac{Q_0-Q_1}{Q_0}=1-\frac{Q_1}{Q_0}=1-\frac{(a-P_1)/b}{(a-P_0)/b}=1-\frac{a-P_1}{a-P_0}=\frac{P_1-P_0}{a-P_0}$$

$$=\frac{(P_1-P_0)/P_0}{(a-P_0)/P_0}=\frac{(P_1-P_0)/P_0}{(2P^1-c-P_0)/P_0}=\frac{(P_1-P_0)/P_0}{(P^1-c+P^1-P_0)/P_0}$$

$$=\frac{(P_1-P_0)/P_0}{(P^1-P_0+P_0+c+P^1-P_0)/P_0}=\frac{X}{2X+M}$$

综上，线性需求曲线假设下的临界损失为：$\mathrm{CL}=\frac{X}{2X+M}$。

两种假设下的临界损失表达式如表 3-1 所示：

表 3-1 两种假设下的临界损失表达式

前提假设 \ 需求曲线	利润最大化 (Would Approach)	盈亏平衡 (Could Approach)
线性需求曲线	$CL=\frac{X}{2X+M}$	$CL=\frac{X}{X+M}$
等弹性需求曲线	$CL=1-(1+X)^{\frac{-1-X}{M+X}}$	$CL=\frac{X}{X+M}$

综合以上两种思路可以看出，$M=(P_0-c)/P_0$ 在两种思路中都比较重要，直接决定临界损失的大小，但是实际计算面临许多困难。主要是边际成本 c 不好测算，实际应用中多用平均可变成本来近似；固定成本与可变成本的确定多存在诸多分歧。Werden(1998)认为，在实际应用中，线性需求曲线比等弹性需求曲线更加符合实际。Baumann and Godek(1995)指出，与 Could Approach 相比，Would Approach 的优点在于以下几个方面：基于企业利润最大化的前提假设更加符合经济理论和实际；与兼并指南更加契合；尤其是确定了利润最大化的价格水平，从而价格上涨幅度的确定有经济理论的支撑，而不是人为武断地界定为 5%。在临界损失的计算中，Harris and Simons(1989)指出，有两种情况需要特别受到重视：在企业产出产品多样化的情况下，减少一种产品的生产可能同时增加另一种产品的产量；一种产品的生产过程同时生产多种产品。

第二步，计算实际损失。计算实际损失需要考虑以下群体对价格上涨的反应(Harris and Simons,1989)：相同产品的其他生产者、相关产品的生产者、消费者。概括起来主要包括了生产替代和消费替代的反应。价格上涨引起的反应都反映在剩余需求弹性的变化中(Landes and Posner,1981)；尽管经济学家已经得出关于剩余需求弹性的计算方法，但是由于数据的可得性而在实际操作中面临诸多困难①。实际损失确定的可行思路是将剩余需求弹性变化中包含的各种反应合理地量化，主要包括计算转换成本、考察效用替代率，其中最直接的方法是通过大量的调查直接获取消费者的反应。Salop and Simons(1984)在“A Practical Guide to Merger Analysis”一文中给出了实际损失的确定需要考虑的一系列问题。

① Baker, J., and T. Bresnahan, “The Gains from Merger or Collusion in Product-Differentiated Industries”, *The Journal Industrial Economics*, 1985, 33(4):427—444; Sheffman, D., and P. Spiller, “Geographic Market Definition under the DOJ Merger Guidelines”, 1987, 30(1):123—147.

特别地，消费者对价格上涨的反应只是反映了实际损失的一个方面，即消费者转移消费的意愿，实际损失的确定还需要考察消费者实际有可能转移消费的能力，也就是供给方面，包括国内（现存和潜在）生产和进口（贸易限制方面因素）。

第三步：临界损失与实际损失的比较进而确定相关市场。如果实际损失小于临界损失，表示企业涨价有利可图，相应的相关市场界定范围是可行的；如果实际损失大于临界损失，表示企业还面临其他的竞争约束，应该相应扩大相关市场的界定范围，包含其他的替代品。扩大相关产品市场的界定范围，包含进入其他替代品的过程也就是相关产品替代性排序的过程，交叉价格弹性是相关产品替代性排序的有效方法（Werden，1998）。

在实际应用中应该注意到，既然市场界定为一个或者一组生产者，那么如果备选市场包含两个或者两个以上生产厂商，SSNIP 方法实际上假设备选市场上的生产厂商能够协调自身的行为（比如说同时涨价 5%）；Harris and Simons（1989）假设备选市场上的众多生产厂商达到竞争均衡并且组成一个统一的联合体，这显然与现实有所出入。并购指南中相关产品市场的界定假设兼并以后不存在价格歧视，这与实际情况也是不相符的，如果可以证明存在明显的价格歧视，则需要考虑相关产品市场更窄范围的界定。因此临界损失分析方法并不是像以上的数学公式一样简单直观，需要考虑具体经济实际。

3.5　相关市场界定的案例分析

在这里，我们主要讨论三种主要的相关市场界定具体方法在司法实践中的应用。

3.5.1　剩余需求弹性的估算：航空公司并购案①

我们以西北航空公司与共和航空公司合并案为例来看一看剩余需求弹性分析方法的应用。美国西北航空公司成立于 1926 年，当时称为“Northwest Airways”，在明尼阿波利斯-圣保罗和芝加哥之间运送邮件。

① 本案例分析所采用的参考资料包括：Baker，J.，and T. Bresnahan，“The Gains from Merger or Collusion in Product-Differentiated Industries”，*The Journal of Industrial Economics*，1985，33：427—444；Beutel，P.，and M. Mcbride，“Market Power and the Northwest-Republic Airline Merger：A Residual Demand Approach”，*Southern Economic Journal*，1992，58：709—720；李虹：《相关市场理论与实践》，商务印书馆，2011 年，第 282—311 页；霍温坎普：《联邦反托拉斯政策：竞争法律及其实践》（第三版），许光耀等译，法律出版社，2009 年，第 85—120 页。

1934年采用"Northwest Airlines"的名字。1985年，该公司进行重组，成立NWA作为西北航空公司和其他子公司的控股公司。1986年，与共和国航空公司合并。它与第一快递航空公司、地平线航空实业公司、梅萨巴航空公司、环州航空公司和商业快递公司达成市场营销协议，这些公司以"Northwest Airlink"旗号为西北航空公司提供客源。1989年，被以Alfred Checchi、Gary Wilson和Fred Malek为首的投资集团以36.5亿美元购买，成为私人控股的公司。1994年3月，该公司恢复为公开上市公司。1986年西北航空公司与共和航空公司合并之前，两家公司都在明尼阿波利斯-圣保罗设有枢纽站，并购后又获得了底特律、孟菲斯的枢纽站，后又在印第安纳、檀香山、西雅图以及日本东京、荷兰阿姆斯特丹等地增设了枢纽站，成为世界第四大航空公司。

航空市场在两个城市之间的直接或间接航线的竞争，可以看做一个两期博弈(Beutel and Mcbride,1992)。第一期，航空公司通过选择飞机类型和航班时间表来设定运输能力，并向对方传递相关信息；第二期，进行差异化产品的伯川德竞争。之所以是差异化产品，是因为在任何两个城市之间，不同航空公司的票价、起飞时间、飞行路程、飞行舒适度、是否中停、座位空间、往返航站和机场的交通服务等都是不同的。同时，两个航空公司在两个城市之间提供的服务又是近似替代品。并购将使每个航空公司的剩余需求曲线外移，更接近市场需求曲线，并且降低需求弹性。因此，两个航空公司的并购或串谋会使市场集中过度提高，市场势力上升，并有很大动机将价格提升到竞争水平之上。为了估计西北航空公司与共和航空公司合并对明尼阿波利斯-圣保罗枢纽站的市场势力的影响，首先需要估计单个企业的剩余需求曲线，Beutel and Mcbride(1992)采用了双对数形式的函数方程：

$$p_1 = \eta_1 + \eta_1^{r} + \Gamma_1 y + \Delta_1 w_{-1} + v_1$$

$$p_2 = \eta_2 + \eta_2^{r} + \Gamma_2 y + \Delta_2 w_{-2} + v_2$$

其中，w_{-1}是影响其他$n-1$个企业成本的变量。两家企业的部分剩余需求曲线(partial residual demand curves)采用的方程形式是：

$$p_1 = r_1(q_1, q_2, \gamma, W; \eta_1, \eta, \beta) \quad p_2 = r_2(q_1, q_2, \gamma, W; \eta_2, \eta, \beta)$$

部分剩余需求曲线表示在考虑其他$n-2$个企业行为的情况下，每个参与并购的企业的价格与产量以及并购企业产量之间的关系(Baker and Bresnahan,1985)。西北航空公司与共和航空公司合并对明尼阿波利斯-圣保罗枢纽站的市场势力提升的检验可以分为两个步骤。第一步，假设其他$n-1$个企业的行为都是独立的，估计每个企业的反剩余需求曲线，得到剩余需求弹性的倒数,然后直接用勒纳指数来检验市场势力。剩余需求弹性越大,则估计得到的弹性倒数和勒纳指数越小,企业对价格的控制力就越小第二步,假设其他 $n-2$ 个企业的行为是独立的,估计要并购的两企业各自的部分剩余需求曲线。假设这两个企业都同比例地削减自己的产量,估计并购后企业的市场势力,然后把得到的价格涨幅和从每个企业的剩余需求估计得到的涨幅相比较。使用这种方法不能确切得出价格究竟会上升多少,但可以发现并购后的企业是否有动力将价格提到高于并购前的水平,进而可以推知并购本身是否有损社会福利水平。

Beutel and Mcbride(1992)使用了以明尼阿波利斯-圣保罗为终点的前 55 个最大的市场(航线)从 1985 年第一季度以来的数据估算了两家航空公司的部分剩余需求函数的反函数和剩余需求函数①。从估计结果可以看出:① 估算方程中各变量的系数都符合预期;② 西北航空公司的自价格弹性显著为负,说明该公司对价格有一定的控制力,共和航空公司的自价格弹性不显著,说明它对价格没有控制力;③ 从交叉价格弹性看,共和航空公司对西北航空公司的剩余需求没有影响,西北航空公司则对共和航空公司的航线提供了补充;④ 影响需求变量的符号为正,影响成本的变量符号符合预期,短期可变成本显著为正,说明如果其他公司的可变成本提高,则西北航空和共和航空都有动力提高价格;⑤ 并购轻微降低了西北航空公司的反剩余需求曲线的弹性,使共和航空公司获得了实质性的市场势力。这说明这项并购对相关市场产生了较为明显的影响。

3.5.2　临界弹性分析方法:无线电台并购案②

在 1996 年《电信法案》通过之前,美国无线电台行业主要由联邦通信委员会(FCC)进行管制,对无线电台并购进行了一些限制:一家企业在全国只能拥有 12 家 AM 和 12 家 FM 无线电台,在每个地区只能拥有 1 种相同的 AM 或 FM 服务。1996 年颁布实施的《电信法案》取消了对 AM 或 FM 在全国拥有量的限制,对地方拥有量的限制取决于市场的大小。之后,美国无线电台的并购逐步增多,仅 1998 年就发生了三起大型并购案,使并购

① 具体估算结果请见 Beutel, P., and M. Mcbride, "Market Power and the Northwest-Republic Airline Merger: A Residual Demand Approach", *Southern Economic Journal*, 1992, 58: 709—720。

② 本案例的参考资料包括:Church, J., and W. Roger, *Industrial Organization: Strategic Approach*, Chapter 19, McGraw-Hill, 2000;李虹:《相关市场理论与实践》,商务印书馆,2011 年,第 282—311 页;霍温坎普:《联邦反托拉斯政策:竞争法律及其实践》(第三版),法律出版社,2009 年,第 85—120 页; Ekelund, R., G. Ford, and J. Jackson, "Is Radio Advertising a Distinct Market? An Empirical Analysis", *Review of Industrial Organization*, 1999, 14: 239—256.

方市场份额从42%上升到74%,美国司法部担心这些并购将阻碍或限制无线电广告市场上的竞争,加强了对无线电台的并购案的反垄断控制。

1998年发生的三起主要并购案例分别为:① Capstar 收购 SFX 案。Capstar 在美国70个城市拥有并经营242家无线电台,1997年收益超过3.2亿美元。1998年,Capstar 以21亿美元的价格与条件并购了 SFX 无线电台,条件是剥离在5个不同城市的11个无线电台。② CBS 并购 ABS 案。CBS(Columbia Broadcasting System)是美国最大的无线电台运营商,在17个城市拥有76个无线电台。ABS(American Broadcasting System)在18个大城市里拥有85个无线电台。CBS 被允许以16亿美元的价格有条件并购了 ABS,条件是要求 CBS 出售3个城市的7个无线电台。③ Jacor 并购 NC 案。Jacor 拥有197家无线电台,1997年营业收入超过6亿美元。NC(Nationwide Communications)在11个城市拥有17家无线电台,1997年营业外收入超过1亿美元。1998年 Jacor 以6.2亿美元的价格并购了 NC。

美国司法部认为,地方无线电广告应该成为一个相关市场。但是,给定已经可得的替代品(例如,新闻报纸和电视),对地方无线电广告的控制是否导致企业拥有市场势力的逻辑并不明确。Ekelund *et al.* (1999)采用1995年110个美国最大的无线电市场数据估计了无线电的需求弹性,以调查无线电广告是否是一个反垄断相关市场。测算方程为:

$$\ln(\mathrm{TR}_i) = \beta_0 + \beta_1\ln(P^r_i) + \beta_2\ln(P^t_i) + \beta_3\ln(P^n_i) + \beta_4\ln(Y_i) + \varepsilon_i$$

其中,TR 为无线电广告总收益,P^r 为无线电台广告的价格,P^n 为报纸广告的价格,P^t 为电视广告的价格,Y 为总零售额。i 代表本地市场,ε 为误差项。β_1 表示需求的自价格弹性,β_2、β_3 分别表示电视广告和报纸广告的无线电广告的交叉价格弹性。

回归分析的结果显示,无线电广告的自价格需求弹性为2.101,对于电视广告的交叉价格弹性为0.297,对于报纸广告的交叉价格弹性为0.587;所有系数都显著地不为零,而且四个自变量的方差解释了 TR 中的77%($R^2=0.77$)。为了判定美国一般无线电广告市场是否是一个相关市场,要求关于价格成本边际的信息。Ekelund *et al.* (1999)测算了两个近似量,即平均运营收入边际为18.7%,平均现金流边际为31.3%。估算的弹性的倒数为0.48,超过了两个边际的估计值。根据 $\varepsilon(p^0)=p^0/(a-p^0)$ 的计算,临界弹性为2.89或4.43,超过了0.48。这说明,临界弹性超过了估计的需求弹性,地方无线电广告市场是一个反垄断相关市场。对于一个5%的价格上升,临界需求弹性要么是2.89,要么是4.43,到底是多少取决于所用的是高的边际成本估计,还是低的边际成本估计。一个追求利润最大化的垄断者在一般美国地方无线电广告市场上会提高价格超过5%的幅度。

3.5.3　临界损失分析方法：美国全食食品公司收购野生燕麦案①

2007年7月，美国联邦贸易委员会（FTC）向法院提出上述，要求阻止全食食品（Whole Foods）和野生燕麦（Wild Oats）这两家高档食品零售商的合并。在相关市场界定上的争论：FTC认为，相关市场是“提供优质天然有机食品的超市”；州地方法院认为这个市场界定太狭隘，FTC的请求被驳回。

双方经济学家针对相关市场界定问题展开争论。Scheffman采用Could-Approach下的临界损失分析方法，分别使用5%和10%的价格上涨幅度进行SSNIP检验，得出结论，实际损失均远远超出临界损失，因而相关市场范围应该扩展。关于优质天然有机食品与传统商店的交叉价格弹性并没有经验性数据可以借鉴，Scheffman的临界损失分析以他在市场研究中得出的定性证据为基础。市场研究表明：杂货铺购买者对价格十分敏感；全食食品公司和野生燕麦的消费者在优质天然有机食品市场和其他超市之间转换频繁且几乎没有任何成本；全食食品公司和野生燕麦的消费者经常去其他杂货商铺购物；其他超级市场和全食食品公司及野生燕麦之间存在明显的竞争关系；全食食品公司和野生燕麦（后者表现比较不明显）经常对其他超级市场进行考察以确定自己的定价和存货策略。从以上定性证据，Scheffman得出结论，实际损失远远大于临界损失，由于大量边际消费者的存在，并购以后价格上涨将因为大量边际消费者转移而无利可图，从而相关市场至少应该包含优质天然有机食品市场与传统超级市场。

Kevin Murphy批评David Scheffman的临界损失分析以消费者对于价格水平敏感程度的定性分析为基础是不可靠的；特别地，Kevin Murphy认为该案件的重点在于合并以后，合并实体面临的竞争约束是否发生变化，而不是全食食品公司是否与其他超级市场乃至野生燕麦之间存在竞争关系；更进一步，Kevin Murphy指出，在对David Scheffman的临界损失分析进行修正以后，恰恰是David Scheffman使用的证据证明该合并存在明显的反竞争效应；另外，Kevin Murphy认为David Scheffman在很大程度上重视全食食品公司的价格方面，忽视了收购成功以后大量野生燕麦商店关闭可能

---

① 本案例来自于Hüschelrath, K.,“Critical Loss Analysis in Market Definition and Merger Control”, ZEW Discussion Paper No. 09-083, Mannheim, 2009。

对竞争造成的影响。

州地方法院采纳了 David Scheffman 的意见，并且认为 FTC 关于相关市场的界定是错误的，因为 FTC 关注的是核心消费者而不是边际竞争者，但是相关市场界定关注的是是否有足够的消费者转移从而价格上涨无利可图，即相关市场界定关注的是边际消费者。

有趣的是，2008 年 7 月，上诉法院反驳了州地方法院的决定，反对相关市场界定只关注边际消费者，忽视核心消费者，并且给出了新的说法：两家超市的主要竞争对手不是其他的大众化超市，而是他们彼此。该案提出了一系列有待解决的问题，例如：相关市场界定关心的是核心消费者还是边际消费者？很显然价格上涨只会引起部分消费者转移，而不是全部。从经济理论上来说，SSNIP 方法关注点在于价格上涨以后是否有足够的消费者转移从而涨价行为无利可图，关心的是边际消费者而不是所有消费者（Salop and Simons, 1984）。

3.6 中国横向并购反垄断控制中相关市场界定

反垄断法实施中的相关市场界定是一项实践性很强的法律制度，它所关注的是每一个具体的市场以及市场上的竞争状态，而不是抽象的市场。相关市场是各国反垄断法中非常关键的一个概念，界定相关市场是判定企业并购活动是否具有严重限制竞争等违法性问题的基本前提和核心（Baumann and Godek，1995）。一般而言，如果将相关市场的范围界定得比较狭窄，那么并购企业构成严重限制竞争违法性问题的可能性就比较大；反之反是。从这个意义上讲，界定相关市场对于当事企业实施的并购将会引起的法律后果具有潜在的决定性作用。2008 年中国商务部反垄断局对于可口可乐与汇源案判定所引起的争议焦点之一，就是对于饮料相关市场的界定不够清晰和明确。在该项并购案中，相关市场被界定为果汁类饮料，商务部的理由是："此次相关市场界定采用了国际上普遍使用的两种方法即需求替代和供给替代。商务部高度注重经济学分析，对果汁类饮料和碳酸类饮料之间可替代性以及三种不同浓度果汁饮料之间的可替代性进行了深入分析，根据市场调查和搜集的证据，将此案相关市场界定为果汁类饮料市场"。以上解释给人的印象是，中国缺乏具体的有关反垄断相关市场界定的标准，相关市场的界定缺乏法律依据和说服力。

中国在 2008 年颁布实施的《反垄断法》第十二条对相关市场进行了如下规定："本法所称相关市场，是指经营者在一定时期内就特定商品或服务

(以下统称商品)进行竞争的商品范围和地域范围”。《反垄断法》是“经济宪法”,法律条文的原则性很强,对相关市场的规定比较模糊,一方面它并没有说明基于什么样的关系,商品可以界定为是一个相关市场;另一方面它给执法机关较大的自由裁量权限,不利于反垄断审查中的市场份额以及市场垄断势力的界定。为了有利于实际操作,国务院反垄断委员会于 2009 年 5 月颁布了《国务院反垄断委员会关于相关市场界定的指南》,指南借鉴了欧美国家并购指南中相关市场界定的有关规定,采用了“假定垄断者测试”(SSNIP)分析方法①。SSNIP 方法是受到国际广泛认可的相关市场界定方法,同时,从市场界定的严密性要求和经济分析的角度出发,SSNIP 方法无疑可以作为我国界定相关市场的重要分析工具。然而,在反垄断司法实践中,需要在借鉴国际经验的同时,结合我国具体情况进行改进和完善。

首先,认清 SSNIP 方法的局限性,在司法实践中不断完善和改进。经过长期的司法实践,欧美在如何界定相关市场方面已经积累了相当成熟的经验和应遵循的基本准则,尤其是 SSNIP 方法,受到了世界上已经建立反垄断法律制度的国家和地区的普遍关注和借鉴。但是,很多国家已经意识到了该方法的缺陷,在司法实践中开始采用多元化的界定方法以弥补该方法的缺陷。中国是发展中大国,与欧美等发达国家相比较,在法律意识的培养、竞争文化的建设、反垄断司法实践和经验积累等方面还存在较大差距。再加上我国还存在着统计数据的科学性、及时性不足,社会整体信誉程度不高,消费者行为尚未达到应有的理性程度,行政力量限制市场竞争的现象较为普遍等问题,使得我们很难对市场的发展趋势、消费趋势、价格变动趋势做出比较客观的评价和判断。因此,欧美的成功做法和成熟经验并非完全适合我国国情,需要进行适应性改进和创新。尤其是相关市场界定的 SSNIP 方法,需要在反垄断司法实践中结合中国国情进行改进和完善。管制的放松、法律的变化以及技术的进步,使得 SSNIP 方法的适用环境不断发生变化。我国可以借鉴欧美国家已经使用的剩余需求弹性测试、自需求弹性测试、临界弹性分析、临界损失计算等方法对 SSNIP 方法进行改进的同时,结合中国转型经济的特殊性,在 SSNIP 方法的定量测试中引入表示制度属性的变量,适当考虑企业并购对发展社会主义市场经济的定性影响。在不断改进和完善 SSNIP 方法的同时,还应认识到界定相关市场

---

① 2009 年 5 月 24 日颁布实施的《国务院反垄断委员会关于相关市场界定的指南》第 7 条明确指出,采用“假定垄断者测试”的分析思路来界定相关市场,并在第 10 条中对“假定垄断者测试”的分析思路进行了具体说明。

的方法不是唯一的。SSNIP 方法只是众多方法中的一种。在反垄断执法实践中,可以根据实际情况使用不同的方法。界定相关市场时,可以基于商品的特征、用途、价格等因素进行需求替代分析,必要时进行供给替代分析。在经营者竞争的市场范围不够清晰或不易确定时,可以采用 SSNIP 方法来界定相关市场。在拥有差异性产品的厂商并购中,只要能够证明在并购后一个市场里的厂商能够有效地通过单边行为实质性减少竞争,就可以对此项并购的竞争效果做出确定的判断而不必按照传统的并购规制模式先进行相关市场界定。

其次,在相关地域市场的界定中,需要协调好竞争政策与产业政策的关系。确定具体的相关市场的界定标准,一方面避免了反垄断执法机关有过大的自由裁量权,从而使得相关市场的界定更具有公正性;另一方面在这种界定标准中运用数理分析方法,研究商品价格变化对其他替代商品的影响,用数据说话,使得出的结果更具有客观性和说服力。并购规制的目的是建立统一、开放和竞争性的市场结构,界定相关市场时可以从经济分析的角度出发,公正、详细地考虑对市场界定有影响的各种因素,协调好竞争政策与产业政策的关系、发展国内市场与发展国际市场的关系、保护民族产业与加强国际经济技术的交流和合作的关系。由于我国正处于转轨过程中,地方保护和市场分割导致各省市区都有自己“大而全,小而全”的产业体系,重复投资、重复建设现象比较突出。因此,考虑到推动企业联合和产业集中的产业政策以及突破区域经济结构、提升产业竞争力的目的,我国相关地域市场的范围应该适度放宽。因为市场范围越大,特定企业并购被批准的可能性就越大;反之,被批准的可能性越小。在反垄断司法实践中应用 SSNIP 方法界定相关市场时,可以在价格上涨的幅度上区别对待。例如,国内企业之间的并购可以倾向于选择 10% 的涨价幅度进行 SSNIP 测试,以鼓励打破地区封锁的企业并购;外资并购可以考虑应用 5% 的涨价幅度进行测试,以阻止外资在中国市场上可能出现的排除和限制竞争的行为。为了保护本国经济的发展,增强本国企业在国际市场中的竞争力,世界各国在界定相关市场时都应将国家的经济政策考虑在内。只要并购有利于提升产业竞争力,且不会阻碍企业之间的自由有序竞争,企业规模再大也不予以禁止。也就是说,相关市场的界定同样应当遵循有利于竞争的原则。如果企业并购确实有助于降低生产成本,提高经济效率,而且在更大的市场范围内能够提高企业的竞争力,从而对竞争起着促进作用而不是阻碍作用,那么该相关市场就应当采取较大范围的确定方法。当今社会,随着科学技术的飞速发展,运输成本不断降低,国际贸易规模与日俱增，跨越边境的贸易在国家的国民经济中占的比例越来越大，市场范围也越来越大，竞争已不局限于一国境内，特别是一些国家为了实现其经济政策，增强其国际竞争力，往往也趋向于使用更加灵活的相关市场界定方法。

最后，中国在使用 SSNIP 方法界定相关市场时需要考虑特殊因素。中国是一个地域广阔，交通运输不是十分发达，民族风俗习惯具有很大差异且存在区域经济分割现象的国家。在企业并购审查中应用 SSNIP 方法界定相关市场时需要考虑一些特殊因素。① 产品特性。包括产品的独特物理性能和不同程度要求的产品质量。如果产品具有类似的物理特性，消费者就可能认为其具有相互替代性。产品特性可以通过国家制定的相关技术标准及规范或行业内部的技术标准及规范来确认，保证认定工作的合法性、权威性和可靠性。② 预定的用途。一种情况是产品的特性是既定的，而产品的用途则可能是多方面的，其中任何一个用途都可能构成一个不同的独立市场。另一种情况是产品的特性有所不同，则其用途不同，自然就可能归属于不同的市场。③ 价格的差异。价格是决定产品市场的重要因素。如果两类产品价格的差异非常明显以至于需求方根本不把它们放在一起挑选比较，对于要在哪类产品中选择购买早已根据自身的消费水平作出了选择，那么这样的两类产品就不应该归为同一个市场。④ 供应方的情况。供应方的情况并不能独立地作为界定相关市场的一个标准，而只是界定相关市场的一个环节或者说是一个辅助性的因素，它只提供了一种可能性。在评估供应方因素时，还应注意到地方上的行政管制措施对其产生的影响。⑤ 新经济行业的网络外部性因素。网络时代本身以及因特网在技术和应用方面的复杂性、不稳定性和快速发展的特征，再加上网络外部性、正反馈效应及锁定等规律的作用，消费者很难转而使用其他产品或服务，使得消费者需求具有部分可替代性，因而在应用 SSNIP 方法界定相关市场时需要考虑到创新因素和网络外部性的影响。⑥ 广泛听取商业协会和行业协会的意见，处理好国内市场和世界市场的关系，特别是界定相关地理市场时要处理好全球化和保护本国产业的关系。另外，由于受经济学理论的影响，很多相关市场界定标准是随着经济学的发展而产生的，而且很多经济学标准之间本身就存在冲突。所以保持竞争政策的动态性，不断改进和完善相关市场界定的 SSNIP 方法，也是理论和实践发展的需要。

3.7 本章小结

界定相关市场的方法较多,其中 SSNIP 检验方法一经提出便成为反垄断司法实践中的主流方法,但是其不可避免地存在一些技术上的问题。首先,在界定相关市场时,需求交叉弹性被用来分析确认两个产品是否构成近似替代品,但是前提是两个产品的价格都是市场有序竞争时的正常价格。如果企业产品已经处于垄断定价,那么事实将会是:在缺乏有效替代产品的情况下,公司已经把产品价格提高到了垄断价格且达到了收益最大化的临界点,如果继续提价,客户将无法继续承受高价,不得已而转向其他产品。在这种情况下,相关市场界定过宽,假定垄断者的市场势力被忽略,造成"玻璃纸谬误"(Turner,2004)。其次,SSNIP 检验假设竞争对手不改变价格或产出,在此前提下,结合微观经济学的自由市场经济条件,所有企业将会把价格定在利润最大化水平上,因此任何企业都不具备提价能力,也就没有必要进行市场势力判断。这一假设导致了著名的"单边 SSNIP 陷阱"(Salop,2000)。最后,在实际操作中,SSNIP 检验中每增加一种替代品或扩大相关地理区域时都需要进行利润最大化比较,对数据要求高。在执行假定垄断者测试的过程中,以下几个重要的关键点会对相关市场界定产生十分重要的影响,需要特别重视。① 提价幅度的确定。提价幅度的大小对相关市场界定的影响是内生于假定垄断者测试方法的(Harris and Simons, 1989)。人为界定价格上涨幅度有可能造成多个价格上涨幅度都可以使假定垄断者的价格上涨行为有利可图;或大幅度的价格上涨有利可图,小幅度价格上涨无利可图的现象存在,从而影响对相关市场的判断;而且横向兼并控制中,为了判断兼并是否会妨害竞争,经济分析更加重视兼并以后的最有可能的价格上涨幅度(Langenfeld and Li,2001)。目前比较常用的是 5%—10% 的价格上涨幅度,带有很强的主观任意性。② 考察期限的长短。假定垄断者提高价格与消费者改变消费行为之间存在一定的时滞,需要合理地制定这一"非暂时性"期限的长短。目前通常考察期限为 1 年,需要根据不同的产品特征灵活合理地设定。③ 最小市场原则。相关市场的范围是极具伸缩性的,对于一个给定的相关市场,通过增加一种或多种产品(区域),或者在增加部分产品(区域)的同时减去一些其他的产品或区域,可以得到无数个相关市场。兼并指南给出了最小市场原则。《国务院反垄断委员会关于相关市场界定的指南》(2009):确定假定垄断者可以将价格维持在高于竞争价格水平的最小商品集合和地域范围。

最小市场原则需要灵活处理（Werden, 1983）。如果最小市场的边界存在相当程度的不确定，则此时把能够清楚构成相关市场的产品（或区域）组合界定为相关市场；如果一组产品（或区域）与其他一组产品（或区域）之间存在明显的自然界限（如海洋或者高山阻隔），若由这些自然界限划分的市场满足 SSNIP 检验，则可以将这些市场认定为相关市场。④ 市场参与者的确定。美国多个版本的兼并指南都对市场参与者的选择标准做了详细的分析（Willig *et al.*, 1991）。假定垄断者测试中的市场参与者不仅包括现存企业，也应该包括潜在竞争者。潜在竞争分析的重点在于潜在进入者进入的及时性、可能性以及有效性，而不是确定谁是可能的潜在进入者。⑤ 初始市场与初始价格的选择。综上，临界损失分析方法既完整地保留了假定垄断者测试的思路和方法，又具有简单直观的特点，而且数据易得，可操作性强，是 SSNIP 方法的重要发展。近年来，临界损失分析方法无论是在理论上还是实际应用上都取得了重大突破，在相关市场界定和兼并的竞争损害分析中应用十分广泛。

合理界定相关市场是对竞争行为进行分析的起点，假定垄断者测试是相关市场界定的主流方法，临界损失分析方法是 SSNIP 方法的重要发展。从现有文献看，利用假定垄断者测试进行相关市场界定的理论表现出以下特点：美国《横向并购指南》成为目前唯一被广泛认可的相关市场界定指南，与并购指南的契合性和实际案例中的可操作性，成为判断相关市场界定方法稳健性的重要标准；临界损失分析方法既完整地保留了假定垄断者测试的思路和方法，又具有简单直观的特点，而且数据易得，可操作性强，是 SSNIP 方法的重要发展；描述性的案例研究居多，系统的理论研究和实证研究相对不足；基于法学视角的研究居多，基于经济学视角的研究相对不足；国外学者研究居多，国内学者研究相对不足。单从国内研究领域看，国内学者大多停留在对国外相关市场界定理论的一般介绍层面，且更多的是对传统的相关市场界定方法的介绍和研究，而缺乏对假设垄断者测试这一更加科学、更加精确的市场界定方法的深入、系统的研究；多是对案例的定性描述，利用实证方法为相关市场界定提供定量证据来佐证其观点的研究寥寥无几；多照搬国外理论模型，与国内特殊国情相结合不足。这说明，国内对这一领域的研究相对不足，这就为后来者留下了较大的研究空间。

第4章　横向并购反垄断控制中的市场势力测度

4.1　引　　言

在横向并购中,市场势力备受关注。一方面,提高市场占有率,获取市场势力,进而获得超额利润是企业参与并购的主要动机之一;另一方面,市场势力的提高可能降低资源配置效率,损害消费者利益,进而产生社会福利净损失。因此,无论是参与并购的企业,还是对并购进行反垄断控制的反垄断当局,都十分关注并购前后的市场势力及其变化,对市场势力进行测度、评估和分析,成为对横向并购进行反垄断控制的基础性工作。同时,也只有在市场势力分析、测度和评价的基础上才能解决客观认定市场支配地位、评估竞争效应以及估计行政垄断危害和社会福利损失等后续问题。在经济体制转轨、市场经济机制尚不成熟和经济全球化冲击的特殊背景下,我国在市场势力测度和研究方面还需要特别关注以下几个问题。首先,我国一直采用产业政策来调节和影响市场经济发展,经营者是根据国家产业政策的安排或者直接在政府主导和协调下在市场中进行兼并重组,并展开竞争,竞争政策并没有完全独立于产业政策,甚至有时候政府主导的产业政策常常与竞争政策相抵触。其次,市场势力应是竞争政策和《反垄断法》的核心概念之一,但我国对市场势力的界定不够明晰。反垄断法由反竞争协议、反竞争合并和滥用市场势力三个基本部分组成,反垄断机构在执法过程中首先要判定厂商市场主体占有的市场势力的大小以及厂商市场行为对市场势力大小造成的影响,因此衡量市场主导厂商的市场势力是竞争政策执行的前提和基础。然而,在2008年实施的《反垄断法》中并没有严格界定市场势力的概念,在对滥用市场势力行为和经营者集中行为进行反垄断审查时,用市场份额指标替换了市场势力概念。市场份额只是影响市场势力的一个方面,并不能完全说明厂商占有的市场势力(Landes and Posner, 1981;Baker, 1985)。因此,在竞争政策执行过程中需要对市场势力概念进行明确的界定。再次，由于在《反垄断法》和竞争政策具体执行过程中没有对市场势力进行明确的界定，过度依赖市场份额在审查过程中的作用，没有认识到市场势力在竞争政策执行过程中的基础作用，因而在竞争政策设计和具体案例的执行过程中缺乏对市场势力测度方法的相关研究。最后，由于我国特殊的制度背景和转轨经济体制下市场经济运行机制的特殊性，《反垄断法》中特别强调和突出的行政权力排斥、限制市场竞争也属于反垄断执法的重要内容。但是，由于行政垄断的存在以及大型国有企业的政府背景和预算软约束问题，使我国竞争政策在设计和执行中对市场主体市场势力的界定和测度更加困难。由于在我国竞争政策执行过程中市场势力概念界定和市场势力测度方法所存在的缺陷，导致我国竞争政策在执行中缺乏足够的理论支撑，影响了政策执行的透明度、可预期性，执法过程具有很大的主观性。

欧美等发达国家较为重视竞争政策在保护市场公平竞争和减少垄断方面的基础作用，对市场势力及其测度问题开展了较为系统的研究，形成了一些较为成熟的观点和方法。但是西方学者对市场势力及其测度问题的研究所隐含的前提假设和制度背景是较为完善的资本主义市场经济体制和竞争机制。我国在市场经济改革和发展过程中，政府始终在资源配置方面起着举足轻重的作用，市场经济发展不充分、不完善，各种非市场因素一直影响市场公平竞争环境。由于我国制度环境的特殊性，西方国家成熟的市场势力测度方法和模型不宜直接搬用。加强对我国竞争政策执行过程中市场势力及其测度问题的研究，对于预防和制止垄断行为，保护公平竞争的市场环境，规范竞争政策执法程序和环节，具有一定的理论价值和较强的现实意义。

4.2　市场势力与市场支配地位

4.2.1　市场势力及其界定

市场势力（market power）的概念最早是由 Lener（1934）提出的，他将市场势力定义为厂商将产品价格维持在边际成本之上的能力，因此在完全竞争市场上，厂商不存在市场势力的问题，只有在不完全竞争市场上的厂商才拥有市场势力。熊彼特（1942）认为市场势力是厂商防止创新被模仿和利润受到损害的能力，他认为厂商拥有一定的市场势力是厂商进行创新活动必不可少的。[①] Kaysen and Turner(1965)将市场势力定义为“在某一个固定时点,在市场中,所有厂商面对相同的成本和需求条件时,若某些厂商的行为不同于其他厂商,则可以称这些厂商拥有市场势力”[②]。Brandow(1969)认为市场势力是厂商直接影响其他市场参与者,或者直接影响价格等市场变量的能力。Landes and Posner(1981)认为市场势力是一个或者一组厂商对市场价格的操控能力,即当一个或者一组厂商提高产品价格时,厂商不会因为销量的减少导致利润受到损失。他们指出,市场势力(market power)应当区别于垄断势力(monopoly power),垄断势力是指程度更高且持续时间更长的市场势力,并且强调市场势力不应成为反垄断的关注对象。Werden(1998)强调市场势力与垄断势力在持续时间上的差别,认为市场势力具有短期性,会随着竞争对手的扩张而被迅速侵蚀,而垄断势力则由于进入壁垒的保护,可以长期维持。Ailawadi *et al.* (1995)认为市场势力是厂商改变或者影响市场价格和(或)其他交易条件,而谋取利益和远离竞争威胁的能力。Young(2000)认为仅从厂商定价行为出发的分析方式,极大限制了对厂商市场势力的理解,他主张拓展深化对市场势力本质的理解,认为市场势力是相对于竞争对手而言“创造”出产品非对称需求的能力。Pindyck(2002)认为市场势力是指厂商在不完全竞争环境下控制市场价格和产量的能力。Coughlan(2003)将市场势力定义为厂商在市场上的潜在影响力,即改变事件本来的能力。经济合作与发展组织编写的《产业组织经济学和竞争法律术语解释》指出,“企业或者企业集团将价格提高并维持在竞争水平之上的能力被称为市场势力或垄断势力,市场势力的行使导致产量下降和经济福利损失。”[③]国内学者对市场势力研究的文献相对较少,大多是根据 Lener(1934)对市场势力的定义所进行的一些演变。例如王健等(2004)认为市场势力是指厂商长期内将价格维持在竞争价格以上的能力;刘志彪(2002)认为市场势力对于一个公司而言是指其影响和控制所售产品价格的能力;牟春艳(2004)认为市场势力从产业组织学角度来看,可以定义为一种使产品价格高于成本,尤其是增量成本或者边际成本的能力,可以理解为企业在不降低市场占有率前提下提高商品价格的能力,是企业综合能力的体现。

---

① 熊彼特:《资本主义、社会主义与民主》(中文版),吴良健译,商务印书馆,1999 年版。

② Kaysen, C. , and D. Turner, *Antitrust Policy: An Economic and Legal Analysis*, Cambridge Mass. , 1965, p. 241.

③ 经济合作与发展组织:《产业组织经济学和竞争法律术语解释》,崔书锋、吴汉洪译,中国经济出版社,2006 年。

根据以上综述,国内外学者对市场势力概念界定大致可以分为两种不同的观点:一种观点认为市场势力是厂商维持价格高于边际成本以上的能力,认为市场势力是垄断厂商获取高额利润、导致社会福利损失的罪魁祸首;另一种观点认为市场势力来源于企业创新或者市场效率,市场势力是企业在市场环境中竞争能力的表现。这两种不同的观点分别代表了哈佛学派和芝加哥学派的典型观点。国内学者对市场势力概念的界定大体都是借助于西方学者对市场势力的概念的界定,忽视了或者说没有充分重视制度性因素对我国厂商行为的影响。中国企业的市场势力并不单纯来自结构性因素,还有一部分来自于制度性因素。

我们认为,市场势力是指厂商对市场竞争、产品价格和产量的一种控制力或影响力,这种控制力或影响力能够使厂商将价格抬高到竞争水平(基准价格)之上。由于厂商能够盈利的最低价格等于边际成本的价格,因而市场势力常常用厂商所制定的价格与其边际成本之差来衡量。企业运用市场势力的目的通常是增进和最大限度地提高其长远的获利能力。在现实世界中,由于存在固定成本,而且产品不可能被消费者视为完全替代品,因此每个厂商都或多或少地拥有一定程度的市场势力。从纯粹的经济学意义上来说,只要企业面临一条向下倾斜的需求曲线就被视为拥有市场势力,企业市场势力的大小与其面临的需求曲线的陡峭程度或弹性直接相关。市场势力的来源多种多样,创新、广告、产品差异化战略、并购、串谋、专利等都可能给厂商带来市场势力,在转型经济体中由行政干预所产生的行政性垄断也能给厂商带来市场势力。市场势力的表现形式包括垄断力、寡头、卡特尔和串谋、策略性平行行为和单一品牌市场控制力等。

产业组织理论认为,市场势力往往会减少社会福利,或者说,当价格高于边际成本时,生产者剩余趋于增加,但不足以抵消定价太高所导致的消费者剩余减少,从而产生社会福利净损失。并且,价格背离边际成本的幅度越大,市场势力导致的福利损失也就越严重。能够导致垄断的市场势力不仅仅产生配置无效率,而且能够带来生产无效率和动态效率损失,损失更多的社会福利。这也是产业组织理论之所以如此关注市场势力的原因所在。

4.2.2　市场支配地位及其判定

市场支配地位(market dominant position)是一个与市场势力紧密相关的概念,单个厂商的市场势力上升到一定程度就可能形成市场支配地位。因此,Ewing(2003)认为,市场支配地位是指企业所获得的能够独立于其他竞争者采取影响价格和产量的行动的一种市场力量。由此可见,市场支配地位是指在相关市场上某个企业或某些企业拥有一定程度的市场势力,并可以凭借这种力量支配或控制市场价格,进而影响市场竞争的一种状态。拥有市场支配地位的企业可能利用这种经济力量或支配地位来妨碍它的竞争者、客户以及最终消费者在相关市场上进行实质竞争。我们把这种妨碍或影响竞争的行为称为滥用市场支配地位。

中国《反垄断法》第十七条指出,市场支配地位是指经营者在相关市场内具有能控制商品价格、数量或其他交易条件,或者能够阻碍、影响其他经营者进入相关市场能力的市场地位。美国反托拉斯法律中使用了"垄断势力"和"市场势力"的概念对市场支配地位进行了界定,在 1956 年的杜邦案的判决中将"垄断势力"界定为"支配价格或者排除竞争的能力"。欧盟委员会通过具体案例对市场支配地位进行了界定,如果企业有能力独立行为,即它们在行为时不考虑竞争者、买方和供货方的情况,它们就是处于市场支配地位的企业;如果企业凭借其市场份额,或者凭借其与技术秘密或者与取得原材料和资金的渠道以及与其他重大优势(例如商标)等相关的市场份额,能够在很大程度上决定相关产品的价格,或者控制其生产或销售,这就表明它具有市场支配地位。日本在《禁止私人垄断及确保公平交易法》中使用了"垄断状态"来说明市场支配地位,并指出所谓的"垄断状态"是表示经营者在一定规模的相关市场上占有较高的市场份额,从而对市场竞争产生明显不利影响的状态。德国在《反对限制竞争法》中将市场支配地位定义为"控制市场的企业"。各国在定义市场支配地位时可能存在视角、称谓或表述的区别,出现了诸如"市场优势地位"、"垄断势力"、"市场势力"、"支配或者控制市场的地位"、"垄断状态"、"经济上的优势地位"、"联合支配地位"等多种概念,但所指的经济现象在本质上是相同的,都是指某一企业在市场上具有某项优势而不受其他企业竞争的影响与威胁,并能在竞争中不依赖任何其他企业操纵市场上某项产品的价格或产量的市场地位。

在判定某一厂商是否具有市场支配地位时,需要考虑三大因素,即相关市场范围、市场份额与市场的进入壁垒。中国《反垄断法》第十八条规定:"认定经营者具有市场支配地位,应当依据下列因素:(一)该经营者在相关市场上的市场份额,以及相关市场的竞争状况;(二)该经营者控制销售市场或者原材料采购市场的能力;(三)该经营者的财力和技术条件;(四)其他经营者对该经营者在交易上的依赖程度;(五)其他经营者进入相关市场的难易程度;(六)与认定该经营者市场支配地位有关的其他因素。"中国《反垄断法》第十九条又指出,"有下列情形之一的,可以推定经营者具有市场支配地位:(一) 一个经营者在相关市场的市场份额达到二分之一的;(二) 两个经营者在相关市场的市场份额合计达到三分之二的;(三) 三个经营者在相关市场的市场份额合计达到四分之三的。"由此可见,中国反垄断控制中是使用市场份额来认定市场支配地位的。德国在《反对限制竞争法》的第 19 条中规定了构成市场支配地位的三种情况:一是一个企业作为某种商品或服务的供应者或需求者,没有竞争者或没有实质上的竞争,或相对于其他竞争者具有突出的市场地位时,这个企业就是具有市场支配地位的企业;二是当两个或两个以上企业之间就某种商品或服务不存在竞争,或因具体原因在特定市场上不存在真正的竞争时,相对于其他竞争者而言,就是占据了市场支配地位;三是一个至少占有三分之一市场份额的企业,推定其具有市场支配地位,三个或三个以下企业共同占有二分之一的市场份额,或者五个或五个以下共同占有三分之二的市场份额的企业为共同支配市场的企业。但如果这些企业能够证明在此竞争条件下它们之间能够开展实质上的竞争,或者这些企业在总体上相对于其他竞争者不具有突出市场地位的,不在此列①。日本在《禁止私人垄断及确保公平交易法》中用"垄断状态"来表示市场支配地位,并在第 2 条中详细列举了"垄断状态"的构成要件,即市场规模、市场结构和市场弊害。韩国在《规制垄断与公平交易法》第 2 条中指出,判断支配市场的经营者时,需要综合考虑市场占有率、进入市场障碍的存在程度、竞争者的相对规模等。美国的反托拉斯法对于什么是市场支配地位没有下过明确定义,确认和判定市场支配定位的权力基本掌握在判案的法官手中,并且在案例法中对市场支配地位的认定常常出现很大的差别,反映了美国反垄断政策的演进和变化。根据美国的判例,70% 的市场占有率或更多本身就可能构成了违反《谢尔曼法》第 2 条要求的垄断势力程度,而不满 50% 的市场占有率则难以作为垄断势力存在的证据。欧盟竞争法也没有对市场支配地位进行明确定义,具体使用和分析取决于欧盟委员会和欧洲法院。

从各国的反垄断法律和司法实践可以看出,判定市场支配地位是一项很复杂的工作,不仅需要考虑市场结构因素,还需要考虑市场行为因素,有时还需要结合市场绩效因素进行分析。一般而言,认定市场支配地位的步骤包括:① 界定相关市场,确定市场参与者,特别是竞争者的范围;② 计算

① 本章中引用的法律条文,未注明出处的均来自于尚明主编的《主要国家(地区)反垄断法律汇编》(法律出版社 2004 年版)一书。

被告在相关市场上的市场份额(市场占有率);③ 通过比较其他竞争者的市场份额,初步确定被告的市场份额是否大到足以推定其具有相应程度的市场势力;④ 综合分析其他因素,包括被告的盈利水平、市场进入的难易程度、是否存在价格歧视等,最终认定被告是否具有市场支配地位。需要提到的是,在各国反垄断法中,具有市场支配地位本身并不违法,反垄断法关注的是滥用市场支配地位。一般而言,滥用市场支配地位的行为具有几个典型特征:① 行为主体是具有市场支配地位的经营者;② 经营者滥用市场支配地位的行为目的是为了获取超额利润,或者是为了维持或增强其市场支配地位;③ 滥用市场支配地位的行为所产生的效果是反竞争性的,能够排除、限制、阻碍或影响公平的市场竞争。滥用市场支配地位的行为包括超高定价、歧视性定价、掠夺性定价、搭售、拒绝交易、横向限制与纵向限制等。

4.3 测度市场势力的常用模型

20 世纪 30 年代到 50 年代,衡量市场势力的模型和方法一般是通过具体案例提出来的,没有专门的研究探讨。案例研究能有效地反应产业市场势力状况和对社会福利影响状况,具有很强的现实意义。但是,案例研究中所提的模型和方法是针对特定行业和特定案例的,不具有普遍性和理论上的指导意义,并且在使用过程中实施费用高昂,缺乏代表性(Schere and Ross,1990)。20 世纪 50 年代以后随着计量经济学和统计学的发展,用于衡量市场势力的方法也趋于规范,模型趋于多样,用于测度和评估市场势力的模型主要可以归纳为三大类,分别为结构主义模型(SCP 范式)、新经验产业组织(NEIO)模型和时间序列模型。

4.3.1 结构主义模型

Bain(1951)开创性地采用产业间横截面的经验研究方法,构建了结构—行为—绩效(SCP)的研究范式,从而突破了案例研究的局限,使得对大样本行业的市场势力规范研究成为可能。Porter(1980)构建了一个产业竞争的分析框架,进一步完善了市场势力的结构主义衡量方法,他通过该框架分析得出“高集中度市场的平均利润率要高于低集中度市场”的结论,即考察市场势力运用程度,通过测度产业集中度即可。SCP 范式通过产业层面的跨部门分析,探讨不同产业部门的共同结构特征,反映市场势力的来源和对市场绩效的影响。Cowling and Waterson(1976)重点研究了结构变化对绩效变化的影响，提出了 C-W 模型，使用 HHI 和推测变分作为衡量市场势力的衡量指标，并且指出进出壁垒和抵消性力量可能是影响市场势力的重要因素。Clarke and Davies(1982)进一步发展了 C-W 模型，他们认为在同质产品假设条件下，市场绩效与集中度是由厂商数量、合谋程度、需求价格弹性以及边际成本变动系数等变量共同影响导致的。Clarke *et al*. (1984)进一步探讨了产品差异、合谋、效率和规模经济对市场绩效的联合决定，他们的研究证明了市场势力和效率都对市场绩效产生影响，只是不同情况下影响不同而已。

然而，由于 SCP 研究模型缺乏微观经济学理论基础和依据，一直被认为是游离于正统经济学理论之外，仅仅被视为一种描叙性的分析框架。芝加哥学派认为，观察到的利润率与市场集中正相关关系是大企业高效率的反应，而不是运用市场势力的结果。Demsetz(1973)认为，更高的效率产生了更高的利润和集中度，而不是市场集中度或市场势力产生了更高的价格和利润。传统的 SCP 研究范式遭到了普遍的质疑和批评。20 世纪 70 年代末，跨行业衡量市场势力的研究方法逐渐退出了主流。其后，新经验产业组织模型的运用，对学术界发展和探索市场势力的衡量方法提供了很大帮助。

4.3.2　新经验产业组织(NEIO)模型

新经验产业组织理论认为市场势力不可以直接观测，但是可以通过计量的方法间接推断出来。与 SCP 模型相比较，新经验产业组织(NEIO)模型更加关注厂商的市场行为，即厂商在竞争中的竞争行为和策略反应。Bresnahan(1989)认为 NEIO 模型将 SCP 模型和产业案例研究的优点进行了结合。Azzam and Anderson(1996)详细分析了 NEIO 模型的优点和局限性。新经验产业组织模型大体可以分为两类：

第一类是集中度—价格模型(Concentration-price Model)。SCP 关注的是集中度—利润假设，而 NEIO 关注的是集中度—价格假设。Bresnahan(1989)针对美国汽车行业产量上升和价格下降的现象，运用集中度—价格模型区分了竞争与合谋，从而检验了市场势力。Conner(1996)的集中度—价格模型可视为 SCP 与 NEIO 的综合应用。但是，集中度—价格模型的基础是 SCP 范式，因而也继承了 SCP 范式所固有的缺点。首先，集中度变量外生的假设没有依据，让人怀疑，并且这里的分析大都建立在同质产品的假设上，与现实产品差异相差很大。其次，几乎所有的集中度—价格模型都假设市场厂商行为是完全共谋的，而现实中却存在非完全共谋的潜在博弈。最后,集中度—价格模型关注的是产出市场的市场势力,假定投入市场是完全竞争市场,这也脱离实际。

第二类是推测变分模型(Conjectual Variations Model)。厂商会对在市场上自己竞争行为导致竞争对手的反应进行估计,这种对厂商竞争对手的估计就是推测变分。Cowling and Waterson(1976)建立了在同质产品假设条件下,厂商根据竞争对手的推测而选择产量的结构主义模型。在该模型中市场势力被界定为边际成本之上的价格加成,它取决于市场份额、推测变分以及产品市场价格需求弹性。Applebaum(1982)利用产业层面的数据,分别提出了对厂商层面和产业层面的市场势力进行分析的理论框架,并对所研究的各个产业进行了实证检验。Clarke and Davies(1982)则建立了由企业数目、合谋程度、需求价格弹性和边际成本变动系数联合决定的市场集中度和收益率模型。

推测变分模型有以下几个方面的问题。一是该模型假设每个厂商面临相同的市场份额、对称的推测变分以及相同的进入限制(Richards,1996)。然而现实中不同厂商的市场地位、规模和成本迥异,企业的市场地位和规模变量没有在模型中得到体现。因此,此模型无法说明市场势力与效率和效益之间的关系。二是在推测变分模型中还要假设竞争行为和市场结构,这种假设也会扭曲对市场势力的估计。

4.3.3　时间序列模型

与以 SCP 范式为基础的结构主义模型相比较而言,时间序列模型通常不含有集中度变量;与 NEIO 模型相比而言,对数据要求较少,更容易展开经验研究。时间序列模型主要包括以下两类模型:

第一类是价格不对称模型(Price Asymmetry Model)。价格不对称模型用“投入品价格变动能完全转移给消费者”来衡量市场势力。时间序列模型通过 Houck 过程(Houck,1977)将厂商的总成本分解成为各类成本因子增减。Kinnacan and Forker(1987)运用 Heien(1980)的理论模型,将 Houck 过程引入动态分析,研究批发价格变化对零售价格变化的影响。Fabiosa(1995)和 Mohanty(1995)也运用了 Houck 过程进行了市场势力分析。价格不对称模型存在两个方面的问题:一方面是固定比例技术假定过于严格,另一方面是进行零售与批发价格间的滞后增长分析时,当期与一期滞后变量存在高度相关性。

第二类是协整模型(Cointegration Model)。协整方法也经常被用来检验价格变动,从而推断厂商的市场行为。其基本的原理是,如果市场是完全竞争市场,从长期来看,价格会趋向相同;假如市场不是完全竞争市场,厂商存在市场势力,则在长期来看价格不会趋同。但是 Faminow and Benson(1990)认为价格趋向一致也许是厂商共谋的结果。但 Purcell(1999)运用向量误差修正模型检验了市场主体价格不对称现象,得出在缺乏竞争压力的情况下,市场势力意味着生产和零售价格只会缓慢地调整。时间序列模型存在的主要缺陷是,缺乏理论支持,不能有效区分共谋和完全垄断,其研究结果只能部分显示市场势力。

综上所述(表 4-11),SCP 研究范式重点关注利润与市场集中度之间的关系,使用跨部门分析方法估计会计上价格—成本差与市场集中度之间的关系,认为两者之间存在正相关关系就意味着存在市场势力,用市场集中度的概念偷换掉市场势力概念。结构主义模型分析了产业间市场集中度与利润率之间的关系,间接地在一定程度上识别了市场势力。但是以跨产业部门横截面数据得到的市场集中度指标间接判别市场势力的 SCP 模型缺乏理论基础,其统计上的相关性得不到经济学理论的支持。虽然 NEIO 模型有严格的微观经济学分析基础,但是也存在由于数据很难获得,操作性差以及仅适用于单个产业研究的问题。时间序列模型虽然便于经验研究,但是也存在缺乏理论依据的缺陷。

表 4-1　用于测度和评估市场势力的主要模型

序号	方法	优点	缺点
1	SCP 模型	横截面分析多个产业	缺乏微观经济学理论基础
2	NEIO 模型	微观经济学理论基础	适用于单一产业,数据要求较高
3	时间序列模型	易于经验研究	缺乏理论依据和基础

资料来源:Digal, L., and F. Ahmadi-Esfahani, "Market Power Analysis in the Retail Food Industry: A Survey of Methods", *The Australian Journal of Agricultural and Resource Economics*, 2002, 46(4): 559—584。

4.4　测度市场势力的主要方法

4.4.1　勒纳指数及其拓展

测度市场势力的一个最简洁的指标就是勒纳指数(Lerner Index),它把市场势力定义为厂商 i 的毛利(价格与边际成本之差)与价格之比,即

$$L_i = (p_i - MC_i)/p_i \tag{4-4-1}$$

当勒纳指数等于零时,说明企业处于完全竞争市场中,价格等于边际

成本；当勒纳指数接近 1 时，说明企业的价格—成本差额变得无限大，企业的市场势力很大，接近于完全垄断。勒纳指数直接应用于现实世界存在一些局限性，最明显的不足：一是很难衡量边际成本；二是即使具有衡量边际成本的方法，该指数也将会夸大价格超过竞争水平的程度。这是因为垄断产量水平上的边际成本 MC 通常小于竞争产量水平上的 MC。

后人在勒纳指数的基础上引入价格理论或竞争理论提出了一些新的测度方法，并应用不同的变量对市场势力进行直接或间接评估（莫塔，2006）。Landes and Posner(1981)利用弹性衡量需求与价格之间的关系，获得了勒纳指数的一个极为有用的版本。垄断理论的一个基本结论是，拥有市场力量的企业要想最大化利润，需要满足以下条件：

$$p\left(1-\frac{1}{e_i^d}\right)=MC \tag{4-4-2}$$

(4-4-2)式的条件等同于：

$$\frac{p-MC}{p}=\frac{1}{e_i^d} \tag{4-4-3}$$

假设企业拥有大量市场份额 s_i，而且存在一个竞争边缘，用被写在下方的 j 所表示，这样就可以得到：

$$e_i^d=\frac{e_m^d}{s_i}+\frac{e_j^s(1-s_i)}{s_i} \tag{4-4-4}$$

其中，e_j^s 表示边缘供给弹性，e_m^d 表示市场需求弹性，e_i^d 表示企业 i 的需求价格弹性。根据(4-4-3)、(4-4-4)式可以推导出：

$$\frac{p-MC}{p}=\frac{s_i}{e_m^d+e_j^s(1-s_i)} \tag{4-4-5}$$

(4-4-5)式说明，影响市场势力的主要变量有三个，即市场份额、市场需求弹性和边缘供给弹性。企业 i 的市场份额越大，该企业的市场势力就越大；市场需求弹性越大，单个企业面对的需求弹性就越大，单个企业的市场势力也越小；边缘供给弹性越大，单个企业面临的需求弹性就越大，企业的市场势力也越小。

Ordover *et al.* (1982)在 Landes and Posner 所开创的勒纳指数拓展版本的基础上，运用古诺垄断模型，推导出了市场势力的新计算公式：

$$\frac{p-MC}{p}=\frac{s_i(1+k_i)}{e_m^d+e_j^s(1-s_i)} \tag{4-4-6}$$

其中，k_i 是对竞争中的相互依赖性的衡量。如果 $k_i=1$，那么企业遵循有关价格和质量的相同策略。在这种情况下，勒纳指数低估了企业市场势力。如果 $k_i = -1$,那么企业将遵循相反的策略,任何大型企业产量削减都会导致其竞争对手产量增加。在这种情况下,不论占支配地位的企业的市场份额为多大,对市场势力的正确衡量都是零。Ordover *et al*. (1982)的计算公式表明,竞争策略能够被纳入对市场势力的评估之中。

4.4.2　测度市场势力的结构类指标

在产业经济学中,经济学家们也常用一些结构性指标来间接评估市场势力。这些较为常用的结构性指标主要包括市场份额、市场集中度、赫芬达尔指数、熵指数等。这些指标的计算方法较为简洁,但关于这些指标是否能够较为准确地表征市场势力,理论界还存在一些分歧,一些经济学家认为结构性指标并不能完全反映市场势力(马丁,2003)。市场份额是衡量市场势力的传统方法,一般是指单个企业在相关市场上的销售额占市场上所有企业全部市场销售额的比重,用 s 表示。m 个企业的市场集中度是指产业内最大 m 家企业的市场份额之和,用 CR_m 表示,并且:

$$CR_m = s_1 + s_2 + \cdots + s_m \tag{4-4-7}$$

赫芬达尔指数是产业内所有 n 家企业市场份额的平方和,用 H 表示①,并且:

$$H = s_1^2 + s_2^2 + \cdots + s_n^2 \tag{4-4-8}$$

赫芬达尔指数越大,表明市场集中度越高。一个产业内各企业市场份额的方差满足

$$n\sigma^2 = \sum_{i=1}^{n}\left(\frac{1}{n} - s_i\right)^2 = H - \frac{1}{n} \tag{4-4-9}$$

通过(4-4-9)式可以得到:

$$H = \frac{1}{n} + n\sigma^2 \tag{4-4-10}$$

由(4-4-10)式可以获知,赫芬达尔指数随着企业数目的下降和市场份额方差的增大而上升,从而使赫芬达尔指数兼有企业数目和市场规模分布的信息。

熵指数简称 EI 指数,也有人称其为因托比指数,计算公式为:

$$EI = \sum_{i=1}^{n} S_i \log(1/S_i) \tag{4-4-11}$$

其中,S_i 为第 i 企业的市场份额(销售额或增加值等),n 为该市场中的企业总数。E 指数与 HHI 指数存在某些共同点:二者均属综合指数,即

① 也称为 HHI 指数。

反映市场中所有企业的情况；二者均为企业的市场份额之和。E 指数与 HHI 指数也存在某些不同点：二者分配给各个企业市场份额的权数不同，HHI 指数的权数是市场份额的平方，而 E 指数根据的是市场份额的对数；二者都给大企业分配较重的权数，但重要程度有所区别。总的说，HHI 指数和 EI 指数都有较好的理论背景和实用性。

下面，我们分析一下市场势力、市场份额与集中度的关系。假设厂商 i 在一个已经界定了的相关市场上与其他厂商就产量展开竞争，各厂商生产同质产品，市场价格为 p，边际成本为 c 且保持不变，那么厂商 i 的利润为：

$$\pi_i = p(Q)q_i - c_i q_i \tag{4-4-12}$$

利润最大化的一阶条件为：

$$\frac{\partial \pi_i}{\partial q_i} = p(Q) + \frac{\mathrm{d}p}{\mathrm{d}q_i}q_i - c_i = 0 \tag{4-4-13}$$

由于这一市场上的均衡价格 p^* 可通过求解各厂商的一阶条件来确定。在这个价格水平上，厂商 i 的一阶条件可以重新写为：

$$p^*(Q) - c_i = -\frac{\mathrm{d}p}{\mathrm{d}Q}\frac{\mathrm{d}Q}{\mathrm{d}q_i}q_i \tag{4-4-14}$$

将(4-4-14)式两边同时除以 p^*，等号右边乘上并除以 Q；由于纳什产量均衡点上竞争对手的产量是既定的，即 $\mathrm{d}Q/\mathrm{d}q_i = 1$，因此可以得到：

$$\frac{p^*(Q) - c_i}{p^*(Q)} = -\frac{\mathrm{d}p}{\mathrm{d}Q}\frac{Q}{p^*(Q)}\frac{q_i}{Q} \tag{4-4-15}$$

(4-4-15)式左边就是勒纳指数，这样，(4-4-15)式可以写为：

$$L_i = \frac{m_i}{\varepsilon} \tag{4-4-16}$$

(4-4-16)式就是厂商 i 的市场势力，其中 m_i 是厂商 i 的市场份额，如果是卖方独家垄断，则 $m_i = 1$；ε 为市场需求的价格弹性，$\varepsilon = -(\mathrm{d}Q/Q)/(\mathrm{d}p/p)$。如果用 $L = \sum_i m_i L_i$ 表示行业的市场势力总指数，根据以上分析可以得到：

$$L = \sum_i \frac{m_i^2}{\varepsilon} = \frac{H}{\varepsilon} \tag{4-4-17}$$

(4-4-17)式说明，行业集中度与市场势力平均度之间存在一种直接的关系。这也是欧美国家较为重视赫芬达尔指数的显著作用，并将其作为分析并购案的筛选工具的原因之一[①]。

一旦相关市场被界定以后，计算这些评估市场势力的结构类指标能够描绘出该市场上各厂商相对竞争地位的初步景象。在其他条件相同的情况下，市场势力的总体水平（即行业内厂商平均能把价格提高到其边际成本以上的程度）随行业集中度的提高而上涨。不过需要注意的是，这一点并不合适用于评价单个厂商的市场势力，但对于分析并购案具有很重要的意义，它可以用于初选有可能产生反竞争效应的并购案。

4.4.3　价格成本差额

大量的经验性检验表明，排除企业间成本差异的因素，市场集中度对盈利性存在正效应，因而产业组织理论学家常常用厂商的盈利性来评估市场势力[②]。微观经济学家们认为，垄断区别于竞争性市场的两个特征是：存在唯一的供应者；进入受到阻碍。第一个条件使垄断者没有竞争的顾虑；第二个条件使垄断者较少考虑或者不考虑潜在竞争者的威胁。竞争性厂商是价格接受者，而垄断厂商是价格的制定者。竞争性企业接受所给定的价格，调整其产出直到其边际成本等于价格。在竞争性市场中公司的规模很小，它可以用市场价格卖出所有他想卖的东西。当垄断者生产和销售一个追加单位的产出时，它必须使需求曲线下移，在下移的过程中，必然使价格与原来相比有所下降，由此我们可以得到边际收益的概念。边际收益是需求量每单位变化所导致的总收益的变化：

$$\text{边际收益 MR} = \frac{\Delta \text{TR}}{\Delta Q} = P + Q\frac{\Delta P}{\Delta Q} < P \qquad (4\text{-}4\text{-}18)$$

由于追加一个单位产出的销售要求需求曲线向下移动，所以边际收益小于价格。也就是说，追加一个单位产出的销售会降低价格，引起单位收益的损失，而原本它是可以用高价格出售的。亚当·斯密（1776）认为，垄断价格总是会在可达到的最高水平上运行。垄断价格究竟会高到什么程度呢？根据勒纳（1934）的研究，我们可以用公式（4-4-19）来回答这一问题。在公式（4-4-19）中，最后一个等式用了 ε，它是需求的价格弹性，指商品价格每变化一个百分点，相应的需求量变化百分之几。

$$\text{MR} = P + Q\frac{\Delta P}{\Delta Q} = P\left(1 + \frac{Q}{P}\cdot\frac{\Delta P}{\Delta Q}\right) = P\left(1 - \frac{1}{\varepsilon}\right) \qquad (4\text{-}4\text{-}19)$$

---

① Dansby, E., and R. Willig, "Industry Performance Gradient Indexes", *American Economic Review*, 1979(69): 249—260.

② 斯蒂芬·马丁:《高级产业经济学》，史东辉等译，上海财经大学出版社，2003 年，第 140—160 页。

其中

$$\varepsilon = \frac{\Delta Q/Q}{\Delta P/P} = \frac{P}{Q} \cdot \frac{\Delta Q}{\Delta P} \tag{4-4-20}$$

因为价格和需求量之间呈反向变化,所以 $\Delta Q/\Delta P$ 总是负的。在公式(4-4-20)中冠以负号,可以使 ε 为正号以简化讨论。利用需求对价格变化的敏感度原理,我们可以从公式(4-4-19)中获得计算市场势力的勒纳垄断指数。垄断者将会选择边际成本等于边际收益的产量从而使利润最大化。公式(4-4-19)就成为:

$$\mathrm{MR} = P\left(1 - \frac{1}{\varepsilon}\right) = \mathrm{MC} \tag{4-4-21}$$

垄断情况下福利损失的根源是垄断者对产出的限制导致价格高于边际成本,这使我们可以通过计算价格高于边际成本的程度来测量垄断者的市场势力的程度。从公式(4-4-21)中我们可知,在垄断情况下,价格高于边际成本的程度是:

$$\frac{P - \mathrm{MC}}{P} = \frac{1}{\varepsilon} \tag{4-4-22}$$

对于垄断者来说,其控制价格的能力也有一定的限度,垄断者在提价时顾客会离开他的市场。如果需求量对价格十分敏感,需求的价格弹性会很大,公式(4-4-22)右边的数值会很小,利润最大化的价格就会趋向于边际成本。在这种市场中,追求利润最大化的垄断者会把其产量限制在竞争性水平以下。另一方面,如果需求的价格弹性很小,垄断者更会倾向于提价。当需求量并不随价格上升而下降很多时,追求利润最大化的垄断者会把其价格提升到边际成本以上,同时又不发生损失。

勒纳(1934)应用设定产量的寡占模型对价格成本差额进行了规范分析,为使用不同的盈利性衡量尺度来具体测度市场势力的变化提供了理论指导。在寡占的情况下,生产同质产品的单个企业的价格成本边际(PCM)为:

$$\frac{p - \mathrm{MC}_i}{p} = \frac{a_i + (1 - a_i)s_i}{\varepsilon_{Qp}} \tag{4-4-23}$$

(4-4-23)式中,a_i 是企业 i 的推测弹性参数,s_i 是企业 i 的市场份额。鉴于在实际测度中获得边际成本数据的难度较大,我们假定规模报酬不变,这样就可以用平均成本替代边际成本,价格—边际成本的差额与价格—平均成本的差额就相等。平均成本中包含投资的正常收益率,即

$$\mathrm{AC}_i = \frac{wL_i + \lambda_i p^k K_i}{q_i} \tag{4-4-24}$$

将(4-4-24)式代入(4-4-23)式并整理,可以得到:

$$\frac{pq_i - wL_i}{pq_i} = \frac{a_i + (1 - a_i)s_i}{\varepsilon_{Qp}} + \lambda_i \frac{p^k K_i}{pq_i} \tag{4-4-25}$$

从(4-4-25)式可以看出,企业价格成本差额随企业的市场份额、企业资本成本和企业资本密集程度的上升而上升。该式可以由企业层面的收益数据、除资本成本外的成本数据和资本密集程度的数据估计得到。价格成本边际还可以通过经验性分析得到(Goldberg,1964):

$$\text{PCM}_i = a_0 + a_1 s_1 + a_2 \frac{p^k K_i}{pq_i} + \varepsilon_i \tag{4-4-26}$$

(4-4-26)式中,ε_i 为随机误差项,参数 a_0 和 a_1 可以通过估计得到,由于 a_i 和 ε_{Qp} 估计值是 a_0 和 a_1 估计值的非线性函数,并且近似地有 $a_i = a_0/(a_0 + a_1)$,$\varepsilon_{Qp} = 1/(a_0 + a_1)$,由此可以估计得到 a_i 和 ε_{Qp}。在(4-4-25)式所构成的模型中,如果 $a_0 + a_1 s_i$ 在统计意义上大于零,那就表明企业具有市场势力并运用了市场势力。为了估算产业价格—成本差额的表达式,假定推测变分参数 a_i 对于所有的企业都具有相同的值,那么可以将(4-4-25)式对所有 i 乘以 s_i 并加总所有企业的值,就可以得到产业的价格—成本差额:

$$\frac{pQ - wL}{pQ} = \frac{a + (1 - a)H}{\varepsilon_{Qp}} + \bar{\lambda} \frac{p^k K}{pQ} \tag{4-4-27}$$

(4-4-27)式中,H 是表示市场集中度的赫芬达尔指数,$\bar{\lambda}$ 是加权平均的资本租赁成本。从该式可以看出,产业的价格—成本差额随市场集中度、产业平均资本成本和产业平均资本密集程度的提高而上升(马丁,2003)。

以上分析的是规模报酬不变时的价格—成本差异,下面讨论企业规模报酬变化时的情形(Martin,1988)。规模报酬的性质可以用函数系数来表示,函数系数是平均成本与边际成本之比:

$$\text{FC}_i = \frac{\text{AC}_i}{\text{MC}_i} \tag{4-4-28}$$

如果函数系数大于 1,意味着平均成本大于边际成本,平均成本随产量的增加而下降,存在规模报酬递增;如果函数系数小于 1,意味着平均成本小于边际成本,平均成本随产量的增加而上升,存在规模报酬递减;如果函数系数等于 1,意味着平均成本等于边际成本,规模报酬不变。综合(4-4-23)和(4-4-28)可以得到:

$$\frac{p - \text{MC}_i}{p} = 1 - \frac{1}{\text{FC}_i}\frac{\text{AC}_i}{p} = \frac{a_i + (1 - a_i)s_i}{\varepsilon_{Qp}} \tag{4-4-29}$$

从(4-4-29)式中解出 AC_i/p,并用 1 去减所得出的解,可以得到规模报酬变化时价格—成本差额的表达式：

$$\frac{p - AC_i}{p} = 1 - FC_i + FC_i \frac{a_i + (1 - a_i)s_i}{\varepsilon_{Qp}} \quad (4\text{-}4\text{-}30)$$

将(4-4-24)式代入(4-4-30)式，可以得到规模报酬变化时价格—成本差额的计算公式，这一公式也可以看成是总的销售收益率：

$$\frac{pq_i - wL_i}{pq_i} = 1 - FC_i + FC_i \frac{a_i + (1 - a_i)s_i}{\varepsilon_{Qp}} + \lambda_i \frac{p^k K_i}{pq_i} \quad (4\text{-}4\text{-}31)$$

从(4-4-31)式可以看出：① 在规模报酬变化时，企业的价格—成本差额随企业市场份额、企业资本的租赁成本和企业资本密集程度的提高而上升，企业的市场势力也将相应增大；② 在测定市场势力时需要对函数系数进行说明，在所有其他条件既定的情况下，函数系数提高，即规模报酬递增，会减少企业利润最大化时的价格—成本差额，但企业边际成本下降的幅度足以使企业利润增加；③ 如果 $a_i + (1 - a_i)s_i/\varepsilon_{Qp}$ 在统计上大于零，就表明企业具有市场势力，并且行使了市场势力；④ 在 a_0 和 a_1 的估计值以及市场份额既定的情况下，函数系数越大，即规模经济性越显著，$a_i + (1 - a_i)s_i/\varepsilon_{Qp}$ 在统计上大于零的概率就越大。

4.4.4　剩余需求弹性

对市场势力进行直接测度需要用到较为复杂的计量经济技术。较为常用的市场势力直接评估方法是基于估计剩余需求弹性和 Logit 需求模型的方法。一种对于市场势力和评价合并效应的定量技术是由 Baker and Bresnahan(1985,1988)提出的，这种技术基于剩余需求弹性的直接评估方法。一般而言，某厂商 i 的剩余需求弹性的估计值越小，就意味着价格上涨时越大比例的消费者会继续从厂商 i 那里购买，而不是转向其他厂商或停止购买，这就说明厂商的市场势力越大。反之，剩余需求弹性的估计值越大，就意味着厂商的市场势力越小。我们考察一个由 n 个单产品厂商组成的行业。首先，我们要推算每个厂商所面对的剩余需求，并且介绍如何用它来估计每个厂商的市场势力(莫塔,2006)。厂商 $i(i=1,\cdots,n)$ 所面对的直接需求可写作：

$$q_i = D_i(p_i, p_{-i}, y) \quad (4\text{-}4\text{-}32)$$

(4-4-32)式中向量 p_{-i} 表示除了厂商 i 之外的所有的其他厂商，向量 y 表示一个影响需求的外生变量的向量。对于每个厂商，利润最大化的一阶条件可以定义最优反应函数的向量形式：

$$p_i = R_i(p_{-i}, y, w, c_i) \quad (4\text{-}4\text{-}33)$$

(4-4-33)式中，w 表示规模为 L、包含行业特有成本的变量，而 c_i 则表示厂商 i 的特有成本。由以上表达式可得出除厂商 i 之外的全部厂商的最优反应函数的向量形式：

$$p_{-i} = R_{-i}(p_i, y, w, c_{-i}) \tag{4-4-34}$$

(4-4-34)式中 c_{-i} 表示包含厂商 i 以外全部厂商特有成本变量的向量。将逆向代入直接需求，我们就能求得厂商 i 的剩余需求函数 $q_i^r = D_i^r(p_i, p_{-i}, (p_i, y, w, c_{-i}), y)$，或者更简单地表示为：

$$q_i^r = D_i^r(p_i, w, c_{-i}, y) \tag{4-4-35}$$

于是，待估计方程可采取下列形式：

$$\ln q_i^r = a_i + \beta_i \ln p_i + \sum_{s=1}^{s} \gamma_{is} y_s + \sum_{l=1}^{l} u_{il} w_l + + \sum_{k \neq i} \delta_{ik} c_k + v_i \tag{4-4-36}$$

(4-4-36)式中，a_i 是一个常量。β_i 就能给出剩余需求弹性（相反数）的估计值（因为 $\mathrm{d}\ln q_i^r / \mathrm{d}\ln p_i = -(\mathrm{d}q_i^r / q_i^r)/(\mathrm{d}p_i / p_i) = \in_{ii}^r$），系数 γ_{is}、u_{il} 和 δ_{ik} 分别是需求、行业成本和除厂商 i 之外其他厂商的成本，而 v_i 是误差项。但是，单独对(4-4-36)进行回归，不可能得出相关统计量，因为这里有一个在供给—需求体现中被共同决定的 p_i 和 q_i 之间（它们都是外生变量，而 p_i 出现在方程(4-4-36)等号的右边）的同时性问题。通常，这个问题采用工具变量法估计方程(4-4-36)的方式解决。把 c_i 作为价格 p_i 的工具变量，因为 c_i（厂商 I 的特有成本）与 p_i 具有相关性，而与剩余不相关，并且不是(4-4-36)中的解释变量。这样，我们就能求得厂商 i 剩余需求弹性的一个估计值，这就是它的市场势力估计值：$\in_{ii}^r$ 的估计值越小，厂商 i 的市场势力就越大。

必须指出，采用这种方法所需要的唯一厂商层面数据是那个我们想知道其市场势力的厂商价格、需求量和成本数据。在一个存在寡头厂商和众多小厂商生产同质产品的行业里（DF/CF 模型假设，一个占优厂商在市场里拥有足够大的市场份额；市场上存在众多竞争性厂商，接受占优厂商的定价；产品是同质的），假设厂商 i 追求利润最大化为目标，利润函数为：

$$\pi_i = P_i(Q_i) \times Q_i - C_i(Q_i) \tag{4-4-37}$$

利润最大化一阶条件为：

$$(\partial P_i / \partial Q_i) Q + P_i - \partial C_i / \partial Q_i = 0 \tag{4-4-38}$$

则可以得到勒纳指数与需求弹性之间的关系，即

$$L_i = \frac{P_i - \mathrm{MC}_i}{P_i} = \frac{1}{\varepsilon_i} \tag{4-4-39}$$

其中 $MC_i = \partial C_i / \partial Q_i$ 为厂商的边际成本，$\varepsilon_i = -\frac{\partial Q_i}{\partial P_i} \div \frac{Q_i}{P}$。

定义市场的需求量为 Q_m，厂商 i 之外其他厂商供给量为 Q_j，则

$$Q_i = Q_m - Q_j \quad (Q_i \text{ 被称为剩余需求}) \tag{4-4-40}$$

$$\partial Q_i / \partial P_i = \partial Q_m / \partial P_i - \partial Q_j / \partial P_i \tag{4-4-41}$$

由于 $\varepsilon_i = -(\partial Q_i / \partial P_i) \times (P_i / Q_i)$，所以：

$$\varepsilon_i = -(\partial Q_m / \partial P_i)(P_i / Q_i) + (\partial Q_j / \partial P_i)(P_i / Q_i) \quad (\text{剩余需求弹性})$$

可以得到：

$$\varepsilon_i = \varepsilon_m (1/S_i) + \varepsilon_j (1 - S_i)/S_i \tag{4-4-42}$$

其中 $\varepsilon_m = -(\partial Q_m / \partial P_i) \times (P_i / Q_m)$，$\varepsilon_j = (\partial Q_j / \partial P_i) \times (P_i / Q_j)$，$S_i$ 为厂商 i 产品的市场份额。则勒纳指数为：

$$L_i = S_i / (\varepsilon_m + \varepsilon_j (1 - S_i)) \tag{4-4-43}$$

当市场上厂商产品价格唯一时，厂商的市场势力取决于厂商的市场份额 S_i、产品的市场需求弹性 ε_m 和产品的供给弹性 ε_j，厂商的市场势力是由三个不同的方面共同决定的。从以上推导可以看出，厂商的市场势力与厂商产品需求弹性、产品的市场需求弹性和产品的供给弹性负相关，与厂商产品的市场份额正相关。所以用市场份额推断厂商的市场势力有一定合理性，但是不全面，要综合考虑产品的需求弹性、供给弹性以及替代产品和进入退出障碍等方面综合计算①。

4.4.5 Logit 需求模型

可以用来估计市场势力和模拟并购效应的 Logit 需求模型也是一种直接估算方法（莫塔，2006）。假设有 n 种产品，对于消费者来说都是互斥的选项，并且构成可能选项的集合 C；消费者 i 消费产品 j 可获得下列效用：

$$U_{ij} = a_j - \beta p_j + e_{ij} \tag{4-4-44}$$

（4-4-44）式中，解释变量价格是选项特有的（即产品特有的），而且所有的选项系数相同（即对于所有的 j 和 k，$\beta_j = \beta_k = \beta$），$a_j$ 是产品特有的常量，而随机分量 e_{ij} 既可以是观察不到的产品特征，也可以是个体 i（同样是观察不到的）的个体偏好。

由个体效用最大化可求得 j 被全体消费者选中的概率：

① Landes, W., and R. Posner, "Market Power in Antitrust Cases", *Harvard Law Review*, 1981.

$$\pi_j = \Pr(U_j > U_k),\quad 且\ k \in C,\ k \neq j \tag{4-4-45}$$

公式(4-4-45)可改写成：

$$\pi_j = \Pr[(e_{ik} - e_{ij}) < (a_j - \beta p_j) - (a_k - \beta p_k)],\quad 所有的\ k \in C,\ k \neq j \tag{4-4-46}$$

需要注意的是，每个$(e_{ik}-e_{ij})$都是随机变量。通过对全部的剩余需求分布进行定义，我们就能求得($n-1$ 维度)多元随机变量联合累积分布。该分布表示产品 j 作为产品特征和参数函数被选中的概率 π_j。更确切地说，我们能够证明，如果全部剩余需求根据极值分布独立并分布相同，则所有 π_j 的 Logit 分布函数：

$$\pi_j = \frac{\exp(a_j - \beta p_j)}{\sum_{k \in C} \exp(a_k - \beta p_k)} \tag{4-4-47}$$

Logit 模型中需要估计的参数是那些属于效用函数的参数，即各 $a_j s$ 和 β。既然我们知道概率 π_j，并且假设已获得有关个体选择和价格的数据，因此可用极大似然法来估计各 $a_j s$ 和 β。要解决 Logit 模型固有的不确定性问题，其中的一个 a_j 必须被设定等于某个任意值，而且第 n 种产品被视为价格为 0 的外部产品。我们把除第 n 种产品以外的所有其他产品视为内部产品。

使用这种模型会遇到一个难题。选中某种产品的概率不但取决于这种产品的效用，而且还取决于——正如我们从方程式(4-4-45)中已经知道的那样——其他没有被选中产品的效用。这就要求我们先识别各种可能选项的集合，然后找到关于所有没有被选中的选项的特征数据。这个可能非常困难，而且成本很高。不过，可供替代的方法就是运用抽样的选择法，也就是只采用做出选择的个体的数据，或者特定个体做出的选择的数据(莫塔，2006)。

如果被观察的选项特征与未被观察到的选项特征发生共变，那么采用个体及其选择的数据来估计 Logit 模型会遇到内生性问题。例如，当一种产品未被观察到的质量提高了这种产品的价格(极大似然估计值也许能说明消费者愿意购买一种质量较高的产品，尽管是未被观察到的质量驱使他们这样做)时，情况就是如此。工具变量法能够帮助我们解决这个问题。价格弹性(这里表示为正值)和交叉价格弹性可以定义如下：

$$\varepsilon_{jj} = \beta p_j(1 - \pi_j) \tag{4-4-48}$$

$$\varepsilon_{jk} = \beta p_k \pi_k \tag{4-4-49}$$

因此，以上获得的各 $a_j s$ 和 β 的估计值可以用来计算模型的所有相关弹性。

4.4.6 测度市场势力的其他方法

1. 托宾 q 值

Tobin(1969)将 q 定义为企业股票市值与资本重置成本的比率。托宾的 q 理论提供了一种有关股票价格和投资支出相互关联的理论。如果 q 大于1,那么企业的市场价值要高于资本的重置成本,新厂房设备的资本要低于企业的市场价值。这种情况下,公司可发行较少的股票而买到较多的投资品,投资支出便会增加。如果 q 小于1,即公司市场价值低于资本的重置成本,厂商将不会购买新的投资品。如果公司想获得资本,它将购买其他较便宜的企业而获得旧的资本品,这样投资支出将会降低。反映在货币政策上的影响就是:当货币供应量上升,股票价格上升,托宾的 q 上升,企业投资扩张,从而国民收入也扩张。Lindenberg and Ross(1981)等产业经济学家则把 q 作为衡量市场势力的一项指标。他们认为,投资者会抬高企业股票的市值以借此反映企业未来经济利润的贴现值,因而运用市场势力的企业的 q 值会大于1。Smirlock *et al.* (1984)试图通过假定市场份额和 q 比率呈显著的正相关关系来反映效率,并用集中度和 q 比率显著的正相关关系来反映市场势力。Salinger(1984)认为,作为长期市场势力的衡量尺度,托宾 q 值优于盈利性衡量指标,q 值不易产生测量误差。Shepherd(1986)指出,产业经济学的传统观点是市场份额对市场势力的影响可以反映特定企业的市场势力,他采用相对校准的规定比较了117个美国大型企业样本的 q 值和股东权益收益率。研究结果显示,市场势力和广告有高度显著的正相关性;市场势力与市场集中度有中等显著的相关性;当 q 作为因变量而不是收益率作为因变量时,市场势力与市场集中度的相关性就不显著了,而市场势力与销售增长率相关的显著性上升。Shepherd(1986)的研究结果表明了托宾 q 值与盈利性衡量尺度应是互相补充的而不是互相替代的,两者都包含了市场势力的信息,没有足够的理由认为其中的哪一个衡量尺度优于另一个。Spiller(1985)的研究表明,风险和市场势力影响 q 值的方式相同。

2. 潘扎—罗西统计量

Panzar and Rosse(1987)定义了一个变量来估计市场势力。他们从没有税收或金融市场的企业静态模型开始,假设企业以利润最大化为目标,利润函数为:

$$\pi = pq_1 - w_1L_1 - \lambda_1 p_1^k K_1 = R(L_1, K_1) - C(L_1, K_1; w_1, \lambda_1) \tag{4-4-50}$$

(4-4-50)式中,R 是收益函数,C 是成本函数。假定简略形式的收益函数为:

$$R^*(w_1,\lambda_1) = R[L_1^*(w_1,\lambda_1),K_1^*(w_1,\lambda_1)] \qquad (4\text{-}4\text{-}51)$$

(4-4-51)式中,L_1^* 和 K_1^* 是利润最大化时的投入水平。Panzar and Rosse(1987)定义的变量为:

$$\varphi \equiv \frac{w_1}{R^*}\frac{\partial R^*}{\partial w_1} + \frac{\lambda_1}{R^*}\frac{\partial R^*}{\partial \lambda_1} \qquad (4\text{-}4\text{-}52)$$

这一变量被称作潘扎—罗西统计量。潘扎—罗西统计量用于判断市场势力时具有以下性质:① 在垄断市场上,$\varphi < 0$;② 在对称的垄断竞争行业均衡中,$\varphi < 1$;③ 在长期竞争均衡中,$\varphi = 1$。通过估计简略形式的收益函数,可以得到潘扎—罗西统计量,并检验其中所有约束条件是否都被满足。Shaffer(1983)证明了潘扎—罗西统计量与单个企业面临的需求价格弹性之间的关系,即

$$\varphi = 1 - \varepsilon_{qp} \qquad (4\text{-}4\text{-}53)$$

由于单个企业的勒纳指数为:

$$L_i = \frac{1}{\varepsilon_{qp}} \qquad (4\text{-}4\text{-}54)$$

综合以上算式,我们可以得到潘扎—罗西统计量与勒纳指数之间的关系:

$$\varphi = 1 - \frac{1}{L_i} \qquad (4\text{-}4\text{-}55)$$

如果将勒纳指数表示成推测弹性的形式,我们也可以得到潘扎—罗西统计量的推测变分形式。我们知道,勒纳指数是衡量市场势力的常用指标,从潘扎—罗西统计量与勒纳指数之间的关系可以获知,潘扎—罗西统计量也可以用于估计市场势力。

4.5　市场势力与效率

4.5.1　市场势力与成本效率

假设在一个食品加工行业里有 N 家厂商把一种原料加工成产品,并且原料加工成产品的比例是确定的(q 既可以表示原料投入量,也可以表示产品产出量)。除了一种原料投入之外生产过程不需要其他物质资料的投入,其他投入品厂商在竞争市场上购买,并且其他投入品间的投入比例可以是变化的。每个厂商的产品面临的是竞争市场,而在上游原料市场上厂

商面临的是不完全竞争市场。第 i 个厂商面临的利润函数为：

$$\pi_i = (p - w(Q))q_i - C_i(q_i, v) \tag{4-5-1}$$

其中 q 表示原料投入和产出投入，p 是产出产品的价格。W 是原料投入品的价格，$Q = \sum_i^N q_i$ 是产业内所有原料投入的总和，$C(\cdot)$是生产过程成本方程，V 表示除了原料投入以外其他投入品的价格的向量。利润最大化对 q_i 求导得到的一阶条件为：

$$p = w + \frac{q_i}{Q}\frac{w}{\eta}(1 + \theta_i) + c_i(q_i, v) \tag{4-5-2}$$

其中 $\eta = (\mathrm{d}Q/\mathrm{d}w)(w/Q) > 0$ 是原料投入的供给弹性，$\theta_i = \sum_{j \neq i}^N (\mathrm{d}q_j/\mathrm{d}q_i)$ 表示厂商 i 对竞争对手在原料市场投入上的反应。$c_i(q_i, v)$ 是生产过程的边际成本。

假设厂商 i 生产过程成本方程是广义里昂惕夫(Generalized Leontief)形式：

$$C_i(q_i, v) = q_i \sum_i \sum_j \alpha_{ij}(v_i v_j)^{1/2} + (q_i)^2 \sum_i \beta_i v_i \tag{4-5-3}$$

那么：

$$p = w + \frac{q_i}{Q}\frac{w}{\eta}(1 + \theta_i) + \sum_i \sum_j \alpha_{ij}(v_i v_j)^{1/2} + 2(q_i)\sum_i \beta_i v \tag{4-5-4}$$

对(4-5-4)式进行变形可得：

$$M = \frac{H(1 + \Theta)}{\eta} + \sum_i \sum_j \alpha_{ij}\frac{(v_i v_j)^{1/2}}{w} + 2HQ\sum_i \beta_i \frac{v_i}{w} \tag{4-5-5}$$

其中 $M = (p - w)/w$ 为原料投入的边际成本，$H = \sum_i (q_i/Q)^2$ 是 HHI 指数，$\Theta = \left(\sum_i q_i^2 \theta_i\right) / \left(\sum_i q_i^2\right)$ 是 N 个公司推测变分的加权平均数(Cowling and Waterson, 1976)。材料投入的边际成本 M 由两部分组成，一部分是市场势力部分，由等号右边的第一个部分表示，另一部分为生产的边际成本，由等号右边的后两个式子表示。

首先我们来看第一个假设：如果所有的厂商在原材料投入方面是价格的接受者，则 $\theta_i = -1$ 或者 $\Theta = -1$ 时 M 等于生产过程边际成本，这也就是说明每个公司都期望当购买原料数量变化对市场所造成的影响会被其他竞争对手行为的改变所抵消，那么原料市场的价格就不会改变。如果第一个假设不成立，则第二个假设就是这个产业寡头垄断的古诺竞争，例如

$\Theta=0$,这也就意味着每个厂商不会预期它的竞争对手会根据自己原料投入的变化而变化。

假设 Θ 是个常数,则对 H 求导可以得到:

$$\frac{\partial M}{\partial H}=\frac{1+\Theta}{\eta}+2Q\sum\beta_i\frac{v_i}{w} \tag{4-5-6}$$

则(4-5-6)式等号右边的第一个式子代表市场势力影响,第二个式子代表成本效率效应。如果 Θ 不是常数,而是 H 的函数,则对 H 求导可以得到:

$$\frac{\partial M}{\partial H}=\frac{1+H\Theta_H(H)+\Theta(H)}{\eta}+2Q\sum\beta_i\frac{v_i}{w} \tag{4-5-7}$$

其中 $\Theta_H(H)=\mathrm{d}\Theta/\mathrm{d}H$。

Azzam(1997)主要是把由于市场集中导致的市场势力与成本效率分离出来,并运用美国牛肉包装行业为例进行了实证分析,他测算了这个行业采购方的垄断市场势力和屠宰的成本效率。然而,成本效率影响超出了市场势力影响。

4.5.2　市场势力的经济效应分析

对测量市场势力的福利成本做实证研究的学者,最早可以追溯到美国经济学家哈伯格。他用美国 73 个制造业在 1923—1928 年间的平均数据,估计了因市场势力而造成的净损失程度。哈伯格在研究中遇到了长期困扰实证研究的数据问题,即现实世界中没有现成的统计数据可以支持经济学家的模型研究,模型研究必须转化为可以容纳有效数据的形式。

假如知道了竞争和垄断条件下的价格和产出(P_c,O_c,P_m,Q_m),计算净损失就非常容易。但是一般可以观察到的情况只是销售收入的数据 P_mQ_m,这是会计利润的计算方法之一。在实践中会计对利润的度量并不使用投资的机会成本概念。为了把会计对利润的度量作为估计经济利润的基础,可以想办法把它调整为对资本的正常报酬。这就是说,要从销售收入和经济利润的数据中,得到对净损失的估计。

由于我们是在厂商行使市场势力条件下和在竞争条件下分别比较价格水平的,因此可知,$\Delta P=P_m-P_c=P_m-C$,所以:

$$\begin{aligned}\mathrm{DWL}=1/2\cdot\Delta P\Delta Q&=\frac{1}{2}\cdot(\Delta P)^2\left(\frac{\Delta Q}{\Delta P}\right)\\&=\frac{1}{2}\left(\frac{P_M-C}{P_M}\right)^2\cdot\frac{P_M}{Q_M}\cdot\frac{\Delta Q}{\Delta P}P_MQ_M\end{aligned}$$

$$= \frac{1}{2}\left(\frac{P_M O_M - cQ_M}{P_M Q_M}\right)^2 \varepsilon P_M Q_M = \frac{1}{2}\gamma^2 \varepsilon P_M Q_M \quad (4\text{-}5\text{-}8)$$

而 $\gamma = \frac{P_M - c}{P_M} = \frac{P_M Q_M - cQ_M}{P_M Q_M}$ 恰好是销售利润率,哈伯格用资本的平均报酬率作为正常报酬率的估计值,用会计利润减去正常报酬得到用 r 表示的经济利润率。DWL 最终表达式中的第二项是销售收入 $P_m Q_m$,它可以直接得到。最后一项是 ε,它是需求的价格弹性。哈伯格认为在他所研究的样本产业中,该弹性较低,就假定其等于 1。

在此基础上,哈伯格估计了 73 个产业样本中因市场势力所导致的净损失。假设在所有制造业中净损失占产出的比例不变,他估计因为制造业部门的市场势力的原因而导致的净损失占美国国民收入的比例在 0.1%以下。显然这一数值对整个国民经济来说是微不足道的。

哈伯格的研究后来招致了很多的批评,由此引发了大量学者参与讨论。这些文献认为,他对市场势力的福利成本的估计可能太低,但作为最低限估计是比较合适的。美国经济学家柯林和穆尔的一项研究总结了这些讨论,重新估计美国市场势力的福利成本。这项研究被称为最高限估计方法。这一方法与哈伯格方法的不同表现在:估计需求价格弹性的方法和对正常投资报酬的估计方法不同、利用公司层次的数据、垄断化成本的估计等方面。

对同一种价格水平的上升,有两种不同的需求价格弹性。在高弹性市场中,随着价格上升,需求量下降很快。当社会意愿的产出没有被生产出来时,净损失是消费者剩余的损失。所以在高弹性市场中,净损失相对较大。在低弹性市场中,由于需求缺乏弹性,需求量对价格变化缺少敏感性,所以当价格上升时需求量下降相对较小。因为弹性较低时的产出量下降比弹性较高时的产出量下降要小,所以在低弹性市场中,净损失相对较小。

将 $\frac{P_m - c}{P_m} = \frac{1}{\varepsilon}$ 代入哈伯格方程可以得到:

$$\mathrm{DWL} = 1/2\left(\frac{P_m - c}{P_m}\right)^2 P_m Q_m \varepsilon = 1/2\left(\frac{p_M - c}{P_m}\right) P_m Q_m$$

$$= 1/2(P_m Q_m - cQ_m) \quad (4\text{-}5\text{-}9)$$

最终表达式表明,我们可以用垄断利润的一半去估计净损失。垄断寡头实际上很难就联合利润最大化目标进行协调,实际的产出水平下降和净损失就要比所预期的数值小得多。正因为如此,依据最高值所进行的估计,应该作为净损失估计的最高限来看待。

哈伯格对净损失的估计,并没有考虑因垄断化而导致的社会成本。尽管如此,他承认把广告支出作为社会成本来考虑可能是合适的。按此看法,柯林和穆尔在测量垄断利润时,把 $\pi + A$ 作为垄断化的成本,这里 π 是所估计的经济利润,A 是广告支出。从公式可知,净损失就是 $1/2(\pi + A)$。

税后的但是在垄断化成本发生之前的垄断利润,就是 $\pi + A - T$,T 代表税收。假如这种利润被全部转化为社会成本,市场势力的全部成本(垄断化成本加净损失)就是:

$$\pi + A - T + \frac{1}{2}(\pi + A) = \frac{3}{2}(\pi + A) - T \tag{4-5-10}$$

当然,经济利润不可能全部转化为垄断利润。这就是为什么将所估计的市场势力的福利成本看作是一个最高限的原因。柯林和穆尔运用美国 734 个公司 1963—1966 年以及英国 103 个公司 1968—1969 年的数据,重新估计了因市场势力所造成的福利损失。他们把其估计结果与哈伯格及其他人的结果进行了比较。仅仅考虑净损失,柯林和穆尔在假设利润最大化条件下估计,其数值几乎是假设需求价格弹性为 1 时的 10 倍左右。用哈伯格式的净损失估计方法,虽然所得到的数值较小,只占公司产品价值的 0.4%,但它已经是哈伯格自己原先估计的数值的 4 倍左右(原先估计 DWL 占国民收人的 0.1%)。得到这一结果的原因,显然是由于柯林和穆尔运用了公司层面的数据而非产业层面的数据的结果。

当柯林和穆尔把广告支出当成反映垄断化的社会成本时,它们对福利成本的估计几乎是哈伯格的估计的 2 倍之多。对美国电话电报公司的估计结果表明了垄断化支出的重要性。美国电话电报公司的平均报酬率低于柯林和穆尔所作的 12% 的正常资本报酬率的假设,它的经济利润为零,所以它的净损失估计值也为零,这一估计忽视了它创建市场势力的成本。据柯林和穆尔披露,实际上美国电话电报公司的广告支出非常巨大,在其研究的样本期内每年有 7.5 亿美元。因此如果把广告支出作为垄断化的成本来估计,就显示出很大的福利损失。

如前所述,柯林和穆尔的估计代表了对垄断福利损失的最高限估计方法,这些估计认为市场势力的成本远远高于哈伯格的估计结果。特别地,当垄断者把资源源源不断地投入创造和保持市场势力方面时,这种支出就是社会成本的重要组成部分。

4.6　市场势力的动态研究

假设在一个产业内部存在一个占市场支配地位的垄断厂商(dominant

firm),它占有某种资产(专利技术、行政准入限制、庞大的资产等等)使其拥有市场势力和减少行业内竞争的能力。我们把这种进入威慑资本(entry-deterring capital)能力称作 k_t,并假设 k_t 随着技术进步以及外部环境变化以贬值率 σ 进行贬值。

1. 垄断厂商使用市场势力

假设 x_t 表示垄断厂商使用市场势力的规模(例如垄断厂商在市场上进行的反竞争行为)。$x_t>0$ 表示垄断厂商在市场上进行反竞争行为提高进入障碍 k_t,如果垄断厂商不进行反竞争行为,即 $x_t=0$,则 k_t 会按照市场的发展自然地贬值;如果厂商出售专利给他的竞争者,则 $x_t<0$,表示 k_t 减少。k_t 的变动规律为:

$$\dot{k}_t = x_t - \sigma k_t \tag{4-6-1}$$

如果 k_t 等于0,那么垄断厂商的市场势力就会消失,因此当 $k_t=0$ 时,$x_t=\dot{k}_t=0$。

2. 市场份额和价格

假设 k_t 越大,垄断厂商的市场份额越大,即 $s'(k_t)\geqslant 0$, $\lim\limits_{k_t\to\infty}s(k_t)=1$,市场就是完全垄断市场。如果 $k_t=0$,那么 $s(0)=0$,市场就是完全竞争市场。

k^{inf}表示 $s''(k^{\inf})=0$ 时的拐点,当 $k_t\in[0,k^{\inf})$ 时,报酬随着 k_t 递增,$s'(0)=0$,$s''(k_t)>0$;当 $k_t>k^{\inf}$时候,$s''(k_t)<0$, $\lim\limits_{k_t\to\infty}s'(k_t)=0$。假设厂商面临向下倾斜的市场需求曲线,$d_t=\mathrm{d}(p_t)$,则垄断厂商的生产函数表示为:

$$q_t = s(k_t)\mathrm{d}(p_t) \tag{4-6-2}$$

假设垄断厂商的市场份额 s_t 与市场价格 p_t 正相关,当 $p_t=p(s_t)$ 时,$p'(s_t)\geqslant 0$,$p(0)=p^c$(完全竞争市场价格),$p(1)=p^m$(完全垄断市场价格)。

假设反垄断当局会对垄断厂商滥用市场势力的行为进行处罚,成功查获垄断厂商滥用市场势力的概率为 $\rho(x_t)$,并且假设查获的概率与垄断厂商运用市场势力的规模正相关,即当 $x_t>0$ 时,$\rho'(x_t)>0$,$\rho''(x_t)>0$,当 $x_t\leqslant 0$ 时,$\rho(x_t)=0$。假设垄断厂商运用市场势力,并且被反垄断部门起诉,则不管反垄断部门起诉是否成功,垄断厂商都要付出 k_1 的成本,反垄断部门以概率 π 起诉成功则垄断厂商要被罚款 k_2,$1-\pi$ 的概率除了 k_1 之外不用付出任何成本。

3. 垄断厂商的最优决策

假设在长期中垄断厂商以获得最大贴现利润为目标来决定利用市场势力的规模，即

$$\max_{x_t} V_t = \int_0^{\infty} [(p_t - c)q_t - x_t - \vartheta(x_t) - (k_1 + \pi k_2)\rho(x_t)] e^{-rt} dt \tag{4-6-3}$$

其中，r 表示折现的利率，c 表示单位生产成本，$\vartheta(x_t)$ 表示调整 k_t 的成本，$\vartheta(0)=0$，当 $x_t>0$ 时，$\vartheta'(x_t)\geqslant 0$，$\vartheta''(x_t)\geqslant 0$。并且假设，出售和购买一单位的 k_t 的价格都是一样的。由于 k_t 不能为负数，因此在 $k_t=0$ 时，规定：

$$-k_t \leqslant 0 \Longrightarrow -\dot{k}_t = -(x_t - \sigma k_t) \leqslant 0 \tag{4-6-4}$$

可以得到拉格朗日函数：

$$\begin{aligned} L = & (p(s(k_t)) - c)s(k_t)\mathrm{d}(p(s(k_t))) - x_t - \vartheta(x_t) \\ & - (k_1 + \pi k_2)\rho(x_t) + \lambda(x_t - \sigma k_t) + \theta_t(x_t - \sigma k_t) \end{aligned} \tag{4-6-5}$$

其中 θ_t 是拉格朗日乘子，λ 是伴随状态变量。约束条件为：

$$x_t - \sigma k_t \geqslant 0, \quad \theta_t \geqslant 0, \quad \theta_t(x_t - \sigma k_t) = 0, \quad k_t \geqslant 0$$

一阶条件（汉密尔顿函数）可以通过对 x_t 求导（运用市场势力的边际成本必须等于运用市场势力获得的边际收益）得到：

$$-1 - \vartheta' - (k_1 + \pi k_2)\rho' + \lambda_t + \theta_t = 0 \tag{4-6-6}$$

对 k_t 求导：

$$\dot{\lambda}_t = (r + \sigma)\lambda_t - \{p'sd + (p - c)(d + sd'p')\}s' + \sigma\theta_t \tag{4-6-7}$$

从而可以得到 x_t 的变动规律：

$$\dot{x}_t = \frac{(r+\sigma)\{1+\vartheta'+(k_1+\pi k_2)\rho'\} - \{p'sd+(p-c)(d+sd'p')\}s' - r\theta_t + \dot{\theta}_t}{\vartheta'' + (k_1 + \pi k_2)\rho''} \tag{4-6-8}$$

最后终极条件为：

$$\lim_{t\to\infty} k_t e^{-rt} = 0 \tag{4-6-9}$$

根据 k_t 和 x_t 的变动规律，我们可以得到三个稳定点，一个是 $\dot{x}_t(x^*, k^*) = \dot{k}_t(x^*, k^*) = 0$，假设另外两个稳定点满足 $k_1^*(=0) < k_2^* < k_3^*$，从雅克比矩阵的特征值可知 k_1^*，k_3^* 是鞍稳定的，k_2^* 是不稳定的。所以只有 k_1^* 和 k_3^* 在长期中是能达到稳定的。我们假设 $k_1^*(=0)$ 表示厂商无法拥有市场势力，此时市场是完全竞争市场，$k_3^*>0$ 表示厂商完全垄断市场。在 k_1^*

和 k_3^* 之间存在一个阈值 k^T,当 $k_t<k^T$ 时,此区域定义为 I 区域,此时 k_t 向 k_1^* 运动,趋向于完全竞争市场;反之,当 $k_t>k^T$,此区域定义为 II 区域,此时 k_t 向 k_3^* 运动,趋向于完全垄断市场,所以反垄断当局可以把$[0,s(k^T))$认定为安全区域,把$[s(k^T),0)$作为不安全区域。

通过建立一个厂商滥用市场势力的动态模型我们可以求得垄断厂商最优决策的条件和市场势力的阈值。当反垄断当局发现垄断厂商行使市场势力谋求高额利润后,它会对这一行为进行惩罚。在均衡点存在一个阈值,当超过这个阈值时市场趋向于完全垄断市场,小于这个阈值时市场趋向于完全竞争市场。低于这个阈值的部分就是安全的区域,高于这个区域的值应当引起反垄断当局的关注。如果厂商的市场势力折旧速度较高,那么这个阈值就应该比较宽泛,反垄断当局应该尽量少干预。k_t 的折旧速度 σ 对垄断厂商的行为也有影响,这是因为,当 σ 不同时,市场趋向于不同的市场结构①。

4.7 案例分析:中国航空运输业市场势力测度②

4.7.1 引言

2002 年 10 月,中国航空运输业进行了大规模兼并重组和公司制改造,形成目前航空运输业三大巨头、五家上市公司、众多小航空公司并存的寡头垄断市场格局③。航空运输业的这次兼并重组促进了中国航空运输业厂商规模在短期内迅速扩大,为发挥规模经济优势,增强国际竞争力,提高运营效率提供了重要契机。兼并重组以来,中国航空运输业市场集中程度急剧提高,运营业务发展迅速,初步显示出了兼并重组和市场改革的成效。但是,也应该看到,这次兼并重组并不是以“无形之手”引导有效竞争的结果,而是以“有形之手”安排近亲联姻的结果,带有较强的行政干预色彩。行政主导下的中国航空运输业兼并重组可能带来的直接后果是,在市场集中度迅速提高、市场势力显著增强的同时,行业内部的市场竞争程度下降,资源配置的效率降低。在中国经济高速发展、人民收入较快增长、航空运

① Kato, M.,“Transistorizes of Market Power and Antitrust Activity,” Working Paper, 2008.

② 马立伟同志参与本案例的数据收集和相关实证分析。

③ 三大航空公司为中国国际航空公司、中国南方航空公司和中国东方航空公司;三家中型上市航空公司为山东航空公司、海南航空公司和上海航空公司。2010 年,上海航空公司被中国东方航空公司控股收购,因而目前中国航空业内有 5 家上市公司。

输业需求弹性增加和需求量快速增长，以及国际航空公司加快进入中国市场和高铁投入使用使运输业竞争加剧的背景下，有必要对兼并重组后的中国航空运输业的市场势力和运营效率进行测度分析，准确把握航空运输业发展的真实状况，为制定航空运输业相关竞争政策提供决策参考。

由于数据的可得性和行业的特殊性，国内外学术界对航空运输业的研究不如电力、电信和铁路运输等行业那样充分。在有限的研究中，Bailge(1981)、Kanhn(1985)、Charles and Seabright(2001)等国外学者重点关注了航空运输业的规制改革，分析了放松规制、引入竞争是否能够提高行业运营效率和社会福利水平。曹建海(2002)、王志永(2006)、陈学云(2008)和杨永忠(2008)等中国学者主要关注了航空运输业内部的行政垄断、管制政策、市场结构、制度壁垒和深化改革等问题。他们认为，兼并重组前政府过度管制下中国航空运输业存在着产业规模偏小、进入壁垒偏高、成本结构刚性、低效率和低利润等问题，航空运输业应保持规制动态化，建立规模经济与市场竞争相兼容的市场结构。张孝梅和戚聿东(2010)分析了中国深化航空运输业改革的动因与初始条件，提出了航空运输业的改革路径。截至目前，还没有学者专门讨论中国航空运输业兼并重组后的市场势力、运营效率及其相互影响。在本案例中，我们将对中国航空运输业兼并重组改革后的市场势力和运营效率进行测度，分析市场势力与运营效率之间的关系，并将三大航空公司的市场势力和运营效率与其他中小型航空公司以及整个航空运输产业的平均效率进行对比分析，从而判断兼并重组改革对中国航空运输业所产生的影响，并提出促进中国航空运输业有效竞争的政策建议。

4.7.2　理论分析与测度方法

Bresnahan(1989)将市场势力(market power)界定为在不完全竞争市场中厂商价格高出边际成本的比率，即厂商使定价高于边际成本的能力①。一般而言，厂商可以通过两种渠道获得市场势力：一种是通过提高自身管理水平、在公平的市场竞争中不断增加投资和推动创新、提高厂商自身运营效率等方式赢取竞争优势从而获得市场势力；另一种渠道是通过兼并或收购等形式清除竞争对手、提高市场集中程度等方式获得市场势力。正是对享有一定市场势力(意味着获得一定利润的能力)的期望才驱

① 也有学者认为市场势力是指价格接近垄断价格的程度。从概念上看，这两个概念非常相似，从操作性看，前一个定义要求估计边际成本，后一个则要估计行业垄断价格。

使厂商采用效率更高的技术、改进产品质量或者引进新品种,增强竞争优势。市场势力和利润在某种程度上是对某些厂商比另一些厂商在管理上更加成功、在运营上更有效率的合理回报。因而,一定的市场势力的存在有助于促进有效竞争。厂商凭借自己的竞争优势而获得市场势力并实现"内部成长",也是企业做大做强的必经之路。但是,市场势力的滥用会造成市场价格高于边际成本,导致消费者福利损失,降低资源配置效率;同时,拥有市场势力的厂商也不一定会促进运营效率和动态效率的提高。尤其是当相关市场上的厂商数目减少较多时,需要反垄断当局具体分析厂商市场势力与运营效率之间的关系。2002 年的中国航空运输业的兼并重组是在面临激烈的国际市场竞争背景下由政府主导的,旨在实现航空运输业规模优势,提高国际竞争力的企业改革、改组和改造。由于中国航空运输业市场势力是通过政府主导下的兼并重组实现的,而不是经过市场优胜劣汰实现的,因而需要权衡这种行政干预下的兼并重组对市场绩效的影响。如果兼并重组实现了航空业的规模经济,提高了运营效率和服务水平,增强了国际竞争力,那么并购所导致的市场势力就具有一定的社会合意性。

市场势力一直是反垄断政策领域需要重点关注的核心概念。从产业组织理论的发展历程来看,主要有两种测度市场势力的方法。第一种是以贝恩(Bain,1951)为代表的结构主义学派提出的、以市场集中度作为市场势力替代指标的测度方法。贝恩通过经验研究证明了产业集中度与产业利润水平之间存在正相关关系,并将市场绩效作为拥有市场势力的证据。但是,芝加哥学派的德姆塞茨(Demsetz,1973,1974)认为,厂商拥有较高利润水平和较高市场份额是厂商具有更高的运营效率的结果,市场集中度指标不能准确反映厂商的市场势力。第二种是以霍尔(Hall,1986)为代表的新经验产业组织学派提出的、通过估算推测弹性来测度市场势力的方法。由于这种方法模型建立需要很多假设,并且受到数据的约束,实际上应用起来较为困难,并且测度效果不好。由此可见,以上两种方法在测算市场势力时都不同程度地存在一些局限性。同时,基于跨产业、多部门的间接推断市场势力的研究方法也受到谢泼德(Shepherd,2000)等人的批评,并被 Baker and Bresnahan(2006)描述为"跨产业所进行的不成功的努力"。因而,市场势力的经验性研究开始从跨产业和部门转向使用单个产业和时间序列的微观数据。这已成为产业经济学经验性研究的一个新趋势。基于以上原因,本文将根据 Bresnahan(1989)对市场势力的定义,采用行业微观数据,通过直接估计厂商的边际成本,计算勒纳指数来测算厂商市场势力的大小。勒纳指数又称为价格—成本边际,即

$$L = \frac{P - \mathrm{MC}}{P} \tag{4-7-1}$$

边际成本(MC)是指增加一单位产量时所需追加的成本,即边际成本可以近似地表示为 MC = 总成本的变化量 ÷ 产量的变化量。令 TC_t 为 t 时期的厂商生产成本,Q_t 为厂商 t 时期的产量,则:

$$\mathrm{MC} = \frac{\Delta \mathrm{TC}_t}{\Delta Q_t} = \frac{\mathrm{TC}_t - \mathrm{TC}_{t-1}}{Q_t - Q_{t-1}} \tag{4-7-2}$$

由于垄断可能导致高成本,所以在用勒纳指数估计厂商市场势力时可能出现因厂商存在无效生产成本而导致厂商 MC 很高、勒纳指数很低,从而造成市场势力很低的假象①。为了避免出现这一假象,在衡量厂商市场势力时可以考虑厂商行为对整个行业生产活动的影响能力。本研究使用厂商产出变化率与整个行业产出变化率的比值来代表厂商对整个行业的影响因子,并使用这一因子对传统的勒纳指数进行调整。这样,产业中第 i 个厂商 t 时期的市场势力可以调整后勒纳指数来表示,即

$$L_{ti} = \frac{P_{ti} - \mathrm{MC}_{ti}}{P_{ti}} \times \frac{\Delta q_{ti}/q_{ti}}{\Delta Q_t/Q_t} \tag{4-7-3}$$

由于中国航空运输兼并重组和系列改革不是一蹴而就的,而是一个循序渐进的过程。这期间伴随着航空公司自身的成长和发展,受外部经济环境和内部管理的影响,各年度成本变动可能存在较大差距,从而造成估计的市场势力过度波动。为了避免上述影响造成的差异,使结果更具有动态性和可比性,在计算边际成本和对行业影响因子时,我们以兼并重组完成后的 2003 年数据为基数对各年度数据进行调整,使用各年度数据与 2003 年的差为当年的数据(例如 2006 年的 TC_{2006} 为 2006 年航空公司生产成本与 2003 生产成本之差);价格为业务收入与产量之间的比值。为了比较整个航空运输业市场势力变动与效率变动情况,通过加权计算厂商 i 的市场势力和市场份额可以得到整个行业市场势力的估计值,即 $L = \sum M_i L_i$。

一般而言,生产单位的效率就是一个生产单位使用既定的投入量生产最大产出量之间的对比关系。本研究将运用数据包络分析方法(DEA)和 Malmquist 指数来测度航空公司的运营效率。目前中国航空运输业还处于发展的上升阶段,解决的主要问题为航空运输服务的供给不足,因而我们从产出角度来测算航空运输业的效率。本研究所使用的数据主要来自于

① 中国航空运输业的发展和改革一直带有行政垄断的色彩,并且存在产权无效激励和高昂的管理成本等问题,因而很容易出现这一假象。

各年度的《从统计看民航》和相应年份的航空运输业上市公司的财务报表。

4.7.3 实证测度与分析

我们使用上述方法对代表中国航空运输业市场势力的调整后勒纳指数进行了测度,具体结果见表 4-1 所示。从表 4-1 可以看出,2004—2010 年,三大航空公司的平均市场势力高于山东航空公司、海南航空公司以及整个航空运输业的平均水平,这说明三大航空公司已经拥有较强的市场势力;海南航空的市场势力一直高于行业平均水平,具有一定的市场势力;山东航空的市场势力较为弱小,在大多数年份低于行业平均水平。无论是从具体航空公司,还是从行业平均水平来看,航空运输业的市场势力总体上是趋于上升的,这说明了中国航空运输业的市场集中程度越来越高,寡头垄断的趋势逐渐加强。

表 4-1 中国航空运输业的市场势力(调整后勒纳指数)(2004—2010 年)

	2004 年	2005 年	2006 年	2007 年	2008 年	2009 年	2010 年
三大航空公司均值	0.187263	0.224468	0.537536	0.524018	0.748756	0.88756	0.834099
海南航空	0.124451	0.137747	0.399228	0.489955	0.547518	0.629362	0.636764
山东航空	0.112582	0.124561	0.145356	0.202458	0.369669	0.381949	0.528544
行业水平	0.162394	0.193668	0.413279	0.382922	0.544864	0.569475	0.683788

资料来源:作者根据《从统计看民航》和上市公司的财务报表以及航空运输业的统计数据计算而得。

为了比较航空公司规模因素、成本效率因素和管理因素对运营效率的影响,我们分别选取航空公司 2003—2010 年的固定资产净值、主营业务成本和管理费用等 3 个投入指标,以总周转量为产出指标,选择规模报酬不变的 CCR 模型,使用 DEAP2.1 软件求解 DEA 线性规划问题,计算了各航空公司的技术效率以及分解后的纯技术效率和规模效率(见表 4-2)。从表 4-2 可以看出以下几点。① 三大航空公司在目前的技术和管理水平下,技术效率、纯技术效率以及规模效率均处于较高水平,规模报酬不变。这说明在目前条件下中国航空运输业可以通过提高规模提升效率水平。兼并重组改革后三大航空公司的发展速度整体上高于同时期的其他航空公司以及整个行业平均水平,且呈现规模报酬不变的特点。② 海南航空与山东航空技术效率、纯技术效率以及规模效率处于较低状态(也称为无效状态),但规模报酬递增。海南航空与山东航空仍然存在效率提升空间,并且正处于规模报酬递增阶段,还可以通过扩大规模提高运营效率。③ 从整个行业水平来看,行业的技术效率和规模效率也处于低效率状态,并且规模报酬递减。这说明小型航空公司没有达到最低有效规模,运营效率仍处于较低水平。

表 4-2　航空公司技术效率、纯技术效率与规模效率

	crste	vrste	scale	规模报酬
三大航空公司均值	0.998	0.995	1.000	—
海南航空	0.831	0.868	0.957	irs
山东航空	0.891	0.852	0.891	irs
行业水平	0.934	0.916	0.934	drs

注:crste 为技术效率,vrste 为纯技术效率,scale 为规模效率;"—"表示规模报酬不变,drs 表示规模报酬递减,irs 表示规模报酬递增。

资料来源:作者根据《从统计看民航》和上市公司的财务报表以及航空运输业统计数据计算而得。

我们使用 DEAP2.1 软件对反映中国民航运输业全要素生产率变动状况的 Malmquist 指数进行了测算(见表 4-3)。从表 4-3 可以看出,改革重组之后的航空运输业整体上处于生产前沿面上,说明 2003 年以后中国航空运输业的运营效率得到提升,提高了资源配置效率和国际竞争力。三大航空公司的效率比其他航空公司效率高,山东航空和海南航空公司的效率也高于行业整体水平。这说明这五家上市公司的运营效率高于其他小规模航空公司。

表 4-3　航空运输业的 Malmquist 指数

	effch	techch	pech	sech	tfpch
三大航空公司均值	1.021	1.029	1.001	1.020	1.051
海南航空	1.026	1.023	1.020	1.006	1.049
山东航空	1.017	1.030	1.000	1.017	1.048
行业水平	1.003	1.025	1.000	1.003	1.028

注:effch 为综合技术效率变动,techch 为技术变动,pech 为纯技术效率变动,sech 为规模效率变动,tfpch 为全要素生产率变动。

资料来源:作者根据航空运输业统计数据计算而得。

综合以上分析可以看出,2002 年以后中国航空运输行业的市场势力呈现上升趋势,综合生产率处于生产前沿面上并不断提升。三大航空公司的市场势力、技术效率和综合运营效率高于同期其他航空公司和行业平均水平。直观地看,三大航空公司的运营效率与市场势力是同步提高的,给人的直觉是政府主导下的兼并重组提高了航空公司运营效率,航空公司通过提升效率获得了较高市场势力。对于由效率提高而导致的市场势力提升,我们无需指责,而且可以在竞争政策上继续支持航空公司扩大规模。但是,两者间的简单正相关关系并不足以说明效率提高是市场势力上升的原因,也并不足以说明市场势力提高所造成配置效率的损失与效率提高对社会福利的影响之间的关系,还需要进一步分析市场势力提高是不是效率上升的必然结果,进而发现市场势力提高的真正来源。

4.7.4 对市场势力与运营效率的进一步分析

"马歇尔冲突"既能够表明垄断与竞争之间的矛盾关系,也能够揭示效率与市场势力之间的逻辑联系。一般而言,运营效率的提高代表了厂商经营绩效的改善和竞争优势的增强,厂商能够通过发挥竞争优势提高市场势力;市场势力上升代表厂商垄断力量的增强,而垄断往往造成配置效率下降。在中国航空运输业内,航空公司之间的差异主要是由资产规模导致的,而产出增长率不同直接导致了航空公司间的效率差异。因此,航空公司的资产规模和产出增长率直接影响航空公司的市场势力和效率状况。为了检验中国航空运输业兼并重组和系列改革的效果,分析航空公司市场势力来源,我们分别以市场势力(L)和全要素生产率(TFP)作为因变量,以资产规模(TA)和产出增长率(GR)为自变量构建计量分析模型。具体来讲,我们试图辨析市场势力的变化趋势是否由资产规模的大小决定,以及航空公司市场势力与运营效率和资产规模之间的关系。这也能够从另一个角度解释中国航空运输业兼并重组改革所导致的行业集中度的提高是否是影响市场势力的原因。除此之外,还要分析航空运输业全要素生产率与航空公司资产规模和产出增长率之间的关系,把握航空运输业效率的提高与兼并重组改革的关系。根据以上分析,本研究构建以下模型解释市场势力、运营效率与资产规模和产出增长率之间的关系。

$$L_{it} = f(\mathrm{GR}_{it}\ln(\mathrm{TA}_{it})) \tag{4-7-4}$$

$$\frac{\mathrm{TFP}_{it}}{\mathrm{TFP}_{\max}} = f(\mathrm{GR}_{it}, \ln(\mathrm{TA}_{it})) \tag{4-7-5}$$

由于L_{it}和$\frac{\mathrm{TFP}_{it}}{\mathrm{TFP}_{max}}$都在0—1之间,所以可以运用Logsitic模型对(4-7-4)、(4-7-5)两个公式进行估计,可以得到:

$$\ln\left(\frac{\mathrm{logsitic}(L_{it})}{1-\mathrm{logsitic}(L_{it})}\right) = \beta_1\mathrm{GR}_{it} + \beta_2\ln(\mathrm{TA}_{it}) + \varepsilon_{it} \tag{4-7-6}$$

$$\ln\left(\frac{\text{logsitic}(\text{TFP}_{it}/\text{TFP}_{\max})}{1-\text{logsitic}(\text{TFP}_{it}/\text{TFP}_{\max})}\right)=\beta_3\text{GR}_{it}+\beta_4\ln(\text{TA}_{it})+\mu_{it}$$

(4-7-7)

(4-7-6)、(4-7-7)式中的 β_1、β_2、β_3、β_4 为估计的参数，ε_{it}、μ_{it}为误差项。我们采用 2003—2010 年的航空运输业的面板数据对上面两个模型进行了回归分析，具体结果见表 4-4 所示。

表 4-4　计量分析结果

	L_{it}		$\text{TFP}_{it}/\text{TFP}_{\max}$	
	系数	T 值(5%)	系数	T 值(5%)
β_1	-0.106	-0.982		
β_2	0.781	-8.36		
β_3			0.201	3.12
β_4			0.661	5.37
Adj. R^2	0.475		0.615	
F 统计值	33.263		24.341	

注：T 值与 F 值的置信区间为 5%；全要素生产率(TFP)为使用 DEAP2.1 软件测算的年度数据。

资料来源：作者根据相关统计数据计算而得。

从表 4-4 可以看出，中国航空运输业市场势力与产出增长率之间的关系不显著，而与资产规模关系显著，说明市场势力是由航空运输公司的资产规模大小决定的。全要素生产率与产出增长率和资产规模之间呈显著的正相关关系，说明航空运输业资产规模和产出增长率直接影响全要素生产率。因此航空运输厂商资产集中度提高和资产规模扩大导致了航空运输业市场势力的提高和航空运输业效率的提高。或者说，市场势力与运营效率的提高是资产规模扩大和资产集中度提高的结果。市场势力的大小与产出增长率之间关系不显著，说明在中国航空运输业效率的提高与市场势力提高之间没有必然联系，市场势力的上升并不是效率差异所导致的。中国航空运输业兼并重组改革促进了中国航空运输业资产规模的扩大、运营效率的提高和竞争力的增强，但与此同时也造成了市场势力的增强，而市场势力的增强影响了航空运输业配置效率的改善。

4.7.5　政策含义

2002 年中国航空运输业的兼并重组和系列改革扩大了航空公司规

模，在一定程度上提高了航空运输业的运营效率，增强了中国民航运输业的国际竞争力。兼并重组后的中国航空业的市场势力显著提升，但是市场势力的提升是资产规模上升的结果，而不是运营效率上升所导致的。因此，我们应该以谨慎的态度对待航空运输业的市场势力变化，在制定相关竞争政策时需要权衡运营效率提高和配置效率降低对社会福利可能产生的影响。

（1）航空运输业改革需要综合分析市场势力的动态变化，合理确定航空运输业兼并重组的范围和主体。目前中国的反垄断法中只用市场集中度这一个指标来衡量厂商市场势力大小，并没有详细界定市场势力来源和滥用市场势力的具体行为，也没有明确提出市场势力的测定方法以及市场势力可能对社会福利水平的作用机理。因此，在考虑垄断行业和寡头垄断行业内的兼并重组对行业发展的影响时，注重的是扩大规模、提高市场份额和增强竞争力，没有分析和判定对于配置效率和对社会福利的影响。在判定航空运输业市场势力和对行业发展的影响时，需要结合航空运输业的规模经济、规制政策、产权结构以及价格成本进行综合分析，不能为了规模效益和运营效率的提高，而忽视市场势力对厂商行为和社会福利的影响。在评估航空运输业市场势力对于配置效率和社会福利的影响时，需要考虑市场势力和规制政策对中国航空运输业价格成本的影响，并在此基础上界定兼并重组的范围和主体。

（2）航空运输业改革需要在发挥航空运输业规模效益的同时，将提高运营效率与放松规制和反垄断结合起来。传统的产业组织理论认为航空运输业属于自然垄断产业，垄断的市场结构更有利于提高规模效率和运营效率。但是，随着技术进步、经济发展和对自然垄断产业的认识不断加深，航空运输业的“自然垄断性”逐步降低，放松规制已成为当今世界航空运输业改革的总体趋势。英美等国自然垄断规制改革的实证研究也证明，引入竞争、实行民营化改革的能够提升自然垄断产业的运营效率。中国航空业的重组与改革需要在发挥规模效益、提高运营效率的基础上，正确处理垄断与规模、规制与竞争之间的关系，采用放松规制、引入竞争的方式推动改革、改组和改造，最终形成有序竞争的市场结构。

（3）降低进入退出壁垒，支持中小航空公司之间的兼并重组，构建公平竞争的市场环境。从上文的测算结果可以看出，航空运输行业整体效率低于五家规模较大的上市航空公司。这说明中国航空运输业中还存在很多运营效率不佳的中小航空公司，行业绩效还有很大的提升空间。为了发挥航空运输业规模经济效益，政府应该尽量避免使用行政手段进行直接干预,鼓励中小型航空公司按照市场规则进行兼并重组,在优势互补的基础上扩大规模,提高运营效率。在三大航空公司继续并购小型航空公司的评估审查中,需要进一步权衡并购造成的配置效率损失以及运营效率提高之间的关系,不能因为一味地扩大三大航空公司的规模而影响行业的公平竞争,进而降低整个行业的运营效率。

4.8　本章小结

为了评估和分析横向并购的竞争效应,首先需要分析并购前后市场势力的变化,尤其是并购后的市场势力。市场势力是指厂商将价格提升到高于其边际成本的能力,是一种控制价格或者排除竞争的力量。市场势力往往减少社会福利,或者说,当价格高于边际成本时,生产者剩余趋于增加,但不足以抵消定价太高所导致的消费者剩余减少,产生社会福利净损失。市场支配地位是一个与市场势力紧密相关的概念,是指在相关市场上某个企业或某些企业拥有一定程度的市场势力,并可以凭借这种力量支配或控制市场价格,进而影响市场竞争的一种状态。拥有市场支配地位的企业可能利用这种经济力量或支配地位来妨碍它的竞争者、客户以及最终消费者在相关市场上进行实质竞争。在判定某一厂商是否具有市场支配地位时,需要考虑三大因素,即相关市场范围、市场份额与市场的进入壁垒。

市场势力的测度需要关注两个相互关联的问题,一是测度所采用的模型,二是测度所采用的方法。我们将测度市场势力的模型分为三大类,即结构主义模型、新经验产业组织理论模型和时间序列模型。大部分测度市场势力的方法都是以勒纳指数为基础,结合价格弹性等方法发展起来的。总体而言,测度市场势力的方法分为两大类,一类是间接测度方法,包括直接采用结构类指标进行测度和使用价格成本差额进行测度。测度市场势力的结构类指标,包括市场份额、市场集中度、赫芬达尔指数、熵指数等。一旦相关市场被界定以后,计算这些评估市场势力的结构类指标能够描绘出该市场上各厂商相对竞争地位的初步景象。由于垄断情况下福利损失的根源是垄断者对产出的限制导致价格高于边际成本,这使我们可以通过计算价格高于边际成本的程度,即价格—成本差额来测量垄断者的市场势力程度。另一类是直接测度方法,较为常用的市场势力直接评估方法是基于估计剩余需求弹性的方法和 Logit 需求模型。一般而言,某厂商 i 的剩余需求弹性的估计值越小,就意味着价格上涨时越大比例的消费者会继续

从厂商 i 那里购买，而不是转向其他厂商或停止购买，这就说明厂商的市场势力越大。反之，剩余需求弹性的估计值越大，就意味着厂商的市场势力越小。另外，产业经济学家也常用托宾 q 值和潘扎—罗西统计量来衡量市场势力。随着经济学理论的发展、计量经济模型和工具的演化和分析技术的进步，测度市场势力的模型和方法将会不断完善。

第5章　横向并购的效率效应

5.1　效率的界定

虽然企业参与并购的动机很多,并且常常因为经济社会环境的不同而有所不同,但是反垄断专家将这些不同的动机归纳为两大类:一是效率动机,并购带来的效率能够改善并购企业的处境,降低成本;二是市场势力动机,企业通过并购可以减少相关市场上的竞争者数量,降低竞争压力,产生市场势力,甚至提高产品价格。在大部分情况下,并购是由这两类动机同时驱动的①。很明显,后一动机是反垄断当局所不允许的。因为产生市场势力可能损害市场竞争,提高价格会降低消费者福利。因此,几乎所有的并购企业在向反垄断当局申报并购时,都不会显露第二类动机,只会渲染第一类动机。正因为如此,并购评估审查中对企业的并购动机进行分析,尤其是对效率进行分析十分重要,它能够帮助反垄断当局辨别企业并购的真正动机。

对效率因素进行分析,首先需要明确何谓并购可能产生的效率及效率的具体来源。首先我们来对效率进行界定。效率是一个多维度的概念,在不同学科有不同的内涵和外延。在实际生活中,效率是指单位时间完成的工作量,或劳动的效果与劳动量的比率。比如劳动生产率通常用单位时间内所生产的产品数量(或产值),或用单位产品生产所耗费的劳动时间来计算。一般情况下,单位时间内生产的产品数量越多,单位产品所包含的劳动量越少,劳动生产率就越高,即劳动效率越高;反之,劳动效率则越低。在经济学中,效率与资源配置问题相关,通常指经济效率,即以最低的成本

---

①　克伍卡和怀特(2007)将企业参与并购的原因归纳为七种:利用规模经济或范围经济产生协同效应,从而降低成本,增强竞争优势;提高市场占有率,获得垄断力量,从而控制价格,获取超额利润;通过购买一个现存企业的方式而不是通过购买资产或重头建设的方式进入一个新市场;创制一个内部资本市场,互抵经营中的风险,或者通过内部融资降低成本;利用税法把联合税单减少到超过并购交易成本;多元化经营,分散风险;经理人自利动机,例如经理人通过并购将企业规模做大从而追求更高的工资、地位、津贴等。

使用资源来生产消费者估价最高的众多商品和服务。效率是以帕累托最优原理(Pareto superiority principle)为基准进行界定的,因而经济效率可以作为比较市场运行实际效果的一个标准①。在本书中,效率是指配置效率、生产效率或动态效率所导致的成本节约②。配置效率指的是这样一种状态,即所有的商品和服务根据消费者愿意支付的价格在消费者之间进行配置,价格从不超过生产该商品或服务的边际成本。配置效率是在完全竞争的条件下获得的,在这一条件下,任何一个给定的生产商都无法通过降低产量来影响价格,因而降低产量是无利可图的。与此相反,配置非效率是指企业通过行使市场势力,降低产量,影响价格,从而使价格高于边际成本的一种资源配置状态③。生产效率是指商品和服务能够以最低成本生产或提供,通过投入品最有效率的结合实现产量最大化,这意味着以尽可能少的社会资源生产尽可能多的社会财富④。动态效率是当生产者持续进行创新或开发新产品以吸引消费者或者扩大市场份额时所获得的成本节约。市场竞争被认为是通过提高配置效率和生产效率以及鼓励创新而获得经济效率。经济效率的三个组成部分之间并不是完全相互一致的,在并购评估审查中,三者之间可能出现相互冲突的情况。例如,并购可能通过实现规模经济或范围经济而提高生产效率,但是也可能因为市场势力上升而使得并购企业有能力制定高于边际成本的价格,降低配置效率。

5.2　效率的来源与分类

一起并购只有在能够带来成本节约或者产生其他形式的效率时,才有可能增进消费者福利或者社会总福利。并购带来的效率可以通过不同的途径产生,对并购可能产生的效率进行分类有利于清晰而又系统地理解并购对于消费者剩余和社会总福利水平产生的影响。我们可以根据不同的标准对并购可能带来的效率进行分类,并分析其来源。

---

① 马吉尔、瓦迪亚巴斯主编:《经济学百科全书》(中文版),吴易风等翻译,中国人民大学出版社,2009,第449—451页。

② 通常情况下,经济学家们认为经济效率包括这三个部分。参见 Bergh, R., and P. Camesasca, *European Competition Law and Economics*, Intersentia, 2001, pp. 5—6.

③ Bishop, S., and D. Walker, *The Economics of EC Competition Law: Concepts, Application and Measurement*, 2nd ed., Sweet & Maxwell, 2002, pp. 20—21.

④ Whish, R., *Competition Law*, Oxford University Press, Butterworth, 4th Ed., 2001, p. 3.

5.2.1　生产函数分类法

根据生产函数的概念，可以将并购可能带来的效率分为五种①：

1. 生产的合理化

生产的合理化主要是指，在没有提高联合技术能力的情况下，通过生产过程的跨企业重新调整和重新布局所带来的成本节约。也就是说，并购企业的生产可能性前沿没有变化，只是将产量在具有不同效率的工厂之间进行转移（从效率低的工厂转移到效率高的工厂）和再分配从而实现成本节约，它意味着现有生产能力的更好利用。参与并购的不同企业之间的合理分工、优势互补也可以降低生产成本，实现效率提升。因此，生产合理化意味着在生产层次上的跨工厂（车间）的资源最优配置。例如，参与并购的某家企业在人力资源管理和培训方面具有十分成功的经验，而另一家企业在生产方面（例如生产设备、厂房等）具有明显优势，并购后的优势互补和产量重新分配将提高生产效率。

并购前，参与并购的不同企业由于物质资本、专利、竞争优势以及产量的差异而导致生产边际成本具有差异。并购后，新企业成为多工厂企业，能够通过在具有不同边际成本的工厂之间的产量再分配，将产量从高边际成本工厂转移到低边际成本工厂，实现成本节约。当所有工厂的边际成本相等时，产量的再分配过程也就完成了。这样，由于初始边际成本的差异，不同的工厂生产不同产量的产品，以实现最终边际成本相等。极端的情况是，某一企业的边际成本是如此之低，以至于并购后的所有产量都转移至这家企业，以实现生产的最优再配置。此时，并购后企业将关闭其他低效率的工厂，以节约维持这些工厂运营的固定成本。

图 5-1 表示了生产合理化导致的边际成本下降对于消费者福利和社会总福利的影响，这里假定成本下降能够以价格降低的形式传递给消费者。在图 5-1 中，边际成本从 MC 下降到 MC′，价格从 P 下降到 P'。成本下降导致的消费者剩余增加为三角形 A 加上梯形 C，生产合理化导致的生产者利润变化为三角形 B 减去梯形 C；利润的上升来自于成本下降和产量增加，利润的下降来自于价格的下降。因此，总福利的增加为三角形 A 与三角形 B 之和，梯形 C 表示了福利从生产者向消费者的转移。因此，在成

① 这五种效率大多都来自于生产过程中的成本节约，下文中我们称这五种形式的成本节约为生产过程中的五种成本节约，也有经济学家称这五种成本节约为生产效率。参见 Scherer, F., and D. Ross, *Industrial Market Structure and Economic Performance*, 3rd ed., Boston: Houghton Mifflin, 1991.

本下降能够以价格降低的形式传递给消费者的情况下,生产合理化能够增加消费者剩余和社会总福利水平,具有“社会合意性”。

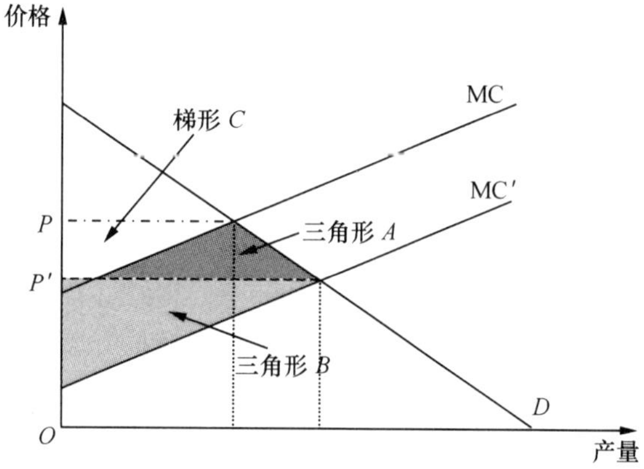

图 5-1　生产合理化导致的边际成本下降对于消费者福利和社会总福利的影响

2. 规模经济

规模经济主要是指并购后总产量的提高而引起的平均成本降低,当涉及多产品企业的并购时可能出现范围经济性①。规模经济性常常成为效率抗辩的主要证据之一,评估这一证据的有效性时需要考虑规模经济的来源及其能否实现。规模经济拓展了企业的联合生产能力,可能使企业的生产可能性前沿曲线向外移动。规模经济可以分为短期规模经济和长期规模经济。

(1) 短期规模经济。潜在的短期规模经济来自于两个方面。一是通过并购减少或消除企业内部不可分割任务所耗费的固定成本。所谓的不可分割任务是指不论企业规模大小,由于技术的不可分割性,为了保证企业能够正常运营,所必须维持的最低规模的投入耗费,包括维持日常经营的管理和支持费用,最低规模的市场营销费用,人事服务费用等。这些不可分割任务所涉及的成本并不随着产量的提高而上升,属于固定成本范畴。并购前,所有的企业都必须投入这些固定费用。并购后,可以节省部分这些不可分割任务所涉及的固定成本而实现规模经济。二是通过跨工厂(车间)的生产的重新配置来实现规模经济,也就是通过实现资源配置的合理化节约生产成本。之所以将这类成本节约归入短期规模经济,而不

① 规模经济和范围经济都可以成本函数的形式进行表示,规模经济性可表示为 $\frac{\mathrm{d}AC(q)}{\mathrm{d}q}<0$,或者 $MC(q)<AC(q)$;范围经济性可表示为 $C(q_1,q_2)<C(q_1,0)+C(0,q_2)$。

是生产的合理化,是因为并购企业在边际成本曲线向下倾斜的区间内生产,随着产量的上升,短期边际成本下降(Shapiro and Farrell,1990)。Scherer and Ross(1991)将并购可能导致的规模经济分为四种类型:① 资本筹集的规模经济性[①];② 工厂层次的规模经济性;③ 产品层次的规模经济性;④ 市场营销的规模经济性。

(2) 长期规模经济。当某一企业的投入增加一倍,而产量的增加超过一倍时,我们称该企业实现了长期规模经济。产品层次的规模报酬与单个产品总产量的变化相关,工厂层次的规模报酬与该工厂内全部产品的总产量的变化相关,企业层次的规模报酬与该企业内管理多工厂而实现的经济性相关。实现长期规模经济的原因有:首先,当一家企业的产量较小时,它往往倾向于减少投入而使用较为低级的技术,因而边际成本较高。当企业产量上升时,增加在生产技术方面的投入是具有经济性的,这将导致边际成本下降;其次,长期规模经济可以通过生产专业化来实现,当每个工人将精力和努力专注于特定工艺和任务时能够提高效率。同样道理,使用大型机械设备生产的单位产品的平均能源消耗可能小于小型机械设备;并且根据某些物理规律,生产大型设备时,随着容积的上升,单位容积所耗费的材料是下降的。通过并购实现长期规模经济,需要并购企业之间在物质资本投资上进行合作,实现资产的融合和一体化[②]。在长期内,并购企业通过在未来投资决策上的一体化来创建新企业的成本和风险相对较低。企业现有资本的折旧和旧工厂的更新都需要未来投资,并且随着市场规模的扩大,新的投资机会将不断涌现。企业研发活动、市场营销活动也可以实现长期规模经济,并购后的单一品牌在广告费用方面也可以实现节约,销售努力和分销网络的并购可以节约销售成本(Kitching,1967)。

参与并购的企业生产差异化产品时也可以实现规模经济(Scherer *et al.*,1975;Panzar,1989)。并购前,同一个企业拥有生产不同产品的生产线;并购后,并购企业可以将生产相同产品的生产线集中到同一个工厂(企业),可以实现生产的专业化,减少转移生产的时间,实现流程经济性。当然,生产差异化产品的企业之间的并购可能导致产品多样性的减少,从而影响消费者消费选择的多样性。这一因素在并购评估审查过程中也需要考虑。

---

① 当一家大型企业并购一家小企业时,可能产生资本筹集的规模经济性,因为并购后小企业可以获得大企业的资本成本较低的好处。但是,如果并购产生商业风险,那么这种资本筹集的规模经济性会被抵消。如果并购带来的商业风险很高,那么并购后的资本筹集成本可能上升。

② 短期内,由于工厂已经建立,重建的成本较高,可以通过重新配置资本实现规模经济,所以短期规模经济的获取不需要对资产进行重构。

（3）范围经济性。并购也可能产生范围经济，范围经济的来源包括以下几种。① 联合生产。多产品生产需要相同的投入品或者互为投入品，并购后能够形成纵向产业链，上游生产与下游生产形成循环经济，产生成本节约。② 不可分割性。由于一些产品或任务具有不可分性，单一产品生产规模扩大时，由人力劳动控制的流水线生产会更加经济。由机器人和电脑控制的机械生产线会使小批量生产也能够保持低成本。机器人生产线能够使单一产品的类型多样化，从而可以充分利用与自动化相联系的经济性。③ 网络经济性。典型的例子是航空业，大飞机上一个座位的成本低于小飞机，这就使得航空公司有动机通过提供与一站式服务相关的网络式安排来组织航空服务。具有不同目的地的旅客登上一架更大的飞机，来自不同城市的飞机在大约相同的时间停泊在中心机场，旅客重新组合，使得每架大客机可以继续尽可能多地载客航行（Bailey and Friedlaender，1982）。④ 知识分享。当不同产品需要相同的知识、技术和工艺时，多产品企业可能比单一企业更具有成本效率（Teece，1980）。

3. 技术进步

技术进步主要是指，并购后不同企业的集成创新、知识和生产工艺的扩散，由于预期创新收益增加从而增强创新动机，加大研发创新投入，加快新产品研发等。技术进步包括生产过程创新和产品创新两个方面，生产过程创新（也称为工艺创新）可以使既有产品的生产成本下降，产品创新可以提高既有产品的质量和附加价值，两种创新都可以使生产可能性前沿外移（Tirole，1988）。

由于在专利、经验、管理和组织结构等方面的差异，不同的企业具有不同的技术和管理能力。企业之间的并购可能使技术诀窍在参与并购的不同企业之间外溢扩散，从而使并购企业的不同工厂向其生产可能性前沿接近，也可以说并购前生产效率较低的企业的生产可能性前沿曲线在并购后向外拓展（见图5-2）。① 技术的单向扩散。当一家并购企业在技术和工艺等各方面都具有优势时，并购可以使其他企业向其模仿和学习，接受相对高级的技术和工艺。举例来说，管理较差的企业可以向先进企业学习，好的管理方法可以取代差的管理方法。由于先进企业并没有向其他相对落后的企业学习，因而这种技术和工艺的扩散是单向的。② 技术的双向扩散。在这种情况下，并购企业各有所长，拥有相互补充的技能或资产，双向扩散就成为可能。并购后企业之间相互学习，提高技术水平和管理能力。举例来说，并购企业可能拥有相互补充的专利技术，并购后共同使用可以改进生产工艺，提高生产技术和产品质量。同样道理，在管理方面，不同企业管理经验和管理特长可以相互补充,取长补短。假设有一家技术密集型的新企业刚刚开发出一件具有竞争优势的高新技术产品,但是由于缺乏市场营销经验和市场分销渠道而不能将产品推向市场。如果该企业与一家较为成熟的、拥有市场认可品牌和固定分销网络的同行企业并购,可以及时将该新产品推向市场,实现经济效益。技术的双向扩散也可以通过"干中学"(learning by doing)得以实现,并购企业通过"干中学"和"干中学"的外溢,可以降低企业的平均成本,实现"动态规模经济"(见图 5-3)①。

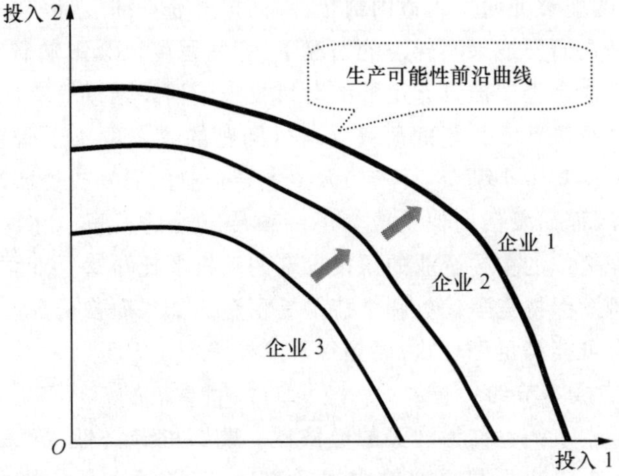

图 5-2　生产可能性前沿的变化

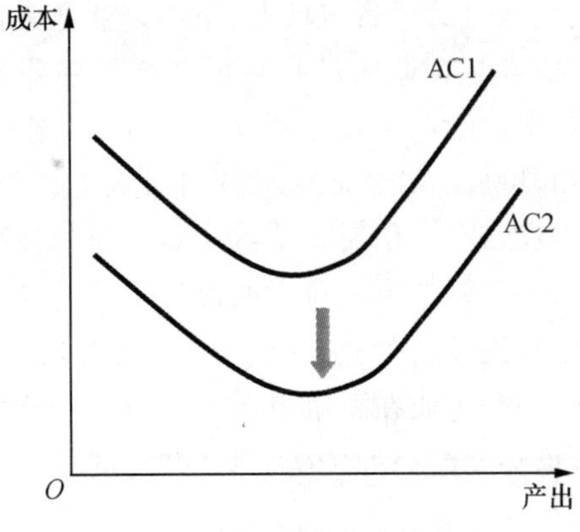

图 5-3　"干中学"的成本效应

① 一些经济学家将这一效率归入并购带来的动态效率。

并购能够对企业的研发激励产生影响,通过联合研发活动促进技术进步是很多企业参与并购的主要动机之一。生产过程或工艺上的创新能够降低成本,产品质量提升和新产品的开发能够提升企业的市场竞争力,因此并购后的联合投资和研发活动能够产生明显的规模经济。进而言之,并购还能够改变研发激励。企业的研发活动往往受到竞争对手的影响,研发决策带有一定的策略性。同时,研发活动带有一定的非专有性,模仿和研发成果的信息外露,使得过度竞争市场上企业的研发动机下降。从这个意义上说,并购能够使研发收益内部化,从而提升企业研发动机,增强研发激励。即使是在研发成果不外溢的情况下,竞争程度也会影响研发动机。在大型主导企业是否仍然具有足够的动机投资于研发活动这一问题上,产业经济学家已经进行了大量的研究。这一问题的答案取决于研发的预期收益的大小。相对于小型企业而言,大型主导企业的研发投资所涉及的风险要小一些,因而研发活动似乎成为了一项传统性的投资。在这种情况下,居市场支配地位的主导企业的研发投资的动机要比小型企业强烈,因为它需要通过研发保持竞争优势和维持垄断租金。如果研发的风险很高,那么主导企业有可能满足于现状,而导致研发投资不足①。

4. 要素成本节约

要素成本节约也称为购买的经济性。购买的经济性主要是指并购企业可能利用自身市场势力影响中间品市场,获取投入品价格的谈判优势(bargaining power),压低投入品价格,降低成本,从而降低产品价格,有利于消费者。在不完全竞争的要素市场上,中小企业通常需要以高于边际成本的价格购买生产要素。企业通过并购可以增强在要素市场上的讨价还价能力,向上游的要素供给厂商施加更多的压力,以迫使他们降低要素价格,以获得数量折扣。例如,并购企业在签订较大的广告合同时,可以获得广告费用的折扣。当然,在评估对要素供应商的讨价还价能力是否能够提高社会福利效果时,还需要考虑供应方的市场力量。如果要素供应商的市场势力很小,那么这种提升讨价还价能力的并购会对社会福利造成损害。反之,如果通过并购提升企业在要素市场上的讨价还价能力是对要素市场上供应商较强的市场势力的一种抗衡,那么并购的私人福利与社会福利就

---

① 关于垄断市场和大型企业是否有利于技术创新,学术界存在较大争论。熊彼特提出了所谓的"熊彼特假说",认为垄断的市场结构能够增加创新的预期收益,并且能够减少技术外溢,大型企业具有更强的承担风险的能力和雄厚的资金,这些条件都有利于技术创新。具体的争论情况,请参考余东华:《双重转型下的中国产业组织优化研究》,经济管理出版社,2008年,第11—15页。

是一致的(Galbraith,1952)。值得注意的是,在某些情况下即使并购不能提高企业在要素市场上的讨价还价能力,并购企业也能够获得要素价格的折扣。举例来说,如果要素市场上供应商实行两部价格制,即一个固定价格加上每单位产品价格(或者某种形式的非线性定价)①,那么企业通过并购可以成为大宗高端用户,从而以更大的购买量分摊固定成本而使平均成本下降。另外,并购可能降低资本的使用成本。由于信息的非对称性、预期还款率的差异等原因,资本市场的功能是非完全的,企业很难总是以竞争性的利率获得资本。中小企业和正处成长期的企业,往往面临着偏紧的流动性约束;而大企业常常与外部资本市场有着较好的业务合作关系,一些衰退行业的大企业甚至会出现流动性过剩。如果中小企业通过并购加入大企业或内部业务扩展空间较小的企业,将会获得新的筹资机会,并降低筹资成本。

5. 管理改进与 X-非效率的下降

上市公司的所有权和经营权的分离会导致所有者和经营者之间的信息不对称问题,从而使得企业经营管理人员不再以企业利润最大化为目标,这种管理松弛和管理失效会导致内部非效率,也称为 X-非效率(Leibenstein,1966)。虽然大型企业往往通过利润分享计划、股票期权计划等给予经营层实现利润最大化目标的激励,但是由于经营者希望实现个人抱负(获得更大的权力、成为更大的公司或成长型公司的领导者等)、不愿更改既定战略、不愿承认个人的错误、阻止裁减富余人员等原因,经营者往往偏离所有者目标,甚至与所有者目标产生冲突,出现所谓的"委托—代理问题"②。股票所有者只能通过公司董事会影响或控制管理者的决策,但是由于信息不对称性和收集信息的成本较高,董事会影响管理层决策的能力是有限的。企业内部效率受管理技术和管理经验的影响,也受到与并购相关的其他因素的影响,比如说,并购本身就是资本市场对管理层进行约束的一种重要力量,也是产品市场对管理层进行约束的一种重要力量。同时,并购能够提升对不同的参与并购的企业之间进行相对绩效评估的可能性,绩效相对较好的企业的经营者在并购后可能继续保留管理者地位。这些例子都说明并购有利于减少管理松弛。

---

① 由于无论购买量的大小,都必须支付等额的固定价格,这种定价机制实质上是一种在高端用户和低端用户之间的价格歧视,购买量较大的高端用户购买要素的实际价格要低于购买量较小的低端用户。

② Manne, H., "Mergers and the Market for Control", *The Journal of Political Economy*, 1965, 73(2): 110—120.

（1）并购、管理松弛与公司控制权市场。管理松弛导致企业价值低估和股票价格下降，这将诱导其他公司购买、重组或者兼并该企业，迫使该企业重新回到利润最大化的轨道。Marris（1964）和Manne（1965）认为，不需要考虑股票持有者和经营者之间的信息不对称问题，只要存在公司控制权市场上的接管威胁，就可以约束现有管理层的管理松弛行为。也就是说，公司接管的威胁可以成为公司管理层的约束工具。然而，管理者并不是在接管以后立即受到惩罚，相反，有时他们甚至能够获得数额较大的补偿，也称为管理层的“金色降落伞”①。这种惩罚的大小主要取决于既有管理租金的丧失，包括管理层的特权、在职消费（例如，私人飞机、超大的办公室、巨额的职务补贴等）②。假定对管理松弛的经营者存在足够高的、充分的惩罚威胁，一个运行良好的公司控制权市场能够保证管理的非效率难以持久。然而，公司接管对于管理松弛的约束力受到以下几种因素的制约。首先，对管理层的约束存在搭便车问题。接管者方需要花费成本收集被接管公司管理非效率的信息，只有当被接管公司的在被接管时的股票价格低于接管后的股票价格时，接管方才能够获利。这样，每一个现有的被接管公司的股票持有者都不愿意卖出股票，以等待被接管后的股票价格上涨（Grossman and Hart，1980）。解决搭便车问题的一种方法是对股权进行稀释摊薄，即允许接管方（大股东）将被接管公司的一部分股权以不利于小股东的条款转卖给该接管公司所有的另一家企业。其次，被接管企业的现有管理层可能采取行动对接管标的（take-over bid）产生影响。例如，有时候被接管企业的现有管理层可能实施“毒药丸计划”作为反接管的手段③。因而，Scherer（1980）质疑接管对于管理层的约束力，他认为由于接管的成本高昂，因而只能在管理非效率十分严重的情况下采用。公司控制权市场的接管威胁对于管理层的约束力理论还存在一个问题，那就是这一理论很难进行实证检验。这是因为约束威胁很难量化测度，实际接管案例的研究不能提供这一方面的信息。接管威胁对管理层的约束理论在设计并购控制机制和政策方面具有潜在的重要作用，然而截至目前，国内外学术界还没有展开这一方面的研究。从以上分析我们可以推断，如果竞争政策使得

① “金色降落伞”是指目标公司为高层管理者制定的特殊制度，如果目标公司被并购，管理者将得到数量可观的一笔钱作为离职的补偿。

② Scharfstein, D., “The Disciplinary Role of Takeover”, *Review of Economic Studies*, 1988, 55(2):185—199.

③ 公司接管中的“毒药丸计划”是指给并购行为设置高价格障碍的各种手段，最常见的是目标公司给股东的一种分红权，规定公司一旦被接管或吞并，公司就要向所有股东派发一定金额的红利。或者规定一旦并购发生，该公司就赋予本公司现有股东购买优先股的权利。

接管变得更加困难,那么将降低接管威胁的约束力。假定对某一家企业 A 的最熟悉的市场竞争者 B,由于最有可能拥有企业 A 的管理非效率的信息,因而形成了对企业 A 最有效的接管威胁。企业 B 希望并购企业 A,但是如果不允许效率抗辩,那么企业 B 就不能实施并购,这种接管威胁的约束也就不存在,企业 A 的管理问题会一直存在下去。作为一种折中,有人可能建议临时允许企业 B 接管企业 A,在改进企业 A 的现有管理水平,消除管理松弛后,企业 B 应尽快将企业 A 售出,推向市场。这种折中方案的问题在于,接管者在认识到自己的接管行为是在培养一个较强大的竞争对手后,就不会在一开始实施接管行为,如果企业 A 也认识到了这一点,接管威胁的约束力仍然不存在。

(2) 产品市场竞争与企业内部效率。当产品市场上的竞争程度较低时,管理层和企业雇员付出的努力较低,产品成本较高。这种较低的努力程度和较高的产品成本会对社会福利水平产生损害。经济学家和政策制定者在这一点上意见一致,因而放松规制、保护自由贸易等促进竞争的政策相继出台。关于产品市场竞争不足对于管理层和雇员影响的实证研究结果比较零碎,但研究结论的方向是相同的:市场竞争压力较大时,X-非效率较低;企业能够独享市场封闭市场时,X-非效率往往较高;X-非效率与资源配置不当一样,都能够导致社会福利损失,并且二者所导致的社会福利损失的大小相当(Scherer and Ross,1990)。实证研究表明,如果存在破产风险,并且破产企业在挽回所有未投资的企业基金后不给予管理者任何额外补偿,那么管理者将付出更大的努力,降低企业破产风险。这时候,产品市场竞争程度的变化会影响企业破产的风险,同时也会影响管理者的努力程度(Grossman and Hart,1980)。产品市场竞争程度的上升将对管理层激励产生两个方面的影响:一是它将提高企业停业清算的可能性,这种风险将提高企业管理层的努力程度;二是它将减少企业利润,这将降低管理层付出高努力水平的吸引力(Schmidt,1997)。企业的有限责任可以成为约束企业内部效率的工具,并且产品市场竞争越激烈,这种约束力就越强。然而,即使促进竞争的政策降低 X-非效率,社会福利所得也可能低于风险的低效配置导致的福利损失。Hermalin(1992)认为,在签订聘用合同的谈判中,管理者通常具有较大的能力讨价还价,能够分得较大块的"蛋糕"。如果管理者的努力程度不变,产品市场竞争程度的上升将使委托者和代理者分割的"蛋糕"变小,因而自然减少了管理者的财富。为了保证自身财富不减少,管理者面对竞争程度的上升将付出更多的努力。因而,如果"懈怠”是一种正常品，那么竞争程度上升将减少“懈怠”①。一般而言，产品市场竞争能够增进企业管理层的努力程度，减少管理松弛和 X-非效率。因此，从这一点上来看，企业并购能够通过产品市场竞争程度的变化影响管理者努力程度。

5.2.2 第二种分类方法

第二种分类方法主要应用于并购分析的特定环境下，效率来自于成本节约。将成本节约分为再分配所带来的成本节约和真实成本节约。前者主要体现在财务上，例如并购后的税收下降，部分投入要素的购买经济性。即并购企业利用自身市场势力影响要素市场，获取投入品价格的谈判优势，压低投入品价格。该现象属于通过财富再分配所获得的成本节约，整个社会的财富总量并没有增加。后者主要是指在经济活动中节约了生产资源而导致的成本下降，规模经济、技术进步、管理松弛的减少和部分要素购买经济性的提高 ，属于真实的成本节约。真实的成本节约以更少的资源生产了等量的社会财富，或者以等量的资源生产了更多的社会财富，因而真实的成本节约创造了社会财富。这种分类方法比较重要，这是因为在并购评估审查的效率抗辩中，反垄断当局往往只考虑真实的成本节约所带来的效率。

5.2.3 第三种分类方法

第三种分类方法也是应用于并购分析的特定环境下，将成本节约分为固定成本节约和可变成本节约。这种方法的重要性体现在，当效率是来自于可变成本的节约，而不是固定成本的节约时，这种效率不仅能够增加并购企业的利润，而且能够增进消费者福利。换句话说，可变成本节约能够以降低价格的形式传递给消费者，而固定成本节约往往只转化为生产者利润。固定成本节约可能来自于规模经济性、技术进步和要素购买经济性，可变成本节约可能来自于上文所讨论的生产成本节约的五种形式。

5.2.4 第四种分类方法

第四种分类方法将效率分为产业层次的效率和企业层次的效率两种。产业层次的效率主要来自于这种成本节约：通过生产过程的再分配，生产

---

① Hermalin, B., "The Effects of Competition on Executive Behavior", *Land Journal of Economics*, 1990, 23(3): 350—365.

从并购企业转移到其竞争对手而导致整个产业的生产成本下降。生产过程中的五种成本节约都可能发生在企业层次和产业层次。

5.2.5　第五种分类方法

第五种分类方法将效率分为相关市场上的效率和其他市场上的效率。在并购评估审查的效率抗辩中,一般只考虑相关市场上的效率。

5.2.6　其他分类方法

根据效率来源与效率特征,还可以将效率分为生产效率与分配效率,静态效率与动态效率,交易效率与管理效率,供给方效率与需求方效率,等等①。由于在后文中要提到需求方效率和动态效率,所以在这里我们简单分析一下这两种类型的效率。

1. 需求方效率

所谓的需求方效率是指由于市场需求扩大而带来的福利增加②。在一些情况下,并购能够扩大市场需求:① 并购可以使得并购企业开展联合研发、联合使用知识产权等,从而能够开发出新产品,或者改进已有产品质量,实现产品创新③;② 并购还能够通过联合使用并购企业的分销网络帮助已有产品进入新市场,或者为新产品开拓市场;③ 并购能够通过提高"一站式"服务(one-stop shopping)机会增加已有产品的消费者价值;④ 在网络型产业中,并购能够将已有网络联合成一个更大的网络,产生消费的规模经济与范围经济(网络外部性),从而增加消费者福利。图 5-4 表示了改进产品的商业推广给消费者剩余带来的正向影响。

在图 5-4 中,新产品或改进产品的引入使市场需求曲线由 D 外移到 D',这反映了改进产品市场需求的增加。在竞争性市场上,供给曲线由边际成本曲线 MC 表示,需求曲线的移动使价格由 P 上升到 P'。需求方效率对于消费者的影响为梯形 A(改进产品的需求曲线与原需求曲线之间的差额部分)减去梯形 B(价格上升导致的消费者剩余减少)。需求方效率对于

---

① 在本书中,我们主要应用第一种分类方法。关于将效率分为生产效率与分配效率,静态效率与动态效率,交易效率与管理效率的分类方法的详细讨论,请参考 Kolasky, W., and A. Dick, "The Merger Guidelines and the Integration of Efficiencies in to Antitrust Review of Horizontal Mergers", US Department of Justice, Celebration of the 20th Anniversary of the Guidelines, June 10th 2002.

② Evans, D., and A. Padilla, "Demand-Side Efficiencies in Merger Control", *World Competition*, 2003, 26: 167.

③ Lerner, J., and J. Tirole, "Effcient Patent Pools", *American Economic Review*, 2004, 94: 691.

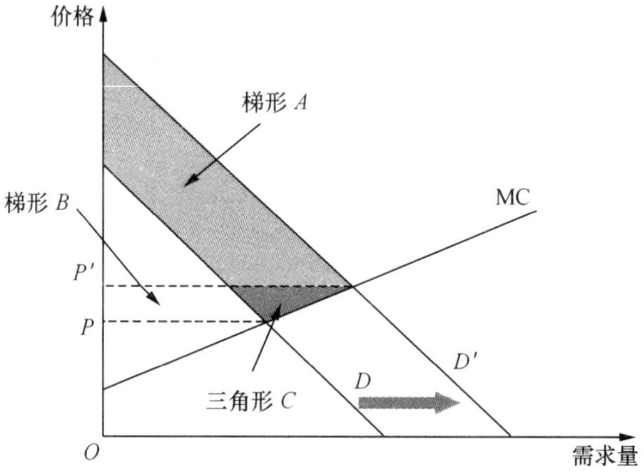

图 5-4 需求方效率对于消费者剩余和社会总剩余的影响

社会总福利的影响为梯形 A 与三角形 C 之和,它等于消费者福利的变化(梯形 A 减去梯形 B)加上生产者剩余的增加(梯形 B 加上三角形 C)。需求方效率对于消费者福利的净影响,取决于需求增加幅度与价格上升幅度的大小,需求增加越多,价格上升越小,消费者剩余增加就越多。消费者剩余减少的那一块面积(梯形 B)转移给了生产者,因此需求方效率总是能够增加社会总福利。

2. 动态效率

通常情况下,经济学家们将效率分为三种类型,生产效率、配置效率(二者合称为静态效率)和动态效率①。动态效率也叫创新效率,主要是指由技术创新和进步所带来的成本节约或收益增加,包括新产品的引入、已有产品的质量改进和应用新工艺而导致的单位成本下降等②。在并购可能产生的效率中,动态效率可能是潜在的、最可观的、与并购相关的经济性,也被认为是最难以评估的效率,因而往往被反垄断当局忽略。与并购相关的动态效率种类较多,常常被提到的有:互补的研发资源通过横向一体化所产生的规模经济性;减少重复研发活动所节约的资源;知识产权的联合开发与应用;昂贵的研发活动所需的更大规模和更稳定的资金来源(这些研发活动在并购前单个企业难以独自完成);具有不确定性的研发活动的经济风险的降低;更快速度的产品创新以及产品与服务的质量改

① Kolasky, W., and A. Dick, "The Merger Guidelines and the Integration of Efficiencies into Antitrust Review of Horizontal Mergers", *Antitrust Law Journal*, 2003, 71(3): 207—242.

② Brodley, J., "The Economic Goals of Antitrust: Efficiency, Consumer Welfare and Technological Progress", *New York University Law Review*, 1987(62): 1020—1033.

进;由于规模经济的存在,产品或工艺创新的更高回报;等等①。在长期内,动态效率可能明显增进消费者福利,但是在司法实践中,由于反垄断当局对动态效率持怀疑态度②,其所起的作用很有限。

实证测度动态效率的困难很多,主要包括以下几点。① 相对于静态效率而言,以技术进步为主要内容的动态效率难以客观地预测、分析、测度和证实,"威廉姆森替换"框架也很难直接应用于分析动态效率。动态效率在时间和程度上具有很大程度的不确定性,研发创新活动本身就具有很高的风险,因而在并购分析中客观测度动态效率具有更大的障碍③。② 信息与取证问题。动态效率通常具有较为复杂的性质,对动态效率的评估需要大量信息,而这些信息无论是对并购企业而言,还是对反垄断当局而言,都较难获得。这些信息要么不存在(取决于未来新技术发展等事件),要么是并购企业的内部信息。因而存在两个问题:首先,信息是不充分的,也就是说反垄断当局没有充分的信息对并购可能带来的动态效率进行认定;其次,信息是不对称的,也就是说在并购企业与反垄断当局之间存在着重大的信息差距。随之而来的问题是,并购企业经常夸大并购可能带来的潜在动态效率④。与信息问题紧密相关的是并购企业的举证问题,在效率抗辩中声称一项动态效率较为容易,但证明一项动态效率却很困难。在并购评估审查中,反垄断当局越是具有"同情心",就越有可能犯Ⅰ类错误。③ 动态效率实现的时间问题。在司法实践中,一项声称的效率预期实现所需的时间越长,其在效率分析中的权重就会越低。一般而言,动态效率是一个长期的概念,而非短期概念,因而用其来抵消短期的潜在反竞争效应较为困难(Fackelmann,2006)。另外,静态效率很容易通过成本节约和价格下降的形式表现出来,相对容易预测和度量,而动态效率在很多情况下以成本不变、质量改进或全新的质量—成本组合的形式出现,因而难以通过成本和价格效应进行预测和度量。从这一意义上说,反垄断当局会觉

① Fackelmann, C., "Dynamic Efficiency Considerations in EC Merger Control: An Intractable Subject or a Promising Chance for Innovation?", The University of Oxford, Center for Competition Law and Policy, Working Paper, No. 9, 2006.

② 欧盟竞争委员会前主席 Monti (2002) 就曾经强调"对效率持一种健康的怀疑态度是很重要的",参见 Monti, M., "Review of the EC Merger Regulation—Roadmap to the Reform Project", Conference on Reform of European Merger Control, British Chamber of Commerce, Brussels, Commossion Press Release Speech 02—252, 2002。

③ Jorde, T., and D. Teece, "Rule of Reason Analysis of Horizontal Arrangements: Arrangements Designed to Advance Innavation and Commercialize Technology", FTC Working Paper, 2006.

④ Cosnita, A., and J. Tropeano, "Merger Control with Asymmetric Information—What Structure Remedies Can and Cannot Achieve", EUREQUA Working Paper, 2005.

得动态效率好像不太容易传递给消费者,因而往往不予以考虑。④ 动态效率的跨市场影响。并购导致的动态效率(例如,新产品开发)可能影响多个市场,一项并购可能在相关市场上产生反竞争效应,但可能同时在其他非相关市场上产生动态效率(Motta,2004)。例如,两家软件企业进行并购,反竞争效应可能发生在一个产品市场(文字处理软件),而可认知效率发生在另一个产品市场(杀毒软件)。同样道理,一个并购企业的业务涉及多个区域市场,反竞争效应和效率效应可能发生在不同的区域市场上。然而,跨市场进行效率获得和反竞争效应的权衡与替换分析,可能给反垄断当局带来更大的困难。这一困难不仅在于这将涉及复杂的收入分配公平问题,而且在于信息、证据和测度问题。⑤ 并购也有可能不利于创新。当一项并购能够避免企业进行重复研发项目时,该项并购通常能够给并购企业带来最大的动态效率。然而,当特定产品存在"创新的主要极点"时,企业创新的动机会明显下降。正因为如此,两条创新路径并购成一条创新路径可能意味着潜在消除了未来的产品多样化,因而潜在地减少了未来的竞争(Padilla,2005)。更进一步,竞争的压力下降可能使得并购企业觉得没有必要更多地投资于研发获得更多的效率,或者将这些效率传递给消费者。

正因为动态效率较为复杂,难以客观评估和测度,因而很多国家的反垄断当局在司法实践中给其留下的空间很小,动态效率在效率抗辩中所起的作用往往不会很明显。

5.3 效率的不确定性与效率抗辩

5.3.1 效率的不确定性

横向并购的评估审查主要是在并购的反竞争效应和效率效应之间进行权衡比较(Williamson,1968)。然而,并购带来的效率很难证实和量化,因为与效率相关的信息既是不完全的,也是不对称的。一方面,并购企业对于并购可能带来的潜在效率知道得比反垄断当局要多;另一方面,即使反垄断当局能够获得并购企业知道的所有信息,对于效率能否实现及其大小还是存在大量的不确定性①。效率的不确定性不仅在于效率是否实现及其实现的大小具有随机性,而且在于效率分析往往是事前评估,评估方

① Chone, P., and L. Linnemer, "Assessing Horizontal Merger under Uncertain Efficiency Gains", The Area Conference on Applied Microeconomics, Munich (CESifo), March, 2006.

法和工具的科学性也会带来不确定性(Besanko and Spulber,1993)。以美国和欧盟最近常常使用的模拟分析方法为例,变量设定的不同、数据获得的困难、模型采用的差异等因素将影响结果的准确性。同一起并购,即使是使用同一种分析方法,不同的学者也可能得到不同的结论(Chone and Linnemer,2006)。

并购可能产生的效率可以分为生产效率、分配效率与动态效率,在经济活动中往往体现为成本节约(Motta,2004;Fackelmann,2006)。因而,在本书中我们用成本节约来表示效率,而成本节约往往体现在边际成本下降上。并购所能带来的成本节约是在并购前根据相关模型估算出来的,具有很大的不确定性。这种不确定性程度的高低会影响到反垄断当局的决策。我们假定反垄断当局以一种简单的规则进行决策:当一项并购的预期总福利变化为正时就批准该项并购;反之拒绝。经济学文献中的标准假定是,一项不带来效率(成本节约)的并购将显著提高市场势力,从而降低产量、提高价格、损害社会福利;一项产生效率(成本节约)的并购将增进社会总福利(Barros and Cabral,2001)。这就是在并购评估审查中需要反垄断当局权衡的"福利替代",但是当成本节约存在不确定性时,这种"福利替代"将会发生变化①。假定在效率抗辩中反垄断当局只评估成本节约状况,我们用变量 σ_η^2 表示预期的成本节约 $E(\eta)$,其中 η 为成本节约的指数。在成本节约存在不确定性时,我们需要计算预期福利。这当然比计算预期的成本节约要复杂一些。应用标准的不确定性条件下的决策理论②,我们可以推知,并购能够通过审查的程度依赖于反垄断当局目标函数对于成本节约的凹性程度。如果目标函数对于成本节约是凹性的,那么当成本节约存在不确定性时,反垄断当局的并购控制政策将更趋严厉;反之反是(Berry and Pakes,1993)。

5.3.2　Cournot 竞争与成本节约

首先,我们采用经济学文献中广泛使用的标准线性寡占模型来分析同质产品与 Cournot 竞争条件下的成本不确定性对于效率抗辩的影响(Barros and Cabral,2001)。我们假定需求函数是价格的线性函数,即 $P=a-bQ$;并购前的均衡市场中有 n 家企业,并且这些企业是对称的,生产的边际成本不变,都为 c;两家企业并购,它们的边际成本在并购后降低为 c_m,且

① Cabral, L., "Horizontal Mergers with Free-entry: Why Cost Efficiencies May be a Weak Defense and Asset Sales a Poor Remedy", mimeo, New York University, 2001.

② 参见 Eeckhoudt and Gollier (1995) 和 Hirshleifer and Riley (1992)。

$c_m < c$；假定在并购前对于 c_m 的最终值具有不确定性，那么福利函数对于 c_m 的凹性（或凸性）将决定总福利变化的大小；并且社会对于消费者剩余和生产者剩余是风险中性的，即反垄断当局总是最大化预期的社会总福利。根据 Cournot 竞争的结果，我们可以得到并购后的均衡产出：

$$Q = \frac{a(n-1) - c_m - (n-2)c}{bn} \tag{5-3-1}$$

$$q_m = \frac{a - (n-1)c_m + (n-2)c}{bn} \tag{5-3-2}$$

$$q_n = \frac{a - 2c + c_m}{bn} \tag{5-3-3}$$

（5-3-1）—（5-3-3）式中，q_m 表示并购企业（the merger firm）的产出，q_n 表示每一个未参与并购的企业（the non-merger firm）的产出，$Q = (n-2)q_n + q_m$ 表示相关市场上的总产出。社会总福利为：

$$W = \frac{b}{2}Q^2 + b(N-2)q_n^2 + q_m^2 \tag{5-3-4}$$

通过将（5-3-4）对 c_m 求导，并且应用（5-1）—（5-3）进行相关替代，可以得到：

$$\frac{\partial^2 W}{\partial c_m^2} = \frac{1 - 2n + 2n^2}{bn^2} > 0 \tag{5-3-5}$$

（5-3-5）式说明，福利水平的变化对事后测度的 c_m 呈凸性。由于成本下降的报酬递增，反垄断当局愿意获得更多的成本节约。因此，从全社会的立场出发，反垄断当局应像一个风险偏好型的决策者那样行事。也就是说，如果某项并购能够预期获得更大的成本节约，那么即使存在一定的不确定性，反垄断当局也会增加批准该项并购的概率。

下面，我们放松产品同质的假设，来分析产品水平差异化时的成本不确定性对于效率抗辩的影响（Cabral，2001）。假定市场上有 n 个供应商，每对供应商与一段长度为 1 的消费者相联系。也就是说，市场总规模为 $z = n(n-1)$。因而，每个供应商都与另外一个供应商相互竞争。每个企业都拥有相同的不变边际成本 c；并购后所有的品牌仍然保留在市场上。不失一般性，我们用 $i = 1,2$ 来表示参与并购的两家企业的品牌。未参与并购的外部企业（每个企业都拥有自己的一个独立的品牌）表示为 $i = 3,\cdots,n$。参与并购的两家企业并购后的边际成本为 c_m，且 $c_m < c$。参与并购的企业最大化其两个品牌的联合利润，并且为这两个品牌设定相同的价格（Von Ungern-Sternberg，1991）。并购后所有的企业都独立设定价格，不存在价格串谋。

这样,并购企业的利润为:

$$\Pi_m = (p_m - c_m)\left(1 + \sum_{i=3}^{n} \frac{1}{2} - \frac{1}{2}(p_m - p_i)\right) \qquad (5\text{-}3\text{-}6)$$

其余的$(n-2)$家非并购企业的单个企业利润为:

$$\Pi_i = (p_i - c)\left(1 + \sum_{j=3, j\neq i}^{n}\left(\frac{1}{2} - \frac{1}{2t}(p_i - p_j)\right) + 2\left(\frac{1}{2} - \frac{1}{2t}(p_i - p_m)\right)\right) \qquad (5\text{-}3\text{-}7)$$

(5-3-6)和(5-3-7)式中,p_m、c_m分别表示并购企业的价格和成本;t表示产品差异化程度,$0 < t < 1$;p_i、p_j表示非并购企业的价格,如果并购企业是对称的,那么$p_i = p_j$。为了使问题简化,我们假定未参与并购的企业是对称的,那么实现利润最大化的一阶条件分别为:

$$\frac{\partial \Pi_m}{\partial p_m} = (n-2)\left(\frac{1}{2} - \frac{p_m - p_i}{2t}\right) - \frac{n-2}{2t}(p_m - c_m) + 1 = 0 \qquad (5\text{-}3\text{-}8)$$

$$\frac{\partial \Pi_i}{\partial pi} = \frac{1}{2}(n-3) - \frac{n-3}{2t}(p_i - c) + \left(1 - \frac{p_i - p_m}{t}\right) - \frac{p_i - c}{t} = 0 \qquad (5\text{-}3\text{-}9)$$

从(5-3-8)和(5-3-9)式可以看出,企业数量和并购导致的成本节约状况影响并购后相关市场上企业的定价策略。在给定单位需求和足够高的消费者保留价格(以保证市场能够被全覆盖)的假定下,社会福利可以通过生产成本和"转移成本"之和来进行测度。如果忽视收入的分配问题,我们可以不用考虑为了吸引消费者而新增的转移成本,那么总成本为:

$$\begin{aligned} \mathrm{TC} &= c_m + c_m(n-2)\left(1 - \frac{p_m - p_i}{t}\right) + c\left(1 + \frac{p_m - p_i}{t}\right) \\ &\quad + \frac{c(n-2)(n-3)}{2} + 2(n-2)\int_0^{\frac{1}{2}-\frac{p_m - p_i}{2t}} t\mathrm{d}t \\ &\quad + 2(n-2)\int_0^{\frac{1}{2}+\frac{p_m - p_i}{2t}} t\mathrm{d}t + (n-2)(n-3)\int_0^{\frac{1}{2}} t\mathrm{d}t \end{aligned} \qquad (5\text{-}3\text{-}10)$$

从社会福利的角度看,成本节约(更低的c_m)只影响那些不得不在并购企业品牌和未参与并购企业品牌之间进行选择的消费者。假定$\Delta p = (p_m - p_i)/t$,那么(5-3-10)可以改写为:

$$\begin{aligned} \mathrm{TC} &= c_m + c_m(n-2)(1 - \Delta p) + c(1 + \Delta p) \\ &\quad + \frac{c(n-2)(n-3)}{2} + 2(n-2)\int_0^{\frac{1}{2}(1-\Delta p)} t\mathrm{d}t \\ &\quad + 2(n-2)\int_0^{\frac{1}{2}(1+\Delta p)} t\mathrm{d}t + (n-2)(n-3)\int_0^{\frac{1}{2}} t\mathrm{d}t \end{aligned} \qquad (5\text{-}3\text{-}11)$$

从(5-3-11)式求总成本最小化的一阶条件可得:

$$\frac{\partial \mathrm{TC}}{\partial c_m}=1+2(n-2)\left(\frac{1}{2}-\frac{\Delta p}{2}+\left(\frac{\partial \Delta p}{\partial c_m}\right)^2\right)$$

$$+(n-2)\frac{\partial \Delta p}{\partial c_m}(c-c_m+2)=0 \tag{5-3-12}$$

从(5-3-12)式可以看出,Δp 与 c_m 呈线性关系,因此

$$\frac{\partial^2 \Delta p}{\partial c_m^2}=0 \tag{5-3-13}$$

利用(5-3-13)式可以得到:

$$\frac{\partial^2 \mathrm{TC}}{\partial c_m^2}=-(n-2)\frac{\partial \Delta p}{\partial c_m}\left(2-\frac{\partial \Delta p}{\partial c_m}\right) \tag{5-3-14}$$

从(5-3-14)式的符号(正负)能够推导出 $\partial\Delta p/\partial c_m$ 的符号。求解均衡价格的一阶条件,我们可以得到:

$$\Delta p=\frac{(n-1)((n-2)(c-c_m)-2t)}{tn(n-2)} \tag{5-3-15}$$

并且当 $n\geqslant 1$ 时

$$\frac{\partial \Delta p}{\partial c_m}=\frac{n-1}{2nt}\geqslant 0 \tag{5-3-16}$$

如果并购后新并购企业的均衡价格高于并购前对称均衡下的价格,那么 $\Delta p>0$。且有

$$\frac{\partial^2 \mathrm{TC}}{\partial c_m^2}=\frac{(n-1)(n-2)}{nt}\left(\frac{n-1}{4nt}-1\right) \tag{5-3-17}$$

等价地,令 $\eta=1-c_m/c$,作为测度并购产生成本节约的指数,那么

$$\operatorname{sign}\frac{\partial^2 \Delta W}{\partial \eta^2}=\operatorname{sign}\frac{\partial^2 \Delta W}{\partial c_m^2} \tag{5-3-18}$$

(5-3-17),(5-3-18)式表明:

$$\begin{cases}\dfrac{\partial^2 \Delta W}{\partial c_m^2}\geqslant 0 \text{ 且} \dfrac{\partial^2 TC}{\partial c_m^2}\leqslant 0, & \text{如果 } t\geqslant \dfrac{1}{4}\\ \dfrac{\partial^2 \Delta W}{\partial c_m^2}<0 \text{ 且} \dfrac{\partial^2 \mathrm{TC}}{\partial c_m^2}>0, & \text{其他情况下}\end{cases} \tag{5-3-19}$$

因此,以上模型显示,产品差异化程度相当高的 Cournot 竞争与同质产品 Cournot 竞争具有相同的定性特征。福利函数凸性的影响可以分解为两个部分:消费者转移成本(TCT)所导致的影响与企业生产成本(TCP)所导致的影响。这两部分影响较为明显,分别为:

$$\frac{\partial^2 \mathrm{TCT}}{\partial c_m^2} = -\frac{(n-1)(n-2)}{nt} < 0 \tag{5-3-20}$$

$$\frac{\partial^2 \mathrm{TCP}}{\partial c_m^2} = \frac{(n-1)(n-2)}{nt}\frac{n-1}{4nt} > 0 \tag{5-3-21}$$

从(5-3-20)和(5-3-21)式可以看出,消费者转移成本(TCT)所导致的效应为负,企业生产成本(TCP)所导致的效应为正,因而总的效应不能确定。由于成本节约程度的下降将导致 $\Delta p = (p_m - p_i)/t$ 的减小,消费者选择将被并购企业进一步扭曲,这将以一个上升的速率增加转移成本。另一方面,生产成本以一个下降的速率降低。在线性假定下,如果产品差异化程度足够高,生产成本效应将居于主导地位。这是因为,在这种情况下,消费者选择对于成本节约传递到价格的程度不太敏感。根据这一模型,在产品高度差异化的情况下,福利函数对于成本节约是凸性的,其他情况下则是凹性。因而,我们很难从中发现一个明确的政策含义。在成本节约具有不确定性的条件下,依赖产品差异化程度,根据预期的成本节约来评估一项并购可能导致两种极端情况:过多地拒绝或过多地批准。反垄断当局需要根据每一项并购的具体情况对可能实现的效率进行评估分析。在产品差异化的情况下,成本节约的不确定性要求反垄断当局在并购评估审查中持一种谨慎的态度。

5.3.3　产品差异化与价格决策

我们分析产品差异化和市场规模变化情况下成本节约的不确定性与并购评估审查之间的关系。假定并购前有 n 家企业,每一家企业都具有相同的单位成本 c;企业的反需求函数为:

$$p_i = \alpha - \gamma \sum_{j \neq i} q_j - q_i \tag{5-3-22}$$

(5-3-22)式中,p_i 为企业 i 制定的价格,q_i 为企业 i 的产量,q_j 为企业 j 的产量。企业 i 的利润可以表示为:

$$\Pi_i = (p_i - c) q_i \tag{5-3-23}$$

在 Cournot 竞争下,利润最大化的 n 个一阶条件为:

$$q_i = \frac{1}{2}\left(a - c - \gamma \sum_{j \neq i} q_j\right) \tag{5-3-24}$$

对称均衡可以用下列等式进行界定:

$$q_i = \frac{a - c}{2 + (n-1)\gamma} \tag{5-3-25}$$

$$p_i = \frac{a + c[1 + (n-1)\gamma]}{2 + (n-1)\gamma} \tag{5-3-26}$$

$$\Pi_i = \frac{(a-c)^2}{(2+(n-1)\gamma)^2} \tag{5-3-27}$$

相关市场上的总产量 Q 为：

$$Q = \frac{n(a-c)}{2+(n-1)\gamma} \tag{5-3-28}$$

消费者效用为：

$$U(q) = naq_i - \frac{nq_i^2 + 2\gamma\frac{n(n-1)}{2}q_i^2}{2} - \sum_i p_i q_i \tag{5-3-29}$$

现在，我们假定 n 家企业中有两家企业并购，并购产生的效率使单位成本下降为 $c_m = c(1-\eta)$。我们将这两家并购企业表示为 $i = 1+2$，并假定并购后的企业继续生产并购前的差异化产品。并购后并购企业利润最大化决策将发生变化，利润函数将变为：

$$\Pi_{1+2} = \left(a - \gamma\sum_{j\neq 1} q_j - q_1 - c_m\right)q_1 + \left(a - \gamma\sum_{j\neq 2} q_j - q_2 - c_m\right)q_2 \tag{5-3-30}$$

未参与并购的$(n-2)$家剩余企业的利润函数为：

$$\Pi_i = \left(a - \gamma\sum_{j\neq i} q_j - q_i - c\right)q_i,\quad i = 3,\cdots,n \tag{5-3-31}$$

在 Cournot 竞争下，利润最大化 n 个新的一阶条件为：

$$q_1 = \frac{(a-c_m) - \gamma\sum_{j\neq 1} q_j}{2} \tag{5-3-32}$$

$$q_2 = \frac{(a-c_m) - \gamma\sum_{j\neq 2} q_j}{2} \tag{5-3-33}$$

$$q_i = \frac{(a-c_m) - \gamma\sum_{j\neq i} q_j}{2},i = 3,\cdots,n \tag{5-3-34}$$

并购后，新的市场均衡为：

$$q_1 = q_2 = \frac{(2-\gamma)(a-c_m) + \gamma(n-2)(c-c_m)}{2(2+(n-1)\gamma-\gamma^2)} \tag{5-3-35}$$

$$q_i = \frac{(a-c) - \gamma(c-c_m)}{2+(n-1)\gamma-\gamma^2},\quad i = 3,\cdots,n \tag{5-3-36}$$

并购后相关市场上的总产量为：

$$Q = \frac{(n-\gamma)(a-c) - (2-\gamma)(c-c_m)}{2+(n-1)\gamma-\gamma^2} \tag{5-3-37}$$

此时,价格和利润分别为:

$$p_1 = p_2 = \frac{[2+\gamma(1-\gamma)]a+\gamma(1+\gamma)(n-2)c+[2+\gamma(1-\gamma)(n-1)]c_m}{2(2+(n-1)\gamma-\gamma^2)} \tag{5-3-38}$$

$$p_i = \frac{a+\gamma c_m+[1-\gamma^2+(n-2)\gamma]c}{2+(n-1)\gamma-\gamma^2}, \quad i=3,\cdots,n \tag{5-3-39}$$

$$\Pi_m = \frac{(1+\gamma)(2-\gamma)a+\gamma(n-2)c-[2+\gamma(n-3)]c_m^2}{2(2+(n-1)\gamma-\gamma^2)^2} \tag{5-3-40}$$

$$\Pi_i = \frac{a+\gamma c_m-c(1+\lambda)^2}{(2+(n-1)\gamma-\gamma^2)^2}, \quad i=1,\cdots,n \tag{5-3-41}$$

在均衡条件下,社会效用可以表示为:

$$\begin{aligned} W = & \frac{n(n-1)\gamma}{2}+\frac{(a-c)(n-\gamma)-(2-\gamma)(c-c_m)}{2+(n-1)\gamma-\gamma^2} \\ & -\frac{n-2}{2}[(a-c_m)(2-\gamma)+(c-c_m)(n-2)\gamma]^2 \\ & -2[(a-c)-\gamma(c-c_m)]^2+W_O \end{aligned} \tag{5-3-42}$$

(5-3-42)式中,W_O为消费者在消费相关市场以外的所有其他市场上的产品时所获得的效用。我们建立这一模型的目的是要考察社会效用函数对成本节约的二阶导数是否为负。从(5-42)可以求出二阶导数:

$$\frac{\partial^2 W}{\partial c_m^2} = -\frac{4+4\gamma(n-3)+\gamma^2(5-4n+n^2)}{2[2+(n-1)\gamma-\gamma^2]^2} \tag{5-3-43}$$

当$n \geqslant 2$时,(5-3-43)式总是小于0。因而,在对称产品差异化和价格竞争的情况下,我们发现,如果反垄断当局以预期的成本节约作为并购评估审查的依据,将导致出现过于宽松的并购批准规则。也就是说,在成本节约具有不确定性的条件下,一些可能减少预期社会总福利的并购可能被反垄断当局批准。

5.3.4　成本节约的不确定性对消费福利的影响

在前文中我们假定反垄断当局对于消费者剩余和生产者利润是风险中性的,然而在采用消费者福利标准的国家,在并购评估中往往给予消费者剩余更大的权重。由于边际成本节约影响市场均衡,成本节约也将对消费者产生直接或间接的影响(Martin,1998;Pitofsky,1998)。在 Cournot 竞争和同质产品市场条件下，消费者剩余为：

$$CS = \frac{bQ^2}{2} \tag{5-3-44}$$

并购导致的消费者福利变化将与总生产函数具有相同的凸性。直接求导可得：

$$\frac{\partial^2 \Delta CS}{\partial c_m^2} = \frac{1}{bn^2} > 0 \tag{5-3-45}$$

因此，在反垄断当局的并购评估分析和判定中，成本节约的不确定性对于消费者福利的影响与其对于社会总福利的影响具有相同的性质。如果我们应用 5.3.2 小节的模型，消费者福利的变化可以表示为：

$$\frac{\partial^2 \Delta CS}{\partial c_m^2} = \frac{(n-2)(n-1)^2(2t-1)}{4n^2t^2} \tag{5-3-46}$$

从(5-3-46)式可以看出，消费者福利对于成本节约不确定性的变化效应受到产品差异化程度的影响，当 $t \leqslant 1/2$ 时，即产品差异化程度较低时，$\frac{\partial^2 \Delta CS}{\partial c_m^2} = \frac{(n-2)(n-1)^2(2t-1)}{4n^2t^2} \leqslant 0$，即消费者福利函数具有凹性；当 $t > 1/2$ 时，$\frac{\partial^2 \Delta CS}{\partial c_m^2} = \frac{(n-2)(n-1)^2(2t-1)}{4n^2t^2} > 0$，即消费者福利函数具有凸性。根据 5.3.2 小节的研究结果（参见(5-19)表达式），当 $t \in \left[\frac{1}{4}, \frac{1}{2}\right]$ 时，总福利函数具有凸性，而消费者福利函数具有凹性。在这种情况下，反垄断当局在其判定决策中应将成本节约的不确定性纳入其目标函数。也就是说，当产品化差异化程度较低时，反垄断当局采用社会总福利函数（而不是消费者福利函数）可能导致对并购更为有利的结果。

5.3.5 简要小结

在并购评估审查中考虑效率因素时，成本节约的确定性程度、福利函数对于成本节约的凹性或凸性等因素会对评估结果产生重要影响。

首先，我们使用同质产品的 Cournot 竞争模型分析发现，福利水平的变化对事后测度的 c_m 呈凸性。由于成本下降的报酬递增，反垄断当局愿意获得更多的成本节约。因此，从全社会的立场出发，反垄断当局应像一个风险偏好型的决策者那样行事。也就是说，如果某项并购能够预期获得更大的成本节约，那么即使存在一定的不确定性，反垄断当局也会增加批准该项并购的概率。

其次，在产品水平差异化和成本节约具有不确定性时，企业数量和并购导致的成本节约状况影响并购后相关市场上企业的定价策略。在给定单位需求和足够高的消费者保留价格的假定下,社会福利可以通过生产成本和“转移成本”之和来进行测度。在产品高度差异化的情况下,福利函数对于成本节约是凸性的,其他情况下则是凹性。因而,我们很难从中发现一个明确的政策含义。在成本节约具有不确定性的条件下,依赖产品差异化程度,根据预期的成本节约来评估一项并购,可能导致两种极端情况:过多地拒绝或过多地批准。反垄断当局需要根据每一项并购的具体情况对可能实现的效率进行评估分析。在产品的差异化的情况下,成本节约的不确定性要求反垄断当局在并购评估审查中持一种谨慎的态度。

再次,在对称产品差异化和价格竞争的情况下,我们发现,如果反垄断当局以预期的成本节约作为并购评估审查的依据,将导致出现过于宽松的并购批准规则。也就是说,在成本节约具有不确定性的条件下,一些可能减少预期社会福利的并购可能被反垄断当局批准。

最后,消费者福利对于成本节约不确定性的变化效应受到产品差异化程度的影响,产品差异化程度较低时,消费者福利函数具有凹性;产品差异化程度较高时,消费者福利函数具有凸性。尤其需要注意的是,当产品差异化程度较低时,总福利函数具有凸性,而消费者福利函数具有凹性,反垄断当局在其判定决策中应将成本节约的不确定性纳入其目标函数。在这种情况下,如果反垄断当局采用总福利函数(而不是消费者福利函数),可能导致对并购企业更为有利的结果。

在并购评估审查中,如果不考虑成本节约的不确定性,那么可能导致反垄断当局的决策偏误。我们的研究显示,从理论视角而言,很难找到一个直接解决这一偏误的、“放之四海而皆准”的有效办法,需要在实证分析中结合具体行业特征和福利函数特性加以解决。

5.4　效率分析的福利标准

福利标准和效率抗辩是并购反垄断控制政策中的两个核心概念,然而关于在并购评估审查中反垄断当局应该采用什么样的福利标准这一问题,学术界存在很多争论。以 Williamson(1968,1972)为代表的大部分经济学家主张采用社会总福利标准,法律界人士、反垄断当局和部分经济学家主张采用消费者福利标准(Padilla,2006;Farrell and Katz,2006)。Bork(1966)认为,美国国会想采用社会总福利标准,但是却被消费者福利标准所混淆。Lande(1982,1999)认为美国国会想在《谢尔曼法》下采用真正的消费者福利标准,以有助于财富从生产者流向消费者。Salop(2005)认为反垄断当局现行的福利标准是消费者福利标准,效率在并购控制实践中所起的作用很小。Grandy(1993)从两个方面回应了消费者福利标准与社会总福利标准之间的争论:其一,他认为国会对于《谢尔曼法》的理解是保护竞争者而非保护消费者;其二,他认为保护只是使竞争者免受具有反竞争性行为的损害,而非其他类型的行为。Neven and Roller(2005)构建了一个特定政治经济环境下的不对称游说模型,分析了并购评估审查中消费者和并购企业对反垄断当局决策的不对称游说影响,以及这种影响对于福利标准选择的参考意义。在模型中,并购企业和其他受并购影响的商业组织(例如,竞争对手)将参与对反垄断当局的游说,而消费者不会①;反垄断当局将受到游说的影响,但是如果决策与法定授权的福利标准相违背,将受到一个惩罚。他们的研究结果显示,当并购企业的游说活动十分有效、反垄断当局的责任较低、并购规模很大并且并购规模略有上升所产生的利润很高时,消费者福利标准将相对更具吸引力;在社会总福利标准下,在反垄断当局的目标函数中加入一个有利于消费者的变量可以抵消并购企业不对称游说的影响。本节中,我们将分析社会总福利标准和消费者福利标准的区别,以及并购对于社会总福利和消费者剩余的影响,从而说明为什么在并购控制中最好选择社会总福利标准。

5.4.1 福利标准的界定

根据 Motta(2004)的观点,经济福利是“经济学中用于测度产业绩效的标准概念,它可以衡量经济中不同集团的总福利状况,在每一个给定的产业内,福利就是总剩余,即消费者剩余与生产者剩余之和”。根据福利的这一概念,福利标准可以界定为“在经济分析中界定不同集团的福利时所采用的规则”(Renckens,2007)。在并购评估审查中,福利标准的界定十分重要,它是进行并购分析的出发点。正如我们在前文所指出的,并购既可能产生积极的福利效应,也可能产生消极的福利效应。这些福利效应对于并购中不同的集团具有不同的影响:一方面,一项提高市场势力的并购即使不产生效率,也将对并购企业带来积极的福利效应,有时候甚至会给相关市场上的竞争对手带来利益;另一方面,一项使市场势力上升的并购,在不产生效率或者产生了效率不传递给消费者时,将给消费者带来消极的福利

① 消费者难以获得关于并购可能产生后果的信息,因而难以形成参与游说的预期收益值。同时,消费者在代表自身利益方面可能面临高昂的交易成本。这一成本与搭便车、无数个体的集体行动等传统问题相联系。

效应。为了提高并购政策的确定性和透明度,政策制定者需要明确:应该分别给并购带来的积极效应和消极效应赋予多少权重,以及与此相关的,应该给相关市场上不同集团的利益赋予多少权重。这种权重选择就反映在福利标准之中。因此,从并购政策的角度界定,福利标准就是在赋予不同市场参与者的福利相应权重时所采用的规则(De la Mano,2002)。福利标准的选择取决于反垄断当局在并购评估审查中希望最大化谁的福利。一般而言,反垄断当局在选择福利标准时权衡的是消费者与生产者的福利。根据在并购分析中给不同利益集团赋予权重的不同,福利标准可以分为不同类型。一般而言,效率分析的福利标准可以分为价格标准、消费者福利标准、社会总福利标准、Hillsdown 标准和权重剩余标准等①。本节主要分析两种主要的、也是最为常用的福利标准,即消费者福利标准和社会总福利标准,其他的福利标准的重要性相对较小,留在后文中分析②。

5.4.2 消费者福利标准和社会总福利标准

所谓的并购控制的消费者福利标准是指,一项并购,当且仅当能够增加消费者剩余(至少不能损害消费者剩余)时才有可能被批准。消费者福利标准主要考虑了收入分配问题,强调并购导致的社会财富流动应有利于消费者。所谓的社会总福利标准是指,反垄断当局在并购评估审查中考虑的是社会福利总体状况,即消费者剩余与生产者剩余之和,一项并购只要能够增加社会总福利水平,就可以被批准。根据这种标准,如果一项并购给生产者创造的财富大于消费者损失的剩余,那么这项并购也将被批准(Roller *et al.*,2001)。社会总福利标准主要考虑了社会总福利的最大化问题,强调了并购产生的效率获得,只要效率效应大于反竞争效应,并购就是符合社会合意性的③。

竞争者之间的横向并购可能通过以下几种途径影响社会总福利水平:① 减少相关市场上竞争企业的数量,可能导致产品价格上升,从而降低消

---

① Gifford and Kurdrle(2005)还提出了全民标准(the whole citizen standard)、国家福利标准(the national welfare standard)和生产率上升标准(the productivity growth standard)。第一个标准是基于"一般均衡方法",认为企业所有者(生产者)和产品购买者(消费者)具有相同的基本利益,因为消费者同时也是企业的股票持有者。因而,在消费者因价格上涨而导致的损失与股票价值上升而导致的股票持有者的收益之间进行权衡是同一个事物的两个方面。国家福利标准以国籍来界定获益者和损失者,从而衡量这个国家的收益或损失。这一标准只考虑本国公民的收益或损失。生产率上升标准考察的是动态效率,强调反垄断当局应赋予长期成本节约一定的权重。

② 参见本书第12章第1节。

③ Farrell, J., and M. Katz, "The Economics of Welfare Standard in Antitrust", *Competition Policy International*, 2006(3):673—701.

费者福利，增加产业总利润。然而，如果相关市场的进入壁垒较低，能够容纳新进入的企业，那么这种影响是短期的。② 并购后形成的新企业可能发现，淘汰一部分并购企业在并购前已经商业化的产品能够增加利润。产品多样化程度的下降减少了消费者的选择，从而可能损害消费者利益，但可能节约显著的固定成本，从而增加社会总福利。③ 并购减少了相关市场上的竞争，可能导致企业研发创新投资减少，容易发生管理松弛。实际上，显著提高市场势力所导致的社会总福利最大损失可能不是损害消费者福利，而是所谓的 X-非效率所导致的高成本。④ 并购可能导致一定数量的成本节约，从而提高社会总福利水平。这些成本节约包括，市场和分配的规模经济与范围经济，资产结合的协同效应，技术、工艺、生产诀窍、管理经验在并购企业内部不同工厂之间的扩散，等等。这些效率通常能够提高社会总福利水平，如果能够以降低价格的形式传递给消费者，那么这些效率也能够提高消费者福利。消费者从成本下降中获得的剩余的大小取决于并购后相关市场上的竞争程度。⑤ 并购能够导致所谓的需求方效率，这一效率来自于并购导致的研发创新、新产品引入等，而这些研发创新和新产品引入在没有并购时不会发生。这类效率在具有网络效应的产业内尤其重要，它直接有利于消费者，并且大部分能够增加社会总福利。然而，也可能存在例外情况，当并购导致显著的需求方效率从而（短期内）有利于消费者时，也有可能降低社会总福利水平。这是因为并购可能将竞争对手置于一个不利的竞争位置，甚至可能迫使竞争对手离开市场。结果是，产业总利润在短期内下降，社会总福利水平下降。不过，在长期内，由于竞争对手退出市场，价格将会上升，消费者福利可能受损（Padilla，2006）。

并购对于社会福利的这种多重效应使得评估横向并购的福利效应变得异常复杂。如果并购导致产品多样化程度下降或者产品价格上升，那么消费者福利就将受损。但是，如果并购导致的成本节约能够传递到消费者价格，或者导致新产品的引入，或者使消费者能够进入更大的网络，那么并购最终会增进消费者福利。如果并购能够导致产业范围的价格上升，那么竞争对手也能从该项并购中获益；但是，如果并购导致的效率不能轻易被模仿，那么竞争对手的境况可能变得更差。如果不能获得关于并购的详细信息（例如，并购发生的相关市场的经济特征，并购企业的商业计划，实际的和潜在的竞争对手的反应等），那么就不可能评估出横向并购对于消费者福利和竞争对手的影响方向和大小。因此，并购控制是一个实证问题，没有评估并购后竞争状况所需的数据，就难以得到可靠的结论。大部分经济学家认为，在横向并购的评估审查中采用总福利标准可能更好一些

(Williamson,1968;Bork,1978;Padilla,2006)。也就是说,大部分经济学家同意,一个正确的并购判定标准应该考虑所有的受并购影响的个体的福利水平,包括相关市场上的消费者、并购企业及其股票持有者、与并购企业相互竞争企业的股票持有者等。总福利标准也是唯一能够充分反映并购对于分配效率、生产效率和动态效率所产生的影响的标准①。然而,这种“共识”并没有扩展到经济学界以外的领域②。实际上,美国和欧盟在横向并购评估审查中采用的不是社会总福利标准,而是消费者福利标准:一项并购只有在能够提高消费者福利的情况下才能被批准;能够提高消费者福利的并购,要么不具有反竞争效应,要么具有反竞争性效应但能够产生显著的效率,该效率能够传递给消费者并且不能通过其他具有较低反竞争效应的方式获得。

社会总福利标准与消费者福利标准的主要区别在于效率的处理方式。在社会总福利标准下,一项并购即使导致价格上涨,降低消费者福利,只要能够增加社会总福利,也有可能被批准。也就是说,此时从并购中产生的效率获得必须足够大,能够超过给消费者带来的损害。在社会总福利标准下进行福利权衡比较时,没有哪一个个体或者利益集团会赋予比其他个体或利益集团更大的权重。在并购评估审查中,不考虑并购对于财富分配的影响。在消费者福利标准下,情况正好相反:只考虑并购对于消费者福利的影响。如果使用消费者福利标准,两起具有相同的社会总福利效应的并购可能具有不同的命运:一个被禁止,而另一个被批准。同时,一项具有较低效率的并购可能由于能够有利于消费者而被批准,而另一项具有较高效率的并购由于不利于消费者而被禁止③。并不是所有损害消费者利益的并购都具有负的总福利效应;而且,可能存在这样类型的并购,即具有负的总福利效应却能够不损害消费者利益,或者至少是在反垄断当局评估该项并购所使用的时间范围内不损害消费者利益。反垄断当局在并购评估审查中采用消费者福利标准,可能难以考虑到并购的所有效率效应,因而会增加犯Ⅰ类错误和Ⅱ类错误的概率。以公平分配为理由而采用消费者福

---

① Ross, T., “Efficiencies in Merger Review and Other Matters under the Competition Act”, University of British Columbia Working Paper, 2004.

② 实际上,即使是在经济学界,也存在着关于福利标准的争论。参见 Lande, R., “Wealth Transfers as the Original and Primary Concern of Antitrust: The Efficiency Interpretation Challenged”, *Hasting Law Journal*, 1982(3):34—65.

③ Padilla, A., “Efficiencies in Horizontal Mergers: Williamson Revisited”, *Competition Law and Policy*, 2006(3): 35—57.

利标准可能难以严格得到实证支持，并且消费者福利标准不易于反垄断执法①。

福利标准的选择不仅仅是一个理论问题，它能够决定并购评估审查的结果。虽然福利标准的选择不会使每一起并购案的结果都出现差异，但是的确有一些并购案在社会总福利标准下能够被批准，而在消费者福利标准下将被禁止。下面，我们应用“威廉姆森替换”分析框架来讨论这两个福利标准的差别（见图5-5）。

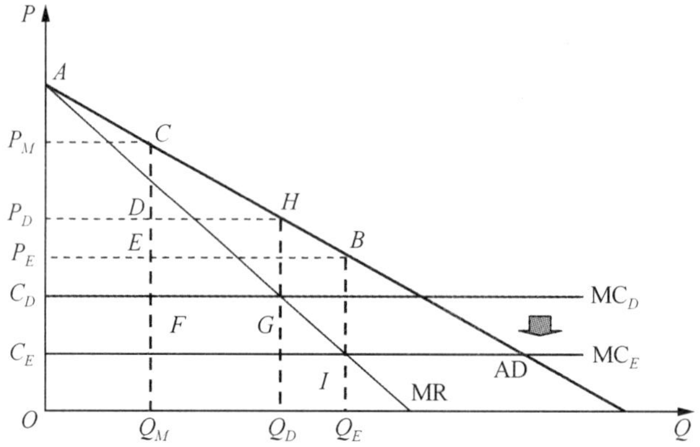

图5-5 福利标准的“威廉姆森替换”分析（Ⅰ）

假定一个双寡头垄断市场上的两个企业生产同质产品，该相关市场上具有线性市场需求，我们用AD表示，MR表示与此相对应的边际收益曲线；技术的规模报酬不变，因而边际成本为线性，MC_D表示并购前的边际成本曲线，MC_E表示如果并购产生效率后的边际成本曲线；相关市场上的企业符合利润最大化的理性假设。并购前两家企业的产量之和为Q_D，单位产品价格为P_D，边际成本为MC_D。此时的消费者剩余为三角形AHP_D，生产者剩余为四边形P_DHGC_D。下面，假定这两家企业相互并购，将可能出现三种情况：

（1）第一种情况。并购没有产生效率，边际成本仍然为C_D，但是并购导致垄断，产出下降到垄断水平Q_M（低于并购前的产出水平），价格上升到垄断价格P_M（高于并购前的价格水平）。结果，消费者剩余下降到三角形ACP_M，生产者剩余上升到四边形P_MCFC_D。社会总福利出现了净损失（三角形CDH），生产者剩余的增加来自于消费者剩余的下降。在这种情况

① Ross, W., and R. Winter, “The Efficiency Defense in Merger Law: Economic Foundations and Recent Canadian Developmants”, *Journal of Antitrust Law*, 2005(72): 465—483.

下，无论是采用社会总福利标准还是采用消费者福利标准，这一并购都不具有社会合意性，因而将被禁止。

（2）第二种情况。并购产生了显著的效率，边际成本下降到 C_E，产出提高到 Q_E；假定并购带来的效率能够传递给消费者，使单位产品价格降低到 P_E（低于垄断价格和并购前的寡头垄断价格）。这样，消费者剩余和生产者剩余都提高，消费者剩余提高到三角形 ABP_E，生产者剩余提高到四边形 P_EBIC_E。因而，消费者剩余和社会总福利都提高了，无论是采用社会总福利标准还是采用消费者福利标准，这一并购都具有社会合意性，因而将被批准。

（3）第三种情况。虽然并购产生了效率，但是不仅并购产生的效率没有传递给消费者，而且在并购导致的市场势力作用下，并购后的价格 P_E 高于并购前（见图 5-6）。

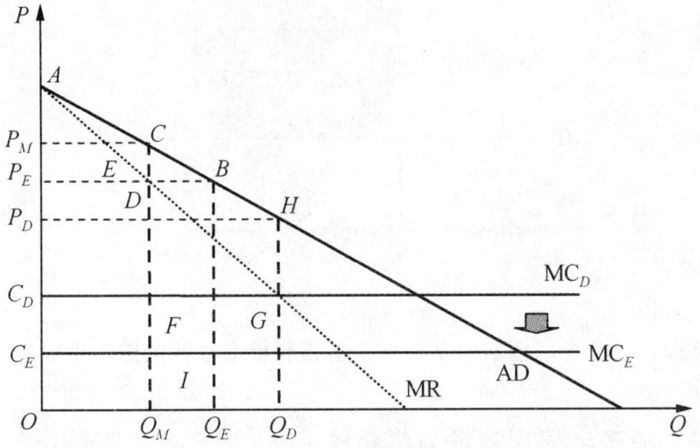

图 5-6　福利标准的“威廉姆森替换”分析（Ⅱ）

并购产生的效率使边际成本下降为 C_E，产量为 Q_E（低于并购前产量，高于没有效率时的垄断产量），并购后的价格为 P_E（高于并购前的价格，低于没有效率时的垄断价格）。在这种情况下，消费者剩余从 AHP_D 下降到 ABP_E，生产者剩余从 P_DHGC_D 上升到 P_EBIC_E，生产者剩余的增加大于消费者剩余的下降，社会总福利水平提高了。此时，反垄断当局采用不同的福利标准会出现不同的决策结果：在消费者福利标准下，并购将被禁止；在社会总福利标准下，并购将被批准。

在并购评估审查中，社会总福利标准与消费者福利标准的主要区别也可以用图 5-7 来说明。我们用 ΔCW 表示并购导致的消费者剩余的变化，$\Delta\Pi^M$ 表示并购导致的并购企业利润的变化。分别以 ΔCW 和 $\Delta\Pi^M$ 作为坐标轴，可以形成图 5-7 所示几个区域。区域 D 和区域 E 内的并购将导致并购企业的利润下降，因而不会发生；区域 C 内的并购虽然能够增加并购企业利润，但是社会总福利下降了，因而在两种福利标准下都将被禁止。在社会总福利标准下，区域 A 和区域 B 内的并购由于增进了社会总福利，因而都将批准；而在消费者福利标准下，只有区域 A 内的并购会被批准，区域 B 内的并购由于损害了消费者利益，因而将被禁止。假如有两起并购，一起并购为 M_1发生在区域 A 内，另一起并购为 M_2发生在区域 B 内（具体位置如图 5-7 所示）。在两种福利标准下，M_1都将被批准；而在消费者福利标准下 M_2将被禁止。很明显，M_2给社会带来的福利远远大于 M_1。或者说，M_2的社会合意程度远远大于 M_1，只是由于 M_2降低了消费者福利，就被禁止了。由此可以看出，这两种福利标准的差异。

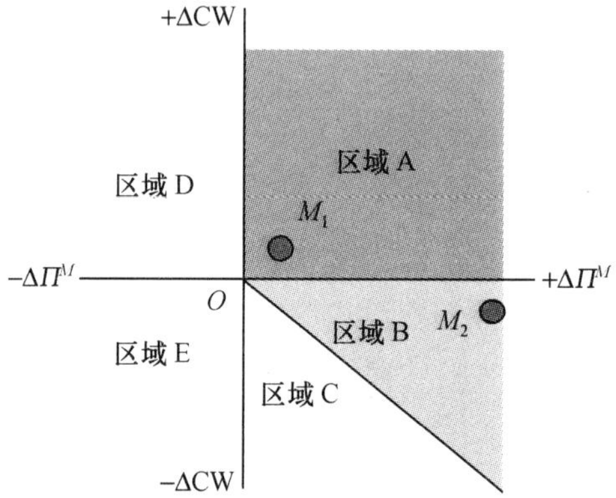

图 5-7　社会总福利标准与消费者福利标准在并购控制中的区别

5.4.3　消费者福利标准的机会成本

我们可以使用图 5-8 来分析当反垄断当局采用消费者福利标准时犯错误的可能性。图 5-8 的横轴表示并购对于非并购企业利润的影响，纵轴表示并购对于消费者福利的影响。在消费者福利标准下，区域 A、区域 C 和区域 D 内的并购都将被反垄断当局批准，而区域 B、区域 E 和区域 F 内的并购都将被反垄断当局拒绝。对于区域 A、区域 C 内的并购而言，由于并购的净外部性和消费者剩余都为正，因而应用消费者福利标准没有异议。然而，对于区域 D 内的并购而言，其净外部性为负，批准这类并购就犯了Ⅱ类错误。区域 B 内的并购损害了消费者利益，如果反垄断当局采用消费者福利标准将拒绝此类并购，但实际上区域 B 内的并购具有正外部性，因而此时反垄断当局犯了Ⅰ类错误。由于很少有并购发生于区域 B，因而反垄断当局犯此类错误的可能性不大。

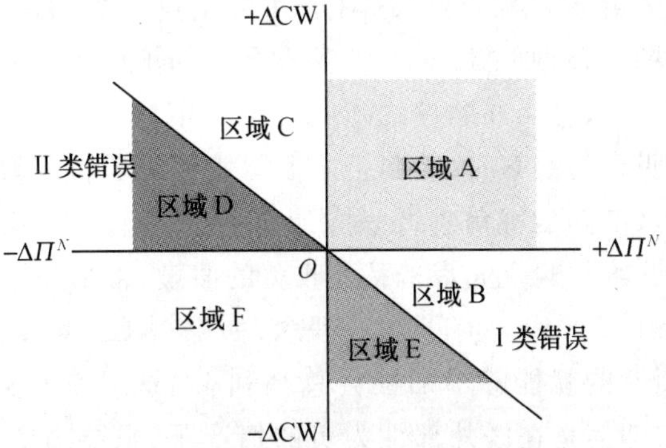

图 5-8　消费者福利标准与Ⅰ和Ⅱ类错误

在并购评估审查中，反垄断当局采用消费者福利标准时犯Ⅰ和Ⅱ类错误的可能性可以用图 5-8 表示。如果采用社会总福利标准，这类错误可以避免，但是可能增加并购评估分析的成本。因为在采用社会总福利标准时，需要测度效率获得的大小，权衡比较效率效应和反竞争效应，这两项工作都较为困难，并需要大量数据和其他信息。因而，在并购控制司法实践中，很多国家的反垄断当局为了节约司法成本而采用消费者福利标准。

5.4.4　效率获得的福利影响分析

横向并购对社会总福利的影响包括三个部分，即对消费者剩余的影响、对并购企业利润的影响和对其他未参与并购的企业（非并购企业）利润的影响，用公式表示就是：

$$\Delta TW = \Delta CW + \Delta \Pi^M + \Delta \Pi^N$$

其中，ΔTW 表示并购对社会总福利的影响，ΔCW 表示并购给消费者剩余带来的影响，$\Delta \Pi^M$ 表示并购对并购企业利润的影响，$\Delta \Pi^N$ 表示并购对其他未参与并购的企业利润的影响。

首先，相关市场上竞争企业数量的减少可能导致价格上升和产品种类的减少，这将降低消费者福利水平（$\Delta CW < 0$），提高产业利润（$\Delta \Pi^M + \Delta \Pi^N > 0$）。影响程度取决于并购前后的市场势力状况，例如，当并购显著增强市场势力时，并购导致价格上升对于消费者和生产者的影响也会较为明显。一般而言，当并购不能产生效率获得时，它对于并购企业利润的影响可能为正，也可能为负；但对其他企业的影响是明确的，即 $\Delta \Pi^N > 0$。这是因为并购会导致销售量从并购企业转移到非并购企业（Motta，2004）。在一个销售差异化产品的市场上，企业之间进行价格竞争，并购后并购企业和非并购企业的价格都将上升，但前者上升的幅度大于后者，结果并购企业的市场份额会流失给非并购企业，这对于并购企业利润的影响不太明确①。在同质产品市场上，企业之间进行产量竞争，并购企业市场份额的流失是如此之大，以至于只有当并购导致高度集中的市场（例如，并购导致垄断）或者导致十分明显的效率时，并购企业才能使利润增加（$\Delta\Pi^{M}>0$）（Motta，2004）。然而，从实践的视角进行分析，反垄断当局对于并购的分析总是基于该项并购能够给并购企业带来私人收益的假设，否则并购企业不会发起该项并购（Padilla，2006）。有了这一理念，如果一项并购能够带来正的外部性，那么这项并购就能够增加社会总福利②。这只是充分条件，而非必要条件。因为，即使是在净外部性为负的情况下，只要 $\Delta\Pi^{M}$ 足够大，并购也将增加社会总福利水平。

其次，并购产生的成本和需求方效率能够同时增加生产者利润和消费者剩余。并购产生的效率获得如何在生产者与消费者之间进行分割，取决于效率的确切类型和并购后相关市场的竞争程度。并购后相关市场的竞争程度越激烈，消费者从并购产生的效率中分到的部分就越大。然而，并购产生的效率可能降低非并购企业的利润。这是因为，并购产生的效率会使非并购企业处于不利的竞争地位，它们既不能复制并购产生的规模经济和范围经济，也不能立即推出并购企业开发的新产品或改进其原有产品。并购能够产生显著的效率，而非并购企业却无法分享，这将会使非并购企业很难与并购企业进行“面对面”竞争，因而它们有动机对这类并购提出非议。虽然反垄断当局不能完全忽视这类非议，但应谨慎对待，因为它表明了并购至少能够给并购企业带来效率获得。但是，如果一项并购产生的效率获得能够将非并购企业排挤出相关市场，或者形成相关市场的进入壁垒，那么这项并购可能导致垄断，在长期内会损害消费者利益。

5.4.5 效率获得与福利标准③

我们已经分析了效率获得对于社会总福利的影响，那么从经济学的视角来看，并购控制是否应选择社会总福利标准？为了回答这一问题，我们分两步进行分析：首先，考虑效率的含义和怎样才能更好地获得效率；其

---

① 并购企业制定了一个更高的价格，但是它们的市场份额小于并购前的联合市场份额。具体分析参见 Deneckere, R., and C. Davidson, “Incentives to FORM Coalitions with Bertrand Competition”, *Rand Journal of Economics*, 1985(16): 473—486.

② 并购的外部性可以表示为消费者剩余的变化与非并购企业利润变化之和，即 $\Delta CW+\Delta\Pi^{N}$。因而，正外部性就是 $\Delta CW+\Delta\Pi^{N}>0$。

③ 在本书的第12章中，我们将继续分析并购控制的福利标准。

次，分析并购对于相关市场上的消费者和并购企业股票持有者的收入分配的影响，然后分析在设计并购竞争评估标准时如何考虑这些分配效应。

（1）效率因素评估与福利标准。并购可能通过三种途径影响经济效率。第一，通过改变企业的价格和产量决策影响资源配置效率。当市场上的每一个消费者都以其愿意支付的价格（该价格等于新增产量的边际成本）购买产品或服务时，我们说该市场结果是资源配置有效率（帕累托最优状态）。已有的经济理论显示，当价格产量组合使社会总福利最大化时，市场结果到达了配置效率。也就是说，社会总福利是评估并购对于资源配置效率影响的标准。价格产量组合使消费者剩余最大化意味着市场价格低于边际成本，或者说稀缺的资源用于生产消费者赋予价值较低的产品，这种结果是配置非效率。第二，横向并购必然会影响生产效率。只有当产量在最低边际成本上（由最有效率的企业）进行生产时，该市场结果才被认为是生产有效率。一般而言，并购对于生产效率的影响不太明确。一方面，并购可能导致价格上升，尤其是高于相关市场上最有效率企业的边际成本。这将使得那些相对低效率的企业能够生产和销售它们的产品。并购还有可能减弱企业降低成本的动机，导致管理松弛。这些负效应只能从分析并购对于总成本（总产业利润）的影响上进行评估。另一方面，并购可能产生成本节约，而成本节约可能部分地传递给消费者。因此，这一效应也只能通过分析并购对于产业总利润的影响进行测度。因此可以认为，要想理解并购对于生产效率的净效应，只能接受总福利标准。第三，并购可能影响动态效率。并购影响并购企业开展投资与创新的动机，因而从动态意义上提高市场的动态效率。这是因为，并购提高了市场势力，因而允许并购企业获得更大份额的创新租金。这种积极效应不能通过静态的消费者福利标准进行评估，而是要求更准确地理解并购对于利润的动态影响。总之，并购可能影响相关市场上的配置效率、生产效率和动态效率，而准确把握这些效率的唯一途径是采用总福利标准。在总福利标准下，消费者剩余和生产者利润都将得到考虑。在总福利标准下评估效率并不必然意味着并购控制的高批准率。一项导致 X-非效率的并购，如果不导致价格上升，可能在消费者福利标准下获得批准，而在社会总福利标准下将被禁止，因为它对生产效率和动态效率产生了消极影响。

（2）分配效应与福利标准。并购可能对相关市场上的消费者和企业股票持有者的收入分配产生影响。例如，具有反竞争效应的并购将降低消费者剩余，提高股票持有者的福利水平。如果这种收入的再分配意味着收入（财富或效用）从较不富裕的个体（消费者）流向较为富裕的个体（股票持有者），那么它就被认为对社会而言是不可取的。考虑这些分配效应，同时也满足帕累托原理的并购标准，可以表示为加权的社会福利方程（social welfare function，SWF）①。在这一方程中，消费者剩余和生产者利润（即股票持有者的剩余）都被赋予一个正的权重：

$$SWF = \omega\Delta CW + (1-\omega)(\Delta\Pi^M + \Delta\Pi^N)$$

社会福利方程中权重（ω，$1-\omega$）的确定比较困难，这也是福利经济学领域一个备受争议的问题。然而，存在几个原因说明消费者和股票持有者的权重应近似地相等，即 $\omega = 0.5$②。从事前进行分析，如果并购标准由代表性的市民进行选择，该代表性的市民没有任何关于哪一项并购将影响到他以及他是消费者还是股票持有者的信息，那么他没有理由去选择其他权重，而不选择消费者和股票持有者相等的权重。从事后进行分析，同样没有理由相信，相关市场上的消费者比并购企业和非并购企业的股票持有者更贫穷；并购发生的相关市场上销售的总是满足生活基本需求的商品（生活必需品）或者购买者是最终消费者的商品，而不是奢侈品或者购买者是非最终消费者的商品；在消费者之间，财富分布是均等的。以上情况可能发生，即使是采用消费者福利标准也无法有效解决收入的公平分配问题。因而，至今仍不清楚，为什么既要考虑效率又要兼顾分配公平的并购标准的构建应偏向消费者（Ross and Winter，2005）。

在考虑到并购的分配效应时，至少有三个理由说明为什么选择社会总福利标准是可行的。① 采用社会总福利标准可以作为对分配效应不确定性的合理反应。正如 Matheson and Winter（2000）引用加拿大并购控制指南中的第 57 条脚注所说的那样："当一元钱从购买者转移到销售者时，你不可能先验地知道谁更需要它，或者在谁的手中更有价值"。如果执法者不愿意，或者没有办法逐一确定财富在不同个体间的相对价值，那么最好的办法就是简单地假定所有个体是等同的。② 第二个理由可以用以下例子进行说明。如果结果 A 能够比结果 B 带来更大的总剩余，那么通常可以设计一个财富转移机制，以使得在不损害他人福利的前提下至少有一个人与结果 B 相比较能够获得福利改善，这一机制被称为"Kaldor-Hicks 标准"③。如果再分配实际发生了，那么所有的个体都会偏好结果 A。然而

① Gifford, D., and R. Kudrle, "Rhetoric and Reality in the Merger Standards of the United States, Canada and the European Union", *Journal of Antitrust Law*, 2005, 72(3):423—467.

② Ross, W., and R. Winter, "The Efficiency Defense in Merger Law: Economic Foundations and Recent Canadian Developmants", *Journal of Antitrust Law*, 2005(72): 465—483.

③ 参见 J. de V. Graaf, *Theoretical Welfare Economics*, Cambridge University Press, 1963, pp. 82—90.

在实践中,在给定关于结果A和结果B对于单个消费者和生产者效应的有限信息下,这种补偿通常是不可能发生的。因此,使用总福利标准也涉及价值判断问题。这种情况下的理由可以松散地表达为,先采用总剩余最大化的原理使经济利益最大化,然后通过一到两种财富分配机制以确保经济利益能够公平分配。如果反垄断当局在并购决策中总是最大化总剩余,那么平均而言,每一个人的福利将尽可能得到改善(Farrell and Katz,2006)。③ 第三个理由来自于公共政策具有不同的分工:如果并购控制政策和其他一些公共政策专注于总福利,那么必然有其他一些公共政策能以公平的名义专注于剩余的再分配。与不同种类的税收政策和补贴计划相比较,反垄断政策不太适合作为收入再分配的工具。它的一个最基本的缺陷在于,反垄断执行不会也不能对分配问题有一个全面的考虑。即使是反垄断当局在并购控制时想考虑分配问题,也需要全面把握消费者、工人和企业所有制之间的相对收入分配状况,在多数情况下,反垄断当局缺乏分析这些收入分配状况的数据,或者说很难测度不同个体在并购中所应得的社会剩余。

总之,在并购评估审查中,反垄断当局在评估并购对于经济效率的影响时,需要应用社会总福利标准;即使是在考虑分配公平时,也没有充分理由背离这一标准(Kolasky and Dick,2003)。虽然经济学家们偏好社会总福利标准,然而福利标准的选择不仅仅是一个理论问题,更多的是一个政策决策问题。虽然很多国家的竞争法将消费者福利标准作为并购控制的福利标准,然而在司法实践中,并购标准的选择并不是十分明确,并且竞争法与竞争法的实施(案例法)有时候也会出现不完全一致的情况。前欧盟竞争委员会主席Monti在2001年的一次公开演讲中就宣称“欧盟竞争政策的目标是消费者福利”[①]。《欧盟并购条例》也将消费者福利标准作为并购控制的福利标准,明确要求并购的经济性要有利于消费者,效率评估的基准是“并购不能导致消费者的福利状况恶化”。《欧盟并购条例》(2004)和《横向并购指南》(2004)都规定效率必须是“可证实的、并购所特有的并且能够有利于消费者”。由此可以看出,欧盟竞争法采用的是消费者福利标准。然而,在司法实践中,一些并购案例显示,欧盟委员会关注的不是消费者利益,而是促进产业内的竞争,提高产业竞争力(Gifford and Kudrle,2005)。美国《横向并购指南》第4条中要求并购产生的效率要能够传递

① Monti, M., "The Future of Competition Policy in the European Union", Speech at the Merchant Taylor's Hall, July 9, 2001.

给消费者，采用的是消费者福利标准；然而，在其司法实践中又常常应用社会总福利标准。所以，一些学者认为，美国反垄断当局采用的是打着“消费者福利标准”标签的社会总福利标准(Farrell and Katz,2006)；还有一些学者认为，美国并购反垄断控制中所采用的福利标准从消费者标准演化为“消费者福利与社会总福利的混合标准”(Kolasky and Dick,2003)。Kolasky and Dick(2003)认为，一方面，消费者福利仍然是并购政策的核心，但另一方面，效率因素已经成为抵消反竞争效应的重要因素，对传递率的要求也逐渐变得宽松；因而，美国并购政策的现行福利标准是消费者福利标准和社会总福利标准的一种混合。从加拿大竞争法第96条第1款看，加拿大反垄断当局采用的是社会总福利标准。然而在案例法中，情况有所变化，在福利标准的采用上有些让人困惑。例如，在1992年Hillsdown案中，竞争法庭没有采用社会总福利标准，而是似乎更倾向于消费者福利标准，以至于这一案例中所采用的标准后来被学界称为“Hillsdown标准”。英国在2002年《企业法》颁布之前，倾向于采用社会总福利标准，而在颁布之后转向了消费者福利标准(Padilla,2005)。在司法实践中，虽然在并购评估审查中，反垄断当局考虑了效率因素，但是没有一项最终判定是以效率为主要依据作出的，因而可以认为英国在司法实践中采用的是消费者福利标准。

5.5 本章小结

横向并购的反垄断审查就是将并购可能带来的效率效应与反竞争效应进行权衡比较，效率因素分析是评估审查的重点内容之一。横向并购可能产生的效率主要包括生产效率、配置效率和动态效率。并购可能带来的生产效率主要来自于生产合理化、规模经济、范围经济和技术进步；并购可能带来的配置效率主要来自于减少管理松弛现象和降低X-非效率而产生的成本节约和要素使用效率提升；动态效率来自由技术创新和进步所带来的成本节约或收益增加，包括新产品的引入、已有产品的质量改进和应用新工艺而导致的单位成本下降等。在横向并购的反垄断审查中，生产效率和配置效率属于静态效率，易于测度、证实和检验，因而受到反垄断当局的更多关注；而动态效率的测度难度大、实现周期长并且难以证实，因而在效率抗辩中所起的作用不太明显。

并购可能产生的效率因素是反垄断当局对横向并购进行评估审查的重要依据，在并购评估审查中考虑效率因素时，成本节约的确定性程度、福利函数对于成本节约的凹性或凸性等因素会对评估结果产生重要影响。我们使用同质产品的 Cournot 竞争模型分析发现,福利水平的变化对事后测度并购后成本呈凸性,反垄断当局愿意获得更多的成本节约。因此,从全社会的立场出发,反垄断当局应像一个风险偏好型的决策者那样行事。也就是说,如果某项并购能够预期获得更大的成本节约,那么即使存在一定的不确定性,反垄断当局也会增加批准该项并购的概率。

在产品水平差异化和成本节约具有不确定性时,企业数量和并购导致的成本节约状况影响并购后相关市场上企业的定价策略。在给定单位需求和足够高的消费者保留价格的假定下,社会福利可以通过生产成本和"转移成本"之和来进行测度。在产品高度差异化的情况下,福利函数对于成本节约是凸性的,其他情况下则是凹性。因而,我们很难从中发现一个明确的政策含义。在成本节约具有不确定性的条件下,依赖产品差异化程度,根据预期的成本节约来评估一项并购,可能导致过多的拒绝或过多的批准。反垄断当局需要根据每一项并购的具体情况对可能实现的效率进行评估分析。在产品的差异化的情况下,成本节约的不确定性要求反垄断当局在并购评估审查中对效率抗辩持一种谨慎的态度,评估审查的政策取向趋严。

在对称产品差异化和价格竞争的情况下,如果反垄断当局以预期的成本节约作为并购评估审查的依据,将导致出现过于宽松的并购批准规则。消费者福利对于成本节约不确定性的变化效应受到产品差异化程度的影响,产品差异化程度较低时,消费者福利函数具有凹性;产品差异化程度较高时,消费者福利函数具有凸性。尤其需要注意的是,当产品差异化程度较低时,总福利函数具有凸性,而消费者福利函数具有凹性,反垄断当局在其判定决策中应将成本节约的不确定性纳入其目标函数。在这种情况下,如果反垄断当局在效率抗辩中采用总福利函数(而不是消费者福利函数),可能导致对并购企业更为有利的结果。在并购评估审查中,如果不考虑成本节约的不确定性,就可能导致反垄断当局的决策偏误。我们的研究显示,从理论视角而言,很难找到一个直接解决这一偏误的、"放之四海而皆准"的有效办法,需要在实证分析中结合具体行业特征和福利函数特性加以解决。

在横向并购反垄断控制中,福利标准的选择体现了反垄断当局的政策目标和价值取向。并购反垄断控制的福利标准有五种类型,即价格标准、消费者福利标准、社会总福利标准、Hillsdown 标准和 Killer 标准。其中,世界各国并购反垄断控制中最常用的是消费者福利标准和社会总福利标准。

在确定并购控制政策目标时，是选择消费者福利标准还是社会总福利标准，实质上不仅是一个经济理论问题，也是一个政治决策问题，它涉及竞争政策的价值判断。消费者福利标准受到那些认为反垄断当局应该阻止福利从一个集团转移给另一个集团者的执法者所“青睐”。只有当效率获得的性质和规模能够使得“即使是在减少竞争的市场上”消费者的福利水平不会比并购前更差时，消费者福利标准才接受效率抗辩。然而，当受并购影响的不止一个市场时，反竞争效应和效率将在这些不同市场上非对称地分布，此时替换还是可能发生。这就会在理论上提出一个问题，一部分消费者的福利改进是否可以权衡或抵消另外一部分消费者的福利损失。然而，在大多数情况下，还是有可能在不显著减少其他市场上的效率的前提下，找到抵消市场不利影响的补救措施。消费者福利标准和社会总福利标准主要区别体现在对并购可能产生效率的态度和处理方式不同。在社会总福利标准下，并购企业可以通过效率抗辩使具有社会合意性的并购获得批准。社会总福利标准不仅能够考虑到所有受并购影响个体的福利水平，而且也是唯一能够充分反映并购对于配置效率、生产效率和动态效率所产生的影响的标准。虽然一些国家的竞争法将消费者福利标准作为并购控制的福利标准，然而在司法实践中往往采用社会总福利标准，重视并购可能产生的效率，鼓励企业通过并购提升市场竞争能力。现阶段，中国企业横向并购反垄断控制政策宜采用社会总福利标准，同时在反垄断当局的目标函数中赋予消费者福利一个较大的权重，以保护消费者利益。

第 6 章　横向并购的反竞争效应

6.1 引　　言

在上一章中，我们分析了并购可能产生的效率，研究了效率的不确定性和效率抗辩中的福利标准选择问题。并购除了能够产生效率效应以外，还可能产生反竞争效应，而反竞争效应往往是反垄断当局更为关注的问题。本章中，我们主要从市场后果的角度和整体层次分析并购可能产生的反竞争效应，后面两章我们将分别研究并购反竞争效应的两种具体表现形式，即单边效应与协同效应。

竞争和效率是两个不同的概念，并购能够独立地对两者分别产生影响，并且这种影响既可能是积极的，也可能是消极的。也就说，并购可能在带来效率的同时损害竞争。如果从效率和竞争的角度进行分析，并购可能产生四种类型的结果：① 带来效率获得，提高竞争程度；② 带来效率损失，降低竞争程度；③ 带来效率获得，降低竞争程度；④ 带来效率损失，提高竞争程度。因此，即使是一项能够明显产生效率的并购也需要进行反竞争效应的评估。反垄断当局关注企业并购行为的主要原因在于并购可能阻止、妨碍或不利于市场竞争，在相关市场上产生持续负面影响：第一方面的负面影响，也是最为人熟知的后果，就是竞争减少会导致价格水平上升；第二个方面的影响是，竞争程度下降会导致管理松弛和 X-非效率；第三个方面的影响是，竞争程度下降会降低企业提供多样化产品和创新的动机；最后，还有一个方面的影响常被提及但还没有被深入研究，即企业管理者具有有限理性，他们的很多决策是基于自己的信念和偏见，而不是基于事实和决策本身所应有的内在逻辑。作为决策非完全理性的一个必然结果是，市场竞争能够起到一个选择工具的作用。如果竞争较为激烈，只有那些管理者恰好具有最为正确的信念和偏见的企业才能够生存和发展壮大。这些企业能够以一个较低的成本生产符合消费者需求的产品。而那些管理者信念与偏见与市场相左的企业将被市场淘汰。相反，如果市场竞争程度很低，即使是以较高成本生产较低质量产品的企业也能够在市场上生存。

并购可能通过减少相关市场上的竞争者数量而单方面提高并购企业市场势力,从而使并购企业能够提高价格,我们称这种现象为"单边效应";并购还有可能改变市场条件,更有利于相关市场上的企业相互串谋,从而使价格上升,我们称这种现象为"协同效应"。无论是"单边效应",还是"协同效应",都会妨碍市场竞争,市场竞争程度的下降会导致产品价格上升①。产品市场价格上升备受关注,主要原因有以下两点:① 价格上升将导致财富从消费者转移到生产者,产生财富再分配效应;② 产品价格上升到边际成本之上会产生(或强化)资源配置的非效率,也称为无谓损失(dead-weight loss)。当产品的价格超过边际成本时,从社会福利最大化的角度来看,应该提高产量,每提高单位产量所增加的社会福利等于现有价格减去边际成本。大部分国家的反垄断当局已经优先关注价格上升导致的再分配效应,但是经济学家却倾向于关注社会福利总水平,即优先关注并购可能导致的资源配置的非效率(无谓损失)。无论竞争政策关注的是什么,对于并购的竞争效应的正确评估都要求对产业内互动竞争的性质有一个较好的理解和把握。一般而言,寡占市场理论认为,随着市场上企业数目的减少,价格将会出现上涨。不考虑成本下降因素,对于并购带来的价格上涨的担心是合理的,因而需要区分是什么因素导致了价格上涨。首先,两个或多个企业之间的并购能够提高企业的单边市场力量②。并购前,企业之间相互竞争,不需要考虑它们的产量和价格决策对于竞争对手利润可能产生的影响;并购后,并购企业需要最大化联合利润,因而需要考虑产量上升、价格下降对于每一家企业产品市场份额的不利影响。其次,并购可能促使企业行为从竞争转向合谋,或者有利于相关市场上的企业在一个较高价格水平上进行合谋③。随着企业数量的减少,维持秘密的卡特尔协议变得更加容易。当这类行为发生后,并购将提高相关市场上的合谋企业的市场力量。

并购可能导致的价格上升风险会受到一些因素的制约。首先,相关市场上存在的实际竞争对手生产与并购企业相同的产品会制约价格的上涨;其次,长期内进入相关市场的可能性能够有效制约并购企业涨价的意图;再次,在中间品市场上,市场力量强大的买家会行使讨价还价能力,以制约并购企业提高价格;最后,可能出现这种情况,参与并购的某一家企业可能

---

① 关于并购的单边效应和协同效应,我们将在后面两章中专门进行分析,本章是从并购可能产生的市场后果的角度分析并购的反竞争效应。

② 这一现象被称为横向并购的单边效应。

③ 这一现象被称为横向并购的协同效应。

由于产品需求下降而成为“失败企业”，即使并购没有发生，该企业也将退出市场。这样，即使不考虑并购，该市场上幸存企业的市场份额也将上升。在后文的分析中，我们假定进入新企业市场较为困难，并且不存在“失败企业”，市场上的购买者是价格接受者。

为了全面评估并购的反竞争效应，首先需要明确并购控制政策的目标。在并购控制政策的目标的争论中，常常提到的政策目标包括三类。① 消费者剩余。并购评估分析应该建立在保护消费者利益的基础上，重点关注并购对市场竞争的影响可能带来的价格效应。② 社会总剩余。并购评估分析应该同时关注消费者利益和生产者利益，社会总剩余是消费者剩余和生产者剩余之和，并购控制政策的目标是使社会总剩余最大化。③ 其他目标。这些目标包括促进就业、地区均衡发展、中小企业的生存、国有企业竞争力、增强本国企业的国际市场竞争力等。并购评估审查中，保护就业常常涉及政治考虑，对就业的影响应该纳入并购的成本—收益分析。然而需要注意的是，反垄断当局出于就业考虑设计的保护原有产业结构的并购控制政策在长期内往往不是最佳的保护就业途径(Jenny, 1997)。以上三类目标中，并购审查评估中考虑较多的是前两类目标。

6.2　横向并购的价格效应

并购可能通过两种途径损害消费者利益：一是并购通过减少企业数量而有利于串谋行为的发生，二是并购通过提高市场集中度而有利于单边行为的发生。由于横向并购减少了市场上竞争企业的数量，所以通常认为并购倾向于提高价格。然而，要全面了解并购的价格效应，需要针对不同竞争模式和不同效率类型进行具体分析。考虑一个简单行业，所有企业生产相同的产品，具有相同的不变成本函数，并且并购没有带来效率改进。在这种情况下，大多数寡占理论认为并购将导致价格上升①。

同质产品的 Cournot 模型比较适合于分析并购产生的效率对价格的影响。因为在 Bertrand 模型中，非效率企业在市场上很难生存，因而在分析此问题上该模型的适用性稍差一些。Shapiro and Farrell(1990)构建了一

① 在文中假定下，Cournot 模型中，价格将上升；价格默契合谋模型中，价格或者上升，或者不变(如果在并购前就存在全面合谋)；生产同质产品的 Bertrand 模型中，价格或者保持不变，或者上升(如果兼并导致独家垄断)；生产异质产品的 Bertrand 模型中，在线性需求和对称竞争假定下，价格将上升。

个 Cournot 模型,企业以设定产量为手段展开竞争①。为了分析简便,他们假定所有企业生产同质产品。在这一框架下,他们分析了要想使并购能够减低价格、提高产量、增进消费者福利所必需的内部效率的性质和大小。从他们的分析中能够得到以下结论:① 为了实现并购后价格下降,并购企业需要较大幅度地降低边际成本;② 如果内部效率仅包括生产合理化和固定成本节约,那么并购将导致价格上涨②;③ 如果生产合理化伴随着可变成本节约,那么并购可能降低价格。在上一章中我们分析的五种类型的效率中,以下几种效率如果足够大,就可以保证并购后的价格降低:一是长期规模经济和产品层次的规模经济;二是来自于技术和工艺扩散的技术进步和来自于创新动机增强的研发投资增加;三是购买经济性。以上效率类型有一个共同点,长期内它们都能够导致边际成本下降。现在的问题是,多大的边际成本下降才能导致价格下降。我们将能够导致价格下降的最小的边际成本下降量称为边际成本最低下降量。Shapiro and Farrell (1990)的研究显示,并购前企业不同的市场份额、市场需求弹性等相对容易观察的变量影响边际成本最低下降量。正如大多数静态寡占模型一样,Shapiro and Farrell 的分析强调了边际成本(而不是固定成本)在降低价格上的重要性。在动态寡占模型中,当新企业能够进入市场时,固定成本节约也能够影响价格。是否并购后的价格下降只能来自于明显的边际成本下降呢?这一问题很难得到一般的结论,因为价格竞争的程度依赖于产品差异化的性质③。

下面我们用 Cournot 模型来分析并购及其产生的效率对价格的影响。首先来看并购可能对价格产生的影响。我们假定相关市场上在并购前有 $n(n\geqslant 3)$ 家规模相等的企业,两家企业参与并购,并购后企业数量变为 $n-1$ 家;市场需求函数为 $P=a-Q$,企业的成本函数为 $c(q)=cq_i$。并购前如果企业的成本相同,那么它们的规模也相等,为 $(a-c)/(n+1)$。如果并购没有产生效率,并购后 $n-1$ 家企业的规模也将相等,为 $(a-c)/n$。这

---

① 然而,在那些以价格为竞争手段的产业内,应用 Bertrand 模型分析更为便利,参见 Werden and Froeb(1995)。

② 固定成本节约不能降低边际成本,因而不能降低产品价格,这一点比较明显。然而,生产合理化为什么不能降低价格,这一点不是很明显。生产合理化往往是将产量从边际成本高的工厂转移到边际成本低的工厂,这将降低高成本工厂的边际成本,但同时提高了低成本工厂的边际成本。这种变化的净效应是导致价格上涨,具体分析参见 Shapiro and Farrell(1990)。

③ 例如,如果产品是同质的,Bertrand 模型认为,即使市场内只有两家企业,该市场上也将出现完全竞争的价格水平,即价格等于边际成本。当市场价格高于边际成本时,企业就有动机将价格降到竞争对手之下从而获得整个市场。正是这个原因,在价格竞争模型中,往往将产品假定为差异化的。

样，该项并购减少了相关市场上的企业数量，将导致价格上升：

$$\Delta p = \frac{a - c}{n(n + 1)} \tag{6-2-1}$$

如果我们假定参与并购的两家企业所在的市场上企业规模不相等，那么结果稍有变化。在 Cournot 模型中，成本差异可能导致企业规模不相等。高效率企业（成本较低）将比低效率企业（成本较高）拥有一个更大的市场份额。

$$q_i = \frac{a - nc_i + \sum_{i=1}^{n} c_i - c_i}{n + 1} \tag{6-2-2}$$

假定有两家企业，它们的边际成本分别为 c_1 和 c_2，$c_1 = c_2 = c_m$，该产业的平均边际成本为 $\bar{c}$，这两家企业偏离该产业的平均边际成本量为 e，即 $c_1 = c_2 = c_m = \bar{c} - e$，假定这两家企业相互并购。如果它们在并购前比竞争对手更有效率，那么它们并购前的市场份额将超过其竞争对手；反之反是。这两家有效率的企业之间的并购对于价格的影响为：

$$\Delta P = \frac{a - c_m}{n(n + 1)} - \frac{e}{n + 1} = \frac{a - \bar{c}}{n(n + 1)} + \frac{e}{n} \tag{6-2-3}$$

一般情况下，$\bar{c} \leqslant c$，所以

$$\frac{a - \bar{c}}{n(n + 1)} + \frac{e}{n} > \frac{a - c}{n(n + 1)} \tag{6-2-4}$$

从以上分析可以看出，两家相对有效率企业之间的并购对价格的影响要大于两家与竞争对手等效率企业之间的并购。这是因为作为并购的结果，两家并购企业的市场份额缩小了。如果两家相对有效率的企业之间发生并购，平均产业成本将上升。当然这是在假定并购前的企业数量大于或等于 3，并且并购没有产生效率的情况下得到的结论①。

在 Cournot 寡头垄断市场上，并购的价格上升效应能够被成本节约效应所减轻。假定并购后市场上并购企业的边际成本下降了 ε，那么并购后市场价格将下降：

$$\Delta P = -\frac{\varepsilon}{n} \tag{6-2-5}$$

从（6-2-5）式可以看出，在相对集中的市场上一家企业的成本下降给消费者带来的福利要大于企业数量较多的市场。价格下降幅度只依赖于

① 如果并购前相关市场上只有 2 家企业，那么并购将导致垄断，企业成本和行业成本就没有区别，以上结论就不成立。参见 Brouwer, M., "Horizontal Mergers and Efficiencies: Theory and Antitrust Practice", *European Journal of Law and Economics*, 2008(26): 11—26.

市场上的企业数量,而不取决于成本节约企业的相对规模。如果一项并购导致的成本节约能够抵消并购的价格上升效应,那么这项并购就不会损害消费者的利益。

在并购前企业规模(市场份额)相同的情况下,我们可以得到:

$$\Delta P = -\frac{\varepsilon}{n} = \frac{a-c}{n(n+1)} \tag{6-2-6}$$

即 $\varepsilon = \frac{a-c}{n+1}$。

在并购前企业规模(市场份额)不相同的情况下,我们可以得到:

$$\Delta P = -\frac{\varepsilon}{n} = \frac{a-c_m \pm ne}{n(n+1)} \tag{6-2-7}$$

即 $\varepsilon = \frac{a-\bar{c}}{n+1} \pm e$。

从(6-2-6)、(6-2-7)式可以推导出,并购前企业数量(n)越少,保持价格不变所需成本节约(ε)就越大。具有相对成本优势的两个企业之间的并购要求更大的成本节约($+e$),以保持价格不变;相反,具有相对成本劣势的两个企业之间的并购要求稍小的成本节约($-e$)。

Werden and Froeb(1994)研究了一个产品对称差异化的行业,他们假定该行业内如果一家企业每提高一单位价格,将使所有竞争对手的市场份额上升相同的比例。他们认为,如果一项并购只能产生固定成本节约和生产合理化配置,而不能产生其他内部效率,那么这个行业内的所有产品的价格将在并购后上升;价格上升的幅度取决于不同产品的市场份额。由于产品是差异化的,不同的产品具有不同的价格。因此,并购的价格效应更加复杂。在不同产品的价格变动幅度方面,Werden and Froeb 得到以下三个结论:① 并购企业的产品价格的提升幅度高于其他竞争企业;② 具有较大市场份额的竞争企业的产品价格提升幅度高于具有较小市场份额的竞争企业;③ 明显的边际成本下降,边际成本降到低于参与并购的所有企业中的并购前最低边际成本,是并购后价格下降的必要条件。这一结论与 Shapiro and Farrell(1990)通过构建一般 Cournot 模型所得到的结论基本相同。

以上的分析都是基于并购后企业没有进行合谋的假设,下面考虑企业合谋的情况。在特定环境下,企业即使是在没有机会签订一个具有法律约束力的合约的条件下,也会维持一个类似于卡特尔的协议。前提条件是,没有司法系统的帮助,企业也能够发现并惩罚那些违反协议的价格行为。关于企业合谋的经济模型试图勾画出那些能够维持一个类似于卡特尔的协议的确切条件。这些模型也能够帮助评估并购是否会对产业内的联合市场力量产生影响。一种分析并购对于合谋作用的方法是，假定一开始没有发生合谋，然后分析并购是否有利于促进合谋，在什么条件下有利于促进合谋。市场集中度和合谋的可能性之间存在一种正相关关系，越是集中度高的市场结构，越有利于企业合谋（Stigler，1964；Friedman，1971）。市场集中度的上升意味着：通过欺骗从竞争对手那里“窃取”市场份额的利润下降，发现作弊的概率上升，合谋中的协调问题减少。相对于非合谋的 Bertrand 模型和 Cournot 模型而言，合谋的经济模型对并购的价格效应的预测能力要小很多。一种合谋结果是可维持的意味着一系列其他合谋结果也是可维持的，这一事实导致合谋模型缺乏预测能力。因而问题是需要预测哪一类的合谋协议需要企业间相互协调。如果在合谋模型中对哪一类合谋协议需要企业间相互协调做出一些具体的假定，那么这一模型就会获得对并购效应的较强的预测能力。如果企业之间合谋而不是相互竞争，那么并购导致价格降低的最低成本要求会变小。这一结论的经济学直觉告诉我们，如果企业在并购前已经成功合谋，那么并购将消除并购前企业合谋所导致的非效率。为了说明这一观点，我们假定有两家企业，企业 1 和企业 2，企业 1 具有较高的（不变的）边际成本 MC_1（见图 6-1），企业 2 具有较低的（不变的）边际成本 MC_2（见图 6-2）。在充分合谋协议下，两家企业通过讨价还价（瓜分市场）分配产量，使市场价格位于两个假定的垄断价格之间：高成本企业（如果它是一个垄断者）选择的垄断价格 P_1 和低成本企业（如果它是一个垄断者）选择的垄断价格 P_2（见图 6-3）。这一价格的具体位置取决于两家企业的讨价还价能力。现在假定这两家企业实现并购，产量将在两个工厂之间进行理性调整，所有产量将从高成本企业转移到低成本企业。结果，价格将降低到较低的垄断价格 P_2（见图 6-3）。因此，在充分合谋的行业中，即使没有效率改进，并购也将降低价格。

从以上分析可以看出，不同的竞争模式对应着不同的竞争模型。市场上企业之间的竞争模式受到企业所能获得的关于自己、竞争对手和所在市场的信息的影响。市场竞争模式影响并购的价格效应，不同的竞争模式可能使并购产生不同的价格效应。以上我们仅仅是应用已有的竞争模型分析了几种情况。实际上，并购的价格效应不仅仅如此，由于实际经济生活中很多竞争模式很难应用已有的经济模型进行分析，或者说经济学理论中的经济模型太少，因而在全面分析并购所产生的价格效应方面还有许多工

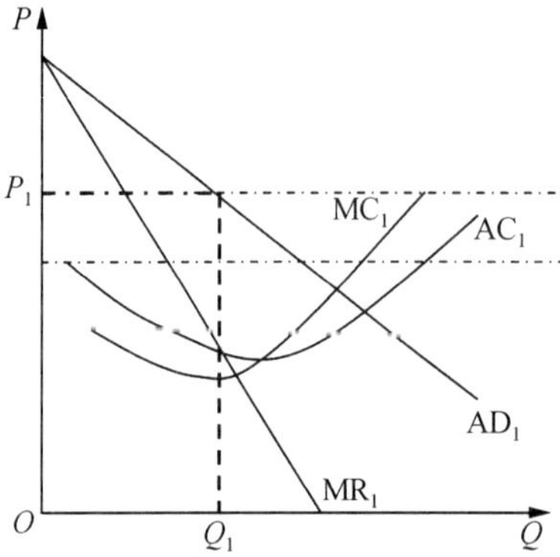

图6-1 并购价格效应(1)

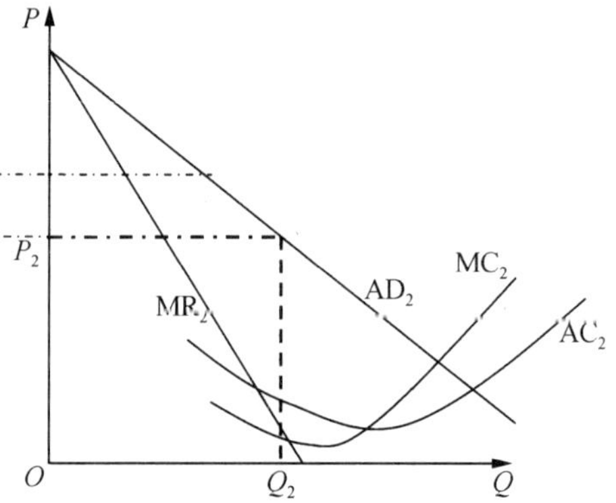

图6-2 并购价格效应(2)

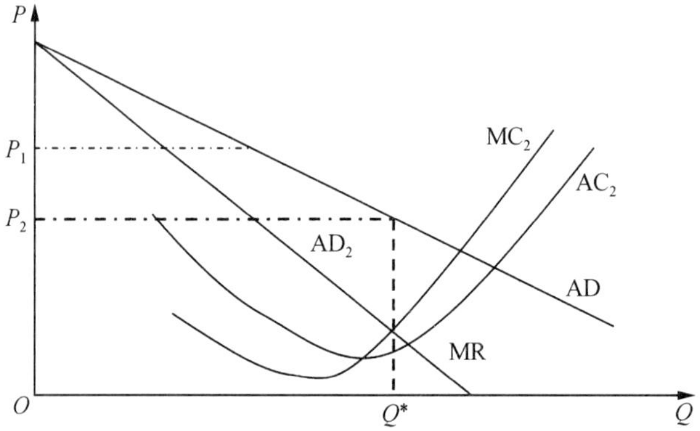

图6-3 并购价格效应(3)

作要做①。竞争模式和竞争模型的多样化给竞争政策的设计带来了困难。竞争政策的制定是以所有模型为基础还是以其中一个模型为基础？如果是以其中一个模型为理论基础，是该选择哪一个？或者，竞争政策应该更有弹性一些，那么，怎样变得更加富有弹性？理想的选择当然是，反垄断当局能够根据每一个特定的并购，应用最适合于该项并购的实际竞争模型进行评估分析。然而，这样做的前提是，反垄断当局能够对该项并购所涉及的市场上的竞争模式十分了解。或者说，反垄断当局拥有该市场上的充分信息。如果不能达到这一要求，反垄断当局只能采用折中方案，以“最坏情境”为基准，要求并购企业提供相关市场上的、能够被证实的证据，以作为反垄断当局决策的依据。

① 一个简单的例子是，几乎所有的经济模型都假定企业的管理者是充分理性的，但是实际经济生活中管理者是有限理性的。这一假定的变化会导致经济模型更加复杂化。

6.3　并购对社会总福利的影响

很多经济学家坚持认为竞争政策的设计不能仅仅以保护消费者利益为目标,而应是以最大化社会总福利为目标。在这种政策目标下,经济学家不认为剩余从消费者转移到生产者而导致的价格上升是一个经济问题,但是如果价格上涨导致资源配置的非效率,出现社会福利净损失,就是一个需要认真考虑的经济问题了。

6.3.1　并购福利效应与“威廉姆森替换”

在应用社会总福利的分析方法进行并购分析方面,最具影响的成果当属 Williamson 于 1968 年发表在《美国经济评论》上的“反垄断抗辩经济学:福利权衡”(Economies as an Antitrust Defense: The Welfare Tradeoffs)一文①。Williamson 假定并购前的市场是完全竞争的,价格等于边际成本;并购完成后并购企业获得一定程度的市场势力,产量下降,价格上升。然后,Williamson 比较了并购后价格上升导致的社会福利净损失与并购带来的企业内部效率之间的大小,认为用于弥补价格上升所导致的社会福利净损失所需的成本节约不需要很大,并提出了“威廉姆森替换”(Williamson tradeoffs)的概念和分析框架(见图 6-4)。虽然 Williamson 的关于“用于弥补价格上升所导致的社会福利净损失所需的成本节约不需要很大”这一结论不具有一般性②,但是这一分析框架由于其具有较强解释力③,后来成为经济学家和反垄断当局进行并购分析的基本框架之一(Roller *et al.*,2000;Fackelmann,2006)。下面,我们用扩展后的“威廉姆森替换”分析框架来讨论并购对于社会总福利的影响(见图 6-4)。

图 6-4 中,AD 表示某种产品的市场需求,MC 表示边际成本,Q 表示产量,P 表示价格水平。下面,我们考虑一个生产同质产品的产业,单位成本不变,边际成本等于平均成本且在并购前为 MC_1,并购后由于内部效率实现了成本节约降到 MC_2。下面我们分别分析并购导致企业行为变化的三种可能出现的情形:

---

①　“威廉姆森替换”分析框架主要应用于社会总福利标准下的并购分析,如果反垄断当局采用的是消费者福利标准,“威廉姆森替换”分析框架的应用价值就小多了。

②　弥补价格上升导致的社会福利净损失所需的成本节约的大小,依赖于并购前和并购后的市场竞争程度。

③　Williamson 的分析框架不依赖于特定的效率类型,我们在前文分析的五种类型的成本节约都可以纳入 Williamson 的这一分析框架。

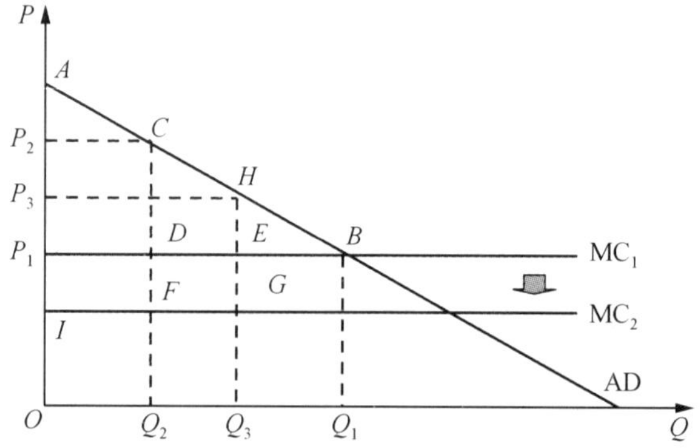

图 6-4 “威廉姆森替换”与并购分析

资料来源:Williamson(1968)、Roller *et al*. (2001)和 Fackelmann(2006)等。

(1) 从完全竞争到垄断。这是最为简单的一种情况。并购前,在完全竞争的价格水平 P_1 上,社会总剩余与消费者剩余相等①,为三角形 ABP_1。并购后,单位成本下降,市场结构由完全竞争转变为垄断,此时的价格水平为垄断价格 P_2,社会总福利等于消费者剩余 ACP_2 加上生产者剩余 P_2CFI。可以看出,并购导致的福利变化为矩形 P_1DFI 与三角形 CDB 之间的差额。从社会总福利的角度考虑,只有并购后生产的成本节约 P_1DFI 能够替换并购导致的社会福利净损失 CDB,也就是说并购没有导致社会福利净损失,该项并购才有可能被批准。

(2) 从完全竞争到“部分垄断”。这是 Williamson(1968)原文中所分析的一种情况。Williamson 假设并购导致市场结构从完全竞争转变为“部分垄断”(partial monopoly),或者说并购后的企业在市场上存在一定的市场势力,但不是完全垄断,市场结构相当于垄断竞争或寡头垄断。此时,价格由 P_1 上升到 P_3,而不是 P_2。由于并购后的产量 Q_3 高于第一种情况下的垄断产量 Q_2,因而获得更多的内部成本节约,记为 P_1EGI,从图 6-4 中能够很明显地看出,$P_1EGI > P_1DFI$。并购导致的社会福利净损失为 HBE,并且 $HBE < CDB$。因此,与第一种情况相比较,在这种情况下成本节约较多而社会福利净损失较少,“威廉姆森替换”较为容易实现。以上两种情形的区别说明,准确了解并购后价格上升的幅度对于并购分析而言十分重要。

(3) 从“部分垄断”到完全垄断。这种情况说明了了解并购前市场竞

① 为了分析的方便,我们假定在完全竞争的价格水平上,生产者剩余为0。社会总福利等于消费者剩余加上生产者剩余。

争状况(市场势力)对于并购评估分析的重要性。假定并购前的市场结构为“部分垄断”,价格为 P_3,高于边际成本 MC_1,产量为 Q_3。并购后市场结构为完全垄断,边际成本降到 MC_2,垄断价格为 P_2。社会总福利从并购前的 $AHEP_1$ 变为并购后的 $ACFI$。因此,“威廉姆森替换”为内部效率带来的成本节约 P_1DFI 和产量下降导致的社会福利净损失 $CHED$ 之间的替换。

从以上分析可以看出,并购具有三种效应:一是限制产量而产生的社会福利净损失,二是由于价格上升而从消费者转移给生产者的福利,三是成本降低而产生的效率①。“威廉姆森替换”就是权衡比较第一部分和第三部分的大小。一般而言,如果一项并购导致整个行业的产出下降较少,原本为非竞争性的行业的内部成本效率上升较大,那么内部成本效率与社会福利损失之间的替换就比较容易实现。内部成本节约导致的效率获得与产业的产出水平成正比,产出下降导致的社会福利净损失与价格—成本边际(price-cost margin)成正比(Weiss,1992)。因此,要准确评估福利替换,首先需要对并购前的产量水平和价格—成本加成有一个较为准确的估计。并购前的产量乘以预期的单位成本下降量近似等于预期的福利所得;并购前的价格—成本加成乘以预期的产量下降量近似等于预期的福利损失。在实证分析中,比较预期的福利所得与预期的福利损失的主要困难在于如何估量预期的成本下降和预期的产量下降(Roller *et al.*,2000;Fackelmann,2006)。

“威廉姆斯替换”分析框架中,在评估分析单位成本节约所带来的效率获得时以整个产业的产量变化为基础,这种方法在假定该行业的所有企业都参与该项并购的情况下是合理的。然而在经济实践中,大部分并购只有行业中的部分企业参与,评估并购导致的内部成本节约时只能考虑并购企业的产量。“威廉姆斯替换”分析框架的另外一个困难是评估并购导致的实际成本下降,并购企业在申报中总是尽可能地声称并购会导致成本下降、效率上升。Farrell and Shapiro(1990)提出了一种评估行业内部分企业参与并购的方法,这种方法不需要依赖于并购企业申报时所声称的内部效率。他们构建了一个评估并购所产生的外部性的 Cournot 模型,一项并购所产生的外部性包括对消费者的影响和对未参与并购的竞争企业的影响。如果外部性为正,那么该项并购必然提高社会总福利,因为一项申报的并购对于并购企业本身总是被认为能够获利的(否则,并购企业就不会参与

---

① 利用本模型也可以分析并购没有产生效率时的情形。相对而言,这一分析较为简单,故略去。

并购)。他们推导了在价格上升(产量下降)条件下一项并购能够产生正外部性的条件。他们发现并购企业的市场份额应足够小:当两家企业(或多家企业)通过并购降低产量时,其他未参与并购的竞争企业能够扩大产量,并且竞争企业所扩大的产量小于并购企业所缩减的产量。结果是伴随着并购企业产量的下降,行业内的产量从并购企业重新配置给它们的竞争对手企业。如果参与并购的企业的效率低于其竞争对手,那么这种产量的重新配置有利于社会总福利水平的提高。如果并购企业的市场份额相对较小,并购企业的效率低于其他竞争企业是可能存在的。总而言之,并购企业拥有一个相对较小的市场份额,意味着它们具有相对较低的效率,产量从并购企业重新配置到竞争对手企业,使得该项并购能够产生正的外部性①。与此相反,如果两家(或多家)企业属于具有较大市场份额的大企业,通过并购限制产量,具有相对较低效率的竞争对手企业的产量将被重新配置转移到并购企业,这种并购将产生负外部性。在这种情况下,只有当可证实的并购带来的内部效率足够大时,社会总福利水平才可能为正。Farrell and Shapiro(1990)的分析方法的主要贡献有两点:一是他们指出了并购分析中被传统分析方法所忽视一种潜在重要效应,即产量在竞争对手之间的重新配置所产生的效应;二是他们应用古诺竞争模型分析后认为,正是由于存在以上效应,一项并购即使不存在内部效率(或者内部效率不能被证实),也可能是有利于增进社会总福利。Farrell and Shapiro 的 Cournot 模型中关于并购企业市场份额的相对简单而具体的条件不能一般化到产品差异化的 Bertrand 模型中。产品差异化是与具体市场相联系的,其本身就难以进行简单的一般化的描述。

以上分析都是在假定并购不诱致新企业进入相关市场的前提条件下进行的。Werden and Froeb(1998)放松了这一假定,研究了新企业进入对于并购价格效应的影响。在一些情况下,并购企业为了阻止新企业进入,需要降低价格,因此进入的潜在威胁能够减小价格上升幅度,降低企业获利的可能性。如果企业是理性的,并且具有充分信息,只有当并购能够产生明显的效率获得,或者能够观察到较高的进入障碍时,它们才发起一项并购。只有当进入因素能够纳入效率考虑,并且并购产生明显效率缺乏强有力证据时,进入因素才作为效率抗辩因素。

① Levin(1990)构建了一个产品同质性和企业通过设定产量竞争的模型,分析结果显示,在假定不存在产量合理化以外的其他内部效率的情况下,市场份额小于50%的并购都是无利可图的。他们的研究进一步显示,任何类型的并购,不管是增加产量还是减低产量,只要市场份额低于50%,该项并购就能够提高社会福利。

6.3.2　并购的外部性分析

1. 并购的外部性与竞争效应

如果我们假定并购总是能够给并购企业自身带来正的私人利润,那么当一项并购能够带来正的净外部性(net externa effect, NEE)时,它总是能够增加社会总福利。我们将净外部性(NEE)界定为消费者剩余变化(ΔCW)与非并购企业利润变化($\Delta \Pi^N$)之和,即

$$NEE = \Delta CW + \Delta \Pi^N$$

根据横向并购的净外部性可以将并购的竞争效应分为四种类型:同时增加消费者剩余和非并购企业利润、同时降低消费者剩余和非并购企业利润、增加消费者剩余但降低非并购企业利润、降低消费者剩余但增加非并购企业利润①。我们以消费者剩余的变化值和非并购企业利润的变化值为坐标,可以将以上四种类型表示在图 6-5 中。

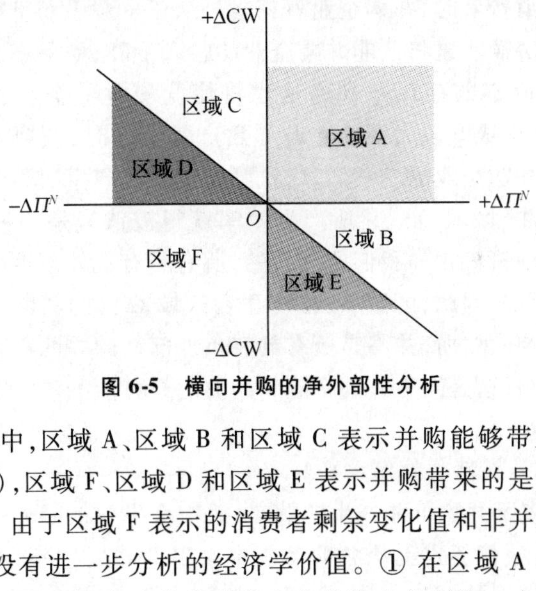

图 6-5　横向并购的净外部性分析

在图 6-5 中,区域 A、区域 B 和区域 C 表示并购能够带来正的净外部性(正外部性),区域 F、区域 D 和区域 E 表示并购带来的是负的净外部性(负外部性)。由于区域 F 表示的消费者剩余变化值和非并购企业利润变化值皆为负,没有进一步分析的经济学价值。① 在区域 A 中的并购能够产生正外部性,同时提高消费者剩余和非并购企业利润。由于非并购企业(竞争对手)的利润增加了,所以发生在这一区域的并购将导致价格上升(消费者剩余将下降),但同时产生了较为明显的需求方效率,使得消费者剩余增加,这一增加量大于价格上升而导致的消费者剩余的下降量,从而使得消费者净剩余增加。② 在区域 B 和区域 E 中的并购导致消费者剩余

---

① 其中的第二种类型导致的净外部性肯定为负,在这里不做详细分析。

下降,但提高了非并购企业的利润。在区域 B,第二种效应在数量上大于第一种效应,因而并购的净外部性为正;区域 E 的情况相反,当一项并购不产生效率,或者产生的效率不能传递给消费者时,该项并购将有可能提高非并购企业的利润,降低消费者剩余;并且,消费者剩余的下降量一般要大于并购给竞争对手带来的正外部性,即并购的净外部性为负。所以,发生于区域 E 的并购与发生于区域 B 的并购存在明显的区别。③ 在区域 C 和区域 D 中的并购增加了消费者剩余,但降低了非并购企业的利润。在区域 C,第一种效应居于主导地位,因而并购的净外部性为正;区域 D 的情况相反。当一项并购能够产生显著的成本节约和需求方效率时,该项并购将有可能增加消费者剩余,降低非并购企业的利润,然而,哪一种效应处于主导地位,还不太明确,它取决于:效率获得的大小,效率的大小将决定消费者剩余受影响程度和非并购企业联合市场份额的下降程度;非并购企业利润总量受并购影响而下降的程度。当并购能够产生显著的效率,并且这一效率能够传递给消费者时,并购企业就相当于从竞争对手那里窃取了一个较为明显的销售份额。这将使非并购企业的收入下降,如果产出存在规模经济(例如,固定成本的存在),那么这也将使竞争对手企业的平均成本上升。因此,当平均成本较大幅度上升导致产量下降时,该项并购就将较大幅度地减少非并购企业的总利润。在这种情况下,产生明显效率获得的并购具有负外部性(区域 D),它所产生效率获得被认为是一种“效率侵犯”(efficiency offense)。正如我们所分析的,所有具有正外部性的并购都能够增加社会总福利。因此,区域 A、区域 B 和区域 C 内的并购对社会总福利将产生积极影响。然而,并不是所有具有负外部性的并购都会对社会总福利产生负向影响,这是因为并购企业利润的上升可能抵消并购的负外部性(Williamson,1968)。

2. 并购的外部性与效率水平

我们用 e 表示并购可能产生的效率,效率水平较低时 $e=e_L$,效率水平较高时 $e=e_H$。我们假定无论并购后效率水平的高低,并购对于并购企业而言都是有利可图的,即

$$\Pi_H > \Pi_L > \Pi_N$$

其中,Π_H 和 Π_L 分别表示并购被批准后高效率水平和低效率水平下并购企业能够获得的利润;Π_N 表示并购被阻止后并购企业(联合)利润。更进一步,我们假定当且仅当并购能够产生较高水平的效率时,该项并购才能提高社会总福利水平,也就是:

$$W_H > W_N > W_L$$

其中，W_H 和 W_L 分别表示如果并购被批准且并购能够产生高水平效率和低效率水平时的社会总福利（未加权的消费者剩余与产业利润之和），W_N 表示并购被阻止时的社会总福利水平。为了书写的简便，我们令 $\Delta\Pi_i \equiv \Pi_i - \Pi_N, \Delta W_i \equiv W_i - W_N (i = L, H)$。根据这一等式，我们可以得到：

$$\Delta\Pi_H > \Delta\Pi_L > 0; \quad \Delta W_H > 0 > \Delta W_L$$

因此，当 $\Delta W_H < \Delta\Pi_H$ 时，并购存在负外部性；当 $\Delta W_H > \Delta\Pi_H$ 时，并购存在正外部性（Farrell and Shapiro，1990）。根据这一界定，我们可以得到：

$$\Delta W_H > \Delta\Pi_H \Leftrightarrow \Delta CS_H > 0$$

ΔCS_H 表示并购被批准时，如果并购能够产生高水平效率的消费者剩余。这一假定说明，如果并购存在正外部性，那么消费者和生产者都能从高效率水平的并购中获得剩余。如果考虑到并购对消费者剩余的影响只能通过其对市场价格的影响来实现，消费者剩余与市场价格成反比，那么消费者剩余为正就等同于高水平效率导致了并购后的市场价格降低。并购能够产生的不同效率水平对于不同利益集团的影响可以用图6-6表示。

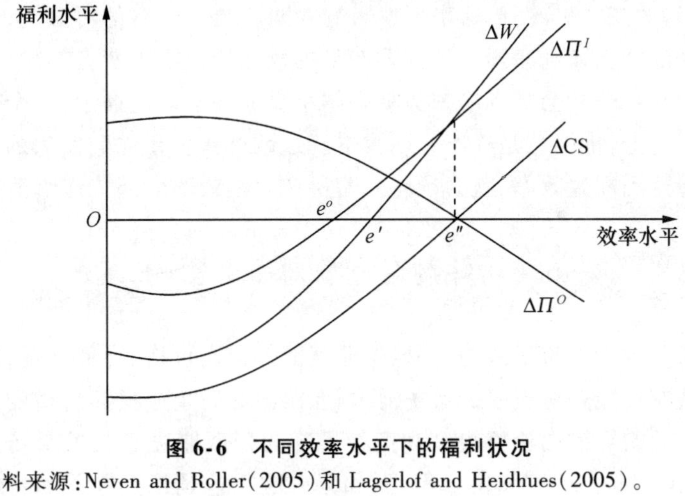

图6-6　不同效率水平下的福利状况

资料来源：Neven and Roller（2005）和 Lagerlof and Heidhues（2005）。

图6-6中，$\Delta\Pi^I$ 表示并购企业（insider）的利润，$\Delta\Pi^O$ 表示非并购企业（outsider）的利润。这一图形是根据同质产品市场上的古诺竞争模型推导出来的，假定并购前相关市场上至少有三家成本对称的企业，需求函数和成本函数都为线性，效率参数 e 是从并购企业的边际成本节约中推导出来的。从图6-6中可以看出，如果并购带来的效率水平低于门槛值 e^o，那么并购企业自身也将出现福利损失；要想使并购的福利效应为正，效率水平必须超过门槛值 e'，$e' > e^o$。因此，以效率水平的门槛值来表示，我们在前

面的假定就相当于：

$$e_L \in (e^o, e') \quad 和 \quad e_H > e'$$

从图 6-6 中我们还可以看出，在达到门槛值 $e''(e''>e')$ 之前，非并购企业的利润和消费者剩余的变化值总是正的。当效率高于这一门槛水平时，并购将导致市场价格下降，并购带来的社会福利将超过并购企业的利润。因而，当并购可能产生的效率水平 $e_H \in (e', e'')$ 时，并购就存在负外部性；当并购可能产生的效率水平 $e_H > e''$ 时，并购就存在正外部性。

6.3.3 并购对于消费者福利的影响

并购产生的效率对于消费者价格的影响程度取决于这些效率能够传递给消费者的程度，即传递率的大小。如果在并购没有产生效率的情况下并购企业的利润上升了，那么这一利润属于再分配所得，它要么来自于其他企业（市场份额下降或者投入要素价格下降），要么来自于企业雇员（裁员或者削减工资），要么来自于消费者（价格上升或质量下降），要么来自于政府（税收减少）①。传递率不仅影响并购后社会财富的再分配，也影响并购带来的社会福利净损失。并购产生的效率传递给消费者的越多，那么并购可能导致的社会福利净损失就将越小。经济学理论揭示，一个配置有效率的市场上，价格总是等于边际成本。这就意味着在并购发生的相关市场上要想达到配置效率，就必须将并购所产生的效率全部传递给消费者。

6.4 并购对竞争对手的影响

如果并购产生市场势力，并购企业就能够提高价格、降低产量，因而竞争对手就有可能获得更多的市场需求，在跟随并购企业提高价格的同时扩大产量。并购导致的价格提高和产量下降的程度取决于相关市场上的竞争模式（Roller *et al.*，2001）。但是，如果并购企业预期到其并购将给竞争对手带来的好处大于给自己带来的好处，它们就可能不发起该项并购。我们继续用 Cournot 模型来分析并购对于竞争对手的影响。在 Cournot 市场上，如果企业规模不受并购影响，那么并购将不会给竞争对手带来好处。在效率不变的情况下，如果竞争对手扩大产出和利润，那么就要求它们的成本下降。如果并购企业的规模保持不变，等于并购前两家并购企业市场

---

① Tichy, G., "What Do We Know about Success and Failure of Merger?", *Journal of Industry, Competition and Trade*, 2001, 1(4): 353—376.

份额之和,即 $q_m = q_1 + q_2$,那么竞争对手的利润将保持不变。我们假定相关市场上在并购前有 $n(n \geqslant 3)$ 家规模相等的企业,两家企业参与并购,并购后企业数量变为 $n-1$ 家;市场需求函数为 $P = a - Q$,企业的成本函数为 $c(q) = cq_i$。并购前如果企业的成本相同,那么它们的规模也相等,为 $(a-c)/(n+1)$。如果并购产生了效率,并购后并购企业的市场规模将上升,上升幅度为:

$$\Delta q_m = \frac{n-1}{n}\varepsilon \tag{6-4-1}$$

(6-4-1)式中,ε 为并购给并购企业带来的效率(边际成本下降量)。此时,并购企业的规模为:

$$q_m = \frac{a-c}{n} + \frac{n-1}{n}\varepsilon \tag{6-4-2}$$

如果并购企业的成本下降一定的规模,并购企业的产出(规模)将保持不变,即

$$q_m = q_1 + q_2 = \frac{a-c}{n} + \frac{n-1}{n}\varepsilon = \frac{2(a-c)}{n+1} \tag{6-4-3}$$

从(6-4-2)、(6-4-3)式可以推出:

$$\varepsilon = \frac{a-c}{n+1} \tag{6-4-4}$$

也就是说,只有当效率获得(ε)等于(6-4-4)式时,并购才不会给竞争对手带来好处。如果并购带来的是一个较小的成本节约,那么将会促使竞争对手增加产量和利润。保持竞争对手产量不变所要求的成本节约与保持价格不变所要求的成本节约相等①。由此,我们可以得到一个有意思的结论,在寡头垄断市场上,由于并购企业不愿使其竞争对手获益,一般只会发生不损害消费者利益的并购。如果成本节约保持在这一水平上,并购企业自身将获得净效益。

如果我们假定当并购企业认为自己从某项并购中获得预期收益大于其竞争对手时,该企业将完成该项并购,那么结果与上文的分析会稍有差异。我们仍然假定同质产品的 Cournot 市场上并购前 n 家企业的规模相同,两家企业并购产生了明显的效率(ε),并购后竞争对手(非并购企业)的规模(市场份额)为:

$$q_r = \frac{a-(n-1)c+nc-2c-\varepsilon}{n} = \frac{a-c-\varepsilon}{n} \tag{6-4-5}$$

---

① 请参见本章的第1节的相关结论。

并购企业的规模等于：

$$q_m = \frac{a-(n-1)(c-\varepsilon)+(n-2)c}{n} = \frac{a-c+(n-1)\varepsilon}{n} \tag{6-4-6}$$

并购企业(q_1+q_2)的利润将增加一倍(两家企业并购),如果(6-4-7)式成立：

$$q_r^2 = \frac{1}{2}q_m^2, \quad 即\ q_r = 0.707q_m \tag{6-4-7}$$

将 q_r 和 q_m 的等式(6-4-5)、(6-4-6)代入(6-4-7)式后可以得到：

$$\frac{a-c-\varepsilon}{n} = 0.707\frac{a-c+(n-1)\varepsilon}{n} \tag{6-4-8}$$

即 $\varepsilon = -\frac{0.293(a-c)}{0.707n+0.293}$。

如果并购带来的效率(ε)低于这一门槛值,那么并购给竞争对手带来的利益大于给并购企业自身带来的利益。这就意味着一些并购既能够给并购企业带来利得,也可能给相关市场上的竞争对手带来好处,然而这将损害消费者利益。能够使并购企业和竞争对手获得同等利益的成本节约的门槛值(临界值)大约为保持价格不变时成本节约门槛值的一半。以上推导的成本节约的临界值只是要求成本下降的下限值。实际上,并购是有成本的,这就要求并购企业能够获得一个溢价来弥补成本。也就是说,能够使并购企业和竞争对手获得同等利益的成本节约实际上更有利于竞争对手,因为它不需要为并购"买单"。

下面我们来分析当相关市场上企业规模不相等时的情况。在 Cournot 市场上,如果企业的成本条件不一样,那么它们就会以不相等的规模进行水平竞争。当某一市场上的一部分企业处于次优规模时,并购更有可能带来规模经济(Brouwer,2008)。并购前两家拟并购企业的产出及产出之和可以分别表示为：

$$q_1 = \frac{a-nc_1+\sum_{i=1}^{n}c_i-c_1}{n+1} \tag{6-4-9}$$

$$q_2 = \frac{a-nc_2+\sum_{i=1}^{n}c_i-c_2}{n+1} \tag{6-4-10}$$

$$q_1+q_2 = \frac{2a-(n+1)(c_1+c_2)+2\sum_{i=1}^{n}c_i}{n+1} \tag{6-4-11}$$

并购后并购企业的产出为：

$$q_m = \frac{a - (n-1)c_m + \sum_{i=1}^{n} c_i - (c_1 + c_2)}{n} \tag{6-4-12}$$

并购导致的规模下降为：

$$\Delta q_m = -\frac{(n-1)\left(a + \sum_{i=1}^{n} c_i\right) - (n^2-1)(c_1 + c_2 - c_m)}{n(n+1)} \tag{6-4-13}$$

为了保持竞争对手的利润不变，并购导致的成本节约应满足：

$$\frac{n-1}{n}\varepsilon - \Delta q_m = 0 \tag{6-4-14}$$

将相关变量代入(6-4-14)式，可以求得成本节约的临界值：

$$\varepsilon = \frac{a + \sum_{i=1}^{n} c_i - (n+1)(c_1 + c_2 - c_m)}{n+1} \tag{6-4-15}$$

如果我们假定 $c_1 = c_2 = c_m$，那么(6-4-15)式可以变为：

$$\varepsilon = \frac{a + n\bar{c} - (n+1)c_m}{n+1} \tag{6-4-16}$$

(6-4-16)式中，$\bar{c}$ 为并购所在行业的平均边际成本，$c_m = \bar{c} - e$，e 为并购企业边际成本与行业平均边际成本的一个偏离量。那么有：

$$\varepsilon = \frac{a - \bar{c}}{n+1} + e \quad 或者 \quad \varepsilon = \frac{a - c_m + ne}{n+1} \tag{6-4-17}$$

从(6-4-17)式可以看出，如果并购前的企业数量(n)较大，那么所要求的成本下降幅度就较小；相对有效率的企业的并购动机要比没有成本优势的企业弱一些。并购给并购企业带来的利益与给竞争对手带来的利益之间存在替换关系；如果其他企业的利润下降，并购将提高并购企业的盈利能力。因而，横向并购可以被看作是并购企业采取的针对竞争对手的敌对行为。

6.5　本 章 小 结

一项并购可能通过两种途径损害消费者利益：一是通过减少企业数量而促进串谋行为的发生，这被称为协同效应；二是通过提高市场集中度而促进单边行为的发生，这被称为单边效应。由于横向并购减少了市场上竞争企业的数量，所以通常认为并购倾向于提高价格。然而，要全面了解并购的价格效应，需要针对不同竞争模式和不同效率类型进行具体分析。不同的竞争模式对应着不同的竞争模型，市场上企业之间的竞争模式受到企业所能获得的关于自己、竞争对手和所在市场的信息的影响。市场竞争模式影响并购的价格效应，不同的竞争模式可能使并购产生不同的价格效应。

在本章中，我们使用“威廉姆森替换”框架分析了并购对于社会总福利的影响。从我们的分析可以看出，并购对社会总福利具有三种效应：一是限制产量而产生的社会福利净损失，二是由于价格上升而从消费者转移给生产者的福利，三是成本降低而产生的效率。“威廉姆森替换”就是权衡比较第一部分和第三部分的大小。很多经济学家坚持认为竞争政策的设计不能仅仅以保护消费者利益为目标，而应以最大化社会总福利为目标。在这种政策目标下，经济学家不认为剩余从消费者转移到生产者而导致的价格上升是一个经济问题，但是如果价格上涨导致资源配置的非效率，出现社会福利净损失，就是一个需要认真考虑的经济问题了。并购能够产生外部性，根据并购的净外部性可以将并购的竞争效应分为四种类型：同时增加消费者剩余和非并购企业利润、同时降低消费者剩余和非并购企业利润、增加消费者剩余但降低非并购企业利润、降低消费者剩余但增加非并购企业利润。

并购将对相关市场上的非并购企业（竞争对手）产生影响。我们的分析结果显示，当相关市场上企业规模相等时，如果并购带来的效率低于某一门槛值，那么并购给竞争对手带来的利益大于给并购企业自身带来的利益。也就是说，某些并购既能够给并购企业带来利得，也可能给相关市场上的竞争对手带来好处，然而这将损害消费者利益。能够使并购企业和竞争对手获得同等利益的成本节约的门槛值（临界值）大约为保持价格不变时成本节约门槛值的一半。当相关市场上企业规模不相等时，如果并购前的企业数量（n）较大，那么所要求的成本下降幅度就较小；相对有效率的企业的并购动机要比没有成本优势的企业弱一些。并购给并购企业带来的利益与给竞争对手带来的利益之间存在替换关系；如果其他企业的利润下降，并购将提高并购企业的盈利能力。因而，横向并购可以被看作是对竞争对手的敌对行为，效率获得将被反垄断当局认为是“效率侵犯”。

第7章　横向并购的单边效应

7.1　导　　言

横向并购反垄断控制的重要一环就是对并购及其竞争效应进行评估分析，分析的重点包括两个方面，一是并购的反竞争效应，二是并购可能带来的效率。评估并购的反竞争效应所涉及的主要问题是评估并购是否将提高或增强市场势力。更具体一点说，就是评估并购是否将导致显著的价格上升。在理论上，并购增强市场势力的机制至少有两种：一是本应相互竞争的企业在并购后串谋（协同行为），二是并购企业的独立行为（单边行为）。因而在实际评估分析中，衡量并购的反竞争效应时主要是考虑并购的单边效应和协同效应（Farrell and Shapiro，1990）。也就是说，横向并购对竞争可能产生的威胁除了来自于具有市场支配地位企业的行为外，还可能来自于单边行为和协同行为①。因此，在评估横向并购可能对竞争产生的影响时，需要考虑两个方面：① 企业是采用独自竞争的方式，而不是以串谋的方式应对市场条件变化时，评估给定市场集中状况下市场价格、产量或其他重要的市场变量可能发生的变化，也就是所谓的单边效应；② 评估市场集中状况变化可能对企业串谋动机产生的影响，也就是所谓的协同效应②。

单边效应就是当并购后的市场集中度足够高时，即使是所有的企业都不具有独立的市场支配地位，也不进行默契串谋，它们对市场条件（独自竞争）的利润最大化反应就会产生损害竞争的效果。也就是说，即使并购没有产生具有市场支配地位的企业，只要并购使得竞争性限制消失，就会产生单边效应。一般而言，单边市场势力可能来自于两种情形，一是成本的

---

① 欧盟并购规制条例中也将协同行为称为集体支配地位（collective dominance），关于集体支配地位的相关分析，参见 Winckler，A.，and M. Hansen，"Collective Dominance under the EC Merger Control Regulation"，*Common Market Law Review*，1993（30）：787—828.

② Ivaldi，M.，and F. Verboven，"Quantifying the Effects from Horizontal Mergers in European Competition Policy"，IDEI Working Paper，2003.

差异性，二是产品的差异化。也就是说，企业单边提高价格的能力与其所生产产品的可替代性有关，当并购企业内部产品的可替代性程度很高，而与非并购企业的产品的可替代性程度很低时，并购企业就有动机实施单边行为，提高产品价格①。协同效应就是并购后企业以默契串谋的形式协调价格或生产行为，以获得超额利润而产生的损害竞争的效应。并购导致协同效应的原因在于，相关市场上竞争者数量的减少，使得本应相互竞争的企业可以协调各自行为，以设置高于竞争价格（边际成本）的价格（Willig *et al.*，1991）。简单地说，单边效应就是单个企业市场势力的非协同使用而对市场结果产生的影响；协同效应就是在重复竞争中企业协同使用市场势力而对市场结果产生的影响。因而，单边效应与单个企业的市场力量相联系，协同效应与重复博弈中的默契串谋相联系（Coate，2010）。单边行为和协同行为都属于处于垄断和完全竞争之间的寡头竞争行为，这种策略性行为足以影响市场后果，对竞争产生威胁②。二者的区别在于，单边行为在考虑竞争对手行为时假定竞争对手行为是给定的，不会因自身行为而发生变化；而协同行为需要考虑策略性行为的相互作用，并根据竞争对手行为可能发生的变化调整自身行为。

Deneckere and Davidson（1985）是较早研究单边效应的学者。他们的研究结果显示，在企业以竞争方式制定价格的市场上，并购往往能够产生单边效应或协同效应，给内部企业（参与并购的企业）和外部企业（未参与并购的企业）带来利益。相互替代的产品之间的并购给企业带来了提价动机。这是因为在价格竞争模型中，价格是策略性互补的，除非并购能够产生十分显著的成本节约，否则并购总能够使相关市场上的总体价格水平上升③。Farrell and Shapiro（1990）使用 Cournot 产量竞争模型得出了相类似的结果，虽然在产量竞争模型中产量是策略性替代的，即并购企业减少产量而竞争对手（非并购企业）提高产量，但是横向并购仍然导致较高的价格。Foncel *et al.*（2007）认为产生以上结果的原因在于，并购企业生产的产品之间往往是高度替代的，在某种意义上说其提价行为是理性的。这是因为并购企业内部一种产品价格上升所导致的消费者流失可能被并购企业生产的另一种产品"捕获"。换一句话说，在差异化产品的条件下，并购

---

① Mills, R., and R. Weinstein, "Unilateral Effects of Merger: The Simulation Approach", Working Paper, 1999.

② 单边行为往往能够产生市场势力，使企业能够将价格维持在竞争价格之上。相对于竞争对手的技术优势、显著的产品差异化和进入壁垒也可以使企业行使单边行为。

③ Deneckere, R., and C. Davidson, "Incentives to Form Coalitions with Bertrand Competition", *Rand Journal of Economics*, 1985(16): 473—486.

后价格是否上升不取决于并购企业是否成为市场支配者,而取决于其生产的产品的相互替代性。产品的替代性越高,单边效应就越大。因而,分析并购的单边效应需要计算相关市场上产品的自身价格弹性和交叉价格弹性①。

20 世纪 90 年代以后,随着实证产业组织理论的兴起以及计量分析方法和分析工具的不断发展和完善,欧美国家的反垄断当局在学术界的影响下开始注重对单边效应的量化分析,并逐步从关注并购对市场结构的影响转向关注并购对企业市场行为的影响,分析方法也从传统的 HHI 方法,即测度 HHI 指数及其变化的方法,转向对并购进行模拟分析的方法,即分析并购对价格、产量和社会福利水平(包括消费者剩余)可能产生的影响②。在经济理论和分析方法的驱动下,单边效应分析已经成为并购控制和竞争分析中创新成果频出的领域,一大批优秀的产业经济学家对横向并购的单边效应进行了研究。Werden and Froeb(1994)、Hausman, Leonard and Zona(1994)、Nevo(2000)、Jayarante and Shapiro(2000)、Pinkse and Slade(2004)、Ivaldi and Verboven(2003)、Slade(2006)等学者采用模拟分析方法,将并购前的静态纳什均衡与并购后均衡相比较,评估了寡占市场上横向并购的单边效应。Slade(2006)运用模拟分析方法对发生于英国酿造行业的横向并购的单边效应进行了分析,讨论了模拟分析方法的缺点。关于并购模拟分析模型,他认为,简单的计量模型可以在较短时期内对并购效应展开分析,且易于被非专业人士理解,但其预测结果往往出现偏误,会对决策产生误导;复杂的模型更可靠,但分析耗时较长,并且分析过程复杂而缺乏透明度。因此,分析者需要在模型复杂程度和模型的解释力(或者说,易操作性与准确性)之间进行权衡。Farrell and Shapiro(2008)引入了 UPP(Upward Pressure on Price)方法作为单边效应分析的一个参照,这一方法以并购模拟中的 Nash-Bertrand 分析为基础,关注的是并购企业的定价策略。如果将价格上升压力与传递率结合起来分析,就能够对并购的单边效应进行较为简单的预测③。Coate(2010)应用美国 1993—2009 年的 184 案例样本对 FTC 并购政策中的单边效应分析状况进行回顾,发现大约半数

---

① Foncel, J., M. Ivaldi, and J. Motis, "Identifying Merger Unilateral Effects: HHI or Simulation?", Working Paper, 2007.

② 美国在 2010 年颁布的《横向并购指南》在保持 1992 年指南中相关条文的基础上扩展了对单边效应的理论背景分析,强调了分析竞争效应的直接和间接证据。

③ Farrell, J., and C. Shapiro, "Antitrust Evaluation of Horizontal Mergers: An Economic Alternative to Market Definition", A revised version of the paper prepared for the Federal Trade Commission's February 2008 "Unilateral Effects Analysis and Litigation Workshop".

的样本采用支配地位企业(垄断)模型进行评估,其余的案例进行了较为复杂的单边效应分析,单边效应分析的结果对于FTC的决策起到了很大的影响作用。

本章将在已有研究成果的基础上,对并购单边效应评估的理论依据、经济模型、评估方法和评估程序进行研究,对比分析不同竞争环境下单边效应的差异。本章结构安排为,第二部分,讨论分析单边效应的理论基础和分析模型,并简要讨论不同模型下分析单边效应的基本思路;第三部分,从价格竞争和产量竞争两个视角研究并购的单边效应,分析并购企业与非并购企业的策略互动,并比较分析不同生产条件下单边效应的差异;第四部分,讨论并购的结构效应,具体分析并购对于效率、进入、退出等市场结构性因素的单边影响;第五部分,提出单边效应分析的程序、工具和方法,详细讨论并购模拟分析的结构性程序;最后是本章的研究结论。

7.2 单边效应分析的理论基础:寡头竞争

分析相关市场上企业的市场势力是单边效应分析的重点内容之一,尤其是在寡占市场上,获取市场势力是企业发起并购的主要动机之一。相对集中的寡占市场上,由于竞争者较少,企业可能拥有市场势力;然而,即使是竞争者较多,只要企业生产的产品具有差异化性质,使得竞争对手的产品很难替代,企业也会获得市场势力①。当市场上企业数量有限、企业的生产技术存在差距、生产的产品存在差异或市场进入壁垒较高时,将会出现不完全竞争行为,并购企业将提高价格—成本边际,获取超额利润。在横向并购的反垄断控制中,反垄断当局往往关注的是并购可能对市场价格和产出的影响②。然而,并购可能对企业长期决策(投资、产品选择、研发等)产生的影响也不能完全忽视。还需要注意的是,在某些特定条件下,"市场势力"仅仅是来自于大额固定成本(或沉没成本)的存在,只有有限的竞争者能够在产业内有效生存③。在这种情况下,并购对于这些成本的影响也应被考虑。

① Willig, R., "Merger Analysis, Industrial Organization Theory and Merger Guidelines", Brooking Paper: Microeconomics, 1991, pp. 281—332.

② Robinson, C., "Quantifying Unilateral Effects in Investigations and Cases", George Mason Law Review Symposium, U.S. Department of Justice, 1996.

③ Rey, P., P. Seabright, and J. Tirole, "The Activities of Monopoly Firm in Adjacent Competitive Market: Economic Consequences and Implications for Competition Policy", IDEI Working Paper, 2001.

7.2.1　产品差异化对于价格—成本加成的影响

单边效应理论需要关注并购企业在什么样的条件下提高价格是有利可图的。一般而言，单边效应分析与差异化产品市场的联系更紧密一些。在通常情况下，不同企业生产的产品或服务是不相同的，即使是处于同一个市场上，相互之间也是不完全的替代品（Slade，2006）。这就意味着每一种商品的市场价值不仅取决于该种商品生产的数量，而且在一定程度上受到其他企业生产的非完全替代品数量的影响，即受到消费者对于不同产品的差异化偏好的影响①。因而，评估差异化产品市场上的市场势力，需要对产品之间的相互替代性进行较好的估计，而产品的替代性可以用需求的价格弹性进行表示。假定市场上有 n 家企业生产 n 种不完全替代的产品（每家企业生产一种产品），那么表示产品数量与产品价格之间关系的需求函数为：

$$q_i = D_i(p_1, p_2, \cdots, p_n) \tag{7-2-1}$$

在横向并购反垄断控制实践中，产品需求量与价格之间的关系可以通过对能够获得的价格和销售量数据进行计量分析而加以证实。给定其他企业的产品价格，企业 i 面临着向下倾斜的"剩余需求"：企业自身产品价格 p_i 越高，其所能售出的产量 q_i 就越低。为了测度剩余需求的敏感程度，我们可以界定产品 i 的需求的自身价格弹性，用 ε_{ii} 表示。它的经济学含义是，在所有其他企业的价格保持不变的情况下，企业 i 将价格提高1%时其需求量下降的比例，即

$$\varepsilon_{ii} = -\frac{p_i}{D_i} \times \frac{\partial D_i}{\partial p_i} \tag{7-2-2}$$

在 Logit 需求函数中，$\varepsilon_{ii} = ap_i(s_i - 1)$。这一弹性决定了企业的最优价格策略。也就是说，如果企业 i 认为其他企业的价格是给定的并最大化其利润：

$$\pi_i = p_i q_i - C_i(q_i), \tag{7-2-3}$$

那么将导致企业 i 选择一个价格—成本边际，使其等于需求的自身价格弹性的倒数，即

$$\frac{p_i - C_i'(q_i)}{p_i} = \frac{1}{\varepsilon_{ii}} \tag{7-2-4}$$

从（7-2-4）式可以看出，需求的自身价格弹性越大，价格就越接近边际

① Ivaldi, M., B. Jullien, P. Rey, P. Seabright and J. Tirole, "The Economics of Unilateral Effects", IDEI Working Paper, 2003a.

成本,企业的市场势力就越小。企业 i 剩余需求的相对弹性不仅取决于消费者需求对该类产品的总体弹性,而且取决于竞争性替代产品的可获得性:当企业 i 提高自身产品价格 p_i时,一部分消费者可能不再购买此产品,还有一部分消费者可能转而购买其他竞争者提供的替代产品。我们用 ε_{ji} 表示产品 j 和产品 i 的需求交叉价格弹性,它表示当其他产品价格不变时,企业 i 将价格提高 1% 时,企业 j 产品需求上升的比例,即

$$\varepsilon_{ji} = -\frac{p_i}{D_j} \times \frac{\partial D_j}{\partial p_i} \tag{7-2-5}$$

需求的交叉价格弹性 ε_{ji}越大,产品 i 和产品 j 的替代性就越高。如果我们用 E_i表示与产品 i 处于同一个相关市场上的总需求弹性,那么总需求弹性等于产品 i 的剩余需求弹性减去所有的相关交叉价格弹性之和,即

$$E_i = \varepsilon_{ii} - \sum_{j \neq i} \varepsilon_{ji} \tag{7-2-6}$$

(7-2-6)式既表示了总需求弹性与剩余需求弹性之间的关系,也可以帮助我们理解为什么垄断企业能够比面临替代产品的企业制定更高的价格。实际上,当价格和成本条件是对称的时,价格 p_i的垄断加成与商品总需求弹性呈反比例关系,即

$$\frac{p_i - C_i'}{p_i} = \frac{1}{E_i} \tag{7-2-7}$$

由于总需求弹性小于剩余需求弹性,垄断条件下的成本价格加成将大于由剩余需求所决定的成本价格加成。因此,当存在较多的替代品,或者存在较高程度的替代品时,企业 i 面临的剩余需求的自身价格弹性要高于总体需求弹性。这就意味着,当相关市场上存在较多或较高程度的替代品时,均衡价格将更加接近于竞争价格。与之相反,如果一家企业生产的是高度差异化的产品,那么它就可以制定接近于垄断水平的价格(Slade,2006)。

7.2.2 价格竞争与产量竞争

上文已经指出,相关市场上产品之间的替代程度影响企业之间的竞争,然而竞争也受到企业之间相互影响方式的影响。在 Bertrand 模型中,企业之间是通过价格进行竞争,即企业在制定决策和行动时,需要考虑其他企业的价格行为。还有一种情况,尤其是在短期内生产能力相对固定的行业内,价格的设定需要考虑销售其所生产的所有产品。此时,企业决策

的依据是其竞争对手的产量情况①。这样,我们就可以将价格与产量之间的需求关系表示为

$$p_i = P_i(q_1, q_2, \cdots, q_n) \tag{7-2-8}$$

如果企业 i 认为其他企业的产量相对固定并且不受其决策影响,那么它将选择一个产量以最大化自身利润:

$$\pi_i = P_i(q_1, \cdots, q_i, \cdots, q_n) q_i - C_i(q_i) \tag{7-2-9}$$

如果企业 i 生产的产品是高度差异化的,那么利润最大化就意味着价格—成本加成将接近于垄断水平。如果企业 i 面临合理数量的、相近的竞争者,那么它将制定接近于竞争水平的价格。这一模型较为适用于当企业是以产量为竞争变量时的相关市场分析,企业首先选择产量水平,然后预期该产量水平下的价格、市场竞争状况及其在市场上的地位。产量选择不仅影响企业自身在预期价格水平下竞争时的市场地位,而且能够通过影响市场价格而影响竞争对手。如果一家企业提高产量将对自身价格和竞争对手企业的价格产生下降的压力,这种"两阶段竞争"(第一阶段为产量,第二阶段为价格)将使总体价格水平与单个企业产量水平之间产生反向关系②。在这种产业内,随着时间的推移企业往往制定不同的价格,在销售季末提供"清仓折扣"。

产量竞争模型也称为 Cournot 模型。在 Cournot 竞争中,企业在面临其剩余需求时像一个垄断者那样进行决策。然而,这里的剩余需求与前文中提到的剩余需求稍有区别。在 Bertrand 竞争模式中,企业是在其他企业的价格已经给定的条件下进行价格决策;换句话说,企业在考虑自身价格或产量是否变动时,假定其他企业将保持价格不变③。例如,当产品是紧密替代时,每个企业都预期如果将自身价格略微调低于竞争对手的价格,那么它将能够从竞争对手那里吸引来大部分消费者。因而意味着竞争程度较为激烈,价格—成本加成较低。在 Cournot 竞争模式中,企业是在其他企业产量已经给定的条件下进行产量决策;这就意味着,当企业在考虑产量选择时,每个企业都假定其他企业将调整他们的价格以保持给定产量。以上两种竞争模式的基本差异暗示了 Bertrand 价格竞争模式能够导致比

---

① Weitzman, M., "Prices vs. Quantities", *Review of Economic Studies*, 1974(41): 477—491.

② Werden, G., and L. Froeb, "The Effects of Mergers in Differentiated Products Industries: Logit Demand and Merger Policy", *The Journal of Law, Economics and Organization*, 1994(10): 407—426.

③ Rey, P., P. Seabright, and J. Tirole, "The Activities of Monopoly Firm in Adjacent Competitive Market: Economic Consequences and Implications for Competition Policy", IDEI Working Paper, 2001.

Cournot 产量竞争模式更低的市场价格。在 Cournot 竞争中，竞争对手的价格至少需要部分地与每个企业价格的任何变化相匹配，需求的相对价格弹性低于 Bertrand 竞争下的需求弹性①。Cournot 竞争下的需求相对价格弹性等于：

$$\varepsilon_{ii} = \sum_{j \neq i} \lambda_{ij} \varepsilon_{ij} \tag{7-2-10}$$

其中，ε_{ij}表示产品 i 和产品 j 之间的需求的交叉价格弹性，λ_{ij}表示当企业 i 的价格变化 1% 时，为了保持其他企业产量不变，企业 j 的价格需要变动的比例，即价格反应系数为：

$$\lambda_{ij} = \frac{p_i}{p_j} \times \frac{\partial p_j}{\partial p_i} \tag{7-2-11}$$

当产品是相互替代的时，交叉价格弹性 ε_{ij}和价格反应系数 λ_{ij}都为正，此时相对弹性低于自身价格弹性。如果企业 i 选择降低自身价格，并且预期竞争对手保持产出水平，这就意味着竞争对手的价格也将降低，这就将减弱企业 i 自身价格变化对于产出的影响，改变需求的价格弹性。从以上分析可以看出，相对于预期竞争对手保持价格不变的企业而言，预期竞争对手保持产量不变的企业倾向于设定一个较高的价格—成本边际。在一个寡头竞争模型中，企业单方面适应市场条件而产生的均衡水平与完全竞争均衡结果的近似程度取决于两个主要因素：一是产品之间相互替代的程度，二是企业采用对方的价格还是采用对方的产量作为决策依据，即是采用 Bertrand 竞争方式还是采用 Cournot 竞争方式。采用 Bertrand 竞争方式倾向于产生更具竞争性的市场结果，因为它意味着企业觉察到了相互削价的动机；而在采用 Cournot 竞争方式时，企业能够预期到，一家企业的攻击性行为（例如，扩大产量）将会导致所有企业价格的降低。

7.2.3　比较分析

下面，我们采用一个简单例子对价格竞争与产量竞争进行比较分析。假定价格与产量之间的需求关系是对称的，并且采用的是以下简单的线性形式：

$$p_i = P_i(q_1, q_2, \cdots, q_n) = \alpha - \beta q_i - \gamma \sum_{j \neq i} q_j \tag{7-2-12}$$

其中，α 表示常数项，q_i 是产品 i 的产量，β 表示一种产品的价格与其产出

---

① Salant, S., S. Switzer, and R. Reynolds, "Losses due to Merger: The Effects of an Exogenous Change in Industry Structure on Cournout-Nash Equilibrium", *Quarterly Journal of Economics*, 1983 (98): 185—199.

之间的敏感程度，γ 表示一种产品的价格与所有其他产品产出总和之间的敏感程度。对称性假定说明了所有产品之间的相互替代程度是相同的，我们就可以使用一种产品的价格对其产出敏感程度和该种产品的价格对所有其他产品产出的敏感程度之间的比例作为一个简单指数来表示产品的差异化程度（或替代性程度），这一指数可以理解为相对敏感程度，用公式表示为：

$$\sigma = \frac{\gamma}{\beta} \tag{7-2-13}$$

当这一比率为零时，表示产品之间不存在替代性，不属于同一个相关市场；当这一比率为1时，表示产品之间存在完全的替代性。在大多数情况下，相关市场上的这一比率将接近于1。

当企业以产量进行竞争（Cournot 竞争）时，替代性程度指数 σ 的上升将在某种程度上降低价格，但不会降低到竞争性水平。例如，如果企业具有相同的单位成本 $c(c<\alpha)$，Cournot 均衡价格为：

$$p^C = \frac{\alpha + [1+(n-1)\sigma]c}{2+(n-1)\sigma} \tag{7-2-14}$$

从（7-2-14）式可以看出，当替代程度指数 σ 从0（没有替代关系）上升到1（完全替代关系）时，均衡价格将从垄断水平下降到一个较低水平，具体降低程度取决于相关市场上竞争者的数量 n。

当企业以价格进行竞争（Bertrand 竞争）时，Bertrand 均衡价格可以表示为：

$$p^B = \frac{(1-\sigma)\alpha + [1+(n-2)\sigma]c}{2+(n-3)\sigma} \tag{7-2-15}$$

由于 $\frac{1+(n-1)\sigma}{1-\sigma} > 1+(n-2)\sigma$，所以 $p^B < p^C$。从 Bertrand 均衡价格公式中可以看出，当产品之间不存在替代性时（$\sigma=0$），均衡价格为垄断价格；当产品之间存在完全的替代性时，均衡价格接近竞争性价格水平。如果 σ 足够高，那么即使是只存在一个竞争者（即 $n=2$），价格也将趋于竞争性价格水平。

相关市场上的企业是对彼此的价格还是对彼此的产量进行反应，将会产生明显不同的市场后果。尤其是，当企业以彼此的价格为竞争变量时，存在一定数量的合理接近的替代品对于竞争条件的确立十分关键：相关市场上是否存在相近的替代品更为重要，而不是存在多少相近的替代品。当企业以彼此的产量为竞争变量时，生产相近替代品的竞争者的数量与这些产品的相互替代程度同样重要。也就是说，不仅相关市场上是否存在相近的替代品很重要，而且有足够数量的替代品也很重要①。

7.2.4 并购控制与单边效应

相关市场上的竞争者之间的并购可能提高并购企业和非并购企业的市场势力。横向并购反垄断控制的主要任务之一就是评估市场势力上升对均衡价格、市场进入壁垒可能产生的影响。反垄断当局需要将市场势力上升所带来的反竞争效应与并购可能带来的效率效应进行权衡比较。

正如上文所指出的，不论企业是以价格还是以产量（或产能）进行竞争，竞争者之间的并购都将提高企业市场势力，从而（在并购缺乏效率效应时）导致价格上升、产量下降②。然而，市场势力上升所产生的具体效应将取决于相关市场上企业竞争的类型（数量竞争与价格竞争）。为了能够理解不同竞争环境下市场势力上升所产生的总体效应，下面我们分别分析并购对于并购企业自身和对非并购企业（剩余企业）的影响。

（1）竞争类型与并购企业的单边效应。在两种类型竞争（Bertrand 价格竞争和 Cournot 数量竞争）下，并购对于并购企业本身的影响在性质上是相同的。假设有两家生产不完全替代品的企业之间进行并购，无论是在数量竞争下，还是在价格竞争下，在给定其他非并购企业决策的前提下，并购而成的新企业都获得了这两种产品剩余需求（the residual demand）的垄断地位；而在并购前这两家企业不仅需要对其他企业的决策进行反应，而且需要在它们之间进行竞争。换句话说，并购使得这两家企业可以更好地协调它们的产品价格。但是，如果这两种产品之间具有可替代性（即使是不完全替代性），提高一种产品的价格将导致部分消费者转而购买更多的另一种产品；相似地，减少一种产品的生产将提高另一种产品的价格。在并购前，每一家企业都需要考虑提价的潜在损失（顾客流失到另一家企业），并购消除了这种潜在损失。因而，并购后并购企业就有动机提高价格—成本边际或者降低每种产品的产量。然而，价格提高和产量降低的程度取决于产品的相互替代程度、与非并购企业生产的产品之间的可替代程度以及竞争的性质。相对于生产不完全替代品的企业之间的并购而言，生产相近替代品的企业之间的并购更有可能提高价格或降低产量。相似地，非并购企业生产的产品与并购企业生产的产品之间的替代程度越高，并购企业提

① Besanko, D., K. Perry, and R. Spady, "The Logit Model of Monopolistic Competition", *Journal of Industrial Economics*, 1990.

② 如果并购能够产生明显的效率，并且这一效率大于并购可能产生的反竞争效应，那么这一结论将不成立。

高价格或降低产量的幅度就越低。后一种效应在价格竞争环境下更为明显,这是因为在价格竞争环境下,消除替代品之间的竞争显得更为重要。

(2) 竞争类型与非并购企业的单边效应。横向并购对于非并购企业的影响在很大程度上取决于竞争的类型。在两种竞争类型下,并购企业提高价格或者降低产量都将减轻非并购企业的竞争压力,从而使它们有机会获取较高的利润。然而,至于非并购企业如何应对并购企业的市场行为,两种竞争环境下稍有差异。① 当相关市场上的企业是以价格进行竞争时,这些价格常常是策略互补的:一种产品的价格上升通常将导致竞争企业提高它们自己所生产产品的价格(尽管提价幅度可能稍低)。因此,并购企业的价格上升将触发非并购企业的正向反应,从而进一步鼓励并购企业提高产品价格。正因为相关市场上的价格是策略性互补的,并购对于新企业行为的直接影响将由于企业适应新的产业结构而加剧,并购导致的单边效应将更加明显。② 当相关市场上的企业是以产量进行竞争时,这些产量常常是策略替代的:一种产品的产量下降通常会导致竞争企业扩大它们自身的产量(尽管产量扩大的幅度可能小于产量下降的幅度)。因此,并购企业的产量下降将触发非并购企业的反向反应,从而将阻止并购企业进一步降低产量。正因为相关市场上的产量是策略性替代的,并购对于新企业行为的直接影响将由于企业适应新的产业结构而减弱,并购导致的单边效应将趋于降低。

(3) 竞争类型与并购动机。在并购分析中,只考虑并购对于并购企业的影响,忽视其他竞争者的反应动机,可能产生并购价格效应的评估偏差。对于价格竞争的行业,这种偏差将导致低估价格上升的可能性和上升幅度;对于产量竞争的行业,这种偏差将导致高估价格上升的可能性和上升幅度。相关市场上价格和产量的性质(策略互补或者策略替代)也会影响到企业的并购动机。在价格竞争环境下,策略互补性意味着即使是在缺乏效率获得的情况下,并购可能也是有利可图的。这是因为,参与并购的企业消除了彼此之间的竞争,并且诱致非并购企业提高价格。换句话说,并购使得并购企业获得了它们所生产产品的剩余需求的垄断地位,并且这一剩余需求将由于非并购企业的价格上升而增加(剩余需求曲线外移)。在产量竞争环境下,策略替代性意味着在缺乏明显效率获得的情况下,并购可能是无利可图的。由于并购企业消除了彼此之间的竞争,并购触发了非并购企业(竞争对手)更具进攻性的反应,即使不降低均衡价格,也有可能足以降低并购企业的利润。

(4) 互补型产品之间的并购及其单边效应。以上我们分析的是生产替代品的企业之间的并购可能产生的单边效应。值得注意的是,生产互补性产品的企业之间的并购可能产生的单边效应与生产替代品的企业之间的并购是相反的。所谓互补品,是一种产品的价格上升将降低另一种产品的需求。并购可以使这种效应内部化,使并购企业降低价格或者扩大产出。在价格竞争环境下,竞争性产品的供给者(即与并购企业生产具有替代性的零部件的供应商)通常会降低价格;这种并购将对所有的价格产生(有利于消费者的)合意性影响。在产量竞争环境下,竞争性产品的供应商对并购企业扩大产出的反应是降低自身产出,但降低的幅度通常小于并购企业产出提高的幅度。因而,这种并购也能对价格、产出和消费者剩余产生合意性影响。

从以上分析可以看出,评估并购的影响需要具体分析竞争的性质和竞争性产品之间的相互替代程度。在横向并购反垄断评估审查的司法实践中,评估分析可以建立在寡头竞争模型之上。如果能够获得相关数据,我们可以使用计量分析工具来估计市场需求方和供给方的相关结构变量;使用计量分析模型来评估并购对每个企业的价格和产出的影响,进而分析消费者剩余可能发生的变化。同时,可以在计量分析中纳入并购可能产生的效率获得的不同假设,进行比较分析,从而判断该项并购的社会合意性。

7.3 价格竞争、产量竞争与单边效应分析

并购分析的目的之一就是要应用并购前可以获得的信息对并购后相关市场上的均衡价格和产量进行预测和评估。如果评估和预测是正确的,那么事前的评价要比事后的评估更具效率。尤其是当并购的效应能够被预测时,成本高昂的资产剥离就可以避免(Slade,2006)。在分析并购的单边效应时,我们重点关注的是寡头垄断市场上并购对价格、产出和消费者剩余可能产生的短期效果。为了便于分析,我们假定供给的产品范围和生产这些产品的技术不受并购的影响。并购的直接后果是将两家企业的生产和经营活动纳入到同一所有者和管理者之下。所有权结构的改变将影响企业行为和价格、产量决策,因而在分析并购时既要考虑并购企业的新动机,也要考虑竞争对手企业对并购的反应。在分析并购的单边效应时,我们可以按部就班地评估以下效应。第一步,我们假定竞争对手的行为不受并购影响。要想做到这一点,我们需要弄清楚竞争对手行为的确切经济意义。当相关市场上的产品是不完全替代品时,一种产品的价格或产量的任何变化都将影响其他产品的需求。当需求发生变化时,竞争性产品的价

格和销售不可能不受影响。我们将区分两种情况进行分析：一种情况是，竞争性产品的价格保持不变，销售量将根据需求变化进行调整；另一种情况是，竞争性产品的销售量保持不变，而对价格进行调整。前一种情况与价格竞争相对应，后一种情况与产量竞争相对应。第二步，我们将分析竞争对手对于并购的反应，这一反应可能取决于相关市场上的竞争环境，即企业是以价格进行竞争，还是以产量进行竞争。第三步，我们将结合并购对并购企业和非并购企业的效应，讨论并购的总体均衡效应。

当相关市场上的企业生产的是替代性产品时，相对于并购前而言，并购后市场均衡分析的一般结论为：① 相关市场上所有产品的价格将上升；② 并购企业的销售量将下降；③ 非并购企业的销售量将增加[①]。除了以上一般性结论以外，相关市场上竞争的性质、并购企业行为变化的相对重要性和竞争对手的反应将影响单边效应的大小。因而，对并购效应的准确评估需要理解价格竞争与产量竞争之间的异同。

7.3.1　价格竞争下的单边效应

我们假定某一相关市场上有 n 个相互竞争的企业，每个企业都生产一种差异化产品，并且这些产品之间具有(不完全的)替代性。每个企业都可以用一个生产函数和一个成本函数进行界定。在以下分析中，我们假定每个企业的单位可变成本保持不变，也就是说，不同企业的边际成本和平均可变成本之间没有差别。固定成本不影响价格和生产短期决策，因而在开始分析时可以不予考虑；但会影响到并购对效率获得、市场进入与退出等的效应。企业 i 的销售量不仅取决于自身价格 p_i，而且取决于其他企业的价格。价格与销售量之间的关系可以用需求函数表示如下：

$$q_i = D_i(p_1, p_2, \cdots, p_n) \tag{7-3-1}$$

(7-3-1)式表明，企业 i 的销售量受到所有产品价格的影响。竞争性产品价格的任何变化都将导致消费者在替代性产品中的重新选择，这将影响到所有产品的需求。当一家企业的价格上升时销售量将出现下降，反映了这家企业的部分顾客将通过转向购买其他替代性产品或者停止购买该类产品以应对价格上涨的事实。销售量下降的程度可以用需求的自身价格弹性进行测度，这一弹性 $\varepsilon_i(p_1, p_2, \cdots, p_n)$ 也受到所有其他产品价格的影响(Ivaldi *et al.*, 2003)。需求的自身价格弹性与产品之间的可替代性程度

① Ivaldi, M., B. Jullien, P. Rey, P. Seabright, and J. Tirole, "The Economics of Unilateral Effects", IDEI Working Paper, 2003.

直接相关：当产品之间是高度可替代时，企业 i 价格上升将导致该企业产品较大数量的被替代，销售量下降幅度较大。因此，在给定的价格水平下，产品的可替代程度越高，需求的自身价格弹性就越大。

（1）寡头竞争与价格的相互影响。价格竞争环境下，在给定其竞争对手价格的条件下，每个企业都通过设定价格来实现最大化利润。这就相当于最大化销售收入与可变成本之间的差额。对于其他企业任意给定的价格，企业 i 变动价格时，其销售量将按照上文界定的需求函数关系进行变动。价格和产量之间的这种关系被称为剩余需求曲线①。如果需求量是固定的（需求缺乏价格弹性），那么价格上升将提高销售收入。也就是说，价格上升 1% 将使销售收入提高 1%；由于成本没有发生变化，增加的销售收入都将转化为企业的利润。如果需求的价格弹性不等于 0，那么价格上升 1% 将导致销售量下降，下降的幅度等于需求的自身价格弹性；同时，销售量下降将导致利润下降 $\varepsilon_i\%$。价格上升 1% 导致利润变化的总体效应可以表示为：

$$\Delta\pi = R_i - \varepsilon_i\pi_i \tag{7-3-2}$$

其中，R_i 代表销售产品 i 所获得的收益，π_i 代表销售产品 i 所获得的可变利润。(7-3-2)式右边的第一项反映了价格上升一个百分点时的收益增加，第二项反映了销售下降导致的收益流失。只要 $\Delta\pi > 0$，即价格上升的收益增加大于销售下降的收益流失，企业就将继续提高价格。我们用 L_i 来表示企业 i 的勒纳指数（Lerner index），那么：

$$L_i = \frac{p_i - \mathrm{MC}_i}{p_i} \tag{7-3-3}$$

企业 i 的最优价格就是使勒纳指数等于剩余需求的自身价格弹性的倒数②，即

$$L_i = \frac{1}{\varepsilon_i} \tag{7-3-4}$$

(7-3-4)式的左边是对利润边际（价格成本边际）的一种测度，右边是对该项产品与其他产品之间的替代程度的一种测度。在给定的价格弹性能够反映消费者的替代可能性的情况下，(7-3-4)式表明：产品之间的可替代性越高，价格就越接近于边际成本。值得注意的是，在价格竞争环境下，企业之间是如何相互作用的。勒纳指数是企业决策的依据之一，它的大小

① Shapiro, K., "Theories of Oligopoly Behavior", in Schmalensee, R., and R. Willig (eds.), *Handbook of Industrial Organization*, Amsterdam: North Holland, 1989.

② Tirole, J., *The Theory of Industrial Organization*, MIT Press, 1988.

只取决于企业自身价格和可变成本。企业的价格决策只有在其自身价格弹性受到影响时才受到其他企业策略的影响。换句话说，其他企业如果想影响企业 i 的价格决策，只有改变企业 i 的顾客在消费时的可替代机会，才能改变企业 i 的剩余需求的自身价格弹性。

首先，以上分析的一个直观结论就是，企业的最优价格与单位可变成本是正相关的。给定自身价格弹性，当单位可变成本上升时，价格将使得勒纳指数与弹性倒数相等。因此，单位可变成本的上升将转化为价格上升，尽管不是一对一地同比例上升。

其次，假定需求增加一个固定的数量，产品可替代性程度以一个绝对值的形式保持不变(需求曲线的斜率保持不变)，价格上升 1% 将导致销售下降。但是，由于总销售量已经上升，需求下降的百分比将降低，需求的自身价格弹性也将下降。因此，企业面临一个较高的勒纳指数，并相应地设定一个较高的价格。在市场均衡条件下，每个企业在给定其他企业价格的情况下设置自身最优价格。由于相关市场上的产品需求是相互关联的，这就要求所有价格进行联合决策。要想理解市场均衡，评估当价格变动时产品之间如何相互替代十分关键。产品相互替代时的典型情形是，给定企业 i 的价格，产品 i 的需求自身价格弹性将随着竞争性产品价格的上升而降低。这是因为，当竞争性产品的价格更加昂贵时，随着企业 i 价格的上升，消费者转换到竞争性产品的意愿将更低。原因是将竞争性产品作为产品 i 的替代品将更加昂贵。

另一个直接效应是，如果竞争性产品的价格上升，那么企业 i 的产品需求将增加。正如上文所解释的，在这种情况下，对于一个固定数量的产品可替代程度，企业将提高价格。

以上分析可以推导出均衡分析的关键结论。由于在竞争性产品价格上升时企业面临的竞争压力下降，它将设置一个更高的价格：通常情况下，当相关市场上的产品是相互替代时，竞争性企业的价格越高，企业设置的最优价格就越高，其销售量也越大。在经济学文献中，通常将这一性质称为价格的“策略互补性”。价格的“策略互补性”是指，如果在外生性原因的作用下，某企业的竞争对手提高价格，那么这一企业也将相应地提高自身产品价格。这是由于以下事实的存在：企业面临一个位置较高且缺乏弹性的剩余需求曲线，它改变了边际利润与销售量之间的权衡关系。同时需要注意的是，尽管与价格保持不变时相比较，销售量上升的程度要小一些，但在价格上升的同时销售量还是有所上升①。竞争对手企业价格上升的直接效应是使企业面临的剩余需求弹性增加、销售量上升，企业利用这一机会提高价格，这将部分抵消需求的增加，但不会全部抵消，因而企业可以在较高价格水平上销售更多的产品。

与以上价格上升时的原理相似，在寡占的相关市场上任意一家企业的价格下降都将带动市场上所有企业的价格下降。例如，假设一家企业通过创新降低了单位生产成本，那么根据利润最大化规则，这家企业将降低价格。假定与创新前的价格相比较，这家创新企业发现将价格降低5%是最优的，其竞争对手对此的反应是降低自身价格。当所有企业都降价时，创新企业将发现，与创新前比较其面临的需求下降了，因而只能再次降价。市场最后将产生新的均衡，并且趋于稳定。在新的均衡点上，所有企业的价格都下降了，并且创新企业的价格下降幅度将超过5%。

（2）并购的价格效应。为了分析并购的价格效应，我们假定企业 i 与企业 j 合并，并分析其对均衡价格的影响。为了能够从融合活动中抽象出并购的结构效应，我们假定并购后的企业具有相同的技术可能性：它以与并购前企业 i 相同的可变成本生产产品 i，以与并购前企业 j 相同的可变成本生产产品 j。也就是说，我们假定并购没有使企业 i 与企业 j 产生协调效应，没有资本的重新分配，没有产品的重新设计，等等。一句话，也就是没有产生效率效应②。在这种假定下，并购前与并购后的唯一差别在于，并购后产品 i 和产品 j 由同一个企业生产；企业关心的是两种产品所能产生的总利润。

① 并购企业价格策略的内部协调。并购分析的第一步是理解并购后新企业的行为，并将其与并购前进行比较。为了便于比较分析，我们假定相关市场上竞争性产品（除产品 i 和产品 j 以外）的价格在并购后保持不变。在没有技术进步的情况下，将企业 i 和企业 j 合并为一家企业，意味着新企业将协调产品 i 和产品 j 的价格，以实现两种产品的联合利润最大化。并购企业行为的主要变化在于，当它权衡提高一种产品（例如，产品 i）的价格的利弊时，它将考虑到产品 i 价格的上升将诱使产品 j 对产品 i 的部分替代。产品 i 与产品 j 的相互替代性将减少产品 i 提价后消费者流失的经济损失，这是因为产品 i 下降的部分需求能够被产品 j 销售量的额外增

---

① Baker, J., and T. Bresnahan, "The Gains from Merger or Collusion in Product Differentiated Industries", *Journal of Industrial Economics*, 1985(33): 427—444.

② 实际上，大部分并购将产生效率，本书的第5章对并购可能产生的效率进行了较为具体和深入的分析。

加所弥补。

下面,我们分析当并购企业将产品 i 的价格提高 1% 时对总利润的影响。除了前文分析的效应(产品 i 的价格—成本边际上升、销售量下降)以外,我们还需要考虑到其对产品 j 销售情况所产生的影响。这一影响可以用产品 j 与产品 i 之间的交叉价格弹性(ε_{ij})来分析。$\varepsilon_{ij}(p_1,p_2,\cdots,p_n)$ 的大小取决于相关市场上的所有产品的价格,用产品 j 销售量变化的百分比来表示。当产品 i 的价格提高 1% 时,消费者将用其他产品来替代产品 i,其销售量将下降 ε_i%。但由于部分替代发生在并购企业内部,它将提高产品 j 的销售量,使利润增加 ε_{ij}%。因此,产品 i 价格提高 1% 将导致的并购企业利润变化为(用货币单位的百分比表示):

$$\Delta\pi = R_i - \varepsilon_i\pi_i + \varepsilon_{ij}\pi_j \tag{7-3-5}$$

同时销售两种产品时的联合利润变化要比仅销售产品 i 时的利润变化更可取一些(增加更多一些或下降更少一些)。结果是,并购后两种产品的最优价格将高于并购前两个独立企业的最优价格。也就是说,两种产品的勒纳指数都变大了:

$$L_i = \frac{1}{\varepsilon_i - \varepsilon_{ij}z_{ji}} > \frac{1}{\varepsilon_i};\quad L_j = \frac{1}{\varepsilon_j - \varepsilon_{ij}z_{ij}} > \frac{1}{\varepsilon_j} \tag{7-3-6}$$

其中,$z_{ji} = \frac{\pi_j}{\pi_i}$测度的是产品 j 所产生利润的相对份额。并购后企业与并购前两个独立企业设置价格的差异取决于并购企业所生产产品的相互替代的交叉弹性,交叉弹性越大,价格就越高。一种产品(产品 j)能够产生的利润水平越高,另外一种产品(产品 i)可以制定的价格就越高。这是因为,在这种情况下,由产品替代所导致的产品 j 的销售收益的增加将大于产品 i 销售收入的下降。

从以上分析我们可以得到以下结论。当生产不完全替代产品的企业之间进行并购时,给定非并购企业的价格,企业并购后的最优价格高于并购前的最优价格。这一价格效应的大小依赖于并购企业所生产产品的相互替代程度。如果并购企业所生产产品的相互替代程度很低,那么当产品 i 的价格上升时,其需求下降中只有很少一部分转移到产品 j。也就是说,并购企业很难在产品 i 与产品 j 的价格之间进行协调,并购对价格行为的影响效应很小。由此我们可以认为:并购企业所生产产品的可替代程度越高,并购所导致的价格内部协调效应就越强。很明显,这一效应还受到相关市场上其他竞争对手所施加的竞争压力的限制。如果竞争对手的产品与并购企业的产品的相互替代程度较高,那么并购企业提价的任何企图都将导致较高的替代和销售量较大幅度的下降。因此,非并购企业产品与并购企业产品的可替代程度越高,并购所导致的价格内部协调效应就越弱。综上,在评估并购可能导致的内部价格协调效应时,需要将并购企业内部产品的替代程度与并购企业和非并购企业产品之间的替代程度进行比较。当并购企业所生产产品之间的替代程度较高,而并购企业与非并购企业的产品之间的替代程度较低时,价格的内部协调效应就较强。反之,价格的内部协调效应就较弱。

② 竞争对手的反应。相关市场上的均衡价格是由市场上所有企业相互作用而产生的,任意一家企业定价行为的变化都会影响到所有企业的价格决策。对并购价格效应的正确评估要求考虑并购对于竞争对手的影响及其反应,并购后的均衡价格是在并购企业与非并购企业的重复博弈中产生的。并购企业制定高价格的倾向是进行并购分析的基本要素。从竞争对手的角度看,由于并购企业试图制定更高价格,并购后其面临的竞争压力下降了。如果并购企业提高其产品价格,并购后竞争对手产品需求将上升。更进一步,由于价格上升,并购企业的产品对于顾客的吸引力下降,竞争对手通过替代这些产品将降低失去顾客的风险,因而它们对于并购的反应是提高自身价格①。

并购企业的提价行为导致其竞争力相对下降,竞争对手的需求上升。作为对此的反应,竞争对手也将提高价格。然而需要指出的是,虽然竞争对手提价将会对其初始上升的需求产生消极作用,但不会完全抵消。换句话说,通常情况下,竞争对手对于并购企业提高价格的反应会使其价格和销售量高于并购前的水平;而不会过度反应,导致销售量下降。

③ 并购企业的回馈效应。以上我们分析了并购对于并购企业和非并购企业可能产生的效应,这些效应提供了并购的直观定性影响。然而,要想理解并购所产生的最终总体影响,需要分析这两种效应是如何相互作用的。我们来看一个并购企业定价行为的例子。前文已经提到,如果竞争对手的价格保持不变,并购企业将提高自身价格,例如,将产品 i 的价格提高 $p_i\%$,将产品 j 的价格提高 $p_j\%$。但是,竞争对手会对此做出反应,也提高自身产品价格,并购企业在制定价格时需要考虑到这一点。在价格竞争环境下,当竞争对手的价格上升时,企业最优价格也将上升。这就意味着,当并购企业考虑到竞争对手的反应时,它就应将价格提升超过 $p_i\%$ 和 $p_j\%$。我们将这种效应成为正向回馈效应。很明显,它将放大并购对于价格的影

① Vives, X., *Oligopoly Pricing*, MIT Press, 1999: 86—89.

响。也就是说，并购企业价格上升的幅度大于并购前竞争性产品的最优价格的上升幅度。正向回馈效应是价格"策略性互补"的结果。由于竞争对手对于并购的反应是采用具有较低攻击性定价策略，并购企业面临着比并购前更低的竞争压力，并购企业将更大幅度地提高价格。因此，回馈效应倾向于放大并购对于价格的影响。

④ 均衡效应。需要注意的是，竞争对手也有可能产生一个相类似的回馈效应。如果我们只根据并购企业相对于并购前提价 $p_i\%$ 和 $p_j\%$ 来计算竞争对手的反应，那么我们将低估其最终反应。因为它们将根据并购企业的最终提价幅度进行反应，而并购企业的最终提价幅度会超过 $p_i\%$ 和 $p_j\%$。因此，内部协调效应与竞争对手的反应这两种效应将相互增强。但从总体上看，这并不影响并购对于价格影响的定性结论：相关市场上相互替代的产品之间的并购将导致市场上所有产品的价格普遍上涨；通常也会导致并购企业产品销量下降，非并购企业（竞争对手）销量增加。然而，回馈效应将影响到价格和产量变化的幅度。并购企业所设置的价格将高于假定并购不影响竞争对手价格时所设置的水平。这就意味着存在某种乘数效应放大了并购对价格的影响。因此，如果反垄断当局只关注并购企业的价格，忽视对于均衡价格的分析，可能导致不准确的结论。换句话说，准确评估并购对于价格的影响，需要对相关市场上的所有企业进行完整的均衡分析。

7.3.2　产量竞争下的单边效应

以上的分析都假定相关市场上的企业固定价格、调整产量以适应其所面临的需求，即企业选择价格、调整供给以满足市场需求。这要求企业在生产能力方面有充足的弹性。然而，有一些行业中企业的生产能力具有刚性（或者产量调整需要较长时间）。在这种情况下，企业只好选择产量，然后调整价格以使其剩余需求等于其供给[①]。下面，我们就来考虑这种市场，市场上的企业首先选择向市场供给的产量，然后制定能够将产品全部售出的价格。我们用 q_i 表示企业 i 的产量。在给定产量选择的情况下，企业 i 将产品售出的价格取决于其他企业所制定的价格，而其他企业所制定的价格又依赖于其所生产的产量[②]。因而，一家企业为出售其所有产品而制定的价格不仅取决于其自身的产量，而且取决于相关市场上所有其他企

① Slade, M., "Merger Simulations of Unilateral Effects: What Can We Learn from the UK Brewing Industry?" UK ESRC Working Paper, 2006.

② 其他企业所制定的价格需要恰好能够将其所选择的产量售出。

业的产量。我们可以将这一关系表示为：

$$p_i = P_i(q_1, q_2, \cdots, q_n) \tag{7-3-7}$$

(7-3-7)表示，企业 i 所生产产品的最终价格是相关市场上所有其他企业所生产的产品产量的函数，这一关系式也称为反需求函数。在产量竞争环境下，企业选择向市场供给的产量，但确定产量之前，它必须考虑到当其产量变化时，其价格不得不进行调整。

即使是在产量竞争的情况下，消费者仍然是以市场价格作为选择的依据。这就意味着，在给定产品性质的情况下，将最终需求量与 n 个价格联系在一起的 n 个需求函数（$q_i = D_i(p_1, p_2, \cdots, p_n)$）所表示的价格—产量关系与将 n 个价格与 n 个产量联系在一起的 n 个反需求函数（$p_i = P_i(q_1, q_2, \cdots, q_n)$）是相同的。实际上，反需求函数可以通过需求函数推导出来。价格竞争与产量竞争的区别不是反映在企业自身的变量选择上，而是发生在竞争对手的变量选择上。在价格竞争环境下，一家企业选择不同价格意味着其他企业以不变的价格销售不同的产量；而在产量竞争环境下，一家企业选择不同的产量意味着其他企业以不同的价格销售不变的产量。

(1) 产量竞争与寡占均衡。当企业设定产量时，其所面临的问题仍然是在高价格—成本加成/低销售量与低价格—成本加成/高销售量之间的选择。实际上，提高产量有利于企业扩大销售，但同时将迫使企业降低价格，从而降低价格—成本加成①。为了与上节的价格竞争分析相对应，我们假设企业 i 需求下降的百分比将导致企业 i 的最终价格上升 1%。在价格竞争环境下，我们将这一百分比表示为需求的自身价格弹性，即 ε_i。在产量竞争环境下，我们将这一百分比表示为 $e_i(q_1, q_2, \cdots, q_n)$，即

$$e_i = -\frac{\partial q_i}{\partial P_i(q_1, q_2, \cdots, q_n)} \times \frac{P_i(q_1, q_2, \cdots, q_n)}{q_i} \tag{7-3-8}$$

那么，与上一节的原理相同，企业 i 的产量每下降 e_i%，其产品价格将上升 1%，导致其利润变化：

$$\Delta\pi = R_i - e_i \pi_i \tag{7-3-9}$$

也就是说，企业若降低产量，其销售价格就将上升，这将带来额外的利润增加。结果，企业 i 的最优产量选择将使得其勒纳指数等于：

$$L_i = \frac{1}{e_i} \tag{7-3-10}$$

从以上分析可以看出，企业策略选择的性质没有发生变化。如果所有

---

① Ivaldi, M., B. Jullien, P. Rey, P. Seabright, and J. Tirole, "The Economics of Unilateral Effects", IDEI Working Paper, 2003.

企业需求下降的百分比 $e_i(q_1,q_2,\cdots,q_n)$ 等于需求的自身价格弹性 $\varepsilon_i(p_1,p_2,\cdots,p_n)$，那么产量竞争与价格竞争的市场结果是相同的。但是，当企业选择产量进行竞争时，价格—成本加成与销售量之间平衡的性质发生了变化。特别地，当我们将给定产量下的 $e_i(q_1,q_2,\cdots,q_n)$ 与需求自身价格弹性 $\varepsilon_i(p_1,p_2,\cdots,p_n)$ 进行比较，评估价格竞争与产量竞争时，会发现前者小于后者①，即

$$e_i = \varepsilon_i - \frac{\varepsilon_{ij}\varepsilon_{ji}}{\varepsilon_j} < \varepsilon_i \tag{7-3-11}$$

这意味着，从相同的市场结果（所有产品的价格和产量都相同）出发，一家企业将价格提高相同的幅度，产量竞争下的销售量下降的幅度要小于价格竞争下的销售量下降的幅度。为了说明这一点，我们来分析价格竞争与产量竞争的差异。对于垄断市场上的一家企业而言，其所面临的需求决定了其能够以任意给定的价格销售其全部产量，或者说，它需要制定一个价格使其能够卖掉任意给定的产量。因此，这一企业在决策时是选择价格还是选择产量是没有差异的。然而，在寡占市场上，需求是相关的，因而一家企业在价格或产量决策上的任何变化都将引起竞争对手的反应。当企业在权衡其价格—销售量的替换关系时，相关的弹性取决于它对竞争对手可能做出反应的推测。当企业认为其竞争对手将保持价格不变而调整产量时，自身价格弹性 ε_i 就是相关的决策依据。在产量竞争环境下，企业认为其竞争对手将调整价格以保持产量，并使产量能够全部售出②。当企业降低产量而提高价格时，立竿见影的效果是，导致其所生产产品的需求被竞争对手的产品所取代；但是竞争对手已经在现行价格售卖其产品；因此，如果它们不增加产品供给，竞争性产品的价格就将上升。也就是说，在寡占市场上，当一家企业减少其产量时，所有产品的价格都将上升。当所有产品价格都上升时，竞争性产品将成为相对缺乏吸引力的替代品，因而降价企业面临的来自市场上已有竞争性产品的约束相对变小。这将使得与给定产量下降相联系的价格上升幅度变大：给定相同的价格上升幅度，与

① 举例说明这一关系。假定企业 1 和企业 2 的线性需求函数分别为 $D_1(p_1,p_2)=a-p_1+0.5p_2$ 和 $D_2(p_1,p_2)=a-p_2+0.5p_1$，那么这两个企业面临的反需求函数分别为 $p_1=2a-\frac{4}{3}q_1-\frac{2}{3}q_2$ 和 $p_2=2a-\frac{4}{3}q_2-\frac{2}{3}q_1$。在给定价格 (p_1,p_2) 和产量 (q_1,q_2) 的情况下，我们可以计算出 $\varepsilon_1=\frac{p_1}{q_1}$，$e_1=\frac{3p_1}{4q_1}$，即 $e_1<\varepsilon_1$。

② Scherer, F., Comment on Willig, R., "Merger Analysis, Industrial Organization Theory and Merger Guidelines", Brooking Paper: Microeconomics.

价格竞争相比较，产量竞争环境下的销售量下降幅度更小一些；或者说，相对于价格竞争环境而言，企业倾向于在产量竞争环境下选择更低的产量和更高的价格①。

总而言之，一家企业所生产的产量出现外生性下降将减轻其竞争对手的竞争压力，使得这些竞争对手企业能够在更高的价格上售出相同的产量。或者说，竞争对手企业的最优反应就是提高其销售量。因此，一般而言，在产量竞争环境下，如果一家企业向市场供给的最优产量越高，那么竞争对手企业向市场供给的产量就越低。在经济学文献中，通常将这一性质称为产量的"策略替代性"。这一性质虽然不反映企业行为方式的差异，但的确反映了企业受竞争对手策略选择的影响与价格竞争环境下是不相同的。在价格竞争环境下，由于价格是企业的决策变量，竞争对手提高价格对企业的影响是销售量上升；在产量竞争环境下，由于产量是企业的决策变量，竞争对手降低产量对企业的影响是给定销售量下的价格上升。二者的区别可以通过图 7-1 表示。

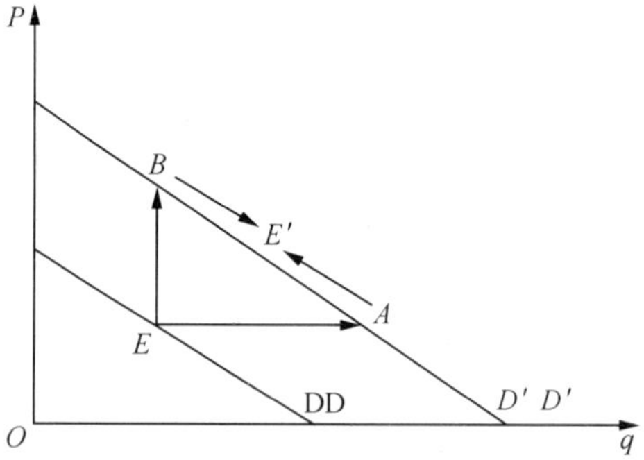

图 7-1 价格竞争与产量竞争下企业行为比较

图 7-1 中，DD 为企业的初始剩余需求曲线，企业生产最优决策点为 E。当竞争对手提高价格或降低产量，企业的剩余需求曲线将向外移动到 $D'D'$。那么，在价格竞争环境下，初始效应是使点 E 移动到点 A（价格不变、产量增加），企业的最终反应是提高价格并将新的均衡决策点移动到点 E'，与初始决策点相比较产量和价格都上升了；在产量竞争环境下，初始效应是价格调整以使得点 E 移动到点 B（产量不变、价格上升），企业的最终反应是增加产量并将新的均衡决策点移动到点 E'，与初始决策点相比较产量和价格都上升了。由此可以看出，价格竞争和产量竞争下的均衡结果

① 在产量竞争环境下，价格是以限制替代效应的途径进行调整的。这样，企业面临更小的竞争压力，结果其价格倾向于更高，而产量倾向于更低。

虽然相同,但是企业的反应和变化路径是有区别的。

(2) 产量竞争下的并购效应。产量竞争下的并购效应分析与价格竞争下的并购效应分析的原理是相同的,区别在于企业选择的竞争变量由价格变为产量,相关的需求关系由需求函数变成了反需求函数。

① 产量内部协调的价格效应。一般而言,给定其他企业的产量,并购后新企业生产的产量将低于并购前企业的产量之和,因而将导致其产品价格上升。也就是说,并购将导致并购企业的产量压缩,将提高所有产品的价格。然而,随着竞争对手性质的不同,并购的产量效应的大小也将不同。正如前文所解释的,当并购企业的产量下降时,竞争性产品的价格将不同程度地上升。Ivaldi *et al*.(2003)等人的分析表明,与假定竞争对手的价格保持在并购发生前的水平时对最优价格—产量变化的评估相比较,假定竞争对手的产量保持在并购发生前的水平时对最优价格—产量变化的评估将导致一个更高的价格①。

② 竞争对手的反应。与价格竞争环境下竞争对手的反应相类似,产量竞争下并购也降低了竞争对手企业的竞争压力。在面临一个不太激进的竞争对手和更高的需求时,竞争对手企业的反应是生产更多的产品②。也就是说,在产量竞争环境下,竞争对手对于并购的反应是提高产品供给量。在性质上,产量竞争下的并购效应与价格竞争下的并购效应是相似的,企业都想在提高销售量与提高价格之间取得平衡。权衡的结果是,竞争对手的反应在一定程度上降低了并购对于价格的影响,但不会抵消这一影响。也就是说,竞争对手的反应是导致竞争性产品的产量和价格同时上升,而不是仅仅提高价格。

③ 回馈效应与均衡效应。然而,竞争策略(产量竞争或价格竞争)的选择不一样,对并购企业的回馈效应的分析也不一样。我们再次考虑并购企业的行为,假定并购企业根据竞争对手在并购发生前的产量进行调整,并在并购后进行内部协调,将供给量降低 $x_i\%$。与此同时,并购企业也应预期到竞争对手对于并购的反应是提高供给量。与价格竞争环境下相比较,产量竞争下并购企业受竞争对手企业反应的影响不同。在价格竞争环境下,并购企业设定价格并保持不变,因而销售量上升,这有利于提高利润。在产量竞争环境下,由于企业保持销售量不变,竞争对手的反应是提

① Ivaldi, M., B. Jullien, P. Rey, P. Seabright, and J. Tirole, "The Economics of Unilateral Effects", Working Paper, 2003.

② Davidson, C., and R. Deneckere, "Incentives to Form Coalitions with Bertrand Competition", *Rand Journal of Economics*, 1985(16): 473—486.

高产量,而在需求不变的情况下,并购企业的价格将下降。因而在选择了产量水平后,并购企业的价格受到竞争对手反应的负向影响,这不利于增加利润。换句话说,在产量竞争环境下,并购企业的境况因竞争对手对于并购的反应而变差了。在给定竞争对手提高供给量的情况下,并购企业的初始反应应当是更大幅度地降低产量,产量的最终下降幅度将超过 $x_i\%$。这一反应缓和了并购企业额外增加的供给量对于并购企业价格的影响。反过来,这意味着竞争对手在预期到并购企业的回馈效应后应当更大幅度地提高供给量。

并购的初始效应是提高所有产品的价格,然而这一效应被竞争对手以提高供给量作为对并购的反应这一行为所部分抵消。与价格竞争环境下相比较,产量竞争环境下由于一些企业产量上升而另一些企业产量下降,回馈效应对于均衡价格的总体影响不够明确。在通常情况下,回馈效应削弱了并购的影响,但不会逆转这一影响的性质。回馈效应放大了并购对于并购企业产量水平的影响。也就是说,当竞争对手对于并购的反应是提高产量时,并购企业均衡产量的下降幅度要大于假定竞争对手保持产量不变时的幅度。因此,一般而言,当企业以产量竞争时,所有产品的并购后价格都将上升,并购企业的销售量下降,竞争对手(非并购企业)的销售量上升。由此我们可以看出,价格竞争与产量竞争下的定性结论是相同的。

如果我们评估同质产品市场上的均衡状况,并购的总体效应是降低市场上的总供给量。然而,这一下降幅度小于在评估竞争对手并购前产量下预测内部协调效应时的下降幅度。因而,最终价格的上升幅度也将变小。这就意味着,回馈效应倾向于削弱并购对于价格的影响。换句话说,竞争对手的反应削弱了并购企业降低产量对于最终价格的消极影响。关注一般情况下并购对于最终价格的影响,我们将会发现两种效应:并购企业降低产量将促使价格上升,但竞争对手的反应(提高产量)将产生一个抵消效应(压制价格)。结果是,在产量竞争环境下,均衡价格的上升幅度小于假定竞争对手保持产量不变时所预测的价格上升幅度。因而,如果忽视了均衡效应,可能导致高估并购对于最终价格的影响。

在产量竞争环境下,虽然回馈效应倾向于使价格稳定,但是这并不意味着并购的单边效应比价格竞争下单边效应更小。即使价格竞争和产量竞争下都存在价格—成本加成,因而产出都低于有效率的水平,出现这一现象的原因也可能是两种情况下的并购前价格水平不一样。但在一般情况下,产量竞争下的并购企业内部协调效应要比价格竞争下的大。原因与人们解释为什么产量竞争比价格竞争导致更高的先验价格一样。在产量竞争环境下，由于竞争性产品的价格已经向上调整，并购企业任何通过削减产量提高价格—成本边际的企图实现起来都较为便利。

总结以上分析，我们可以得到这一结论：在产量竞争环境下，并购企业的内部协调效应较强，但这一效应将会被回馈效应削弱；而在价格竞争环境下，并购企业的内部协调效应较弱，但这一效应将会被回馈效应增强。这一结论告诉我们，很难先验性地判断哪一种竞争环境下的并购更需要重点关注，需要反垄断当局应用实证方法逐案进行具体均衡分析。

7.3.3 并购中的市场支配地位与单边效应

美国《横向并购指南》中所使用的测试标准是"实质性减少竞争"，这一标准明确要求对并购进行评估审查时要考虑并购的所有均衡效应，它不仅应用于分析并购企业而且要分析整个相关市场上的竞争状况。另一方面，"单一市场支配地位"标准仅考虑并购企业自身，评估其在相关市场上的地位。然而，"单一市场支配地位"标准并不意味着不需要考虑并购可能产生的均衡效应，它的问题是是否需要考虑所有的均衡效应。一般而言，应用单一市场支配地位测试涉及两个前提条件：① 并购企业的最终市场份额很高，高于相关市场上所有任意一个竞争对手的市场份额；② 并购能够为并购企业带来实质性的价格上升。

(1) 非市场支配地位与市场势力。与市场份额标准相关的一个问题是，即使并购后相关市场上没有明确处于市场支配地位的企业，并购仍有可能产生较强的均衡效应。如果并购后没有企业居于市场支配地位，那么在单一市场支配地位标准下，该项并购将不会被禁止。然而，仍有证据表明，这类并购可能对均衡价格产生较强的影响。这可能发生于相关市场已经较为集中，并购提高了市场集中度但没有给并购企业或其任何一个竞争对手带来明显的竞争优势的情况下①。类似的问题还可能出现在并购发起企业将资产转售给第三方企业时。假定有两家参与并购的企业合计持有相关市场上的超过 40% 的生产性资产（例如，技术、工艺、设备、实物和人力资本等），准备将这些资产的一部分转售给第三方企业，通过这种途径重新平衡市场份额，留下少于 40% 的市场份额给并购企业。通过这种交易，并购企业能够逃避单一市场支配地位测试。当企业适应了政府的反垄断控制政策，了解了如何处理并购可以规避政府政策后，通过使用包括在

① Ivaldi, M., B. Jullien, P. Rey, P. Seabright, and J. Tirole, "The Economics of Unilateral Effects", Working Paper, 2003.

并购交易中转售部分资产给竞争对手等方法，避免产生单一市场支配地位的这种情况会越来越普遍。因此，市场支配地位意味着市场势力，但非市场支配地位并不意味着不存在市场势力。评估一项并购的单边效应，仅仅依据该项并购是否产生了市场支配地位是不够的，还需要评估该项并购对于市场势力的影响。

（2）非支配企业之间的并购。在分析并购的均衡效应时，反垄断当局将会发现一些具有非支配地位的企业之间的并购可能对消费者产生消极影响。我们来考虑以下情形，相关市场上共有三家企业，其中一家企业拥有60%的市场份额，另两家企业分别拥有20%的市场份额。现在假定这两家较小规模的企业合并。分析结果显示，相关市场上所有产品的价格都将上升；并且，并购企业的最终市场份额小于40%，支配企业的市场份额将上升。在这种环境下，并购将对均衡价格产生较强的影响。在评估这种类型的并购时，反垄断当局应当注意和考虑到所有的效应，而不仅仅是并购企业自身是否居于市场支配地位。即使是并购企业在长期内可能成为支配企业的一个有力竞争者，但是在短期内如果并购不能带来明显的效率，也将损害到消费者利益。因而，单一支配地位测试与全面均衡分析的关键区别在于，后者比前者覆盖到更广范围的反竞争效应。然而，这并不意味着采用全面均衡分析将使并购控制更为严格。这是因为，有时候并购的均衡效应使得其反竞争后果看上去比以单一支配地位测试为依据获得的结果更小。例如，假定以产量竞争的相关市场上有两家市场份额为22%的企业发生并购。这项并购最初将形成一家市场份额为44%的新企业，足够产生单一市场支配地位。然而，相关市场上其他企业的均衡反应将是提高它们自身产量，从而很有可能显著地削弱并购对于价格的初始影响。也就是说，采用全面均衡分析可能使得该项并购的反竞争后果小于采用单一市场支配地位测试的后果。

（3）价格效应评估。无论是因为参与并购的一家企业处于市场支配地位而达到市场份额标准，还是因为并购后的联合市场份额足以达到市场份额标准，都不难分析。实际上，将所有的均衡效应囊括入用来评估并购对价格最终影响的评价程序中，既是可能的，也是可取的。首先，由于并购的内部协调效应是组成和影响总体效应的关键因素，以估算并购企业的剩余需求为基础评估最优价格已经提供了分析价格效应的有用信息①。实

---

① Baker, J., and T. Bresnahan, "Estimating the Residual Demand Curve Facing a Single Firm", *International Journal of Industrial Organization*, 1988(6): 283—300.

际上，它提供了评估内部协调效应大小的基本思路。然而，假定其他企业不对并购产生反应而忽视均衡效应，将会导致并购后价格评估的偏误：在价格竞争环境下，它将低估并购的价格效应；在产量竞争环境下，它将高估并购的价格效应。是采用这种评估方法，还是采用正确的全面均衡分析，可能导致最终评估结果的巨大差异。其次，评估中涉及的另一个问题是，是否应该将单一市场支配地位测试解释为仅将注意力放在并购企业的价格和产量上。需要指出的是，这样做可能被误导。由于相关市场上的所有企业的价格都受到并购的影响，正确评估并购对于消费者影响的方法应是以总体市场效应分析为基础。举例来说，有两起并购后市场份额都为40%的并购，如果第一起导致并购企业的价格上升5%、竞争性产品的价格上升4%，第二起并购导致并购企业的价格上升7%、竞争性产品的价格上升1%，那么前者对消费者造成的损害反而大于后者①。一般性的结论是，当我们评估并购对价格的影响，进而评估并购对于消费者利益的影响时，最好采用全面均衡分析方法对相关市场上的所有价格进行评估。

7.3.4　集中度指数与市场势力

早期，美国反垄断当局经常使用集中度指数来衡量单边效应的大小。集中度指数是测度产业集中程度的统计性指标，它可以用于协助评估者对并购进行评估分析。在并购案中，集中度指数本身并不是问题，问题在于市场势力水平和并购对市场势力可能产生的影响。与集中度指数相关的核心问题在于，它能否反映企业的市场势力以及在多大程度上反映市场势力。在单一市场支配地位测试中，所使用的指数自然是并购企业的联合市场份额。经济学文献给予了涉及规模较大企业的并购较多关注，并在模型构建和分析方法等方面进行了尝试。Farrell and Shapiro(1990)使用一般均衡分析方法分析了产量竞争环境下的并购。他们认为，当并购只涉及较低市场份额的企业时，并购对市场均衡价格的影响并不明显。McAfee and Williams(1992)使用单一市场支配地位测试方法对并购进行了分析。他们的研究结果显示，当并购产生或者涉及相关市场上规模最大的企业时，将具有最大的损害效应，根据这一结论，当并购只涉及小规模(或低市场份额)企业时，它就会获得一个先验的较好处理结果(被反垄断当局无条件批准)。

---

① Ivaldi, M., B. Jullien, P. Rey, P. Seabright, and J. Tirole, "The Economics of Unilateral Effects", Working Paper, 2003.

经济学研究中,最为常用的市场集中度指数是 HHI 指数(Herfindahl-Hirschman Index),它是市场上所有企业的市场份额(以百分数表示)的平方和。例如,美国《横向并购指南》中所使用的就是并购后的 HHI 指数(以 1 000 和 1 800 为门槛条件),并将并购前与并购后的 HHI 指数的变化值(ΔHHI,门槛条件分别为 100 和 50)作为初始筛选的工具①。HHI 指数反映了市场上企业的数量及企业市场份额的分布状况,能够较为准确地描述市场的集中程度。例如,如果市场上只有一个垄断者,那么 HHI 指数就等于 10 000;如果市场上有 n 个市场份额相等的企业,那么 HHI 指数就等于 10 000 除以 n。举例来说,HHI 指数等于 1 000 时,既可能市场上包括 10 个规模相等的企业;也可能包括市场份额为 30% 的企业一家,市场份额为 1.43% 的企业 49 家。如果市场上有一家企业的市场份额为 35% 或更高,那么这一市场的 HHI 指数将超过 1 225。并购导致的 HHI 指数变化值等于并购企业市场份额之积的两倍。例如,一家市场份额为 35% 的企业与另一家市场份额为 2% 的企业合并,相关市场上的市场份额将提高 140。

HHI 指数的主要原理能够通过同质产品的 Cournot 模型进行阐述。实际上,单位可变成本的价格加成(勒纳指数)与企业的市场份额是成比例的,比例系数等于市场需求价格弹性的倒数。利用这一关系,在给定需求弹性的情况下,我们可以得到价格对于市场平均成本的加成与 HHI 指数的比例关系。假定同质产品和数量竞争的市场上的总需求为 $Q=D(p)$,那么正如我们在前文中所推导的,企业的均衡价格满足:

$$\frac{p-c_i}{p}=\frac{s_i}{\varepsilon}, \tag{7-3-12}$$

其中,$s_i=\dfrac{q_i}{Q}$为企业的市场份额,ε 为总需求的价格弹性。单位平均成本(等于总可变成本除以总产量)为 $c=\sum\limits_i s_i c_i$。根据定义,$H=\sum\limits_i (s_i)^2$,HHI 指数等于 H 乘以 10 000。采用加权的勒纳指数,我们可以得到:

$$\frac{p-c}{p}=\frac{H}{\varepsilon}=\frac{\text{HHI}}{10\,000\varepsilon} \tag{7-3-13}$$

从(7-3-13)式可以推导出,如果需求的价格弹性不变,平均单位成本的价格加成(市场势力)与 HHI 指数成正比;市场总平均利润与产品的 HHI 指数和市场总收益$\left(H\dfrac{pQ}{\varepsilon}\right)$成比例关系。因此,在 Cournot 模型中,HHI

---

① 这一系列门槛条件,又称为安全港。参见余东华、乔岳、张伟:“中国经营者集中反垄断控制中的安全港规则研究”,载《产业经济研究》,2010(3):37—39。

指数能够较好地反应平均市场势力。在这里需要指出的是，这一结论只适用于并购前的 HHI 指数，在 Cournot 模型分析中，并购后的 HHI 指数并不是最终市场势力的准确指示器。这是因为，Cournot 模型也能够预测到，并购后并购企业的市场份额要小于并购前并购企业的联合市场份额，因而 HHI 指数的简单相加可能高估并购企业的最终市场份额①。HHI 指数是在同质产品假定下构建的，对差异化产品市场的解释力很低，也不是价格竞争环境下市场势力的良好“指示器”。而在现实经济中，大部分并购发生在差异化产品市场，并且企业之间往往进行价格竞争。另外，还需要指出的是，HHI 指数并不能测度市场势力的绝对值，即同样的 HHI 指数水平能够反应不同的市场势力水平或者不同产业中的价格水平②。虽然 HHI 指数在测度市场势力方面存在着一些限制，但是在产量竞争环境下，当产品是较为接近的替代品时，它仍然被认为是测度市场势力的一个良好指标。但是，在差异化产品和价格竞争环境下，HHI 指数并不能准确测度市场势力，或者说 HHI 指数不是测度市场势力的良好指标③。在差异化产品和价格竞争环境下，并购的效应在很大程度上取决于并购企业内部产品的交叉价格弹性以及并购企业产品与非并购企业产品之间的交叉价格弹性。因而，当拥有较大市场份额的两家企业销售不完全替代品时，市场份额可能包含的关于市场势力的信息较少。在这种情况下，以产品的相互替代程度指标，而不是市场份额指标对并购效应进行分析，可能更合理一些（Willig *et al.*，1991）。例如，在一些情况下，评估分析产品的交叉价格弹性与自身价格弹性的比例可能获得一些关于市场势力的有用信息（Ivaldi *et al.*，2003）。

7.4　横向并购的结构效应分析

在以上分析中，我们都假定并购没有对技术、产品开发以及成本等因素产生影响。实际上，大部分并购都将影响这些结构性变量，并且这些因素常常成为企业发起并购的动机。我们还假定并购对市场结构的唯一影响在于将两个企业纳入统一所有权，其他企业保持不变。由于并购是相关

---

① Anderson, S., A. De Palma, and J. Thisse, *Discrete Choice Theory of Product Differentiation*, MIT Press, 1992.

② Ivaldi, M., B. Jullien, P. Rey, P. Seabright, and J. Tirole, “The Economics of Unilateral Effects”, Working Paper, 2003.

③ Willig, R., S. Salop, and F. Scherer, “Merger Analysis, Industrial Organization Theory, and Merger Guidelines, Brookings Papers on Economics Activity”, *Microeconomics*, 1991, pp. 281—332.

市场上市场结构的主要变化，它可能导致竞争对手的反应不仅仅限于价格和生产决策。实际上它将影响竞争对手的整个产业策略，例如，引入新产品以应对并购，新的竞争者可能进入相关市场等。从评估的视角分析，当只有所有权而没有结构性特征受到并购影响时，就开始对可能发生的以上结构性效应进行评估是明智的。支持这一观点的强有力论据是，这种评估能够以过去的市场数据为基础，最小化对前瞻性分析的依赖。因而，这一分析成为评估程序中最可靠的部分。然而，它只能用于并购评估分析的基准，在分析并购对技术和市场结构的影响的同时，还需要分析并购的其他效应。

7.4.1 效率获得效应

并购的效率获得效应不是本章分析的重点，我们将在其他章节中具体分析，这里仅从并购的市场结构效应的视角进行简要概述。在横向并购评估审查中，反垄断当局要对并购的反竞争效应（包括单边效应和协同效应）与并购可能带来的效率进行比较，因而在这里我们主要从二者之间联系的角度讨论并购的效率获得效应。

并购可能产生多种类型的效率，既有可能产生对并购企业有形资产的更有效率的利用，例如，产量在不同工厂之间的重新分配而产生的生产合理化、规模经济与范围经济、更有效率的投资等①；也有可能产生对无形资产的整合和使用，例如，生产工艺与诀窍的共享、管理合理化、研发与创新、生产线的重新布局、形成购买方市场势力等②。一些效率获得将通过价格降低、质量改进和新产品引入等形式传递给消费者，另外一些效率获得（例如，固定成本下降）将转化为企业利润，因而反垄断当局对待不同效率的态度也不一样③。在横向并购反垄断控制的评估审查中，这些效率将以不同的方式纳入评估程序，除非评估过于困难，或者要求大量的前瞻性的预测分析，而相关数据和信息又难以获得。由于当（除了所有权以外）并购没有导致结构性变化时的基准情形是价格将上升，因而评估并购导致的结构性变化所产生的效应就是要分析价格变化的方向与幅度。一般而言，批准并购（或只禁止一小部分并购）恰恰是因为假定并购能够提高效率，最终

---

① Perry, M., and R. Porter, "Oligopoly and the Incentive for Horizontal Merger", *American Economic Review*, 1985(75): 219—227.

② Scherer, F., and D. Ross, *Industrial Market Structure and Economic Performance*, 3rd ed., Boston: Houghton Mifflin, 1990.

③ 关于并购可能产生效率的类型和反垄断当局的处理方式的具体分析，参见第5章。

能够给市场带来更好的产品或更低的价格。

自 Williamson(1968)提出“威廉姆森分析框架”之后,横向并购评估分析的一项主要工作就是对并购可能产生的反竞争效应与并购可能带来的效率进行权衡比较①。然而,对效率进行评估分析是一项很困难的工作。效率是潜在的,在并购评估分析时,效率尚未实现。因而,需要对其进行事前评估,但在数据和信息不足的情况下进行事前评估几乎是不可能的。并购企业通常具有信息优势,当其根据自身偏好和利益将信息传递给反垄断当局时,可能降低评估的可靠性。

那么,是否可以通过事后评估来解决这一问题呢?事后评估可能缓解信息不充分的问题,但有可能产生新的问题。① 由于长期效率的实现具有较长的时滞,因而事后评估也不能解决以上问题。还有一些效率可能涉及商业秘密,也不能公开提供给负责评估的外部专家。例如,基于特定知识和技术的新产品创新,需要受到商业秘密保护,如果不将知识和技术提交给外部专家就很难评估新产品创新的价值和社会福利效应,而若提交了知识和技术,就将丧失对商业秘密的保护。② 即使是短期效率,大部分效率获得也具有不确定性,它们可能实现,也可能难以实现,并且实现的大小很难预测。因而,很难在事后区分以下两种情形:一种情形是企业试图努力实现但无法实现的效率获得,另一种情形是企业不想实现而谎称的效率获得。因而,事后评估可能使将并购评估置于一个非常危险的境地,提高犯I类或Ⅱ类错误的概率。③ 一旦并购在短期内被批准并且已经完成,事后纠正错误决策的可能性很小。拆分并购企业的资产剥离是一个成本高昂的过程,可能导致更大的非效率。财务处罚的作用有限,并且可能使企业的财务境况变化,具有很大的破坏性。因而,对效率获得进行事后评估是不现实的。

鉴于并购可能产生的效率需要在事前进行评估,在实践中可以采用两种基本方法进行估算。第一种方法是,以一般推定方法为基础,通过设定一些门槛条件而不依赖于效率的明确量化值,判定并购能够产生某些效率。这就相当于设计一个程序,通过这一程序批准那些对竞争没有明显影响的并购。门槛条件可以使用市场集中度指数或价格上升幅度等指标进行设定。这一方法的主要好处在于简单而快捷,不会给评估程序带来额外的负担。然而,这一方法是不完善的,其作用也是有限的。实际上,有一些并购会对竞争产生明显的影响,但同时也会产生显著的效率来弥补其反竞争效应。因而,采

① Williamson, O., “Economies as an Antitrust Defense: The Welfare Tradeoff”, *The American Economic Review*, 1968, 58: 18—36.

用这一方法可能拒绝那些具有较高社会合意度的并购，提高犯I类错误的概率。第二种方法是，针对第一种方法的不足，引入效率抗辩，就是在并购评估中对并购的反竞争效应与并购可能带来的效率进行权衡比较①。

7.4.2 进入、退出与潜在竞争

并购的结构效应主要体现在其市场结构效应上，包括对市场进入和退出条件的影响以及对市场潜在竞争状况的影响。

（1）并购对进入壁垒的影响。如果相关市场上的潜在竞争是有效的，也就是说相关市场为可竞争市场（contestable market），那么并购企业将不会处于这种位置：能够利用其上升了的市场势力策略性地提高进入壁垒。这种分析同样适用于退出，反垄断当局需要考虑并购是否提高了并购企业参与掠夺性定价的能力。实际上，掠夺性定价与进入壁垒的关系十分紧密。掠夺性定价是以自戕的形式驱逐竞争对手，实施这一策略的企业需要在竞争对手退出市场后提高价格补偿损失，如果竞争对手能够在提价后自由进入，那么掠夺性定价策略就会宣告失败。因而，掠夺性定价策略是否能够成功实施，在某种程度上取决于市场是否存在进入壁垒。正如捆绑销售、限制性定价等行为一样，并购后的掠夺性定价与滥用市场支配地位相关，反垄断当局将在并购后进行干预。

（2）并购对市场潜在竞争状况的影响。并购可能导致新企业（或新产品）进入相关市场。由于并购降低了相关市场上的竞争程度，并购后进入的获利可能性高于并购前进入的获利可能性，因而将提高企业进入的动机和频度。这种进入将降低或者抵消并购产生的消极效应。很明显，当相关市场上的进入壁垒降低时，进入的可能性就会增加。因而，需要评估并购对于相关市场进入壁垒的影响。通常情况下，是否对其进行单独评估取决于信息状况，包括对技术工艺要求、人力资本要求等信息的定性判断。在这里我们需要指出市场潜在竞争状况与效率之间的关系。对较低的进入壁垒采取宽容态度的原因不仅在于对促进竞争的考虑，而且在于其有利于提高效率的强假定。实际上，企业在决定是否发起并购时会关注潜在竞争状况。当进入壁垒较低时，通过并购降低竞争程度的作用是有限的，因而企业可能放弃并购。这一点强化了对低进入壁垒采取宽容态度的必要性：相关市场缺乏进入壁垒应当成为有助于并购获得批准的依据。换句话说，进入壁垒和市场潜在竞争状况应成为并购评估审查的重点内容之一。

① 本书的以下章节将对效率抗辩问题进行具体分析。

（3）并购对企业退出的影响。并购对相关市场上现有企业退出的影响较为复杂。如果并购降低了相关市场上的竞争程度,那么相关市场上的所有企业都将从并购中获利。也就是说,并购通过提高市场获利性降低了现有企业退出市场的动机。这并不是说企业退出不会发生,但如果发生,那可能是由并购的其他效应所致。例如,如果并购带来了明显的效率获得,包括成本降低、技术进步、规模经济和范围经济等,从而使并购产生的新企业相对于并购前而言更有效率,那么相关市场上的那些缺乏效率的企业将被迫退出市场。但是,这种情况只能是当并购带来的效率获得如此之大以使得并购后的价格明显低于并购前(没有企业退出)时才会发生。在这种情况下,并购产生的效率弥补了企业退出对竞争的影响,高效率的企业和具有创新性的企业取代了低效率企业,进而推动了产业发展。因而,并购能够增进社会福利,具有社会合意性。

7.5　单边效应的评估方法

7.5.1　导言

20 世纪 70 年代以来,经济学的主要发展方向之一就是计量分析方法和工具的不断完善及在经济学各个分支学科的应用,极大地提高了经济学理论解释经济现象的能力。然而在反垄断与竞争政策领域,由于分析工具和数据可获得性等原因,最近 20 年才在并购效应量化分析方面取得较大进展,实证分析的工具和方法逐步完善。很长一段时间内,企业和产业层次的具体数据的缺乏制约了实证分析的发展。计算机技术的进步在很大程度上降低了管理企业、产业和市场所产生的大样本数据的成本。数据可获得性的提高和处理数据成本的下降还不足以解释产业组织领域实证测试和评估的发展。20 世纪 80 年代以后,计量分析方法也取得了明显的进展,经济学家可以更好地理解回归分析的结果并对其做出更为复杂的解释,进而更好地判断回归分析的信度和效度。实证计量分析能够解决由复杂理论模型分析所产生而又不能很好解决的问题。同时,由于博弈论大量应用于研究不完全竞争市场,经济理论本身也获得了长足的发展。计量经济学、经济理论和计算机科学的发展以及这三个领域研究成果的充分结合,使得一个新的经济学领域——实证产业组织理论——得以出现并较快发展。从经济学的视角对竞争理论和竞争政策进行实证分析就属于实证产业组织理论的一部分。在评估并购效应和测算市场支配地位时,就要应用实证产业组织的工具和方法①。

近年来,在竞争政策领域应用量化分析工具和方法对并购进行实证分析的文献数量激增,尤其是在欧美国家②。初期,应用量化分析方法的主要例子是相关市场的界定,后来量化分析方法逐步用于测度市场力量。实际上,到现在,每一种可以获得的量化分析工具都已应用于并购的整体效应分析。竞争政策领域量化分析的工具箱可以分为两个部分。第一部分包含的工具很多,包括所有的能够应用于提供反垄断案例分析所需实证证据的统计方法,例如,回归分析、因素分析、相关性分析、格兰杰因果关系分析、协整检验分析等。具体选择哪一种分析方法取决于案例的性质和所获得的数据的特性与质量。我们将这一部分实证分析称为"简化形式的实证分析"(empirical reduced-form analysis),它意味着案例与经济模型之间建立的关系是间接的、不完全的和非正式的。第二部分工具被称为"结构形式的实证分析"(empirical structural-form analysis)。在这里,量化分析是由经济模型引导的,而经济模型是解释均衡条件下测量现象的数据之间关系的工具。因此,这类方法属于研究主体行为的方法,它的主要特征是,首先需要将经济主体行为模型化,然后测度它所面临的外部限制或技术限制。结构分析的主要优势是它与经济理论的内在一贯性。使用结构性分析方法面临两个问题:一是它必须显示出与所分析案例的相关性,表明使用该方法是合适的;二是它必须能够解释数据的质量,当数据不正确时,它必须能够解释结果如何受到影响。在简化分析与结构分析之间进行选择时所涉及的主要问题是数据的可获得性。例如,当无法获得产量数据,只能获得价格数据时,明显不能通过使用完整的均衡分析模型来描述价格与产量的关联性。然而,当构成经济模型的结构性模型无法构建时,通过简化形式分析所获得的结果能够解释经济模型的部分成分。也就是说,分析工具的两个构成部分之间的关系与其说是相互替代,还不如说是互补的(Ivaldi *et al.*,2003)。

"结构形式的实证分析"的代表性方法是并购模拟分析方法③。并购

---

① Phlips, L., *Applied Industrial Economics*, Cambridge: Cambridge University Press, 1998.

② 在20世纪90年代以前,美国反垄断当局倾向于采用市场集中度指数(主要是HHI指数)来测度并购的单边效应。然而,这一方法导致了一系列问题,并招致了很多经济学家的批评。20世纪90年代以后,评估单边效应的方法和工具趋于多元化。Bishop and Walker (1999)对此进行了综述。

③ 近年来,竞争政策领域出现了大量对并购单边效应进行模拟分析的文献,代表性的文献包括Baker and Rubinfeld (1999)、Capps *et al.* (2003)、Dubow *et al.* (2004)、Epstein and Rubinfeld (2001, 2004)、Kokkoris (2005)、Walker (2005)、Weiskopf (2003)、Werden *et al.* (2004)、Werden and Froeb (2006)等。

模拟分析方法以经济模型为基础，提供了量化并购可能产生的预期单边效应的分析工具，并能够洞察并购对价格、产量和消费者福利变化的影响。模拟分析的结果比传统的指南方法①要更加确定一些，估计到的价格和产量变化是“有形的”，能够在较少依赖一些“武断的”结构性指标的情况下对并购的单边效应进行较为直接的解释分析。模拟分析是从分析消费者需求开始的，通过模拟需求函数计算出需求的自身价格弹性和交叉价格弹性，从而测度相关市场上产品之间的相互替代性。然后，利用历史数据估计相关市场上并购没有发生的情况下（或并购前）的价格和销售量，根据勒纳指数与需求的自身价格弹性之间的关系，测算出使利润最大化的价格和边际成本。接着，模拟分析并购后的价格和销售量。如果并购企业仍然生产并购前的产品，那么它就需要考虑这些产品之间的交叉价格弹性和非并购企业的反应，从而确定价格变化的幅度。最后，对模拟分析的结果进行解释。将模拟的价格变化与非并购价格（假定并购不发生时的价格或并购前价格）进行比较，从而确定并购对于价格的影响程度。或者说，并购的单边效应就是并购前与并购后均衡价格的差异②。

7.5.2　量化分析的结构性程序

从理论分析部分可以看出，并购分析需要考虑大量的相互作用、相互影响的因素，例如，市场规模、产品数量和种类、企业数量和性质、时间跨度、不确定性等。相关市场上竞争的性质是这些因素相互依赖、相互作用的结果。量化结构分析的目的就是提供一个能够分析这些因素作用效果的工具，来测试这些因素之间相互关系的有效性和稳健性，并评估这些因素所产生的不同效应。另外，作为对真实世界的一个近似估计，结构性分析要提供一种模拟和预测因素变化所导致的后果的方法，例如，产业内企业数量的变化会对价格产生什么影响。结构性分析常常与计量分析相联系，涉及对经济模型的统计估计，包括对模型中的参数值估计，以获得对产生经济数据过程的最佳近似。当数据不可获得或者不够完整而不能应用于统计估计时，研究者需要对模型进行校准，赋予模型参数在给定可获得信息下最为准确的值。在评估分析中，模型校准允许研究者构建一个工具

---

① 传统指南方法是指美国 1992 年《横向并购指南》所提出的用市场集中度（HHI 指数）的变化情况衡量单边效应的方法，参见 Mills, R., and R. Weinstein, “Unilateral Effects of Merger: The Simulation Approach”, Working Paper, 1999。

② Foncel *et al.* (2007) 比较了并购模拟分析方法与 HHI 指数方法的区别与联系。

变量来理解特定案例中的关键问题①。然而,它仅能提供参考性的信息,不能提供任何关于市场结果的稳健性或显著性的测度。

量化分析的结构性程序是以“结构形式的实证分析”为基础的,是对差异化产品市场进行静态寡占分析的基本步骤。在这一分析中,市场势力不仅来自于市场上数量较少的竞争者,而且来自于市场上产品之间的相互替代性,或者说产品的差异化程度。这一程序包括五个基本步骤,见图 7-2 所示。

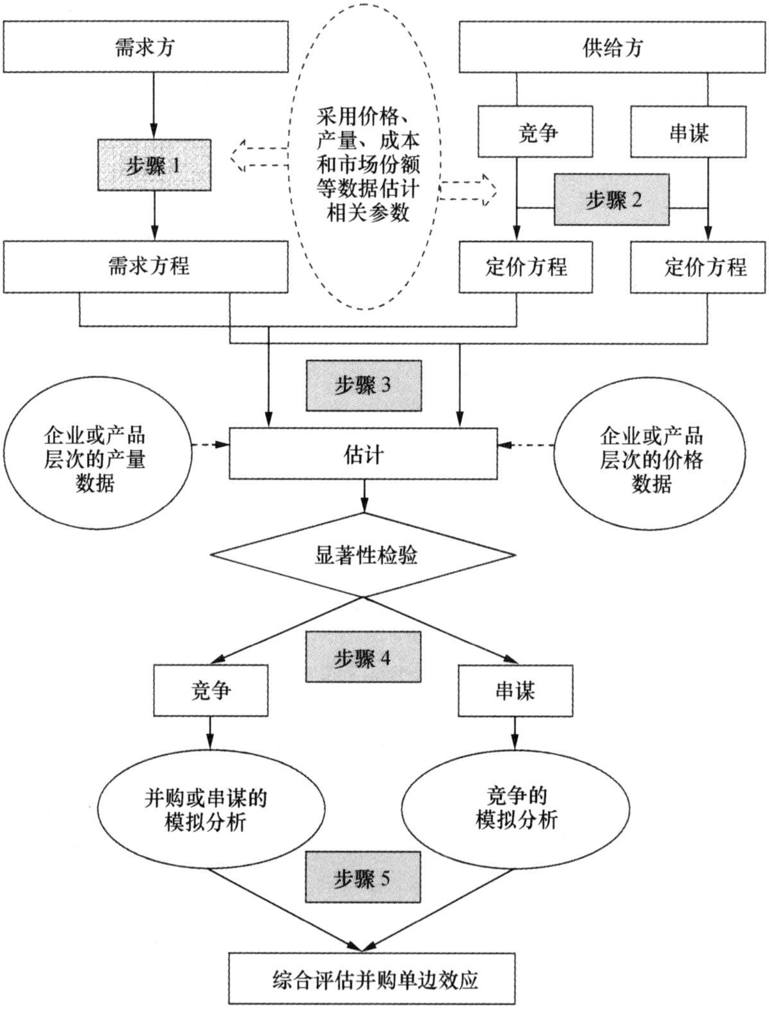

图 7-2 量化分析的结构性程序

资料来源:作者根据 Ivaldi *et al*. (2003)、Weiskopf(2003)等修改。

① Werden, G. , and L. Froeb, “The Entry-inducing Effects of Horizontal Mergers: An Exploratory Analysis”, *The Journal of Industrial Economics*, 1998(46): 525—543.

（1）步骤1：需求模型界定与估计。并购分析的结构性程序的第一步是界定需求模型，以预测和评估相关市场上的消费者行为。由于特定产品的需求表示的是这一产品的产量与其自身价格以及其他产品价格的关系，因而需求模型能够为我们测度需求的自身价格弹性和交叉价格弹性提供信息。需求模型的量化界定与评估（或校准）在整个分析程序中起着十分关键的作用，这也是为什么需求模型的测度问题是经济计量分析中引起争论的重要来源。

① Logit模型。在这里，我们用一个不失一般性的具体模型来说明竞争量化分析中的结构性程序。假如某一双寡头垄断市场上有企业 i 和企业 j，每个企业生产一种产品，并且这两种产品之间是相互替代的。消费者可以在这两种产品之间进行选择，也可以选择市场外部产品，我们用指数 σ 来表示。在这里，外部产品的作用是考虑其他潜在替代性的存在，以及所有其他产品的价格指数效应。在这个意义上，它解释了以一个未知参数来衡量的市场规模。我们用 y_i 表示产品 i 的产量，M 表示市场规模。那么，产品 i 的市场份额就是 $s_i = y_i/M$。相应地，y_o 表示外部产品的产量，市场规模就等于所有产品产量之和，即 $M = y_i + y_j + y_o$。考虑到外部产品，假定产品 i 的市场份额 s_i 是当其质量最高、价格最低时的最高市场份额，那么，计量分析的任务就是利用可观察到的价格和市场份额数据测度市场份额的质量和价格效应。假定产品 i 的市场份额 s_i 由于该产品的某一因素 w_i 的作用而与外部产品的市场份额 s_o 成比例，即

$$s_i = w_i s_o \tag{7-5-1}$$

我们将这一因素 w_i 称为产品 i 的"效用"。换句话说，产品 i 的市场份额与这一产品的效用成比例①。w_i 来源于产品质量和成本的比较。特别地，我们假定产品 i 效用的对数 W_i 是产品质量的未知货币价值（用参数 b_i 表示）与产品成本之间的差额，即

$$W_i = \ln w_i = b_i - ap_i \tag{7-5-2}$$

其中，参数 a 测度的是价格的效应，是一个未知数。换句话说，式（7-5-2）意味着效用的对数是质量和价格的线性组合，参数 a 可以被看作是质量和价格之间的交换比率。在这里，质量是用来表示代表性消费者对产品价值界定的通用术语。计量分析的任务就是采用观察到的价格和市场份额数据来估计 a 和 $b_i s$。将等式（7-5-1）和等式（7-5-2）结合起来，可以得到需求

① 关于需求模型估计中外部产品的作用，参见 Slade, M.,"Merger Simulations of Unilateral Effects: What Can We Learn from the UK Brewing Industry?", UK ESRC Working Paper, 2006。

函数：

$$\ln s_i = \ln s_o + b_i - ap_i \quad (7\text{-}5\text{-}3)$$

根据这一函数，我们可以计算出消费者剩余 CS，即

$$CS = \frac{1}{a}\ln(1 + w_i + w_j) \quad (7\text{-}5\text{-}4)$$

产品 i 的需求自身价格弹性 ε_{ii} 与它的价格和所有其他产品的市场份额成比例①，即

$$\varepsilon_{ii} = -ap_i(1 - s_i) = -ap_i(s_o + s_j) \quad (7\text{-}5\text{-}5)$$

（7-5-5）式说明，可以采用市场份额和价格的信息来评估弹性参数，并且弹性是不恒定的。产品 i 相对于产品 j 的需求交叉价格弹性与产品 j 的价格和市场份额成比例，即

$$\varepsilon_{ij} = ap_j s_j \quad (7\text{-}5\text{-}6)$$

同样道理，当价格和市场份额数据可以获得时，交叉价格弹性可以以比例常数进行评估。产品之间的分流率（diversion ratio）表示的是由于某种产品价格上升，其销售量流转到另一种产品的比率。在这里，分流率可以以价格和市场份额进行测算。实际上，产品 i 与产品 j 之间的分流率可以通过产品 i 相对于产品 j 的需求交叉价格弹性与产品 i 的自身价格弹性的比率来进行测算，即

$$D_{ij} = \frac{\varepsilon_{ij}}{-\varepsilon_{ii}}\frac{s_i}{s_j} = \frac{p_j s_i}{p_i(1 - s_i)} \quad (7\text{-}5\text{-}7)$$

从（7-5-7）式中可以看出，分流率可以采用观察到的价格和市场份额数据直接计算得到。

② 分组嵌套 Logit 模型。如果需求函数采用分组嵌套 Logit 模型（the nested Logit model，简称 NL 模型），分析的步骤和原理是基本相同的，不同点在于，在 NL 模型中需要将 n 种产品（或品牌）分为 G 组，即 $g = 1, 2, \cdots, G$；将外部产品放入 O 组。在对产品进行分组时将性质或功能相似的产品分到相同的组别，例如具有差异化性质的啤酒可以分为淡啤、浓啤、黑啤等。NL 模型的估计方程为：

$$\ln(s_i) - \ln(s_o) = \beta^T x_i - ap_i + \sigma\ln(\bar{s}_i/g) + \xi_i \quad (7\text{-}5\text{-}8)$$

其中，$\bar{s}_i/g$ 表示品牌（或产品）在组别 g 内的份额，参数 $\sigma(0 \leqslant \sigma \leqslant 1)$ 表示组内偏好的相关性，在普通 Logit 模型中 σ 等于 0。当采用 NL 模型时，需求的自身价格弹性和交叉价格弹性分别为：

---

① 参见 Anderson, S., De Palma André, and J. Thisse, *Discrete Choice Models of Product Differentiation*, Cambridge: The MIT Press, 1992, p. 423。

$$\varepsilon_{ii} = ap_i[(s_i - 1)/(1-\sigma) + \sigma/(1-\sigma) \times (\bar{s}_i/g)] \quad (7\text{-}5\text{-}9)$$

$$\varepsilon_{ij} = \begin{cases} ap_j[s_j + \sigma/(1-\sigma) \times (\bar{s}_j/g)], & j \neq i, j \in g \\ ap_j s_j, & j \neq i, j \notin g \end{cases} \quad (7\text{-}5\text{-}10)$$

分流率的计算方法是与纯粹 Logit 模型是相同的。

③ LA/AIDS 模型。如果采用线性近似的 AIDS 模型(the Linear Approximate Almost Idea Demand System,LA/AIDS)来估计需求函数(Hausman *et al.*,1994;Werden,1997),那么初始模型可以采取以下形式:

$$w_i = a_i + \sum_{j=1}^{N} \gamma_{ij}\ln(p_j) + \beta_i\ln(X/P^*) \quad (7\text{-}5\text{-}11)$$

其中,w_i 是产品(或品牌)i 上的支出份额,即 $w_i = (p_i q_i)/X$;p_i 是产品 i 的价格,q_i 是产品 i 的需求量,X 是一组产品上的总支出;P^* 是价格指数,并且:

$$\ln(P^*) = a_0 + \sum_j a_j\ln(p_j) + (0.5)\sum_j\sum_i \gamma_{ij}\ln(p_i)\ln(p_j) \quad (7\text{-}5\text{-}12)$$

如果产品是同质的且是对称的,那么有 $\sum_{i=1}^{N} a_i = 1$, $\sum_{i=1}^{N} \beta_i = 0$, $\sum_{i=1}^{N} \gamma_{ij} = 0$。如果,$\sum_{j=1}^{N} \gamma_{ij} = 0$,则产品是同质的;如果 $\gamma_{ij} = \gamma_{ji}$,则产品是对称的。采用 Draganska and Jain(2005)的方法,我们将表示产品线长度的参数 l 加入初始模型:

$$w_i = a_i + \sum_{j=1}^{N} \gamma_{ij}\ln(p_j) + \beta_i\ln(X/P^*) + \theta_i l_i + \lambda_i l_i^2 \quad (7\text{-}5\text{-}13)$$

(7-5-13)式中的参数满足以下条件:$\sum_{j=1}^{N} a_i = 1$, $\sum_{i=1}^{N} \beta_i = 0$, $\sum_{i=1}^{N} \gamma_{ij} = 0$, $\sum_{j=1}^{N} \theta_i = 0$, $\sum_{j=1}^{N} \lambda_i = 0$。需求的交叉价格弹性为:

$$\varepsilon_{ij} = -\delta_{ij} + \frac{\gamma_{ij} - \beta_i w_j}{w_i} \quad (7\text{-}5\text{-}14)$$

其中,当 $i=j$ 时,$\delta_{ij}=1$;$i \neq j$ 时,$\delta_{ij}=0$。需求相对于产品线长度的弹性可以表示为:

$$\varepsilon_i^l = (\theta_i + 2\lambda_i l_i)\frac{l_i}{w_i} \quad (7\text{-}5\text{-}15)$$

利用以上弹性公式和相关产品的市场份额就可以计算出分流率。利用价格、产量等数据以及分流率、弹性等计算公式就可以估计出需求函数中的参数。

(2) 步骤2:供给模型的界定与估计。每一个企业的供给模型都包括两个组成部分:成本函数与目标函数。目标函数在决定均衡类型方面起着关键作用;成本函数是企业在产业内所面临的技术条件的经济描述。成本函数的信息有助于我们测度规模经济和范围经济,评估参与并购的企业的成本互补性①。这可以应用于评估并购可能产生的效率(成本节约)。我们继续采用上一节的例子来进行分析。假定企业 i 在生产产品时面临固定成本 F_i 和不变的边际成本 c_i,那么生产产量 y_i 的总成本为可变成本与固定成本之和,即

$$C_i = c_i y_i + F_i \tag{7-5-16}$$

界定供给模型的第二个因素是目标函数。让我们先来考虑表示企业策略性行为的两个极端情况。第一种情况是,企业选择其自身价格以最大化其利润,假定它的竞争对手采取同样的策略,这是 Bertrand 假定。第二种情况是,企业联合设定价格并使联合利润最大化,这属于默契串谋。企业其他类型的行为也可以采用同样的方式进行分析。例如,企业可以是 Cournot 竞争者;或者一家特定企业是 Stackelberg 竞争者,其他企业是跟随者。企业行为的不同假定对应着不同的具体价格方程,市场均衡价格和产量也会出现差异,也就是说市场结果和研究结论受到企业行为选择的影响。下面,我们主要分析上文界定的两种极端情况。

假定企业进行价格竞争(Bertrand 假定),那么企业 i 最大化其利润 π_i,即

$$\pi_i = p_i y_i - C_i = (p_i - c_i) y_i - F_i \tag{7-5-17}$$

(7-5-17)式中的产量 y_i 是从企业 i 的市场份额与市场规模得到的,即 $y_i = s_i M$。

为了实现其目标,企业行为必须满足我们所熟悉的规则,即它的收益取决于消费者的支付意愿。消费者的支付意愿可以用自身价格弹性的倒数来表示。当自身价格弹性较低时,产品 i 的支付意愿就较高,企业就可以制定一个较高的价格。这一规则说明,价格—成本加成比率必须等于自

① 在估计边际成本时可以采用三种方法。一是外生成本,研究者能够获得单位成本信息,将这些信息代入均衡的一阶条件就可以获得边际成本。二是隐含成本,研究者假定企业参与某种特定博弈(例如,Bertrand),求出博弈均衡的一阶条件。通常情况下,这些条件中包括了边际成本和需求参数的信息,然后研究者就可以将估计到的需求参数值代入这些条件,求出边际成本。三是估计成本,就是采用计量经济学方法从市场均衡的一阶条件中估计出边际成本。具体分析参见 Slade, M., "Merger Simulations of Unilateral Effects: What Can We Learn from the UK Brewing Industry?", UK ESRC Working Paper, 2006。

身价格弹性的倒数，即

$$\frac{p_i - c_i}{p_i} = -\frac{1}{\varepsilon_{ii}} \tag{7-5-18}$$

我们可以用一个简单的例子来说明这一规则。假定企业 i 的价格—成本边际（价格与边际成本之差）与所有其他产品联合市场份额之和呈反比例关系，即

$$m_i = p_i - c_i = \frac{1}{a(1 - s_i)} \tag{7-5-19}$$

由于每个企业生产一种产品，产品具有差异化，价格不等于边际成本。也就是说，企业的价格—成本边际不等于 0，企业具有一定的市场势力。等式（7-5-18）和等式（7-5-19）揭示了价格、市场份额和需求弹性的信息，因而可以用于评估边际成本。

现在假定企业 i 与企业 j 合并，并购企业最大化其联合利润。也即是说，并购企业将选择价格 $\tilde{p}_i$ 和 $\tilde{p}_j$，以使（7-5-20）式最大化：

$$\begin{aligned}\pi_i + \pi_j &= p_i y_i - C_i + p_j y_j - C_j \\ &= (p_i - c_i)y_i + (p_j - c_j)y_j - (F_i + F_j)\end{aligned} \tag{7-5-20}$$

以上简单的设定与默契串谋下的市场结果没有明显区别。当考虑到产品具有相互替代性时，这一定价规则比 Bertrand 均衡下的定价规则要复杂得多。这一定价规则被设置为：

$$\frac{\tilde{p}_i - c_i}{\tilde{p}_i} = \frac{1}{-\tilde{\varepsilon}_{ii}} + \frac{\tilde{p}_j - c_j}{\tilde{p}_j}\tilde{D}_{ji}\frac{\tilde{p}_j}{\tilde{p}_i} \tag{7-5-21}$$

从（7-5-21）式可以看出，并购效应明显取决于分流率的大小，也就是说，取决于产品相互替代程度①。通过简单的代数演算，可以将等式（7-5-21）的结果纳入等式（7-5-19）的简单例子中，即

$$\tilde{m}_i = \tilde{p}_i - c_i = \frac{1}{a\tilde{s}_o} \tag{7-5-22}$$

换句话说，如果两个企业并购或者串谋，每一种产品的价格—成本边际相等并且与外部产品市场份额的倒数成比例。

从以上分析可以看出，等式（7-5-18）所给出的 Bertrand 假定下的定价规则与等式（7-5-21）所给出的当企业并购或串谋时的定价规则是不一样的②。这样，反垄断当局就可以通过比较等式（7-5-21）与等式（7-5-18）下所形成价格—成本边际差异来评估并购（或串谋的）潜在效应。更一般

① 变量上方的波浪号表示这些变量值是在并购后计算所得的均衡值。

② 等式（7-5-19）和等式（7-5-22）分别是等式（7-5-18）和等式（7-5-21）的简单举例。

地,每一种均衡类型下都对应着相应的定价规则,需要采用不同的模型进行评估。

(3) 步骤3:估计方法与显著性和稳健性检验。在这一步骤中,需要描述估计经济模型的计量过程,利用统计方法调适经济模型使其与观察数据相适应,分析者可以通过这一分析过程获得需求和成本模型中的参数值。一旦参数值已知,价格与市场份额的均衡关系就被确定下来。

选择正确的估计方法是计量分析的关键问题,也是引起计量经济学家们争论的原因之一。数量众多的软件包为比较可以应用于特定情况下的不同计量分析提供了范围很广的统计和计量方法与工具。然而,争论不能局限于工具选择本身,因为工具选择既不能独立于所分析的数据类型,也不能独立于经济模型本身的特性。尽管如此,回顾一下我们已经介绍过的可以用于估计模型类型的两种评估策略,也是有必要的。第一种方法是在不考虑定价规则的情况下估计需求模型。这种方法将导致价格的内生性问题,因为价格与市场份额是均衡条件下同时确定的。如果不考虑这种同时性,那么估计就有可能难以达到统计质量所要求的标准。为防止这一问题发生,计量经济学家们通常采用工具变量方法①。假定这一问题已经得到解决,分析者就可以通过求解价格方程估计成本和边际成本值。这样,分析者就已经获得模拟并购所需的变量值。第二种方式是在所假定的经济行为下同时估计需求函数和定价方程。从计量经济学意义来界定均衡模型(发现模型参数的有意义的估计值),需要大量信息,这种信息通常是以外生变量的形式存在②。无论是采用哪一种分析方法,分析者都需要根据对企业行为的假定,设定不同的参数,然后采用相关数据和模型对参数进行估计,从而确定不同变量之间的关系,比较并购前后的市场均衡,评估并购对于价格和产量的影响。

在不同的估计模型之间进行选择时,一种方法就是将使用这些模型估计到的边际成本值与观察到的边际成本值进行比较。但使用这种方法的前提条件是边际成本能够观察到,因而较少使用。实际上,用于估计边际成本的数据通常来源于企业的会计系统。在产品中分配特定成本的任务很复杂,这就意味着使用这种数据来源估计的边际成本很有可能明显不同于从经济模型中所获得的。在众多模型中进行选择的一种替代方法就是

① Goldberg, P., "Product Differentiation and Oligopoly in International Market: The Case of the U.S. Automobile Industry", *Econometrica*, 1995(63): 891—951.

② Kennedy, P., *A Guide to Econometrics*, Cambridge, MA: The MIT Press, 1998, pp. 152—155.

使用可以获得的计量工具箱进行应用测试。模型选择的程序本身就可以成为一个分析工具。在竞争分析中,有两种类型的程序已经被采用。一种是以 Vuong 测试为基础,称为非嵌套测试(non-nested test),即统计上相互比较的两个模型中每个模型都不能通过简单的代数运算从另一个模型推导出来①。这种测试的原理在于在相同条件下比较每一个模型的拟合优度(goodness-of-fit)。测试值是以标准正态密度函数的形式渐近分布的。在一些正的临界值以上,一个模型的拟合值明显好于另一个模型;在对称性的负临界值以下,另一个模型的拟合值更好;在两个临界值之间,两个模型的优劣难以区分。Gasmi and Vuong(1991)、Gasmi *et al*. (1992)和 Jaumandreu and Lorences(2002)等学者使用这一测试方法对模型选择问题进行了分析。第二种模型选择的测试程序被称为 Davidson-MacKinnon 测试②。这种测试的经济学直觉很简单,如果通过使用模型 A 估计到的价格—成本边际对采用模型 B 估计到的价格—成本边际具有显著影响,那就意味着模型 B 在某种程度上是不完全的,难以正确地表达数据之间的关系,应被放弃③。这种测试的优点在于便于应用。Feenstra and Levinsohn(1995)、Foncel(2002)等学者采用这种方法分析了竞争评估中的模型选择问题。

(4) 步骤4:社会福利与市场势力的模拟分析。在这一步骤中,需要模拟企业行为的变化,评估与此相联系的消费者剩余和社会福利的变化。模拟分析的结果很大程度上取决于模型选择测试的结果。例如,假定模型选择测试的结果表明,在统计上串谋假定比 Bertrand 假定表现更好,那么在串谋假定下所获得的参数值应被保留当作真值,用于福利分析。尤其是当企业是 Bertrand 竞争者时,我们将串谋假定下估计到的参数值代入 Bertrand 均衡方程中,就能够估计出价格、市场份额和消费者剩余。需要注意的是,如果我们假定两种市场行为(Bertrand 竞争和串谋)下的需求函数的参数值相等,那么模拟分析的程序就是采用在串谋假定下估计得到的边际成本值来测算社会福利的变化情况。如果情况相反,即假定模型选择测试的结果表明,在统计上 Bertrand 假定比串谋假定表现更好,进一步假定两个企业宣布并购的意图,那么现在的问题是测度并购的潜在效应。这时

① 参见 Vuong, Q., "Likelihood Ratio Test for Model Selection and Non-nested Hypotheses", *Econometrica*, 1989(57): 307—333.

② Davidson, R., and J. MacKinnon, *Estimation and Inference in Econometrics*, New York, Oxford: Oxford University Press, 1993.

③ White, W., *Econometric Analysis*, London: Prentice-Hall International, 2000.

候，在并购的模拟分析中所使用的参数值是在 Bertrand 假定下估计得到的。

使用上述程序对并购效应的测度值是否稳健，也是并购分析中的一个关键问题。市场份额和弹性值受到所选择的市场规模的影响，并且因并购而导致的价格上升是一个复杂的非线性函数，因而推导出并购所导致的价格变化的置信区间不是一项简单的任务。一种方法是采用引导指令技术（bootstrap technique）进行统计推断①。在规模更大的寡占市场上，以上分析、评估和模拟方法也可以以相同的程序进行。然而，除了能够评估申报的并购以外，分析者也能够模拟分析寡占市场上其他企业可能在将来预期发生的并购。如果申报的并购没有被反垄断当局批准，这些备择并购将有可能提出申报。即使是市场上的所有企业都参与一起并购，这一结果与串谋协议的市场结果也是没有区别的②。因此，通过测度企业的价格—成本边际，应用以上分析程序，我们可以评估以下三种情形下的市场势力与市场势力的变化。① 产业的初始状态：在这个阶段，市场势力被假定为完全来自于产品差异化；② 出现申报并购或任何可预见的并购的产业：与初始状态相比较，市场势力的变化就是对单边效应（即并购的市场集中效应）的测度；③ 存在默契串谋（或所有企业并购成一个垄断者）的产业：与初始状态相比较，市场势力的变化是对协同效应（或串谋效应）的测度③。

虽然市场势力的分解可以采用已有的计量工具和数量方法来进行，然而如何预测市场上相对于产业初始状态而言可能发生的企业行为（例如，并购还是串谋），仍是需要研究的问题。也即是说，以上分析方法和分析程序可以用于分析已经存在的串谋，或者评估并购或串谋的效应，然而一项并购如何影响串谋或将要发生的其他并购发生的可能性，这一程序和方法难以给出明确答案。

（5）步骤5：综合评估并购的单边效应。在完成需求函数的界定与估计、供给函数的界定与估计、估计方法与显著性和稳健性检验、社会福利与市场势力的模拟分析的基础上，对并购单边效应进行综合权衡和量化评估。评估的内容包括，并购对于市场势力的影响（市场集中度状况）、并购导致的企业单边提高价格或限制产量的能力及市场后果、对消费者福利和

---

① 具体程序和应用参见 Ivaldi, M., and F. Verboven, "Quantifying the Effects from Horizontal Mergers in European Competition Policy", IDEI Working Paper, 2003.

② Ivaldi, M., and F. Verboven, "Quantifying the Effects from Horizontal Mergers in European Competition Policy", IDEI Working Paper, 2003.

③ Baker, J., and T. Breshahan, "Empirical Methods of Identifying and Measuring Market Power", *Antitrust Law Journal*, 1992(61): 3—16.

社会福利的量化影响。完成了前四步的评估分析以后，第五步的评估分析属于总结、权衡和量化分析，从而得到最终的评估结果。

7.5.3　量化分析的注意事项

当采用实际数据进行量化分析时，结构性程序将会面临一些技术性事项，可能影响到评估分析的结果①。考虑这些事项时，需要再次关注数据问题。在解释结构性程序时，我们假定了价格和市场份额数据是可获得的。尤其是当转向估计差异化产品模型时，发现需要大量关于外生变量和工具变量的信息，而这些信息不是总能获得的。

(1) 需求建模的函数形式。需求模型是整个评估分析过程的一个重要组成部分。学术界经常使用两类模型来估计需求关系：第一类模型将消费者偏好界定在“产品空间”(product space)上，或者说是连续选择(continuous choice)需求；第二类模型将消费者偏好界定在“特征空间”(characteristic space)上，或者说是离散选择(discrete choice)需求。需求的连续选择模型，也称为对数线性模型(log-linear model)，或 AIDS 模型(Almost Ideal Demand System)，使用起来不太方便，这是因为随着所分析的产品数量的增加，参数的数量也会成倍增加。需求的离散选择模型是将消费者的偏好界定为产品特征的函数上，而不是产品本身。消费者偏好对于不同产品特征的更大灵活性可以通过引入消费者的特征进行设定。更进一步，这一模型不仅可以将可以观察到的产品特征引入分析，还可以将分析者未观察到的属性引入分析。未观察到的属性是指那些生产这一产品的企业和消费者能够观察到，但分析者难以量化的产品属性，例如产品质量、广告效应等。

产品差异化模型的结果对消费者偏好的假定是高度敏感的②。理想的需求模型不能限制市场上产品之间的替代性。正因为如此，需求模型必须具有充分的“弹性”，包含足够数量的参数。问题在于，当涉及产品差异化市场时，产品种类可能很多，从而需要估计的参数变得很多。即使是隐含在理性和行为良好的代表性消费者假定中的必要条件得到满足③，参数的数量仍然足以引起严重的估计问题。在已有的经济学文献中，计量经济

① Kosken, D., D. Brien, D. Scheffman, and M. Vita, “Demand System Estimation and Its Application to Horizontal Merger Analysis”, Working Paper, 2003.

② Perloff, J., and S. Salop, “Equilibrium with Product Differentiation”, *Review of Economic Studies*, 1985(52): 315—328.

③ 这一假定通常能够减少需求模型中参数的数量。

学家们提出了两种方法来解决这一问题。

第一种方法是通过提出多层级预算的假定来对模型进行限定①。在这一设定中,代表性的消费者在某一“高水平”消费集团之间分配其收入,然后在集团内部将集团的消费在商品之间进行分配以获得商品组别,依此类推。在最低阶段(通常根据品牌选择划分),需求方程根据所谓的 AIDS 模型进行界定②。这一方法面临三个问题:① 尽管消费者偏好的可分性假设可以被测试,将产品分配到不同组别仍属于一种特殊安排;② 如何解释消费者的异质性,如何解决消费者偏好的累加性问题,在这一设定中并不明朗;③ 当每一组别(或集团)内部的品牌数量仍然很多时,这一方法也束手无策。

第二种方法包括各种类型的 Logit 模型③。这一方法的主要优势在于能够简约参数的数量。从前文我们对需求模型所进行的估计可以看出,纯粹的 Logit 模型对可替代性的方式施加了较强的限制。然而,分组嵌套 Logit(the nested Logit)模型和这些模型的最新版本随机系数 Logit 模型(the random coefficient Logit model)表现出了更大的“弹性”。这些模型假定消费者在一组产品中进行离散选择,每一种产品都可以表示在一个特定空间内,这一空间比产品空间要小很多。这就给出了一个更易处理的模型。然而,当解释消费者和产品的不可观察的异质性时,估计程序会变得很繁琐④。

(2) 供给函数的建模与估计。在构建供给模型和估计需求函数时,市场供给方的两个特征需要考虑,一是相关市场上企业间竞争性质的假定,二是成本函数性质的假定。在考虑竞争性质时,在差异化产品的分析框架里,Bertrand 价格竞争假定是最为便利的分析工具。Pinkse and Slade(2001,2004)等在并购模拟分析中对这一假定的适用性进行了测试,他们的结果显示,Bertrand 价格竞争假定下对供给函数的估计结果的信度和效度都符合研究需要。多产品企业的供给函数建模时需要考虑到品牌间的替代性,即其中一种品牌产品的价格上升,要考虑到有多少流失的需求会

① 参见 Hausman, J., G. Leonard, and D. Zona, “Competitive Analysis with Differentiated Products”, *Journal of Econometrics and Statistic*, 1994(34): 159—180.

② Hausman, J. and G. Leonard, “Economic Analysis of Differentiated Products Merger Using Real World Data”, *George Mason Law Review*, 1997(5): 321—346.

③ Nevo, A., “Mergers with Differentiated Product: The Case of the Ready-to-Eat Cereal Industry”, *Rand Journal of Economics*, 2000(31): 395—421.

④ Berry, S., “Estimating Discrete Choice Model of Product Differentiation”, *Rand Journal of Economics*, 1994(25): 242—262.

转移到该企业的其他品牌产品。实际上,如果在供给函数建模时不考虑多产品因素,可能导致对企业价格—成本边际的估计偏误(低估价格—成本边际)。

(3) 效率获得的测度。并购所产生的成本协同效应(cost synergies)能够补偿由于并购企业将产品替代效应内部化而产生的价格上升①。在我们用于分析结构性程序的静态模型中,唯一有意义的成本协同效应是考虑边际成本的变化。为了尽可能评估并购的成本协同效应对于边际成本的影响,分析者可以在并购后的价格环境下,通过测度边际成本的变化值来解释这些效应②。此时,如何评估成本协同效应导致的边际成本下降所能够传递给消费者的比例,是一个重要的问题③。另外,需要注意的是,并购企业之间成本协同效应不能解释规模经济。在规模报酬递增的行业内,了解成本协同效应与规模效应是同时产生还是相互抵触是十分重要的④。

(4) 数据的获取与质量。毋庸置疑,量化分析需要数据。在当代"电脑化"的经济社会中数据来源已经多样化,因而问题的主要方面不在于数据的可获得性,而在于能够适用于并购分析时所选择工具的数据的可靠性。应用强大的分析工具来分析不足或不恰当的数据,无法获得有价值的结论。在实证研究中,理想的数据集很难轻易获得。数据不充分就意味着它们不能反映评估分析的案例或过程的所有方面。例如,它们只能反映有限的过程或经济单位,或者它们所测度的变量不完全或出现偏误。也就是说,量化分析的优势和劣势很大程度上取决于所获得数据的类型,它会随着数据聚集程度的变化而变化。大部分分类数据是通过调查而获得的个体数据。例如,为获得整体人口状况的家户调查数据,能够提供给定时期内的测度汽车所有权的所有必需信息。从这些数据中,我们能够容易地以销售额或以汽车股票的形式来评估各汽车企业的市场份额。另一个个体数据的例子是所谓的"扫描数据",它是从各销售点的交易记录中收集而来的。然而由于技术原因,这类数据不易获得。它们是从特定的地理区

① Roller, L., J. Stennek and F. Verboven, "Efficiency Gains in Mergers", Working Paper, 2000.

② Ivaldi, M., and F. Verboven, "Quantifying the Effects from Horizontal Mergers in European Competition Policy", IDEI Working Paper, 2003.

③ 评估方法的讨论可参见:Ashenfelter, O., D. Shmore, J. Baker, and S. McKerman, "Identifying the Firm-specific Cost Pass-through Rate", Federal Trade Commission, Working Paper, No. 217, 1998.

④ Froeb, L., S. Tschantz and G. Werden, "Pass-through Rates and the Price Effects of Mergers", Owen Working Paper, 2001.

域、特定的分销渠道、特定的细分市场、特定的时间内收集的，这一收集过程可能不是中性的，从而可能影响量化分析的结果。数据库的通常类型包括：个体单位样本数据；提供给定时间内一系列个体单位汇总信息的界面数据；时间序列数据；面板数据等。每一类数据都有一些需要注意的特定事项，统计学和计量经济学文献中对这些事项进行了详细的解释①。

7.5.4 替代和补充性分析方法

以上讨论的是“结构形式的实证分析”方法，实际上在竞争分析中还有一类“简化形式的实证分析”方法。这类方法虽然不与经济模型直接联系，但是也需要建立在经济理论的基础上并应用统计分析工具进行分析②。“简化形式的实证分析”方法在一些情况下可以作为“结构形式的实证分析”方法的替代，一些情况下可以作为补充，弥补“结构形式的实证分析”的不足。

（1）价格相关性分析。当时间序列的数据可以获得时，这种分析方法就可以应用于竞争分析中。例如，在相关市场界定和寻找串谋协议的证据时，常常采用这一分析方法。这种方法的原理很简单。当两种产品的价格同步变化时，两种价格之间的相关系数就较大且为正，那么结论就是这两种产品应属于同一个相关市场。相反，如果两种产品的价格表现出负相关性，那么这两种产品就不属于同一个相关市场。当然，问题在于如何确定这两种情况的确切门槛水平或分界点。也就是说，当两种产品的价格正相关但相关系数较小时，应该得到什么样的结论。这种方法的另外一个缺点是，可能出现伪相关。两种产品的价格具有相关性可能是因为它们具有共同的影响因素，例如原材料价格可能对两种完全不同产品的价格产生较强的影响，出现伪相关性。这就是为什么标准的价格相关分析常常需要使用一些更复杂的分析工具（例如，格兰杰因果检验和协整检验）进行补充，以解决伪相关问题。

（2）剩余需求分析。由于能够应用于任意市场并且只需要有限的数据，剩余需求分析的应用较广，分析力较强③。只要一家企业价格和产量

---

① Davidson, R., and J. MacKinnon, “Estimation and Inference in Econometrics”, New York, Oxford: Oxford University Press, 1993.

② Bishop, S., and M. Walker, *The Economics of EC Competition Law*, London: Sweet & Maxwell, 1999.

③ Baker, J., and T. Breshahan, “The Gains from Merger or Collusion in Product Differentiated Industries”, *Journal of Industrial Economics*, 1985(33): 427—444.

的时间序列数据以及部分成本转换的数据可以获得,就可以应用这一方法[①]。这一方法常用于反垄断中的相关市场界定,也可以用于测度并购或串谋的效应(Baker and Bresnahan,1985)。剩余需求方程表示的是,在考虑其他企业供给反应的情况下,一家企业价格和产量之间的关系。完全竞争市场上的企业面临的是无限弹性的剩余需求曲线。剩余需求曲线的弹性越大,企业提供价格的能力就越低,这是实证分析的基本原理[②]。剩余需求分析与经济模型是相关的,因为企业的剩余需求曲线可以从差异化产品模型中推导出来。这种方法的主要优点是不需要计算交叉价格弹性。在应用这一方法时,除了需要企业的价格和产量数据以外,还需要一些附加的数据以控制其他企业供给方面的反应。通常采用的附加数据是成本转换因子。然而,观察其他企业的成本并不容易,因此分析者常使用能够解释测度偏误的代理变量[③]。

(3) 价格—集中度测试。使用这一方法的目的在于评估给定市场上的价格与市场集中度之间的关系,它的理论依据是 SCP(structure-conduct-performance)范式,即用市场集中度水平表示的市场结构影响用价格水平表示的市场绩效。当价格与市场集中度之间存在较强的正相关关系时,一项能够明显提高市场集中度的并购应该引起反垄断当局的关注。在测试价格与市场集中度之间的关系时,常用的分析工具是回归分析,有时候也根据情况在价格与市场集中度的回归分析中增加一些其他变量。当测试所采用的是企业层次的数据时,会产生内生性问题,即测度企业市场份额的集中度水平通常并不独立于企业的价格水平。如果不考虑这一相互作用效应,回归分析的结果就会受到影响。但是,这也不会使分析结果自动失效,因为潜在的偏误应在正确的方向上,不会产生抵消效应。如果数据是可获得的,结构性分析可以避免这一问题(Ivaldi *et al.*,2003)。

(4) UPP 测试。2010 年美国司法部和联邦贸易委员会联合颁布的《横向并购指南》中在考虑差异化产品市场上并购的单边效应时提到了 UPP 测试方法。UPP(Upward Pricing Pressure)测试就是价格上升压力测试。Salop and Moresi(2009)、Farrell and Shapiro(2010)等提出了 GUPPI 指数(gross upward pricing pressure index)用于测度价格上升压力:

---

① 剩余需求分析的具体模型和方法,参见本书第3章。

② Werden, G., and L. Froeb, "Residual Demand Estimation for Market Delineation: Complications and Limitation", *Review of Industrial Organization*, 1991(3):33—48.

③ Baker, J., and T. Breshahan, "Estimating the Residual Demand Curve Facing a Single Firm", *International Journal of Industrial Organization*, 1988(6): 283—300.

$$\mathrm{GUPPI}_i = D_{ij}\frac{p_j - c_j}{p_i}$$

其中，p_i 和 p_j 是两家并购企业 i 和 j 在并购前生产的两种产品 i 和 j 的价格；c_j 是产品 j 的边际成本；D_{ij}表示的是当产品 i 的价格上升时产品 i 的需求流向产品 j 的比率，即分流率：

$$D_{ij} = -\frac{\partial Q_j/\partial p_i}{\partial Q_i/\partial p_i} = -\frac{\varepsilon_{ji}}{\varepsilon_{ii}}\frac{Q_j}{Q_i}$$

GUPPI 指数反映了并购给并购企业带来的价格上升的可能性，在一定程度上也能够反映并购可能产生的单边效应。

7.5.5 简要评论

我们分析了两类并购评估中常用的量化分析方法，即“简化形式的实证分析方法”和“结构形式的实证分析方法”。在单边效应评估中，可以根据并购本身的特性和相关数据的可获得性选择不同的具体分析方法和工具，也可以同时使用这两类分析方法，使其分析结果相互补充、相互印证，从而提高量化分析的准确性。一般而言，采用量化分析方法和工具对并购单边效应进行评估，可以提高决策的科学性，降低犯错误的概率。然而，近年来，关于经济模型在评估并购反竞争效应方面应当起到什么样的作用，各界的争论很大。Scheffman and Simons(2010)等学者认为，依赖经济模型评估来界定相关市场或评估并购效应都是没有充分理由的，尤其是应用理论化的经济模型来评估并购的单边效应，需要大量数学化的关键假定，这些较强的假定将会使评估分析远离实际世界。没有这些假定，基于价格—成本边际、分流率和模拟分析而得到的价格上升的预测，是没有理由的。Scheffman and Simons(2010)指出，并购分析中经济模型的假定要求需求、成本和竞争者的反应都很“平滑”，用于表示它们之间关系的函数都是可微的。这样的假定不是基于经济现实，而是基于分析技术便利性的需要，以使得数学模型能够以应用微积分为基础。因而，他们认为，用于分析差异化产品市场上并购的潜在单边效应的经济模型不能够为预测反竞争效应提供一个符合现实的实证基础。Werden(2010)对 Scheffman and Simons 的观点进行了反驳，认为用于单边效应的量化分析的经济模型具有一定的现实合理性，分析结果能够为反垄断当局评估并购的反竞争效应提供依据。针对 Scheffman and Simons 对经济模型假定的批评，Werden 进行了回应，并且认为他们用于论证的陡峭的折弯需求曲线不具有典型性。Werden 认为，即使消费者对价格变化产生非对称性的反应，也并不意味着品牌层次的需求曲线会出现陡峭的折弯。关于经济模型在并购分析中作用的争论一直在持续,这种争论并不意味着经济模型的预测结果对于并购反垄断控制没有参考价值,但是的确提醒决策者在并购评估审查中需要针对具体案例辩证地对待模型预测结果。

7.6 本章小结

相关市场上生产能够相互替代产品的企业之间进行并购的确能够产生单边效应,提高价格,降低消费者福利水平,反垄断当局需要在并购控制中对并购的单边效应进行评估分析。在评估并购可能产生的反竞争效应,分析并购的单边效应时,反垄断当局首先关注的是并购对于市场势力的影响。而影响并购企业市场势力大小的因素,不仅包括并购企业的市场份额,而且包括相关市场上并购企业内部产品之间的替代性以及并购企业产品与非并购企业生产的产品之间的替代程度。后者可以用需求的自身价格弹性(分流率)和交叉价格弹性来表示。这就需要反垄断当局采用计量分析方法对这些变量进行估计。单边效应与市场集中度的变化紧密相连,为了简化并购评估审查程序,可以使用市场集中度指标设置简单的筛选机制,将明显不具有反竞争效应的并购排除在外,集中分析可能产生明显市场势力的并购。然而,由于产品差异化程度影响单边效应大小,仅依据市场集中度及其变化来评估单边效应很可能产生错误的结果,应用具体模型和方法对并购进行模拟分析,可以降低反垄断当局犯Ⅰ类错误和Ⅱ类错误的概率。

在评估并购的单边效应时,需要根据相关市场上的竞争性质和类型选择不同的计量模型,较常使用的模型主要为 Cournot 竞争模型和 Bertrand 竞争模型。两种模型下,竞争条件的差异使企业的策略行为选择不一样,而企业行为的差异导致了市场后果的差异,因而并购的单边效应大小也存在一定的差异。在产量竞争环境下,并购企业的内部协调效应较强,但这一效应将会被回馈效应削弱;而在价格竞争环境下,并购企业的内部协调效应较弱,但这一效应将会被回馈效应增强。这一结论告诉我们,很难先验性地判断哪一种竞争环境下的并购更需要重点关注,需要反垄断当局应用实证方法逐案(case-to-case)进行具体均衡分析。评估单边效应的实证方法可以分为两大类,一类是“简化形式的实证分析方法”,另一类是“结构形式的实证分析方法”。“简化形式的实证分析方法”包括相关性分析、回归分析、市场集中度指数测试等,它可以用作“结构形式的实证分析方法”的补充。使用“结构形式的实证分析方法”评估并购单边效应的程序也称为结构性程序，主要包括四个步骤，即估计需求函数、估计供给函数、稳健性和显著性检验以及市场势力和社会福利效应的模拟分析。

经济模型只是对复杂现实问题的简化，对待模型分析结果需要谨慎，在单边效应分析方面也是如此。需求模型和分析方法的选择、数据的获得性与质量等因素对并购模拟分析的结果会产生重要影响。同时，也应看到，影响竞争性质的非价格、非产量因素很难全部纳入模型分析，例如，进入与退出壁垒、买方势力、品牌、促销、商品位置与货架竞争等，很难以变量或参数形式进入并购分析模型，这也将影响到并购分析的结果。企业之间的动态竞争以及创造性和适应性行为的博弈演化过程对并购单边效应的影响也需要考虑。这就表明，在并购单边效应理论和分析方法与工具方面，还有许多研究需要进一步深化。

第8章 横向并购的协同效应

8.1 导 言

横向并购导致的市场集中,除了可能产生垄断(或市场支配地位企业)从而可能对竞争形成威胁以外,还可能通过产生其他反竞争效应损害市场有效竞争。一般而言,并购可能带来的反竞争效应包括单边效应和协同效应两个方面。并购的单边效应是指,当并购导致市场集中程度足够高时,单一企业即使不居于市场支配地位,也能够通过对特定市场条件进行利润最大化反应,独立地行使市场势力,产生反竞争的市场后果。并购的协同效应是指,当并购导致相关市场上的竞争环境改变时,一些企业将通过默契串谋威胁市场竞争,产生与单一企业居于市场支配地位时相类似的市场后果。欧盟反垄断当局将这种默契串谋行为称为"集体市场支配地位"(collective dominance),美国反垄断当局将其称为协同效应。单边效应也称为并购的"静态效应",它反映了在给定竞争对手市场行为不发生变化的情况下,并购对于企业单方面提高价格和降低产量的动机和能力的影响;协同效应也称为并购的"动态效应",它反映了并购对于企业之间互动协同以达成默契串谋以及维持串谋的动机和能力的影响①。单边效应和协同效应都将对消费者福利产生不利影响,因而成为各国反垄断当局在并购控制时评估分析的重点内容之一(Ordover,2008)。上一章已经分析了评估单边效应的理论基础、模型、方法和步骤,本章主要研究评估协同效应的相关理论、模型、方法和步骤。

虽然对并购单边效应进行评估分析的历史不长,但用于单边效应分析的理论和方法起步较早,用于单边效应分析的两个静态模型已经有100多年的历史:Cournot模型(1838)及其拓展可以用于分析企业生产高度相似的产品,通过产量或产能进行竞争的寡占市场;Bertrand模型(1883)及其

---

① Bishop and Lofaro(2004)将单边效应称为"单一市场支配地位效应"(single-firm dominance effects),将协同效应称为"联合市场支配地位效应"(collective dominance effects)。

拓展可以用于分析企业生产差异化产品，通过价格进行竞争的寡占市场。讨论和分析这两个模型的经济学文献浩如烟海，应用这两个模型分析单边效应的文献也在近年内大量出现。也就是说，单边效应分析的模型、工具和方法已经比较成熟。相对于单边效应分析而言，协同效应分析的理论和方法起步较晚，并且横向并购协同效应分析的难度更大，需要比较并购前后影响市场条件的不同因素，分析影响的途径和方式，通过分析不同因素对于协同行为、发现背离行为的可能性和惩罚的影响，来评估协同效应发生的可能性。

相关市场上企业之间的协同行为很容易引发企业之间的默契串谋，因此协同效应分析与默契串谋分析在很大程度上是相通的（或者说是重叠的），并且在大多数情况下，经济学家们是借助于串谋模型来分析协同效应的。因此，默契串谋领域理论和实证分析方面的进展能够为分析协同效应提供新方法和新工具。Stigler（1964）分析了寡占市场上的串谋问题，Friedman（1971）采用非合作博弈模型分析了企业参与串谋的动机，他们富有开拓性的工作为协同效应分析提供了一个基本思路和简单框架。Ivaldi *et al.*（2003）沿袭和汇总了大部分产业经济学教材中关于默契串谋的观点，系统分析了默契串谋的经济学原理，讨论了影响默契串谋形成与维持的因素，提出了默契串谋发生的机制。Tirole（1988）、Shapiro（1989）、Motta（2004）和 Feuerstein（2005）对产业组织理论中的串谋理论的发展和演进进行了回顾和评述，总结了无限次重复博弈框架下的串谋理论，讨论了影响串谋产生和维持的因素。Holt（1995）、Huck *et al.*（2000）、Davis（2002）、Altavilla *et al.*（2006）和 Suetens and Portters（2007）采用实验产业组织理论（experimental IO）的研究方法分析了 Bertrand 价格竞争与 Cournot 产量竞争环境下串谋发生的难易程度。他们的研究结果显示，Bertrand 串谋的可能性大于 Cournot 串谋的可能性。

影响默契串谋和协同效应的因素很多，既有产业和市场因素，也有企业自身因素，还可能包括并购交易的特性。Compte *et al.*（2002）首次以产能限制、资产转移为基础讨论了并购的协同效应。他们采用受产能限制和产能分布不对称的 Bertrand-Edgeworth 同质产品动态竞争模型，分析了资产转移效应和协同效应，并以 Nestle-Perrier 并购案为例进行了实证检验。在模型中，他们假定了所有消费者具有相同的保留价格，因而最优串谋只能发生在保留价格水平上，或者根本没有串谋能够维持，这就排除了并购的价格效应，使其研究具有一定的局限性。Olczak（2009）通过拓展 Compte *et al.*（2002）不对称企业默契串谋模型对比分析了静态均衡下的单边效应与串谋均衡下的协同效应，及其对于消费者福利的影响，并同样以 Nestle-Perrier 并购案为例对其分析结果进行了检验。Olczak（2009）的研究结果显示，单边效应对于消费者福利的损害较为明显，协同效应因为一般情况下难以维持较长时间而对消费者的损害相对较小；企业数量的增加（新进入者）和企业不对称性程度的提高都会使默契串谋变得不稳定，默契串谋的打破将导致价格下降，因而消费者剩余将增加。Baker（2002）以航空产业内的具体并购案为例，讨论了如何界定相关市场上的“特立独行企业”，分析了“特立独行企业”对于默契串谋和协同效应的影响。他认为，有三种方法可以识别“特立独行企业”，这三种方法是显示性偏好方法、自然经验方法和先验事实方法；在不完全协同的产业内，“特立独行企业”将限制串谋价格的上升；分析“特立独行企业”在寡占市场上企业协同中的作用有利于区分促进竞争的并购与反竞争的并购。Lambertini and Schultz（2003）研究了市场竞争变量（价格或产量）对于最优串谋的影响。他的研究结果显示，如果企业的折现因子较高，无论是在价格竞争，还是在产量竞争下，串谋集团都能实现垄断利润。否则，如果产品是相互替代的，那么在串谋期间企业选择产量协同是最优的；如果产品是互补的，企业选择价格协同是最优的。Kuhn（2004）在差异化产品模型框架内分析了并购的协同效应，研究了资产转移与分布（企业规模）、惩罚计划、多市场接触、产品创新等因素对协同效应的影响。他假定企业资产具有产品差异性，即生产不同产品所需的资产是不同的，因而在并购中可以将企业资产单独售卖或者整体转移给其他企业。Kuhn（2004）的研究结果显示，在对称最优惩罚计划下（symmetric optimal punishment schemes），当资产转移给最大企业而最小企业的规模不变时，小企业具有很强的背离串谋价格的动机，因而最可行的串谋价格将趋于下降；在充分最优惩罚计划下（fully optimal punishment schemes），规模变大的企业价格将上升，而规模变小的企业价格将下降，这种价格背离不利于串谋的维持；在所有情况下并购都是无利可图的，除非相关市场上企业间的产品线是非对称的。Kuhn（2004）只比较了给定的一个市场与另一个市场上串谋的范围及其可维持性，没有研究并购对于正在发生的串谋的影响，这使得其研究具有一定的局限性。

Vasconcelos（2005）构建了一个成本不对称下的产量博弈模型，分析了维持默契串谋的充分必要条件和并购对默契串谋可能产生的影响。他认为，企业有形资产的分布将影响企业的边际成本，从而影响串谋范围和可维持性；如果并购导致资产分布的不对称性上升，那么该项并购将阻碍串谋的发生。Davis（2006）对并购的潜在协同效应进行了模拟分析。他首先构建了一个差异化产品下的 Bertrand 价格竞争模型,对一次性博弈中的单边效应进行了模拟分析;然后,将模型拓展至无限期重复博弈,对比分析了协同效应下的串谋收益与背离收益,并以具体数字为例对并购的协同效应进行了模拟分析。Davis(2006)认为,对单边效应进行模拟分析的工具和方法可以经过拓展应用于协同效应的模拟分析;在模型的实际设定中,一是必须根据发现背离行为所需的时间确定好"时期"的长度,二是必须确定好串谋与竞争环境下的未来收益的顺序。

博弈论引入串谋和协同效应分析,极大地提高了经济学对于串谋现象和协同效应的解释力。Martin(2006)构建了一个特殊形式的非合作串谋(non-cooperative collusion)模型,分析了严厉触发策略下的默契串谋均衡解,比较了在缺乏相应竞争政策时默契串谋与显性串谋的差异,讨论了竞争政策和市场制度对企业默契串谋行为的影响。Martin(2006)认为,反垄断当局加大并购控制政策的执行力度和处罚力度能够提高消费者福利,并且使得企业在默契串谋下获得的企业价值大于公开串谋下获得的价值,一次性博弈行为下获得的价值大于默契串谋下获得的价值。Gayle *et al.* (2011)构建了一个寡占采购模型,从理论上分析了并购的协同效应,并将该模型应用于真实世界,进行了实证检验,量化测度了欧盟 Vitamins Cartel 中 Rhone-Poulenc/Takeda 并购案(2010)和美国 BASF-CIBA 并购案(2009)的协同效应。他们的研究结果显示,以 UPP(upward pricing pressure)为基础的分析方法不能直接评估并购的协同效应,用此方法对并购进行评估分析是不充分的。在他们的分析中,不存在与并购相关的价格上升压力,甚至不存在效率效应,但并购仍然使相关市场上的企业产生了协同互动的强烈动机和明显激励。Davis and Huse(2010)在回顾分析了并购单边效应模拟分析(unilateral effects merger simulation)的实证文献、应用博弈理论定价模型(game-theoretic pricing models)评估企业行为的经验研究和非对称条件下的默契协同理论研究的基础上,分别构建了理论分析和模拟分析模型,对并购的协同效应进行了评估,并应用相关并购案例进行了实证测算。Ganslandt *et al.* (2011)通过构建一个重复博弈的寡占模型分析了串谋可能性与成本非对称性之间的关系。他们的研究结果显示,串谋可能性与成本非对称性之间存在一个倒 U 形关系:当企业成本的不对称性程度很低时,企业之间不进行串谋;当企业成本不对称性程度居于中等水平时,企业的确进行串谋;当企业成本不对称性程度很高时,企业之间又不进行串谋。阻止并购以形成对称性产业结构的并购控制政策,可能适得其反。

20 世纪 90 年代以后,欧美国家的反垄断当局在并购评估审查中开始注重协同效应分析，出现了大量的关于协同效应分析的具体案例。一些经济学家利用欧美国家反垄断当局这些判例对并购协同效应进行了经验分析。Coate and McChesney(1992)、Khemani and Shapiro(1993)和 Coate and Ulrick(2006,2009)等对美国、加拿大和英国的并购案例进行了统计分析；Lindsay *et al.* (2003)、Bergman *et al.* (2005)、Carree *et al.* (2008)、Bougette and Turolla(2008)和 Davies *et al.* (2011)等分析了欧盟并购案例；Bergman *et al.* (2009)对欧盟与美国的并购案例进行了比较分析。虽然这些研究在具体目标和细节上具有一定差异，但它们也有一些共同特点：所使用的典型数据库是大量不同的并购判例；观察单位是单个并购案；因变量是反垄断当局的"决策"，并且都采取了"二进制"，即干预或不干预；解释变量往往分为两大类，即市场份额(或市场集中度)与其他市场特性变量，例如进入壁垒、买方势力、超额产能、成本对称性等；在分析并购可能产生的单边效应的同时分析协同效应。

以上是经济学界关于默契串谋行为和协同效应的主流观点。然而，理论界的一些具有代表性的非主流观点也值得我们关注。大多数经济学家认为，并购导致相关市场上竞争者数量减少，市场集中度提高，使得串谋更容易发生。然而，Davidson and Denechere(1984)的研究结论与此相反。Davidson and Denechere(1984)在假定需求函数为线性、成本不变的情况下分别构建了产量竞争和价格竞争博弈模型，发现并购降低了默契串谋发生的可能性。他们认为出现这种反常结论的原因是，并购将导致市场结构发生变化，这种变化给外部企业的搭便车行为提供了更大的动机、激励和可能，而搭便车行为的存在使得企业参与默契串谋无利可图。换句话说，并购后价格上升给非串谋企业带来的好处大于串谋企业，因而串谋企业存在较强的背离串谋路径的动机。大多数经济学家认为，默契串谋往往导致价格上升或产量下降，从而将损害消费者利益。然而，Fershtman and Pakes(1998)的观点与此相左。Fershtman and Pakes(1998)应用了 Ericson and Pakes(1995)的分析框架和 Pakes and McGuire(1994)的计算方法分析了动态寡占市场上的默契串谋与价格战。与 Schmalensee(1987)、Harrington(1989)和 Fudenberg *et al.* (1994)等经济学家所做的研究不同，Fershtman and Pakes(1998)改变了同质性企业和市场环境稳定的假定，拓展了串谋分析框架，引入企业异质性假定和代表进入、退出和投资行为的变量，得出了与主流观点不同的结论。Fershtman and Pakes(1998)认为，容易发生串谋的产业也是容易发生价格战的产业，价格战促使企业开发新产品，发展已有产品，因而这种产业常常能够为消费者提供更多种类与更高质量的产品。串谋增加产品种类、提高产品质量的积极效应能够补偿串谋价格给消费者带来的消极效应,因而在串谋性产业中消费者剩余会增加。据此,他们指出那些认为串谋总是损害消费者利益的观点是错误的。一部分经济学家认为,需求富有弹性的市场上不易产生默契串谋,即使产生了也难以维持;还有一部分经济学家认为,需求弹性与串谋可维持性之间的关系不是非常明确。然而,Collie(2004)的观点也明显不同于经济学界的主流观点。Collie(2004)通过构建一个无限期重复博弈的 Cournot 寡占模型,研究了需求弹性与串谋可维持性之间的关系。他的研究结果显示,相关市场上需求弹性越大,企业维持串谋的能力就越强。Collie(2004)认为,需求弹性从三个方面影响串谋的可维持性:① 当企业以垄断价格进行串谋时,需求弹性越大,价格—成本边际就越低,在需求弹性上升时这将降低企业背离串谋路径的动机;② 需求弹性越大,企业背离串谋路径时削价的幅度就越小,在需求弹性上升时这将提高企业背离串谋路径的动机;③ 需求弹性越大,Cournot-Nash 均衡利润与垄断价格时的串谋利润之比就越大,这将降低企业背离串谋路径恢复到 Cournot-Nash 均衡时的损失,在需求弹性上升时这将提高企业背离串谋路径的动机。然而第一个效应大于第二个和第三个效应之和,因此当需求弹性上升时,企业背离串谋路径的动机将下降。也就是说,需求弹性越大,将串谋维持在垄断价格的难度就越小①。

相对于单边效应的评估而言,一方面协同效应评估分析本身较为复杂,另一方面对协同效应的研究工作起步也相对较晚。因而,在并购协同效应的评估分析方面,还有大量的问题有待深化研究和逐步完善。本章结构如下:第 2 节分析默契串谋经济学原理,为评估协同效应提供理论基础;第 3 节是串谋分析与并购控制,讨论了并购可能对默契串谋产生的影响,以及并购控制中分析默契串谋的思路。第 4 节讨论评估协同效应的模型与方法,以及协同效应评估在理论和实践上的新进展;第 5 节提出评估协同效应的分类方法与基本步骤,为反垄断当局的司法实践提供一个用于评估协同效应的分析框架;第 6 节是本章小结。

8.2 协同效应评估的理论基础:默契串谋

并购发生后的相关市场上的协同行为所产生的市场后果与企业之间

① Collie, D., "Collusion and the Elasticity of Demand", Economics Bulletin, 2004(12): 1—6.

默契串谋时所产生的市场后果是大体相同的，因此有时候经济学家也将协同行为称为默契串谋行为（Ordover，2008）。默契串谋的分析思路和分析方法也可以应用于分析横向并购的协同效应。由于协同效应分析是建立在默契串谋经济学的基础上，所以我们首先分析默契串谋问题。

8.2.1　默契串谋的经济学分析

串谋可以采取不同的形式，包括公开串谋、默契串谋以及二者之间的不同程度的结合。然而，由于公开的显性串谋通常会被视为违犯反垄断法的“本身违法”行为，直接受到法律制裁，企业不敢也不会明目张胆地公开串谋，因而学术界通常关注的是默契串谋。默契串谋是能够使企业获得超额利润的默契协同行为，通常发生在企业能够重复互动地调整自己行为的市场环境下。

1. 分析默契串谋的基本思路

成功的默契串谋需要满足两个条件：① 相关市场上的企业能够就串谋结果达成一个默契协议；② 企业能够抵制背离的诱惑维持串谋协议。默契串谋能够通过默认的协议（默契协同行为或默契理解）维持高价格，从而使参与串谋的企业获取超额利润；同时，在达成默契串谋协议以后，每家企业都有背离协议的动机，只要将自身价格较小幅度地调低于串谋价格，企业就可以攫取其他企业的市场份额，提高自身利润。然而，任何背离串谋路径的行为迟早都将被其他企业发现并引发其他企业的报复行为。为了维持默契串谋，报复行为给背叛者所带来的损失必须有足够的可能性和足以抵消背离串谋路径所获得的短期利益。这些短期利益与报复行为导致损失的大小和可能性一样，取决于并购发生所在产业的性质（Ivaldi *et al.*，2003）。为了使针对企业背离串谋路径的报复行为有效，与背叛企业通过背离串谋路径而获得的利润相比较，报复必须能够给背叛企业带来一个更为显著的利润损失。企业采取的报复形式很多，但是效果不一样。报复的一种简单形式是打破串谋，恢复“正常”竞争和利润。也就是说，只要没有企业背离，企业将预期串谋价格一直维持下去；但是如果有一家企业试图通过削价获取短期利润，那么他们就将恢复竞争价格，并在将来再也不会串谋。这样，企业就会遵守默契串谋价格，以使串谋得以持续，因而串谋就可以自我维持。这种形式的串谋的原理很简单：企业相互信任以维持串谋价格；但是如果有一家企业背离串谋路径，那么信任消失，所有企业都行使短期利益行为。然而，他们可能以更有效的形式维持串谋行为。那就是，通过更复杂的报复行为施以更加严厉的惩罚，以维持更高的串谋价格。

例如，报复行为可能包括临时的价格战，导致利润在一定时期内低于“正常”水平。报复行为还可能包括非背离企业一起采取特别行动以降低背离企业的利润，甚至导致其亏损(Porter,1983)。

多重报复和串谋机制使得一些产业内产生了默契串谋的潜在可能性。我们主要关心的是，这种潜在可能性有多大，换句话说，串谋机制的可信度有多大，串谋出现的程度有多大。虽然经济理论提供了很多关于默契串谋行为性质的见解，但是很少分析哪一些特殊产业可能或不可能在串谋均衡上出现协同，如果出现，是哪一类的串谋均衡(Fudenberg and Maskin, 1986)。然而，报复机制的共同特征是，它们必须能够有效地阻止企业背离串谋路径，这就意味着它们需要满足两个条件：① 报复行为施加给背离企业的利润损失必须足以阻止背离；② 背离一旦发生，其他企业实施报复行为必须符合其自身的最佳利益。第二个条件可能难以评估，因为报复行为本身也是一种均衡现象。例如，在串谋自我维持的情境下，简单恢复到“正常”竞争状态的可能性总是存在的；然而，报复行为的有效性可能不够充分，或者说，报复行为造成的“惩罚”不足以阻止背离。有效的报复行为也会使发起报复的企业负担较高成本，因此从某种意义上说，报复行为不是为了企业的短期利益，而是为了长期利益，即报复行为在长期内是理性的。经济学理论可以对报复的设计机制及其共同特征做出更好的解释，同时也为洞察影响串谋效果和报复行为的结构性特征提供分析工具。

正如上文所指出的，默契串谋是在企业的动态互动中产生的。当企业在决定是继续保持还是背离串谋价格时，必须考虑和推测竞争对手未来的行动。当企业推测任何背离串谋路径、私下削价的行为都将遭到竞争对手严厉的报复时，串谋将会得以持续。由于报复发生在将来，背离产生现期利润，串谋是否能够维持取决于企业目标函数中考虑折现因素以后的现期利润与未来利润之间相对重要性的比较。也就是说，当且仅当企业给予未来利润足够大的权重时(折现因子不会太小)，串谋才是可以维持的(Ivaldi *et al.*,2003)。下面，我们以相同的单位可变成本生产同质产品的企业之间的串谋为例，来说明未来利润和折现因子对于串谋的影响。假定某一市场上有两家企业(双寡头)以相同的单位可变成本 c 生产相同的产品，价格竞争迫使这两家企业以成本 c 定价，即 $p=c$，企业无法获得超出竞争水平的利润。如果这两家企业在重复竞争中发现，它们可以通过默契行为制定并维持一个更高的价格(串谋价格) $p^C>c$，从而分享市场并获取串谋利润 π^C：

$$\pi^C = (p^C - c)D(p^C) \tag{8-2-1}$$

任何背离串谋价格的行为都将导致价格战，使得企业恢复到竞争性价格（Friedman，1971）。如果这两家企业具有相同的折现因子 δ，那么维持串谋价格将使每家企业获得的利润为：

$$\frac{\pi^C}{2} + \delta\frac{\pi^C}{2} + \delta^2\frac{\pi^C}{2} + \cdots = \frac{\pi^C}{2}(1 + \delta + \delta^2 + \cdots) \tag{8-2-2}$$

如果一家企业略微降低价格，那么它将获得整个市场，从而获得所有的串谋利润 π^C，但是随后的价格战将使未来利润全部消失。因此，每家企业愿意坚持串谋价格的条件为：

$$\frac{\pi^C}{2}(1 + \delta + \delta^2 + \cdots) \geqslant \pi^C + \delta \times 0 \tag{8-2-3}$$

经过简单演算，可以得到维持串谋价格的折现因子取值范围，即：

$$\delta \geqslant \delta^* = \frac{1}{2} \tag{8-2-4}$$

在这一简单例子中，当企业以折现因子的形式赋予未来利润的权重高于某一确定水平的门槛值时，串谋价格就得以维持。在以上例子中，折现因子的这一关键门槛值 δ^* 等于 1/2，它在某种程度上反映了维持串谋的相关产业特性。如果企业的折现因子高于这一门槛水平，那么任何串谋价格都可以维持，甚至包括垄断价格。相反，如果企业的折现因子低于这一门槛值，串谋难以维持，竞争会迫使企业在任意时期内都以边际成本定价。因此，折现因子的关键门槛值反映了串谋得以维持的“难易程度”（Ivaldi *et al.*，2003）。门槛值越低，串谋越容易得以维持；门槛值越高，串谋越难以维持。由此可见，确定关键门槛值的大小提供了一个评估串谋程度的“自然方式”。换句话说，为了测度产业特性对于串谋可能性的影响，我们可以考查这些产业特性是如何影响这一关键门槛值的。促进性的便利因素将降低这一关键门槛值水平，而那些使得串谋更加困难的、阻碍性的非便利因素将提高该关键门槛值水平。

2. 串谋动机与背离动机的静态解释

串谋动机与背离动机取决于企业对坚持串谋与发生背离的收入比较，以及企业对于未来收益的折现程度，即企业的“耐心程度”。我们可以用“囚徒困境”博弈模型从静态角度解释企业通过协同竞争行为进行串谋的动机以及背离已经达成的串谋路径的动机（见图 8-1）。假定有两家企业 A 和 B，每家企业都需要在制定高价与制定低价之间进行策略选择。图 8-1 中的数字表示每个企业在高价与低价的每一种策略组合下的利润，其中每个方框中的第一个数字表示企业 A 的利润，第二个数字表示企业 B 的利润①。如果两个企业都制定低价（非串谋的“竞争性”价格），那么每个企业能够获得的利润都为 3；相反，如果两个企业都制定高价（串谋价格），那么每个企业能够获得的利润都为 10；如果一家企业制定高价而另一家企业制定低价（背离串谋价格），那么制定高价的企业获得的利润为 30，制定低价的企业获得的利润为 0。两家企业协同串谋的市场结果明显好于“竞争性”的市场结果，因而企业具有默契串谋的动机。

		企业 A 高价	企业 A 低价
企业 B	高价	10,10	0,30
	低价	30, 0	3, 3

图 8-1 默契串谋的“囚徒困境”

然而，如果企业 B 相信企业 A 将选择并坚持高价策略，那么企业 B 的利润最大化的策略选择是低价策略，获取的利润为 30。换句话说，如果企业 B 相信企业 A 将坚持串谋路径，那么企业 B 就具有了背离串谋路径的动机。另外，如果企业 B 相信企业 A 将选择低价策略，那么企业 B 的利润最大化策略选择是选择低价策略。从这里可以看出，无论企业 A 选择什么样的价格策略，企业 B 的最佳选择都是低价策略。也就是说，低价策略是一个占优策略。同样的分析也适用于企业 A。由此可见，当相关市场上企业之间不能持续重复互动时，企业的背离动机总是占优于企业的串谋动机。这就说明，在静态框架内，企业之间难以协同互动，因而难以实现默契串谋，即使实现也难以维持（Bishop and Lofaro，2004）。因此，影响企业之间重复协同互动的因素也将影响默契串谋产生的可能性和可维持性。

3. 默契串谋的动态分析框架

以上分析的是静态一次性博弈，企业只进行一次价格选择。如果企业之间能够多次互动，企业就可能不会选择低价策略。在动态框架内，企业将在短期背离收益与长期串谋收益之间进行权衡，从而确定自己的策略选择（Tirole，1988）。在这种情况下，只要企业的对未来收益的折现因子 δ^* 大于或等于 4/5，默契串谋就能够维持。因此，在动态分析框架内影响默契串谋可维持性的关键因素是串谋的收益、背离的收益和折现因子的大小。同时，发现背离所需的时间也很重要，因为它影响到企业从背离行为中获得的收益，发现背离所需的时间越短，串谋可维持的可能性就越大。

① 在博弈理论中也称为支付。所用数字仅是为了解释的目的，表示的是一种大小关系。

本章下面的分析采用的是动态框架。

我们将重复无限次博弈的时期表示为 $t=0,1,2,\cdots$，企业对未来收益的折现因子为 $0<\delta<1$。如果无限次重复博弈中存在一个子博弈精炼纳什均衡，那么串谋就是可维持的。这一均衡结果出现的前提是参与串谋的企业采取"严厉触发策略"（grim trigger strategies）（Friedman，1971；Abreu，1986）。下面，我们来分析动态博弈框架下企业的串谋动机和背离动机。我们用 π_i^* 表示企业 i 坚持串谋时每一期的收益；假定竞争对手企业坚持串谋时该企业通过一期最佳反应背离串谋路径而获得的短期收益为 π_i^D（$\pi_i^D>\pi_i^*$）。背离将触发惩罚，企业 i 将在随后的所有时期内获得 Cournot-Nash 均衡收益，我们用 π_i^P 表示。这样企业 i 坚持串谋获得总收益的折现值为：

$$\pi_i^{\text{Collusion}}=\sum_{t=0}^{\infty}\delta^t\pi_i^*=\frac{1}{1-\delta}\pi_i^* \tag{8-2-5}$$

假定企业在第 0 时期背离串谋路径，而后的 t 时期内都将遭受报复，在这种情况下企业 i 所获得总收益的折现值为：

$$\pi_i^{\text{Deviation}}=\pi_i^D+\sum_{t=1}^{\infty}\delta^t\pi_i^P=\pi_i^D+\frac{\delta}{1-\delta}\pi_i^P \tag{8-2-6}$$

如果企业 i 坚持串谋所获得的总收益不小于背离串谋所获得的总收益，那么企业 i 就将坚持串谋，也就是说串谋就是可维持的。以上条件可以表示为：

$$\pi_i^{\text{Collusion}}\geqslant\pi_i^{\text{Deviation}} \tag{8-2-7}$$

即

$$\frac{1}{1-\delta}\pi_i^*\geqslant\pi_i^D+\frac{\delta}{1-\delta}\pi_i^P \tag{8-2-8}$$

从(8-2-8)式可以得到

$$\delta\geqslant\delta^*=\frac{\pi_i^D-\pi_i^*}{\pi_i^D-\pi_i^P} \tag{8-2-9}$$

从(8-2-9)式可以看出，企业对未来收益的折现因子越大，或者说企业越"耐心"，串谋就越容易维持；而折现因子的大小取决于串谋收益、背离收益与竞争均衡收益的大小，直接或间接影响这些收益的因素也会对串谋产生的可能性和可维持性发生影响。这一动态分析框架为分析串谋的影响因素提供了基本思路。

8.2.2　默契串谋的影响因素

在上文中我们提到，产业特性将影响串谋的可维持性，这些产业特性包括：产业内的一些基础的结构性变量，例如，竞争者数量、进入壁垒、企业互动的频率和市场透明度等；市场需求方的特性，例如，市场是增长、停滞不前还是下降的，有无明显的波动和商业周期，等等；市场供给方的特性，例如，市场是由技术和创新驱动的新兴市场，还是稳定技术下的成熟市场，企业在成本和生产能力方面是对称性的，还是具有明显差异（非对称性的），企业生产的是相似产品，还是生产明显纵向差异化或者横向差异化的产品，等等。在本节中，我们将对这些不同产业因素对于默契串谋的影响进行分析。为了使分析具有连贯性，我们尽可能使用上文的双寡头基本模型对这些影响因素进行分析。影响默契串谋形成与维持的因素很多，下面我们分别从产业与市场特性、企业及其非对称性、需求性质和其他因素等四个方面进行分析。

1. 产业、市场与供给特性

（1）竞争者数量。相关市场上竞争者的数量是影响默契串谋的一个重要因素。串谋涉及的企业数量越大，协同的难度就越大，尤其是当企业之间的协同只是建立在对市场行为的默契理解上时更是如此（Compte and Jehiel，2001）。例如，当企业数量较多时，以价格和市场份额的形式来确定一个“均衡点”可能变得越来越不明显，当企业之间的产量和成本是不对称的时，协同均衡的难度更大。当竞争者数量太多时，除了很难达成“共识”以外，还有另外一个原因使得串谋的难度变大。由于参与串谋的企业需要分享串谋利润，当参与的企业数量很多时，每个企业获得“蛋糕”份额就变少。这就意味着：① 由于企业通过将自身价格降低于串谋价格就可以从所有其他竞争对手那里获得市场份额，提高市场占有量，甚至占有整个市场，因而企业背离串谋路径的收益将会增加；② 对于每个企业而言，由于其只能获得串谋利润中越来越小的份额，因而维持串谋所获得的长期利益是下降的。随着竞争者数量增加，背离串谋的短期收益是上升的，而维持串谋的长期利益是下降的，因而阻止企业背离串谋路径的难度在增大。也正是由于以上原因，企业数量越少，相互协同的难度就越低。或者说，竞争者越多，串谋的难度越大。

假定相关市场上有 n 家企业以相同的不变成本生产同质产品，如果它们坚持串谋价格，那么每个企业获得利润为：

$$\frac{\pi^C}{n} + \delta \frac{\pi^C}{n} + \delta^2 \frac{\pi^C}{n} + \cdots = \frac{\pi^C}{n}(1 + \delta + \delta^2 + \cdots) \qquad (8\text{-}2\text{-}10)$$

假定有一家企业将价格调低于其他竞争者（背离串谋价格），它将获得所有串谋利润 π^C，同时触发价格战。因而企业坚持串谋价格的条件为：

$$\frac{\pi^{C}}{n}(1+\delta+\delta^{2}+\cdots) \geqslant \pi^{C}+\delta \times 0 \qquad (8\text{-}2\text{-}11)$$

通过简单演算,可以得到串谋得以维持的折现因子的取值范围:

$$\delta \geqslant \delta^{*}(n) = 1-\frac{1}{n} \qquad (8\text{-}2\text{-}12)$$

同样道理,当且仅当企业赋予未来收益足够大的权重时,串谋才能得以维持。折现因子的关键门槛值取决于企业的数量:相关市场上的竞争企业数量越多,门槛水平就越高,意味着串谋得以维持的可能性就越低。当折现因素简单反映利率水平时,即 $\delta = 1/(1+r)$,上述门槛条件可以使用利率水平表示,即

$$r \leqslant r^{*}(n) = \frac{1}{n-1} \qquad (8\text{-}2\text{-}13)$$

也就是说,当利率水平低于某一门槛水平时,串谋就可以维持。

(2) 进入壁垒。很明显,如果相关市场的进入壁垒较低,那么串谋就难以维持。首先,在缺乏进入壁垒时,任何保持超过竞争水平的价格的努力都将引发新企业进入(例如,短期进入或者实施"打了就跑"的进入策略),从而侵蚀相关市场上的串谋利润。其次,未来进入的预期将减少报复的范围,限制串谋的可维持性。也就是说,如果发生进入,背离企业遭受未来报复的损失将降低。更具体地说,对未来进入的预期不会影响企业从背离串谋中所获得的短期利益,但是减少了背离的潜在成本(放弃未来利润)。实际上,如果进入发生,对背离企业的报复就变得没有意义,因为不管在位企业过去的行为怎样,进入都将消散利润(Ivaldi *et al.*,2003b)。当进入的可能性上升时,企业将更有动机背离串谋价格,串谋和维持串谋的难度就将上升。为了说明这一点,我们假定在上述双寡头垄断市场上,在将来某一时期内某家企业以竞争性价格($p=c$)进入市场的概率为 μ;当进入不发生时(概率为 $1-\mu$),两家在位企业是唯一的竞争对手,因而试图保持串谋。当进入不发生时,为了使串谋的可能性最大,在位企业最好的行动包括:① 制定串谋价格,平分串谋利润;② 只要有一家在位企业背离垄断价格,另一家企业就恢复到竞争性价格以作为对背离的报复。这种串谋行为使得每家在位企业获得利润的折现值为:

$$\begin{aligned}
&\frac{\pi^{C}}{2}+(1-\mu)\delta\frac{\pi^{C}}{2}+(1-\mu)\delta^{2}\frac{\pi^{C}}{2}+\cdots \\
&=\frac{\pi^{C}}{2}[1+(1-\mu)\delta+(1-\mu)\delta^{2}+\cdots] \\
&=\frac{\pi^{C}}{2}[\mu+(1-\mu)(1+\delta+\delta^{2}+\cdots)]
\end{aligned}$$

$$= \frac{\pi^C}{2} + (1-\mu)\frac{\delta}{1-\delta}\frac{\pi^C}{2} \tag{8-2-14}$$

因而,当满足以下条件时,串谋就是可维持的:

$$\frac{\pi^C}{2} + (1-\mu)\frac{\delta}{1-\delta}\frac{\pi^C}{2} \geqslant \pi^C + \delta \times 0 \tag{8-2-15}$$

即

$$\delta \geqslant \delta^* = \frac{1}{2-\mu} \tag{8-2-16}$$

以上假定的是进入只发生于将来,如果进入也发生于现期,那么串谋行为使得在位企业获得的折现利润为:

$$(1-\mu)\frac{\pi^C}{2} + (1-\mu)\delta\frac{\pi^C}{2} + (1-\mu)\delta^2\frac{\pi^C}{2} + \cdots$$

$$= (1-\mu)\frac{\pi^C}{2}(1+\delta+\delta^2+\cdots) \tag{8-2-17}$$

因而串谋可维持的条件就是:

$$\frac{\pi^C}{2}\frac{(1-\mu)}{1-\delta} \geqslant \pi^C + \delta \times 0 \tag{8-2-18}$$

即

$$\delta \geqslant \delta^* = \frac{1+\mu}{2} \tag{8-2-19}$$

从(8-2-16)式和(8-2-19)式可以看出,折现因子的关键门槛值 δ^* 随着进入的概率 μ 上升而上升:进入的可能性越大,维持串谋就越困难;当进入的概率非常大(接近于1)时,门槛值就接近于1,意味着几乎不可能维持串谋。也就是说,在缺乏进入壁垒时串谋不能维持;进入壁垒越低,维持串谋的难度就越大。

(3) 市场透明度。企业频繁地调整价格使得相关市场上的企业能够在其他企业发生背离行为时迅速采取报复行动。但是,其他企业在采取报复行动之前必须发现这种背离行为。因此,当单个企业价格不容易观察,或者不能从较易获得的市场数据中很容易地推断出来时,串谋可能难以维持。也就是说,有一些不确定性因素影响市场,否则竞争对手就能够通过观察自身市场份额的下降来发现背离行为。Stigler(1964)、Green and Porter(1984)和 Abreu *et al.* (1985)等学者的研究表明,价格和销售情况缺乏透明度并不必然完全阻碍串谋,但是的确使得串谋难以维持,并限制了企业协同串谋行为的范围。

Tirole(1988)在拓展 Green and Porter(1984)模型的基础上分析了市场

透明度对于串谋的影响。假定相关市场上的每一家企业都能够观察到自己的价格,但是观察不到其他企业的价格;企业面临的需求可能以一定的概率消失(销售量等于 0)。当一家企业在某一给定的时间内不能销售商品时,可能的原因或者是“坏运气”(需求的不利冲击),或者是另一个企业已经“背叛”(背离串谋价格)。结果是,企业之间完美地串谋不再可能。完美地串谋要求,即使是在面临需求冲击的情况下,企业也要制定垄断价格。但是,每个企业都有动机背离串谋获取更大市场份额,并将其他企业无法销售的事实归咎于“坏运气”。

最佳串谋计划包括:串谋初始就制定垄断价格,只要每家企业保持其市场份额就维持这一价格;任何时候,只要一家企业无法销售,就在一个有限的时间内(T)发动价格战,直到恢复垄断价格。价格战需要持续足够长的时间以阻止潜在的背叛者。但是,价格战也有可能是由纯粹的“坏运气”(需求的负向冲击)而引发的;因而企业有动机限制价格战的持续时间,使价格战持续的时间正好足以规范默契串谋行为。更具体地说,我们用 μ 表示需求冲击的概率,这种串谋计划所产生的预期折现利润为:

$$V = (1-\mu)\left(\frac{\pi^C}{2} + \delta V\right) + \mu\delta^{T+1} V \tag{8-2-20}$$

(8-2-20)式右边的两个部分分别表示当需求冲击发生和不发生时的收益:在没有需求冲击时,每个企业获得串谋利润的一半,并在下一期保持串谋价格;如果发生需求冲击,那么每个企业在该时期内不能销售,在接下来的 T 时期内价格等于边际成本,直到在 $T+2$ 时期恢复到垄断价格。从以上条件中可以得到预期折现利润 V:

$$V = \frac{(1-\mu)}{1-\delta(1-\mu+\mu\delta^T)}\frac{\pi^C}{2} \tag{8-2-21}$$

(8-2-21)式表明,V 随着需求冲击概率的下降而下降,随着价格战持续的时间的上升而上升。当以下条件得到满足时,串谋就可以维持:

$$V = (1-\mu)\left(\frac{\pi^C}{2} + \delta V\right) + \mu\delta^{T+1} V \geqslant (1-\mu)\pi^C + \delta^{T+1} V \tag{8-2-22}$$

(8-2-22)式的右边反映了这样一个事实:在缺乏需求冲击的情况下,企业背离串谋价格可以获得现期的所有串谋利润,但是将引发价格战。以上条件还可以写作:

$$\delta(1-\delta^T)V \geqslant \frac{\pi^C}{2} \tag{8-2-23}$$

由于(8-2-23)式的左边随着 T 的下降而下降,因而要求价格战持续的时间足够长。如果以下条件得以满足,无限期的价格战(T 无限大)将有效地维持串谋：

$$\delta \geqslant \frac{1}{2(1-\mu)} \tag{8-2-24}$$

(8-2-24)式表明，串谋得以维持要求需求冲击的概率不能太大。如果这一条件得到满足，那么最优的串谋计划就包括制定垄断价格($p^{C}=p^{M}$)，调整必要价格战的持续时间使其正好满足$\delta(1\quad\delta^{T})V\geqslant\frac{\pi^{C}}{2}$。另外，当需求冲击的可能性更大时(也可以解释为市场的透明度下降)，V也会下降，这就意味着需要更长时间的价格战来约束潜在的背离者。当考虑到市场透明度时，我们必须强调哪些因素是重要的，哪些因素可以被企业直接观察到，哪些信息能够从可以获得的市场数据中推断出来。相对于不稳定市场而言，当市场处于稳定状态时，识别背离串谋路径的行为更容易，所需要的市场数据也更少。

此外，考虑获取可以信赖的价格和产量数据所需的时间延误及数据性质也很重要。例如，专业协会有时候会公布一些关于价格、产量和产能利用率数据。首先需要关注的是，这些信息是汇总数据还是个体数据，利用个体数据更容易识别背离企业(Kuhn,2001)；其次，如果具体信息只是在较长的时间延误后获得，可能无助于维持串谋，关注定价时期与公布时期的时间滞后情况也很重要。

需要指出的是，使得串谋难以执行的情况与使得企业在开始时难以协同产生串谋结果的情况之间存在一定的联系。获取价格和产量数据的难度越大，在没有显性串谋的情况下企业达成串谋价格的难度就越大。然而，将二者等价起来也是不准确的。例如，在技术标准十分明确、产品同质化程度较高的产业内，即使是在缺乏产量水平透明度的情况下，垄断价格也可能较易达成。因此，串谋协议可能容易协同产生，但难以执行。相反地，即使是在关于个体产量水平的信息透明度较高的情况下，如果产品是差异化的，那么串谋协议也难以执行。因为在这种情况下，企业很难辨清什么样的行为才能使竞争对手不至于“不安”：这样做仅仅是意味着“阻止价格削减”，还是也意味着“阻止质量改进”；消费品市场上的圣诞季促销是否会影响默契串谋的“合作精神”；等等。总之，当产业内的企业数量一定时，市场透明度的降低将使得默契串谋难以执行，也可能使得默契串谋协议在当初就难以达成(Ivaldi *et al.* 2003b)。

(4) 创新。创新活动及创新成果将使得价格串谋更加难以维持，原因在于，创新(尤其是能够取得明显技术进步的创新)能够使企业获得明显竞争优势(Stigler,1964)。这将降低未来串谋的价值,减少竞争对手实施报复所造成的损失。创新能够造成企业竞争优势的不对称,这一理论实际上是关于成本不对称的这一更一般观点的特殊延伸,但是也能够通过简单的例子进行解释。假定某一产业没有任何创新活动,在位企业能够从一个安全稳定的环境下获得收益,分享串谋利润 π^C。那么企业在选择背离串谋行为之前会犹豫不决,因为背离将导致价格战,使未来的串谋收益消散。现在假定某一在位企业能够以一定的概率实施很大的创新,这一创新能够驱使竞争对手退出市场。如果创新成功的概率很大,那么在位企业将预期它们的市场地位是短期的;因而它们将较少注意未来报复的成本,更多地企图背离串谋。我们来考虑一个双寡头市场,其中一家在位企业以概率 $\rho/2$ 实现明显的创新,用 V^I 表示相应的预期收益。两家企业拥有同等机会以相同的概率实现创新,因而相关市场上实现创新的概率为 ρ,创新不发生的概率为 $(1-\rho)$。只要没有创新出现,通过维持串谋价格 p^C,每个在位企业能够获得的预期收益为:

$$\begin{aligned} V^C &= \frac{\pi^C}{2} + \delta\left[\frac{\rho}{2}V^I + \frac{\rho}{2}\times 0 + (1-\rho)\frac{\pi^C}{2}\right] \\ &\quad + \delta^2(1-\rho)\left[\frac{\rho}{2}V^I + \frac{\rho}{2}\times 0 + (1-\rho)\frac{\pi^C}{2}\right] + \cdots \\ &= \frac{\pi^C}{2}\left(\frac{1}{1-\delta(1-\rho)}\right) + \delta\frac{\rho}{2}V^I\left(\frac{1}{1-\delta(1-\rho)}\right) \end{aligned} \tag{8-2-25}$$

相反,如果一家企业背离串谋价格,它将在短期内获得整个利润 π^C,并触发未来的价格战,在随后的时期获得零利润,除非能够实现明显创新(背离后的时期内企业实现创新的概率为 $\rho/2$)。因此,背离企业的预期收益为:

$$\begin{aligned} V^D &= \pi^C + \delta\left[\frac{\rho}{2}V^I + \frac{\rho}{2}\times 0 + (1-\rho)\times 0\right] \\ &\quad + \delta^2(1-\rho)\left[\frac{\rho}{2}V^I + \frac{\rho}{2}\times 0 + (1-\rho)\times 0\right] + \cdots \\ &= \pi^C + \delta\frac{\rho}{2}V^I\left(\frac{1}{1-\delta(1-\rho)}\right) \end{aligned} \tag{8-2-26}$$

如果 $V^C \geqslant V^D$,那么串谋就是可维持的。这一条件可以归结为:

$$\delta \geqslant \delta^*(\rho) = \frac{1}{2(1-\rho)} \tag{8-2-27}$$

从(8-2-27)式可以看出,当创新的概率上升时,串谋的可维持性下降。在这里,我们分析的情形是,创新来自于在位企业。当创新来自于外部企业时,分析的原理是相似的。无论创新是来自于在位企业还是外部企业,只要出现创新,对背离行为进行报复的效果都将下降。现在我们假定在每一时期内外部创新者以概率 ρ 进入市场并“扫除”现有的在位企业。因此,在位企业在每一时期内生存的概率为 $(1-\rho)$,在 T 时期内生存的概率为 $(1-\rho)^T$。只要能够生存,在位企业就将获得以下预期收益:

$$V=\frac{\pi^C}{2}+\delta(1-\rho)\frac{\pi^C}{2}+\delta^2(1-\rho)^2\frac{\pi^C}{2}+\cdots=\frac{1}{1-\delta(1-\rho)}\frac{\pi^C}{2} \tag{8-2-28}$$

当这一收益大于背离的短期收益时,串谋就可以维持,即

$$\frac{1}{1-\delta(1-\rho)}\frac{\pi^C}{2}\geqslant\pi^C+\delta\times 0 \tag{8-2-29}$$

因此,串谋可维持的条件为:

$$\delta\geqslant\delta^*(\rho)=\frac{1}{2(1-\rho)} \tag{8-2-30}$$

比较(8-2-27)式和(8-2-30)式,我们会发现两种情形下的结论是一样的:创新的可能性越大,维持串谋的难度就越大。因此,在创新型市场(例如,高新技术产业)上,反垄断当局可以不用过分关注串谋问题。

(5) 多市场接触。大部分经济学家认为,当企业存在多市场接触(例如,在多个市场上供应产品)时,维持串谋就会更容易一些(Bernheim and Whinston,1990;Evans and Kessides,1994)。这是因为以下几点。① 多市场接触提高了企业之间互动的频率[①]。② 多市场接触可以缓解出现在单个市场上的非对称性问题。例如,某家企业可能在一个市场上具有竞争优势,而它的竞争对手在另一个市场上具有竞争优势,这样可以使它们在串谋协同中互相让步。单一市场分析可能认为串谋难以维持,但多市场接触使企业恢复到总体对称的情况下,从而有利于维持串谋。③ 多市场接触可以使企业维持那些在单一产业特性下难以维持的串谋。例如,假定在双寡头市场上的两家企业同时在另一个市场上面临更多的竞争对手,它们希望在这两个市场上维持相同的串谋利润 π^C。根据以上分析,在第一个市场上,如果折现因子大于1/2,那么它们可以维持串谋;但是在第二个市场上,如果折现因子小于2/3,它们就不能先验地串谋。然而,实际上,它们可以在两个市场上同时串谋。具体方法是,它们可以在第二个市场上给竞争对手一个更高的市场份额以诱使其参与串谋,然后依靠第一个市场上的

① Parker, P., and L. Roller, “Oligopoly and Incentive for Horizontal Merger”, *American Economic Review*, 1997(75): 219—227.

互动来约束它的背离行为①。它需要在第二个市场上给予竞争对手 $a=1-\delta$ 的市场份额，这样竞争对手就不会背离串谋，因为当 $a\geqslant 1-\delta$ 时，满足以下条件：

$$a\pi^{C}(1+\delta+\delta^{2}+\cdots)=\frac{a\pi^{C}}{1-\delta}\geqslant\pi^{C} \tag{8-2-31}$$

除竞争对手以外的其他企业分享第二个市场上的剩余市场份额 δ。因此，只要以下条件得到满足，这些企业就将坚持串谋路径：

$$\left(\frac{1}{2}\pi^{C}+\frac{\delta}{2}\pi^{C}\right)(1+\delta+\delta^{2}+\cdots)\geqslant\pi^{C}+\pi^{C}+\delta\times 0 \tag{8-2-32}$$

即 $\delta\geqslant\frac{3}{5}$。

这一门槛值大于标准条件下的 1/2，但小于 2/3；因此，当企业的折现因子位于 5/12 与 2/3 之间时，企业如果只参与一个市场的供给活动，那么第二个市场上的串谋就难以维持；如果企业参与两个市场的供给活动时，两个市场上的串谋都可以得到维持。这一结论给人的直观感觉是，第一个市场上串谋可维持性的“一些松懈”可以用于促进第二个市场上串谋。因此，从总体上来说，多市场接触有利于串谋的形成和维持。

2. 企业及其非对称性

(1) 市场份额。经济学家通常认为，相关市场上企业之间的市场份额越是对称，企业之间就越容易串谋。乍看之下，这似乎很有道理，因为市场份额越低的企业从背离串谋中获得的收益越大，从报复行为中失去的收益越小。为了更具体地说明这一点，我们假定相关市场上有两家竞争企业，市场份额取值范围为 $s\leqslant 1/2$。如果满足以下条件，市场份额较小的企业将坚持串谋价格：

$$s\pi^{C}(1+\delta+\delta^{2}+\cdots)\geqslant\pi^{C}+\delta\times 0 \tag{8-2-33}$$

即

$$(1-s)\pi^{C}\leqslant\frac{\delta}{1-\delta}(s\pi^{C}-0) \tag{8-2-34}$$

通过计算可得：

$$\delta\geqslant\delta^{*}(s)=1-s \tag{8-2-35}$$

当小企业进一步失去市场份额时，或者说当两个企业的市场份额变得更加不对称时，门槛值 δ^{*} 将上升，串谋将变得更加困难。然而，市场份额主要是内生的。例如，在上述产业中，假定企业以相同的不变边际成本生

① Bernheim, D., and M. Whinston, “Multimarket Contact and Collusive Behavior”, *Rand Journal of Economics*, 1990(21): 1—26.

产相同的产品，没有理由先验地认为市场份额是对称的。换句话说，在给定的产业内，当市场份额是非对称的时，研究者可能怀疑企业具有不同的边际成本或者生产不同的产品。但是，这时候相关的问题就成为了成本、产品范围或质量等更为复杂的非对称性问题。实际上，这些非对称性将：① 阻碍串谋，② 导致市场份额的非对称性。也就是说，当市场份额的非对称性可能不构成分析某一产业的主要相关因素时，它可能反映更为复杂的相关非对称性因素，并且倾向于使维持串谋变得更加困难。

（2）企业互动频率。我们已经提到，当相同的企业重复竞争（重复博弈）时，企业之间通过协同竞争行为进行串谋的空间较大。相似地，企业互动的频率（交易次数）越高，维持串谋的可能性就越大。这是因为，当企业互动频率很高时，企业将更快地对背离行为做出反应。报复行为来得越快，企业背离的短期利益就越小，因遭受报复而损失的长期利益就越大。如果企业不能预期到未来的再次互动，那么它们就不会默契串谋；相似地，如果企业之间互动很少，那么串谋也不太可能发生。这是因为，为了获得短期利益的背离（串谋价格）行为只能在很远的将来受到“惩罚”，企业都有现期背离的动机（Ivaldi *et al.*，2003b）。Scherer（1980）以美国政府购买散装疫苗时为了防止供应商串谋的实践为例对此进行了解释。通过散装购买，美国政府一方面提高了每次招标采购的数量，另一方面减少了招投标的频率，限制了投标企业之间的互动频率。提高采购量意味着在每次招投标中投标者将价格降低于竞争对手的短期收益增加；减少招投标的频率意味着背离串谋的报复发生得更缓慢，这两种因素都有利于阻止串谋（Scherer，1980）。

为了说明企业互动频率对于串谋的影响，我们继续采用基本的双寡头模型进行分析。现在假定企业只是在每个 T 时期内竞争，或者说企业只是在 $T, T+1, 2T+1, 3T+1, \cdots$ 时期内竞争；更高的互动频率意味着更小的“等待时期”T。那么，串谋可维持的条件为：

$$\frac{\pi^C}{2}(1 + \delta^T + \delta^{2T} + \cdots) \geqslant \pi^C + \delta^T \times 0 \tag{8-2-36}$$

即

$$\delta \geqslant \delta^*(T) = \frac{1}{2^{1/T}} \tag{8-2-37}$$

关键门槛值随着 T 的增加而上升：当企业的互动变得较少时，可以预期到的、遭受未来报复的成本就变低，因而串谋就越难以维持。价格调整的频率对于串谋的影响与此原理相似。当价格调整更为频繁时，报复行为就来得更为迅速；另外，背离企业将不能获得时间优势以攫取短期利益。

这两个因素都有助于阻止串谋。因而,最重要的不是企业在每一时期内是否销售,而是它们能够调整价格的频率。调整价格的频率越高,就越容易维持串谋。我们假定在双寡头模型中企业在每一时期内“竞争”但将价格维持 T 时期,即企业在时期 1 设置价格,然后在时期 $1,2,\cdots,T$ 内保持该价格;在时期 $T+1$ 再次设置价格,然后在时期 $T+1,T+2,\cdots,2T$ 内保持该价格;以此类推。更高频率的互动,或者说更短的 T,对应着更低刚性的价格。串谋可维持的条件为:

$$\frac{\pi^C}{2}(1+\delta+\delta^2+\cdots) \geqslant \pi^C(1+\delta+\delta^2+\cdots+\delta^{T-1})+\delta^T\times 0 \tag{8-2-38}$$

(8-2-38)式的左边表示企业维持串谋时的收益,右边表示该企业在其他企业报复前能够从背离行为(在 T 时期内将价格降低于串谋价格)所获得的收益。这一条件可以导出与上文相同的门槛条件,即

$$\delta \geqslant \delta^*(T)=\frac{1}{2^{1/T}} \tag{8-2-39}$$

从以上分析可以看出,企业频繁互动和价格频繁调整有助于串谋的发生和维持。

(3) 成本的非对称性。成本非对称性意味着企业竞争优势的非对称性,成本非对称的程度越高,产生和维持串谋的难度越大。我们继续采用简化的双寡头垄断模型来分析成本的非对称性对于串谋的影响。假定两家企业具有不同的成本结构,成本的非对称性的存在具有以下几个含义(Bain,1948)。① 企业会发现很难找到一个大家都同意的共同定价策略。具有低边际成本的企业将坚持制定一个低于其他企业希望维持的价格。更一般地说,成本结构的多样性可能排除任何定价策略的“交点”(focal point),加剧协同问题。另外,技术效率要求将市场份额分配给低成本企业,但是这在缺乏公开协议和单边转让协议的情况下明显难以实现(Osborne and Pitchik,1983;Schmalensee,1987)。② 即使是企业同意协同给定的串谋价格,低成本企业也将难以自觉遵守。这是因为,一方面低成本企业可能从背离中获得的收益更多,另一方面它们不太担心高成本企业可能发起的报复行动(Phillips and Nowell,1992)。

我们假定双寡头垄断市场上的企业具有不同的单位成本,即低成本 c_L 和高成本 c_H,$c_H>c_L>0$;另外,为了简化分析,我们假定市场需求缺乏弹性:只要价格不超过保留价格 p^R,企业就能够售出所有的需求 D。这一假定意味着,无论企业的成本为多少,垄断价格都等于消费者的保留价格。

这一假定也解决了上文提到的第一个问题,两家企业都同意最佳的串谋价格为垄断价格,即 $p^C = p^M = p^R$。由于低成本企业可以将价格设定为等于(或略低于)其他企业的成本,因而相对于高成本企业而言,它不太害怕价格战。更一般地说,当报复行为是由低效率企业向高效率企业实施时,报复的有效性会降低①。特别是,低效率企业很难在不给自己带来更大损失的情况下给高效率企业造成明显的利润损失。这就意味着,低效率企业的理性报复行为对高效率企业的制约较小。因而,相对于面临一个同样的低成本企业而言,当低成本企业面临一个高成本企业时,其背离串谋行为的动机更强。假定两家企业坚持相同的市场份额,高成本企业愿意维持串谋价格的条件为:

$$(p^R - c_H)\frac{D}{2}(1+\delta+\delta^2+\cdots) \geqslant (p^R - c_H)D \qquad (8\text{-}2\text{-}40)$$

从(8-2-40)式可以求得高成本企业维持串谋的门槛条件:

$$\delta \geqslant \frac{1}{2} \qquad (8\text{-}2\text{-}41)$$

低成本企业愿意维持串谋价格的条件为:

$$(p^R - c_L)\frac{D}{2}(1+\delta+\delta^2+\cdots) \geqslant (p^R - c_L)D + \delta(c_H - c_L)D(1+\delta+\delta^2+\cdots) \qquad (8\text{-}2\text{-}42)$$

很明显,这一条件更加严格,主要是由于报复对于低成本企业的惩罚较低。特别地,如果 $(c_H - c_L) > (p^R - c_L)/2$,那么低成本企业将从价格战中获得更多收益,因而低成本企业将不会同意平分市场份额。我们来分析成本优势为中等程度时的情形,并用 $\gamma = 2(c_H - c_L)/(p^R - c_L)$ $(\gamma < 1)$ 来指数化这一成本优势。此时,低成本企业不背离串谋路径的条件为:

$$\delta \geqslant \delta^*(\gamma) = \frac{1}{2-\gamma} \qquad (8\text{-}2\text{-}43)$$

当两家企业具有相同的成本时,以上条件就与标准门槛值(1/2)相同。这一门槛值随着成本差异程度(γ)的上升而提高。也就是说,成本的非对称性阻碍串谋。

为了拉拢低成本企业坚持串谋行为,相关企业可以不均等地分享串谋利润,低成本企业获得较大份额。由于背离的动机取决于企业累积获得的

① 这是因为低效率的企业通过竞争制裁高效率企业的能力是有限的。参见 Ivaldi, M., B. Jullien, P. Rey, P. Seabright and J. Tirole, The Economics of Tacit Collusion, DG Competition Working Paper, 2003.

串谋利润的相对规模与来自于报复的潜在损失之间的比较，因而害怕低程度报复的企业实际上也只能从背离中获得较低的短期收益。认识到这一点以后，相关市场上的企业可能默契地授予低成本企业一个较大的市场份额。然而，当这种行为有助于维持串谋时，它就不会恢复到与成本结构对称时相同的串谋概率。实际上，这种行为有助于为低成本企业提供维持串谋激励，但是与此同时它也影响了高成本企业的动机。因而这就对可能的市场份额的重新分配产生了限制。也就是说，与成本结构对称时的情形相比较，成本非对称时的串谋空间变小了；成本对称下的最有效的串谋行为对应着能够反映企业成本状况的非对称的市场份额。当授予低成本企业的市场份额为 $a \geqslant 1/2$ 时，低成本企业的激励约束为：

$$(p^R - c_L)aD(1 + \delta + \delta^2 + \cdots) \geqslant (p^R - c_L)D + \delta(c_H - c_L)D(1 + \delta + \delta^2 + \cdots) \tag{8-2-44}$$

市场份额 a 越大，这一条件越容易满足。提高低成本企业的市场份额将负向影响其他企业的激励约束，其他企业的激励约束为：

$$(p^R - c_H)(1 - a)D(1 + \delta + \delta^2 + \cdots) \geqslant (p^R - c_H)D \tag{8-2-45}$$

也就是 $\delta \geqslant a$。

因此最大化串谋空间的市场份额分配需要在“尽可能地”给予低成本企业较大市场份额的同时满足其他企业的激励约束条件，即 $a = \delta > 1/2$。这样做的结果是，降低了关键折现因子门槛值，即

$$\delta^*(\gamma) = \frac{1}{2 - \gamma} \Longrightarrow \delta^*(\gamma) = \frac{1}{2 - \gamma/2} \tag{8-2-46}$$

以上分析验证了我们在前文中所得到的结论，即当市场份额为内生变量时，市场份额的非对称性可能仍然提供间接证据，说明越是复杂的非对称性越倾向于阻碍串谋。

(4) 产能的非对称性。产能限制通过两种途径潜在地影响串谋的可维持性：① 一个产能受限的企业从背离行为中获得收益较少；② 产能瓶颈会限制企业对背离行为进行报复的能力(Abreu, 1986)。乍一看上去，产能限制对于串谋的影响较为模糊，因为它在降低企业背离动机的同时也降低了其他企业惩罚背离的能力(Brock and Sheinkman, 1985)。实际上，研究对称性产能的文献已经证实了产能限制对于串谋影响的这种模糊性①。然而，产能非对称性对于串谋的影响的模糊性低一些。与企业面临相同产

① 参见 Lambson, V., “Optimal Penal Codes in Price-Setting Supergames with Capacity Constraints”, *Review of Economic Studies*, 1987(54): 385—397.

能限制的情形相比较，以牺牲其他企业产能的形式提高一个企业的产能，将提高产能增加企业的背离动机，限制其他企业的报复能力。因而从总体上看，这种成本非对称性阻碍串谋（Lambson，1994）。Lambson（1996）举例说明了产能的轻微不对称就会阻碍串谋；Davidson and Deneckere（1984，1990）、Penard（1997）的研究结果显示，产能非对称性使得双寡头市场上的串谋更加困难。Compte *et al.*（2002）对以上观点进行了更加具体的论证，他们的研究结果显示，当总体产能给定时，引入产能的非对称性的确使得串谋更加难以维持。

假定双寡头垄断市场上的两个企业面临非对称的产能限制，企业1具有较高产能（K_L），企业2具有较低产能（K_S）。为了使分析简化，假定不存在可变成本，并且需求缺乏弹性：在缺乏产能限制的情况下，企业能以低于消费者保留价格 p^R 的任意价格销售产量 D。这一假定降低了配给计划和剩余需求分析的复杂性①。如果企业以市场份额 a_L 和 a_S（$a_S=1-a_L$）保持串谋价格 $p^C=p^R$，那么每个企业 i 所获得的串谋收益为 $a_iD/(1-\delta)$。相反，如果一家企业背离串谋价格，那么它将销售其所有产能，但是面临报复，报复的力度和效果受到产能限制的影响。然而可以预期到的是，相对于产能高的大企业报复产能低的小企业而言，小企业将具有较低能力去伤害大企业。因此，大企业具有更强的动机背离串谋行为：它在短期内的背离收益更大，担心报复的忧虑较小。结果是，为了拉拢产能高的企业遵守串谋协议，其他企业需要给其更高的市场份额。例如，假定双寡头市场上有一家企业背离后，两家企业又恢复到标准的价格竞争，利润与生产能力成正比。由于背离串谋的短期收益也与生产能力成正比，这就意味着背离行为的总折现收益与产能成正比。阻止企业背离的最佳途径是，根据它们的生产能力分配市场份额，即 $a_i=K_i/(K_L+K_S)$。那么，两个企业的激励条件相吻合并决定了折现因子的关键门槛值：

$$\delta \geqslant \delta^*(K_L,K_S)=\frac{K_L}{K_L+K_S}=\frac{1}{1+\lambda} \qquad (8\text{-}2\text{-}47)$$

其中，$\lambda=K_S/K_L$，它表示相对于大企业而言的小企业的相对规模。当企业的产能是对称的，即 $K_S=K_L$ 时，这一门槛条件与标准门槛值（1/2）是相同的；并且随着企业产能不对称性程度的提高而上升。Compte *et al.*（2002）将这一结论一般化到任意数量的企业。他将 K_S 解释为所有小企业（或者

① Ivaldi, M., B. Jullien, P. Rey, P. Seabright and J. Tirole, The Economics of Tacit Collusion, DG Competition Working Paper, 2003.

说，除一家大企业以外的所有其他企业）的累积产能，只要这一累积产能不超过市场规模，上面的门槛条件仍然适用。不过在这种情况下，市场参与者的产能之和不影响串谋的空间。当所有小企业一起能够供应整个市场时，关键门槛值只取决于产能之和，而不受产能在企业之间分布状况的影响，关键门槛值随着总产能的提高而上升。原因在于，在报复的可能性最大化的情况下，如果有必要，“小企业”团结在一起足以“消灭”大企业。因此，任何产能的进一步提高只会增强企业背离串谋价格的动机，而不对报复能力产生抵消效应。在这种情况下，任何额外产能都倾向于使串谋变得更加困难。

（5）产品的非对称性（产品差异化）。以上分析中我们都假定企业生产的是同质产品，实际上企业常常以不同的方式试图差异化其产品供给，提高产品的非对称性。一种可能性是开发“更好的产品”，经济学家将其称作“纵向差异化”（vertical differentiation）。本质上，纵向差异化使企业处于非对称位置，此时的分析方法与分析生产成本非对称性时相似。一家生产更好质量产品的企业，在某种程度上与一家以更低成本提供与其他企业相同质量产品的企业的情况相类似。这家企业将从背离串谋路径中获得更高的短期收益，也不太惧怕其他企业可能的报复。为了更准确地理解这一点，我们来考虑一个需求缺乏弹性的双寡头市场，一家企业以与其他企业相同的成本提供质量更好的产品，额外的好质量给消费者带来的好处可以货币化为 b。也就是说，消费者愿意支付给低质量产品的价格为 p^R，支付给高质量产品的价格为 p^R+b。串谋行为必须保持两个企业之间的价格差异 b，否则一家企业将占有整个市场。例如，企业愿意为低质量产品保持价格 p^R，为高质量产品保持价格 p^R+b，而价格竞争将会使高质量企业在较低价格 $c+b$ 上占领整个市场。这种情形与我们已经讨论过的（两家企业以不同成本提供相同质量的产品）情形是相同的，那里所得到的结论也适用于这里。高质量企业的价格—成本边际更大，通过增加额外销售所获的收益也越大，因而它更愿意降低价格，背离串谋路径。因此，为了抑制高质量企业的背离动机，为了达成串谋，其他企业不得不给予高质量企业一个更大的市场份额，关键折现因子门槛值也将更大。也就是说，当企业所生产产品的质量水平是差异化的时，高质量企业的竞争优势越大，串谋就越困难。

产品差异化的另一种完全不同的情况是，企业提供不同特性组合，可能以可比价格给不同类型的消费者提供差异化产品。经济学家将这种情况称为“水平差异化”（horizontal differentiation）。这是针对细分顾客群所实施的差异化战略，通过产生顾客忠诚，获得具体细分市场上的市场势力。实际上，顾客在购买商品时可能不愿意从其喜欢的品牌转向其他品牌，即使是在其他品牌提供小幅价格优惠的情况下也是如此①。这种细分战略从两个方面影响串谋空间：一方面，这一战略使得企业更难吸引其他企业的顾客，因而它限制了从背离行为中所获得的短期收益；另一方面，它也限制了价格战的严重性，降低了企业惩罚背离行为的能力。因此，从总体上看，水平差异化对串谋的影响比较模糊。产品差异化可能使串谋变得容易，也可能使串谋变得更难，具体情况取决于竞争环境的具体性质（Ross，1992；Martin，1993）。Raith（1996）的研究结果显示，产品差异化可能加剧不透明市场上的信息问题。也就是说，即使企业不能观察到竞争对手的价格和产量，它们仍然能够从自身价格和产量中推断出相关的信息。但是，相对于企业生产差异化产品而言，当企业生产同质产品时，这种推断可能更容易一些。这可能就是为什么反垄断当局通常将产品同质性看成是串谋促进因素的一个理由。

（6）“特立独行”企业的存在。“特立独行”表现了企业行为的非对称性。如果在一个市场上有一家企业像“特立独行者”（maverick）那样行事，那么该企业的存在就将破坏维持串谋的努力。这一点与经济学直觉——“在等同者之间容易串谋”并不矛盾。然而，“特立独行”的概念需要正确界定。例如，一家具有明显不同的成本结构、生产能力或产品质量的企业，或者受到与其他企业不同因素影响的企业，都有可能成为“特立独行者”（Harrington，1989）。在很多情况下，这类企业的行为不同于其他企业，反映出其不同的供给条件。这种企业可能不愿意参加串谋行为，或者说，它可能在一些其他企业不愿意接受或不愿意维持的市场条件下参与串谋。还有一种情况是，一家企业可能强烈偏好于短期利益，因而有更强的动机背离串谋价格②。“特立独行者”的存在明显使得维持串谋的难度加大。然而，需要仔细分辨企业“特立独行”特性的起源，以确定这些特性是内在的、长期持久的特性，还是只反映了企业的临时状况。

像其他类型的不对称性一样，相关市场上的企业可能以一个更低折现因子给予“特立独行者”一个更大的市场份额；然而，由于其他企业的激励约束也必须满足，因而这一行为会受到一些约束。假定市场上有三家企

① 一种原因是由于消费者存在较为稳定的偏好，形成了顾客忠诚度；另一种原因是存在转换成本，形成了锁定效应。

② Harrington, J., “Collusion Among Asymmetric Firms: The Case of Different Discount Factor”, *International Journal of Industrial Organization*, 1989(7): 289—307.

业，两家企业具有相同的折现因子为 $\delta > 2/3$，另一家企业（“特立独行者”）的折现因子 $\delta^m < 2/3$。由于“特立独行者”的存在，等市场份额的串谋路径难以维持，“特立独行者”将背离串谋价格，这是因为：

$$\pi^C + \delta^m \times 0 > \frac{1}{3} \times \frac{\pi^C}{1 - \delta^m} \tag{8-2-48}$$

分配给具有相同折现因子的两家企业的最小市场份额必须满足；

$$a \frac{\pi^C}{1 - \delta} \geqslant \pi^C + \delta \times 0 \tag{8-2-49}$$

因而，$a = 1 - \delta$，能够给予“特立独行者”的最大市场份额为 $a^m = 1 - 2a = 2\delta - 1$，它大于 1/3，但小于 1。如果“特立独行”企业是一个短期利益者，那么串谋就难以维持。出现这一情形的条件是：

$$\pi^C + \delta^m \times 0 > (2\delta - 1) \frac{\pi^C}{1 - \delta^m} \tag{8-2-50}$$

或者说，当“特立独行”企业的折现因子小于 $2(1 - \delta)$ 时，串谋就难以维持。

3. 需求因素

（1）需求增长。我们已经知道，当通过背离所获得的短期利益小于未来遭受报复而损失的利益时，串谋就容易维持。这就意味着，在固定市场参与者的相关市场上，当市场规模（需求）不断扩大时，现期利润小于未来的利润，串谋就更容易维持。相反，在不断萎缩的市场上，市场需求趋于下降，未来的预期利润也将下降，维持串谋的难度就更大。在市场处于崩溃边缘时的特殊情况下，企业几乎不存在“未来”，因而没有可能性去引导企业坚持串谋行为（Green and Porter，1984）。我们仍然采用以上的双寡头模型的简单例子来分析需求变化对于默契串谋的影响。假定需求以一个稳定的比例 g 在增长，在时期 $t(t = 0, 1, 2, \cdots)$ 需求等于 $(1 + g)^t D(p)$，D 表示基础的需求函数。当 g 为正数时，需求有效增长；当 g 为负数时，需求下降。通过达成串谋价格 p^C，每个企业在每一时期 t 内都获得一个利润：

$$(1 + g) \frac{\pi^C}{2}, \quad 其中\ \pi^C = (p^C - c) D(p^C) \tag{8-2-51}$$

串谋得以维持的条件为：

$$\frac{\pi^C}{2} + \delta(1 + g) \frac{\pi^C}{2} + \delta^2 (1 + g)^2 \frac{\pi^C}{2} + \cdots \geqslant \pi^C + \delta(1 + g) \times 0 \tag{8-2-52}$$

从（8-2-52）式可以得到：

$$\delta \geqslant \delta^*(g) = \frac{1}{2(1 + g)} \tag{8-2-53}$$

这一情形与具有一个解释市场增长的修正折现因子($\delta' = (1+g)\delta$)的静态市场相类似:当市场增长时($g>0$),未来的权重就高;当市场需求区域下降时($g<0$),未来所占的权重就低。因此,当市场在增长时($g>0$),即使是实际折现因子 δ 很小,只要调整的折现因子 $(1+g)\delta$ 保持足够水平,串谋也是可以维持的。

以上分析集中于需求增长对于默契串谋的具体影响,假定产业的其他特性(尤其是市场上企业数量)不受需求增长的影响。与理论分析的结果不一样,在司法实践中,需求增长经常解释为阻碍串谋的因素。理论与实践出现明显差异的原因可能在于,在理论分析中,我们假定了企业数量不受市场增长的影响,而在实践中,企业进入不断增长的市场更加容易,未来时期内企业进入的增加降低了现期串谋的可能性。从这个意义上说,市场增长可能与不利于串谋的市场特性相联系。然而,从进入影响和其他因素等方面理清市场增长的内在效应,并评估它们的相对大小,对于理解市场增长对串谋的影响是有用的。在进入壁垒较低的市场上,市场增长将导致新企业进入,市场增长的总体效应可能不利于串谋。然而,在市场进入壁垒较高的市场上,市场增长的内在效应可能有利于企业串谋。

(2)需求波动与商业周期。在需求波动的市场上,串谋的可维持性较低(Rotenberg and Saloner,1986)。这是因为,当市场需求处于顶峰时,背离的短期收益最大,而因遭受报复而导致的潜在成本最低(Haltiwanger and Harrington,1991)。为了说明这一点,我们假定需求从一个时期到另一个时期是波动的,在这一时期内需求冲击是独立的,在跨时期内是均等分布的。在这种假定下,企业知道它们面对着不确定的未来,但是每一时期的前景是相同的;从“好”的市场冲击中获得收益的概率在未来每一时期内是相同的,“坏”的冲击的损失概率也是一样。这就意味着,企业背离行为暴露时每一时期的未来报复的损失数量也是相同的。然而,在需求高于平均水平的时期,背离的短期收益也高于平均水平。因此,在这一时期内,企业必须在通过背离所获得的高于平均水平的收益与“平均水平”的惩罚所导致的损失之间进行权衡比较。很明显,在这一时期内,背离更具诱惑力;同样的道理,与需求保持稳定时相比较,需求波动时的串谋更难以维持。假定需求以相同的概率要么是低的($(1-\varepsilon)D(p)$),要么是高的($(1+\varepsilon)D(p)$)。平均而言,预期需求与前面所述的基本需求是相同的。通过维持串谋价格,每个企业获得预期的折现利润为:

$$V = \frac{\pi^C}{2}(1+\delta+\delta^2+\cdots) = \frac{1}{1-\delta}\frac{\pi^C}{2} \qquad (8\text{-}2\text{-}54)$$

当通过“窃取”竞争对手的市场份额和利润而获得的短期利益小于未来价格战的成本时，串谋就是可维持的。未来价格战消散了预期收益 δV，而当市场需求较高时从背离行为中获得的短期利益明显较高（即 $(1+\varepsilon)\pi^C/2>(1-\varepsilon)\pi^C/2$）。因而当现期需求较高时，如果串谋是可维持的，那么串谋可维持的条件为：

$$\delta V=\frac{1}{1-\delta}\frac{\pi^C}{2}\geqslant(1+\varepsilon)\frac{\pi^C}{2} \tag{8-2-55}$$

即

$$\delta\geqslant\delta^*(\varepsilon)=\frac{(1+\varepsilon)}{(2+\varepsilon)} \tag{8-2-56}$$

从(8-2-56)式可以看出，表示串谋可维持性的关键门槛值 δ^* 随着需求波动程度(ε)的扩大而提高。当需求的波动幅度较大且处于较高水平时，串谋变得越来越难以维持，企业被迫减少串谋行为，甚至放弃串谋。

同样的分析可以应用于更具确定性的需求波动中，例如，季节性或商业周期性波动中。同样道理，在商业周期性波动中，需求越高，企业背离串谋价格的动机就越强。然而，当商业周期处于其顶峰时，未来价格战的预期成本降低，因为报复发生在稍后的需求降低的时期内。我们来考虑一个高度简化的“商业周期”，在该周期内，低需求表示为 $(1-\varepsilon)D(p)$，高需求表示为 $(1+\varepsilon)D(p)$。如果企业保持串谋价格 p^C，利润的预期折现值分别表示为 V^+（高需求）和 V^-（低需求），那么：

$$V^+=(1+\varepsilon)\frac{\pi^C}{2}+\delta V^-,\quad V^-=(1-\varepsilon)\frac{\pi^C}{2}+\delta V^+ \tag{8-2-57}$$

并且，$V^+\geqslant V\geqslant V$，即处于商业周期高峰时期的利润折现值大于平均值，处于商业周期低谷时期的利润折现值小于平均值。当需求处于较高水平（处于商业周期的高峰时期）时，如果串谋是可维持的，那么可维持的条件为：

$$\delta V^-\geqslant(1+\varepsilon)\frac{\pi^C}{2} \tag{8-2-58}$$

这一条件比上文中需求随机波动时式(8-2-55)表示的条件更严格。在确定性商业周期的高峰，不仅从背离行为中所获得的短期收益变大了，从 $(1-\varepsilon)\pi^C/2$ 变到 $(1+\varepsilon)\pi^C/2$，而且因遭受报复而导致的成本降低了，从 δV^+ 降到 δV^-。与之相反，当需求处于商业周期的低谷时，串谋当然更容易维持。然而，从总体上来说，与缺乏需求波动时相比较，串谋还是难以维持。从周期性波动中所推导出来的门槛条件要比随机波动下的门槛值高。从以上分析可以看出，需求波动不利于串谋维持，周期性波动下的串谋可维持性要低于随机性波动下的串谋可维持性。

（3）需求弹性。学术界通常的看法是，反垄断当局需要着重关注需求缺乏弹性的市场上的串谋①。然而在前文的分析中我们提到，需求弹性对于价格串谋可维持性的影响是不明确的，但当需求弹性较低时串谋的收益会更大。我们继续使用双寡头模型来解释这一点，两个企业在面临给定的需求下以相同的成本 c 生产同质产品。标准竞争将导致边际成本定价，即 $p=c$，因而获得零利润。如果企业通过背离串谋价格而获得的短期收益小于未来价格战的损失，那么这两个企业能够维持任意的串谋价格 $p^C>c$，分享相应的串谋利润 $\pi^C=(p^C-c)D(p^C)$。以上条件可以表示为：

$$\frac{\pi^C}{2}(1+\delta+\delta^2+\cdots)\geqslant\pi^C+\delta\times 0 \tag{8-2-59}$$

即 $\delta\geqslant\delta^*=\frac{1}{2}$。

从以上分析可以看出，串谋得以维持的关键门槛条件不取决于消费者需求的性质，或者说，在决定关键门槛值的大小时，需求函数不起作用。如果企业的折现因子小于 1/2，无论需求曲线的形状如何，唯一的市场均衡都将导致竞争性价格，因而没有串谋是可以维持的。相反，如果企业的折现因子大于 1/2，无论需求曲线的形状如何，企业都可以维持所有的串谋价格，甚至垄断价格。由此可见，需求弹性对于串谋的可维持性的确没有影响。这是由于需求弹性以同样的方式影响企业背离的短期收益和放弃未来串谋的长期损失。然而，需求曲线的形状的确影响串谋价格和串谋收益。在选择串谋价格时，企业必须在通过高价提高价格—成本边际与高价格导致的销售量下降之间进行权衡。理想的串谋价格是垄断价格，它可以最大化企业的联合利润 $\pi^J=(p^M-c)D(p^M)$。众所周知，需求弹性越低，这一价格就越高。更准确地说，勒纳指数与需求弹性成反比，即

$$L=\frac{p^M-c}{p^M}=\frac{1}{\varepsilon(p^M)} \tag{8-2-60}$$

（8-2-60）式中，需求弹性等于：

$$\varepsilon(p)=\frac{pD'(p)}{D(p)} \tag{8-2-61}$$

以上分析反映了这样一个事实：当需求富有弹性时，企业提价所损失的销售量就较大；反之，当需求弹性较低时，企业可以在不失去过多消费者的情况下保持一个高价格，此时相对高价格下销售量与价格—成本边际之

① 然而，Collie（2004）的观点比较异类，他认为需求弹性越大，企业维持垄断水平串谋价格就越容易。

间的权衡结果最佳。因此,对于一个给定的市场规模,当需求弹性较低时,企业可以从维持垄断价格中获得更高的收益。从这一意义上说,虽然需求弹性与其他因素的性质不同,但也构成影响串谋的相关因素(Ivaldi *et al.*, 2003)。另外,与需求富有弹性时相比,从为消费者考虑角度看,需求缺乏弹性时的串谋需要反垄断当局更为关注。给定价格上升幅度,消费者在面临较少选择时(需求缺乏弹性)的损失更大(Tirole,1988)。

4. 其他因素

(1) 买方势力。影响串谋的一个相关因素涉及消费者购买力量对于协同行为的抵消作用。如果购买者势力十分强大,即使是一个完全垄断者也会发现难以制定高价格。与此相类似,面临买方势力时串谋的收益将会下降。另外,Snyder(1996)注意到,大宗购买者能够通过集中订单,使企业互动频率下降,提高企业背离串谋的短期收益从而成功地打破串谋;更一般地说,大宗购买者能够设计一种程序和机制缩减串谋的空间。

(2) 结构上的联系。企业之间结构上的联系为企业的协同互动提供了“通道”,因而有助于产生和维持串谋。例如,所有权的交叉能够降低背离行为的短期收益;合资协议能够扩大串谋空间,如企业能够通过减少投资惩罚发生背离行为的合作者①。因此,当竞争者之间能够通过结构上的联系结合在一起时,串谋更容易发生。

(3) 合作与其他协议。企业之间即使没有结构上的联系,简单的合作协议也有助于串谋的形成和维持。合作协议能够扩大串谋空间,提高惩罚背离者的可能性。尤其是在一些特定产业内,例如电信业,竞争者需要达成互联互通协议以提供更好的服务。这些协议不仅能扩大报复的范围,而且对运营商的定价策略有直接的影响②。竞争者就可以通过设计这些互联协议来促进串谋③。更一般地,企业可以改变它们之间的或者与第三方的结构性协议,以促进串谋。市场营销协议就是一个促进串谋的很好工具。例如,Jullien and Rey(2002)的研究结果显示,消费品生产商能采用转售价格维持(Resale Price Maintenance,RPM)的方式在跨地域的零售市场实行统一价格,这样就更容易发现背离串谋价格的行为。

(4) 俱乐部效应。一些市场具有俱乐部效应或网络效应,消费者可以

---

① Martin, S., “R&D Joint Ventures and Tacit Product Market Collusion”, *European Journal of Political Economy*, 1995(24): 357—379.

② Armstrong, M., “Network Interconnection in Telecommunications”, *The Economic Journal*, 1998(108): 545—564.

③ Laffont, J., P. Rey and J. Tirole, “Network Competition: Overview and Nondiscriminatory Pricing”, *Rand Journal of Economics*, 1998(29): 1—37.

从相同的“俱乐部”中获得利益。例如，使用相同的软件，用相同的键盘格式打字，订购相同的操作器，使用同一个运营商提供的信息等，可以解决兼容性问题，也可以增加使用该产品的效用。俱乐部效应可能使市场“倾斜”而有利于某一个企业，产生所谓的“赢者通吃”(winner-take-all)型的竞争，从而不利于串谋。另外，俱乐部效应将产生锁定效应(lock-ins effects)，强化巩固市场领导者的地位，提高来自于该地位的收益。假定企业试图保持相同的市场份额，那么某家企业通过削价可能引发滚雪球效应(snow-balling effects)，使得市场“倾斜”而有利于自己，该企业将获得持久的市场领导地位。由此可见，俱乐部效应会放大背离串谋路径的收益，同时锁定效应限制了报复的可能性，这两种因素都使得串谋的可能性下降。

8.2.3 价格以外的其他串谋形式

正如上文所指出的，企业可以通过默契协同降低相关市场的有效竞争程度，将价格提升到“竞争性”价格以上，从而获得超额利润。然而，在一些特定行业内(例如，产品高度差异化的行业)，企业很难通过调整价格的行为来阻碍或降低有效竞争。但是，即使是这样的行业，企业也可能发现价格串谋的替代途径，通过商业策略的非价格因素来进行协同串谋，达到降低有效竞争程度、提高垄断利润的目的。

(1) 产量竞争与串谋。价格串谋下的分析结论也适用于企业之间进行产量竞争的市场环境下。在产量竞争条件下，串谋的方式主要是企业之间通过默契协同将产量水平降低到正常竞争水平之下；如果一家企业试图通过扩大产量提高市场份额，那么其他企业就会采取报复措施，典型的报复措施是竞争对手以提高产量进行反应。这将使企业之间重新开始“正常”的产量竞争，市场重新回到较高产量水平的重复均衡状态。但是，也有可能引发竞争对手临时性的较大幅度的提高产量，使产量水平高于正常竞争水平，降低价格，迫使背离企业更大幅度地降低自身产量，即以更低价格销售更少产量，遭受更大的损失。

在讨论非串谋寡头垄断理论时我们指出，产量竞争环境下的竞争性质不同于价格竞争环境下，产量竞争环境下竞争的强度要低一些。然而，在比较两种竞争类型下串谋可能性和串谋空间的大小时，很难得到简单而又明确的结论。这是因为，产量竞争既影响报复的可能性，也影响背离串谋行为的短期收益。实际上，在产量竞争下，由于价格调整可以使竞争对手的产出顺利销售，因而企业具有较小的动机去提高产量以背离默契串谋水平。这一点有利于维持串谋。然而，在产量竞争环境下，由于背离企业能够通过调整自身产量来缓解报复带来的冲击,因而对背离行为进行报复的难度加大①。从总体上看,由于背离的动机下降,对报复的担心程度也下降,因而很难比较两种竞争环境下的串谋可能性与串谋的空间。

(2) 产能、产能投资与串谋。在一些产业内,产能选择是市场结果的决定性因素,例如化工业、造纸业、纺织业等。在这些产业内,反垄断当局关注的是企业之间关于产能选择的潜在协同行为②。超额产能的存在有助于串谋价格的维持。在这里,我们主要分析企业生产接近或超过产能时的情形。在这种情况下,产能下降将导致供给减少、价格上升,串谋的主要内容就是控制产能、维持价格。这种竞争与前文分析的产能选择和产量竞争相类似,产量竞争下的串谋分析很大程度上能够应用于产能串谋分析。如果产能限制是短期的,并且市场条件允许企业调整价格销售其所有产出,产能选择完全决定产出水平,那么产能串谋与产出水平的串谋(产量竞争下的串谋)是相同的。然而,在其他情况下,由于产能竞争性质及其与价格竞争的互动,产能串谋与产量串谋之间存在一些区别(Ivaldi *et al.*, 2003)。

首先,产能选择并非最终产量决策。一旦产能确定,企业还需要通过价格决策进行互动。企业并非总是需要达到百分之百的产能利用率,尤其是在产能已经建立而需求却不确定时,产能与产量并非完全一致。这就意味着,产能串谋常常涉及某些形式的价格串谋(Staiger and Wolak, 1992)。此时,串谋行为面临的环境是,产能限制是短期的,需求是以一种不可预测的方式波动。在这种环境下,串谋出现的形式是,企业在低产能水平上进行协同,达成产能协议。价格串谋是否会出现取决于对需求水平的认识程度。当企业认识到需求水平较低且产业内存在较大的超额产能时,价格串谋可能在不影响未来产能串谋的前提下临时中断。

其次,产能选择不是一个持续的现象,在某些时点上企业之间选择产能的方式不一样。与价格决策相比较,产能选择的互动频率较低,较低的互动频率是阻碍串谋的一种因素。"大小不一"的产能选择可能导致"先发制人"现象:当市场机会出现或市场需求增加时,企业总是相互竞争以抢先扩大产能。这是因为,一旦某家企业已经建设了较大的产能,就将形成某种可置信的威胁,它的竞争对手就没有动机增加新的产能。

最后,产能选择串谋与产量串谋的区别还在于产能选择往往具有不可

---

① 以上比较的结果,都是相对于价格竞争环境而言的。

② Davidson, C., and R. Deneckere, "Horizontal Mergers and Collusive Behavior", *International Journal of Industrial Organization*, 1984(2): 117—132.

逆转性。当某一市场上产能存在时间较长而需求增长不够快时，一家企业的产能选择将对市场产生长期影响。在这种环境下，“先发制人”策略可能显得更是刻不容缓。实际上，当产能决策具有完全的不可逆转性时，一家企业背离串谋行为将给其竞争对手造成“既成事实”，竞争对手没有其他选择，只好接受新的竞争环境。很明显，产能选择的不可逆转性能够阻碍串谋。当产能选择的不可逆转性较强、市场需求保持稳定或下降时，其对串谋的影响就较大；在这种环境下，在未来投资建设新产能的可能性就较小，因而关于产能选择的重复互动的空间就较小。相反，如果需求增长足够快，或产能折旧足够快，不可逆转性对串谋的影响就小①。因此，从总体上说，当产能选择串谋的性质与产量竞争环境下的产量串谋相似时，产能对串谋影响的变数较多。因而，区分产能与产量，并对投资的性质和不可逆转程度进行具体分析，是分析产能选择串谋的可行方法。

(3) 顾客分享或市场分割。如果相关市场上的企业能够默契地达成协议，不“侵犯”彼此的顾客，使各自拥有相对固定的顾客群，那么也能够降低有效竞争的程度，实现默契串谋。在这样的默契串谋协议中，每一个企业都不向其竞争对手的顾客提供低价格，因为一旦它这样做了，其竞争对手将马上效仿，通过向背离企业的顾客提供低价格进行报复。企业通过默契协同有效地分配顾客，可以使它们向自己的“相对固定的”顾客制定一个高于竞争性水平的价格。这种形式的默契串谋一般发生在价格透明度较低、需求方相对集中的市场上。与顾客分享的原理相类似，市场分割也是一种默契串谋形式。在这样的默契串谋协议中，每一个企业都不进入其竞争对手“地盘”，因为它们担心竞争对手进入自己的市场。通过默契串谋分割市场，企业可以在自己独享的市场上制定一个高价格，实现地域化的垄断。

(4) 招投标市场上的串谋。以上的分析原理也可以应用于分析招投标市场。例如，当同一个招投标市场上重复参与的投标者数量较少、市场交易频率较高时，串谋就更容易发生。然而，招投标市场的运行机制既可以设计成阻碍串谋，也可以设计成有助于串谋。例如，密封投标拍卖产生的信息少于公开招标采购或拍卖。因此，评估招投标市场上串谋的可能性需要深入分析该市场的组织结构和运行机制②。

---

① Jullien, B., “Dynamic Oligopoly, Quantity Competition and Collusion”, Report for the European Commission, 2003.

② 招投标市场上串谋机制的具体分析参见 Klemperer, P., “How (Not) to Run Auction: The European 3G Telecom Auction”, *European Economic Review*, 2002(46): 829—845.

8.3　串谋分析与并购控制

相关市场上影响串谋可维持性的因素很多,一些市场特性(因素)有助于促进串谋,一些因素倾向于阻碍串谋,根据这些因素从总体上预测串谋的可能性可能是一件较为复杂的事情。另外,相同的市场环境下可能出现不同的市场均衡。也就是说,企业可能维持串谋的"事实"并不意味着企业实际上能成功做到。我们也可以从重复博弈理论中获知,即使存在其他均衡,在该均衡中企业能够在每个时期都维持垄断价格,企业也有可能在每一个时期都进行充分竞争,好像该时期是博弈的最后一个时期。或者说,重复博弈倾向于产生多重均衡,特别是,一次性博弈静态均衡的重复也可能是重复博弈的一个均衡(子博弈精炼均衡)。因此,串谋定价均衡的形式很多。也就是说,不能仅仅依据理论分析来确定串谋是否实际发生。在反垄断的事后环境下,对产业过去历史资料和数据的分析有助于判断以上问题。在并购控制的环境下,情况是不一样的。反垄断当局必须在事前对产业的未来演化进行评估;过去的历史资料只能为分析提供有限的信息。然而,难度大并不意味着不可能,反垄断当局可以解决不同但相关的问题:并购是否产生了有利于串谋(或企业之间相互协同)的市场环境,或者说,在并购后的市场环境中串谋是否变得更加容易维持了。

一项并购常常影响与串谋可维持性相关的产业和市场特性,有时候强化这些因素,使串谋更容易产生或维持;有时候使这些因素之间相互抵消,使串谋难以维持。例如,并购减少了相关市场上的竞争者数量,将倾向于促进串谋;但是它也能够使剩余的竞争者变得不对称,从而阻碍串谋。因此,并购对于串谋的影响可能涉及对一些可能相互冲突的效应的评估。理想的做法是,构建一个"元模型"将所有的相关因素都包括进去。然而,前文的分析已经表明,这种囊括一切的"元模型"可能不易处理,因而也是无用的。因此,需要界定每一个特定产业内与串谋最为相关的产业特性,并将其进行排序分析。

8.3.1　并购对于产业特性的影响

并购可以通过改变产业特性而影响串谋发生和维持的可能性,从而影响协同效应的大小。产业特性包括的因素较多,并购对这些因素的影响不是孤立的,而是相互交织、相互作用地产生方向不一的影响。

在竞争者数量方面,一项"消灭"明显竞争对手的并购将有利于企业相互协同产生串谋，并使得串谋更具可维持性。一般而言，相关市场上的竞争者数量越小，协同的成本就越低，协同所需的时间就越短；同时，发现背离行为所需的时间越短，企业从背离行为中获得短期收益就越低，企业背离的动机就越弱。

在进入壁垒方面，一项能够提高市场进入壁垒的并购可能有利于串谋，反垄断当局需要更多地关注进入壁垒较高市场上发生的并购和并购后进入壁垒较高的市场上的串谋。进入壁垒越高，潜在进入者搭便车的机会就越少，企业参与传媒所获得的串谋利润就越高，企业背离串谋路径的动机也就越弱。

在企业互动频率方面，并购对此因素的直接影响可能较小，并且影响方向也不明确，但在评估是否存在串谋时也需要联系特定的市场条件和产业环境考虑这一因素。

在市场透明度方面，有些并购可能直接影响这一因素。例如，生产商与分销商之间的并购可能使生产者能够更好地了解竞争对手的营销策略，从而较易判断竞争对手是否背离了串谋协议。

在需求特性方面，主要考虑并购是否会影响市场规模和消费者偏好，一般而言并购对于需求特性的直接影响并不明显。

在创新方面，如果并购能够使企业研发投入增加，促进企业创新，那么就将使串谋难以维持。反之，如果并购限制了创新，那么该项并购就可能有助于串谋的维持。

在企业对称性方面，并购将影响到企业的成本结构、产能和产品范围。如果一项并购使企业之间恢复对称性，那么这项并购将有助于串谋；反之，如果一项并购产生不对称性或使本来已经存在的不对称性进一步扩大，那么这项并购将阻碍串谋。在产品同质性方面，并购的影响并不明显。

在多市场接触方面，如果并购能够明显提高同一个企业参与竞争的市场数量，那么这项并购将提高串谋的可能性。

在需求弹性、买方势力方面，主要评估并购是否能产生大购买者，提高买方势力。例如，买方之间的并购可能打破串谋。

在其他因素方面，主要分析并购是否在企业之间产生结构上的联系或其他合作协议，以及是否能够消除“特立独行”企业等。

8.3.2 串谋因素对并购控制的影响

在评估并购对于串谋因素的影响时，有些因素显示出相关性，而有些因素好像不受到并购的影响，因而在并购评估中需要对这些因素进行分类。

首先,一些可能受到或不受到并购影响的因素对企业维持默契串谋的能力具有决定性影响。这些因素包括进入壁垒、互动频率、研发创新。在缺乏进入壁垒、企业互动频率很低或者由创新驱动的市场上,企业之间默契串谋的空间很小。因此,只要产业呈现出这些特征中的某一个特征,串谋就不构成评估分析的重要问题。

其次,有一些因素既与串谋相关又受到并购的直接影响。这些因素包括市场参与者的数量、企业之间对称性的程度等。通过消除竞争对手,并购能够减少竞争者数量,从而有助于串谋。相关市场上剩下的企业数量越小,这一效应就越明显。相比之下,一项产生或强化成本、产能或产品种类不对称性的并购,将使串谋变得更困难。有些并购可能在减少竞争者数量的同时,导致企业之间出现不对称性。只要关键变量的数量是有限的,就有可能对这两种相互冲突的效应之间的权衡比较进行评估。我们来看一个例子:假定最初有 3 个对称性的企业以相同的成本 c 生产相同的产品,并以相同的保留价格 p 卖给消费者。现在考虑两个企业进行并购,并购后企业的成本下降为 $c' < c$。我们用 $\gamma = 2(c - c')/(p - c')$ 表示并购后并购企业的相对成本优势,前文的分析已经显示,并购前折现因子的关键门槛值为 $\delta^* = 2/3$,并购后折现因子的关键门槛值为 $\delta^{**} = 2/(4 - \gamma)$。如果成本优势 γ 超过 1,那么并购将从总体上有助于串谋;反之反是。

最后,有一些因素对串谋的可维持性能够产生影响,但可能不受到并购的直接影响。在这些因素中,市场透明度是一个关键因素。其他因素包括产品差异化、需求的性质、多市场接触和特定市场的组织结构(例如,招投标市场)等。这些因素与评估串谋可能性是相关的。

另外需要注意的是,这些因素之间可能发生相互影响。例如,需求增长的效应取决于进入壁垒的高低。如果进入壁垒很高,需求增长将促进串谋;如果进入壁垒较低,需求增长可能诱致新企业进入,抵消进入壁垒的影响,反而阻碍串谋。同样道理,产品差异化可能影响市场透明度。因此,在评估并购效应时,需要将这些相互影响的因素结合起来分析。

8.4　评估协同效应的经济模型与方法

20 世纪 90 年代以后,横向并购的单边效应和协同效应成为了反垄断经济学家关注的和并购司法诉讼分析中的前沿问题。一些计量经济学家通过构建复杂的经济模型对并购的价格效应进行了预测和分析。Ordover

(2008)指出，在对单边效应与协同效应进行深度分析时，二者之间存在一定的联系。从技术上说，单边效应反映了价格—产量组合如何从一个静态的并购前均衡移向一个静态的并购后均衡。例如，如果假定相关市场上企业之间进行的是产量竞争，那么单边效应就能被描述成从一个并购前的Cournot-Nash均衡移向另一个Cournot-Nash均衡，该均衡中的独立企业数量减少了(Farrell and Shapiro，1990)。如果相关市场上企业之间进行的是价格竞争，那么并购将导致一个并购前的Bertrand-Nash均衡移动到一个并购后的Bertrand-Nash均衡，在后一个均衡中，并购企业将对其所生产的产品进行重新定价，还有可能将一些产品退出市场。经济学家已经创造了很多并购模拟分析工具，用来测算并购后"静态的"均衡价格。从经济模型中得到的结论往往是，独立企业(或品牌)数量的减少通常导致较高的价格。为了反驳这一"方向性的"预测，并购企业不得不提供具有说服力的证据，由于效率的存在它们没有单边动机提高价格，或者由于竞争对手提高产量，它们没有能力提高价格。因而，单边效应分析的是，假定在潜在的或已有的竞争对手的市场行为不发生变化的情况下，并购对于并购企业在并购后单边提高价格、限制产量、降低产品质量、改变竞争方向和条件等方面的动机和能力的影响。换句话说，这种局部均衡的分析方法假定了竞争对手在并购前后保持价格和产量不变。在并购模拟分析中，竞争对手的反应被纳入假设因素中，并购后的博弈性质没有发生变化。并购的动态效应就是协同效应分析的主题，它通过以下几种途径与静态分析相联系：① 将默契串谋"模型化"为重复互动博弈的均衡结果是经济学中的标准做法，每一次互动仅是进行一次静态的Cournot博弈或Bertrand博弈；② 在模型设定中，询问企业以下问题是合理的，即与单一静态博弈的市场结果相比较，重复互动博弈是否能够使它们实现更加有利可图的市场后果；③ 由于并购减少企业数量，影响市场参与者的利润函数，改变非串谋状态下的纳什均衡，因而影响企业实行和维持串谋结果的动机和能力。这些效应可能使默契串谋的可能性增加或下降。结果是，相对于单边效应分析而言，协同效应的评估分析变得十分复杂且不够准确。此外，关于产业特性是提高还是降低协同效应的可能性，学术界很难达成一致意见。默契协同指的是这样一种情形，相关市场上的两个或多个企业通过默契互动接受更缓和的竞争模式从而能够提高市场价格。接受更缓和的竞争模式通常是指企业之间能够对彼此行为达到一种默契理解。然而，这种理解并不涉及任何显性协议甚至企业之间的直接交流，而是依赖于企业认识到相互之间的竞争性互动、并相应地调整自己的竞争模式。

横向并购将对相关市场上企业之间协同互动的范围、机会、可能性和收益产生影响。对并购协同效应的传统分析很少对这些影响进行量化测度,而是从企业数量、赫芬达尔指数、发现和惩罚背离行为的能力、进入壁垒、“特立独行企业”等方面进行讨论。20 世纪 90 年代以后,量化分析的数理模型和计量分析工具逐步引入协同效应的评估分析,对并购可能产生的协同效应进行量化分析,产生了一些新的评估方法和工具。在本节中我们首先对分析协同效应的起点——斯蒂格勒分析框架和基本模型进行讨论,然后分别介绍评估协同效应的传统方法和新方法,最后提出协同效应分析一般步骤。

8.4.1　斯蒂格勒分析框架与基本模型

由于协同效应的分析逻辑是建立在串谋经济学的基础上,首先回顾一下斯蒂格勒(1964)分析寡占市场上串谋问题的方法①,然后用一个很简单的数学模型来阐明这一方法,对于理解协同效应分析模型和分析方法很有帮助。斯蒂格勒(1964)的开创性论文发表之后,经济学家和反垄断当局已经意识到,分析默契协同效应需要:① 潜在协同者通过市场信号(不同于公开协同与信息交流)能够达成如何以及在多大程度上抑制竞争的协议;② 企业能够很快发现背离“公认协议”的行为,并且判断的准确程度较高;③ 企业能够对背离企业使用(或可信地威胁使用)效果明显的惩罚,这种威胁足以在一开始就劝阻潜在背叛者;④ 串谋后果不会因受到外部经济力量的影响而变得不稳定,外部经济力量包括潜在进入者、消费者、非串谋企业或其他外部冲击。虽然这些条件在各种理论情境下原则上能够得到满足,但是默契协同得以发生并成功维持的实证证据实际上很少(Levenstein and Suslow,2006)。此外,在哪些产业特征如何影响以上四个条件方面,学术界也没有共识。然而,由于斯蒂格勒分析方法在分析协同效应时使用了一个较为合理且较为严谨的分析框架,因而这一方法仍然具有较强的解释力。

(1) 基本模型。假定某一产业内有 $N(N>2)$ 家企业,这些企业以相同的边际成本 c 生产同质产品;如果这些企业不相互串谋,每个企业获得的利润为 π^{comp},利润的大小取决于企业数量、边际成本、产品需求参数和竞争的性质;如果这些企业相互串谋,每个企业获得的利润为:

$$\frac{\pi^{\text{mon}}}{N} > \pi^{\text{comp}} \tag{8-4-1}$$

① Stigler, G., “A Theory of Oligopoly”, *Journal of Politic Economics*, 1964(72): 44—71.

其中，π^{mon}为(假定)该市场由独家企业垄断时的利润。在以上假定条件下，企业就有串谋的动机，通过提高价格(或限制产量)分享垄断利润。然而，即使这些企业具有串谋的动机，它们也有可能难以实现串谋。虽然该市场上的所有企业都能够从串谋中获得更高的收益，但是如果企业背离串谋的收益高于串谋收益，那么每个企业都有背离串谋的潜在动机。假定有一家企业背叛串谋协议，它可以通过将自身价格略微调低于垄断价格而掠夺所有其他企业的需求，获得短期收益。那么，背离串谋路径的一期回报就约等于整个产业的垄断利润，即 π^{mon}。假定背离串谋的行为在一期之后就被发现，一旦发现，其他企业将通过回复 Cournot 行为(或 Bertrand 行为)并永远坚持这一行为对背叛者进行报复，每个企业在串谋失败以后的每个时期获得的利润为 π^{comp}(Abreu，1986)。假定相关市场上的企业之间进行的是 Bertrand 价格竞争，由于产品是同质的，所以 $\pi^{comp}=0$。因此，背离串谋路径的企业能够获得的利润为 $V(d)=\pi^{mon}+\delta\times 0=\pi^{mon}$。其中 $\delta(0<\delta<1)$为折现因子，它表示未来收益折算为现值的比率。为了评估背离行为是否是有利可图的，企业需要将背离串谋所获得的收益与维持串谋所获得的收益进行比较。如果我们用 $V(m)$表示维持串谋时每期获得的收益，那么：

$$V(m)=\frac{\pi^{mon}}{N}+\delta V(m) \tag{8-4-2}$$

也就是说，现期坚持默契串谋收益的净现值等于现期所分享到的垄断利润加上下期坚持串谋所获收益的净现值。如果 $V(m)>V(d)$，企业就没有背叛的动机。也就是说，如果坚持串谋协议的动机与企业利润最大化动机是激励相容的，那么串谋就可以维持。从以上分析中我们可以推导出，如果 $1/N>(1-\delta)$，那么串谋协议就可以被维持。这一条件也可以写作：

$$\delta>1-\frac{1}{N} \tag{8-4-3}$$

从以上简单模型中我们可以得到：① 企业数量(N)越少，串谋越易维持；② 企业对未来收益流的折现率越低(企业具有“耐心”，即 δ 越小)，串谋越容易维持①。由于 $\delta=1/(1+r)$(r 为利率水平)，δ 也可以表示企业对未来收益的耐心程度。斯蒂格勒分析框架的这一基本模型为分析协同效应提供了以下几个方面的启示：① 在其他条件不变的情况下，企业数量的减少将使得默契串谋变得更加容易；② 即使相关市场有利于企业之间进

① 这一结果与我们在前文串谋影响因素分析中所得到的结果是一致的。

行协同互动(默契串谋),只要市场参与者的未来收益的“耐心程度”很低,那么串谋也是难以维持的;③ 如果并购影响了企业对未来收益的折现因子,使得它们变得更加“耐心”,那么并购将使得串谋更有可能发生,且更易维持;④ 如果背离串谋路径的行为被发现的概率较小,或者需要几个时期才能发现,串谋的可能性就较小。

(2) 基本模型的简单拓展。上文已经指出,表示“不耐心”程度的折现因子 δ 是一个影响串谋可能性的重要变量,它可以当作测度企业维持串谋价格(或串谋产量)能力的一个混合度量指标。因此,在评估分析协同效应时,就可以考虑哪些因素影响 δ 的大小。实际上,一些影响 δ 的产业特性因素,也影响默契串谋发生的可能性的大小和可维持的难易程度。Cabral(2000)研究了影响折现因子关键值的因素,他用一个简单的关系式表示了折现因子与产业在下一期继续存在的可能性(h)、产业的预期增长率($1+g$)、企业之间的互动频率(f)之间的关系,即

$$\delta = \frac{h(1+g)}{1+\frac{r}{f}} \tag{8-4-4}$$

沿着同一方向延长背离与惩罚的时间,就等于在模型中提高折现因子,降低了背离被发现的可能性。从其他不同角度拓展这一基本模型也是可能的(Ivaldi *et al.*,2003)。Ordover(2008)从“特立独行”企业、市场不确定性和透明度等两个维度对基本模型进行了拓展。“特立独行”企业具有比其他企业更低的折现因子,具有较强的经济动机去背离串谋协议。如果相关市场上的企业预期到“特立独行”企业将背离串谋协议,那么它们在一开始就不会达成串谋协议。因此,“特立独行”企业的存在有利于打破串谋。然而,如果并购能够“消灭”“特立独行”企业,或者减弱“特立独行”企业背离串谋协议的动机,那么该项并购将提高并购后相关市场上发生协同效应的风险。反之,如果并购能够产生“特立独行”企业,或者增强“特立独行”企业背离串谋协议的动机,那么该项并购将降低协同的可能性。相关市场上信息的不完全性和不对称性不利于企业之间进行协同互动,达成串谋协议。在信息不完全和不对称的市场上,一方面,企业行为变化不易观察,发现背叛行为更加困难;另一方面,在缺乏公开交流的情况下,企业之间通过默契协同达成串谋协议更加困难,因而将降低串谋的动机。

8.4.2 协同效应分析的传统方法

分析并购的协同效应涉及寡占市场上企业之间的默契串谋,而串谋协

议是在企业多次协同互动后形成的，因而协同效应分析需要应用动态经济分析方法。寡占市场的动态博弈理论和计量经济学的发展为协同效应分析提供了方法论和工具箱。虽然如此，相对于单边效应分析而言，协同效应分析模型和方法方面仍然存在很多争论，很多地方需要进一步发展和完善。Dick(2005)在评论 Arch Coal 案例时对协同效应的传统分析方法进行了总结，他认为传统分析方法是建立在三个“支柱”之上的。这三个“支柱”是：结构性推定、市场因素清单和历史资料。下面，我们对与这三个“支柱”相对应的三种传统分析方法进行讨论。

(1) 结构性推定。结构性推定方法的基本思路是，市场集中度与企业默契串谋之间存在正向关系，并购减少了企业数量，提高了市场集中度，因而并购会有利于并购后企业之间进行协同串谋；并且有效竞争者的数量减少越多，市场集中度上升越多，默契串谋发生的可能性就越大，协同效应就可能越明显(Dick,2005)。从前文的分析中我们可以清晰地看到，企业数目的减少和随之而来的市场集中度的上升并不必然使串谋不可避免地发生，甚至也并不必然使串谋更有可能产生或更趋稳定。在衡量并购发生协同效应的可能性时，如果仅仅依据并购减少了企业数量，就认为企业数量减少将自动减少企业面临的协同问题，提高企业参与默契串谋的动机，从而认为并购产生协同效应，这种判断是不充分的。实际上，并购可能通过改变企业的成本结构使其更有可能获得更高的市场份额，将一个“温顺的”市场参与者变成一个“特立独行者”。并购也有可能改变企业背离串谋路径的动机，因为它能够改变背离的短期利润和协同利润的相对大小。此外，如果我们承认并购能够带来效率获得，那么这一效应也需要纳入协同效应分析。

并购也能影响相关市场上创新的方向和力度，从而使得假定的串谋收益变得不稳定。然而，在评估并购的协同效应时如何考虑并购带来的效率获得中的这类动态效率，仍然是一个尚未解决的问题(Katz and Shelanski,2007)。在动态竞争市场上，这类动态效率对于串谋可维持性的影响很明显，创新可能使企业获得不对称的竞争优势，从而使串谋变得不稳定。例如，并购可能使参与并购的企业能够从固定成本节约中获得资金，从事新的研发和创新项目，在长期内，这将使得串谋难以维持。

产业组织经济学家的大量实证分析结果也对结构性推定方法提出了质疑。虽然如此，结构性推定方法并没有消失，并购后相关市场的集中度及其变化在并购评估分析中仍然起着重要作用。Ordover(2008)认为，当并购使得相关市场上的企业从一个合理数量减少到 4 个、3 个或者 2 个时，反垄断当局开始关注这种并购可能使在位企业更易于串谋，是有道理的；然而很难在给定市场上找到一个临界的市场集中度水平，高于这一水平的并购就将提高发生协同效应的可能性。Baker and Shapiro(2007)认为，结构性推定方法在一些特定的分析中应该继续保留，因为一些“重要的”产业组织模型预测到，(在缺乏效率的情况下)市场集中度上升将导致更高的价格，相关市场上的“两个企业不足以确保竞争性的市场后果”。他们注意到，在协同效应分析中，卖者数量的减少提高了并购产生“特立独行者”的可能性，尤其是在相关市场上卖者很少时；当然，如果有证据直接显示并购将“消灭”或“削弱”“特立独行者”，结构性推定方法的重要性就会下降。

(2) 市场因素清单方法。协同效应的传统分析也依赖于所谓的市场因素清单，这些因素被认为有助于评估相关市场上发生串谋的可能性。实际上，美国 1992 年的《横向并购指南》中就列出了影响串谋发生和维持的一些市场因素。在前文中，我们已经对影响串谋的因素进行了具体分析，在这里，我们仅从不同视角对这些因素进行简单归类分析。影响协同效应的相关因素包括，市场集中度、进入的可能性、企业和产品的同质性、超额生产能力及其在企业之间的分布状况、定价和其他竞争决策的透明度、需求的稳定性、市场合同，等等(Motta,2004)。在并购协同效应的评估分析中，这些市场因素清单的价值毋庸置疑，但是了解其局限性也是很重要的。

首先，当每一个市场的特征都用对串谋成功概率具有不同影响方向的诸多“清单”因素进行描述时，这些因素的综合影响较难准确评估。例如，同一市场中，定价策略可能比较透明(有利于串谋)，但市场中的交易量很大且交易频率较低(产生背离串谋路径的动机)。更难处理的是，有些因素的影响方向是模糊的。例如，超额产能使得惩罚背离行为的措施迅速而有效从而能使串谋保持稳定，但也能产生背离的动机。因此，超额产能是否是有利于协同的因素以复杂的方式取决于企业是否拥有以及为什么拥有。再例如，多市场契约可能被看成是串谋的有利因素，然而实际上并非总是如此(Bernheim and Whinston,1990)。另外，Thomas and Willig(2006)的研究结果显示，当不同市场受到本地因素冲击时，将这些不同市场连接起来的竞争性反应实际上将破坏协同行为。因此，从执行的角度看，比较合理的做法是，关注给定市场的最突出的特点，从这些市场特点中找到支持或反对并购的依据。例如，如果阻碍协同的主要因素是不同企业产品范围的差异，那么相对于不影响这些突出特征的并购而言，使这些特征“均质化”的并购可能存在更多问题。

其次，与以上是相关的，由于清单因素不提供这些因素与默契串谋可能性之间的可以测度的联系，或者并购导致的协同效应的大小，它们潜在的不同性质的影响不能进行统计汇总。正因为如此，它们留下了大量的不确定性和模糊性，不利于更好地进行并购控制。这也可能是结构性推定方法仍然得以保留的原因之一。同时，市场因素清单方法的一个不利的也许是出乎意料之外的副作用就是，当相关市场表现出有利于协同的不同特征时，分析者可能得出一个无理的结论——该市场上已经发生协同行为。这种推定既没有道理也难以反证，并且将提高拒绝并购的概率。它之所以可能是无理的，是因为即使市场上出现有利于协同的特征，由于背离假定串谋计划的动机的存在，企业也有可能难以实现串谋①。它之所以难以反证，是因为不可能测试并购前的市场结果是否严重偏离了静态 Cournot(或 Bertrand)基准(Ordover,2008)。

最后，市场因素清单方法能够被看成是主要关注现期的市场状态，然而协同效应分析的核心问题是，并购是否放松了并购前已经存在的、限制串谋(协同互动)发生和维持的可能性的因素。因此，市场因素清单方法在以下情况下是最有用的：将“清单因素”与分析并购对(影响并购后协同可能性的)特定因素的影响结合起来。例如，一项并购如果“同质化”了企业的成本和产品组合，那么可能使企业更易达成价格协议。但是，如果并购沿着某些重要的方向加剧了差异化，那么它就可能使企业难以协同。与此相类似，如果并购“消灭”了“特立独行”企业，那么它就有助于协同；如果并购产生了“特立独行”企业或强化了“特立独行”企业的地位，那么它将破坏协同。在并购协同效应评估的司法实践中，欧美国家都比较重视对这些“清单因素”的分析，但对于如何处理这些“清单因素”，态度并不是十分明确。正如 Bishop and Walker(2002)所指出的那样，经济理论已经在达到和维持默契串谋的条件方面提供了有用的洞见，但在确定足以达到或维持默契协同的产业特性方面很少成功；并购控制实践中的主要问题在于，理论和实证文献都没有提供充分指导用于判断以下情况，即特定产业中当并购减少供应者数量时，是否及如何导致该市场上的竞争性质从“相互竞争”转向“默契串谋”。

(3) 历史资料分析方法。这里的历史资料主要是指表明企业并购前行为的证据，例如，并购前企图串谋的动机、促进串谋的协同行为、成功串

① Kaplow, L., and C. Shapiro, “Antitrust”, Harvard Law School, John M. Olin Center for Law and Economics, Discussion Paper, NO. 575, 2007.

谋等方面的资料。毫无疑问，在评估并购对于竞争可能产生的损害时，这种证据具有某种程度上的“佐证价值”。如果能够合理地证明并购真正减少了相关市场上企业过去企图协同的一些限制条件或阻碍因素，那么历史资料的证据价值就更大。然而，当证据较为模糊或主观性较强时，依据这种资料进行判断也具有固有的内在风险。反垄断当局在采用并购企业和其竞争对手提供的历史资料作为证据时需要十分谨慎，需要结合特定环境和其他因素进行综合权衡。当然，如果相关证据明确显示，相关市场上企业在并购前就已经成功实现协同，这就意味着这些企业已经找到了解决激励相容问题的路径。历史证据越模糊，其引起的争论就越大，它只能为并购评估审查提供有限的“佐证价值”。

8.4.3　协同效应分析的新进展

（1）协同机制分析。在默契串谋的分析模型中，我们假定卡特尔成员以某种相同的行动过程进行协同，实际上低估了串谋的难度。即使是相关市场上存在企业同意且没有企业有动机背离的一些共同的行动过程，还是有可能出现“协同问题”。① 相关市场上可能存在多种串谋结果，这些结果企业在原则上能够接受，但是不同的企业还是可能偏好不同的结果。市场上可能存在多个合理的协同点，但为成功串谋，企业必须首先发现有哪些可能的市场结果，然后选择并执行其中的一个市场结果。如果在执行哪一个市场结果方面难以达成一致，那么协同将半途而废，或者在一开始就无法达成串谋协议。② 企业必须拥有一些灵活应对市场条件不断变化的协同机制。在缺乏公开信息交流的条件下，可能仅仅由于“市场信号”过于缓慢，导致应对市场条件变化十分困难，或者不可能。③ 当需要对背离串谋路径的行为进行惩罚时，企业可能不得不在“惩罚策略”方面进行协同。恢复到“竞争状态”可能是一个简单的方法，然而它对不同的市场参与者意味着不同的结果，因而也可能存在争论。④ 由于对于所有的市场参与者而言惩罚成本都很高，即使是在触发惩罚的阶段有些企业可能仍然愿意协同。如果某家企业“惩罚的炮火”过于猛烈可能让别的企业觉得该企业也在背叛串谋协议，因而导致默契串谋进一步解体；但是如果对惩罚限制过多又可能助长背叛行为，减少串谋成功的机会（Harrington and Skrzypacz，2007）。虽然在实际市场上阻碍协同成功的因素很多，然而协同成功的例子也为数不少（Levenstein and Suslow，2006）。

企业在协同串谋时所面临的阻碍因素也使得评估并购协同效应的任务变得更加复杂。由于相对于 Bertrand 和 Cournot 静态竞争的主流模型而言，协同效应分析的经济基础更不完善且更加复杂，评估并购的协同效应并不比量化分析单边效应更容易。美国和欧盟近期的并购案例中所强调的新方法是，将分析集中于描述和实证测试协同机制，尤其是在并购可能使协同变得更有可能产生时。与并购指南相一致，这种方法目的是，解释并购是如何较大程度地放松某些特定因素的，这些因素限制了并购前在动态竞争的市场环境下企业将价格提高到竞争水平以上的能力与动机。反过来，这就要求在使用明确默契串谋模型的环境下实证和量化地表明并购使得下列现象更易发生：① 在竞争的关键维度上达到或保持“默契协议”[①]；② 发现背离协议的行为，从而劝阻企业背叛协议；③ 通过更有效的惩罚方法阻止企业背离协同行为。换句话说，并购效应分析必须描述协同机制的主要构件，包括协同能够执行和维持的主要途径和要素。

协同机制分析还需要解决一些其他方面的问题，需要对这些问题进行单独分析和评估。① 假定的串谋行为更有可能采取什么样的特定形式？它将意味着什么，是产量压缩、价格上升、产能限制，还是顾客分配？哪些商业决策将保持独立？② 作为分析协同机制的一部分，反垄断当局应当评估并购企业（在假定同意在其商业策略的某些方面进行协同时）如何能够在协同变量的水平上实际达成一致。例如，同意在顾客分配上进行串谋是一回事，而在缺乏直接沟通的情况下如何达成实际串谋协议又是另一回事。协同的条款和内容越复杂，在缺乏公开沟通的情况下执行的难度就越大，发生串谋的可能性就越低。③ 假定相关市场上存在协同条款和协议，如何监督这些协同条款的执行？特别地，如果透明度足够高的市场使得发现背离行为成为可能，那么并购是否能够提高市场透明度？当协同允许企业市场行为具有一定的灵活性时，遵守协议的行为与背离协议的行为很难区分。这将产生背离诱惑，使协同失败，或者难以产生协同。还有，对背叛串谋协议的惩罚措施如何执行？串谋协议如何根据市场冲击进行调整？对以上问题进行分析，有助于明确界定协同机制。另外，分析协同的潜在机制对于评估并购对协同机制的影响也有帮助。换句话说，弄清楚在并购没有发生时是什么条件（或因素）阻止了协同，并购将如何改变这些条件，也是协同效应分析中一项很重要的工作。

（2）临界损失分析。临界损失（critical loss）是指“假想的垄断者决定实施明显的且非暂时的小幅度提价仍然可以获利的销量减少的最大值”。

① 这里的“默契协议”是指企业之间的一种“默契理解”，不是形成文字的正式协议。后文的“默契理解”在某种意义上就等同于“默契协议”。

临界损失分析法就是通过分析当假想的垄断者提价时,伴随着价格的上涨而引起的涨价商品的市场占有率下降,对于由此造成的损失(临界损失),提价起了多大作用,来比较精确地判断现实中的企业能否实施提价的一种分析方法。临界损失分析方法常用于相关市场界定和单边效应分析,但也可以用于协同效应分析,用以确定一个 SSNIP(Small but Significant and Non-transitory Increase in Price,即"小而显著的非暂时性价格上升")是否能使并购后的假定串谋者获利①。如果相关市场得以正确界定,那么一个 SSNIP 就能够让相关市场上的所有企业通过像一个垄断者那样行动(串谋)而获利。然而,这并不意味着一个 SSNIP 能够在并购后相关市场上被成功地实施。临界损失分析面临的问题是,并购是否及如何使部分(或全部)在位企业产生将价格提升到高于并购前水平(接近垄断水平)的动机和能力。换句话说,并购在多大程度上能够缓解阻碍企业产生提价动机的因素。① 相关市场上的企业必须能够选择一个"合理的"默契串谋行动计划。在缺乏直接沟通的情况下,实现这一点十分困难。因此,作为评估程序的组成部分,反垄断当局需要解释企业如何能够达成那种假定行动计划,仅援用企业互动的"协调点"是不够的。② 对于每一个假定的串谋者,协同行为必须符合个体理性约束和激励相容约束。然而,产业内可能不存在符合这些要求的默契串谋计划。因而,采用临界损失分析必须认识到,假定的垄断者会认为潜在价格上升对于并购后企业而言是不可行的。尽管如此,使用 5%—10% 的 SSNIP 方法还是有助于经验分析,揭示这种价格上涨是否可以实施和维持。例如,如果一些企业有动机和能力背离假定的 SSNIP,那么,企业在缺乏公开串谋的情况下难以实施这一价格上涨。③ 虽然假定的垄断者能够根据外部冲击调整其行为,但串谋集团可能难以有效地做到这一点。因此,在临界损失分析中需要考虑到 SSNIP 的可维持性和持久性。

(3) 市场模拟分析。模拟分析方法主要是通过对企业串谋行为进行模拟分析来评估并购可能产生的协同效应(Paha,2011)。默契串谋不仅发生在同质产品产业内,也有可能发生在差异化产品市场上。因此,假定市场需求由能够反应代表性市场主体的效用函数给定,就能够模型化差异化产品的差异程度。模拟分析的基本方程为:

$$V = q_0 + U(q) = q_0 + vq'\tau - \frac{n}{2(1+\mu)}\left[q'q + \frac{\mu}{n}(q'\tau)^2\right] \quad (8\text{-}4\text{-}5)$$

---

① 余东华:"反垄断法实施中相关市场界定的 SSNIP 方法研究——局限性及其改进",《经济评论》,2010 年第 3 期。

其中，q_0 是消费者的外部选项；q 是$(n\times 1)$维向量，其要素是 n 种产品的产量 q_i；每一个企业只生产一种产品，因而产业内一共有 n 个企业。τ 是$(n\times 1)$维向量，其每一个要素取值为 1；v 为正参数，$\mu\in[0,\infty)$代表 n 种产品之间的可替代性程度。根据这一效用函数，代表性的市场主体将生产一定数量的每一种产品。每一种产品都是由一个单产品企业以边际成本 c_i 生产的。边际成本具有两个特点：① 它们是企业特有的，使得企业不对称；② 假定每一个时期都有成本冲击，边际成本呈现出随机行走的特征(Harrington，2008)。这一成本特性使得模拟模型动态化。企业 i 的边际成本 $c_{i,t}$可以采用下列方程产生：

$$c_{i,t}=\begin{cases}a_1\cdot v+a_{2i,t}\cdot s_t, & \text{如果 } t=1\\ c_{i,t-1}+a_{2i,t}\cdot s_t, & \text{如果 } t>1\end{cases}\tag{8-4-6}$$

$$\left.\begin{aligned}&a_1\in[0;1]\\&a_{2i,t}\approx CN\left(\frac{a_3+1}{2},\mu^{-2},a_3,1\right)\\&a_3\in[0;1]\\&a_4\in[0;1]\end{aligned}\right\}\tag{8-4-7}$$

$$s_t\in\begin{cases}[-a_4\cdot(a_1\cdot v);a_4\cdot(a_1\cdot v)] & \text{如果 } t=1\\ [-a_4\cdot\min\limits_t(c_{i,t-1});a_4\cdot\min\limits_t(c_{i,t-1})] & \text{如果 } t>1\end{cases}\tag{8-4-8}$$

边际成本的基础水平，即在初始期$(t=1)$时的取值，取决于变量 v 与百分比 a_1 的积，变量 v 与商品的保留价格紧密相关。企业之间成本的非对称性可以通过在边际成本初始水平上增加一个企业特有变量 $a_{2i,t}\cdot s_t$ 来量化表示。$a_{2i,t}$表示企业特有的技术参数，它是在截尾正态分布区间$[a_3,1]$中随机确定的。边际成本的方差 μ^{-2} 用来表示产品同质化程度 μ 是下降的。成本冲击 s_t 是在由方程(8-4-8)给定的均匀分布区间中随机确定的。$a_4\in[0;1]$决定了成本冲击的幅度。设定 $a_4=0$，就会导致不同企业的边际成本是对称的，也是稳定的。这一区间确保了边际成本不会为负。边际成本被假定为在时期 $t(t>1)$内遵循随机行走模式，因而在每个时期 t 内，随机的冲击变量 s_t 都加在每个企业 i 的最后一期边际成本上。边际成本冲击对于所有企业而言是相等的，能够被认为是投入价格的波动。方程(8-4-8)中的$\min\limits_t(c_{i,t-1})$表示所有企业在最后一期的最小边际成本。

串谋企业 i 可能发现背离串谋路径是有利可图的，它们宁愿获得背离利润 π_{di}，而不是串谋利润 π_i。Friedman(1973)认为，当企业实施严厉的触发策略时，在动态博弈中的串谋是稳定的。当观察到背离行为以后，所有的企业都恢复到竞争均衡，企业 i 只能获得竞争性利润 π_{ci}。因此，只要满足以下条件，串谋企业就不会背离串谋协议：

$$\frac{\pi_{di}-\pi_i}{\pi_{di}-\pi_{ci}} \leqslant \delta(1-p) \tag{8-4-9}$$

在不等式(8-4-9)中，$\delta=1/(1+r)$，表示企业对未来收益的折现因子；p 表示串谋被反垄断当局发现的概率。成本冲击可能产生新的成本分布，使一些串谋企业发现背离串谋协议是有利可图的。在这种情况下，串谋企业为了防止企业背离，主动降低串谋价格。为了分析这一机制是如何运行的，我们假定所有企业的边际成本都可以被其他企业完全地观察到。因此，在现行价格下任何企业背离串谋协议是否能够获得超额利润，都能够被所有的企业预期到。如果没有企业具有背离动机，即对于所有企业而言不等式(8-4-9)都得到满足，那么所有企业将联合设置利润最大化的价格，并获得利润 π_{jpi}。如果至少有一家企业发现背离串谋协议是有利可图的，那么串谋企业可以通过在现期设定一个使背叛者无利可图的价格来阻止叛离。恢复到竞争价格是较为便利的，而设置一个价格能够使所有企业同时满足不等式(8-4-9)是较为困难的。然而，串谋企业在完全已知的稳定均衡上进行协同是可行的。这一策略可以用等式(8-4-10)表示如下：

$$\pi_i=\begin{cases}\pi_{jpi}, & \forall j\in[1,m]\ \dfrac{\pi_{dj}-\pi_{jpi}}{\pi_{dj}-\pi_{cj}}\leqslant\delta(1-p)\\[2ex] \pi_{ci}, & \exists j\in[1,m]\ \dfrac{\pi_{dj}-\pi_{jpi}}{\pi_{dj}-\pi_{cj}}\leqslant\delta(1-p)\end{cases} \tag{8-4-10}$$

这里的防御性的价格下降不是来自于需求冲击，而是来自于成本冲击。即使企业知道在严厉触发策略下现行串谋能够保持稳定，它们也不需要个体激励去加入或组成一个卡特尔。这是因为，企业常常在竞争边缘获得的利润高于在卡特尔中获得的利润。边缘性企业可以在卡特尔价格保护伞下扩大产量，而串谋企业需要降低产量以维持价格稳定。这种搭便车效应对于那些规模较小且效率不高的企业而言更为明显。以上模型可以应用于串谋产业内生成数据，用于串谋的协同效应和可维持性的模拟分析①。

(4) 评估方法与评估实践的新进展。20世纪90年代以后，并购协同效应的经济分析在理论和实证两个方面都发展较快，在评估分析方法方面

① 具体模拟分析的例子，参见 Paha, J.,"Empirical Methods in the Analysis of Collusion", *Empirica*, 2011(2): 351—398.

取得了一些突破。① 一些理论文献解释了利润最大化的商业策略的复杂性和波动性是如何阻止并购前和并购后的协同串谋的(Harrington and Skrzypacz,2007)。如果市场是明显波动的,利润最大化的寡头垄断者在市场上单独行动时就需要实行复杂的商业策略(例如,广告、投资、定价、研发等),频繁调整其市场行为。这对于串谋的动机和可维持性的影响是很明显的:如果利润最大化目标要求企业的市场行为灵活多变,那么当给定企业对其市场行为进行调整时,其竞争对手很难(或花费很长时间)区分"合法"的策略调整与背叛行为。如果竞争对手不能预测或"读懂"其他企业的利润最大化策略行为,它们可能被迫放弃灵活性,接受简单的行为策略以确保一些(或许是有限的)协同得以维持。然而,简单、稳定和可预测的策略可能远离利润最大化目标。因此,如果采用这些策略,从合作中获得的收益可能被稳定化的价格所限制,同时背离串谋路径的收益会上升。因而,假定的串谋者需要在简化行为规则(以便于达成串谋并易于被监督)的成本与从串谋中所获得收入之间进行一种复杂的权衡。实际上,向有助于达成默契串谋的目标"屈服"的利润最大化的行为规则越多,能够设计出简单协同机制(让潜在的串谋者能够同意且在面对变化了的市场条件时能够维持的策略)的可能性就越小。另外,理论界引入了动态博弈模型,从理论上分析和评估并购后企业之间互动而产生的协同效应。② 一些并购分析的评估实践关注了定价异质性对于协同效应发生的可能性的重要影响(Ordover,2008)。例如,在 Sony-BMG 一案中①,欧盟委员会认为,音乐唱片市场上企业的平行定价策略使得该市场在并购前就已经存在一定程度的协同,Sony 与 Bertelsmann AG 并购可能加剧并购后该市场上的协同效应。参与并购的企业提供了 CD 唱片平均价格的证据,证明在并购前相关市场上并不存在平行定价行为,定价行为及价格波动的证据与竞争性市场假定是一致的。最后,欧盟委员会认定了这些证据,认为 Sony-BMG 的合资行为符合共同市场要求,批准了这一交易。然而,此后,平行定价仍然成为默契串谋的证据之一。在 Cruise Ships(FTC File No. 021 0041, 2002)一案中,美国联邦贸易委员会经过大量调查分析后认为,Royal Caribbean Cruise Ltd. 与 P&O Princess Cruises Plc. 的合并既不会单边提高价格,也不会默契协同提高价格。在分析游轮产业时需要考虑的产业特征是,该产业提供的产品——给定游轮的泊位是一种固定的高度易腐的产品,该产业的定价极其复杂。并且,该产业是由"收益管理"驱动的行业,应用的是高度

---

① Sony-BMG, Case No. COMP/M. 3333, Commission Decision of July 19, 2004.

复杂的需求演化模型：过快地卖出一个空位可能意味着放弃了一个将其卖给稍后愿意出更高价格的顾客的机会；将一个空位保留的时间过长可能意味着永远卖不出去。收益管理模型涉及大量的产品日常定价变量，需要考虑到不同顾客的需求价格弹性以及价格歧视策略。因而，并购分析关注的重点是，作为一种工具的收益管理在潜在价格歧视中的作用。由于没有发现该行业存在降低定价复杂性的方法，也没有发现针对特定顾客的价格歧视行为，联邦贸易委员会没有阻止该项并购①。③ 一些经济学家使用具体案例对并购的协同效应进行了量化测度。Kovacic *et al.*（2006）将并购协同效应分析过程分为三个组成部分，即协同互动的结构、每种结构发生的可能性和每种协同结构下每个企业的收益，将并购前和并购后相关市场上的以上协同收益测算出来，通过比较就可以发现并购的协同效应。然后，他们分别以 Arch Coal 案和 Hospital Corporation 案为例，对这种量化分析方法进行了说明和检验。Kovacic *et al.*（2006）所采取的具体步骤是：首先，选择一个适当的竞争模型，这一模型可以是产量竞争模型、差异化产品价格竞争模型、拍卖竞争模型或者是结合了给定产业特征的其他竞争模型；其次，调适和校准模型，使其适应并购前市场和并购前企业的相关特征；最后，在这一竞争框架内测算并购效应和并购后不同串谋方式下的效应，并进行比较②。

从以上分析可以看出，默契串谋如果存在，也是发生（或维持）在一种复杂的市场环境中，这种环境复杂程度比最复杂的理论模型所能考虑到的更加复杂。然而，这些理论模型能够提供一些指导，帮助分析者辨别哪些类型的经验证据可能帮助证实（或证伪）并购后串谋风险。尤其是，在现实中，那些对顾客异质性和市场波动性进行反应的商业策略是十分复杂的，表明这种复杂性的经验证据在缓和对并购后串谋风险的关心方面，还有很长的路要走。即使是十分复杂且解释力很强的并购模拟计量分析，虽然可以用于部分并购案例的协同效应模拟分析，但很难成为协同效应分析的标准工具。

---

① Coleman, M., D. Meyer, and D. Scheffman, "Economic Analyses of Mergers at the FTC: The Cruise Ships Mergers Investigation", *Industrial Organization Review*, 2003(23): 121—135.

② 在 Arch Coal 案的量化分析中，他们采用的是拍卖竞争模型；在 Hospital Corporation 案中，他们采用的是差异化产品的价格竞争模型。具体分析参见 Kovacic, W., R. Marshall, L. Marx, and S. Schulenberg, "Quantitative Analysis of Coordinated Effects", Working Paper, 2006.

8.5 协同效应的分类评估与步骤

协同效应的分类评估与清单分析法是相互联系的。清单分析方法的主要缺陷在于,它既没有为评估协同效应提供一个系统的分析框架,也没有构成一种"积分制度",来对有利于促进默契串谋的市场因素(所谓的"增进垄断因素",oligopoly-plus factor)与阻碍成功串谋的市场因素(所谓的"阻止垄断因素",oligopoly-minus factor)进行权衡比较,从而能够预期到并购的协同效应大小。评估并购对协同效应的较为系统的分析框架是将竞争评估分为四个步骤:内部因素评估、外部因素评估、评估并购对于企业达成和维持默契协同的可能性的影响以及评估并购协同效应(见图 8-2 所示)。

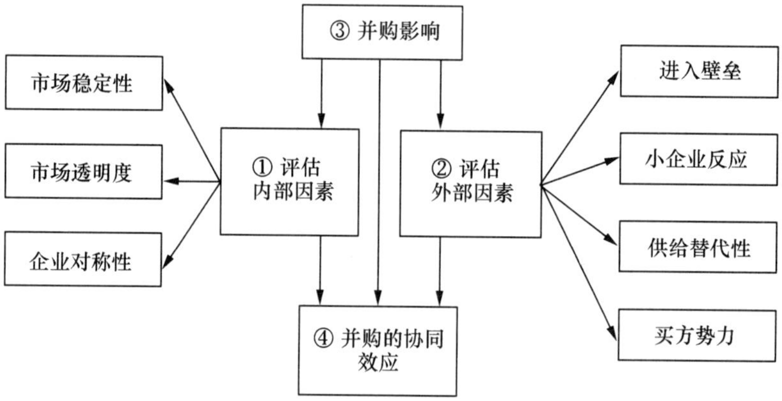

图 8-2 协同效应的评估分析步骤

内部因素是指影响企业形成"协同集团"(coordinating group)并像一个单一市场实体那样行动的能力。评估内部因素首先考察的是,假定协同集团在不面临外来企业(包括实际的和潜在竞争对手)或消费者的竞争压力的情况下,产业特性是否能够有助于企业达到"默契理解"(tacit understanding),从而降低企业之间有效竞争的程度。很明显,这是并购产生协同效应的必要条件(而非充分条件)。即使不存在其他的竞争性限制,如果涉嫌形成协同集团的企业既不能产生也不能维持默契理解,那么并购就不会产生协同效应。即使所考虑的产业特性表明内部因素有助于协同集团产生或维持默契协议,并购可能仍然不会产生协同效应。这是因为,任何默契理解都有可能被其他竞争性限制(例如,外部因素)所削弱。任何协同效应的竞争性评估都需要考虑并购带来的结构性变化是否使得剩余企业更有可能达成或维持默契协议。虽然并购将明显减少供应者数量,提高市场集中度,但是相关市场上的很多产业特性与并购前相比并没有变化。例如,如果某一市场在并购前的特征是透明定价,那么并购后可能仍然是透明定价。因此,在分析并购是否产生协同效应时,需要理解的关键问题是产业特性为什么不足以在并购前使企业产生协同,而在并购后可能使企业之间产生协同。

8.5.1　评估内部因素

评估内部因素的目的就是要评估相关市场上的企业在没有竞争性限制的情况下产生和维持默契串谋能力。即使可以假定形成所谓的协同集团的企业没有面临其他的竞争性限制(例如,没有其他的市场参与者,没有潜在的新进入企业),产业特性可能仍然阻止企业达成或维持一个明显降低竞争程度的默契理解。影响这种情况是否存在的因素可以分为三大类,即市场稳定性、市场条件的透明度和市场上不同竞争者之间的对称性。由于这些因素影响协同集团内部企业达到或维持默契协议的能力,因而被称为内部因素。在评估并购产生协同效应的可能性时,需要对以上三个方面的因素进行详细分析,以准确评估并购导致默契协同行为的风险。

(1) 市场稳定性。协同集团内的企业如果想将一个明显降低有效竞争程度的默契理解维持一段时间,稳定的相关市场是一个必要条件。在一个市场条件不断变化的市场上,企业将协同行为从一个时期保持到另一个时期就会变得更加困难。相反,如果市场条件保持相对稳定,企业之间进行协同会变得更容易。另外,如果市场规模保持相对稳定,企业将会认识到相互竞争不会扩大市场规模,但是会导致收益流失、成本上升,因而这将提高它们的协同动机。如果一个产业满足以下三个条件,那么该产业就可以被认为是充分稳定的,并且为并购产生可维持的协同效应提供了现实的前景。① 随着时间的推移,需求和价格相对稳定或者以可以预测到的方式发生变化。除非这种市场条件得到满足,否则任何背离默契理解的行为都难以迅速被发现,报复行为难以迅速实施。市场条件保持稳定使得企业更容易区分需求变化是来自于反映产业特性发生基本变化的市场事件(例如,对需求冲击的反应),还是来自于协同集团内部一个或几个企业的背离行为。② 协同集团所面临的需求弹性较低。实际上,协同集团所面临的需求弹性很高意味着企图通过达成默契理解所获得的收益可能很低。③ 相关市场上的创新步伐很慢。实际上,在创新步伐很快的市场上,竞争对手供应的产品与每个企业的市场地位都会随着时间的推移发生变化。

这就意味着竞争者之间的“博弈”在不断变化，这将使得维持默契协议更加困难。

（2）市场透明度。为了使协同集团内部企业能够维持默契协议，需要每个企业都能够观察到其他企业的价格和产量行为。当不能实现这一点时，协同集团的企业将更有动机背离默契协议，因为它们的背离行为很难被其他协同企业发现。一个市场是否能够被认为是足够透明的，不仅取决于企业观察其他企业制定的实际交易价格的能力，而且取决于企业是否能够观察到每个企业的市场销售量和市场集中度。① 协同集团内的企业越容易观察到集团内部其他企业的价格或产量，就越容易监督其他企业的竞争行为，因而就能够提高快速识别背离默契协议行为的能力，并进行迅速报复。然而，需要注意的是，即使“菜单价格”（list price）能够被充分观察到，如果“菜单价格”不代表消费者所支付的典型价格，或者不同消费者支付的价格存在较高程度的差异（例如，价格歧视），那么这也并不必然意味着市场透明度很高。② 市场集中度影响产业的透明度。在一个相对集中的市场上，背离默契协议的行为更易被发现，因而企业背离默契协议的动机就会下降。相对于大企业而言，小企业背离行为被发现的可能性较小，因为小企业对于总市场份额的影响较小。另外，自身销售量不明原因的变化可能提醒企业是否有其他企业发生了背离行为；企业的市场份额越大，就越有可能使企业能够区分出需求波动导致的销售量下降与其他企业背离默契协议而导致的销售量下降。

（3）企业对称性。如果协同集团内企业在价格水平（或产量水平）方面具有相同的观点，那么这些企业达成或维持默契协议的能力将会提高（Scherer，1980）。当协同集团内部企业具有不同的动机和激励时，不同企业很难接受一个共同的价格，这将倾向于降低企业达成和维持默契协议的能力。影响企业对称性进而影响企业达成和维持默契协议能力的因素包括以下几点。① 如果企业以不同的成本生产，那么企业维持默契协议就更加困难。这是因为几乎任何企图达成超出竞争性水平的价格默契协议，都不可避免地使协同集团内一些企业具有强烈的背离动机。例如，相对于具有较高边际成本和较低超额产能的企业而言，具有较低边际成本和较高超额产能的企业将具有更大的动机通过背离默契协议去寻求额外销售。② 当协同集团内部企业生产的产品是差异化产品时，企业就很难就不同类型的产品都接受的“公平”价格计划达成默契协议。例如，在看重产品质量的行业内，由于竞争不仅发生于价格方面，而且发生于产品质量方面，因而默契协同很难达成和维持。产品定制尤其使得默契协议难以维持，这是因为每一个订单都代表了一种新产品的产生,而新产品在价格计划中的位置是不明确的。

8.5.2　评估外部因素

评估外部因素的目的就是要评估相关市场上的企业所面临的来自外部的竞争性限制,包括潜在进入者、消费者可能的反应等。正如上文所指出的,即使是内部因素显示协同集团内的企业能够达成和维持降低有效竞争程度的默契协议,"联合市场支配地位"(协同效应)还是不一定能够实际发生。实际上,反竞争性的默契串谋发生的一个必要条件是,协同集团必须具有联合市场势力,或者说,它们应能够将价格提高到现有水平之上,并且不受到协同集团外部因素的充分限制。这就使得评估外部因素与分析单一市场支配地位(单边效应)的影响因素相类似。评估外部因素需要考虑以下问题。① 进入的难易程度。进入相关市场越容易,协同集团维持默契协议的能力就越低。价格上升会吸引新企业进入,而新企业进入将迫使价格下降。② 小规模竞争企业对并购后价格上升的反应能力。扩大产量的壁垒较低,即小企业能够较易转变为中等企业进而转变为大企业,将使得默契协同更加难以维持。③ 供给方的可替代性。供给方的联系代表了一种不稳定因素,因为如果另一种生产能力能够很容易地转移到相关市场上,那么协同集团所属生产能力的所有者就很难执行默契协议。供给方可替代性的潜在效应与扩大产量壁垒较低和进入较容易的潜在效应相似,协同集团外部的企业能够破坏默契协议。④ 购买方势力,也就是大宗购买者抵消所谓的寡占集团市场势力的能力。大宗买主能够为协同集团内企业提供更大的背离动机和激励,因而能够破坏默契串谋均衡。如果一个占有市场需求较大比例的买主提供一个价格,这一价格略低于市场上的默契串谋价格,但明显高于企业的边际成本,那么协同集团内部的企业就具有很强烈的动机接受大宗买主的报价,串谋协议就会被打破。

应该注意的是,外部因素的考量为评估并购协同效应提供了一个有用的"政策过滤器"。如果外部因素足以阻止企业提高价格,那么协同效应就能够较为容易地消失。这是因为,即使我们假定企业能够充分协同其竞争行为,无论是在并购前还是在并购后,它们仍然不拥有将价格提高到现行价格之上的能力。同时需要注意的是,这里所使用的评估协同效应发生可能性的框架与评估单边效应时的框架是并行的。实际上,在评估内部因素时要求所谓的寡占集团应该能够像一个独立实体那样行事;在评估外部因素时要求寡占集团联合起来分享一个市场支配地位,即在不受到外部因素的充分限制时能够将价格提高到现行水平之上。这一阶段的分析,包括进入难易程度的评估、小竞争者对于并购后价格上升的反应能力、大宗购买者抵消寡占集团市场势力的能力,与评估一项并购是否产生显著的单边效应所必需的分析是相类似的(Ivaldi *et al.*,2003)。

8.5.3 评估并购的影响

评估并购的影响,目的就是要评估并购如何影响内部因素和外部因素,以及如何影响竞争模式,进而评估是否产生协同效应。虽然经济理论在达到和维持默契协议的必要条件方面提供了很多有用的洞见,但是它在识别足以达成和维持默契协同的产业特性方面,做得还不够成功。相对而言,经济理论较多地关注了协同行为维持的机制,而较少关注初期协同行为产生的机制(Bishop and Lofaro,2004)。横向并购反垄断控制司法实践中的一个特殊问题是,当并购通过减少特定产业内的竞争者数量,导致产业从非默契串谋转向默契串谋时,理论上和实证上的文献都没有提供充分指导,用以评估这种可能性。仔细考虑并购导致的结构性变化如何提高并购后企业参与维持默契协同的可能性,而不是仅仅指出竞争者数量的减少,对于正确评估并购协同效应是很重要的。尤其是,很多的产业特性在并购前后是相同的,因而理解并购是如何使企业在并购后更有可能默契地达成理解以明显降低竞争程度的,或者并购是如何使这种默契理解更有可能被维持的,是一项十分重要的工作。这要求反垄断当局至少考虑以下四个因素:

(1) 并购能够影响不同企业市场份额的不对称程度。前文分析中已经提到,企业的规模分布影响维持默契协同的可能性。并购是否使得默契协同的可能性上升将在一定程度上取决于并购是否提高了(或降低了)企业之间的对称性。一般而言,企业之间对称性程度越高,并购产生协同效应的可能性就越高;相反,如果并购提高了企业之间的不对称性程度,并购产生协同效应的可能性就越低。企业的不对称性程度不仅可以通过市场份额来评估,而且可以通过成本、产品、市场行为等其他因素进行评估。例如,并购可能引起超额产能的不对称分布,还有可能影响企业的相对成本结构。一般而言,并购导致的不对称性程度越高,默契协同能够维持的可能性就越低。

(2) 一项消除"特立独行企业"的并购常常提高产生协同效应的可能性。维持协同行为最终依赖于相关市场上的企业是否遵守"游戏规则",按照默契协议进行互动,而不是"故意捣乱"。如果一个"游戏者"拥有了谋求不同商业策略的声誉，即喜欢采取“特立独行”的商业行为，那么这将使得通过协同降低有效竞争程度的可能性下降。正是因为如此，如果一项并购涉及一个较大规模的在位企业收购“特立独行企业”，那么该项并购产生协同效应的可能性上升。如果一项并购能够产生“特立独行企业”，那么这项并购就能够降低产生协同效应的可能性。例如，如果某项并购产生了十分显著的效率，较大程度地较低了参与并购企业的边际成本，那么并购企业遵守默契协议的商业激励程度就下降了（Baker，2003）。美国《横向并购指南》指出，“特立独行企业”的存在能够降低并购产生协同效应的可能性。

（3）并购可能提高市场分割的程度。例如，在某一相关市场上，大部分生产者都有自己的传统“根据地”，凭借对传统“根据地”的独占权，制定一个高于竞争性水平的垄断价格。并购可能提高企业分割需求的能力，使企业更容易就“根据地”达成默契协议。同时，这将使企业更容易达成一个市场分享协议，而这种市场分享行为在并购前是行不通的。

（4）并购可能通过增强企业的报复能力和可能性而提高发生协同效应的风险。例如，如果并购使得一个或多个领导企业能够较小幅度地进入其他竞争对手的“根据地”市场，那么这些企业就能够对竞争对手的任何主动竞争进行快速反应。相似地，如果并购产生或提高了“多市场接触”（multimarket contacts），即并购后相同的企业面临更多的产品市场或地域市场，报复的可能性也会提高。在这种环境下，并购可能影响企业的策略行为，成功降低竞争强度。然而，应用这种理论分析时需要注意企业可以通过多个市场的削价对一个市场上的背离行为进行报复，并不意味着它们真的会这样做。尽管多市场报复能够提高惩罚的力度，但是这种报复也能够提高惩罚的成本，在不止一个市场上降低短期收益。在一些情况下，跨越多个市场进行反应并不可信，多市场接触的程度并不影响企业参与默契协同的能力。在特定情况下的多市场接触对于协同效应的影响是一个实证问题，需要联系具体案例和具体情境进行分析。

8.5.4　评估并购的协同效应

评估并购的协同效应就是对前三步所得到的分析结果进行综合权衡，从而确定并购的协同效应，主要内容包括：并购对于产业特性可能产生的影响、并购前后市场竞争条件的变化、并购产生协同效应的机制、并购后企业维持协同效应的机制、协同效应对于价格的影响、协同效应对于产量的影响、协同效应对于消费者福利的影响等。

在具体评估分析中,一些具体工具和方法与单边效应评估中所使用的工具和方法有些相似。例如,需求模型的界定和估计、供给模型的界定和估计等。当然,也有很多不同之处,例如评估协同效应需要测算折现因子、比较企业的串谋动机(激励相容限制)等。

8.6 本章小结

分析横向并购的协同效应需要关注两个基本要素,一是在无法公开沟通的情况下企业通过协同和互动达成默契串谋的可能性;二是在无法公开交流的情况下企业维持默契串谋的能力,或者说企业抵制背离诱惑的可能性。并购将减少相关市场上的竞争者数量,可能改变相关市场的竞争条件,从而产生协同效应。然而,企业数量的减少并不必然意味着并购会产生协同效应,或者说,并不必然意味着并购明显提高了损害有效竞争的可能性。这是因为,并购对影响协同效应和默契串谋的因素所产生的影响十分复杂,需要联系特定产业和特定环境进行具体分析。影响串谋形成与维持的因素很多,从产业和市场特性的角度看,包括竞争者数量、进入壁垒、市场透明度、创新因素和多市场接触等;从企业行为与不对称性的角度看,包括市场份额、企业互动频率、成本的不对称性、产能的不对称性、产品的不对称性(产品差异化)和行为的不对称性("特立独行"企业的存在)等;从需求特性的角度看,包括需求增长、需求波动与商业周期、需求弹性等;其他因素包括买方势力、结构上的联系、合作与其他协议和俱乐部效应等。在分析默契串谋是否产生时,这些因素之间并非孤立地发挥作用,而是相互联系、相互渗透的。并购可能对这些影响因素产生影响,从而使得默契串谋产生和维持的市场条件发生变化。在分析并购协同效应时,需要分析并购对于这些因素可能产生的影响大小和影响方向。并购后相关市场上企业之间成功的默契串谋并非不可避免,即使是在具有"不可逾越的"进入障碍的高度集中的产业内,默契协同也并不是必然会发生。企业都有使自身利润最大化的自利动机,如果企业通过默契协同而达成一个较高的市场价格,那么某家企业就有了通过制定一个略低于串谋价格的价格来提高自身利润的动机。也就是说,竞争对手共同制定高价的协同动机与企业背离协同行为的动机之间存在冲突。为了防止企业背离串谋路径,企业会在制裁背离行为的措施方面进行协同。因此,默契协同的串谋行为是否能够维持,需要将企业从协同中获得的收益与企业从背离协同中获得的收益进行比较。这也是分析串谋可维持性的基本思路。

斯蒂格勒(1964)模型及其拓展是分析协同效应的基本框架,它为分析协同效应提供了方法论上的参照。一般而言,评估协同效应的传统方法包括结构性推定方法、市场因素清单分析方法、历史资料分析方法、事件分析方法等。20 世纪 90 年代以后,在协同效应分析领域取得了重大进展,评估并购的协同效应不再凭借猜测和直觉,而是通过建立模型进行量化分析。理论界现在关注的重点是,如何分析和描述假定的协同能够“合理”产生和维持的机制,以及能够测度企业背离协同和串谋路径的动机和能力的实证分析方法和测度工具。然而,协同效应的评估还不能被看成是机械化的。至于市场结构的变化在哪一点上导致企业协同行为的变化,发生什么样的变化,如何界定该临界点,经济理论还未能提供清晰的和可预测的框架。本书提出的评估协同效应的四个步骤,即评估内部因素、评估外部因素、评估并购对于竞争条件的影响和评估并购协同效应,有助于规范和指导反垄断当局的评估行为。

单边效应与协同效应之间存在一些明显区别。横向并购的单边效应是指,并购消除了并购前存在的对于拟参与并购的企业的竞争限制,降低了相关市场的有效竞争程度,使得并购企业在并购后能够独自行动,通过提高价格或限制产量来攫取超额利润。与单边效应不同,协同效应不仅取决于并购企业,而且取决于其他企业在并购后如何进行策略选择,企业之间需要默契协同,达成某种“默契协议”,降低市场有效竞争程度,联合确定市场价格使联合利润最大化。并购的单边效应倾向于是一种静态效应,协同效应倾向于是一种动态效应。在单边效应下,并购企业限制产量、提高价格可能导致其他剩余的竞争对手企业也提高价格;而在协同效应下,竞争对手企业有动机降低价格。当然,单边效应与协同效应也有很多共同点。单边效应与协同效应都能够产生具有反竞争性的市场后果,损害消费者利益;影响协同效应的外部因素也影响单边效应,在评估时都需要考虑;单边效应和协同效应评估的经济学基础越来越完善,注重量化分析的总体趋势也是相同的。

第9章　信息不对称、信号博弈与效率抗辩

9.1　导　　言

横向并购的反垄断控制与卡特尔、滥用市场支配地位等其他反垄断控制的差异在于，并购评估审查是前瞻性的，审视的是未来，而其他反垄断执法是事后行为，审视的是过去。也就是说，横向并购反垄断控制的评估目标是并购可能导致的市场集中、市场力量滥用和效率获得，而不是发现和处罚已经发生的垄断行为。反垄断当局在权衡并购的利弊时，很难获得效率是否存在及效率大小的相关信息。相对而言，并购企业能够较为容易地获得这些信息，他们可能通过策略性地揭露信息或作弊伪造信息等手段通过评估审查。因而，并购反垄断控制更有可能产生信息不对称问题，反垄断当局与并购企业之间存在着信号博弈（signaling game）（Medvedev，2004；2006）。尤其是在效率评估分析中，并购企业具有信息优势，而反垄断当局如果想获得这些信息则面临着高昂的信息成本问题。因而，并购企业可能通过选择性地传递信息来影响反垄断当局的决策，反垄断当局需要对并购企业传递的信息进行甄别，选择性地采用这些信息。正是由于存在信息不对称和信息不完全的问题，一些结构主义学派经济学家主张并购控制政策中不应设置效率抗辩。行为主义学派的经济学家则认为，如果不允许并购企业进行效率抗辩，可能导致并购政策过于严格，从而使一些能够增进社会福利的并购被拒绝；如果能够合理设计并购控制政策，反垄断当局就能够辨识信息的真伪，从而避免信息俘获问题。新产业组织理论学派的经济学家们则提出了一个折中的方案，横向并购反垄断控制中允许效率抗辩，但是证实效率是否存在、效率是否显著、效率大小和效率是否能够传递给消费者的举证责任全部由并购企业承担。

经济学领域已经有大量文献研究了不同市场结构下的企业并购问题（Farrell and Shapiro，1990；Medvedev，2004，2006；Perry and Porter，1985；Deneckere and Davidson，1985）。如果并购不能导致并购企业的成本下降，那么并购企业可能会行使市场势力提高价格，从而获利。如果企业能够通过

并购获得效率、降低成本，那么并购可能导致价格下降（Williamson，1968；Werden，1996；Roller *et al.*，2000）。反垄断当局很难获知并购所能够带来的实际效率，但并购企业自身一般能够了解并购的实际价值。并购企业可能策略性地揭露信息，甚至通过欺骗来获得反垄断当局的批准。并购企业总是选择一个努力水平来产生能够证实效率足以满足相关福利标准的可信证据（Neven and Roller，2005；Farrell and Shapiro，2001；Lyons，2002）。在实践中，一些反垄断执法人员表示，他们不关注证据是怎样产生的，也不关注谁来产生证据，谁提供证据，他们只关注证据本身（Mandel，1999）。实际上，反垄断当局能够观察到企业产生、收集和提供证据的努力水平，并且这是有助于并购反垄断控制决策的有价值信息。Lagerlof and Heidhues（2005）研究了并购效率信息不对称情况下的最优并购控制政策。他们的研究结果显示，在"坏"的并购均衡中，并购企业不会投资于生产效率可证实的证据，反垄断当局的混合策略不是最优选择。Besanko and Spulber（1993）从反垄断当局的角度权衡了消费者福利和社会总福利的最佳组合，如果反垄断当局在并购审查中随机使用消费者福利和社会总福利标准，那么参与并购企业就将面临"游戏规则"的不确定性。Potters and Winden（1992）分析了反垄断机构和并购企业之间在信息不对称条件下的游说问题，指出信号的存在恰恰显示了并购企业能够提供效率信息。Sanchirico（2001）构建了一个信息不对称条件下的证据提供模型，该模型强调了证据负担与利益之间的关系。Medvedev（2004）将承诺问题和模糊决策理论引入横向并购的反垄断控制中的信号传递分析，认为在一定条件下反垄断当局可能更趋向于使用混合策略（mixed strategies），而非纯粹策略（pure strategies）。Lagerlof and Heidhues（2001）构建了一个信息游说模型，分析了并购企业如何利用信息优势影响反垄断当局在并购评估审查（尤其是在效率分析）中的判定。他们的研究结果显示，由于证实效率获得的信息成本较高，这些信息有利于反垄断当局提高决策质量，因而信息游说能够潜在地增进社会福利；如果给予反垄断当局较低的并购决策酌处权，可能在降低信息游说的成本的同时保留其增进社会福利的好处。

本章将在总结学术界已有成果的基础上，借鉴Sanchirico（1997）、Medvedev（2004）等人的分析方法，在已有分析的基础上拓展信号博弈模型，分析效率抗辩中并购企业与反垄断当局之间在信息不对称条件下进行的信号博弈，讨论不同行为主体的最优策略行为。在这一模型中，并购企业产生信号的努力水平和并购类型决定了产生可信证据的概率。产生信号的努力水平是产生效率证据的必要条件，努力水平越高，证据产生的概率就越大。反垄断当局关注的是双重信号,即效率证据是否产生和效率证据产生的途径;其目标是批准或拒绝横向并购时尽可能少地犯以下错误:批准了“坏”的并购(Ⅱ类错误),拒绝了“好”的并购(Ⅰ类错误)①。在信号博弈中,并购企业揭露信息的努力程度和并购类型决定了提供可证实的效率证据的可能性;反垄断当局在观察并购企业提供的效率证据和努力程度后决定批准并购的可能性(概率)。

9.2　基本概念与假定

每一起并购都会产生并购审查当局无法直接观察的“实际效率”(actual efficiencies),然而在特定市场和特定并购中,反垄断当局会要求并购企业证实能够保证该项并购不会产生价格上涨效应的“最低要求效率”(MRE,minimum required efficiencies)。这样,一项并购的特征就可以用这两种效率之间的差额来描述。根据这一差额,我们将并购分为“好”的并购和“坏”的并购两类:“实际效率”大于“最低要求效率”即为“好”的并购;反之为“坏”的并购(见图 9-1)。

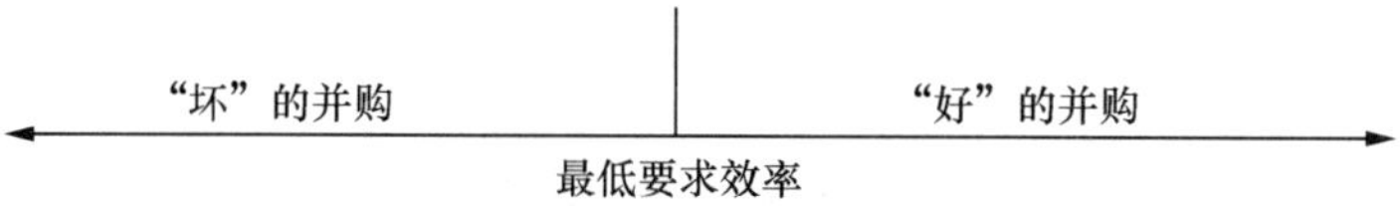

图 9-1　并购的两种类型

信号博弈是参与者之间在非完全信息下的动态非合作博弈。信号博弈的逻辑结构为:① 自然根据特定的概率分布 $\alpha(t_i)$,从可行的类型集 $T=\{t_1,t_2,\cdots,t_n\}$ 中赋予信息发送者某种类型 t_i,对于所有的 i,$\alpha(t_i)>0$,并且 $\sum_{1}^{n}\alpha(t_i)=1$;② 发送者观察到自己的类型 t_i,然后从可行的信号集 $M=\{m_1,m_2,\cdots,m_j\}$ 中选择选择发送信号 m_j;③ 信号接收者观察到 m_j(但不能直接观察到 t_i),然后从可行的行动集 $A=\{a_1,a_2,\cdots,a_k\}$ 中选择一个行动 a_k;④ 博弈参与者的收益分别由 $U_s(t_i,m_j,a_k)$ 和 $U_r(t_i,m_j,a_k)$ 给出。在横向并购反垄断控制的评估审查博弈中,博弈的参与者为反垄断当局和并购企业。并购企业的努力水平和并购类型决定了产生可证实的充分效率的证据的概率。在并购审查评估博弈中,存在双重信号:反垄断当局不仅考虑

① 所谓“坏”的并购,是指并购带来的效率难以弥补并购对消费者产生的损害,并购带来了净社会福利损失;反之,就是“好”的并购。

并购企业是否提供证据(我们用 s 表示),而且考虑证据产生的途径(努力水平,我们用 e 表示)。努力水平越高,证据产生的概率越大。反垄断当局根据观察到的证据和努力水平,决定一个批准并购的概率。并购企业具有关于自己类型的私有信息并发送信号,反垄断当局接收信号。反垄断当局对于并购类型的信息是不完全的,需要观察并购企业的行动来判断并购类型,形成对并购类型的信念,并不断更新这一信念。在博弈开始前,反垄断当局关于并购类型的先验信念是并购类型上的概率分布,这是公共信息。

为了分析的方便,我们引入以下假定:

(1)"好"的并购与"坏"的并购与最低要求效率的距离相等,但方向相反,如图 9-1 所示。

(2)对于一个给定并购,高效率带来高利润,$\Pi_G > \Pi_B$,即"好"的并购带来的利润大于"坏"的并购带来的利润。

(3)两种并购都想获得反垄断审查当局的批准,并且都准备投入一定资源以产生效率证据,以便获得批准。并购企业的努力水平(e)和类型(我们用 G 表示"好"的并购,B 表示"坏"的并购)决定了证据产生的概率,用 $\beta_i^Y(e)$ 表示;则证据没有产生的概率为 $\beta_i^N(e) = 1 - \beta_i^Y(e)$。较高的努力水平能够导致较高的证据产生概率,即

$$\frac{\partial \beta_i^N(e)}{\partial e} > 0, \frac{\partial^2 \beta_i^N(e)}{\partial^2 e} < 0,$$

并且 $e \to \infty$,$\beta_i^Y(e) \to 1$;$e = 0$,$\beta_i^Y(e) = 0$。同样的努力水平,"好"的并购产生证据的概率高于"坏"的并购,即 $\beta_G^Y(e) > \beta_B^Y(e)$,$\forall e \neq 0$。我们假定并购企业可以选择三种努力水平生产用来证实效率的证据,H 表示高努力水平,L 表示低努力水平,0 表示不付出任何努力水平。对于高努力水平产生证据概率的提高幅度而言,"好"的并购要大于"坏"的并购,即

$$\beta_G^Y(e^H) - \beta_G^Y(e^L) > \beta_B^Y(e^H) - \beta_B^Y(e^L), \text{或} \frac{\beta_G^Y(e^H)}{\beta_G^Y(e^L)} > \frac{\beta_B^Y(e^H)}{\beta_B^Y(e^L)}$$

也可以说,"好"的并购努力水平的边际概率大于"坏"的并购努力水平的边际概率,即

$$\frac{\partial \beta_G^Y(e)}{\partial e} > \frac{\partial \beta_B^Y(e)}{\partial e}$$

(4)并购企业产生证据的成本与并购类型无关,只取决于产生证据的努力水平,并且满足以下条件:

$$C'(e) > 0, \quad C''(e) \geqslant 0, \quad C(0) = 0$$

(5) 并购企业的博弈策略是选择不同的努力水平(高、低和0),我们用概率来表示,即 $\sigma_i(e) = (\sigma_i^H, \sigma_i^L, \sigma_i^0)$,并且 $\sum_e \sigma_i^e = 1$。并购企业选择的策略依赖于自己参与的并购类型和反垄断当局对于自己参与的并购类型的先验信念。

(6) 反垄断当局在选择自己的行动时,观察到并购企业的行动,他会根据贝叶斯法则修正自己对并购类型概率的信念(Spence,1974)。反垄断当局的博弈策略为,在观察到企业努力水平 e 和企业提供的效率证据 s 后,选择批准并购的概率,我们用 $\bar{p} = p_{es} = (p_0, p_{\mathrm{HY}}, p_{\mathrm{HN}}, p_{\mathrm{LN}}, p_{\mathrm{LY}})$ 来表示。其中,一个 (e,s) 表示一个决策环节,$e \in E:\{e^H, e^L, e^0\}$,$s \in S$[产生证据($Y$),没有证据产生($N$)];$p_0 = p_{0Y} = p_{0N}$,$p_{\mathrm{HY}}$ 为观察到企业的高努力水平和效率证据后批准并购的概率;p_{HN} 为观察到企业的高努力水平但没有观察到效率证据而批准并购的概率;p_{LN} 为观察到企业的低努力水平但没有观察到效率证据后批准并购的概率;p_{LY} 为观察到企业的低努力水平和效率证据后批准并购的概率(Medvedev,2004)。

(7) 我们用 $\beta_i^s(e)$ 表示付出一定努力水平 e 之后,类型为 i(G 或 B)的并购在决策环节 (e,s) 显示出的概率,$0 \leqslant \beta_i^s(e) < 1$;用 α 表示反垄断当局关于"好"的并购初始信念(也称为先验信念,是指在所有并购中,"好"的并购可能占有的比例),$1-\alpha$ 表示反垄断当局关于"坏"的并购初始信念,也就是在所有并购中,"坏"的并购可能占有的比例。

(8) 没有并购时的社会福利水平为 W_N,"好"的并购导致的社会福利水平的变化为 $\Delta W_G = W_G - W_N > 0$;"坏"的并购导致的社会福利水平的变化为 $\Delta W_B = W_N - W_B > 0$(Farrell and Shapiro,1990)。

这样,在"好"的并购中,企业通过比较以下预期利润选择产生效率证据的努力水平:

$$E\Pi_G(e^H) = \beta_G^Y(e^H) p_{\mathrm{HY}} \Pi_G + (1 - \beta_G^Y(e^H)) p_{HN} \Pi_G - C(e^H) \quad (9\text{-}2\text{-}1)$$

$$E\Pi_G(e^L) = \beta_G^Y(e^L) p_{\mathrm{LY}} \Pi_G + (1 - \beta_G^Y(e^L)) p_{LN} \Pi_G - C(e^L) \quad (9\text{-}2\text{-}2)$$

$$E\Pi_G(e^0) = p_0 \Pi_G - C(e^0) \quad (9\text{-}2\text{-}3)$$

同样道理,在"坏"的并购中,企业通过比较 $E\Pi_B(e^H)$、$E\Pi_B(e^L)$ 和 $E\Pi_B(e^0)$ 来选择产生效率证据的努力水平。因此,并购企业的最大化问题为:

$$\max_{\sigma_i} E\Pi_i = \sigma_i^H E\Pi_i(e^H) + \sigma_i^L E\Pi_i(e^L) + \sigma_i^0 E\Pi_i(e^0) \quad (9\text{-}2\text{-}4)$$

反垄断当局的目标是最小化决策失误(Ⅰ类错误和Ⅱ类错误)所带来的价值损失,即预期的总错误(Expected Total Mistake,下文中我们用 ETM

表示）：

$$\min_{p}ETM = \Delta W_G \cdot Prob_I + \Delta W_B Prob_{II} \qquad (9\text{-}2\text{-}5)$$

（9-2-5）式中，$Prob_I$ 为犯Ⅰ类错误的概率，$Prob_{II}$ 为犯Ⅱ类错误的概率。

根据以上假定和分析，并购审查评估信号博弈的逻辑结构为：给定关于并购类型初始分布比例的信念（“好”的并购为 α，“坏”的并购为 $1-\alpha$），反垄断当局以最小化 ETM 为目标，根据效率证据状况和企业努力水平赋予批准并购的概率，并形成决策规则；并购企业获悉这一规则后，选择努力水平以最大化预期收益。最后，在观察到已经产生的证据和努力水平后，反垄断当局根据决策规则决定批准并购的概率，并且反垄断当局的行为符合序列理性要求（如图 9-2 所示）。

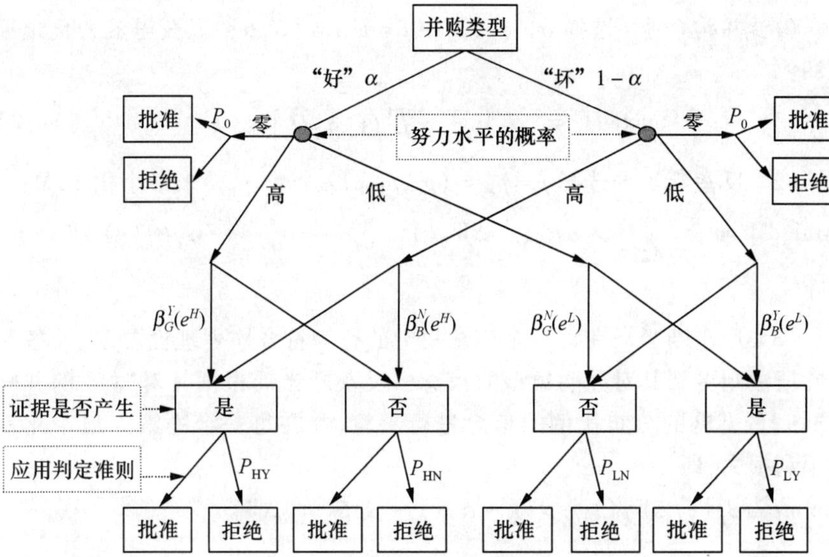

图 9-2　信号博弈模型的逻辑结构

资料来源：作者根据 Medvedev（2004）等修改。

反垄断当局与并购企业之间博弈的时序如图 9-3 所示：

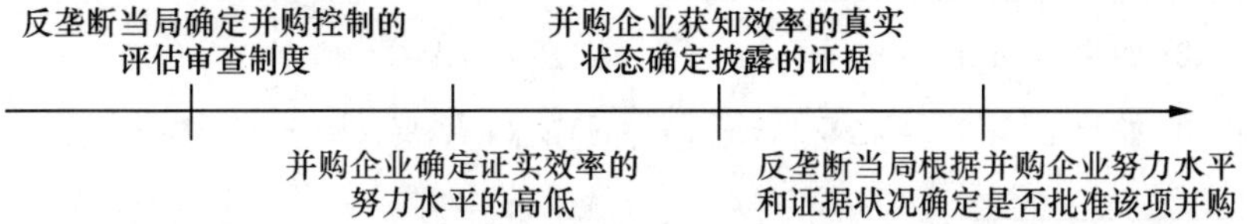

图 9-3　信号博弈的时序

9.3 基本模型

如果两类错误的边际负效用相等，且保持相对稳定，则我们称这两类错误为完全替代的①。反垄断当局关注的是所有决策节点上的“好”的并购与“坏”的并购的整体分布状况，以最小化 ETM。反垄断当局的效用函数为：

$$\min_p \mathrm{ETM} = \sum_e \sum_s [\sigma_G^e \alpha \beta_G^s(e) \Delta W_G (1 - p_{es}) + \sigma_B^e (1-\alpha) \beta_B^s(e) \Delta W_B p_{es}] \tag{9-3-1}$$

下面，我们用策略组合 (σ, p) 来定义博弈均衡，这一均衡需要符合以下条件：

(1) 并购企业 i 选择 $\sigma_i(e)$，其中 $e \in E, i = \{G, B\}$，以获得最大化预期利润：

$$\max_{\sigma_i} E\Pi_i = \sum_e [\sum_s \sigma_i^e \beta_i^Y(e) p_{es} \Pi_i] - C(e) \tag{9-3-2}$$

(2) 反垄断当局选择 $\bar{p} = p_{es} = (p_0, p_{HY}, p_{HN}, p_{LN}, p_{LY})$ 来最小化 ETM：

$$\min_p \mathrm{ETM} = \sum_e \sum_s [\sigma_G^e \alpha \beta_G^s(e) \Delta W_G (1 - p_{es}) + \sigma_B^e (1-\alpha) \beta_B^s(e) \Delta W_B p_{es}] \tag{9-3-3}$$

(3) 反垄断当局在每一个信息集上的行为符合序列理性要求，并按照贝叶斯法则更新其对并购类型的信念。反垄断当局根据其对“好”的并购与“坏”的并购的分布比例的信念进行决策，并在每一个决策点最小化社会福利损失，即

$$\begin{aligned}
&\min_p \sigma_G^e \alpha \beta_G^s(e) \Delta W_G (1 - p_{es}) + \sigma_B^e (1-\alpha) \beta_B^s(e) \Delta W_B p_{es} \\
&\quad = \sigma_G^e \alpha \beta_G^s(e) \Delta W_G - p_{es} [\sigma_G^e \alpha \beta_G^s(e) \Delta W_G - \sigma_B^e (1-\alpha) \beta_B^s(e) \Delta W_B]
\end{aligned} \tag{9-3-4}$$

以下三种情况可以使(9-3-4)式实现最小化：

① 如果 $\sigma_G^e \alpha \beta_G^s(e) \Delta W_G > \sigma_B^e (1-\alpha) \beta_B^s(e) \Delta W_B$，则 $p_{es} = 1$；

② 如果 $\sigma_G^e \alpha \beta_G^s(e) \Delta W_G < \sigma_B^e (1-\alpha) \beta_B^s(e) \Delta W_B$，则 $p_{es} = 0$；

③ 如果 $\sigma_G^e \alpha \beta_G^s(e) \Delta W_G = \sigma_B^e (1-\alpha) \beta_B^s(e) \Delta W_B$，则 $p_{es} \in [0;1]$。

---

① 如果两种错误之间不是完全可替代的，那么反垄断当局的目标函数将发生变化，推导过程会繁琐一些，但不影响基本结论。

以上三种情况的经济学含义是：在决策节点(e,s)，如果"好"的并购分布比例大于"坏"的并购的分布比例，则反垄断当局在这一节点批准所有并购将改进社会总福利水平；如果"好"的并购分布比例小于"坏"的并购的分布比例，则反垄断当局在这一节点拒绝所有并购将改进社会总福利水平；如果"好"的并购分布比例等于"坏"的并购的分布比例，则反垄断当局在这一节点是否批准以及批准多少并购，都是无差异的。

9.4　纯策略均衡

反垄断当局在博弈中只采取纯策略，即反垄断当局行动概率为 0 或 1。为了使分析简便，我们假定：如果效率证据已经产生，并且反垄断当局以概率 1 批准该项并购，则每一种类型的并购都能够提供除 0 以外的任何努力水平。用公式表示就是：

$$\beta_i^Y(e)\times\Pi_i\geqslant C(e),\quad\forall e\neq 0$$

反垄断当局的博弈策略为，观察到企业努力水平 e 和企业提供的证据 s 后批准并购的概率向量，即 $\bar{p}=p_{es}=(p_0,p_{\mathrm{HY}},p_{\mathrm{HN}},p_{\mathrm{LN}},p_{\mathrm{LY}})$。

（1）如果反垄断当局的策略是不考虑是否有效率证据产生，批准所有并购，即 $\bar{p}=(1,p_{\mathrm{HY}},p_{\mathrm{HN}},p_{\mathrm{LN}},p_{\mathrm{LY}})$，那么所有并购企业都将选择不做任何努力（0 努力水平）以最小化自身成本。这样，将有 $1-\alpha$ 的"坏"的并购被批准，或者说犯Ⅱ类错误的概率为 $1-\alpha$。

（2）如果反垄断当局的策略是拒绝不做任何努力（0 努力水平）的并购，那么可能的具体策略共有 16 种（见表 9-1）。

表 9-1　反垄断当局策略向量的类型（$\bar{p}=p_{es}=(p_0,p_{\mathrm{HY}},p_{\mathrm{HN}},p_{\mathrm{LN}},p_{\mathrm{LY}})$）

序号	策略	序号	策略	序号	策略	序号	策略
1	00000	5	00100	9	01000	13	01100
2	00001	6	00101	10	01001	14	01101
3	00010	7	00110	11	01010	15	01110
4	00011	8	00111	12	01011	16	01111

表 9-1 中，策略 4、8、12、13 和 16 等同于策略 $\bar{p}=(1,p_{\mathrm{HY}},p_{\mathrm{HN}},p_{\mathrm{LN}},p_{\mathrm{LY}})$。这是因为无论并购是做出高水平的努力还是低水平的努力，并购都将被反垄断当局批准，因而并购企业都将选择低水平的努力程度。因而，这些策略没有分析的价值。策略 3、5、6、7、8、11 和 15 意味着，没有提供证据的并购将被批准，而提供证据的并购将被拒绝，这显然与实践是相违背的，因而

也没有研究的意义(Medvedev,2004)。因此,只有策略1、2、9、10和14需要进行分析。对于反垄断当局而言,策略2的收益是$\alpha(1-\beta_G^Y(e^L))+(1-\alpha)\beta_B^Y(e^L)$,策略1的收益是$\alpha$,策略9的收益是,$\alpha(1-\beta_G^Y(e^H))+(1-\alpha)\beta_B^Y(e^H)$,根据前文的假定,我们知道$\frac{\beta_G^Y(e^H)}{\beta_G^Y(e^L)}>\frac{\beta_B^Y(e^H)}{\beta_B^Y(e^L)}$,$\beta_i^Y(e)\times\Pi_i\geqslant C(e)$,$\forall e\neq0$,所以策略2的收益不可能大于策略9和策略1的收益,也就是说策略2被策略9和策略1占优,永远不会成为反垄断当局的最优选择,可以不做进一步的分析。现在,我们就可以推导在给定“好”的并购初始信念条件下的均衡策略。

① 均衡1。如果$\frac{\beta_G^Y(e^H)}{\beta_G^Y(e^L)}>\frac{\beta_B^Y(e^H)}{\beta_B^Y(e^L)}$,那么纯策略博弈均衡为:

$\alpha\in\left[0,\frac{\beta_B^Y(e^H)}{\beta_G^Y(e^H)+\beta_B^Y(e^H)}\right]$,那么$\bar{p}=(0,0,0,0,0)$,$\sigma_G=(0,0,1)$,$\sigma_B=(0,0,1)$,ETM$=\alpha$;

$\alpha\in\left[\frac{\beta_B^Y(e^H)}{\beta_G^Y(e^H)+\beta_B^Y(e^H)},\frac{1-\beta_B^Y(e^H)}{2-\beta_G^Y(e^H)-\beta_B^Y(e^H)}\right]$,那么$\bar{p}=(0,1,0,0,0)$,$\sigma_G=(1,0,0)$,$\sigma_B=(1,0,0)$,ETM$=\alpha(1-\beta_G^Y(e^H))+(1-\alpha)\beta_B^Y(e^H)$;

$\alpha\in\left[\frac{1-\beta_B^Y(e^H)}{2-\beta_G^Y(e^H)-\beta_B^Y(e^H)},1\right]$,那么$\bar{p}=(1,1,1,1,1)$,$\sigma_G=(0,0,1)$,$\sigma_B=(0,0,1)$,ETM$=(1-\alpha)$。

以上均衡的经济学含义是,α的大小影响反垄断当局的决策:当α较小时,反垄断当局拒绝所有并购,无论是“好”的并购,还是“坏”的并购,企业都选择不做任何努力以最小化成本,反垄断当局的预期总错误损失为α;当α为中间值时,反垄断当局只批准高努力水平并且提供了证据的并购,拒绝其他类型的并购,两种并购类型中的企业都选择高的努力水平;当α较大时,反垄断当局将不考虑证据是否产生和并购企业的努力水平而批准所有并购,两种并购类型中的企业都选择不做任何努力,以最小化成本。

② 均衡2。如果我们改变以上假定,令$\frac{\beta_G^Y(e^H)}{\beta_G^Y(e^L)}<\frac{\beta_B^Y(e^H)}{\beta_B^Y(e^L)}$,均衡将发生变化,产生新的均衡:

$\alpha\in\left[0,\frac{\beta_B^Y(e^L)}{\beta_G^Y(e^L)+\beta_B^Y(e^L)}\right]$,那么$\bar{p}=(0,0,0,0,0)$,$\sigma_G=(0,0,1)$,$\sigma_B=$

$(0,0,1)$，$\text{ETM}=\alpha$；

$\alpha\in\left[\dfrac{\beta_B^Y(e^L)}{\beta_G^Y(e^L)+\beta_B^Y(e^L)},\dfrac{\beta_B^Y(e^H)-\beta_B^Y(e^L)}{\beta_G^Y(e^H)-\beta_G^Y(e^L)+\beta_B^Y(e^H)-\beta_B^Y(e^L)}\right]$，那么 $\bar{p}=(0,0,0,0,1)$，$\sigma_G=(0,1,0)$，$\sigma_B=(0,1,0)$，$\text{ETM}=\alpha(1-\beta_G^Y(e^L))+(1-\alpha)\beta_B^Y(e^L)$；

$\alpha\in\left[\dfrac{\beta_B^Y(e^H)-\beta_B^Y(e^L)}{\beta_G^Y(e^H)-\beta_G^Y(e^L)+\beta_B^Y(e^H)-\beta_B^Y(e^L)},\dfrac{1-\beta_B^Y(e^H)}{2-\beta_G^Y(e^H)-\beta_B^Y(e^H)}\right]$，那么 $\bar{p}=(0,1,0,0,0)$，$\sigma_G=(1,0,0)$，$\sigma_B=(1,0,0)$，$\text{ETM}=\alpha(1-\beta_G^Y(e^H))+(1-\alpha)\beta_B^Y(e^H)$；

$\alpha\in\left[\dfrac{1-\beta_B^Y(e^H)}{2-\beta_G^Y(e^H)-\beta_B^Y(e^H)},1\right]$，那么 $\bar{p}=(1,1,1,1,1)$，$\sigma_G=(0,0,1)$，$\sigma_B=(0,0,1)$，$\text{ETM}=(1-\alpha)$。

与均衡 1 相比较，均衡 2 中增加了 1 个新的均衡策略“00001”，两种类型的并购中企业都选择低水平的努力程度，这与假定 $\beta_i^Y(e)\times\Pi_i\geqslant C(e)$，$\forall e\neq 0$ 是一致的。之所以新的均衡策略会出现，是因为 $\beta_G^Y(e^H)-\beta_G^Y(e^L)>\beta_B^Y(e^H)-\beta_B^Y(e^L)$。其他均衡策略的经济学含义与均衡 1 的经济学含义相同。

9.5　混合策略均衡

以上我们分析的是纯策略均衡，下面我们分析混合策略均衡。如果我们假定Ⅰ类错误和Ⅱ类错误是完全替代的，即 $\beta_G^Y(e^H)>\beta_B^Y(e^H)>\beta_B^Y(e^L)$，$\beta_G^Y(e^H)>\beta_G^Y(e^L)>\beta_B^Y(e^L)$，那么除了 $\bar{p}=(0,1,p_{\text{HN}},0,p_{\text{LY}})$ 以外，在任意两个决策节点同时进行混合决策是不可能的①，或者说任意两个决策节点上出现“好”的并购的比例不可能相等。利用上文中的关于并购审查评估博弈均衡的定义和以上结果，可以得到以下混合策略均衡。

（1）混合策略均衡 1：

$\bar{p}=(0,p_{\text{HY}},0,0,0)$，$p_{\text{HY}}=\dfrac{C(e^H)}{\beta_B^Y(e^H)\Pi_B}$；$\sigma_G=(1,0,0)$，$\sigma_B=(\sigma_B^H,0,[1-$

---

① 如果在任意两个决策节点能够进行混合决策的话，推导出的 $\beta_G^Y(e^H)$、$\beta_B^Y(e^H)$、$\beta_G^Y(e^L)$、$\beta_B^Y(e^L)$ 之间的关系将与我们的假定相矛盾。

$\sigma_B^H]),\sigma_B^H=\dfrac{\alpha\beta_G^Y(e^H)}{(1-\alpha)\beta_B^Y(e^H)}\in[0,1],\alpha\in[0,\dfrac{\beta_B^Y(e^H)}{\beta_G^Y(e^H)+\beta_B^Y(e^H)}]$；ETM $=\alpha$。

（2）混合策略均衡 2：

$\bar{p}=(0,0,0,0,p_{\mathrm{LY}}),p_{\mathrm{LY}}=\dfrac{C(e^L)}{\beta_B^Y(e^L)\Pi_B};\sigma_G=(0,1,0),\sigma_B=(0,\sigma_B^L,[1-\sigma_B^L]),\sigma_B^L=\dfrac{\alpha\beta_G^Y(e^L)}{(1-\alpha)\beta_B^Y(e^L)}\in[0,1],\alpha\in[0,\dfrac{\beta_B^Y(e^L)}{\beta_G^Y(e^L)+\beta_B^Y(e^L)}]$；ETM $=\alpha$。

（3）混合策略均衡 3：

$\bar{p}=(0,1,1,p_{\mathrm{LN}},1)$，其中 $p_{\mathrm{LN}}=\dfrac{1}{1-\beta_G^Y(e^L)}\left[1-\beta_G^Y(e^L)-\dfrac{C(e^H)-C(e^L)}{\Pi_G}\right]$，并且 p_{LN}满足：$\Pi_B-C(e^H)<[p_{\mathrm{LN}}(1-\beta_B^Y(e^L))+\beta_B^Y(e^L)]\cdot\Pi_B-C(e^L)$；$\sigma_G=(\sigma_G^H,[1-\sigma_G^H],0)$，其中 $\sigma_G^H=1-\dfrac{(1-\alpha)(1-\beta_B^Y(e^L))}{\alpha(1-\beta_G^Y(e^L))}\in[0,1],\alpha\in\left[\dfrac{1-\beta_B^Y(e^L)}{2-\beta_G^Y(e^L)-\beta_B^Y(e^L)},1\right]$；$\sigma_B=(0,1,0)$；ETM $=1-\alpha$。

（4）混合策略均衡 4：

$\bar{p}=(0,1,p_{\mathrm{HN}},0p_{\mathrm{LY}}),\sigma_G=(\sigma_G^H,[1-\sigma_G^H],0),\sigma_B=(\sigma_B^H,[1-\sigma_B^H],0)$，ETM $=\alpha(1-\beta_G^Y(e^H))+(1-\alpha)\beta_B^Y(e^H)$。其中，$p_{\mathrm{HN}}$和 p_{LY}需要满足以下条件：

① $\Pi_G(\beta_G^Y(e^H)+(1-\beta_G^Y(e^H))p_{\mathrm{HN}})-C(e^H)=\Pi_G\beta_G^Y(e^L)p_{\mathrm{LY}}-C(e^L)$；

② $\Pi_B(\beta_B^Y(e^H)+(1-\beta_B^Y(e^H))p_{\mathrm{HN}})-C(e^H)=\Pi_B\beta_B^Y(e^L)p_{\mathrm{LY}}-C(e^L)$，

$$\sigma_B^H=\frac{\alpha(1-\beta_G^Y(e^H))\beta_G^Y(e^L)-(1-\alpha)(1-\beta_G^Y(e^H))\beta_B^Y(e^L)}{(1-\alpha)[(1-\beta_B^Y(e^H))\beta_G^Y(e^L)-(1-\beta_G^Y(e^H))\beta_B^Y(e^L)]}\in[0,1]。$$

（5）混合策略均衡 5：

$\bar{p}=(0,1,1,0,p_{\mathrm{LY}}),\sigma_G=(\sigma_G^H,[1-\sigma_G^H],0),\sigma_B=(0,1,0)$，ETM $=(1-\alpha)\dfrac{\beta_B^Y(e^L)}{\beta_G^Y(e^L)}$，其中 p_{LY}满足以下条件：

① $p_{\mathrm{LY}}=\dfrac{1}{\beta_G^Y(e^L)}\left(1-\dfrac{C(e^H)-C(e^L)}{\Pi_G}\right)\in[0,1]$；

② $\Pi_G-C(e^H)=p_{\mathrm{LY}}\beta_G^Y(e^L)\Pi_G-C(e^L)$；

③ $\Pi_B - C(e^H) < p_{LY}\beta_B^Y(e^L)\Pi_B - C(e^L)$，即 $p_{LY} > \dfrac{\Pi_B - C(e^H) + C(e^L)}{\beta_B^Y(e^L)\Pi_B}$；

$$\sigma_G^H = 1 - \frac{(1-\alpha)\beta_B^Y(e^L)}{\alpha\beta_G^Y(e^L)} \in [0,1], \alpha \in \left[\frac{\beta_B^Y(e^L)}{\beta_G^Y(e^L) + \beta_B^Y(e^L)}, 1\right]。$$

以上条件说明，期望利润的差异，高努力水平与低努力水平下证据产生的成本之间的差异，成功产生证据的概率的差异，$\beta_G^Y(e^L)$ 与 $\beta_B^Y(e^L)$ 的差异，决定了这一均衡是否存在。如果 $\Pi_G > \Pi_B$，高努力水平的成本 $C(e^H)$ 比低努力水平的成本 $C(e^L)$ 足够大，那么反垄断当局将使用策略 $\bar{p} = (0,1,1,0,p_{LY})$，使“好”的并购使用高努力水平（$\sigma_G^H$）与低努力水平（$1-\sigma_G^H$）之间的混合策略，而“坏”的并购将以概率1选择低努力水平。

在这里，我们仅以混合策略均衡1为例来解释均衡是如何形成的，其他类型的均衡可以依此类推。当反垄断当局对于“好”的并购的初始信念 α 很小时，它将给予决策节点（e^H，Yes）①一个非负概率，以使得“坏”的并购在高努力水平和零努力水之间无差异，因而“坏”的并购可以使用混合策略 σ_B。由于 $\Pi_G > \Pi_B$，$\beta_G^Y(e^H) > \beta_B^Y(e^H)$，$\beta_G^Y(e^L) > \beta_B^Y(e^L)$，因而“好”的并购以概率1选择高努力水平和生产效率证据。“坏”的并购在决策节点（e^H，Yes）使用混合策略使得“好”的并购和“坏”的并购的比例相等，这样反垄断当局在批准和拒绝并购上就没有差异，能够选择[0,1]之间的任意概率。在均衡处，反垄断当局选择 p_{HY}，使“坏”的并购在高努力水平和零努力水之间无差异。反垄断当局的ETM没有变化，仍为 α。这是因为反垄断当局拒绝“好”的并购（I类错误）的概率从 α 降低到 $\alpha(1-\beta_G^Y(e^H)p_{HY})$；与此同时，批准“坏”的并购（Ⅱ类错误）的概率从0增加到 $(1-\alpha)\sigma_B^H\beta_B^Y(e^H)p_{HY}$。由于 $\sigma_B^H = \dfrac{\alpha\beta_G^Y(e^H)}{(1-\alpha)\beta_B^Y(e^H)}$，二者的变化绝对值相等，方向相反。

9.6　信号识别与分离均衡

以上我们推导的博弈均衡属于混同均衡，也就是说反垄断当局难以从均衡本身直接辨识并购类型。并购企业能够策略性地揭示信息、发送信号甚至欺骗地捏造信息以获得反垄断当局的批准，混同均衡对于反垄断当局的决策是一种挑战。

① 这一决策节点表示高努力水平和有效率证据的产生。

9.6.1 并购企业努力水平与分离均衡

在并购评估审查博弈中，反垄断当局的目标是通过选择一个能够最小化犯错误期望值的概率向量，以区分"好"的并购与"坏"的并购（Medvedev，2004）。反垄断当局辨别并购类型的一种方法是，选择一种策略（赋予一种概率 $\bar{p}$）能够使"好"的并购选择最大化的努力水平去生产证据，而"坏"的并购发现使用高努力水平去生产证据无利可图，从而直接选择低努力水平或者零努力水平。在实际博弈中，存在一些概率 p_i 使得"坏"的并购在两种努力水平之间无差异，那么反垄断当局行动中赋予的概率向量 $\bar{p}$ 应该小于 p_i（$p_i-\bar{p}=\varepsilon,\varepsilon\to 0$），以保证"坏"的并购留在低努力水平或者零努力水平上，同时使拒绝"好"的并购的可能性最小化。这样，反垄断当局可以通过观察并购企业的努力水平来判断并购类型。在很多情况下，反垄断当局的这种策略是由立法者制定的竞争政策（例如《横向并购评估指南》）所决定的（Roller *et al.*，2003）。假定反垄断当局能够充分承诺按照竞争政策规定的规则选择策略，并且使 $\dfrac{C(e^H)}{C(e^L)}>\dfrac{\beta_B^Y(e^H)\beta_G^Y(e^L)}{\beta_G^Y(e^H)\beta_B^Y(e^L)}$，那么我们能够推导出以下三个分离均衡。

（1）分离均衡一：

$$\alpha\in\left[0,\frac{\beta_B^Y(e^H)-\beta_B^Y(e^L)-\dfrac{C(e^H)-C(e^L)}{\Pi_B}}{\beta_G^Y(e^H)\left(1-\dfrac{C(e^H)}{\beta_B^Y(e^H)\Pi_B}\right)+\left(\beta_B^Y(e^H)-\beta_B^Y(e^L)-\dfrac{C(e^H)-C(e^L)}{\Pi_B}\right)}\right),$$

$p_{\mathrm{HY}}=\dfrac{C(e^H)}{\beta_B^Y(e^H)\Pi_B}-\varepsilon$；$\bar{p}=(0,p_{\mathrm{HY}},0,0,0)$，$\sigma_G=(1,0,0)$，$\sigma_B=(0,0,1)$；

$\mathrm{ETM}=\alpha(1-\beta_G^Y(e^H)p_{\mathrm{HY}})$。

（2）分离均衡二：

$$\alpha\in\left[\frac{\beta_B^Y(e^H)-\beta_B^Y(e^L)-\dfrac{C(e^H)-C(e^L)}{\Pi_B}}{\beta_G^Y(e^H)\left(1-\dfrac{C(e^H)}{\beta_B^Y(e^H)\Pi_B}\right)+\left(\beta_B^Y(e^H)-\beta_B^Y(e^L)-\dfrac{C(e^H)-C(e^L)}{\Pi_B}\right)},\right.$$

$$\left.\frac{1-\beta_B^Y(e^H)}{2-\beta_G^Y(e^H)-\beta_B^Y(e^H)}\right),\bar{p}=(0,1,0,0,p_{\mathrm{LY}}),\sigma_G=(1,0,0),\sigma_B=(0,1,0),$$

$\mathrm{ETM}=(1-\alpha)(\beta_B^Y(e^L)+(1-\beta_B^Y(e^L)p_{\mathrm{LY}})$；其中，$p_{\mathrm{LY}}=\frac{1}{\beta_B^Y(e^L)}\left(\beta_B^Y(e^H)-\frac{C(e^H)-C(e^L)}{\Pi_B}\right)+\varepsilon$，并且 p_{LY} 满足：$\beta_G^Y(e^H)\Pi_G-C(e^H)>p_{\mathrm{LY}}\beta_G^Y(e^L)\Pi_B-C(e^L)$。

(3) 分离均衡三：

$$\alpha\in\left[\frac{1-\beta_B^Y(e^H)}{2-\beta_G^Y(e^H)-\beta_B^Y(e^H)},1\right],\ p_{LN}=\frac{1}{1-\beta_B^Y(e^L)}\left(1-\beta_B^Y(e^L)-\frac{C(e^H)-C(e^L)}{\Pi_B}\right)+\varepsilon;\bar{p}=(0,1,1,p_{\mathrm{LN}},1),\sigma_G=(1,0,0),\sigma_B=(0,1,0),$$

$\mathrm{ETM}=(1-\alpha)(\beta_B^Y(e^L)+(1-\beta_B^Y(e^L)p_{\mathrm{LN}})$。

以上均衡中，“好”的并购总是选择高努力水平，而“坏”的并购选择低努力水平或零努力水平。这种分离能够最小化反垄断当局 ETM，也是反垄断当局在以上条件下的最好选择。从以上均衡可以看出，如果：

$$p_{\mathrm{HY}}=\frac{C(e^H)}{\beta_B^Y(e^H)\Pi_B}-\varepsilon,p_{\mathrm{LY}}=\frac{1}{\beta_B^Y(e^L)}\left(\beta_B^Y(e^H)-\frac{C(e^H)-C(e^L)}{\Pi_B}\right)+\varepsilon,$$

并且$\frac{C(e^H)}{C(e^L)}>\frac{\beta_B^Y(e^H)\beta_G^Y(e^L)}{\beta_G^Y(e^H)\beta_B^Y(e^L)}$，那么有：

$$\begin{aligned}&\alpha\beta_G^Y(e^H)(1-p_{\mathrm{HY}})+\alpha(1-\beta_G^Y(e^H))\\&\quad<\alpha\beta_G^Y(e^L)(1-p_{\mathrm{LY}})+\alpha(1-\beta_G^Y(e^L))\\&\quad\Longrightarrow\alpha\beta_G^Y(e^H)\left(1-\frac{C(e^H)}{\beta_B^Y(e^H)\Pi_B}\right)+\alpha(1-\beta_G^Y(e^H))\\&\quad<\alpha\beta_G^Y(e^L)\left(1-\frac{C(e^L)}{\beta_B^Y(e^L)\Pi_B}\right)+\alpha(1-\beta_G^Y(e^L))\end{aligned}$$

因而，对于反垄断当局而言，总有$(0,p_{\mathrm{HY}},0,0,0)>(0,0,0,p_{\mathrm{LY}})$，即在高努力水平和提供了效率证据的并购与低努力水平和提供了效率证据的并购之间，反垄断当局更倾向于批准前者。

9.6.2　信号甄别

以上分离均衡中，反垄断当局通过公布相关竞争政策向并购企业发送承诺性的信号，同时并购企业通过提供效率证据和努力水平向反垄断当局发送信号，最后使得两种类型的并购在努力程度上出现差异，进而出现分离均衡。反垄断当局在接收来自并购企业的信号时，如果有选择性地对信号进行甄别,也可以使并购评估审查博弈出现分离均衡(Medvedev,2004)。反垄断当局在选择策略行动时不考虑并购企业的努力程度,只考虑并购企业提供的效率证据。如果努力程度是一个连续的选择变量,$e \in [0, +\infty]$,反垄断当局选择纯策略,那么"好"的并购的最优努力程度总是高于"坏"的并购,出现努力程度的"自愿分离"。这是因为,我们假定了两种类型的并购具有相同的成本函数 $C(e)$,但是同样的努力水平下,"好"的并购产生证据的概率大于"坏"的并购,即 $\beta_G^Y(e) > \beta_B^Y(e)$,"好"的并购产生的并购后利润高于"坏"的并购,即 $\Pi_G > \Pi_B$,所以 $\arg\max_e \beta_G^Y(e)\Pi_G - C(e) > \arg\max_e \beta_B^Y(e)\Pi_B - C(e)$。

9.6.3 成本差别与分离均衡

我们改变前文的假定,假定在同样的努力水平下,"好"的并购发送信号的成本低于"坏"的并购,$C_B(e) > C_G(e)$,"坏"的并购的收益低于"好"的并购,$E\Pi_G(e) > E\Pi_B(e)$,"坏"的并购如果模仿"好"的并购,由于收益低成本高而出现负收益,从而只能做出低水平的努力程度,进而出现分离均衡①。用公式表示就是:

$$C(e^H) > C(e^L) > C(e^0)$$

$$E\Pi_G(e^H) = \beta_G^Y(e^H)p_{HY}\Pi_G + (1 - \beta_G^Y(e^H))p_{HN}\Pi_G - C(e^H)$$

$$E\Pi_G(e^L) = \beta_G^Y(e^L)p_{HY}\Pi_G + (1 - \beta_G^Y(e^L))p_{HN}\Pi_G - C(e^L)$$

$$E\Pi_G(e^0) = p_0\Pi_G - C(e^0)$$

同理可以推出"坏"的并购的预期收益。"好"的并购与"坏"的并购的预期收益的关系为:

$$E\Pi_G(e^H) > E\Pi_B(e^H), E\Pi_G(e^L) > E\Pi_B(e^L), E\Pi_G(e^0) > E\Pi_B(e^L),$$

只要不同类型的并购发送信息的成本不同,并且其收益也存在差异,那么在信号博弈中,"坏"的并购将主动选择低努力水平,"好"的并购将主动选择高努力水平。反垄断当局可以通过观察到的努力水平来判断并购类型。只是使用这一方法的前提条件是,反垄断当局在设定相关规则时能够使不同类型并购的产生证据的成本出现差异,并且差异越大,分离均衡越明显。

---

① Medvedev, A., "Efficiency Defense and Administrative Fuzziness in Merger Regulation", CERGE-EI Working Paper No. 229, 2004.

9.7　本章小结

发送信号本身就是效率抗辩的组成部分,“好”的并购使用一个较高的努力程度去产生证据是为了提高获得批准的概率,进而获得并购的财务好处,高的努力程度本身可能就是效率的一种信号;“坏”的并购可能投入超过其最优水平的努力程度去模仿“好”的并购并获得批准,但是由于批准后所获得的财务好处可能难以弥补其并购成本和发送高水平努力程度信号的信息成本,因而他会放弃选择高水平的努力程度。本章的基本结论是:① 并购评估审查中应该考虑效率因素,效率获得应该成为并购企业申请并购的一项依据;② 允许效率抗辩可以保持竞争政策的稳定性和可预期性,竞争政策的可预期性有利于并购企业选择产生证据的努力水平,从而能够帮助反垄断当局通过观察并购企业努力水平识别并购的效率类型;③ 强调并购效率的可证实性,增加“坏”的并购模仿“好”的并购努力水平的成本,有利于实现分离均衡。分离均衡的出现,有助于反垄断当局降低犯错误的概率。

在并购控制中有四种类型的制度:① 自由放任的制度,批准所有的并购;② 严厉的制度,拒绝所有的并购;③ 确凿证据制度,只有那些并购企业能够提供确凿证据证实并购能够增进社会福利的并购才能获得批准;④ 自由裁量制度,是否批准并购的决策由反垄断当局根据自身偏好做出,而反垄断当局的自身偏好受社会的影响。第一种制度不需要效率抗辩,第二种制度不允许效率抗辩,同时第一种制度使得反垄断当局犯Ⅱ类错误的概率最大化,第二种制度使得反垄断当局犯Ⅰ类错误的概率最大化,因而这两种制度也不太可能被反垄断当局采用。第四种制度赋予反垄断当局过大的自由裁量权,会导致并购政策的不确定性增大、政策透明度降低,也不利于实现竞争政策目标。大多数国家的反垄断当局实行的是第三种制度,允许并购企业进行效率抗辩,但举证责任在于并购企业一方。这有利于减少信息不对称所导致的道德风险和逆向选择问题。

第 10 章　信息质量、并购补救与效率抗辩

横向并购反垄断控制的目的是通过有效的评估和审查，批准那些能够促进竞争和有利于增进社会福利的并购，禁止那些明显妨碍或减少竞争和损害消费者福利的并购。由于并购评估审查必须在并购被批准之前完成，因此反垄断当局能够获得的关于并购效应的信息是有限的。信息的不充分和不对称是反垄断当局在并购反垄断控制中容易犯Ⅰ类和Ⅱ类错误的主要原因，并购控制的主要挑战就是最小化犯Ⅰ类和Ⅱ类错误的概率①。因而，在并购评估审查过程中，往往需要对并购可能带来的潜在效率和并购补救进行特别的评估分析（Cosnita and Tropeano，2009）。所谓的并购补救，是指并购企业为了使该项并购能够获得反垄断当局批准而承诺做出的、在并购后恢复相关市场上的有效竞争市场条件所采取的措施，这些措施包括结构方面和行为方面两种类型。结构类补救措施是指变更相关市场上与并购企业相关的产权配置，例如资产剥离；行为类补救措施主要是限制并购企业在相关市场上行使产权，例如价格限制（Ida，2007）。美国、欧盟等主要发达国家和地区在并购指南中都将相关补救措施作为有条件批准并购的参考因素（Medvedev，2006）。在并购评估审查中，是否要求并购企业采取相关补救措施，很大程度上依赖于该项并购所能带来的效率大小。如果效率足够大，反垄断当局就可能在不需要任何补救措施的情况下批准该项并购（Roller *et al.*，2001）。在信息不对称的并购控制框架内，并购企业是主动申请并购补救，还是声称并购能够带来高效率，在某种程度上具有信号价值。本章将通过构建信息不对称条件下的动态博弈模型，分析信息质量对并购企业和反垄断当局行为的影响，通过对不同信息质量下双方行为差异及其对消费者福利的影响进行比较分析，探寻反垄断当局在面临不同信息质量水平时的最优决策规则。

---

①　在并购反垄断控制中，Ⅰ类错误是指反垄断当局禁止了能够导致社会福利上升和消费者剩余增加的并购；Ⅱ类错误是指反垄断当局批准了导致社会福利下降和损害消费者利益的并购。

10.1　研究假定、博弈时序与决策规则

我们假定并购企业事前对并购进行设计的努力能够提高效率获得的可能性,但这一努力具有较高成本和一定的风险。关于并购效率获得的信息是不对称的,并购企业能够私下获得效率可能性和大小的信息,而反垄断当局难以获得。但反垄断当局能够以某一概率接收到关于效率水平的信号,这一概率受到反垄断当局所获得的信息质量的影响。反垄断当局在并购反垄断控制中根据预期的效率水平制定效率抗辩的判定规则。并购获得批准的一种替代方法是,反垄断当局在并购企业承诺采取相关补救措施后接受该项并购。这就意味着:① 对于并购企业而言,在采取补救措施的前提下获得批准所带来的收益大于并购被拒绝时的收益;② 并购企业采取补救措施将抵消一部分并购企业从并购中获得的私人收益。

在以上框架内,我们在拓展 Cosnita and Tropeano(2009)并购补救分析模型的基础上构建一个并购企业与反垄断当局之间的动态博弈模型,分析信息质量、并购补救和效率抗辩对并购决策规则的影响,从而探寻反垄断当局在并购控制中的最优决策规则。假定并购企业准备在一个寡头垄断市场发起一项并购,该项并购具有两个方面的效应,即市场势力上升效应(反竞争效应)和潜在效率获得效应。我们用 e 表示效率获得,根据效率获得的高低将并购分为两种类型:可能产生高效率(e^H)的并购和可能产生低效率(e^L)的并购。为了获得高效率,并购企业需要在事前付出一定程度的努力水平 E,$E\in[0,\overline{E}]$,并导致一个沉没成本 $F(E)$,沉没成本是努力水平的凸性增函数,即 $F'(E)>0$,$F''(E)>0$。也就是说,两个企业若想以最有效率和最能促进竞争的方式并购,需要付出较高的成本来设计和安排该项并购。并且,即使付出较高成本进行设计,是否能够获得最优结果也是不确定的。我们假定并购企业获得最优结果的概率为 $\Pr(e^H/E)=q(E)\in[0,1]$,并且 $q'(E)>0$,$q''(E)<0$,$q(0)=0$。用 $\Pi(e)$ 表示并购能够给并购企业带来的利润,假定利润是效率的增函数,即 $\Pi'(e)>0$;并且假定无论效率获得为多大,并购企业总是能够从并购中获利,即 $\Pi(e)>0$。假定反垄断当局采用的是消费者福利标准,即只有当该项并购能够增加预期的消费者剩余(CS)时,反垄断当局才会批准该项并购;并且两种类型的并购产生的消费者剩余的符号相反,即 $W(e^H)>0>W(e^L)$,用 $W(e)$ 表示消费者剩余,它是效率水平的增函数。也就是说,如果并购企业在设计和计划并购项目方面取得成功,使得该项并购能够获得较高水平的效率,从而增

加预期的消费者剩余，那么反垄断当局就会批准该项并购。反之，反垄断当局拒绝该项并购。

效率获得和计划努力水平是并购企业的私有信息，反垄断当局将开展调查活动以收集效率获得的信息。我们假定反垄断当局以概率$\beta(1\geqslant\beta\geqslant 0)$观察到真实的效率水平$e$，用信号$s^H$表示$e=e^H$，信号$s^L$表示$e=e^L$；以概率$1-\beta$表示反垄断当局没有观察到真实的效率水平，用信号$s^N$表示。参数$\beta$的大小表示了信息质量的高低，$\beta$越大表示信息质量越高，$\beta$越小表示信息质量越低(Laffont and Tirole,1993)。我们进一步假定这些信息是反垄断当局做出并购判定决策所必需的，如果没有关于效率的信息，即使并购企业的努力水平为$\overline{E}$，并购产生的预期消费者剩余也为负，即$q(\overline{E})W(e^H)+(1-q(\overline{E}))W(e^L)<0$。并购企业在提交并购申请时提出有效的补救措施，能够在一定程度上纠正具有反竞争效应的低效率并购。并购企业承诺采取的并购补救措施必须能够阻止并购产生的损害竞争或消费者福利的市场势力效应，因而必然增加并购企业的私人成本(Roller *et al.*,2001；Cosnita and Tropeano,2009)。我们用$\Pi^R(e)$表示采取并购补救措施后并购企业从该项并购中获得的利润，并且$\Pi(e)\geqslant\Pi^R(e)>0,\forall e$；假定更具效率的并购企业采取补救措施的成本更高，即$\Pi(e^H)/\Pi^R(e^H)>\Pi(e^L)/\Pi^R(e^L)$。我们分别用$W^R(e^H)$和$W^R(e^L)$表示采用并购补救后的消费者剩余，它们取决于效率获得的大小。假定并购企业的补救措施是有效的，也就是说当补救措施应用于低效率并购时能够提高消费者剩余，即$W^R(e^L)>0$。此外，当补救措施应用于高效率类型的并购时，它所抵消的社会福利小于应用于低效率类型的并购，即$W^R(e^H)>W^R(e^L)$。由于最低限度的补救措施必须能够抵消低效率并购所导致的反竞争效应，使消费者剩余增加，因而我们也可以用消费者剩余作为并购补救措施的代理变量。

考虑到信息质量、并购补救和效率抗辩的横向并购反垄断控制的博弈时序为(见图10-1)：第一步，反垄断当局根据自身政策目标和价值取向选择批准并购的决策规则；第二步，并购企业决定它们所采取的努力水平，并私下获得并购的效率信息；第三步，并购企业向反垄断当局提交申请，并根据反垄断当局的决策规则和自身效率状况决定在申请中是否提交补救措施；第四步，反垄断当局根据自己所选择的决策规则和观察到的信号对并购做出判定，决定是否批准该项并购。反垄断当局在确定所采用的决策规则时将考虑到预期效率水平、并购企业提出的补救措施和相关竞争政策。

一般而言，反垄断当局在第一步中可能在以下三种决策规则之间进行选择：① 补救决策规则(remedy decision rule, R)，在并购评估审查时不考

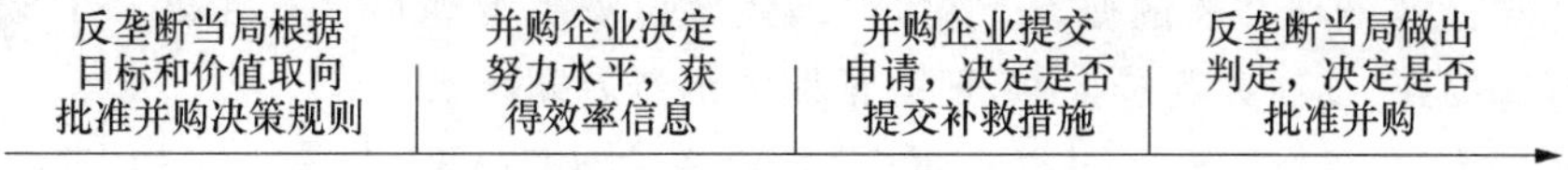

图 10-1　信息质量、并购补救和效率抗辩下的横向并购反垄断控制的博弈时序

虑任何效率因素,只考虑并购企业提交的补救措施;② 严格效率抗辩决策规则(strict efficiency defense,SED),在并购评估审查时不考虑并购企业提交的补救措施,只考虑并购可能带来的效率因素;③ 弹性效率抗辩决策规则(flexible efficiency defense,FED),在并购评估审查时同时考虑预期的效率水平和并购企业提交的补救措施(Roller *et al.*,2001;Cosnita and Tropeano,2009)。理解以上并购控制程序的最好方法是将并购评估审查分为两个阶段:第一阶段是反垄断当局采用一些结构类指标(作为门槛值)对所有申报的并购进行初步分析,从而确定需要进入第二阶段进行具体评估审查的并购,这些并购很有可能具有反竞争效应,需要进行效率抗辩(余东华等,2010);在第二阶段,反垄断当局将在其所采用的并购决策规则允许的前提下,建议并购企业要么提出补救措施以获得通过,要么证实效率获得较为充分,足以抵消反竞争效应。我们所分析的正是第二阶段的并购评估审查,并且假定在任何一种并购决策规则下,只要并购被拒绝了,相关市场上的现状就不会改变。这样,在第四步并购评估审查中只需要将预期消费者剩余与没有并购时进行比较,从而确定该项并购可能对消费者福利产生的影响。我们将在给定的决策规则和预期消费者剩余最大化的条件下确定精炼贝叶斯均衡,以评估允许并购补救和效率抗辩所产生的后果,并比较分析反垄断当局采用不同决策规则的可能性。实际上,效率抗辩中使用不同决策规则也暗示了并购企业在提出并购申请时采用补救措施的可能性(Ida,2007)。

10.2　不同决策规则下的消费者剩余与激励

我们首先分析采用“严格效率抗辩决策规则”(SED)和“补救决策规则”(R)时的情况,并假定这两个规则相互排斥。这就意味着,当效率抗辩被采用时,“补救决策规则”就不再适用,因而并购企业提出的补救措施不会影响反垄断当局的决策。我们将这两种情况作为分析其他情况的基准条件和参照系。

我们用 $p(s)$ 表示反垄断当局根据信号 s 做出的接受该项并购的概率,并且 $p(s^H)=1$,$p(s^L)=0$。我们用 $p(s^N)=p$ 表示反垄断当局接受到信号

s^N 时批准该项并购的概率。在“严格效率抗辩决策规则”下，如果 s^N 已经被观察到，该项并购被批准，那么预期的消费者剩余为：

$$CS_{SED} = q(\bar{E})W(e^H) + (1 - q(\bar{E}))W(e^L) \tag{10-2-1}$$

根据前文的假定，这一值小于零。因而，$p(s^N) = 0$。并购企业努力水平 $E^{SED}(\beta)$ 满足条件 $q'(E^{SED})(\beta\Pi(e^H)) = F'(E^{SED})$。由于 $q'(E) < 0$，$F'(E) > 0$，因而 $E^{SED}(\beta)$ 随着信息质量（β）的提高而增加。预期的消费者剩余也随着 β 的提高而增加，当 $\beta = 0$ 时，预期的消费者剩余为 0；当 $\beta = 1$ 时，预期的消费者剩余达到最大值：

$$CS_{SED-\max} = q(E^{SED}(1))W(e^H) \tag{10-2-2}$$

在“补救决策规则”下，当且仅当并购企业提出补救措施后并购才能被批准。因而，努力水平 $E^R(\beta)$ 满足条件 $q'(E^R)(\Pi^R(e^H) - \Pi^R(e^L)) = F'(E^R)$，相应的预期消费者剩余为：

$$CS_R = q(E^R)W^R(e^H) + (1 - q(E^R))W^R(e^L) \tag{10-2-3}$$

由此可见，当信息质量很低（$\beta = 0$）时，“补救决策规则”（R）下的预期消费者剩余高于“严格效率抗辩决策规则”（SED）下的预期消费者剩余。当信息质量很高（$\beta = 1$）时，由于 $\Pi(e^H) > \Pi^R(e^H) - \Pi^R(e^L)$，所以 $E^{SED}(1) > E^R$；当 $W(e^H)$ 足够大时，$q(E^{SED}(1))W(e^H) > q(E^R)W^R(e^H) + (1 - q(E^R))W^R(e^L)$。在这种情况下，存在一个信息质量值 $\tilde{\beta}$ 使得预期的消费者剩余相等，即

$$q(E^{SED}(\tilde{\beta}))W(e^H) = q(E^R)W^R(e^H) + (1 - q(E^R))W^R(e^L) \tag{10-2-4}$$

当 $\beta > \tilde{\beta}$ 时，“严格效率抗辩决策规则”下的预期消费者剩余高于“补救决策规则”下的预期消费者剩余。否则，$\tilde{\beta} = 1$。

从以上分析可以发现，只有在信息质量较高时，反垄断当局才允许使用效率抗辩。这是因为，只有当信息质量足够高，即存在一个 $\tilde{\beta} \in (0,1]$，当 $\beta \geqslant \tilde{\beta}$ 时，“严格效率抗辩决策规则”才优于“补救决策规则”。由于我们假定并购企业所采取的补救措施足以保护低效率并购下的消费者剩余，在“补救决策规则”下，反垄断当局总是批准该项并购。在不使用“补救决策规则”时，反垄断当局只有在接收到关于效率信息的较高质量信号时才会批准该项并购。否则，较低的预期消费者剩余将导致该项并购被禁止。因此，在“严格效率抗辩决策规则”下，当可以获得的信息质量很差时，反垄断当局可能禁止一项可能提高消费者剩余的并购，从而犯Ⅰ类错误。然而，“严格效率抗辩决策规则”能够激励并购企业提高努力水平（E），因为在这一规则下，较高的效率获得是使并购获得批准的唯一途径。如果努力

水平越高，实际效率获得越大，信息质量越高，那么反垄断当局获得良好信号的概率就越大，并购被批准的可能性就越高。与此相反，在"补救决策规则"下，要求并购企业提出补救措施，并以此为依据批准并购，因而"补救决策规则"将削弱对并购企业提高努力水平(E)的激励程度。

从以上分析我们可以看出，信息质量越高，使用效率抗辩的可能性就越大。尽管在信息不完全的情况下可能拒绝有效率的并购，"严格效率抗辩决策规则"还是一种较好的选择。相反，"补救决策规则"虽然也能够保证消费者剩余的提高，但是由于它提供了程度较低的激励，因而消费者剩余提高的幅度较低。但是，"补救决策规则"能够降低犯Ⅰ类错误的概率。也就是说，反垄断当局在选择应用效率抗辩规则时面临着"激励效应"与"Ⅰ类错误效应"之间的替换(Cosnita and Tropeano, 2009)。在允许效率抗辩时，反垄断当局给予并购企业提高努力水平的激励，因而能够产生更多有效率的并购，这代表了效率抗辩的"激励效应"。另一方面，在不允许效率抗辩、采用"补救决策规则"时，反垄断当局将降低犯Ⅰ类错误的概率，这就是所谓的"Ⅰ类错误效应"。既然"严格效率抗辩决策规则"和"补救决策规则"相互排斥时会使反垄断当局面临着"激励效应"与"Ⅰ类错误效应"之间的替换，那么如果反垄断当局在要求并购企业提出补救措施的同时允许效率抗辩，即采用"弹性效率抗辩决策规则"时，将会出现什么样的结果呢？我们在下一节中分析。

10.3　信息质量、并购补救和效率抗辩的策略选择与博弈均衡

在本节中我们将讨论反垄断当局在采用"弹性效率抗辩决策规则"(FED)时，补救措施与效率抗辩之间是否具有互补性，该规则对预期消费者剩余的影响，以及并购企业的最佳反应策略。反垄断当局采用"弹性效率抗辩决策规则"意味着反垄断当局总是接受一项已经提出补救措施的并购，但在没有补救措施时仅以概率 $p(s)$ 批准一项并购(s 为反垄断当局接收的信号)。在"弹性效率抗辩决策规则"下，并购企业为了使并购获得反垄断当局的批准，要么提出并购补救措施，要么通过声称该项并购能够产生高效率而要求效率抗辩。

当并购属于高效率类型时，"弹性效率抗辩决策规则"下的预期利润大于"补救决策规则"下的预期利润(即 $\beta\Pi^R(e^H)+(1-\beta)p\Pi(e^H)\geq\Pi^R(e^H)$)的前提条件是：

$$p \geqslant \max\left(\frac{\Pi^{R}(e^{H}) - \beta\Pi^{R}(e^{H})}{(1-\beta)\Pi(e^{H})},0\right) = p_{e^{L}}(\beta),$$

并且 $p_{e^{H}}(\beta) > 0$，$\beta < \Pi^{R}(e^{H})/\Pi(e^{H}) = \bar{\beta}$ (10-3-1)

当并购属于低效率类型时，“补救决策规则”下的利润低于效率抗辩时的预期利润（即 $\Pi^{R}(e^{L}) \leqslant (1-\beta)p\Pi(e^{L})$）成立的条件是：

$$p \geqslant \min(\Pi^{R}(e^{L})/(1-\beta)\Pi(e^{L}),1) = p_{e^{L}}(\beta) \quad (10\text{-}3\text{-}2)$$

并且当且仅当 $\beta < (1-\Pi^{R}(e^{L})/\Pi(e^{L})) = \underline{\beta}$ 时，$p_{e^{L}}(\beta) < 1$。

由于前文中我们假定了 $\Pi(e^{H})/\Pi^{R}(e^{H}) > \Pi(e^{L})/\Pi^{R}(e^{L})$，因而 $p_{e^{H}}(\beta) < p_{e^{L}}(\beta)$。根据以上分析，我们可以得到以下结论：在“弹性效率抗辩决策规则”下，给定反垄断当局的策略 $p(s^{H}) = 1$、$p(s^{L}) = 0$ 和 $p(s^{N}) = p$，存在两个临界值 $p_{e^{H}}(\beta)$ 和 $p_{e^{L}}(\beta)$，$p_{e^{H}}(\beta) < p_{e^{L}}(\beta)$，使得并购企业的最优策略选择为：① 当 $p < p_{e^{H}}(\beta)$ 时，两种类型的并购企业都将提出并购补救措施；② 当 $p_{e^{H}}(\beta) < p < p_{e^{L}}(\beta)$ 时，高效率类型并购企业将不提出并购补救措施，而低效率类型并购中的企业将提出并购补救措施；③ 当 $p > p_{e^{H}}(\beta)$ 时，两种类型的并购企业都不提出并购补救措施。此外，当且仅当 $\beta \geqslant (1-\Pi^{R}(e^{L})/\Pi(e^{L})) = \bar{\beta}$ 时，$p_{e^{L}}(\beta) = 1$；当且仅当 $\beta > \Pi^{R}(e^{L})/\Pi(e^{L}) = \bar{\beta}$ 时，$p_{e^{H}}(\beta) = 0$。也就是说，采用“弹性效率抗辩决策规则”给予了并购企业借助发布并购通知的方式进行自我选择的机会。这种可能的自我选择所产生的后果取决于可获得信息的质量，以及反垄断当局在得不到任何信号时批准并购的可能性（p）。具体地说，当反垄断当局在得不到信息（e）时批准并购的可能性很低时，并购企业不会选择效率抗辩而冒被拒绝的风险，它们会选择提出并购补救措施，以确保并购能够被批准。反之，当可能性很高时，两种类型的并购企业都不会提出补救措施，而会选择效率抗辩。如果可能性居于中间水平，并购企业就会自我选择，那些高效率类型并购企业就会愿意冒效率抗辩的风险，而那些低效率类型并购企业就会选择提出补救措施。如果信息质量（β）较高，存在良好的信号（s），发现低效率类型并购的可能性就很高，因而低效率类型并购企业总是倾向于选择提出并购补救措施，而高效率类型并购企业则不会提出并购补救措施。在这种情况下，对于任意水平的可能性 p，都存在自我选择。反之，低信息质量（信号很差）将会提高低效率类型并购企业提出并购补救措施的机会成本，这是因为在低信息质量（信号很差）的情况下，如果它选择效率抗辩，被拒绝的概率会下降。也就是说，低信息质量（信号很差）与高可能性（p）一样，能够给低效率类型并购企业提供不提出并购补救措施的激励。从这一点上说，并购补救措施在某种程度上传递了关于并购带来的效率水平的信息

(Roller *et al.*,2001)。反垄断当局的决策规则允许并购企业选择它们的行为类型。实际上,在给定提出或不提出并购补救措施机会的情况下,并购企业所做出的选择可能发送了关于并购类型的信号。

下面,我们来分析在反垄断当局采用“弹性效率抗辩决策规则”(FED)时发送信号行为在并购最优决策中的作用。我们首先分析在博弈第一阶段决策规则之后的精炼贝叶斯均衡。

(1) 高信息质量水平下的博弈均衡。高信息质量意味着 $\beta > \underline{\beta}$,即 $p_{e^L}(\beta)=1$。此时,低效率类型并购企业总是提出并购补救措施;高效率类型并购企业选择效率抗辩。考虑到反垄断当局的反应,即 $p(s^H)=p(s^N)=1$ 和 $p(s^L)=0$,这些策略属于均衡策略。实际上,给定并购企业的自我选择后,批准并购是对 s^N 的最优反应。如果 $p(s^N)=1$,那么对于高效率类型并购企业而言最优选择就是不提交并购补救措施。因而,在这种情况下,博弈均衡属于分离均衡。

(2) 中等信息质量水平下的博弈均衡。中等信息质量水平意味着 $\bar{\beta} < \beta < \underline{\beta}$。此时,高效率类型并购企业总是选择不提出并购补救措施。我们用 δ 表示低效率类型并购企业选择提出并购补救措施的概率。首先,我们分析 $p(s^N) < p_{e^L}(\beta)$ 时的均衡。在这种情况下,根据前文的推导我们可以得到 $\delta=1$;因而反垄断当局最优策略是选择 $p(s^N)=1$,而这与初始假定是相互矛盾的。其次,我们分析 $p(s^N) > p_{e^L}(\beta)$ 时的均衡。根据前文的推导我们可以得到 $\delta=0$;因而反垄断当局最优策略是选择 $p(s^N)=0$,而这也与初始假定相互矛盾。最后,我们分析 $p(s^N)=p_{e^L}(\beta)$ 时的均衡。此时,低效率类型并购企业在选择提交并购补救措施与效率抗辩之间是无差异的。如果 s^N 被观察到,我们可以求解当预期的消费者剩余等于 0 时的 δ。这样,δ 由等式 $W(e^H)q(E^{\text{FED}})+(1-q(E^{\text{FED}}))\delta W(e^L)=0$ 界定(Ida,2007)。当 $\delta=1$ 时,$W(e^H)q(E^{\text{FED}})+(1-q(E^{\text{FED}}))W(e^L)<0$;而当 $\delta=0$ 时,$W(e^H)q(E^{\text{FED}})>0$,所以 δ 总是存在的。对于这个 δ 值(使消费者剩余等于 0),反垄断当局在批准或拒绝该项并购之间是无差异的。因而,此时反垄断当局的最优策略是 $p=p_{e^L}(\beta)$。在这种情况下,博弈均衡属于准分离均衡。

(3) 低信息质量水平下的博弈均衡。上文所描述的准分离均衡也存在于低信息质量水平($\beta < \bar{\beta}$)下。在这里,我们主要分析当两种类型并购企业在并购申请中提交并购补救措施时的混同均衡。只要 $p < p_{e^H}(\beta)$,两种类型并购企业选择提交并购补救措施都是最优策略。当反垄断当局观察到并购企业没有补救措施和 s^N 时,由于它们脱离了均衡路径,反垄断当

局的信念无法界定。我们用 x 来表示当 s^N 和效率抗辩都能够观察到时反垄断当局对于并购企业属于高效率类型的信念，x 满足不等式 $W(e^H)x+(1-x)W(e^L)<0$。在这一信念下，$p(s^H)=1$，$p(s^L)=0$ 和 $p(s^N)=0<p_{eH}(\beta)$ 就是反垄断当局的最优策略选择。混同均衡的存在，即 $p<p_{eH}(\beta)$，确保了高效率类型并购企业没有背离效率抗辩的动机。因而只要 $p_{eH}(\beta)>0\Longleftrightarrow\beta<\bar{\beta}$，混同均衡就会存在。然而，只要存在一个 $p(s^N)$，满足低效率类型的并购企业选择效率抗辩就是有利可图的，反垄断当局的信念 $0<x<1$ 就会满足克里普斯直观标准（The intuitive criterion of Kreps）①。只要 $p(s^L)<1\Longleftrightarrow\beta<\underline{\beta}$，这种情况就会存在。因此，只有当 $\beta<\mathrm{Min}(\underline{\beta},\bar{\beta})$ 时，才需要考虑混同均衡。

从以上分析可以看出，在"弹性效率抗辩决策规则"下：① 当信息质量较高（$\beta>\underline{\beta}$）时，博弈存在分离均衡，高效率类型的并购企业选择不提交补救措施，低效率类型的并购企业选择提交补救措施，反垄断当局的策略选择为 $p(s^H)=p(s^N)=1$ 和 $p(s^L)=0$；② 当信息质量处于中间水平（$\bar{\beta}<\beta<\underline{\beta}$）时，博弈存在准分离均衡，高效率类型的并购企业选择不提交补救措施，低效率类型的并购企业以一个正的概率选择提交补救措施，反垄断当局的策略选择为 $p(s^H)=1$，$p(s^L)=0$ 和 $p(s^N)=p_{eL}(\beta)$；③ 当信息质量较低（$\beta<\bar{\beta}$）时，博弈存在混同均衡，两种效率类型的并购企业都选择提交补救措施，反垄断当局的策略选择是 $p(s^H)=1$，$p(s^L)=0$ 和 $p(s^N)\in[0,1]$。当 $\beta>\underline{\beta}$ 时，这一均衡不满足克里普斯直观标准。也就是说，如果信息质量（β）足够高，在"弹性效率抗辩决策规则"下会存在分离均衡，并购企业可以在效率抗辩和并购补救之间进行自我选择；在信息质量较低或中等程度时，在"弹性效率抗辩决策规则"下会存在准分离均衡，低效率类型的并购企业会在是否提交并购补救措施之间进行随机抉择。从这一个意义上说，并购被批准的可能性随着信息质量的提高而上升（Ida，2007）。这是因为，信息质量越高，低效率类型的并购企业声称自己能够获得高效率的动机就会越弱，这就允许反垄断当局即使是在没有信号的情况下提高接受并购的概率。当信息质量很低时，博弈也存在混同均衡，两种效率类型的并购企业都将选择提交补救措施。这些均衡都是并购企业最优选择的结果。如果信息质量较高，并购企业的自我选择会诱使反垄断当局通过效率抗辩和

① 克里普斯直观标准又称为乔和克里普斯直观标准（Cho and Kreps criterion），是指"信号博弈模型中许多对均衡的偏离并不符合某些类型委托人的利益"。关于克里普斯直观标准的详细内容，请参见 Cho, I.-K., and D. Kreps, "Signaling Games and Stable Equilibrium", *Quarterly Journal of Economics*, 1987(102):179—221.

最佳策略批准一项并购。当信息质量较低时，如果批准一项并购的可能性很高，会诱使低效率类型的并购企业选择效率抗辩，这将使得反垄断当局降低批准（低效率类型的并购企业在是否提交补救措施之间是无差异的）并购的可能性，因此出现准分离均衡。信息质量较低时也存在混同均衡，这是因为当反垄断当局设定一个较低的批准并购概率时，两种效率类型并购企业的最优选择都是提交补救措施，此时反垄断当局也存在支持其较低批准概率的信念（Cosnita and Tropeano，2009）。

现在我们转向博弈的第一阶段，当反垄断当局选择并购控制决策规则时，它将评估预期的消费者剩余，这将取决于并购产生效率的可能性和犯Ⅰ类错误的概率。下面我们将比较分析“弹性效率抗辩决策规则”（FED）和“严格效率抗辩决策规则”（SED）对并购企业努力动机的影响。

（1）信息质量较低（$\beta \leqslant \underline{\beta} \Longleftrightarrow p_{eL}(\beta) < 1$）时的企业努力水平。在“弹性效率抗辩决策规则”下，如果准分离均衡占优，那么并购企业的努力水平为$E^{\text{FED}}(\beta)$，且满足（10-3-3）式：

$$q'(E^{\text{FED}})(\beta\Pi(e^H) + (1-\beta)\Pi(e^H)p_{eL}(\beta) - \Pi^R(e^L)) = F'(E^{\text{FED}}) \tag{10-3-3}$$

因此，当且仅当$(1-\beta)\Pi(e^H)p_{eL}(\beta) - \Pi^R(e^L) > 0$时，$E^{\text{FED}}(\beta) > E^{\text{SED}}(\beta)$。这一不等式总是成立，因为$(1-\beta)\Pi(e^H)p_{eL}(\beta) - \Pi^R(e^L) > (1-\beta)\Pi(e^L)p_{eL}(\beta) - \Pi^R(e^L) = 0$。由于$p_{eL}(\beta)$随着$\beta$的提高而增加，故$E^{\text{FED}}(\beta)$也随着$\beta$的提高而增加。在“弹性效率抗辩决策规则”下，如果$\beta < \min(\underline{\beta}, \bar{\beta})$，混同均衡可能占优。在这种情况下，“弹性效率抗辩决策规则”下并购企业努力水平（$E^{\text{FED}}(\beta)$）与“补救决策规则”下的努力水平（E^R）相等。那么，当且仅当$\Pi^R(e^H) - \Pi^R(e^L) > \beta\Pi(e^H)$时，$E^R > E^{\text{SED}}(\beta)$。

（2）信息质量较高（$\beta > \underline{\beta} \Longleftrightarrow p_{eL}(\beta) = 1$）时的企业努力水平。在“弹性效率抗辩决策规则”下，只有分离均衡占优，因而并购企业努力水平（$E^{\text{FED}}(\beta)$）满足$q'(E^{\text{FED}})(\Pi(e^H) - \Pi^R(e^L) = F'(E^{\text{FED}})$。此时，并购企业的努力水平不再取决于$\beta$的高低。那么，当且仅当$\Pi(e^H)(1-\beta) - \Pi^R(e^L) > 0$，即$\beta \leqslant (\Pi(e^H) - \Pi^R(e^L))/\Pi(e^H) = \hat{\beta}$时，$E^{\text{FED}}(\beta) > E^{\text{SED}}(\beta)$。由于$(1 - \Pi^R(e^L)/\Pi(e^L)) < (\Pi(e^H) - \Pi^R(e^L))/\Pi(e^H)$，上式与初始条件$\beta > \underline{\beta} = (1 - \Pi^R(e^L)/\Pi(e^L))$是一致的。因此，当且仅当$\beta \leqslant \hat{\beta}$时，$E^{\text{FED}}(\beta) > E^{\text{SED}}(\beta)$。由于在分离均衡时$E^{\text{FED}}(\beta)$保持稳定且大于$E^R$，当准分离均衡占优时$E^{\text{FED}}(\beta)$随着$\beta$的增加而提高，因此，为了证明$E^R \leqslant E^{\text{FED}}(\beta)$，我们只需要证明$E^R \leqslant E^{\text{FED}}(0)$。可知，当且仅当不等式（10-3-4）成立时，$E^R \leqslant E^{\text{FED}}(0)$。

$$\Pi^R(e^H)-\Pi^R(e^L)\leqslant[\beta\Pi(e^H)+(1-\beta)\Pi(e^H)p_{e^L}(\beta)-\Pi^R(e^L)]_{\beta=0} \tag{10-3-4}$$

由于 $p_{e^L}(0)\Pi(e^H)=(\Pi^R(e^L)/\Pi(e^L))\Pi(e^H)>\Pi^R(e^H)$，不等式(10-3-4)总是成立的。总结以上分析，我们可以得到以下结论：① 信息质量存在一个门槛值 $\hat{\beta}$，如果 $\beta<\hat{\beta}$，那么“弹性效率抗辩决策规则”下并购企业的努力水平高于“严格效率抗辩决策规则”下并购企业的努力水平；如果 $\beta>\hat{\beta}$，情况就相反；② “补救决策规则”下并购企业的努力水平总是低于“弹性效率抗辩决策规则”下并购企业的努力水平。当信息质量较低时，相对于“严格效率抗辩决策规则”而言，“弹性效率抗辩决策规则”在付出努力方面给予并购企业更高的激励程度。努力程度的激励取决于两个基本因素：Ⅰ类错误的重要性和不付出努力的机会成本①。以上两类决策规则在考虑效率因素时都会影响这两个基本因素。由于并购被禁止时的利润低于并购被有条件批准时的利润，因而“严格效率抗辩决策规则”将导致较高的不付出努力的机会成本。然而，“严格效率抗辩决策规则”在决策过程中容易导致Ⅰ类错误，犯Ⅰ类错误概率的大小取决于可以获得的信息状况。当信息质量 β 足够高($\beta>\underline{\beta}$)时，由于任何低效率类型的并购企业在这一信息质量范围内都将选择提交补救措施，“弹性效率抗辩决策规则”能够防止犯Ⅰ类错误。即使是在信息质量较低的情况下，如果准分离均衡占优，相对于“严格效率抗辩决策规则”而言，“弹性效率抗辩决策规则”也会降低犯Ⅰ类错误的概率。这是因为，反垄断当局即使是在没有关于效率的信息(e)(信号 s^N)的情况下，也将以一个正的概率批准并购。不过，在“弹性效率抗辩决策规则”下，因为在低效率获得情况下采用补救措施也会保证并购获得批准，因而并购企业不付出努力的机会成本降低了(Roller *et al.*, 2001; Cosnita and Tropeano, 2009)。总之，只要“严格效率抗辩决策规则”下犯Ⅰ类错误的概率较高，“弹性效率抗辩决策规则”就会在付出努力方面给予并购企业更高的激励程度。

因此，从反垄断当局的角度看，同时允许效率抗辩和并购补救将极大地改进并购评估审查的决策过程：在某一确定程度的信息质量条件下，自我选择潜在地提高了并购企业的努力水平，同时降低了犯Ⅰ类错误的概率。然而，在其他程度的信息质量条件下，不仅自我选择不会发生，而且选择提交补救措施的可能性会降低并购企业事前的努力水平。在这种情况

① Ⅰ类错误的重要性越高，激励程度越低；不付出努力的机会成本越高，激励程度越高。

下，在使用“弹性效率抗辩决策规则”时，是否同时允许效率抗辩和并购补救的决策意味着反垄断当局在降低决策错误和提高批准有效率并购的概率之间进行选择。

10.4　信息质量与反垄断当局的最优决策规则

在上文分析中，我们提到，反垄断当局在选择并购决策规则时面临着在降低决策错误和提高批准有效率并购的可能性之间进行选择。下面我们来推导反垄断当局在面临以上替换时的最优决策规则。我们将信息质量分为两种情况，然后比较不同均衡下预期消费者剩余和并购企业的努力水平，从而确定反垄断当局的最优决策规则。

10.4.1　高信息质量与中等信息质量下的最优决策规则

假定信息质量较高（$\beta \geqslant \underline{\beta}$），在这种情况下，当反垄断当局采用“弹性效率抗辩决策规则”时，分离均衡将处于主导地位，混同均衡不符合克里普斯直观标准因而可以不予讨论。在不同的决策规则下，预期的消费者剩余的大小也不一样。在“弹性效率抗辩决策规则”下，预期消费者剩余为：

$$CS_{FED} = q(E^{FED}(\beta))W(e^H) + (1 - q(E^{FED}(\beta))W^R(e^L)) \tag{10-4-1}$$

在“严格效率抗辩决策规则”下，预期消费者剩余为：

$$CS_{SED} = \beta q(E^{SED}(\beta))W(e^H) \tag{10-4-2}$$

在“补救决策规则”下，预期消费者剩余为：

$$CS_R = q(E^R)W^R(e^H) + (1 - q(E^R)W^R(e^L)) \tag{10-4-3}$$

首先，通过比较我们可以发现，“弹性效率抗辩决策规则”下的预期消费者剩余（CS_{FED}）大于“补救决策规则”下预期消费者剩余（CS_R）。因为 $E^{FED}(\beta) > E^R$，$\forall \beta$，所以：

$$\begin{aligned}&\{q(E^{FED}(\beta))W(e^H) + (1 - q(E^{FED}(\beta))W^R(e^L))\}\\&\quad - \{q(E^R)W^R(e^H) + (1 - q(E^R)W^R(e^L))\}\\&\quad > [q(E^{FED}(\beta)) - q(E^R)][W^R(e^H) - W^R(e^L)] > 0\end{aligned} \tag{10-4-4}$$

其次，我们比较“弹性效率抗辩决策规则”与“严格效率抗辩决策规则”下预期消费者剩余的大小。从 10.3 节的推导我们可以获知，当 $\beta > \hat{\beta}$（这里 $\hat{\beta} > \underline{\beta}$）时，$E^{FED}(\beta) < E^{SED}(\beta)$，因而当 $\underline{\beta} < \beta < \hat{\beta}$ 时，$\beta q(E^{SED}(\beta))W(e^H) <$

$q(E^{\text{FED}}(\beta))W(e^H)+(1-q(E^{\text{FED}}(\beta))W^R(e^L))$，故“弹性效率抗辩决策规则”优于“严格效率抗辩决策规则”。进一步，当$\beta>\hat{\beta}$时，在“严格效率抗辩决策规则”下预期消费者剩余随着β的提高而增加，而在“弹性效率抗辩决策规则”下的预期消费者剩余保持不变。因而，存在一个唯一的信息质量值β^{***}（$\hat{\beta}<\beta^{***}<1$）以使得下列关系成立：当且仅当$q(E^{\text{SED}}(1))W(e^H)>q(E^{\text{FED}}(1))W(e^H)+(1-q(E^{\text{FED}}(1))W^R(e^L))$时，$\beta^{***}q(E^{\text{SED}}(\beta^{***}))W(e^H)=q(E^{\text{FED}}(\beta^{***}))W(e^H)+(1-q(E^{\text{FED}}(\beta^{***}))\cdot W^R(e^L))$；否则，$\beta^{***}=1$。

从以上分析可以发现，当信息质量较高（$\beta>\beta^{***}$）时，“严格效率抗辩决策规则”是最优决策规则；当信息质量处于中等水平（$\underline{\beta}<\beta<\beta^{***}$）时，“弹性效率抗辩决策规则”是最优决策规则。

10.4.2 低信息质量下的最优决策规则

假定信息质量较低（$\beta<\underline{\beta}$），此时在“弹性效率抗辩决策规则”下，准分离均衡和混同均衡都将存在。

（1）如果是准分离均衡占优，那么在“弹性效率抗辩决策规则”下，预期消费者剩余为：

$$CS_{\text{FED}}=\beta q(E^{\text{FED}}(\beta))W(e^H)+(1-q(E^{\text{FED}}(\beta))W^R(e^L))(1-\delta) \tag{10-4-5}$$

在“严格效率抗辩决策规则”下，预期消费者剩余为：

$$CS_{\text{SED}}=\beta q(E^{\text{SED}}(\beta))W(e^H) \tag{10-4-6}$$

在“补救决策规则”下预期消费者剩余为：

$$CS_R=q(E^R)W^R(e^H)+(1-q(E^R)W^R(e^L)) \tag{10-4-7}$$

从10.3节的结论我们可以获知，当$\beta<\underline{\beta}$时，$E^{\text{FED}}(\beta)>E^{\text{SED}}(\beta)$。因而，“弹性效率抗辩决策规则”下的预期消费者剩余（CS_{FED}）大于“严格效率抗辩决策规则”下预期消费者剩余（CS_{SED}），即

$$\beta q(E^{\text{FED}}(\beta))W(e^H)+(1-q(E^{\text{FED}}(\beta))W^R(e^L))(1-\delta)>\beta q(E^{\text{SED}}(\beta))W(e^H) \tag{10-4-8}$$

下面，我们比较“弹性效率抗辩决策规则”下的预期消费者剩余（CS_{FED}）与“补救决策规则”下预期消费者剩余（CS_R）的大小。首先，由于$E^{\text{FED}}(\beta)$随着β的提高而增加，所以$\beta q(E^{\text{FED}}(\beta))W(e^H)$也随着$\beta$的提高而增加；其次，当$\beta=0$时，“弹性效率抗辩决策规则”下的预期消费者剩余小于“补救决策规则”下预期消费者剩余，即

$$[\beta q(E^{\mathrm{FED}}(\beta))W(e^H)+(1-q(E^{\mathrm{FED}}(\beta))W^R(e^L))(1-\delta)]_{\beta=0}$$
$$<q(E^R)W^R(e^H)+(1-q(E^R)W^R(e^L)) \qquad (10\text{-}4\text{-}9)$$

因而,存在一个唯一的 $\beta\in[0,\underline{\beta}]$,满足下式:

$$\beta q(E^{\mathrm{FED}}(\beta))W(e^H)+(1-q(E^{\mathrm{FED}}(\beta))W^R(e^L))(1-\delta)$$
$$=q(E^R)W^R(e^H)+(1-q(E^R)W^R(e^L)) \qquad (10\text{-}4\text{-}10)$$

在这种情况下,对于信息质量值低于门槛值的任意 β,“补救决策规则”是最优决策规则。

(2) 如果 $\beta<\min[\underline{\beta},\bar{\beta}]$,混同均衡将占优,那么“弹性效率抗辩决策规则”与“补救决策规则”的结果是相同的。当 $\beta<\min[\underline{\beta},\bar{\beta},\tilde{\beta}]$ 时,“补救决策规则”是最优决策规则。

总之,对于两种类型的均衡而言,总是存在一个门槛值 β^*,信息质量低于这一门槛值时“补救决策规则”是最优决策规则。从以上分析可以看出,在并购评估审查中,反垄断当局的最优决策规则取决于信息质量的高低:① 总是存在一个唯一的门槛值 β^{***},当信息质量 β 满足 $1\geqslant\beta\geqslant\beta^{***}$ 时,“严格效率抗辩决策规则”是最优决策规则;② 总是存在一个门槛值 β^{**},当信息质量 β 满足 $\beta^{***}>\beta\geqslant\beta^{**}$ 时,“弹性效率抗辩决策规则”是最优决策规则;③ 总是存在一个门槛值 β^*,当信息质量 β 满足 $\beta^*\geqslant\beta>0$ 时,“补救决策规则”是最优决策规则。如果在“弹性效率抗辩决策规则”下准分离均衡占优,那么 $\beta^*=\beta^{**}$(Cosnita and Tropeano,2009)。也就是说,最优决策规则取决于信息质量:信息质量较低时反垄断当局采用“补救决策规则”;当信息质量升高时反垄断当局应引入效率抗辩,同时使用补救措施,也就是使用“弹性效率抗辩决策规则”;最终,当信息质量足够高时,“严格效率抗辩决策规则”成为最有效率的决策规则。反垄断当局在选择最优决策规则时面临一些取舍:“弹性效率抗辩决策规则”能够鼓励并购企业揭示并购能够获得效率的信息;“严格效率抗辩决策规则”可能在付出努力水平方面给予并购企业更高的激励;“补救决策规则”能够降低反垄断当局犯错误的概率。

当信息质量足够高时,低效率类型的并购企业通过选择提交并购补救措施而传递了其低效率的信号。“弹性效率抗辩决策规则”能够最大化其对并购企业付出努力水平的激励程度,这种情况下实际上不存在替换关系,“弹性效率抗辩决策规则”是最优决策规则。反之,当信息质量足够高时,“严格效率抗辩决策规则”下的并购企业的努力程度要高于“弹性效率抗辩决策规则”,此时存在着高预期效率获得与犯Ⅰ类错误之间的替换。如果效率获得水平较高,那么此时的关键变量是消费者剩余的大小(Roller *et al.*，2001；温斯顿，2007）。实际上，$W(e^H)$越高，提供高激励程度的好处就越大，因而最好采用“严格效率抗辩决策规则”。更进一步，信息质量越高，“严格效率抗辩决策规则”下犯错误的概率就越低。因此，如果信息质量足够高（$1 \geqslant \beta \geqslant \beta^{***}$）时，在“严格效率抗辩决策规则”下放弃补救措施会鼓励更有效率的并购。当信息质量降低时，可能出现两种结果。①如果在“弹性效率抗辩决策规则”下准分离均衡占优，相对于“严格效率抗辩决策规则”而言，“弹性效率抗辩决策规则”将确保一个更高的努力水平和更低的犯Ⅰ类错误的概率。然而，这一决策规则也不能像“补救决策规则”那样完全阻止犯Ⅰ类错误。因而存在一个高努力水平与犯Ⅰ类错误之间的替换。同样的，这一结果取决于信息质量的高低。这是因为在“弹性效率抗辩决策规则”下，信息质量的降低将导致预期消费者剩余的下降，结果是（当$\beta < \beta^*$时）反垄断当局更倾向于选择“补救决策规则”。②当混同均衡占优时，“弹性效率抗辩决策规则”与“补救决策规则”下的预期消费者剩余是相同的，可以用前文所给出的方法比较“严格效率抗辩决策规则”与“补救决策规则”下的结果。

10.5　本章小结

在横向并购反垄断控制中，并购企业总是通过策略性地揭示信息以影响反垄断当局的决策，而反垄断当局通过设置不同的决策规则以降低犯错误的概率。我们通过构建信息不对称条件下的动态博弈模型，对比分析了在不同信息质量水平和不同决策规则下预期消费者剩余的大小和对并购企业的激励程度，从而确定了横向并购反垄断控制的评估审查中当反垄断当局面临不同信息质量水平时的最优决策规则。也就是说，在并购评估审查中，反垄断当局的最优决策规则取决于信息质量的高低：当信息质量足够高时，反垄断当局将采用“严格效率抗辩决策规则”；当信息质量很低时，反垄断当局将采用“补救决策规则”；当信息质量处于中间水平时，反垄断当局将采用“弹性效率抗辩决策规则”。给定反垄断当局的策略选择，并购企业将在是否提交并购补救措施上进行最优选择，从而将传递自己效率类型的信号，在一定程度上解决信息不对称问题。我们的研究结果显示，存在一个中等信息质量的范围，将效率抗辩与并购补救这两种决策程序相结合是反垄断当局的最优策略选择。通过对基准情形（只允许选择一种决策程序）的分析，我们发现，当信息质量β略微高于门槛值$\tilde{\beta}$时，将效率抗辩与并购补救这两种程序相结合将在不减小并购企业努力水平的激励程度的条件下同时降低犯Ⅰ类错误的概率，因而结果会更好。同样道理，当信息质量 β 略微低于门槛值 $\tilde{\beta}$ 时，将两种程序相结合将在不提高犯Ⅰ类错误概率的同时，给并购企业提供更高程度的激励，因而能够实现更有效率的并购。同时，模型解释了并购评估审查中在要求并购企业提出补救措施的同时纳入效率抗辩的合理性。当效率抗辩与并购补救同时存在时，并购企业可以进行自我选择，从而降低信息不对称带来的决策风险，同时还可以提高并购企业在并购前的努力水平。因此，在并购评估审查中，允许并购企业将并购补救与效率抗辩相结合优于仅允许并购企业选择并购补救。我们的研究结果还显示，效率抗辩的合理性随着信息质量的提高而增加。

第 11 章　效率抗辩的分析框架与主要方法

效率抗辩就是对并购可能产生的效率效应与反竞争效应进行权衡比较,以评估并购的净福利效应。因此,效率抗辩需要分别对并购的反竞争效应和效率效应进行量化测度。相对于并购可能带来的效率而言,对并购可能对竞争产生的损害进行测度要容易一些。一般情况下,我们可以利用市场集中度(市场份额)等结构性指标间接测度出并购对竞争可能产生的负面影响。然而,没有一个类似的指标用于测度并购可能带来的效率,我们只能采用成本节约等代理变量来表示并购可能产生的效率。在效率抗辩中,能被反垄断当局承认的效率需要具有一些特质,例如,效率的并购独有性,即效率的获得是由并购带来的,难以通过其他具有更低反竞争效应的替代方式获取;效率获得的传递率(pass-on rate),即并购产生的效率要能够传递到消费者价格,被消费者分享;效率的可证实性,并购企业需要提供证据以证实效率的存在性。也就是说,作为抗辩条件之一,并购可能带来的效率需要反垄断当局的确认和再证实。为了便于反垄断当局的确认和证实,在效率抗辩阶段需要测度效率的大小,并形成能够证实效率存在及其大小的证据。对效率的这些特殊要求是必要的,同时也增加了效率评估分析的难度。测度效率大小的困难还在于,并购前后相关市场上的竞争条件和状况将发生变化,从而导致企业间的竞争模式发生变化,因而需要选择不同的竞争模型进行分析。

并购的反垄断控制政策的主要作用除了给反垄断当局提供执法的相关依据以外,还可以向并购企业传递相关信息,引导具有社会合意性的并购发生,遏制和威慑企业启动不具有社会合意性的并购。同样道理,效率抗辩也具有一种信号功能,能够提高并购决策的确定性和透明度,降低并购评估审查中可能发生的交易成本。要做到这一点,需要明确并购评估审查中效率抗辩的框架、方法和步骤。本章的主要目的就是讨论效率抗辩中评估效率的主要方法、效率抗辩的基本框架和步骤。

11.1　评估效率的主要方法

在横向并购反垄断控制的司法实践中，反垄断当局对待效率的态度，从完全忽视到给予其他并购效应同等权重，可以分为六种类型[①]。① 忽略并购中的效率因素。虽然反垄断当局承认大部分并购是为了获得某些类型的效率而进行的，但是由于评估这些效率十分困难，因而在司法实践中不予考虑。如果预期某项并购将损害竞争，反垄断当局将在不考虑该项并购可能产生效率的情况下直接予以禁止。这种在并购评估中不考虑效率因素的"本身违法"方法在美国早期的一些并购案例经常使用。在 1950 年的 Cellar-Kefauver 法案出台后的一段时间内，美国反垄断当局对待效率申辩的态度是很不友好，甚至是敌视[②]。② 将效率当作并购动机之一。反垄断当局关心并购将产生的实际效应，但是它们只能通过不完全的信息进行预测。反垄断当局最想知道的重要信息之一是并购企业真正期望的并购效应是什么。当然，反垄断当局知道，并购企业不会承认自己希望通过并购创造市场势力，因此直接询问其并购动机没有多少用处。然而，如果并购企业能够令人信服地表明并购将产生真实的效率，那么这将构成效率是并购动机的可信证据。在这种情况下，效率依然不能作为减少竞争的抗辩因素或抵消因素，它们仅仅只能作为并购动机之一，以表明并购企业没有预期到会产生较大的反竞争效应。③ 效率因素成为调整结构性门槛条件的依据之一。20 世纪 70 年代以后，芝加哥学派的经济学家们对反垄断当局完全忽视效率因素的态度提出了批评[③]，反垄断当局对待效率的态度略有改善，认为效率的确是大多数并购可能产生的后果之一，但是由于效率不能准确评估，因而在并购评估中仍然不予考虑。为了体现效率的作用，反垄断当局仅是提高了决定并购是否进入审查程序的门槛条件，并购进入审查程序后不再考虑效率因素。④ 将效率作为减少竞争测试的一部分。第四种处理效率的方法是将效率与减少竞争测试结合起来，即在因为某项

---

① 英国和澳大利亚等国还将效率因素纳入"公共利益测试"（public interest test），以考虑并购可能导致的效率因素对社会就业、收入在地区间的分配等"公共利益"所产生的影响。参见 Everett, A., and T. Ross, "The Treatment of Efficiencies in Merger Review: An International Comparison", Discussion Paper, Delta Economics Group Inc., 2002.

② 从 Brown Shoe v. U. S. 案，370 U. S. 294（1962）；U. S. v. Philadelphia National Bank 案，374 U. S. 321（1963）；FTC v. Procter & Gamble Co. 案，386 U. S. 568（1967）等并购案例中可以看出这一点。

③ Bork, R., *The Antitrust Paradox*, New York: Basic Books, 1978.

并购“显著减少竞争”而被禁止之前，允许考虑效率因素是否使“竞争没有显著减少”①。在这种情况下，如果一项并购减少了竞争但产生了明显的效率，即可能使并购后产品价格下降，那么这项并购可能因为“效率使竞争减少不够显著”而获得批准。⑤ 将效率作为支配地位测试的一部分。如果反垄断当局关注的是“并购是否产生或加强市场支配地位”，那么对于并购企业而言，效率可能被视为一件坏事情。当然，正如效率可以作为减少竞争测试的一部分那样，效率也可以作为积极因素纳入并购的市场支配地位效应评估中。例如，一项能够形成一个拥有较大市场份额企业的并购可能被批准，不是因为这一并购企业不具有明显市场势力，而是因为其市场地位是通过并购产生的显著效率而获得的。⑥ 效率抗辩。在这种情况下，效率因素能够完全被当作抗辩因素纳入并购评估审查。也就是说，一项被发现有反竞争效应的并购可以通过证明并购产生的效率超过减少竞争而产生的损失进行抗辩。至于如何测度效率，怎样权衡效率与反竞争效应，我们将在后文中展开讨论。

反垄断当局在并购评估审查中处理效率因素所面临的核心问题是，如何在不过分依赖不可靠环境下得到的表示预期净收益的结构性指标的情况下，尽量节约信息成本，降低犯错误的概率。

11.1.1 并购反垄断控制决策与错误类型

由于自身性质，并购政策在影响竞争方面只能提供一组有限的选择：要么接受（批准）并购，要么拒绝（禁止）它，要么作为一种妥协，有条件地（例如，资产剥离）接受并购。并购政策的这种局限性与规制政策形成了鲜明的对比，规制政策可以使用更多且更有弹性的政策工具来影响竞争②。无论并购政策的目标是什么，反垄断当局都面临着计算并购的净效应、比较市场势力效应③与各类效率效应的大小等大量任务。实证分析证据表明，并购企业计算从并购中获得的私人净收益不是一项轻松的任务。反垄断当局面临的任务更多，并且它们从并购企业所在市场上能够获得的信息比并购企业更少，由此可以想象，反垄断当局评估审查任务的艰巨性。鉴于计算并购净收益的艰巨性和反垄断当局进行决策选择的有限性，反垄

---

① Werden, G., “An Economic Perspective on the Analysis of Merger Efficiencies”, *Antitrust Bullet*, Summer 1997, 12—16.

② 例如，价格规制可以使用为数众多的选择来影响市场竞争，例如最高限价，最低限价，成本加成定价（加成比例可以变化），等等。

③ 本章中所称的市场势力效应就是指并购的反竞争效应。

断当局在决策中可能犯错。我们将反垄断当局可能犯的错误分为两种类型:① Ⅰ类错误,是指反垄断当局拒绝了一项对竞争具有净有利影响(促进竞争效应)的并购;② Ⅱ类错误,是指反垄断当局批准一项对竞争具有净损害效应(反竞争效应)的并购。设计和应用一项并购政策的任务就是,最小化两类错误带来的后果。这并不是说要最小化两类错误的数量,而是说要一项好的政策应该在并购具有明显反竞争效应的情况下最小化Ⅰ类错误;在并购明显具有促进竞争的效应的情况下最小化Ⅱ类错误。同时,还需要尽量节约信息成本①。

11.1.2　效率评估中可供选择的分析方法

在横向并购反垄断评估审查中,分析效率因素的方法主要有三种,即逐案分析方法、一般推定方法和序贯决策方法。

(1) 逐案分析方法(the case-by-case method)。分析并购的净竞争效应(包括市场势力和效率)的第一种方法是,同时考虑拟评估的每一个单项并购的所有效率因素,评估每项并购的效率大小。这种逐案分析的方法明显意识到每一项并购中都可能存在效率获得。然而,由于在并购分析中效率是以一种完全整合的方式被反垄断当局考虑的,我们还不能说这就是效率抗辩②。原则上,逐案分析方法可能使反垄断当局将Ⅰ类错误和Ⅱ类错误保持在最低水平,至少是在当并购审查没有发生不可预见的紧急情况时是这样。逐案分析方法在实践中的不足之处在于,它需要支付高昂的信息成本。一般而言,在逐案分析时需要进行两类信息收集活动:针对市场势力效应的信息收集和针对效率效应的信息收集。首先,需要量化分析与并购相关的市场势力及其反竞争效应。因为计算"最低要求效率"(MRE)需要首先了解市场势力效应③。分析市场势力效应,原则要求反垄断当局对产业内竞争的性质和程度有一个较为准确的理解。不过,我们将提出一个易于操作的一般程序,这种程序要求反垄断当局关注"最坏情境"(worst case scenario),不需要对市场竞争主体做出特定的行为假设,从而使评估分析变得相对简单和可行。其次,需要辨识和测度并购可能实现的实际效

① Röller, Lars-Hendrik, J. Stennek, and F. Verboven, "Efficiency Gains from Merger", *European Economy*, 2001, No 5.

② 效率抗辩是并购企业提出并购能够产生效率的证据,以求获得反垄断当局的认可,从而使该项并购能够获得批准。并购企业提出效率证据后,反垄断当局会根据这些信息进行评估分析,确定效率是否存在及其大小。

③ "最低要求效率"就是为了补偿并购导致的市场势力效应所需要的效率大小。后文将对这一概念进行详细解释和分析。

率。如果并购带来的未来效应具有很大的不确定性,那么两类信息收集活动都会涉及显著的成本。

(2)一般推定方法(the general presumption method)。在并购评估审查中纳入效率因素分析的一种可供选择的方法是对可能存在的效应进行一般推定。一般推定方法的极端例子是,禁止所有的横向并购(净效应假定为负)或者批准所有的横向并购(净效应假定为正)。然而,一个稍好一些的变通办法是,根据一些容易观察的并且包含(或部分包含)并购净效应信息的指标来作出是否批准的决策。特别地,根据以往积累的并购效率效应的类型和大小等经验信息,反垄断当局可以构建一些结构类指标(例如,市场份额或者集中度指数),来测度并购的平均净效应。由此可以看出,一般推定的方法是建立在默认效率的基础上,是对效率因素的间接测度。很明显,一般推定方法消除了逐案分析方法评估并购时所涉及的高昂的信息成本问题,但是需要测算一系列测度并购平均预期净效应的结构类指标。作为评估一项具体并购净效应"指示器"的结构类指标的质量,取决于并购效应的累积不确定性程度。高累积不确定性出现的主要原因有两个,即与平均市场势力效应相关的不确定性和与平均效率效应相关的不确定性。当累积的不确定性很高时,这些结构类指标就不是并购净效应的良好的"指示器",一般推定方法的准确度就会降低。① 一般推定方法的不足之处还体现在,① 每一个寡头垄断市场都是根据其市场主体的行为特点来界定的,不同的行为假定对应着不同的市场类型。例如,设定价格或设定产量行为,串谋或非串谋行为,同质产品或差异化产品,等等。因此,用容易观察到的结构类指标作为度量并购市场势力效应的简单而一般化的公式,难以成为每一类市场上所发生并购的市场势力效应的良好近似②。② 每一项并购所实现的实际效率是不一样的。并购通常产生不同类型的效率,这些不同类型的效率会对竞争产生不同的影响。此外,不同的并购带来的效率(或非效率)的大小也是显著不同的。

(3)序贯决策方法(the "sequential" method)。既然逐案分析方法涉及信息成本问题,一般推定方法涉及累积不确定性问题,那么自然就会提出这样一个问题,是否存在一种折中的方法,既能结合二者的优点,又能解

---

① Röller, Lars-Hendrik, J. Stennek, and F. Verboven, "Efficiency Gains from Merger", *European Economy*, 2001, No 5.

② Werden, G., and L. Froeb, "Simulation as an Alternative to Structural Merger Policy in Differentiated Products Industries", in Coate, M., and A. Kleit (eds.), *The Economics of the Antitrust Process*. Topics in Regulatory Economics and Policy Series, Boston, Dordrecht and London: Kluwer Academic, 1996, pp. 65—88.

决二者的不足。序贯决策方法(也称为序列分析方法)的目的就是要将以上两种方法结合起来,扬长避短。一般而言,序贯决策方法首先根据一般的结构类标准对并购进行初步筛选分析,如果该项并购达到标准,就将获得批准;如果并购没有达到标准,就对该项并购的某些方面(如效率、市场势力等)进行进一步的细节分析。大部分国家的反垄断当局在评估并购时采用的都是不同版本的序贯决策方法。例如,评估审查的第一步是进行常规检查和初步筛选,看看并购企业的总营业额(或其他指标)是否超过临界水平,只有那些没有达到初始标准的并购才进入下一步的评估分析阶段①。换句话说,如果一项并购没有通过第一阶段的常规测试,就要进入更详细的评估审查阶段。这时问题再次出现,反垄断当局是应该考虑所有因素以评估并购净效应,还是根据一般推定结果进行更有限的调查,哪一种方法更可取。原则上,同时或者分步骤的多维度评估审查程序包括:相关市场界定,市场份额测度,进入壁垒测试,预期市场势力效应的更具体的测试(如串谋测试),失败企业抗辩条款的测试等(Fisher,1987)。在具体测试的每一个环节都有可能存在效率因素,这就相当于承认了并购企业的效率抗辩。在决定是同时考虑,还是分步考虑,还是不考虑这些多维度因素时,反垄断当局将依据结构类标准的信息成本和累积不确定性的相对重要性进行决策。下面,我们将较为详细地讨论如何应用序贯决策方法分析并购中的效率因素。

11.2　效率抗辩的类型

为了使分析简便,我们将注意力集中于并购分析的两个核心层面:市场势力(或“反竞争”)效应和效率效应。这样序贯决策方法就相当于一个“两步分析方法”②。第一步,计算简单的结构类指标,隐含的目的是将市场势力效应和效率结合起来考虑,应用“安全港规则”对并购进行初步筛选。在这一步中没有明显的效率分析,而是有一些一般的假定。如果结构类指标达到一定的门槛条件(“安全港规则”),那么并购自动接受或拒绝;其他情况下,进入第二步评估审查,并允许效率抗辩。在第二步中,反垄断

① 因此,这种方法不需要逐案分析方法那样对所有的并购进行全面的细节评估,信息成本不会太高;也不像一般推定方法那样对所有并购只进行常规性的分析,并购效应的累积不确定性不会太高。

② 实际上,序贯决策方法的分析步骤不止两步,需要分析并购效应的不同方面。序贯决策方法分析步骤可能包括市场份额测试、进入壁垒测试、失败企业测试、效率测试等等。

当局对市场势力效应和效率效应进行详细而明确的权衡比较。应用效率抗辩过程中会出现两个核心问题:① 第一步中如何确定门槛水平的结构类指标?② 第二步中如何详细地权衡分析市场势力效应和效率效应?

我们首先分析第一个问题,第二个问题留到下面的章节中分析。并购分析的第一步是确定表示门槛水平(threshold level)的结构类指标。然而,正如我们将要分析的,接受或拒绝一项并购的实际标准可能因为第二步中效率抗辩的可能性差异而有所不同。我们假定反垄断当局使用一个特定的结构类指标作为并购预期净效应的测度指标。例如,欧盟委员会通常使用并购企业的市场份额,美国除了使用并购企业的市场份额指标以外还使用集中度指数,尤其是表示市场集中状况的赫芬达尔指数(HHI),已经被很多国家的反垄断当局采用。图 11-1 表示了结构类指标可能在评估审查第一阶段使用的三种情况。图中每一条直线表示结构类指标的范围,点 L 和点 H 分别表示低门槛水平和高门槛水平。反垄断当局将对处于二者之间的并购进行第二步的详细评估分析。

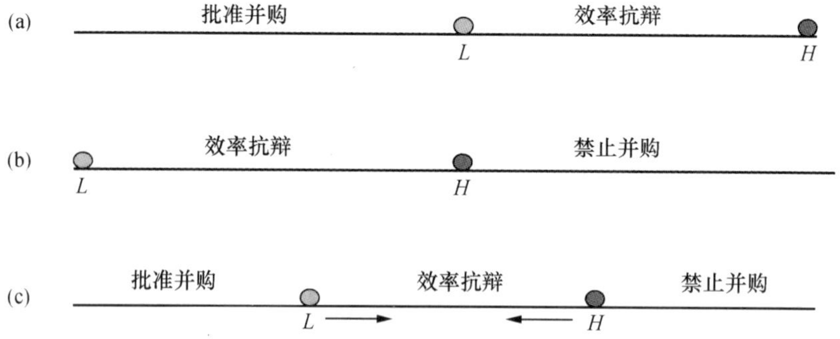

图 11-1 结构类指标与效率抗辩

资料来源:作者根据 Roller *et al*. (2001)等修改。

(1) 低市场集中度下的并购。在图 11-1(a)所示的情况下,如果一项并购的结构性指标(例如,并购企业的联合市场份额)没有超过某一低门槛水平(点 L),那么该项并购不需要进行进一步的审查,直接被接受(批准);如果一项并购的结构性指标超过了低门槛水平(点 L),那么该项并购需要进入第二阶段的审查,进行效率抗辩。这是对效率抗辩的最常见的理解。它意味着反垄断当局总是批准不会导致市场支配地位的并购;在有可能导致市场支配地位时,需要进行效率抗辩。这种类型的效率抗辩反映了反垄断当局相信低结构类指标以一个合理的可信度预示着净福利效应;而高结构类指标对净福利效应几乎没有任何预测能力。这种情况会发生在当结构类指标能够很好地预测市场势力效应,并且反垄断当局相信效率具有较高均值和较高方差时。

(2) 高市场集中度下的并购。图 11-1(b)表示了另一种较为极端的情况,即如果某项并购的结构类指标超过了某一高门槛水平(点 H),那么该项并购总是被拒绝(禁止)。如果某项并购充分低于这一门槛水平,那么就允许进行效率抗辩。这就意味着,反垄断当局从不允许一项能够导致垄断的并购发生;允许不会导致垄断的并购进行效率抗辩。这种类型的效率抗辩反映了反垄断当局相信高结构类指标以一个合理的可信度预示着净有害效应;而低结构类指标对此几乎没有预测能力。这种情况会发生在当结构类指标能够很好地预测市场势力效应,但反垄断当局相信效率具有较低(可能为负)均值和较高方差时。

(3) 双向效率抗辩。图 11-1(c)表示,结构类指标低于某一低门槛水平(点 L)的并购总是获得批准,而结构类指标高于某一高门槛水平(点 H)的并购总是被拒绝;结构类指标处于中间水平的并购,在作出决策前需要进行效率抗辩。这似乎意味着,发生在小企业间的并购总是被自动批准,而所有导致垄断的并购总是被拒绝,处于中间地带的并购要求对效率因素进行具体评估。如果低门槛水平(L)和高门槛水平(H)互相靠拢(如图 11-1(c)中的箭头所示),那么需要进行效率抗辩的范围变得越来越小。极端情况是,当低门槛水平(L)和高门槛水平(H)相等时,就不再需要效率抗辩了,取而代之的是应用一般推定方法。双向效率抗辩可以看成是一般推定方法的最直接的推广,此时一般推定下的严格而单一的接受或拒绝的门槛条件扩展成了一个允许效率抗辩的"灰色区域"。双向效率抗辩反映了反垄断当局相信结构类指标在反映并购的竞争效应方面表现相对良好。

以上分析显示,并购评估审查第二阶段中的效率抗辩可能通过不同途径得到应用。具体应用哪一类型的效率抗辩,取决于可观察的结构类指标所预测的预期净福利效应的大小。然而,首要问题是反垄断当局首先需要确定是否值得采用效率抗辩。如果效率审查所涉及的信息成本十分高昂,那么就不应采用效率抗辩。此时,实际上相当于图 11-1(c)所示的极端情况,低门槛水平(L)和高门槛水平(H)相等①。现在考虑信息成本下降,使得反垄断当局引入效率抗辩。这种信息成本下降可能来源于度量方法的改进、模拟分析工具的应用等。当信息成本充分下降时,低门槛水平(L)和高门槛水平(H)不再重合(低门槛水平(L)向左移动,高门槛水平(H)向

---

① 假定低门槛水平(L)和高门槛水平(H)都不位于最左边或最右边,从而不是拒绝所有并购,也不是接受所有并购。

右移动),可进行效率抗辩的空间变大。当信息成本下降使效率抗辩成为合理选择时,需要两个门槛标准,而不是一个单一的“支配地位”门槛标准:① 低门槛水平(L),比前文所述的单一门槛标准低一些,以使得更少的并购自动被接受;② 高门槛水平(H),比前文所述的单一门槛标准高一些,以使得引入效率抗辩后有更少的并购自动被拒绝。从这个意义上说,欧盟引入效率抗辩后也应该引导反垄断当局修改现行的以市场支配地位为基础的门槛条件。一方面,市场支配地位的门槛水平(H)(高于这一水平的并购不考虑效率因素而被自动阻止)应该提高;另一方面,应设立新的门槛水平(L),表示没有任何可能导致市场支配地位的可能性,低于这一水平的并购不需要效率抗辩就可以被接受。最后需要提到的是,如果门槛条件不进行相应的调整,从一般推定方法转移到序贯决策方法,并不意味着并购政策的放松。

11.3 效率抗辩中的最低要求效率

在讨论逐案分析方法时我们已经提到,计算市场势力效应和效率效应的信息成本可能很高,从而使得效率抗辩在实践中不可行(低门槛水平(L)与高门槛水平(H))。在本部分和下文中,我们将转而分析如何详细评估实际效率和能够补偿市场势力所导致的消极效应的效率标准问题。这些分析也会涉及引入效率抗辩中信息成本的潜在重要性。如果一项并购在第一阶段的评估审查既没有被自动接受,也没有被自动拒绝,那么就要启动第二阶段的效率抗辩。这一阶段要求对效率因素导致的净福利效应进行更彻底的逐案分析。应该强调的是,这一阶段不仅要求对并购的实际效率进行准确测度,而且要求对市场势力效应(反竞争效应的)进行较为精确的计算。以上两个方面的效应的测度应使用可比单位,以便得到一个对于并购净效应的全面评估。从概念上讲,反垄断当局需要区分实际效率(actual efficiencies)的测度值与最低要求效率(minimum required efficiencies,简称为 MREs)的计算值①。在本部分内容中,我们将详细地讨论 MREs 的计算问题,既从价格下降的视角分析 MREs,也从外部正效应的视角考虑 MREs。

① 最低要求效率的计算问题也可以表述成什么是效率标准问题。

11.3.1　最坏情境下的最低要求效率

(1) 最坏情境下的预期价格上升。并购导致的预期价格变动的幅度(百分比)可以分解为两个独立的部分:① 成本不变时,市场势力增强导致的预期价格上升;② 边际成本下降乘以预期传递率而导致的价格下降。举例来说,如果我们假定第一种效应的结果是并购导致价格上升的百分比为$\frac{\mathrm{d}p}{p}$。那么,要想使净的价格效应为非正,需要满足:

$$\frac{\mathrm{d}c}{c}\left(\frac{\mathrm{d}p}{\mathrm{d}c}\frac{c}{p}\right) \leqslant -\frac{\mathrm{d}p}{p} \tag{11-3-1}$$

其中,$\frac{\mathrm{d}c}{c}$为成本下降的百分比,$\left(\frac{\mathrm{d}p}{\mathrm{d}c}\frac{c}{p}\right)$为传递弹性,它表示成本每降低一个百分点,价格将下降多少个百分点。计算第一部分的困难在于,反垄断当局需要了解并购前后相关市场的竞争程度,相关市场上的企业在并购前是 Cournot 竞争还是 Bertrand 竞争?它们是相互串谋还是以其他策略性行为牟取市场利益?并购企业行为会发生什么样的变化?并购会提高串谋成功的概率,还是只会发生单边市场效应?要解决这一系列的问题,需要大量的信息。为了回避这些难题,反垄断当局可能选择"最坏情境"(worst case scenario)进行分析,作为并购评估审查的基准和参考。欧盟委员会使用并购前相关市场的规模界定了最坏情境。在 1997 年 12 月发布的一份通告中,欧盟委员会阐述了市场界定的基本原则。如果某一市场上最低数量的产品的假定联合价格比现期水平上升 5%—10% 是有利可图的(假定效率水平不发生变化),那么该市场就是相关垄断市场。因此,如果两个企业不能通过将价格提高 5%—10% 而获利,那么相关垄断市场应大于这两个企业,反垄断当局就可以推断这两家企业之间的并购不会导致垄断。反垄断当局就会继续引入其他竞争性产品来界定相关市场,直到有充足数量的产品以使假定联合价格上升是有利可图的为止。如果相关市场是按照这种程序来界定的,那么最坏情境就是该市场上的所有企业同时将价格提高 5%—10%(假定效率水平不变)。这是因为根据相关垄断市场的界定,更高的价格上升可能使该市场上的企业无利可图。一般而言,市场上的企业实际上不会将价格提升 5%—10%。即使是并购后设置的串谋价格(联合利润最大化价格),价格上升的幅度也会小于 5%—10%。如果并购不会导致串谋价格,价格上升的幅度会更小一些。人们不禁会疑问,最坏情境中价格上升幅度 5%—10% 是一个随意数字;如果反垄断当局选择其他更高的数字,例如 20%,来界定相关市场,那么相关市场就会包括更多的企业，最坏情境中的价格上升幅度也会变大。然而，这一争论没有考虑到反垄断当局为什么一开始在相关市场界定中选择5%—10%这一数字。下面，让我们看看反垄断当局在相关市场界定中使用这一数字的可能的初衷。反垄断当局可能将数字5%—10%看成是在评估审查初始阶段中最大价格上升的不可容忍水平。不可容忍水平设置在5%—10%，依据的是一些(隐性的)一般假定，这些假定认为效率获得不足以补偿没有效率变化时所发生的价格水平上升5%—10%所带来的消极效应。反垄断当局所关心的重要问题是，对于相关市场规模而言的并购规模的大小。首先，并购可能涉及相关市场上的所有企业(甚至包括相关市场以外的企业)，或者说，该项并购可能导致垄断(甚至"超越"垄断)。我们的解释是，在评估审查的初始阶段，反垄断当局可能会拒绝这类并购。因为这类并购已经超过了5%—10%的价格上升的不可容忍水平，进入了高门槛水平(H)的拒绝区域(见图11-1)。其次，并购可能只涉及相关市场上的部分企业，或者说，并购不会导致垄断。这类并购可能被拒绝，也可能被批准，主要看这类并购是否会在相关市场上产生或加强市场支配地位的测试结果。如果该项并购通过市场支配地位测试，那么不需要通过更加详细的审查，该项并购就会被批准。反垄断当局可能将市场支配地位测试解释为价格上升可容忍水平的测试，如果低于这一水平，那么根据一般假定，该项并购带来的预期反竞争效应将小于其预期效率效应。也就是说，价格上升的可容忍水平(例如2%)就成为了低门槛水平(L)，低于这一水平的并购就进入了直接批准区域(见图11-1)。如果该项并购没有通过市场支配地位测试，那么就需要进行更加具体深入的评估审查。特别地，这类并购可能因为缺乏成本节约效应而导致价格温和或明显上升(上限为5%—10%)。换句话说，这类并购的最坏情境是价格上升5%—10%。

(2) 传递率的重要性。边际成本需要下降多少才能够补偿预期最坏情境下的价格上升？正如上文所述，这依赖于成本节约传递到消费者价格的传递程度，即传递率的大小①。举例来说，假定传递率为50%，如果成本下降10%，那么价格只下降5%。在最坏情境下，传递率为50%意味着边际成本的最低要求效率(MREs)下降幅度为10%—20%，也就是将5%—10%除以50%。更一般地，如果我们假定边际成本下降传递到消费者价格的传递率为β，那么在最坏情境下，能够补偿价格上升的边际成本下降

① 关于传递率的界定与测度方法，请参见本书的第2章。

等于 5%—10% 除以 β。传递率 β 越大，价格上升的效率标准就越大①。应用最坏情境的分析方法，计算最低要求效率问题就可以归结为估计传递率问题（Stennek and Verboven，2006）。这就使问题大为简化，因为边际成本下降与消费者价格之间的传递率问题已经得到经济学界的较多关注，经济学家们从理论和实证双重视角对此问题进行了研究②。

（3）传递率的实际评估。关于传递率的实证分析很多，并且分布在经济学的不同领域。实证分析的结果显示，传递率是不完全的，β 总是小于 1，大致位于 30%—70%③之间。如果这一结论是正确的，那么我们可以推论：① 若使用 5% 的标准来界定相关市场，那么补偿价格上升的效率标准应为 7%—17%；② 若使用 10% 的标准来界定相关市场，那么补偿价格上升的效率标准应为 14%—33%。我们可以看出，这些标准都很高，原因在于我们是通过最坏情境假设推导出来的。不过，还是有一些并购可能达到这些较高的效率要求。反垄断当局越有信心获得跨部门传递率的估计值，就越容易使用一般推定的方法得到最低要求效率值。举例来说，如果实证研究结果证实，将传递率假定为 50% 相当可靠，那么效率标准只需要简单地达到界定相关市场时所使用的假定联合价格上涨幅度的两倍。与此相反，如果对实证文献进行详细审查发现，不同产业部门的传递率的变化幅度很大，那么反垄断当局在第二阶段可能使用逐案分析方法来估计传递率参数。在逐案评估审查中，以下因素可能纳入分析过程：① 如果并购发生的产业部门已经存在关于传递率实证分析的结果，并且这些结果是可以获得的，那么这些结果可能被反垄断当局使用；② 在使用历史数据评估传递率时，要求并购企业提供必要的信息；使用实证方法估计过去的传递行为时，要求使用基于数据的相当标准的计量程序，并且这些数据应是企业能够及时提供的；③ 在确定并购企业所在行业的传递率偏离经济中的平均传递率的可能性时，可使用定性的方法。这种定性分析可能是以一些理论

---

① 全部传递意味着传递率参数 $\beta=1$；没有传递效应意味着 $\beta=0$；部分传递意味着 $0<\beta<1$。$\beta>1$ 在理论上是可能存在的，它意味着由于竞争程度的加剧，价格下降的幅度大于边际成本下降的幅度。传递率为负，即 $\beta<0$，与企业行为的大部分理论模型是不一致的，因而一般不予以考虑。

② Stennek and Verboven（2006）从理论与实证两个方面全面分析了竞争产业和垄断产业内传递率的计算与测度问题，具体结果参见 Stennek J.，and F. Verboven，"Merger Control and Enterprise Competitiveness：Empirical Analysis and Policy Recommendations"，in Ilzkovitz，F.，and R. Meiklejohn，*European Merger Control：Do We Need an Efficiency Defense?* Edward Elgar：Northampton，MA，USA，2006，pp. 242—292。

③ 关于这一结论，仍存在很多争论，需要进一步的实证分析。即使是对于同一案例，反垄断当局与并购企业之间对传递率的大小也存在争论，例如本书第 13 章所分析的 Staples-Office Depot 一案。

假定为基础。

在决定表示边际成本下降对消费者价格影响程度的传递率大小时，有三个变量较为重要：边际成本曲线的斜率、竞争的激烈程度和表示需求价格弹性的曲率大小。① 假定市场是完全竞争的且边际成本不变，那么边际成本变化将完全传递到消费者价格，此时 $\beta = 100\%$ 。② 假定市场仍然是完全竞争的，但由于生产能力限制等原因导致边际成本处于上升阶段，那么传递率将是不完全的[①]，此时 $\beta < 100\%$ 。假定竞争企业根据边际成本下降程度决定价格下降的幅度。价格下降将导致市场需求上升，为了适应增加了的市场需求，企业需要提高产量。当边际成本因生产能力限制而上升时，这就要求并购企业设置一个比原来已经下降了的价格更高的价格，因此传递率是非完全的。③ 假定市场是不完全竞争的。在这种情况下，并购企业有动机通过调整价格—成本加成来适应成本的变化。价格—成本加成的变化幅度依赖于表示需求价格弹性的曲率大小。我们已经知道，基于边际成本的价格—成本加成的大小是由需求价格弹性的倒数决定的。如果需求的价格弹性不变，价格—成本加成的百分比也会保持不变。在这种情况下，成本的变化不会导致价格—成本加成的变动。与之相反，如果需求的价格弹性随着价格的上升而上升，那么并购企业会发现它们的最优选择是，成本上升时降低价格—成本加成，成本下降时提高价格—成本加成。因而传递率是非完全的。以上理论分析告诉我们，当并购发生的行业是边际成本上升的行业时、当相关市场上存在明显的市场势力时、当价格—成本加成能够吸收需求价格弹性的上升时，预期的传递率水平将会较小。前两种情况能够直观地、相对容易地通过变量的变化观察到；第三种情况看上去要困难一些。然而，也有一些理论研究成果显示，价格—成本加成对于成本变化的吸收程度与企业的市场份额之间存在一定的联系[②]。

（4）与最坏情境方法相关的注意事项。上文通过关注并购带来的反竞争效应的的最坏情境讨论了计算 MREs 的方法，即为了促使价格下降所要求的边际成本的下降程度。最坏情境下的 MREs 等于利润最大化的联合价格上升幅度除以传递率参数 β。一般情况下，反垄断当局将最大化的联合价格上升幅度界定为 5%—10% 。这是因为，相关市场是以一个（隐性的）价格上升的幅度不可容忍水平（5%—10%）为基础界定的，高于这一水平的并购几乎可以肯定地被拒绝。在本小节中，我们将更明确地讨论

---

① 假定市场需求不是完全非弹性的，或者说市场需求具有一定的弹性。

② Feenstra, R., J. Gagnon, and M. Michael, "Market Share and Exchange Rate Pass-Through in World Automobile Trade", *Journal of International Economics*, 1996, 40(2): 187—207.

针对最坏情境方法的可能反对意见。① 需要注意到的是,相关市场界定中使用 5%—10% 价格上升幅度的方法需要预先假定,反垄断当局知道(或假定)(待定的)相关市场外部企业对于(待定的)相关市场内部企业的联合价格上涨是如何反应的。例如,反垄断当局可能假定当内部企业将价格水平提高 5%—10% 时外部企业保持价格不变;反垄断当局也可能假定外部企业可能合谋行动,也将价格提高 5%—10%;反垄断当局还可能假定外部企业根据 Bertrand 竞争、Cournot 竞争或者其他策略性行为模型进行反应。当我们构建最坏情境方法时,我们假定反垄断当局在市场界定中的确获得了正确的信息,包括外部企业可能的反应。然而,如果现实中不是这样,该方法就需要修正。举例来说,如果反垄断当局不正确地假定所有的外部企业将保持价格不变,而实际上一些企业参与串谋也将价格提升 5%—10%,此时,最坏情境方法就需要修正。② 最坏情境方法面临的第二个困难是,5%—10% 的价格上升仅是最大化联合利润价格上升的一个下限,因而可能不是最坏情境下价格上升的一个较好的近似值。为了能看到这一点,我们假定 5%—10% 上升幅度使反垄断当局发现一个由 N 个企业构成的市场。严格来说,反垄断当局只能确定($N-1$)个企业将价格上升 5%—10% 难以获利。当将第 N 个企业纳入分析时,潜在联合市场势力以极快的速度上升,那么可能出现的结果是,那些企业突然发现一个明显超过 5% 的联合价格上升是有利可图的。我们可以将这一问题称为企业数量从($N-1$)增加到 N 时的整数问题。在实践中,如果反垄断当局承认在市场界定中额外增加企业会或多或少地提高联合市场势力,那么整数问题不需要被夸大。主要的例外可能是,界定后的相关市场上的企业数量正好等于参与并购的企业数量,因此这一并购将导致相关市场上的垄断。在这种情况下,并购企业的确可能发现以明显超过 5%—10% 的幅度提高价格是有利可图的;此时 5%—10% 的价格上升幅度仍然是最坏情境下的一个下限,然而实际最坏情况下的价格上升幅度更高。反垄断当局的不可容忍价格上升水平已经被超过,这类并购无需效率抗辩就应被禁止。③ 欧盟委员会公告是通过考虑最大化利润的联合价格上升来界定相关市场的,而其他一些国家是通过考虑最优联合价格上升来界定相关市场①。虽然反垄断当局需要对企业的理性作出不同的假定,但是两种方法都可以解释为最坏情境方法。在第一种方法中,反垄断当局假定最坏情境可能发生在

---

① Röller, Lars-Hendrik, J. Stennek, and F. Verboven, "Efficiency Gains from Merger", *European Economy*, 2001, No 5.

并购企业将价格提高到这样的水平:相对于并购前而言,在该水平下企业不再增加盈利。在第二种方法中,反垄断当局假定最坏情境可能发生在企业通过联合最佳方式设置价格的情况下。

11.3.2 以具体竞争模型为基础的最低要求效率

上文提到,在计算能够促使价格下降的 MREs 时要求一定数量的信息。实际上,反垄断当局在评估 MREs 时只需要估计传递率的大小。这种方法的一个不足之处在于,它是从一个最坏情境开始的。在实际经济生活中,并购企业提价幅度很有可能小于假定的 5%—10%。在相关市场包括大量企业时尤其如此,因为在这种情况下并购后企业串谋的可能性基本被排除了,此时一个非串谋的寡头竞争模型可能更适合于分析此类并购。因此,上一小节中界定的方法和程序可能导致过高的 MREs,并拒绝那些可能具有潜在净福利效应的并购。然而,基于具体的非串谋竞争模型而构建的 MREs 方法还是为反垄断当局的执法留有一定余地。在欧盟,只有当一项并购产生或加强市场支配地位时才有可能被禁止。因此,只有涉及市场支配地位的并购才需要效率抗辩①。Morgan(1996)应用经济学术语将联合市场支配地位解释为串谋。根据这一观点,只有那些能够导致单一企业市场支配地位,或者可能导致串谋的并购,才有被禁止的风险。因此,只需要为串谋市场提供效率抗辩,而不需要为具有例如 Cournot 或 Bertrand 类型竞争特点的市场构建效率抗辩框架。如果这是正确的,那么上文所阐述的最坏情境方法就是合适的方法。然而,同时考虑基于非串谋竞争模型构建 MREs 是有必要的。原因之一是,Morgan(1996)关于联合市场支配地位仅包括串谋而不包括非串谋寡头竞争的解释,可能在未来得到修正或调整。实际上,这种解释缺乏明显的经济学基础。如果一项并购导致价格上升而损害了消费者,那么至于价格上升是由并购企业的单边行为导致的,还是由相关市场企业的协同行为导致,对于消费者而言并不是十分重要。

在下文中,我们将应用一些具体的竞争模型来推导计算 MREs 的公式。如果这些竞争模型能够以一个较为合理的可信度应用于分析并购发生所在行业,那么这些衍生的 MREs 的计算方法可能更为准确一些②。我

① 关于市场支配地位的界定,一些国家的反垄断当局有所变化。早期市场支配地位是指单一企业拥有很大程度的市场势力。20 世纪 90 年代以后,欧美等国的反垄断当局扩大了市场支配地位的外延,联合市场支配地位、寡头竞争式市场支配地位等也包括进来。

② 产业经济学家也建议将计算 MREs 的举证责任交给并购企业,而不是反垄断当局。这是因为,并购企业对于他们所在行业的竞争性质有更好的了解和更多的信息,并且竞争企业可能更倾向于仔细评估并购的反竞争效应。

们将区别两类模型：同质产品市场上的 Cournot 竞争和异质产品市场上的 Bertrand 竞争。为了能够推导计算 MREs 的显性公式，我们也需要做出一些假定。通过具体竞争模型推导的计算效率标准的派生公式比较容易解释，它们是以相对容易观察的变量为基础，并且能够简单快速地应用于并购评估审查。不足之处在于，这些效率标准公式对于并购前后的竞争假设相当敏感①。

（1）同质产品与 Cournot 竞争。我们假定在一个发生 Cournot 竞争的同质产品市场上有两个企业，企业 A 和企业 B 发生并购（Farrell and Shapiro，1990）。并购前同质产品的价格表示为 P，两家企业的边际成本分别为 MC_A 和 MC_B，并购后企业的边际成本为 MC_M（在与并购前的同一生产水平上）。Farrell and Shapiro（1990）发现，当且仅当并购企业的价格—成本边际（并购前生产水平上的）大于并购前各并购企业的价格—成本边际之和，即 $P - MC_M > (P - MC_A) + (P - MC_B)$ 时，并购才能降低价格。假定企业 A 的边际成本低于或等于企业 B 的边际成本，即 $MC_A \leqslant MC_B$，以上条件可以重新写为：$MC_A - MC_M > P - MC_B$。也就是说，低成本企业（企业 A）的边际成本下降必须超过高成本企业（企业 B）在并购前的价格—成本边际。这一条件的经济学直觉是，并购前企业的市场势力越大，要求的边际成本下降的幅度就越大。这一公式的一个不足之处在于，它依赖于不太容易观察到的变量：边际成本数据很难从会计成本数据中推导出来。然而，使用 Cournot 模型关于价格—成本加成的均衡条件可以将上述条件重写为：

$$\frac{MC_A - MC_M}{MC_A} > \frac{s_B}{\varepsilon - s_A} \tag{11-3-2}$$

其中，s_A 和 s_B 分别是企业 A 和企业 B 在并购前的市场份额，ε 是市场的需求价格弹性。（11-3-2）式表明，低成本企业 A 边际成本下降的百分比必须超过一个较易计算的门槛条件 $s_B/\varepsilon - s_A$。现在，需要了解的信息是并购前企业的市场份额和市场需求价格弹性。直观上，当企业 A 或企业 B 的市场份额上升，或者市场需求价格弹性下降，要求的成本下降的百分比就会上升。下面，我们来区别两种极端情况。一方面，如果企业 B 的市场份额变得很小，那么要求的边际成本下降（相对于低成本企业 A 并购前的边际成本而言）也会变小。因此，并购小企业只要求较低的 MREs。另一方面，如果并购企业的联合市场份额超过了市场需求价格弹性，即 s_A +

① 在后文中，我们将分析在计算上更为复杂的模拟分析方法。这些方法会赋予简单模型更多的经济学直觉，并且同时可以使所构建竞争模型在分析中更具弹性和现实性。

$s_B > \varepsilon$，那么该项并购永远不会降低价格，即使是并购后边际成本降至 0。在两个极端之间，效率水平的门槛值需要具体计算。例如，如果企业 A 和企业 B 分别拥有 30% 和 10% 的市场份额，市场需求价格弹性为 1，以企业 A 计算的要求的边际成本下降幅度为 33%；如果并购企业的联合市场份额 40% 是均匀分布的（即每家企业拥有 20% 的市场份额），那么要求的边际成本下降幅度为 25%。从实证分析的角度，评估 MREs 值需要计算企业的市场份额和市场需求价格弹性。而计算这两个变量的前提是正确界定相关市场。为了计算需求的价格弹性，需要在收集价格的历史信息数据、总市场需求和其他变量（例如收入水平）后，使用特定的计量方法。在很多情况下，市场需求价格弹性也可以通过公开出版的学术刊物或从产业内权威人士那里获得。如果通过这些途径无法获得，那么可以假定一个关于市场需求价格弹性的合理值，并且需要对被择假定的稳健性进行评估和检验。

（2）异质产品与 Bertrand 竞争①。以上较为简单的估算公式主要是应用于企业生产同质产品的情况下，如果企业生产的是差别化产品，那么以上公式需要进行一些修改。在差别化产品条件下，每一类产品不再具有单一的价格，因而也没有市场需求价格弹性的单一概念。此时更为基本的工作是解决产品是如何差异化的这一问题。一种极端情况是，产品可能是对称差别化，行业内部所有产品彼此是同等程度（距离）的替代品；另一种极端情况是，产品是非对称差别化，每一种产品只有一到两个直接竞争者，并且竞争高度本地化（局部化）。一般而言，在差异化产品情况下，并购的价格效应可以用产品需求的自身价格弹性和交叉价格弹性来描述。我们用 ε_{AA} 表示产品 A 需求的自身价格弹性，它是指当产品 A 的价格提高 1 个百分点时产品 A 市场需求的变化幅度（用百分比表示）。我们用 ε_{AB} 表示产品 B 的市场需求对于产品 A 价格的交叉价格弹性，它是指当产品 A 的价格提高 1 个百分点时产品 B 市场需求的变化幅度（用百分比表示）。我们用分流率 δ_A 表示 ε_{AB} 与 ε_{AA} 的比率，即 $\delta_A = \varepsilon_{AB} / \varepsilon_{AA}$，它是指当产品 A 价格上升时，其失去的销售额中被产品 B"捕获"的比例。换句话说，分流率是指在产品 A 的所有消费者中，认为产品 B 是产品 A 的次优选择（最佳替代品）的消费者所占的比例。同样道理，我们可以界定产品 B 价格变化时的相关效应（ε_{BB}、ε_{BA} 和 δ_B）。

在并购反垄断控制的评估分析中，分流率 δ_A 的概念十分重要，这是因

① 本书中，异质产品、差异化产品、差别化产品是在同一语义上使用。

为这一概念提供了对并购前产品A和产品B之间竞争强度的测度。假定产品A和产品B并购入同一家公司，如果分流率较小，那么产品A和产品B不存在有力的竞争者，该项并购对产品A的市场势力没有明显的影响；如果分流率较大，并且企业A和企业B不面临来自市场上其他产品的竞争，那么并购可能导致市场势力的明显增强。在这种情况下，要求并购产生什么样的成本效率以降低价格？如果假定产品需求的自身价格弹性和交叉价格弹性不随价格上升而变化，并且企业是设定价格进行竞争，而不是设定产量进行竞争，那么就可以推导出以下计算MREs的公式：

$$\frac{MC_A - MC_A^M}{MC_A} > \frac{1}{\varepsilon_{AA} - 1} \times \frac{\delta_B(1 + \delta_A)}{1 - \delta_A \delta_B} \qquad (11\text{-}3\text{-}3)$$

其中，MC_A^M 表示并购后产品A的边际成本。当产品A和产品B是对称性差异化时，(11-3-3)式可以简化为①：

$$\frac{MC_A - MC_A^M}{MC_A} > \frac{1}{\varepsilon_{AA} - 1} \times \frac{\delta_A}{1 - \delta_A} \text{②} \qquad (11\text{-}3\text{-}4)$$

(11-3-4)式说明，如果产品A的自身价格弹性下降、分流率上升，那么要求能够导致产品A价格下降的效率标准就越大。这一结论很直观，因为低价格弹性反映了并购前的高市场势力，高分流率反映了并购产品之间的激烈竞争。如果进一步假定两种产品市场份额之间的比率独立于市场上的其他产品，那么就可以利用市场份额来计算分流率。在这种独立性假定下，分流率 δ_A 就等于 $s_B/(1 - s_A)$③，即产品B是产品A的最佳替代品的可能性等于产品B的市场份额与该市场上除产品A以外的所有产品的联合市场份额之比。根据以上假定，可以推导出以下计算MREs的公式：

$$\frac{MC_A - MC_A^M}{MC_A} > \frac{1}{\varepsilon_{AA} - 1} \times \frac{s_A}{1 - 2s_A} \qquad (11\text{-}3\text{-}5)$$

(11-3-5)式与同质产品市场上（Cournot竞争）的效率标准公式有些相似之处。它再次强调了关于价格弹性和市场份额的信息在评估最低要求效率中的重要性。

以上公式假定需求弹性是不变的。在评估并购前围绕初始均衡的较

---

① 关于这两个公式的推导和讨论，参见Fisher *et al.* (1989)、Stockum(1993)、Werden(1996)以及Bain and McFetridge(1995,1997)。

② 举例来说，如果需求价格弹性 ε_{AA} 为3，分流率 δ_A 为0.2，那么效率标准是边际成本必须下降12.5%。

③ s_B 表示产品 B 的市场份额，s_A 表示产品 A 的市场份额，那么 $1 - s_A$ 就表示该市场上除产品 A 以外的所有产品的联合市场份额。

小变化时，这一假定可能是一个良好的近似。然而，并购发生时均衡会出现一个明显变化，因此价格弹性不变的假定不再是无关大局的。当产品价格上升时，产品需求的价格弹性会在某程度上随之上升。在价格弹性不变的假定下，会高估并购后的市场势力，通过以上公式计算的最低要求效率可能小于实际要求值。如果相信价格弹性不变的假定是不切实际的，那么在评估审查中就需要采用更一般的方法，可能需要进行模拟分析。

(3) 需求弹性的估计。应用以上公式计算 MREs 的一个重要的实际问题是，如何计算产品需求的自身价格弹性和交叉价格弹性以及隐含的分流率。上文中，我们给出了在一个差异化产品的简单模型中以市场份额为基础计算分流率的简单程序。这种简单程序可以用来计算一个粗略的近似值，或者用于相关数据不容易获得时。相似地，反垄断当局可以应用调查数据或者相关"常识"去估计分流率的大小，以衡量有多大比例的消费者将产品 B 作为产品 A 的最佳替代品。如果相关市场上所有产品的价格和市场份额的详细数据都是可以获得的，那么我们就可以利用差异化产品的计量模型去估计自身价格弹性和交叉价格弹性以及隐含的分流率①。另一种用作估算需求弹性的方法被称为"剩余需求分析"。这种方法在替换了其他竞争企业的反应后，仅关注并购企业的自身价格弹性和交叉价格弹性②。并购分析不需要考虑其他弹性，因而大幅减少了所需要的信息。这种方法唯一需要的是并购企业的市场份额和价格的历史数据以及影响相关市场的部分市场变量数据，不再需要竞争对手企业的价格和市场份额数据。剩余市场需求分析使得判断并购企业在并购前是否面临有力的竞争者、并购后是否面临来自其他企业的竞争成为可能。实际上，已经获得的关于产品自身价格弹性和交叉价格弹性的估计值可以用于计算分流率，并替换入上文所推导的计算最低要求效率的简单公式中。

11.3.3 最低要求效率的模拟分析

正如上文讨论所显示的，在寡头垄断行为的一些特殊情况下计算价格降低的效率标准相对容易。为了推导这些计算公式，需要预先做出一些使问题简化的假定，例如，产品是同质的或差异化的，需求的价格弹性不变等。我们不考虑产品差异化而企业是通过 Cournot 行为（限制产量）进行

① Bresnahan(1981)、Berry *et al*. (1995)和 Verboven(1996)等人应用差异化产品模型计量分析了汽车市场。

② Baker and Bresnahan(1985)首次提出了这种方法并将其应用于啤酒市场的分析中。Hausman *et al*. (1994)应用这种方法分析了啤酒行业，Hausman(1994)分析了麦片市场。

竞争的模型,也不考虑社会总福利的计算公式,因为没有计算使社会总福利上升的效率标准的简单公式。正是这些原因,这些公式只能当作是某种指标,而不能当作评估审查的最终测试。通过测算弹性、市场份额等的替代值,一种完全稳健的分析理应有助于获得可信的评估分析门槛条件。同时,在某些情况下,通过应用模拟分析,更符合实际、更深入地计算效率标准是值得的。模拟分析不需要很强的简化假定就可以阐明产业内互动竞争的性质。在美国的并购评估审查中,这种方法变得越来越受欢迎。同时,对应用简化公式计算 MREs 的批评也越来越多。20 世纪 90 年代以后,加拿大也逐渐在并购评估审查中引入模拟分析方法。随着计算机应用程序的发展和更易于操作,在并购评估审查中应用模拟分析方法变得更加可行。并购的模拟分析可以分为三个独立的步骤:① 构建互动竞争模型;② 模型参数校准;③ 并购后均衡的模拟分析,包括计算效率标准[①]。

(1) 构建互动竞争模型。在这一步中,需要弄清楚如何才能最好地描述互动竞争的性质。首先,需要确定相关市场上的产品是同质的还是差异化的。如果产品是差异化的,需要了解差异化的确切性质,例如,产业内所有企业是对称性竞争,还是企业或产品的较小子集之间的局部竞争。其次,需要阐明企业的成本条件。企业是否能够在无需考虑产能限制的条件下开展价格竞争?企业是单边设定价格(产量),还是以协同方式设定价格(产量)?模拟分析的一个很大优势就在于,它允许分析者(至少在理论上)考虑以上可能性。为了便于分析,分析者可以决定选择一个在其他评估审查中已经使用过的评估方案。例如,Froeb and Werden(1993,1994)就曾使用过产品差异化的 Logit 模型和 nested Logit 模型。Logit 模型可以应用于分析产品差异化,但是需要假定所有产品是对称性竞争;nested Logit 模型可以应用于分析产品群或产品较小子集之间的局部竞争。

(2) 模型参数校准。在这一步中,分析者将产品的现行价格和市场份额数据以及市场需求价格弹性的测度值代入模型。然后,就可以校准模型并获得边际成本和需求的具体企业层次的参数值。为了理解这一点,我们来看一个例子。假定市场上有 10 种产品,每种产品具有不同的边际成本,并且可能具有不同的价值(质量),边际成本和价值难以被分析者直接观察到;假定其他参数(如市场需求价格弹性的测度值)是已知值。分析者观察到每一种产品的价格和市场份额,这些被解释为消费者需求和企业价

① Froeb, L., and G. Werden, "Stimulating the Effects of Mergers among Noncooperative Oligopolists", in Varian, H (ed.), *Mathematica for Economist*, 1994.

格决策相互作用后的均衡结果。现在,校准模型就包括转化由 10 个需求和定价方程构成的系统,以获取 10 个企业特有的价值估值和边际成本参数。如果两种产品具有相同的价格,但其中一种产品的市场份额较高,那么校准过程将揭示较为流行的模型具有较高的估值。假定其他参数是已知的,不可直接观察到的边际成本和需求参数就可以从可以观察到的价格和需求的均衡值中推导出来。实际上,产品需求的自身价格弹性和交叉价格弹性也可以利用企业现行价格和市场份额数据测算获得,这些弹性通常有助于理解整体市场需求的价格弹性。因而原则上不需要具体数据去计量估算所有的弹性值。通过推导获取的弹性值的一个不足之处在于,它没有通过计量程序估算而获得的弹性值那么可靠。

(3) 并购后均衡的模拟分析。前两步分析通过规范假设的设定和基于并购前均衡的参数校准充分量化了互动竞争模型。最后一步是说明并购导致的模型变化和计算新的价格和市场份额。这样,分析者就可以计算出并购导致的价格、消费者剩余和社会总福利的变化。① 模型中需要考虑的第一个变化是价格设定的假设。并购前企业是独立设定价格,并购后相关市场上的企业可能考虑价格对彼此利润的影响而协同设定价格。这一变化可能导致价格上升。② 第二个变化可能是并购所实现的效率。模拟分析最直接的方法是,重新计算均衡价格和市场份额以推断并购可能涉及的效率替代水平。特别地,当并购企业的边际成本实现下降时,预期的价格上升幅度会降低。边际成本下降可能存在一个临界水平,在该水平上并购可能不影响并购产品的价格。这一临界水平是上文中我们根据简单公式所讨论的促使价格降低的效率标准的一般化。并购后均衡的模拟分析也可以使分析者计算并购中为了获得正的外部性或提高社会总福利,边际成本或平均成本必需下降的最低程度。因而,模拟分析是一个可用于分析并购效应和计算(能够促使价格下降或提高社会总福利的)效率标准的强大而普遍适用的分析工具①。

(4) 实践中的模拟分析。美国反垄断当局在并购分析中多次应用了模拟分析方法。在 U. S. v. Interstate Bakeries 一案中,司法部应用模拟分析方法阻止了芝加哥"白锅面包"(White Pan Bread)公司之间的并购。在 L'Oreal 并购 Maybelline 一案中,司法部再次使用了模拟分析方法,批准了相互竞争的化妆品公司之间的并购;如果使用指南中的结构分析方法,这

① Froeb and Werden (1994)以长途电话运营商之间的并购为例,解释了模拟分析的具体步骤和方法。

项并购很有可能被禁止。最近,加拿大、欧盟等国家和地区的反垄断当局也开始在并购评估审查中使用模拟分析方法①。模拟分析方法之所以逐渐流行,与分析并购竞争效应的理论模型的快速发展有关,同时也与计量分析方法和分析工具的快速发展以及计算机计量分析软件广泛应用是分不开的。

11.3.4　正外部性的最低要求效率

促使价格下降的效率标准当然并不是总能实现。经济学家们通常认为,政府在并购的反垄断控制中的相关目标应是社会总福利(生产者剩余与消费者剩余之和)最大化。正是由于这一原因,反垄断当局可能允许并购企业以并购能够产生正的外部性(对消费者和竞争对手的外部性之和为正)为由进行上诉。Farrell and Shapiro(1990)分析了这种可能性:并购在提高价格的同时,可能导致外部企业在并购后扩大产量而产生正的外部性,如果在某种程度上,外部企业比并购企业更具有效率,那么并购就可以产生正的外部性,如果假定并购能使并购企业获利,那么正的外部性是社会总福利上升的充分条件(虽然不是必要条件)。Farrell and Shapiro(1990)推导了并购能够产生正外部性的条件,即并购企业市场份额之和不能超过外部企业市场份额某一集中度指数 CI_O。具体条件用公式表示就是:

$$s_A + s_B \leqslant CI_O, \quad CI_O = \sum_{i=O} s_i^2 \left(\frac{1 - s_i \eta}{s_i + \mu_i(\varepsilon - s_i)} \right) \qquad (11\text{-}3\text{-}6)$$

其中,η 表示需求曲线斜率的弹性,μ_i 表示外部企业的边际成本对于产出的弹性,s_i 表示外部企业 i 的市场份额。计算 CI_O 指数的大小,需要收集能够描述产业特定结构特征的十分具体的信息,包括相关市场上的具体成本和需求状况等。但在一些特定情况下,这一指数可以被简化。用 H_O 表示外部企业市场份额的平方(即外部企业的赫芬达尔指数),用 H_O^* 表示外部企业市场份额的立方和。那么下列矩阵(表 11-1)就可以提供四种特殊情形下用指数和弹性测度的 CI_O 指数的测度值,这些测度值依赖于边际成本函数是不变的还是向上倾斜的,也依赖于需求曲线是线性的还是不变弹性形式。

① 详细案例分析请见 Röller, Lars-Hendrik, J. Stennek, and F. Verboven, "Efficiency Gains from Merger", *European Economy*, 2001, No 5.

表 11-1 几种特殊情形下的 CI_O 指数值

CI_O	线性需求(Linear demand)	不变弹性(Constant elasticity)
边际成本不变 (Constant MC)	① $\frac{1}{2}$	③ $\frac{1}{2}-\left(1+\frac{1}{\varepsilon}\right)\times\frac{H_O}{2}$
边际成本曲线向上倾斜 (Upward sloping MC)	② $\frac{H_O}{\varepsilon}$	④ $\frac{H_O}{\varepsilon}-\left(1+\frac{1}{\varepsilon}\right)\times\frac{H_O^*}{\varepsilon}$

考虑表 11-1 左列的线性需求条件下的 CI_O 指数值。① 如果边际成本不变,那么并购企业的市场份额必须小于 50% 才能使并购产生正外部性。在这种特定情况下,所需要考虑的问题是并购企业相对于外部企业的市场份额;CI_O 指数值与产量在竞争对手企业之间的分配状况无关。② 如果边际成本曲线是向上倾斜的,那么 CI_O 指数值就与产量在竞争对手企业的分布状况相关。并购企业的市场份额不能超过(经过市场需求的价格弹性标准化后的)外部企业的赫芬达尔指数。外部企业越集中,并购越有可能产生正外部性。表 11-1 右列表示的是不变弹性形式需求条件下的 CI_O 指数值,在这种情况下计算 CI_O 指数值所受到限制更严格一些(见表 11-1 中的③和④)。

Farrell and Shapiro(1990)评估方法的优点在于,它能够以相对容易观察到的变量来推导并购能够产生正外部性的充分条件,并且在推导过程中不需要使用并购产生的实际成本效率的相关数据。然而,这一方法也有一些不足之处。首先,除了并购企业市场份额必须小于某种集中度指数 CI_O 以外,这种方法很难得出一个一般性的结论。不过,这一问题可以通过使用前文所给公式进行进一步分析而得到解决。例如,如果并购企业的联合市场份额不超过表 11-1 矩阵中四个集中度指数中的任意一个,那么我们就可以相对肯定地认为该项并购(假定同质产品和 Cournot 竞争)能够产生正外部性。其次,这种外部性分析方法的一个更重要的问题在于,它所提供的简单公式只适用于分析数量竞争和同质产品市场。也就是说,这种方法不能应用于异质产品和价格竞争市场。对于这种情况,分析者需要采用模拟分析。Froeb and Werden(1994)采用模拟分析方法分析了美国长途电话运营商之间的(假设的)并购可能产生的竞争效应,发现某些并购在没有内部成本节约的情况下既能提高价格,也能提高福利水平,这一结论与 Farrell and Shapiro(1990)的分析结果相同。最后,该方法还有一个重要问题是,它是在假定并购将提高价格的情况下分析并购的总外部性。由于反垄断当局关注的首要目标是消费者福利(即并购的价格效应),这可能是这一方法一直未能得到反垄断当局采用的主要原因之一。

11.4　实际效率的评估分析

在并购反垄断控制的评估审查过程中,通过使用前文所讨论的方法计算出来的 MREs(或要求的效率标准)需要与并购所实现的实际效率进行比较。在本节内容中,我们将讨论与评估实际效率相关的三个问题:首先讨论什么类型的效率最有可能具有有利影响,然后讨论什么程度的效率很可能是并购所特有的,最后讨论效率的证实问题。

11.4.1　什么类型的效率最有利?

(1) 效率与传递率。在前文中我们讨论了计算效率标准(即并购带来的、能够降低价格的最低要求效率)的计算方法。概括地说,效率标准的内在逻辑是要求该效率能够充分地传递给消费者。那么,什么类型的效率最有可能传递给消费者呢? 首先,需要区分固定成本和可变成本。固定成本节约(例如繁冗而又重复的行政程序的精简)不会影响企业的边际成本,这类成本节约传给消费者的可能性很小。固定成本节约传递给消费者一种可能性可能来自于这种情况,即相关市场上的另一方(并购方的顾客)具有市场势力,这样并购企业与其顾客之间的讨价还价可能导致价格降低。不过,这种考虑在评估分析中需要谨慎使用。可变成本节约直接影响企业的价格决策,因而在效率评估中可以给予优先考虑。其次,了解可变成本节约的大小十分重要。发达国家的司法实践已经表明,在分析成本节约的大小时可以考虑以下因素:① 如果并购企业声称自己将从投入品的购买中获得折扣而实现成本节约,那么并购企业必须提供翔实文件资料以证明这些投入品的成本节约在整个成本中所占的份额;② 如果成本节约与规模经济的实现相关,那么就需要证实规模经济的实现程度,同时,由于长期规模经济只能在一段时间以后影响边际成本,并购企业必须提供成本节约发生预计时间的信息;③ 如果成本节约仅源于生产的合理化,那么从经济理论可以获知,这类成本节约虽然可能影响其他因素,但不足以促使价格下降。最后,在分析效率类型的福利影响时,应该考虑的不仅仅是成本节约。产品和服务质量的提高将与相似的经济效应构成一个协同作用,从而给消费者带来福利改进。与这种情况的相关问题是,这种效率是否具有降低“质量调整价格”(quality-adjusted prices)的相关潜力①。

(2) 其他因素。在评估审查中,应优先考虑能够带来真实成本节约的效率因素,而不是那些仅通过再分配而实现的效率。因此,分析者应谨慎考虑并购导致的税收节约(税收优惠)。虽然它有可能传递给消费者,但是必定意味着收入从纳税人转移给并购企业。在评估审查中,另一个需要考虑的因素是,区分并购企业层次的效率和市场层次(或产业层次)的效率。一个并购企业层次的效率的例子是,并购企业所属的工厂(或车间)之间通过专业化生产而实现的成本节约。一个市场层次(或产业层次)的效率的例子是,两个企业之间的并购可能影响竞争对手企业的研发动机,导致行业内研发投入增加。在一些高新技术产业内,这类潜在效率更为重要。在实际分析中,评估这类效率及其作用大小较为困难。一种可行的方法是采用模拟分析方法,将经典寡占模型拓展到动态模拟分析。在大多数司法判定分析中,只考虑企业层次的效率,原因在于这类效率相对容易证实。在评估审查中,还有一个较为微妙的问题是其他市场上实现的成本节约(或其他类型的效率)。有人可能认为,资源节约在哪里实现并不重要。在一个完整的成本—收益分析中,这类成本节约应该予以考虑。然而,至少有两个论据反对这一观点:① 如果反垄断当局需要分析并购对多个市场带来的影响,那么会使分析更加复杂化,并且导致评估分析的成本增加②;② 将其他市场上的效率也纳入评估分析,就要求反垄断当局将其他市场上的消费者获得(gains)与竞争受损市场上的消费者损失(losses)进行权衡比较。这一工作极其繁琐,在实践中很难实施。如果反垄断当局关注的是并购的价格效应,那么任何从产量降低中获得的效率都不应予以考虑。然而,如果反垄断当局关注的是并购的总福利效应,生产者剩余包括在其中,那么这类节约也应予以考虑。需要注意的是,这类效率永远不足以弥补消费者福利损失,二者之间的差额就是社会福利净损失(Williamson,1968)。

11.4.2 效率的并购特有性

在并购反垄断控制的评估审查中,评估效率因素时一个至关重要的问

---

① “质量调整价格”(quality-adjusted prices)的降低是指这种情况:某种产品的价格不变,但质量提高了;实际上相当于同等质量的产品价格降低了。详细讨论请参见 Rose, S., “Hedonic Prices and Implicit Market: Product Differentiated in Pure Competition”, *Journal of Political Economy*, 1974(82): 34—55.

② 在司法实践中,反垄断当局只评估并购对相关市场产生的影响。

题是,该项效率能否通过并购以外的其他途径获得。在效率实现的其他替代途径的可能性和实际可行性方面,不要施加任何先验的限制。实现并购企业所声称的效率,可能存在以下替代途径:① 内部增长,② 合资,③ 专业化协议,④ 特许经营、租赁或者其他结构类协议,⑤ 其他并购。在比较拟评估的并购与其他替代途径时,需要处理三个因素:一是确定在该项并购被禁止时企业可能选择哪一类替代途径;二是确定替代途径的相对成本和预期效率获得;三是评估这些替代途径可能产生的反竞争效应。并购企业无论在什么时候进行效率抗辩,都应尽可能明确和完整地考虑效率实现的替代途径及其相关效应①。如果可能发生替代性的其他并购,参与拟评估并购的企业需要说明替代性并购不能以相同的重组成本或更小的反竞争效应产生潜在或等同的效率。

11.4.3　效率的证实问题

评估效率因素最困难的问题是效率的证实问题。在并购评估审查中,需要采取特别措施,使效率分析具有一定程度的可信度,并且不依赖于成本高昂的信息收集活动。

(1) 举证责任。大多数国家的反垄断当局已经规定,在效率的类型、可能性、大小以及效率的并购特有性等方面,并购企业负有举证责任。这是因为,相对于反垄断当局而言,并购企业对于自己所从事的并购业务,尤其是并购的效率情况,拥有更多的信息②。

(2) 证据标准。即使是并购企业承担举证责任,信息问题仍然是一个关键问题。这是因为并购企业和反垄断当局之间的信息是不对称的。Fisher and Lande(1983)认为效率通常容易宣称,但是不易证明。Fisher and Lande(1983)通过案例研究发现,证明效率能够实现的证据标准很高,并购企业往往很难做到。他们所研究的几个案例中并购企业所宣称的效率很难实现,或只能通过其他途径实现。Scherer and Ross(1991)也通过案例研究证实这一看法。例如,在 New York Central-Pennsylvania Railroad 并购中,并购企业宣称并购能导致成本下降 4% 左右,但是实际结果是并购导致了成本大幅上升,最终能够导致该公司被准国有化③。因而,一些国

① 例如,从反竞争效应的角度考虑,并购一家更小规模的企业或者并购一家更远距离的竞争者(例如外国企业)等这类替代性并购可能更好一些。

② Shin, Hyun Song, and S. Morris, "The Rationality and Efficacy of Decisions under Uncertainty and the Value of an Experiment", *Economic Theory*, 1997, 9(2): 309—324.

③ Scherer, F., and D. Ross, *Industrial Market Structure and Economic Performance*, 3rd edition, 1991, Boston: Houghton Mifflin.

家的反垄断当局调整了效率证据标准。例如,美国的反垄断政策中效率证据标准逐渐从“明确而又令人信服”转变为效率必须是“可信的”或能够被“清楚地表明”效率确实能够实现。

（3）部分效率抗辩(partial efficiencies defense)。部分效率抗辩是相对于整体效率抗辩(full efficiencies defense)而言的,就是在并购评估审查中不考虑所有的效率因素,只考虑那些最为显著、能够提供证据且易于证实的效率,或者只考虑位于“灰色地带”的效率(Fisher and Lande,1983)。不同的效率,证实的难度不一样。正是由于这一原因,在效率分析中不仅需要根据效率的效应来区分效率类型,而且需要根据效率的可证实程度来区分效率类型。美国和加拿大的并购指南都强调将生产效率(规模经济和生产合理化)作为效率来源,因为相对于动态效率(研发效率)而言,这类效率更加容易证实。在横向并购评估审查中实行部分效率抗辩能够降低反垄断当局犯错误的概率和司法成本。

（4）信息的核查与认证。为了消除并购企业与反垄断当局之间的信息不对称问题,需要在效率分析中根据信息来源和信息认证的有效性赋予不同效率不同的权重。加拿大并购指南区分了以下 6 种不同类型的信息来源:工厂和企业层次的会计报表、内部研究资料、战略计划、资本拨款要求记录、管理咨询报告和其他可以获得资料。管理咨询报告等外部认证的信息可能更加可靠一些,因为这些外部咨询公司需要保护它们在业内的声誉。在效率抗辩过程中,并购企业会提供一些它们在并购评估审查开始以后研究所得的关于效率的信息。这类信息应赋予较低权重,因为这类信息不太像是并购决策的真实依据。然而,也没有必要将并购企业后来提供的信息完全区分开,因为这些信息有可能是并购企业为了使效率申辩更加具体而准备的,也有可能是并购企业根据并购指南或并购公告的要求而准备。所以,应根据具体情况对信息进行核查与认证。

（5）并购后的“试用期”。Scherer(1991)提出了一种临时批准并购的方法,对于一项能够产生预期效率并且能够提供有说服力的初步证据(来证实效率)的并购,给予其一个临时试用期(比如说三年)。在试用期结束时,反垄断当局可以对其进行评估,看看并购企业承诺的效率是否已经实现。如果已经实现,并购可以被明确接受。反之,要求并购企业剥离成与并购前相同的独立实体。这一方法的主要优点是,它迫使并购企业提前考虑好潜在的未来效率,只提出可信的效率申辩,因为提出“空头支票”可能受到试用期后成本昂贵的剥离行动的惩罚。与此同时,反垄断当局能够明显节约信息成本。反垄断当局没有必要去证实未来效率的现期申辩,因为最终决策是在效率实现的相关信息能够获得时做出的。这一方法的不足之处在于,并购过程耗时太长并且成本高昂。如果在试用期结束时拒绝了该项并购,那么这些由并购导致的成本就成为了沉没成本。不过,这些成本实际上能够使承诺的效率更可信。因为企业已经知道游戏规则,包括如果承诺的效率是假的它们将被剥离的事实。Scherer(1991)认为,在现代社会中没有必要夸大剥离成本,因为现代企业通过种类繁多的重组方式(例如,变卖、剥离、杠杆收购等)已经积累了使其自身的一部分成为独立组织的经验。Scherer 所提出的方法可能更适用于美国的并购反垄断控制中,因为美国已经允许反垄断当局分拆或剥离现有企业以降低相关市场上的市场势力。

(6) 并购牌照费。无论是直接证实或间接认证,还是并购后审查,有一个共同点就是它们都要求对并购实现的(或预期实现的)实际效率进行直接评估。并购审查的一个截然不同的方法是,通过让并购企业支付给政府一定数额的并购牌照费的制度实施一种揭示机制。关于如何确定一项将被接受的并购应支付的牌照费数额,目前学术界和实业界都还不是很明确①。这可能依赖于一些特定因素,例如反垄断当局的政策目标(是最大化消费者福利,还是最大化社会总福利)。在实践中,英国已经开始向并购企业征收批准并购的费用,虽然没有明确该项费用是否用于并购审查的目的。征收并购牌照费可以增加并购企业的成本,在某种程度上可以阻止没有明显效率的并购发生。同时,并购牌照费可以用于补偿消费者损失(若有)或者帮助竞争对手企业增强竞争力,从而在一定程度上抵消并购的反竞争效应。

11.5　本章小结

在效率抗辩中,需要分别对并购的反竞争效应和效率效应进行量化测度,以评估并购的净福利效应,从而为反垄断当局的决策提供依据。为了便于反垄断当局的确认和证实,在效率抗辩阶段需要测度效率的大小,并形成能够证实效率存在及其大小的证据。反垄断当局在并购评估审查中处理效率因素所面临的核心问题是,在不过分依赖不可靠环境下得到的表示预期净收益的结构性指标的情况下,尽量节约信息成本,降低犯Ⅰ类和Ⅱ类错误的概率。在横向并购反垄断评估审查中,分析效率因素的方法主

① 要想理解并购的最优牌照费问题,还需要学术界进行更加具体和深入的理论分析。

要有三种,即逐案分析方法、一般推定方法和序贯决策方法。逐案分析方法涉及信息成本问题,一般推定方法涉及累积不确定性问题,序贯决策方法(也称为序列分析方法)的目的就是要将以上两种方法结合起来,扬长避短。序贯决策方法相当于一个"两步分析方法":第一步,计算简单的结构类指标,隐含的目的是将市场势力效应和效率结合起来考虑,应用"安全港规则"对并购进行初步筛选。在这一步中没有明显的效率分析,而是一些一般的假定。如果结构类指标达到一定的门槛条件("安全港规则"),那么并购自动接受或拒绝;其他情况下,进入第二步评估审查,并允许效率抗辩。在第二步中,反垄断当局对市场势力效应和效率效应进行详细而又明确的权衡比较,并评估并购可能产生的净福利效应。

为了比较并购的效率效应与反竞争效应,反垄断当局需要测度和评估最坏情境下的最低要求效率(MREs)和效率的传递率。同质产品市场上的Cournot 竞争模型和异质产品市场上的 Bertrand 竞争模型可以用于推导计算 MREs 的显性公式,还可以基于并购的正外部性来界定 MREs 的大小。在决定表示边际成本下降对消费者价格影响程度的传递率的大小时,需要重点关注边际成本曲线的斜率、竞争的激烈程度和表示需求价格弹性的曲率大小等三个变量。由于模拟分析不需要很强的简化假定就可以阐明产业内互动竞争的性质,因而在某些情况下,通过应用模拟分析,更符合实际、更深入地计算最低要求效率标准是值得的。并购的模拟分析可以分为三个独立的步骤:① 构建互动竞争模型;② 模型参数校准;③ 并购后均衡的模拟分析,包括计算效率标准。在并购反垄断控制的评估审查过程中,通过使用不同方法计算出来的最低要求效率(MREs)需要与并购所实现的实际效率进行比较。反垄断当局在评估实际效率时需要关注三个问题,即什么类型的效率最有可能具有有利影响,什么程度的效率很可能是并购所特有的以及效率的证实问题。

第12章　横向并购评估审查中的效率分析

20世纪90年代以后,美国、欧盟、英国、加拿大等主要发达国家先后在横向并购反垄断控制中引入效率抗辩,并在司法实践中对效率条款和政策进行完善和修订。在本章中,我们将在前文理论分析的基础上,结合世界主要发达国家的竞争政策和司法实践,确定能够覆盖并购评估重要方面并且考虑效率因素的并购分析的"评估审查清单"(merger evaluation List),以形成横向并购反垄断控制评估审查体系①。

12.1　并购控制的政策目标

任何并购控制体系都是直接或间接地建立在某些福利标准的基础之上。一项并购的发生将会影响很多个体的福利状况,实际上,分属于企业不同利益集团(消费者、股票持有者、管理者、雇员、供应商、债权人和竞争对手等)的每一个人都会受到影响。显性化福利标准的目的是,表明以上影响中的哪一些影响将被反垄断当局考虑,如何在一些个体的积极效应和另一些个体的消极效应之间进行权衡。如果采用完整的成本—收益分析,那么所有的影响都应考虑,从而加总出社会净效应。进一步而言,如果政策制定者考虑到社会财富分配状况,那么在评估分析中应根据每一个个体在社会财富分配中的地位赋予其相应的权重,以衡量社会财富分配的变动情况。然而,在司法实践中,反垄断当局是在利益集团层次上,而不是在个体层次上,分析财富效应。并且,分析对象并不包括所有的利益集团。

12.1.1　福利标准

几乎所有国家的反垄断当局在分析横向并购的竞争效应时都会考虑到两大利益集团,即消费者和股票持有者。至少有五种不同的福利标准在不同的司法体系中权衡消费者利益和股票持有者(生产者)利益时被讨论

---

① Röller, Lars-Hendrik, J. Stennek, and F. Verboven, "Efficiency Gains from Merger", *European Economy*, 2001, No 5.

或使用：

（1）价格标准（price standard）。根据这一标准，一项并购只有在不导致价格上升的情况下才有可能被批准。竞争程度在某种程度上与价格水平的变动联系在一起。在这一标准下，效率因素十分重要，因为要使并购不导致价格上升，首先需要产生成本节约，而效率因素是产生成本节约的直接来源。在这一标准下，一项并购即使产生了显著效率，只要导致了价格上涨，就将被反垄断当局阻止。大部分学者没有明确区分开价格标准与消费者剩余标准（Bian and McFetridge，2000；Roller *et al.*，2001；De la Mano，2002）。

（2）消费者剩余标准（comsumer's surplus standard），也称为消费者福利标准①。根据这一标准，一项并购，当且仅当能够给消费者带来利益时才有可能被批准。采用这一标准的原因在于，反垄断当局考虑到收入分配问题，并且消费者通常比企业所有者要贫穷一些。这一标准与价格标准有些相似，都将消费者的福利状况放在首位。不同之处在于：价格标准只关注并购后价格的变化情况，而消费者福利标准不仅关注价格，而且关注产品和服务的质量、创新等因素，也就是说消费者福利标准允许并购通过非价格因素的变化来增加消费者福利。例如，在存在网络效应的行业内发生的并购，可能使消费者获得非价格因素的福利水平改进。在某些特殊的情况下，一项并购在导致价格（较小幅度）上升的同时可能使消费者福利增加，例如产品质量较大幅度提升。根据价格标准这一并购将被拒绝，而根据消费者标准，这一并购可能被接受。同样道理，某些特定的并购可能在降低价格的同时由于产品和服务质量的下降而损害消费者福利。但这两种情况较为少见，因而在本书中我们常常将价格标准与消费者福利标准合并为消费者福利标准。

（3）总剩余标准（total surplus standard），也称为社会总福利标准或威廉姆森标准。这一标准考虑的是社会福利总体状况，即消费者剩余与生产者剩余之和，较为简便易行。根据这种标准，如果一项并购给生产者创造的财富大于消费者损失的财富，那么这项并购应被批准。因此，分配状况不予考虑。需要强调的是，根据这一标准，一项可能导致价格上升的并购也可能被批准。

（4）Hillsdown 标准，也称为资源节约标准。这一标准源自于加拿大法官 Reed 在 Canada v. Hillsdown Holding 并购案判决中的附带意见书，将其归纳为 Hillsdown 标准的是经济学家 McFetridege（1998）。根据这一标准，效率所得（资源节约或成本节约）必须超过消费者福利损失，并且在并

---

① 关于消费者福利标准与社会总福利标准的详细分析，请参见本书的第 5 章相关内容。

购分析的福利权衡中，赋予消费者剩余的权重大于生产者剩余①。司法实践显示，这一标准比威廉姆森总福利标准要严格一些，比消费者福利标准和价格标准要更宽松一些。换一种说法，就是这一标准考虑了收入分配问题，但没有消费者福利标准那么严格。只要并购能够带来充分的效率（至少大于消费者剩余的损失），即使是该项并购可能导致价格上升，也有可能被批准。

（5）Killer 标准。根据这一标准，一项并购，只有当所有的效率获得都传递给消费者时，才有可能被反垄断当局批准。这一标准是建立在十分严格的财富分配要求基础上，主张并购带来的利得应全部由消费者享有②。

我们可以根据对收入分配的关注程度对以上五个标准进行排序：总福利标准（不考虑分配问题）、Hillsdown 标准、价格标准、消费者剩余标准和 Killer 标准（收入分配问题十分重要）。从各国横向并购反垄断控制的司法实践看，法律条文中的福利标准与评估审查实践中的福利标准有时会出现不一致的情况。例如，加拿大并购指南和竞争法中阐明了总福利标准，而法庭对这一标准提出了质疑，法庭判决中采用的是新标准，即 Hillsdown 标准。瑞典法庭采用的是总福利标准，而反垄断当局采用的是消费者福利标准。美国《横向并购指南》中应用的是消费者福利标准，而反垄断当局在司法实践中常常采用 Hillsdown 标准。福利标准的选择影响到效率抗辩能否使用，以及在什么程度使用。例如，美国采用的是消费者福利标准，因而很多案例中采用了效率抗辩。然而，同样是在美国，选择了相当严格的集中度门槛，高于一定集中度水平的并购，不使用效率抗辩而直接禁止。在欧盟，主要关注的是市场支配地位，因而很多并购在一开始就不进入评估审查程序。那些进入评估审查程序的并购，要求能够产生较大的成本节约，以满足消费者福利标准。由于 Killer 标准仅适用于完全竞争市场上，因此这一标准在效率抗辩中从未使用。另外，Everet and Ross（2002）还提出了权重福利标准（weighted surplus standard）。这一标准与社会总福利标准有些相似，不同之处在于反垄断当局根据不同集团福利的相对重要性赋予不同的“社会权重”。例如，消费者因价格上升而遭受的福利损失可以赋予高一些的权重，生产者从并购中获得的利益可以赋予较低的权重，然

---

① 这也是 Hillsdown 标准与社会总福利标准的主要区别。在采用社会总福利标准时，消费者剩余和生产者剩余赋予的权重是相同的。

② Röller, Lars-Hendrik, J. Stennek, and F. Verboven, “Efficiency Gains from Merger”, *European Economy*, 2001, No 5.

后计算社会总福利,通过社会总福利的正负情况做出并购决策①。这种方法给予了反垄断当局很大的执法弹性空间,如何确定一个合理的权重十分重要,也十分困难。因而在并购控制的司法实践中,这种方法一直未被使用。

12.1.2 国际竞争力

国际市场上的福利替换(trade-off)不同于国内市场。首先,在一个主要由国内企业向外国消费者销售商品的市场上,即使是在国内市场具有较为严重的分配问题,具有反竞争性效应的并购也能够提高国内福利水平。其次,在国内企业与国外企业相互竞争的市场上,一项能够实现较大成本节约的国内企业之间的并购将提高本国企业的竞争力,从而扩大出口(或者减少进口)②。在一些司法判决中,提高国内企业的国际竞争力成为并购控制的一项目标。例如,加拿大并购指南指出,在判断一项并购带来的效率获得是否可以纳入评估分析时,应该考虑该项效率获得是否能够明显促进出口,或者明显促进国内产品替代进口产品。法国关于效率抗辩的法律条文指出,除了促进经济增长以外,提升本国企业的国际竞争力可以被当作是效率因素的一部分。在英国和瑞典,国际竞争力也成为并购控制的目标之一,而美国在效率抗辩中不考虑国际竞争力因素。

12.1.3 企业未来生存能力

成本节约是并购企业在长期内生存发展的必要条件,尤其是在规模报酬递增较为明显的行业和相对于竞争对手而言规模较小的并购企业。这种出于对并购企业未来生存能力的考虑,在瑞典竞争政策中体现得较为明显。但是,如果某个国家在并购控制政策中已经包括了失败企业抗辩(a failing firm defense)条款,那么就没有必要将企业未来生存能力作为效率抗辩的一部分。

12.1.4 非效率因素

在某些特定情况下,如果反垄断当局怀疑一项并购将产生净的非效

---

① 例如,如果并购导致的消费者损失赋予权重2/3,并购带来的企业利润赋予权重1/3,那么1000万元的消费者损失至少需要有2000万元的企业盈利进行平衡。参见Everett, A., and T. Ross, "The Treatment of Efficiencies in Merger Review: An International Comparison", Discussion Paper, Delta Economics Group Inc., 2002.

② 本书中所谓的本国企业的国际竞争力指的就是这两个方面,即本国企业在国际上的竞争力(出口能力)和本国企业在国内市场上与国外企业之间竞争的能力(进口替代能力)。

率,而不是净效率,那么反垄断当局就应该根据该项并购产生非效率的证据来禁止该项并购。换一句话说,竞争政策可以用来作为消除那些可能降低企业内部效率的并购的工具。英国并购控制政策中就包括了这种非效率因素分析的可能性。

12.2　效率的辨识与测度

12.2.1　效率类型

反垄断当局需要明确阐明在效率抗辩中可以包括哪些类型的效率。如果采用的是完全的成本—收益分析方法,那么并购产生的任何社会效率都应纳入评估审查分析之中。效率可能以成本节约、产品和服务质量的提升等形式出现。其中,成本节约又可能来自于生产合理化、规模经济、技术进步等等。在决定哪些类型的效率可以纳入评估审查程序时,反垄断当局需要考虑以下因素。① 再分配收益(财务收益)。在效率抗辩中,区分社会效率和再分配收益十分重要。再分配收益只是财富在不同利益集团之间的流动,没有创造净的社会财富,所以不能纳入效率抗辩分析,只有社会效率才能进入效率抗辩。例如,只有代表资源节约的成本节约才能纳入效率抗辩。如果成本节约来自于并购导致并购企业讨价还价能力上升而使其能够获得工资让步、投入品价格折扣或税收优惠,那么这种成本节约不能纳入效率抗辩。因为这仅是财富的转移①。② 产量下降。与成本节约相关的另外一个问题是,成本节约来源于反竞争性的减少产量。在完全的成本—收益分析中,此类成本节约应包括在内。当然,这类成本节约应与消费者剩余的减少进行权衡比较。如果一项并购只能产生此类成本节约,那么这种成本节约很难使该项并购实现社会需要的效率水平。在并购的评估审查中,有两种途径来处理此类成本节约:一是在第一阶段计算并购导致的社会福利净损失时就将此类成本节约纳入评估分析,在效率抗辩阶段不再考虑此类成本节约;二是在第一阶段不考虑此类成本节约,而是将其当作效率抗辩因素进行评估分析。③ 固定成本。如果反垄断当局采用的是消费者福利标准,那么通常只将可变成本节约纳入评估分析。这就意味着,某些类型的效率,例如重复行政程序的减少,由于不会对可变成本产

---

① 如果反垄断当局采用的是消费者福利标准,那么什么样的成本节约可以纳入效率抗辩就不是很明确了。这是因为,即使是由于收入再分配(例如,税收优惠)而导致的成本下降也有可能使消费者受益。

生影响,通常不需要在评估审查中考虑。④ 其他市场。另一个与成本节约相关的微妙的问题是,成本节约可能在相关市场以外的其他市场上实现。一方面,人们可能会说资源节约在哪里实现不是最关键的,关键的是能够实现资源节约。在完整的成本—收益分析中,这一类的节约应被纳入分析。这一观点被加拿大并购指南采纳。另一方面,至少有两种理由反对这一观点。首先,如果反垄断当局需要分析并购对多个市场(而不是所谓的相关市场)的影响,那么这种分析将会十分复杂,并且成本高昂。更进一步,如果反垄断当局考虑了其他市场上的成本节约,那么与那些市场相关的其他问题也应被纳入分析。其次,如果评估分析纳入了其他市场上的效率,那么也需要将那些市场上消费者获得与竞争受损的其他市场上消费者损失进行权衡分析。⑤ 产业水平的效率。区分企业水平的效率和市场水平(产业层次)的效率,也是一个效率抗辩中的重要问题。并购企业层次效率的例子是,并购企业所属的不同工厂之间的生产专业化分工所带来的成本节约;产业层次效率的例子是,企业并购可能影响其竞争对手的研发动机,从而增加研发投入。美国和加拿大的效率考虑是指企业层次的效率,而瑞典和英国原则上考虑了两种类型的效率。为什么大部分国家只考虑企业层次的效率,一个可能的原因是该类效率更容易被证实。⑥ 举证问题。在司法实践中,某些类型的效率很难被证实。一些国家的反垄断当局已经明确指出,一些难以举证的效率将不纳入评估分析。

12.2.2 净效应

由于获得效率将会招致一些额外成本,在效率抗辩中将重新考虑这一因素,并在总效率价值中扣除这一额外成本,以计算净效率。美国、加拿大和瑞典采用的就是这一方法。然而,需要注意的是,如果这些成本只影响到固定成本,那么将不会传递给消费者。因而,如果反垄断当局采用的是消费者福利标准,那么在计算效率获得时是否包括这类成本,并不是十分重要。

12.2.3 测度问题

在一些国家的司法判定中,明确指出并购企业应该提供什么类型的证据,使用什么类型的文件。美国《横向并购指南》规定,并购企业必须充实效率申辩以使反垄断当局能够证实:① 所声称的效率的可能性和大小;② 每一项效率如何实现,什么时间实现,实现的成本大小;③ 每一项效率如何增强并购企业的竞争力并刺激竞争;④ 为什么每一项效率都是并购所特有的。加拿大并购指南指出,为了客观证实效率的特殊来源,并购企业需要提供:① 工厂和企业层次的会计报表;② 内部研究材料;③ 战略计划;④ 资本拨款请求书;⑤ 管理咨询顾问的研究成果;⑥ 其他可以获得的数据。

12.2.4　并购特有性

一些国家的司法判定认为,一项具有反竞争性的并购要想被批准,只能是因为该项并购能够产生效率,并且这些效率难以通过其他具有较低反竞争性的途径实现。对于反垄断当局而言,在效率抗辩中考虑所有的可替代途径,可能比较困难。正是由于这一原因,加拿大并购指南明确指出,只有在普通产业中实践过的其他途径才予以考虑。这样的替代途径的例子有:内部增长、与类似的第三方并购、合资、专业化协议、特许经营、租赁或者其他合约安排。效率是"并购所特有的"这一要求意味着,只有在反竞争效应不能通过资产剥离或者其他补救措施解决时才援用效率抗辩。

12.2.5　折现问题

加拿大并购指南明确指出,在权衡比较不同时间点上的效率和反竞争效应时,需要排除预期的未来通货膨胀率的影响,采用标准的实际折扣率。尤其是在分析动态效率时,由于动态效率的实现需要一个较长的时间,因而在与反竞争效应权衡比较时,需要考虑到时间折现问题。

12.3　效率获得与竞争分析

本部分主要讨论如何分析效率获得与竞争之间的联系。

12.3.1　竞争模式

在并购反垄断控制的评估审查中,要想分析并购对于竞争的影响,首先要求反垄断当局拥有相关市场上竞争模式的信息。同时,分析并购带来的成本节约效应也需要了解市场竞争模式。相关市场上的竞争模式涉及以下几个方面的问题。① 相关市场上的企业是相互竞争,还是相互串谋。美国《横向并购指南》中,首先讨论的是"单边效应",然后是"协同效应"。② 如果相关市场上的企业相互竞争,那么是使用 Bertrand 模型、还是 Cournot 模型来分析寡头互动。从美国的司法实践看,反垄断当局倾向于使用 Cournot 模型来分析同质产品市场,使用 Bertrand 模型分析差异化产品市场。③ 在某些市场上，尤其是中间产品市场上，购买者也具有市场势力。如果是这种情况，在评估分析时需要考虑到市场势力的抵消力量。

12.3.2 “效率侵犯”

“效率侵犯”主要是考虑那些具有反竞争效应的效率。成本节约是并购自身所必需的，然而成本节约可能具有消极效应。例如，当两家企业通过并购降低可变成本，可能成为更加强硬的竞争者。如果成本节约足够大，并购意味着相关市场上的竞争对手可能被赶出市场，或者新企业进入被阻止。此时，成本节约就具有反竞争效应。在一个完整的成本—收益分析中，此类反竞争效应应该被纳入并购的反垄断控制分析。将效率既当作侵犯因素，又当作抗辩因素，在反垄断分析中并不矛盾。美国和欧盟在并购评估审查中都曾将成本节约当作侵犯因素。成本节约可能具有反竞争效应这一事实，使得并购分析更加复杂。这就意味着，分析并购的反竞争效应不能完全从分析并购的成本效应中分离出来。也就是说，在成本不变假定的基础上初步分析并购对于竞争的影响，可能低估并购真实的反竞争效应。如果一项并购在成本节约未被评估这一阶段被批准，那么就存在这种风险：一项理应被禁止的并购却从未发现反竞争效应。

12.3.3 传递率

分析效率的传递率主要是考虑效率的促进竞争效应。反垄断当局不仅需要评估效率是否存在及其大小，而且需要评估成本节约传递给消费者的程度。在一个非串谋的市场上（单边效应），评估传递率时需要考虑到四个因素。① 需要区分可变成本与不变成本。只有可变成本的下降才能（直接地）传递给消费者。② 需要评估并购后市场竞争程度。并购后市场竞争程度越激烈，传递给消费者的成本节约就有可能越多。举例来说，如果竞争非常激烈（完全竞争市场），1 元钱的边际成本下降可能导致价格降低 1 元，成本节约的传递率为 100%；如果并购产生了完全垄断（或者使需求对价格的变动没有反应），那么价格不会受到成本节约的影响，成本节约的传递率为 0。③ 传递率的大小也受到需求函数确切形状的影响。特别地，在其他因素相同的情况下，如果在高价格水平上，需求的价格弹性很大，那么成本降低对于价格的影响就较小。④ 传递率的大小还受到边际成本函数的影响。在一个存在串谋的市场上，以上提到的几个因素对于分析传递率仍然很重要。为了评估并购后的市场竞争程度，需要评估分析并购后的串谋程度。串谋程度越高，传递给消费者的成本节约就越少。在存在串谋的市场上,用价格水平的变化评估并购的效率效应可能更加困难。原因在于,成本节约可能会降低串谋成功的可能性。例如,边际成本下降可能使协同串谋的可能性下降,或者使“特立独行企业”(没有参加串谋的企业)降低价格的动机增强,或者产生新的“特立独行企业”。成本降低会扰乱串谋的市场条件,从而使得串谋的可能性降低。同样道理,如果并购消除了并购企业的技术劣势,并购企业可能成为市场领导者的更为重要的制约因素。

12.4　评估审查中的信息问题

一般而言,在并购的效率获得方面,反垄断当局拥有的信息要明显少于并购企业。因此,在效率抗辩中,反垄断当局与并购企业之间的信息是不对称的,在评估方法采用、举证责任的承担等方面需要考虑这一因素。

12.4.1　一般推定与逐案分析方法

实际上,几乎所有的横向并购都将产生市场势力,降低分配效率。如果这是横向并购的唯一效应,那么一般性地禁止所有横向并购就是理所当然的反垄断政策。然而,并购也能带来成本节约和其他效率。在并购的反垄断控制中,权衡效率获得与分配效率损失的主要方法有三种。① 一般推定的方法(The General-Presumptions Method)。只有那些具有明显反竞争效应的并购才被反垄断当局叫停。对于那些不具有明显反竞争效应的并购①,往往假定成本节约比反竞争效应更为重要。这种全局性的方法曾在德国和欧盟的并购评估审查中使用。② 逐案分析方法(The Case-by-Case Method)。在效率抗辩中,反垄断当局在权衡比较效率获得与反竞争效应的大小时可能使用逐案分析方法。赞成使用一般推定方法的主要理由是,逐案分析方法需要大量信息,因而成本较高,甚至不可能应用于司法实践。反对使用一般推定方法的主要理由是,只有当用作判断依据的指标(赫芬达尔指数、市场份额等)用于间接评估并购的反竞争效应是可靠的,或者相关门槛条件是以合理的途径设置时,一般推定方法所产生的结果才是合理的。而要做到这一点,也需要大量信息,只是需要的信息类型不同罢了。使用逐案分析方法,不需要收集关于并购本身的所有数据,使用参

---

① 通常采用一些指标来衡量,例如测度市场集中状况的赫芬达尔指数、并购企业的市场份额等。

与并购企业的相关统计信息就足够了。③“序贯决策方法”(The Sequential Method)。特别地,如果将对效率获得的逐案分析与并购对效率影响的一般推定结合起来,可以得到一种中间方法,被称为“序贯决策方法”。第一步使用一般推定方法排除那些明显具有反竞争效应的并购。对于那些不明显减少竞争的并购,我们假定其成本节约效应大于其反竞争效应。对效率的逐案分析可以作为第二步,以防止第一步分析出现偏误(Ⅰ类和Ⅱ类错误)。综合考虑,反垄断当局可以使用一般推定方法界定两个门槛水平,即上限门槛水平和下限门槛水平,高于上限门槛水平的并购被认为反竞争效应居于主导地位,不需要应用逐案分析;低于下限门槛水平的并购被认为效率效应居于主导地位,也不需要应用逐案分析。当门槛上限和门槛下限均已确定,逐案分析方法只需要应用于处于两个门槛水平之间的并购案。例如,根据美国《横向并购指南》条文精神,效率因素不能证实一项导致垄断或接近垄断的并购,使其获得批准。同样,根据欧盟罗马条约第81条第3款,如果一项协议“对于所涉及的产品的重要部分,给予相关企业排除竞争的可能性”,那么这一具有反竞争性的协议不会被豁免。使用这种两步分析程序的动机在于评估效率十分困难,同时这一程序意味着,只有在那些反竞争效应既不是可以忽略的、也不是十分明显的并购中,才需要评估效率因素。然而,这一程序也具有潜在的风险。这是因为,效率自身也可能具有反竞争效应,而这一效应在评估中往往被忽略。

12.4.2 举证责任

效率抗辩的关键问题是信息问题,即信息的不完全性与不对称性。很多国家的司法判定中都规定,并购企业有义务证明一项已经发现具有反竞争效应的并购能够产生充分的效率,从而使该项并购不被反垄断当局禁止。美国、加拿大和欧盟都要求并购企业负有举证责任。一些司法审判中明确表明,并购企业应该证明什么,使用什么样的文件来证明。即使如此,缺乏信息仍然是效率抗辩的关键问题。这也是一些国家的法庭在审判并购案时常常拒绝效率申辩的主要原因①。

12.4.3 证据标准

司法判定应该建立在证据的基础上,然而与此相关的一个最基本的问

① Kinne, K., “The Efficiency Defense in the U.S. American Merger Policy”, HWWA, Discussion Paper 67, 1998.

题是:证据的标准是什么。由于在并购完成之前准确预测效率十分困难,因此有人提议采用说服性的标准(Fisher and Lande,1988)。但是问题仍然存在,是要求成本节约是尽可能、很有可能、有可能,还是几乎可以肯定的?在美国,标准一直在变化,从要求证据"明确而又令人信服"(clear and convincing)到要求效率申辩证据要"可信"(credible)或者"清楚地表明"(clearly demonstrated)(Kinne,1998)。

12.4.4　全部与部分抗辩

由于在实践中部分效率获得难以证实,一些国家的反垄断当局已经明确表明哪些类型的效率在效率抗辩中考虑的可能性较小。这既可以帮助并购企业明确提供证据的标准,又可以节约并购企业和反垄断当局的时间。根据美国《横向并购指南》的暗示,生产合理化和多工厂规模经济带来的效率,能够降低并购企业的边际成本,并且更易于核实。与研发相关效率具有潜在的显著性,但通常不易于核实。加拿大并购指南应用了两类广义的效率获得,即生产效率和动态效率。反垄断当局通常集中于考虑生产效率,这是因为生产效率能够量化测度,客观地确定,并且能被工程、会计或者其他类型的数据支持。动态效率包括新产品导入、更具效率的生产工艺的发展、产品和服务质量的提高等带来的利益。然而,关于并购能够带来动态效率的申辩通常很难量化测度。因此,对于动态效率的考虑通常是定性的,而非定量的。

12.4.5　声誉保证、内部专家与并购后监控

消除信息不对称的途径包括以下几种。① 要求并购企业聘请律师事务所和顾问咨询公司对并购可能产生的效率进行评估,这些中介机构出于对自身声誉的考虑,会尽可能获取并购企业的真实信息,并尽可能客观地评估并购可能产生的效率。② 反垄断当局使用内部专家对并购可能产生的效率进行评估。由于内部专家具有较为丰富的评估分析经验,能够有针对性地要求并购企业提供何种信息,并判断信息真伪,从而尽可能准确地测度效率。③ 并购后的监控也有助于降低信息不对称性。通过并购后的监控,反垄断当局可以确认并购企业声称的效率是否实现。如果并购企业在并购评估审查时承诺接受监控,那么可将其视为效率申辩较为可信的一个信号。

12.5 其他程序问题

12.5.1 检察官自由裁量权与诉讼

在并购反垄断控制的整个过程中,并购的效率因素可能被反垄断当局考虑,也可能被法庭考虑,或者二者都考虑。如果效率因素被反垄断当局的检察官考虑,检察官可以根据相关竞争法进行自由裁决。如果效率因素没有被检察官考虑,并购企业可以上诉至法庭要求考虑效率因素。一些国家的反垄断当局只负责对并购进行评估审查,并购是否能够批准的判决由法庭做出。如果并购企业认为法庭没有考虑效率申辩,它可以上诉至高一级法院。

12.5.2 反驳与抗辩①

在并购控制中,至少有两种途径可以用于效率的审查判定,即将效率因素作为反驳因素或者作为抗辩因素。这两个框架的差异来自于"竞争"一词能够在两种语义上使用这一事实。根据第一种界定,竞争程度通过价格水平来测度。使用这一定义,横向并购既具有促进竞争的效应,也具有反竞争的效应。根据第二种界定,"竞争"一词指的是市场势力的大小程度,而市场力量可以通过企业的价格—成本边际来测度。使用这一定义,所有的横向并购都将(至少轻微地)减少竞争,其中一些将明显减少竞争②。反垄断当局在横向并购评估审查中禁止那些明显减少竞争的并购。"禁止"的确切含义根据"竞争"使用的语义不同而不同。我们可以考虑一项提高价格—成本边际、但降低价格的并购③。由于价格—成本边际上升,如果应用"竞争"的第二种界定,该项并购将被禁止;由于价格降低,如果应用"竞争"的第一种界定,该项并购将被批准。也就是说,对"竞争"的解释不一样,对效率因素的司法判定的框架就不一样。如果竞争指的是价格水平,那么当且仅当并购导致价格水平(明显)上升时,才能被禁止。根据这一定义,并购企业可以通过驳斥并购将减少竞争的主张来争取并购获

① 这里的抗辩指的是狭义上的抗辩,本书中的效率抗辩指的是广义上的抗辩,包括将效率因素用作反驳和用作抗辩两个方面。

② 从理论上说,也有一些情况下横向并购不会减少竞争。例如,并购能够诱致新企业的立即进入,参与并购的一家企业是失败企业,参与并购的企业在并购前就已经完全串谋等。

③ 该项并购提高了并购企业的市场势力,但同时显著降低了成本,导致价格—成本边际上升的同时价格下降。

得批准。我们称这一框架为反驳(Rebuttal),即由于存在效率因素,该项并购不会减少竞争(不会导致价格上升),从而应当被批准。如果竞争指的是市场势力,几乎所有的横向并购都会减少竞争并被理所当然地禁止。根据这一定义,反驳是不可行的。取而代之的是,并购企业可以将效率抗辩作为表达横向并购具有正当理由的途径。我们称这一框架为抗辩(Defense),即虽然并购可能减少竞争(提高价格—成本边际),然而由于存在效率因素,它仍然是可取的,理应被批准。从以上分析可以看出,利用效率因素进行反驳和抗辩的区别仅在于"竞争"一词语义的差异。从美国的竞争政策演进来看,虽然在并购控制实践中逐渐地从使用抗辩框架向使用反驳框架转变,但这种转变并不是什么实质性的改变。不过,这种语义上的变化能够使最高法院的案例法与 FTC-DOJ 的政策和地方法院的案例法更容易相互调和。实际上,在欧盟并购条例下,反驳框架比抗辩框架更便于效率因素的评估审查。

12.5.3　并购指南与公告

世界上已经有很多国家制订了并购指南,例如美国、欧盟等;一些国家的反垄断当局(例如加拿大和美国)还通过发布公告的形式公布并购分析的方法和程序,包括效率评估的方法和程序。欧盟委员会已经发布了关于并购分析所涉及事项的公告,例如市场界定方法等。如果是并购企业负有证明效率存在的责任,这类并购指南和公告可以帮助并购企业、反垄断当局和相关法庭进行效率抗辩或效率因素评估。并购指南和相关公告除了能够降低企业的不确定性以外,还可以帮助它们将精力集中于预评估审查直接相关的事项上,提高评估审查的效率。

12.6　本章小结

本章讨论了横向并购评估审查中进行效率分析时的注意事项,列出了能够覆盖并购评估所有重要方面并且考虑效率因素的并购分析的"评估审查清单"。横向并购反垄断控制政策的目标与反垄断当局所持的福利标准是相辅相成的,分析福利标准的目的就是要表明并购的众多影响中的哪一些影响将被反垄断当局考虑,如何在一些个体的积极效应和另一些个体的消极效应之间进行权衡。从现有文献和司法案例中可以归纳出五种福利标准,即总福利标准、Hillsdown 标准、价格标准、消费者剩余标准和 Killer 标准。然而,从各国横向并购反垄断控制的司法实践看,法律条文中的福利标准与评估审查实践中的福利标准有时会出现不一致的情况。不仅不同国家的福利标准差异较大，而且同一国家的不同案例中也会出现前后不一的福利标准。除了福利标准以外，横向并购反垄断控制政策的目标还可能包括国际竞争力、企业未来生存能力和一些特定的非效率因素。

在效率的辨识与测度中，反垄断当局需要考虑的因素包括：效率类型与来源、净效率、效率的举证与测度、效率的特性和未来效率获得的折现问题等。在如何分析效率获得与竞争之间的联系方面，反垄断当局需要考虑竞争模式、效率的反竞争效应与“效率侵犯”、效率传递率等问题。一般而言，在并购的效率获得方面，反垄断当局拥有的信息要明显少于并购企业。因此，在效率抗辩中，反垄断当局与并购企业之间的信息是不对称的，在评估方法采用、举证责任的承担、证据标准、全部与部分抗辩的取舍、内部专家使用与并购后监控等方面需要考虑这一因素。最后，效率抗辩中需要区分采用效率抗辩与效率反驳的不同环境，妥善使用检察官自由裁量权，发挥并购指南和相关公告的作用，降低企业的不确定性，帮助并购企业将精力集中于预评估审查直接相关的事项上，提高评估审查的效率。

第13章　竞争效应与效率抗辩的案例分析

——Staples-Office Depot 案

13.1　引　　言

企业横向并购可能产生的竞争效应包括两个方面:一是通过并购优化资源配置,形成规模经济或范围经济,从而降低成本,提升效率,产生效率效应,从而增进社会总福利水平;二是参加并购的企业通过增强市场势力、行使单边行为或协同行为,阻碍、排除或限制竞争,产生反竞争效应,从而损害消费者利益、降低社会福利水平。对横向并购进行审查和反垄断控制,需要全面评估其竞争效应,比较并购的效率效应和反竞争效应,权衡其对社会福利水平的影响。一般而言,横向并购的反竞争效应包括两个方面:横向并购可能通过减少相关市场上的竞争者数量而单方面提高并购企业的市场势力,从而使并购企业能够提高价格,我们称这种现象为"单边效应";并购还有可能改变市场条件,更有利于相关市场上的企业相互串谋,从而使价格上升,我们称这种现象为"协同效应"。无论是"单边效应",还是"协同效应",都会妨碍市场竞争、导致产品价格上升。产品市场价格上升备受关注,主要原因在于:价格上升将导致财富从消费者转移到生产者,产生财富再分配效应;产品价格上升到边际成本之上会产生(或强化)资源配置的非效率,也称为无谓损失(dead-weight loss)。当产品的价格超过边际成本时,从社会福利最大化的角度来看,应该提高产量,每提高单位产量所增加的社会福利等于现有价格减去边际成本。大部分国家的反垄断当局已经优先关注价格上升导致的再分配效应,但经济学家却倾向于关注社会福利总水平,即优先关注并购可能导致的资源配置的非效率(无谓损失)。无论竞争政策关注的是什么,对于并购的竞争效应的正确评估都要求对产业内互动竞争的性质有一个较好的理解和把握。

在横向并购反垄断控制的众多案例中,在竞争效应的评估分析和效率抗辩方面,1997 年美国 Staples-Office Depot 并购案具有典型性和代表性,并且是美国横向并购反垄断控制政策实施方面的一个转折点。① 在竞争效应分析方面,Staples-Office Depot 并购案之前,反垄断当局主要把并购可能使该行业内企业串谋("协同效应")的概率提高作为反对一项并购的主要理由。而在 Staples-Office Depot 并购案中,反垄断当局的关注点集中在并购可能导致的潜在"单边效应"上。② 在相关市场界定中,美国联邦贸易委员会(Federal Trade Commission,以下简称 FTC)采用了多种方法,包括 SSNIP 分析、需求替代分析、供给替代分析和特有性质及用途标准等。FTC 认为,Staples、Office Depot 和 OfficeMax 这三家企业采用的是办公用品连锁超市(Office Superstores,以下简称 OSS)经营模式,这一经营方式与其他办公用品供应商不同,OSS 应该被界定为一个独立的相关市场,而且这三家企业是互为强劲的竞争对手。③ 为了证明该项并购具有反竞争效果,FTC 采用了一个大规模的计量经济模型,直接评估并购对于价格水平的影响,而不是仅仅预测市场集中度的提高和计算市场份额的变化。④ FTC 既分析了该项并购的反竞争效应,也分析了其效率效应,并进行了"威廉姆森"福利权衡和比较。在 Staples-Office Depot 案之前,美国司法部或 FTC 都主要是依据间接的结构性证据来推断并购会带来价格的大幅度上涨。但是,在 Staples-Office Depot 案中,FTC 在法庭上列举了从不同渠道搜集来的大量有力的且不互相矛盾的直接证据,来证明并购可能会导致价格上涨。⑤ 在该项并购案的评估分析中,法庭允许原告针对 FTC 的分析进行效率抗辩。因此,以 Staples-Office Depot 并购案为例,分析横向并购反垄断的竞争效应,能够帮助我们全面把握横向并购反垄断控制中竞争分析和效率抗辩的主要内容、基本程序和评估方法。

13.2 案例背景①

1986 年,经营办公用品的 Staples 公司将超市经营模式引入办公用品

---

① 本案例参考的资料包括:Dalkir, S., and F. Warren-Boulton, "Price, Market Definition and The Effects of Merger", in Kwoka Jr., J. and L. White (ed.), *The Antitrust Revolution: Economics, Competition and Policy*, Oxford University Press, Inc., 2004;该文的中文翻译版本参见 J. E. 克伍卡和 W. 怀特编著的《反托拉斯革命》,林平、臧旭恒等译,经济科学出版社,2007 年,第 50—71 页;Niskanen, W., "Antitrust and the Staples-Office Depot Merger", http://www.cato.org/publications/commentary/antitrust-staplesoffice-depot-merger; FTC Rejects Proposed Settlement in Staples-Office Depot Merger, http://www.ftc.gov/opa/1997/04/stapdep.shtm;维斯库斯、弗农和哈林顿:《反垄断与管制经济学》,陈甬军等译,机械工业出版社,2004 年,第 115—117 页。

的零售市场,倡导了办公用品连锁超市(OSS)的经营理念。这种经营模式极大地降低了 Staples 公司的采购成本和经营成本,在一次性办公用品市场上获得了明显的竞争优势。其后,多家办公用品企业先后采用了这种经营模式,最多时一度有 23 家企业在 OSS 市场上竞争。20 世纪 90 年代初兴起的第五次并购浪潮和 OSS 这种独特的竞争模式使得这一市场上的企业数量急剧减少。在激烈的市场竞争中,Staples、Office Depot 和 OfficeMax 逐渐脱颖而出,成为美国前三家最大的办公用品连锁超市企业,且基本瓜分了美国的 OSS 市场。1996 年,Staples 在美国 28 个州大约经营了 550 个连锁店,年收人达 40 亿美元,年底股票市场评估值为 30 亿美元。Office Depot 在美国 38 个州经营 500 多家连锁店,1996 年获得大约 61 亿美元的销售收人,到 1996 年年底拥有 22 亿美元的股票市场价值。OfficeMax 是 1994 年从 K-Mart 中分离出来的 OSS 企业,在美国 48 个洲的 220 多个地区经营 575 个超市和 17 个递送中心。全部营业收入为 32 亿美元,其中办公用品出售所得占全部收入的 40%。

1996 年 9 月 4 日,Staples 和 Office Depot 这两家美国最大的办公用品连锁超市宣布一项合并协约,Staples 将以自身 1.14 股交换 Office Depot 每一发行股的方式来吞并 Office Depot,整个交易涉及金额大约 40 亿美元。FTC 的工作人员在 FTC 第一次投票以后与 Staples 和 Office Depot 谈判并达成了一个临时协议:如果这两家公司同意把足够数量的分店卖给 OfficeMax,以保证当前只有 Staples 和 Office Depot 两家 OSS 商家的城市中在合并后仍然存在两个竞争者,那么它们的并购将被批准,但是这份协议还需要 FTC 正式批准后才能生效。1997 年 3 月 26 日,Staples 和 Office Depot 与 OfficeMax 签署了协议,OfficeMax 将以 1.0875 亿美元的超低价格购买 Staples 和 Office Depot 所属的 63 家连锁超市,待 FTC 正式同意后实施。但是,1997 年 4 月 1 日,FTC 在第二次投票中因为担心这项合并将会损害竞争,并有可能使 OSS 市场上的办公用品零售价格上升,否决了 FTC 工作人员与 Staples 达成的以上协议,并以 4:1 的投票结果决定反对 Staples 和 Office Depot 的合并。Staples 和 Office Depot 不服这一判定,并诉诸美国联邦地方法院,提出了效率抗辩。1997 年 6 月 30 日,美国哥伦比亚地方法院经过长达 7 天的开庭审理,同意了 FTC 的决定,驳回了 Staples 和 Office Depot 的抗辩,并发出一个初步强制令,有效地阻止了这项并购。

13.3 OSS 市场的界定

相关市场界定是横向并购反垄断评估中竞争效应分析的起点,对并购案件的审查和评估具有决定性影响,往往成为最引人注目的诉讼焦点之一。相关市场是反垄断理论中的基本概念之一,通常是指当事人在其中从事经营活动时的有效竞争范围或在各当事人所经营的商品或服务之间存在竞争约束的场所。界定相关市场的目的在于帮助寻找市场内的同业竞争者及由此产生的竞争关系,因而界定相关市场的首要任务是确定谁是某产品的竞争者:处于同一相关市场上的市场主体才是反垄断法意义上的竞争者。一般情况下,相关市场由产品、地理和时间三个基本要素组成。界定相关市场的方法可以划分为两大类:一类是传统的产品功能界定法,一类是 SSNIP 界定法①。产品功能界定法主要是依据产品功能上的替代性或用途上的合理互换性来完成对相关市场的界定。在实践中,产品功能界定法主要采用相似产品间的交叉价格弹性来判断两种产品是否属于同一市场,如果两种产品的价格间存在着接近于 1 或更高的交叉价格弹性且没有明显的时滞,那么这两种产品就属于同一市场。传统的产品功能界定法涉及多个判定标准,主要包括需求交叉弹性(cross elasticity of demand)标准、合理的互换可能性(reasonable interchangeable)标准、特有性质及用途(peculiar characteristics)标准、次级市场(sub-market)标准和商品群市场(cluster of product market)标准等,不同的判定标准对应不同的亚类界定方法。随着越来越多的产品具有多样化的物理特征和预期功能,要判断两种产品是否属于合理替代品,具有不同专业知识背景的人可能做出不同的、甚至相反的判断。因此,传统的产品功能界定法具有很强的主观随意性。20 世纪 80 年代以后,随着经济学的发展和经济理论在反垄断领域的应用,另一种新的更为精确和可计量的相关市场界定方法——SSNIP 方法得以产生,并且世界主要国家和地区越来越多地采用 SSNIP 方法来界定相关市场②。SSNIP 方法全称为“小而显著的非暂时性价格上升”(small but significant and non-transitory increase in price),也叫做“假定的垄断者测试”(the hypothetical monopolist test),是指假设存在一个垄断性企业,当该企业

① 传统的产品功能界定法依据的是交叉弹性原理,而 SSNIP 方法采用的是针对自身弹性的分析方法。

② 关于 SSNIP 方法的详细讨论,参见余东华:“反垄断法实施中相关市场界定的 SSNIP 方法研究——局限性及其改进”,《经济评论》,2010 年第 2 期。

明显地且非暂时地小幅度提高其商品或服务的价格时，如果有相当数量的需求者仅因提价失去了利益而转向其他商品或服务，那么，这些商品或服务也包含在相关市场之内。即使在相邻商品一方进行同样的测定，只要发生了向相邻商品转换的现象，则该商品就包含在相关市场之内；如果不发生转换，则无需继续测试，可以界定为一个相关市场。

在 Staples-Office Depot 并购案中，FTC 将“通过办公用品超市进行的办公用品销售市场”(OSS)界定为本案中的相关市场。为了支持这一市场界定结果，FTC 分别采用了功能界定法和 SSNIP 方法对相关市场进行了计量分析，并提出了以下相关观点和证据：

(1) OSS 提供的是一系列特殊的产品或服务，符合功能界定法中的特有性质及用途标准。OSS 与非 OSS 企业的差别在于，OSS 手中持有多种消费品并拥有大量存量，能为消费者提供一站式购物的机会，而非 OSS 办公用品销售企业不能提供这种服务。OSS 能够为办公用品提供大量货架空间，销售 7 500 多种一次性办公用品、计算机及其耗材和办公家具，并持有大量存货以确保一站式购物的消费者能享受到便捷。因此，办公用品超市的顾客通过逛一次超市就能够购买大量的不同种类的产品而受益。这是因为顾客购买产品的全部费用是其购买物品所支付的总金额加上非现金成本，非现金成本包括其逛超市以及对产品和价格信息的收集和购买所需时间的价值。由于每次逛超市都有固定成本，消费者更喜欢一次就购买大量的用品，尤其是那些需要经常购买的低成本消耗品，以降低购买每件物品的平均固定成本。

(2) 根据供给替代性标准，OSS 与非 OSS 经营者之间不具有供给替代性，并且 OSS 市场上只存在三家主要厂商，并且认为彼此是主要竞争者。供给替代性方法是利用供给弹性来界定相关市场的一种方法，其基本原理是：当假定垄断企业实施提价时，由于那些处于竞争或潜在竞争状态并且能在一年内无须承担重大沉没成本就能进入市场的其他企业，因与该假定垄断企业具有供给替代效应，因而它们属于同一个相关市场。并购双方的内部资料显示，Staples、Office Depot 和 OfficeMax 都曾经认为其他两家超市是自己主要的甚至全部的竞争对手。Staples 曾经在财政年度市场营销计划书中把竞争市场定义为存在其他 OSS(即存在 Office Depot 或者 OfficeMax 或者两者都存在)的市场，而把非竞争市场定义为只有非 OSS 销售商的市场。在一份题为《Staples 市场上竞争商店的增加》的分析材料中，只有 Office Depot 和 OfficeMax 新开业的商店被列入其中，而没有任何其他商店被列为竞争者。Office Depot 的内部资料也同样把竞争对手的界定集中在其他 OSS 经营者上。这些证据表明，Staples 和 Office Depot 都认为只有其他 OSS 经营者是它们主要的竞争对手。

（3）非 OSS 模式的办公用品零售商对 OSS 的价格变动几乎没有影响，符合需求交叉弹性标准。需求交叉弹性指的是需求的交叉价格弹性，是指在某种产品（产品 i）价格不变的条件下，当另一种产品（产品 j）价格发生变化时，该产品需求发生变化的程度。也就是当产品 j 价格变动 1% 时，产品 i 的需求量变化的百分比。从事非 OSS 经营模式的办公用品经销商对 OSS 的定价机制没有任何影响，尤其是在那些存在一家以上 OSS 商家的地区。从事非 OSS 经营模式的办公用品经销商在一个地区的出现不能阻止 Staples 和 Office Depot 合并所带来的价格提高，因而非 OSS 经营模式的零售商不应该被包括在相关市场内。由于垄断者最终都会通过维持自身足够高的价格来“人为制造”自己的“竞争者”，因而 FTC 认为，垄断不是由其是否面对真实的竞争来辨别，而是应当根据其最强劲的竞争对手也无力去阻止其将价格维持在明显高于边际成本水平之上来辨别。因此，在一个存在两家 OSS 经营者的地区，每一个 OSS 都必然是另一个经营者的主要竞争对手，并对对方目前持有的价格水平形成唯一的牵制。如果这样的两个经营者合并，那么合并后的新商家就能够通过提高价格而获利，直到与非 OSS 模式零售商的竞争使得进一步的提价变得无利可图。在价格上涨到这一水平之后，合并后的垄断才会受到一些新的非 OSS 模式的“竞争者”定价的限制。FTC 的计量经济分析结果也支持了以上结论，即在存在两家或三家 OSS 经营者的地域市场上，非 OSS 模式竞争者不能限制 OSS 商家定价。

（4）采用 SSNIP 方法进行计量分析，计量结果支持将 OSS 界定为一个相关市场的观点。根据相关市场界定的 SSNIP 方法，如果在一个地域中，所有 OSS 连锁店合并而成的企业有没有能力把一次性办公用品的价格提价 5%—10% 而仍然有利可图？如果可以，那么以 OSS 方式出售办公用品就是一个相关市场。FTC 建立了一个大规模测试办公用品售价的计量经济模型，以测定不同的 Staples 店的价格是如何随着下列变量的变化而变化的：附近 Office Depot 或 OfficeMax 的连锁店数量、其他潜在的非 OSS 模式竞争者的数量和公司类型、当地市场成本和需求状况的差异。计量中采用的数据包括并购双方大约 18 个月的周销售数据，这些数据覆盖了 40 多个城市的 400 多家连锁店，数据包含大量的库存单位（stock-keeping units, SKUs）价格和一次性办公用品的价格指数。计量分析的结果显示，在 3 家 OSS 商家同时存在的市场上，如果 3 家商家合并为一家企业，通过 OSS 模式销售的办公用品的价格将上涨 8.49%。这一数据说明，在这一涨价幅度内 OSS 商家的价格上涨并不受其他非 OSS 商家的竞争限制。因而可以将通过 OSS 销售一次性办公用品的市场界定为一个相关市场（克伍卡和怀特，2007）。

13.4　市场势力、单边效应与价格变化

评估横向并购竞争效应首先需要评估并购是否将提高或增强并购企业在相关市场上的市场势力。市场势力是指厂商对市场竞争、产品价格和产量的一种控制力或影响力，这种控制力或影响力能够使厂商将价格抬高到竞争水平（基准价格）之上。由于厂商能够盈利的最低价格等于边际成本的价格，因而市场势力常常用厂商所制定的价格与其边际成本之差来衡量。市场势力的存在为并购企业行使单边行为、产生单边效应创造了条件。单边效应就是当并购后的市场集中度足够高时，即使是所有的企业都不具有独立的市场支配地位，也不进行默契串谋，它们对市场条件（独自竞争）的利润最大化反应就会产生损害竞争的效果。也就是说，即使并购没有产生具有市场支配地位的企业，只要并购使得竞争性限制消失，也会产生单边效应。一般而言，单边市场势力可能来自于两种情形，一是成本的差异性，二是产品的差异化。也就是说，企业单边提高价格的能力与其所生产产品的可替代性有关，当并购企业内部产品的可替代性程度很高，而与非并购企业的产品的可替代性程度很低时，并购企业就有动机实施单边行为，提高产品价格①。协同效应就是并购后企业以默契串谋的形式协调价格或生产行为，以获得超额利润而产生的损害竞争的效应。并购导致协同效应的原因在于，相关市场上竞争者数量的减少，使得本应相互竞争的企业可以协调各自行为，已设置高于竞争价格（边际成本）的价格（Willig, *et al.*, 1991）。简单地说，单边效应就是单个企业市场势力的非协同使用而对市场结果产生的影响；协同效应就是在重复竞争中企业协同使用市场势力而对市场结果产生的影响。因而，单边效应与单个企业的市场势力相联系，协同效应与重复博弈中的默契串谋相联系（Coate，2010）。

在 Staples-Office Depot 并购案中，为了证明该项并购将导致 OSS 市场上的竞争明显减少、市场势力和价格水平大幅度上升，FTC 采用了大量的数据和不同的分析方法预测了并购的单边效应及其对价格的影响，并且认

① Mills, R. and R. Weinstein, "Unilateral Effects of Merger: The Simulation Approach", Working Paper, 1999.

为，所有证据都表明并购将导致大规模、长时间的价格上涨，会对消费者的利益产生较大危害①。为了评估 Staples-Office Depot 并购案的反竞争效应，FTC 对该项并购对市场势力、市场进入、市场价格、消费者和非 OSS 经营者的影响进行了分析和预测，并向法庭提供了大量的结构性证据、公司内部文件和统计方面的数据。

13.4.1 市场结构与市场势力

在美国任何地区最多只存在 3 家 OSS 连锁店之间的竞争，该项并购将使市场结构发生明显变化，在现有 3 家 OSS 商家竞争的地区，商家数目从 3 家减少到 2 家；在现在只有 Staples 和 Office Depot 竞争的地区，在 OfficeMax 进入之前，合并将带来垄断②。Staples 管理层对 1995 年不同地区的 OSS 商店数目分布状况进行了统计，并对不发生并购前提下 2000 年商店数目分布进行了预测（见表 13-1）。

表 13-1 Staples 在只有 Staples 一家、两家 OSS 以及三家 OSS 市场上的分布情况

（单位：%）

年份	仅 Staples 一家	Staples 和 Office Depot 两家	Staples 和 OfficeMax 两家	所有三家 OSS	合计
1995	17	29	37	17	100
2000（未合并）	12	7	12	69	100
2000（若合并）	19	0	81	0	100

资料来源：原告记录 15，第 32 页，转引自 Dalkir and Warren-Boulton（2004）。

① Ashenfelter, O., D. Ashmore, J. Baker, S. Gleason, and D. Hosken, "Empirical Methods in Merger Analysis: Econometric Analysis of Pricing in FTC v. Staples", *International Journal of the Economics of Business*, 2006, 13 (July): 265—279.

② 根据 FTC 的分析，该项并购将在以下区域市场产生反竞争效应：Salinas, California; San Diego, California; Visalia-Tulare-Porterville, California; Lakeland-Winter Haven, Florida; Ocala, Florida; Tampa-St. Petersburg-Clearwater, Florida; Fort Pierce-Port St. Lucie, Florida; Champaign-Urbana, Illinois; Louisville, Kentucky, Baltimore; Maryland, Greenville, North Carolina, Florence, South Carolina, Charlottesville, Virginia, Washington, D.C., and Spokane, Washington, 以上地区的 OSS 商家将从 2 家变成 1 家; Los Angeles, California; Sacramento, California; San Francisco-Oakland-San Jose, California; Stockton-Lodi, California; Orlando, Florida; Sarasota-Bradenton, Florida; West Palm Beach-Boca Raton, Florida; Evansville, Indiana; Indianapolis, Indiana; South Bend, Indiana; Springfield, Illinois; Kalamazoo-Battle Creek, Michigan; Detroit-Ann Arbor-Flint, Michigan; Grand Rapids-Muskegon-Holland, Michigan; Middlesex County, New Jersey; Passaic County, New Jersey; Nassau-Suffolk, New York; Greensborough-Winston Salem-High Point, North Carolina; Raleigh-Durham, North Carolina; Cleveland, Ohio; Cincinnati-Hamilton, Ohio; Portland-Vancouver, Oregon-Washington, Pittsburgh, Pennsylvania, Columbia, South Carolina, Chattanooga, Tennessee, Nashville, Tennessee, and Salt Lake City-Ogden, Utah, 以上地区的 OSS 商家将从 3 家变成 2 家.

从表 11-1 可以看出：① 在没有合并的情况下，Staples 管理层预期到它与 Office Depot 和 OfficeMax 的竞争将明显加强，到 2000 年，在存在 Staples、Office Depot 和 OfficeMax 三家 OSS 店的地区，Staples 商店数目占该地区市场商店总数的比例将从 1995 年的 17% 上升到 69%；② 在发生合并的情况下，最终将使多数（占 81%）地域市场上的竞争者从 3 家减少到 2 家，以及差不多所有剩余地区（占 19%）OSS 市场上的竞争者从 2 家减少到 1 家。由此可见，该项并购将明显减少竞争，产生独家垄断或明显的市场势力。

13.4.2　单边效应与价格变化

FTC 在法庭上列举了从不同渠道收集来的大量直接证据，有力证明了 Staples 和 Office Depot 的合并将产生单边效应，并可能会导致价格上涨。FTC 列举了五种不同来源的证据：

（1）Staples 公司的内部资料和管理层的预期。Staples 公司管理层在 1996 年《公司战略调整》中预期，如果没有发生合并，到 2000 年，在 Staples 所有市场中有 3 家 OSS 竞争的地区市场数目比例将会增加到 69%（见表 13-1），市场竞争压力将迫使他们降低价格，使其零售利润率下降 150 个基点，或者 1.5 个百分点。

（2）OSS 商家数量不同时的地方市场价格的直接比较。FTC 收集了 OSS 公司实际业务经营过程中的统计数据报表。报表显示，当 Staples 和 Office Depot 在同一地区竞争的时候，其价格水平要较大幅度低于当它们不处于同一地域的市场上时（见表 13-2）。从表 13-2 可以看出，与 OSS 市场上只存在 Staples 或 Office Depot 一个商家相比较，当存在两个商家时的价格分别要低 11.6% 和 8.6%；与 OSS 市场上只存在 Staples 和 OfficeMax 或 Office Depot 和 OfficeMax 2 个商家相比较，存在 3 个商家时的价格要分别低 4.9% 和 2.5%。表 13-2 中的数据告诉我们，Staples、Office Depot 和 OfficeMax 之间的竞争对 Staples 或者 Office Depot 的价格都有限制效果。这些数据可用于推断合并后可能的价格上涨。

表 13-2　不同市场结构下 OSS 产品的平均价格差异

基准 OSS 市场结构	相比较的 OSS 市场结构	价格下降幅度（%）
Staples	Staples + Office Depot	11.6
Staples + OfficeMax	Staples + OfficeMax + Office Depot	4.9
Office Depot	Office Depot + Staples	8.6
Office Depot + OfficeMax	Staples + OfficeMax + Office Depot	2.5

资料来源：转引自 Dalkir and Warren-Boulton（2007）。

（3）FTC的计量分析与评估。FTC构建了价格指数测度模型和价格变化的计量经济分析模型，使用大量的OSS连锁店分店的价格样本数据进行了计量分析，测算了该项并购可能产生的单边效应，并以此来评估市场价格是如何随商家数量和商家名称的变化而变化的①。样本数据是从美国428个Staples连锁店抽取的，时间跨度从1995年2月到1996年12月共计23个月；所使用的模型从统计角度检验了Staples的价格水平是如何依赖了OSS市场的竞争程度、非OSS模式商家的存在以及潜在地理位置成本和人口变量的。通过计量分析与评估，FTC计算了Staples-Office Depot并购对办公用品价格总水平所带来的效果：在合并双方都有分店的地域市场上，价格将平均提高7.3%②。表13-3显示了包括FTC和并购企业（Staples和Office Depot）在内的经济学家对于该项并购可能对价格产生的影响的不同估算值。由于采用的数据和模型的差异，实证计量的结果也有很大出入：FTC经济学家测算的并购导致的价格上升幅度在7.1%—9.8%之间，并购企业测算的价格上升幅度在2.4%—3.7%之间。

表13-3 各方对Staples-Office Depot并购案中价格上升的预测

估计的价格上升幅度*	预测方法
非计量经济学预测（来自FTC经济学家的报告）	
5%—10%	从Staples内部战略资料推理
接近9%	将存在Staples与Office Depot相互竞争城市的平均价格水平与不存在面对面竞争的城市的平均价格水平进行简单比较（不控制影响价格的其他变量）
基于计量经济学方法的模拟（来自FTC经济学家的报告）	
7.1%	跨部门估计，控制非OSS零售商的影响
7.3%	固定效应估计，采取产生跨部门估计结果相类似的模型
对反对并购的专家的实证分析结果的纠正问题	
2.4%	采用并购企业（辩护方）经济学家推荐的模型进行测算
2.5%—3.7%	增加Office Depot在大都市统计区的连锁店数量这一变量，并采用调整后的并购企业经济学家推荐的模型进行测算

① Ashenfelter, O., D. Ashmore, J. Baker, S. Gleason, and D. Hosken, "Econometric Methods in Staples", Princeton Law and Public Affairs Working Paper, 2004, No. 04-007.

② Federal Trade Commission v. Staples, Inc., 970 F. Supp. 1066 (1997).

（续表）

估计的价格上升福*	预测方法
6.5%—8.6%	增加 Office Depot 在大都市统计区的连锁店数量这一变量，并使用全国范围的面板数据样本，采用调整后的并购企业经济学家推荐的模型进行测算（包括加利福尼亚的样本数据和被并购企业经济学家排除掉的其他地区的样本）
全国范围样本与区域样本比较（来自 FTC 经济学家的报告）	
7.3%	前述的固定效应估算，采取全国范围样本
9.8%	采用相同的模型，（加利福尼亚和美国其他地区）两个区域样本估计值的加权平均

注：*系全国范围内在交叉市场上 Staples 供给的一次性办公用品的平均价格上升幅度。跨部门估计主要是分析同一时点不同地区的价格差异；固定效应估计主要是分析不同时点多个地区的价格差异。

资料来源：作者根据 Baker（1999）、Ashenfelter *et al.*（2004）等整理。

（4）第三方的研究评估。Prudential Securities 公司在 1996 年 3 月 28 日发布的价格调查报告“Office Supply Superstores：Industry Update”中对新泽西的两个相邻城市 Totowa 和 Paramus 的 OSS 市场出售的办公用品的价格做了比较。Totowa 市的 OSS 市场上拥有 3 家竞争企业，而 Paramus 市只有 Staples 和 OfficeMax 2 家 OSS 竞争企业。调查结果表明，Staples 的一组相同的一般性办公用品的价格水平在三方竞争市场上的 Totowa 市比在两方竞争的 Paramus 市低 5.8%。这一调查结果说明竞争者数量减少将可能使价格上涨①。

（5）事件研究方法的评估结果。研究可能发生的并购事件及其概率对股票市场产生的影响，也是对横向并购进行评估分析的常用方法之一。股票市场上的投资者用他们手里的资金对一项并购是带来价格上涨还是下降进行投票。一项能够带来价格上升的并购将使并购双方以及它们的竞争对手都受益，因而会使它们的股票升值。相反地，如果投资者认为一项并购所带来的经济效率的提高能够降低市场价格，那么并购企业竞争对手的股价就会随并购可能性的增加而下降。因此，当一项并购的双方声称并购会带来规模效率的提高时，人们可以用股票市场上的证据来预测并购对市场价格的影响②。事件研究的结果显示，Staples 和 Office Depot 之间的并购完成后，OfficeMax 的股票将升值 12%，但是对其他非 OSS 零售商的

① Prudential Securities, “Office Supply Superstores: Industry Update”, March 28, 1996.

② Warren-Boulton, F., and S. Dalkir, “Staples and Office Depot: An Event-Probability Case Study”, *Review of Industrial Organization*, 2001, 19 (December): 467—179.

股票价格的影响却很小或几乎没有。这些结果较为有力地证明了该项并购具有反竞争效应,同时也证明了 OSS 市场本身就是这项并购的相关市场。

13.4.3 潜在进入与进入壁垒

分析并购对于相关市场进入壁垒的影响,也是对横向并购竞争效应进行评估分析的重要方面。一般而言,潜在竞争或潜在进入能够影响在位者的市场价格需要满足两个条件:较低的进入沉没成本和在位厂商不能对进入做出迅速的价格调整。但是,这些条件在 OSS 市场上并不存在。因此,一个新的 OSS 商家的潜在进入威胁并不会限制在位者的行为,也不会阻止并购所导致的价格上涨,直到这一进入真实地发生。只要在位者能针对新的进入迅速地调整自己的价格,那么进入以前的市场价格与是否存在潜在进入是无关的。也就是说,超市办公用品的价格不可能被潜在进入所影响。Staples 公司的内部资料也显示,当预期对手进入市场参与竞争时,Staples 没有对价格进行调整;当 Staples 考虑进入一个地区时,它考虑的因素不是当地的市场价格,而是竞争对手的数量。

OSS 市场上存在明显的进入壁垒,形成这一壁垒的主要原因在于由规模经济和范围经济所形成多家店面连锁经营的经济优势。OSS 市场上现有的 3 家经营者在评估新市场的前景时,都是根据这些市场中已经存在的 OSS 企业的数量和新增需求来进行的,把那些有很小或者根本没有“空间”来增加连锁店的市场称为“饱和(saturated)市场”。由于进入大城市的市场时一般都需要兴建多家分店,因此进入已经饱和或者接近饱和的市场都是很困难的。Office Depot 在其内部资料中评估了美国每一个市场能够支持的 OSS 数量,并且认为在美国的主要市场上,并没有足够的需求允许新的 OSS 商家以竞争性规模经济进入市场。

13.5 效率特性与效率抗辩

13.5.1 效率特性分析

在横向并购反垄断审查的竞争效应分析中,能被反垄断当局认可并能应用于效率抗辩的效率应具有以下特性。① 效率是该项并购所特有的。在横向并购评估审查中,评估效率因素时一个至关重要的问题是,该项效率能否通过并购以外的其他途径获得,如果能够通过并购以外的途径获得,就说明该效率不是并购所特有的,将不予以考虑。② 效率能够充分地传递给消费者。反垄断当局不仅需要评估效率是否存在及其大小,而且需要评估成本节约传递给消费者的程度。固定成本节约不会影响企业的边际成本,这类成本节约传给消费者的可能性很小;可变成本节约降低企业的边际成本,直接影响企业的价格决策,因而在效率评估中可以给予优先考虑。③ 效率是可证实的。评估效率因素最困难的问题是效率的证实问题。在并购评估审查中,需要采取特别措施,使效率分析具有一定程度的可信度,并且不依赖于成本高昂的信息收集活动。

在 Staples-Office Depot 并购案中,关于这两家公司之间的并购是否能够提高 OSS 市场上的经济效率,FTC 提出了质疑,并在评估分析后认为 Staples 公司夸大了该项并购可能带来的效率。

(1) 效率应具有并购特有性,或者说,只有并购本身所带来的效率才能予以考虑。那些在没有并购发生的情况下也能实现的效率与并购评估分析无关,不能纳入考虑。FTC 就 Staples-Office Depot 并购中的双方所称的预期效率的提高是并购企业规模扩大的结果提出了疑问:① 按照参与并购的 Staples 和 Office Depot 的现有成长速度,在短期内很多与规模相关的效率能够通过内部成长实现;② 采购的规模经济并不需要并购带来的零售运营的扩张来实现,采购成本的下降可以通过邮购或者签约文具店的运营而扩大销售量的方式实现,而且在宣布合并之前,Staples 和 Office Depot 已经扩大了这种经营模式;③ 规模经济很少能够无限地持续下去。因此,对于本案中的采购成本而言,Staples 和 Office Depot 现有规模已经足够促使它们获得供货商所能提供的最大价格折扣。

(2) 效率应是可证实的。在 Staples-Office Depot 并购案中,并购双方缺乏可信的证据证实效率是可以获得的和效率获得的程度。并购双方向 FTC 提交的对并购可能带来的效率的估计大大高于不久前 Staples 董事会第一次批准两家公司合并时所做的估算。由于 Staples 和 Office Depot 都没有能够提供可信的新证据来说明这种差异产生的原因,FTC 更偏向于相信第一次提交给 Staples 董事会的关于并购可能带来的成本节约的评估。

(3) 效率应能够传递给消费者。根据美国《横向并购指南》的精神,只有那些能够给消费者带来价格下降的效率提升才能纳入效率抗辩。追求利润最大化的企业在多大程度上能够将成本下降转化成消费者价格下降,取决于以下因素:成本下降中有多大比例属于可变成本下降、该行业的竞争程度、该市场中成本下降的企业所占份额。在 Staples-Office Depot 并购案中,该项并购实际上会削弱竞争,并且任何成本节约都只限于参与并购的两家企业内部。FTC 通过计量分析表明,这项并购所带来的真实效率改进只相当于两家公司销售量的 1.4%,而这些成本节约中只有 1/7 的成本节约(0.2% =1.4% ×1/7)最终可能被传递到消费者价格。综合以上分析,在 Staples-Office Depot 并购对市场价格的影响是巨大的:FTC 根据计量经济模型预测价格将上升 7.3%,减去 0.2% 的效率传递,最终的价格净增长为 7.1%①。

13.5.2 并购企业的效率抗辩

横向并购的参与企业可以针对反垄断当局的指控向法庭提出效率抗辩。效率抗辩是指在横向并购的评估审查中,反垄断当局允许并购企业举证说明并购可能产生的效率获得,并证实效率效应将抵消并购可能带来的反竞争效应,从而使并购能够因为效率因素而获得反垄断当局的批准(Roller, *et al.*, 2001)。20 世纪 90 年代以后,欧美国家反垄断当局先后将效率抗辩条款引入了并购评估审查指南,允许并购企业将效率因素作为抗辩理由。

在 Staples-Office Depot 并购案中,并购企业在申辩材料中宣称,它们之间的合并并不具有反竞争效应,FTC 关于相关产品市场的界定是错误的,并且并购所带来的效率、OSS 商家进入市场的容易程度以及过去并购其他 OSS 商家所保持低价格的记录,都表明这项并购不会导致价格上升。

在相关市场界定方面,Staples 和 Office Depot 争辩认为,FTC 关于相关市场界定是完全基于卖者本身,而非出售的产品或服务的特征;OSS 商家只是整个办公用品零售市场的一部分,它们在这一市场上只占有很小的市场份额;一家 OSS 商家的价格并不是只受限于其他 OSS 商家,而是受限制于所有的办公用品零售商。正因为如此,Staples 和 Office Depot 反对将 OSS 界定为一个独立的相关市场,而应将所有的销售办公用品的 OSS 商家和非 OSS 商家界定为一个相关市场,这些非 OSS 商家包括 Wal-Mart、Viking、Best Buy、Comp USA、Warehouse club 以及所有其他的办公用品零售商。

在效率获得方面,Staples 和 Office Depot 强调,这项并购将增加它们的采购量,进一步降低办公用品的进货价格;同时,并购将会降低行政、销售、广告以及分配成本。Staples 和 Office Depot 承诺并购后的企业将会把成本节约的 2/3 传递给消费者,因此该项并购能够明显地降低价格。Staples 和

① Federal Trade Commission v. Staples, Inc., 970 F. Supp. 1066 (1997).

Office Depot 反驳了 FTC 关于效率改进可以通过并购以外途径获得的说法,认为即使这些效率改进能够通过内部扩张部分地被获得,并购也能够使这些效率以更快的速度获得。为了证实该项并购能够带来效率改进, Staples 和 Office Depot 向法庭提交了一份计量经济研究报告。该报告认为,Office Depot 对 Staples 的价格只有很小的影响,二者的并购将使 Staples 和 Office Depot 当前共存市场上 Staples 的一次性办公用品价格平均提高 2.4%(远低于 FTC 预测的 7.3%,见表 13-3),Staples 所有办公用品价格平均提高 1.3%,Staples 店内所有产品价格只提高 0.8%。该项研究报告的分析结果还表明,成本节约的 2/3(而不是 FTC 所测算的 1/7)将传递给消费者,规模效率的提高本身将使所有的 Staples 店的所有产品平均价格下降 3%。经过福利权衡后,该项并购的净效率将使 Staples 的消费者支付的平均价格下降 2.2%(0.8% - 3.0% = -2.2%)。因此,经过效率抗辩中的福利权衡,该项并购能够增进消费者福利,提高整个社会的总福利水平,反垄断当局应当批准该项并购,阻止该项并购将会使消费者和股东双方都受到损失。同时,Staples 和 Office Depot 声称,办公用品销售行业的市场进入壁垒很低,商店可以在几个月内建成,而且沉没成本很低。它们举例说明了办公用品经销商可以通过自由扩张进入市场,OfficeMax 已经增加了新开张连锁店的数量,并且多种产品的零售商可以通过增加它们分配给各种办公用品的货架空间进入或扩展办公用品销售业务,例如 Wal-Mart 已经开始增加各种办公用品的货架空间。

13.6　结论与启示

横向并购评估审查中,反垄断当局分析的重点包括:① 界定分析并购竞争效应所需的相关市场,以及决定并购参与者是否是竞争关系以及它们各自的市场份额;② 什么水平的相关市场卖者集中度应该引起反垄断关注;③ 并购可能带来的潜在反竞争效应,比如说通过影响竞争者之间的协调行为,或是通过并购厂商在并购后能够单方地影响价格和产量的做法;④ 市场进入的程度和作用;⑤ 能够使企业在并购后更容易或更困难行使市场势力的其他市场结构特征[①];⑥ 在何种程度上应该允许并购双方用并购带来的成本节约和效率提高,作为并购会增加企业行使市场势力可能性

---

① 影响市场特征的重要因素包括:所有厂商获得关于市场条件和个体交易的重要信息的难易程度;市场中厂商们惯用的定价或营销行为;市场上买方的集中程度;有关产品在质量和服务范畴上的复杂程度;相关市场中所有卖者的反垄断记录等。

的辩护理由，以及应该考虑的效率证据的类型（克伍卡和怀特，2007）。

在 Staples 和 Office Depot 并购案中，美国哥伦比亚地方法庭认为 FTC 提供了并购有损竞争的合理证据，最终赞同了 FTC 的立场，根据法律发出了初步禁止令。负责审理此案的 Hogan 法官在裁决书中界定该项并购的相关市场为 OSS 这一子市场，并发现 Staples 和 Office Depot 合并以后在很多地方将拥有"主导性市场份额"，该项并购具有反竞争效果的可能性。Staples-Office Depot 并购案成为美国横向并购反垄断中的经典案例，它为我国经营者集中的反垄断评估审查政策的制定和实施提供了有益的启示。

第一，综合采用多种方法界定相关市场。在办公用品市场上有数目众多的零售商，Staples 和 Office Depot 合起来在全部办公用品销售中占有的市场份额并不是很大，但是 FTC 工作人员坚持 OSS 市场是一个相对独立的市场，并采用 SSNIP 测试方法，精心组织大量数据，应用复杂的计量经济模型，并结合功能界定法中的需求替代分析、供给替代分析和特有性质及用途标准等，界定了相关市场，获得了法庭的认可。FTC 通过提供大量证据证明，Staples、Office Depot 和 OfficeMax 与其他办公用品供应商不同，OSS 应该被界定为一个独立的相关市场，且这三家企业互为强劲的竞争对手。法庭认为 FTC 采用 SSNIP 方法将 OSS 界定为一个独立的相关市场是可信的。当一家 OSS 商店的价格有微小但显著的非暂时性上升时，不会导致消费者大量地转向非 OSS 模式的零售商；相反地，这些消费者只会转向另一家 OSS 经营商。并且，从外观、规模、形式、提供产品的种类和数量以及目标顾客类型方面，OSS 经营商与其他零售商有很大的区别。行业或者公众也认为 OSS 子市场是一种独立的经济实体，同时也有足够的证据表明，Staples 和 Office Depot 自身也认为只有其他 OSS 商家是它们的主要竞争者。

第二，在反竞争效应的评估分析方面注重单边效应分析。法庭确信这一并购将在很大程度上带来反竞争的后果。Hogan 法官发现，在 OSS 市场界定以后，并购后的 Staples-Office Depot 经济实体将会在很多城市处于主导市场地位。在 15 个大城市中，并购后的市场份额将会达到 100%；在其他 27 个大都市的市场上，OSS 经销商的数量将会从 3 个下降为 2 个，并购后的 Staples-Office Depot 市场份额将会在 45% 以上，并购将使 HHI 指数平均上升 2 715 点，市场势力提升的趋势十分明显。大量价格证据表明，在市场集中度上升以后，当面对更少的来自其他 OSS 商家竞争时，OSS 商家很可能去提高自己的价格。如果不发生并购，Staples 和 Office Depot 将有可能进入对方的市场并降低价格。并购意味着这些促进竞争的更深远的好处将永远不可能实现。法庭认为此项并购的反竞争效应很难通过新厂商的进入来抵消,主要原因在于OSS市场的进入壁垒。为了达到规模经济并获利,一家新的OSS商家必须同时开设很多的连锁店面,从而需要投入很多的沉没成本。并且,很多地方的OSS市场已经接近饱和状态,新进入者在这些市场上很难达到规模经济。

第三,在竞争效应分析中使用计量经济分析模型,提供直接证据。Staples-Office Depot并购案中,FTC的工作人员采用了大规模的计量经济模型和工具,收集了大量的样本数据,对并购可能带来的反竞争效应进行了测算,为FTC的投票和法庭裁决提供了较为可信的直接证据,这为FTC的胜利发挥了至关重要的作用。在该案之后,反垄断当局和并购申请者都开始使用衡量竞争者相近程度和并购价格效应的直接证据,来界定相关产品市场,或者预测并购对消费者福利的影响。随着销售终端货物销售扫描技术的普及,反垄断当局越来越多地使用扫描数据对设计主营零售业产品的零售商和生产商的并购案进行评估分析。扫描数据的可利用性已经使模拟并购效果的计量经济学产生了一个独立产业,大量经济学家开始将扫描数据用于像Staples-Office Depot并购案中那样通过评估简化方程来开展并购模拟分析,还有一些经济学家通过先估计需求弹性,再将其放入一个并购模拟模型的两阶段方法来实现并购反竞争效应的分析①。在Staples-Office Depot并购案中,计量经济分析方法的使用具有两个方面的重要意义:一是计量经济分析提供了一个高度公开的案例研究,较好地说明了跨部门研究和使用面板数据的相对优势,量化揭示了同一时点不同地区、不同时点多个地区的价格差异;二是在该案例中使用的以计量经济分析为主的实证分析方法为经济学家使用历史数据分析零售市场上市场结构对于价格的影响提供了一个较好范例。

第四,福利权衡中强调可用于效率抗辩的效率特性。法庭认为,Staples和Office Depot没有能够展示并购所带来的效率改进足以推翻FTC关于该项并购具有反竞争效应的假设。同时,Staples和Office Depot没有能够提供证据来证实效率是并购所特有的,并且它们对效率的评估不可靠、不真实、不可验证,难以被法庭采信。根据Staples和Office Depot以前在成本节约方面的转嫁价格比率,并购后66.7%(2/3)的成本节约将传递给消费者的说法也是不现实的(Baker,1999)。在Staples-Office Depot并购案的

① Werden, G., "A Perspective on the Use of Econometrics in Merger Investigations and Litigation", *Antitrust*, 2002, 6 (Spring): 55—58.

效率抗辩环节中,辩护方对效率的辩护是基于规模经济和范围经济进行的。我们都知道,能够用于抗辩的效率必须是并购所特有的、能够证实的、能传递到消费者价格的。在放弃该项并购之后的3年内,Staples和Office Depot各自都达到了1 000家连锁店的规模,这与它们当初提出并购时计划并购后所达到的规模一样。到2007年3月,Office Depot已经在美国和加拿大开设了近1 200家办公用品连锁店,2005年全球销售收入达到150亿美元;Staples的连锁店也拓展到1 522家,2005年销售收入达到161亿美元。OfficeMax仍然是第三大OSS经销商,2005年已经拥有935家超级市场,2004年销售收入133亿美元。并购双方预期的并购带来的效率改进,在没有并购所带来的有害价格效应的条件下,没有延迟地实现了。由此可见,FTC和哥伦比亚地方法院对于Staples-Office Depot并购案的判决是立得住脚的。

第五,在评估分析中坚持消费者福利标准。在Staples-Office Depot并购案中,FTC没有简单遵循"威廉姆森福利权衡模型"关于所有收益抵消成本的逻辑(Williamson,1968),而是坚持认为只有流向消费者的成本节约的好处才能作为价格降低的理由来考虑。这种观点可以看做是一种仅考虑消费者剩余的福利标准,而不是另一种同等对待消费者和生产者剩余的社会总福利标准。在评估分析中,对价格的净影响是问题的实质,如果并购的结果是使价格上升,那么并购就是反竞争的;反之,如果价格下降,那么它就不具有反竞争效应。

第 14 章　横向并购反垄断控制中效率抗辩的国际比较

2001 年 7 月欧盟委员会阻止了刚刚被美国司法部批准的 General Electrics 和 Honeywell 之间高达 420 亿美元的并购案，使得并购评估中的效率问题成为国际关注的问题。美国司法部认为该项并购能够产生明显效率，足以抵消其反竞争效应，从而在并购企业承诺做出小幅让步的前提下批准了该项并购；欧盟也认为该项并购能够产生效率，但是这种效率会增强其市场支配地位，从而拒绝批准该项并购。同一项并购，同样是效率因素，为什么美国和欧盟的态度迥异，在美国是抗辩因素（deffense），而在欧盟却成了侵犯因素（offense），各国在并购评估审查中对待效率的态度到底有哪些差异。我们将通过对世界主要国家在并购评估审查中处理效率的差异来寻找答案。

在本章中，我们将对 7 个经合组织国家以及欧盟组织横向并购反垄断司法实践中的效率抗辩进行回顾、分析和比较。通过分析，我们试图了解这些国家的反垄断当局在横向并购评估审查中准许效率抗辩时所面临的困难和问题，以及采取什么样的行政程序和方法来解决这些困难和问题。总的来说，不同的国家之间（甚至同一国家的不同司法机构之间）的横向并购反垄断控制的目标有所差异。但所有国家的反垄断当局都认为消费者福利在并购审查评估中很重要，一些国家将企业利润作为政策目标之一，一些国家将国内企业的国际市场竞争力纳入政策目标，一些国家不允许“国家冠军”（national champion）申辩①，一些国家在横向并购评估审查时明显提到并购的失业效应不作为评估审查的依据。不同国家在并购评估审查中一个重要差别在于考虑效率的方法不同。第一种方法是，效率获得需要与反竞争效应进行逐案平衡考虑。这是一种“纯”效率抗辩方法。第二种方法是，选择一种门槛条件（例如，用市场份额或集中度），超过某

① 所谓“国家冠军”申辩，是指一些企业希望通过并购成为行业老大，提高企业国际竞争力，以应对国际竞争，并以此为由要求反垄断当局批准其并购申请。

一门槛值，并购自动被拒绝；低于某一门槛值并购自动批准。效率因素只是在选择门槛值时作为参考因素之一。这种方法被称为"一般推定"方法。第三种方法是，在序贯决策方法中存在一种中间情况，即一些并购案可以通过结构性指标（如市场份额）做出是否批准的决定：一些低市场份额的并购被批准，一些高市场集中度的并购被拒绝，而对于一些处于中间情况的并购，进入效率抗辩阶段。进入效率抗辩阶段以后，一项主要的任务就是辨识和测度所谓的并购带来的特定效率。或者说，反垄断当局只考虑与并购直接相关的效率，这些效率不能在并购没有发生时通过减少反竞争行为的其他途径获得①。

14.1　美　　国

相对于其他国家而言，美国的并购控制反垄断政策的历史较长且较为复杂。并购控制的主要法律依据来自于《克莱顿法》（the Clayton Act）第7条②，并购控制反垄断政策的执法机构较多，包括联邦政府机构、最高法院、上诉法院以及各层次的地方法院，甚至包括私人执行。

14.1.1　克莱顿法与并购评估审查

并购评估审查是在《克莱顿法》第7条的指导下进行的：一项并购如果大幅减少竞争或者试图产生垄断，那么它就是非法的。在模糊的法规框架内界定和解释法律的权限属于联邦法院。对效率在并购反垄断评估审查中的作用的规定和阐释并不局限于一部单一的法律，同时可以作为执法依据的还有相关案例法和执法的政策申明等。美国的并购政策主要由联邦贸易委员会（FTC, Federal Trade Commission）和司法部（DOJ, the Department of Justice）实施和执行。根据Hart-Scott-Rodino并购前告示法案（the HSR Act），所有的"大"公司必须报告所有的"大"的收购计划；一项并购只有当反垄断当局完成对其可能导致的竞争效应的评估后才能实施。评估审查中一旦发现问题，并购企业可以撤回并购申请，可以通过谈判达成一项减轻反垄断当局担心的协议（并购被批准的附加条件），也可以对反垄断当局的决定提出诉讼。1982—1986年间，在超过7 700起并购案中，只有56起的并购决定需要强制执行（Salop, 1987）。根据HSR法案，当并购涉及的

---

① 可替代的途径包括企业内部扩大产量和企业之间的外部协议等。后文将作进一步讨论。

② 《克莱顿法》于1914年颁布实施，1950年修订。《联邦贸易委员会法》第5条也涉及了企业并购问题。

资产超过 5 千万美元时，并购企业需要分别向 FTC 和 DOJ 提交申请，FTC 和 DOJ 协商决定谁具有管辖权。提交申请后，并购进入 30 天的等候期，等候期内并购交易不得进行。如果反垄断当局认为有必要进行进一步的审查，并购就进入第二等候期，时间也是 30 天。第二个等候期结束，并购企业就可以自由进行该项并购。第二个等候期开始前，反垄断当局会要求并购企业提供大量信息。如果反垄断当局认为该项并购有可能显著减少竞争，那么就会向法院申请阻止并购的强制令。FTC 对应联邦法院，DOJ 对应地方法院。当并购案提交法院后，并购企业和反垄断当局之间为了使并购案获得批准而协商达成的有关补偿或资产剥离的协议需要经过法院批准。2000 年，FTC 和 DOJ 接受了近 5 000 份并购申请，只有 87 起并购进入第二阶段；进入第二阶段的并购案中大约一半被禁止，其余的以法定判决的形式被批准。

14.1.2 《横向并购指南》与效率抗辩

1992 年，司法部反垄断局和联邦贸易委员会联合发布了《横向并购指南》（以下简称《指南》）①。《指南》的目的在于，提供给并购企业和公众以明确信息，告诉他们反垄断当局如何对并购进行评估审查，如何决定是否对一项并购交易进行反垄断审查。《指南》并不取代案例法，也不与法庭捆绑在一起。然而，很多法庭发现《指南》的分析框架对于审理相关并购案很有帮助②。《指南》最早由司法部发布于 1968 年，在 1982 年《指南》修订版中才首次将效率因素纳入并购审查评估分析中。1984 年《指南》和 1992 年《指南》对效率因素持更加宽松和亲善的态度，效率因素终于成为分析并购是否显著减少竞争的一部分③。1984 年《指南》在对待效率因素方面发生了四个明显变化：① 效率因素虽然不能作为并购潜在反竞争效应的抗辩因素，但是可以作为促进竞争因素予以考虑；②《指南》认为，并

---

① 美国联邦贸易委员会和司法部先后于 1968 年、1984 年、1992 年和 2010 年四次颁布《横向并购指南》。1982 年对 1968 年指南进行了修订，1997 年对 1992 年《指南》进行了修订。由于在一些情况下，各州总检察长也能够执行反垄断政策，1993 年总检察长全国协会（the National Association of Attorney-General, NAAG）发布实施了其横向并购指南。该指南对并购的态度更加强硬，在 FTC 和 DOJ 不认为具有反竞争性效应的一些并购中，NAAG 指南也认为具有反竞争性效应。NAAG 指南明确拒绝将效率作为抗辩因素，在审定高度集中的市场上发生的并购时不考虑效率因素。

② Kinne, K., "The Efficiency Defense in the U.S. American Merger Policy", HWWA, Discussion Paper 67, 1998.

③ 余东华："欧美并购规制政策中效率条款的演进及对中国的启示"，《天津社会科学》，2010 年第 3 期：72—80 页。

购对于经济的首要好处是，并购带来的潜在效率能够提高企业竞争力，进而降低消费者购买商品的价格；③ 反垄断当局应用于评估效率的标准得以扩大和澄清。无论何时，只要效率显著且通过清晰而可信的证据进行申辩，反垄断当局都将予以考虑；④《指南》列出了更加详细的效率因素清单，包括规模经济、更好地整合生产设备、工厂专业化分工和降低交通成本等①。然而，Coate and McChesney(1992)统计分析了1982—1987年FTC调查的70起并购案件。他们发现，在这一时间段内，效率因素并没有对反垄断当局的并购审查决定产生影响。Coate and McChesney认为，在《指南》的条文规定和FTC的实际执法行为之间存在重要区别。例如，《指南》规定，当并购后的赫芬达尔指数(Herfindahl Index)超过1 800并且指数变化大于100时，除了较少的“极不寻常的情况”以外，反垄断当局将对所有并购案进行审查评估；而FTC的实践并非如此。他们还发现，来自于国会的外部政治压力会影响FTC的并购审查决定。进入20世纪90年代以后，情形有所变化。Pitofsky(1998)以发生在20世纪90年代初的几起医院并购案和Chrysler-Daimler Benz案为例，说明效率因素对FTC的审查评估和裁决产生了影响。过去40年中，效率因素在美国并购审查中的作用经历了显著变化(余东华，2009)。虽然美国竞争法中没有法定的效率抗辩条款，但是效率因素在案例法和《指南》中得到了关注和分析。

1997年，司法部反垄断局和联邦贸易委员会对1992年《指南》进行了修订，充实效率条款是1997年修订《指南》的主题②。《指南》进一步明确了效率抗辩因素，提出了“可认知效率”(cognizable efficiencies)的概念，并对能够被反垄断当局认可的效率进行了界定。修订《指南》的目的是进一步明确效率抗辩的合理性，而不是改变相关标准③。2010年FTC和DOJ对1992年《指南》又进行修改，颁布了新的《指南》。新《指南》强调，审查将综合运用各种方法和工具来分析并购是否妨害竞争，增加了“构成负面竞争影响的证据”等章节，并对“市场界定”和“市场集中度”等概念给予更清晰的说明。反垄断当局在实施《指南》时的政策目标在福利标准(是消

① Kolasky, W., and A. Dick, “The Merger Guidelines and the Integration of Efficiencies in to Antitrust Review of Horizontal Mergers”, US Department of Justice, Celebration of the 20th Anniversary of the Guidelines, June 10th 2002.

② 1997年修订版指南第4条属于效率条款，该条款指出“虽然竞争通常能够刺激企业获得内部效率，……并购能够通过现有资产的优化使用，以更低成本生产给定数量和质量的产品等途径，获得潜在的效率”。

③ Garza, D., “The New Efficiencies Guidelines: The Same Old Transparent Wine in a More Transparent Bottle”, *Antitrust*, 1997(6): 162—167.

费者福利最大化，还是社会总福利最大化）的框架内具有一定的弹性，在司法实践中倾向于消费者福利标准①。同时，《指南》也显示出，反垄断当局在效率抗辩时考虑的因素不仅仅是并购的价格效应，因为较大的成本节约产生价格上升效应的可能性较小。《指南》中效率条款主要涉及以下内容：

(1) 效率类型。新修订的《指南》讨论了效率的类型，强调效率需要是并购所特有、能够证实、能够传递给消费者的净效应。《指南》指出，并购可能产生效率，这种效率获得不仅包括成本节约，而且包括产品质量提升、服务质量改善和新产品的开发；这种类型的效率能够提高企业参与竞争的能力和动机，将一个"无效"（例如，高成本）的竞争者变成一个"有效"（例如，低成本）的竞争者，从而促进市场竞争；并购评估审查中不考虑由减少产量带来的成本节约。在所有类型的效率获得中，某些特定类型的效率更易于被辨识和确认，而另一些效率不易被辨识和确认。《指南》给出了三个例子。① 生产的合理化和多工厂规模经济性所带来的效率，这是指并购后产量在并购前相互独立的工厂之间重新分配而导致的成本节约。这种效率更易于证实，是并购所特有的，比较显著，并且不太像是由反竞争性的产量下降而引致的结果。② 与研发活动相关的效率，这种效率具有较大潜力，但相对而言不易证实，而且可能是反竞争性的产量下降的结果；③ 与采购、管理和资本成本相关的效率，这种效率不太像是并购所特有的，并且不太显著。购买经济性常常被反垄断当局在并购审查中予以考虑，而税收优惠带来的经济性往往不予以考虑②。后者属于财务利得，财务利得往往不会有助于效率抗辩。通过反竞争性的降低产量或减少服务而获得的成本节约，在效率分析时反垄断当局将不予以考虑。

(2) 效率的并购特有性（efficiency specificity）。一项效率获得若想得到反垄断当局的认可，需要是并购所特有的。也就是说，能够获得反垄断当局认可的效率获得需要满足以下条件：① 伴随着该项并购的发生而出现；② 在该项并购不发生时就不会出现，即通过具有类似反竞争效果的其他手段难以产生同类效率。这就意味着，如果一项效率能够通过（具有潜

① Kolasky and Dick(2002)认为，美国反垄断当局在实施《指南》时福利标准更像是消费者福利标准和社会总福利标准的混合体。详细讨论，请参见 Kolasky, W., and A. Dick, "The Merger Guidelines and the Integration of Efficiencies in to Antitrust Review of Horizontal Mergers", US Department of Justice, Celebration of the 20th Anniversary of the Guidelines, June 10th 2002.

② 在近期的一些并购案例中，购买经济性已经不予以考虑，原因在于购买经济性不是并购所特有的。

在反竞争效应的)并购以外的其他手段获得[1],那么以这项效率进行抗辩就会被反垄断当局拒绝。关于其他替代手段,反垄断当局未能提供一个“清单”,所以只能依靠产业经济学领域的专家提供一些参考性的建议。例如,并购企业希望通过并购解决的问题,其他企业是如何解决的?[2] 这些替代方法在过去是怎样运作的?在证实效率过程中,还有一些其他因素需要考虑。例如,如果并购企业宣称效率将在它的某一个确定分支企业内产生,那么它就应解释为什么不将并购限制在该分支企业。如果并购企业以另一起已经发生过的并购作为效率能够产生的替代方式,但该起并购的参与企业予以否认,那么这种证实该效率是并购所特有的证据就不予以采信。

(3) 可证实性(verifiability)。由于相关信息由并购企业所独占,所以效率的证实和量化较为困难。因而《指南》规定,并购企业需要提供大量效率获得的证据,以便于反垄断当局能够证实以下内容:① 每一项所宣称效率的可能性和大小;② 怎样及何时能够实现;③ 怎样提高并购企业竞争能力,从而促进竞争;④ 为什么是并购所特有的。很显然,提供效率存在证据的责任在于并购企业。在证实效率过程中,反垄断当局会考虑并购企业提供的所有证据,但是可能根据具体情境决定不同证据的采信程度。关于哪一类证据更具说服性,哪一类证据采信程度较低,并没有绝对的准则,《指南》中也没有具体规定。如果证实效率的文件产生于决定并购之后,或者并购计划比较模糊,这类证据的重要程度相对较低,而作为并购决策过程一部分的相关文件会得到更高程度的重视。在效率抗辩中,有两个问题需要厘清,一是并购决策是否是基于预计的效率(或仅仅是基于提高市场势力的动机),二是并购企业的效率估计是否合理。

(4) 传递率与效率大小。如果一项并购所带来的效率的性质和大小使得该项并购不具有反竞争的可能性,那么这项并购将不会被反垄断当局拒绝。效率必须足够大,能够抵消(或逆转)并购给消费者带来的潜在损害(例如,能够阻止价格上升)[3]。因此,《指南》要求并购企业所声称的效率能够传递给消费者,而不是仅仅给并购企业自身带来利益。在分析传递效应时,区分可变成本节约与固定成本节约十分重要,这是因为固定成本

---

① 其他可供选择的手段包括扩大内部产量、合资经营、特许经营、多元化经营等。

② 这一问题的答案就是所谓的替代手段。

③ 当一项并购对国外竞争对手或消费者产生实质性损害时,美国反垄断当局并不引入司法程序进行评估审查。或者说,美国反垄断当局只考虑并购在本国市场上产生的反竞争效应。

节约一般不会传递给消费者,至少在短期内是如此。反垄断当局一般不会量化传递效应,因而也不会构建一个显性的传递率指标①。反垄断当局更为关注的是,效率效应与反竞争效应之间谁更显著,价格是否会上升,消费者是否能够从效率获得中获益等,而不是以上效应的具体数量。不过,随着大量具有专业知识的学者进入反垄断部门工作,反垄断当局在并购评估审查中越来越多地使用技术性分析工具,评估审查报告中也越来越多地应用量化分析。一项并购,如果反竞争效应越大,那么所证实的效率也应越大②。反垄断当局不会在确认效率的大小上花费过多精力,这是因为在法庭上辩论效率很小不会有利于支持反垄断当局的决定。

(5) 净效应(net-effects)。净效应主要是指在评估效率时,反垄断当局需要考虑并购导致的成本,或者为了获得那些(并购企业试图证实的)效率所导致的成本。《指南》将并购所特有的并且已经证实的效率界定为"认知效率"(cognizable efficiencies),这种效率不是通过具有反竞争性的降低产量和服务质量而获得的,并且需要通过评估并购(或者获得这些效率的)的净成本来进行测算。

(6) 实施标准(enforcement standard)。《指南》设定了如下实施标准:"如果某项并购带来的认知效率的特点和规模能够使该项并购在相关市场上不具有反竞争效应,那么反垄断当局将不会阻止该项并购"。在这一标准下,效率的价格降低效应必须能够抵消并购反竞争效应所导致的价格上升效应。反垄断当局在司法判定中不仅仅局限于考虑相关市场上的效率因素,而且要考虑部分剥离或者其他补救措施是否能在不牺牲其他市场上的效率的前提下消除相关市场上的反竞争效应。

14.1.3　联邦法院案例

在早期并购案例法中,法院拒绝将效率作为并购反竞争效应的辩解理由。在最高法院的早期并购案例中,有三个代表性的并购判决涉及了并购评估审查中的效率因素,但都不是效率抗辩,法院从不直接提出允许并购企业进行效率抗辩。在 Brown Shoe Co. v. U. S. (1962)案中,最高法院维持了政府关于禁止鞋业制造商与零售商并购的判决。法院认为,由于并购导致并购企业规模很大并且能够通过抛售损害竞争者,因而这项并购是非

---

① 反垄断当局没有量化测度并购的反竞争效应的指标。在实际执法过程中,反垄断当局甚至连"传递效应"这个词都不会提到。传递效应、传递率、量化测度反竞争效应等技术性分析往往是经济学家们在研究并购问题(例如,对并购进行模拟分析)时使用的工具。

② 实质上,效率抗辩从来没有让一项垄断或者接近垄断的并购获得通过。

法的。法院觉得,国会的立法意图是“通过保护本地运营良好的小企业来保护竞争,通过并购产生一个低成本的大规模企业会与这一目标相违背”。最高法院承认,“国会已经意识到,偶尔的高成本和高价格是保持产业和市场分散的结果”,但是它还是“出于分散化的考虑,做出了起诉并阻止并购的决定。”实质上,这一案例将效率因素作为反竞争效应因素[①]。在 U. S. v. Philadelphia National Bank 案中,在效率考虑方面与 Brown Shoe Co. v. U. S. (1962)案相类似,法院拒绝将并购可能产生的效率作为批准一项可能显著减少竞争的并购的理由[②]。在 FTC v. Proctor and Gamble(1967)案中,法院认为 Clorox 化学公司(美国最大的家用液态漂白剂制造商)与 P&G 公司(最大的肥皂制造商)之间的并购是非法的。P&G 公司宣称,这起并购在推广、销售和网点布局等方面将产生很大的成本节约。法院也承认这起并购可能带来效率,但认为 P&G 公司所宣称的成本节约很难在实际经济中实现。虽然这些证据可以作为对并购进行司法判定时考虑效率的一个相关因素,但法院指出“可能的经济性不能作为是否非法的抗辩因素。国会也意识到一些减少竞争的并购也有可能由于产生了经济性而在保护竞争和损害竞争之间取得一定的平衡。”一些观察家将 P&G 判决作为并购司法判定中拒绝效率抗辩的例子。一些评论家也注意到,法院仅仅指出并购“可能”产生的效率和经济性,拒绝基于“可能性”的效率抗辩,并不意味着排除基于具有更加令人信服证据的效率抗辩。如果不考虑当时的具体环境,仅仅是阅读最高法院的这三个并购判定,很容易得出这样的结论:效率被排除在抗辩因素之外。虽然效率因素在法庭上被反复提及,但是在这三起并购案中,政府或被告都没有将效率抗辩直接提交法庭。并且,司法判定更大程度上是基于对立法传统和司法条文形式上的理解,而不是经济理论。

相对于最高法院而言,地方法院在并购审判中更多地考虑到效率因素。20 世纪 90 年代开始,尤其是 1997 年修订版《指南》颁布以后,地方法

---

① Pitofsky (2007)认为这一案例是美国反垄断当局在并购评估审查中考虑效率因素时的一个明显失误,参见 Pitofsky, R., “Efficiency Consideration and Merger Enforcement: Comparison of U. S. and EU Approaches”, *Fordham International Law Journal*, 2007(30):1413—1425。

② U. S. v. Philadelphia National Bank 案中,法院认为,该项并购可能有利于社会和经济的借方与贷方业务的最终清算,但是一项可能具有显著减少竞争效应的并购不能被批准。参见 U. S. v. Philadelphia National Bank 374 U. S. 321(1963)。

这一案例在效率考虑方面与 FTC v. Proctor and Gamble 案相类似,正文中不再赘述。

院在一些并购案中开始评估效率，并将效率因素作为潜在的抗辩因素①。然而，直到 1998 年，仍然没有一家联邦法院因为效率因素而批准具有反竞争效应的并购。在 FTC v. University Health(1991)案中，被上诉人认为，非营利机构 University Health 并购非营利的 St. Joseph 医院，将产生明显的效率，因而不会妨害竞争。在审理 FTC 的上诉中，法院认为“在一些特定环境下，被告可能通过出示并购能够在相关市场上产生显著效率的证据来反驳政府的表面证据确凿的案件”。出于这一点考虑，被告方必须证实并购所产生的经济性，以及这些经济性能够最终有利于促进竞争和增加消费者福利②。在 FTC v. Staples(1997)案中，法院一开始引用最高法院的旧案例为依据，但最终还是采用了在《指南》框架内评估效率的方法。这一案例中效率申辩被拒绝的原因有两点：一是与没有提交给法庭的内部文件相比较，效率被夸大了；二是由于两家企业都处于迅速成长期，并购不是实现这些效率的必要条件。最终，法院采纳了政府对于效率的评估方法和结论。在 Long Island Jewish 和 North Shore Health(1997)并购案中，最令人感兴趣的特征是法院发现效率获得较为明显，并且成本节约能够传递给消费者的途径。该项并购发生后每年大约能够产生 2 500 万—3 000 万美元的成本节约。由于两家医院都是非营利性机构，并购前它们严肃承诺将帮助它们所在社区，并且与纽约市总检察长达成协议，它们将把从并购中获得的显著的成本节约传递给社区消费者。在 Lucy Lee 和 Doctors Regional Medical Center 并购案中，有三个重要议题引起讨论：① 法院认为，即使不通过并购，这些企业也能减少过剩产能；② 法院认为，由于并购后市场竞争的压力不大，成本节约的效率获得不太可能传递给消费者；③ 法院不同意“在一个市场上促进竞争的效应能够抵消另一个市场上的反竞争效应”的观点，原因在于：一是没有任何可以获得的实用公式来进行这类替换，二是涉及不同市场上消费者的公平性问题。在 FTC v. Tenet Health Care CORP.(1999)案中，上诉法院撤销了阻止并购的初始禁令，部分原因在于，它相信地方法院拒绝考虑并购能够提高效率的证据是错误的。

并购政策的执行分为两个阶段：第一阶段涉及拟进行的并购的通知与

---

① 20 世纪 90 年代以前，美国反垄断当局对待效率的态度比较模糊，20 世纪 90 年代以后，这一态度逐渐明朗，对待效率态度的转向和善。参见 Rowley, D., and W. Baker, *International Mergers—The Antitrust Process*, Sweet & Maxwell, London, 3rd edition, 2000, pp. 23—29。

② 以后并购案在考虑效率在评估中的作用时都参考本案的观点。参见 Röller, Lars-Hendrik, J. Stennek, and F. Verboven, “Efficiency Gains from Merger”, *European Economy*, 2001, No 5.

申报,第二阶段是已申报并购的评估分析。1997—2006 年 FTC 和 DOJ 一共受理了 27 510 起并购,进入第二阶段的并购 499 起,其中包括相当一部分数量的没有按规定程序申报的并购。由此看来,只有不到 2% 的申报并购因可能损害竞争而进入第二阶段的审查评估(Werden,2007)。1993—2003 年,在进入第二阶段的所有并购案中,DOJ 对其中的 13.4% 既没有禁止,也没有要求采取补救措施,5% 的被审查并购进行了自愿重组,2.65% 的并购自动放弃,绝大多数并购得到了以重组为条件的同意判令。Kinne(1998)分析了地方法院是如何评估效率申辩的。她发现地方法院已经形成在效率领域决定权重和先后顺序的标准和程序,评估方法与反垄断当局根据《指南》规定所采用的方法相似。地方法院的并购判决显示,如果并购企业所申报的效率是并购所特有的,提供了可信的证据,能够传递给消费者,那么法官会认为并购的经济性能够促进竞争。关于效率的类型,地方法院主要关注的是生产的经济性(例如,产量扩大所带来的规模经济性),多次拒绝财务效率(例如,税收优惠带来的成本节约),资本筹集成本的节约通常也不予考虑。法院在评估效率时常常会质询并购企业所申报效率的"独一性",即效率是否是该项并购所独有的。在 FTC v. H. J. Heinz Co.(2001)案中,上诉法院认为地方法院拒绝 FTC 要求禁止该项并购的禁令是错误的,因为地方法院没有解释清楚"为什么并购企业不能够通过其他途径获得可比效率"。该项并购发生在婴儿食品市场上仅有的三家生产商中的两家之间,该市场的进入壁垒较高。法院暗示,高度集中的市场上的并购更需要证据以证实该项并购能够产生极大的效率①。在 U. S. v. Rockford Memorial(1989)案中,法院要求相关效率"必须只能通过该项并购获得,通过其他途径难以获取。"在 FTC v. University Health(1991)案中,法院认为反垄断当局要求并购企业提供"通过该项并购获得的效率不能通过其他损害竞争程度更小的方式获得的证据"是合理的;获得效率的替代途径可能是扩大内部产量;参与并购的两家医院没有能够提供充分的证据,以表明效率是如何产生和保持的,以及效率是否能够有利于竞争和消费者。最后,法院拒绝了该项并购。在 FTC v. Staples(1997)案中,成本节约可以通过在未来通过从供应商那里获得更好的价格而实现。通过并购,这些成本节约可以以更大规模立即实现,而不是未来 3—4 年。法院认为,并购双方通过开设新的店铺快速扩大规模而实现的效率,作为扩大

---

① Kolasky, W., and A. Dick, "The Merger Guidelines and the Integration of Efficiencies in to Antitrust Review of Horizontal Mergers", US Department of Justice, Celebration of the 20th Anniversary of the Guidelines, June 10th 2002.

内部规模的结果可以在任何情况下得以实现。地方法院也会考虑通过外部安排来替代并购的可行性。在 U. S. v. Long Island(1997)案中,政府的证词声称,即使是在没有并购的情况下,两家医院也可以通过相互销售服务和合作的形式获得比较效率。然而,法院认为,并购是获得那些效率的、对竞争限制最少的替代方法。法院怀疑,在不发生并购的情况下,两个有力的竞争者之间是否同意分享设施(例如,实验室)和服务(例如,医术高明的医生的诊疗服务)。关于效率的举证责任,已有的案例法倾向于交给并购企业。在并购完成以前,预测并购可能带来的效率十分困难,举证责任是一种说服性的标准。法院认为能够证实的效率应该是非投机性的,可以量化的。如果并购企业不能解释获得所申报的成本节约的途径,那么法院将认为该项效率申报具有投机性。正因为效率举证存在很大的困难,地方法院在并购判定中经常拒绝效率申辩。在并购审判中,地方法院通常采用消费者福利标准,认为可以通过较低的价格、新产品、质量改进、更好的服务等形式提高消费者福利水平。

14.2　澳大利亚

14.2.1　竞争法与效率抗辩

1974 年的《贸易惯例法》(*Federal Trade Practices Act*,简称为 TPA)是澳大利亚主要的竞争法①。该法的目的是“促进竞争和公平交易、为消费者提供保护,以此提高整体澳大利亚国民的福利”(该法第 2 条)。该法中的竞争条款适用于澳大利亚国内的所有企业和个人。自 1974 年以来,澳大利亚通过修正案和其他立法对《贸易惯例法》进行了 37 次修订,最新一次修订是 2001 年 7 月 26 日,但其法律结构和内容没有根本性变化,仍然是澳大利亚竞争法体系的主干。近年来,随着自然垄断行业的放松管制,澳大利亚出台了一系列行业改革和监管法律,如 1983 年《价格监管法》、1989 年《邮政法》、1992 年《广播电视服务法》、1997 年《电信法》。这些法与《贸易惯例法》共同构成澳大利亚的竞争法体系。同时,澳大利亚是一个联邦制国家,各州也有立法权,如新南威尔士州议会 1987 年颁布实施了《公平交易法》。各州的反垄断立法也是澳大利亚竞争法体系的一个重要

---

①　2010 年澳大利亚颁布了《竞争与消费者法》(Competition and Consumer Act 2010),再次修订了 1974 年的《贸易惯例法》并收录其中,但是《贸易惯例法》基本法律条文没有变化。因而,文中仍然使用《贸易惯例法》。

组成部分。

根据《贸易惯例法》第 50 条的规定,"具有,或者可能具有显著减少相关市场竞争"的并购将被禁止。因此,澳大利亚与美国和加拿大一样,在并购评估中也是采用 SLC test(substantial lessening of competition test)。《贸易惯例法》规定企业并购不得产生减少或可能减少市场竞争的效果;禁止一个法人直接或间接获得另一法人的资产或自然人的财产,如果该并购产生或可能产生减少市场竞争的效果;禁止一个自然人直接或间接获得另一法人的资产或自然人的财产,如果该项并购产生或可能产生减少市场竞争的效果。评价企业并购的影响,应当考虑以下一些因素:在特定市场中,现实的和潜在的国际竞争;进入特定市场的难易程度;特定市场的市场集中度;特定市场中企业间相互制衡的力量;并购后存续企业提高价格的可能性;在特定市场中获得替代产品的难易程度;特定市场的活力,包括增长力、创新力和产品的多样化;并购对市场活力和竞争效果可能造成的削弱;特定市场纵向结合的性质和程度。按照《贸易惯例法》,企业并购的申报是自愿的。并购参与方如果担心并购可能违反《贸易惯例法》,可以根据《贸易惯例法》第 88 条的规定向竞争与消费者委员会申报,要求其批准(包括豁免在内)。竞争与消费者委员会在收到申报 30 天内作出决定是否批准。对于疑难复杂案件,竞争与消费者委员会可将审查期延长至 45 天。竞争与消费者委员会如果在上述期限内没有作出决定,则视为默认同意。虽然在《贸易惯例法》中没有明确条款规定竞争与消费者委员会在并购评估审查中必须考虑效率因素,但是效率抗辩隐含在竞争与消费者委员会应用的公共利益测试中①。

1999 年澳大利亚颁布实施了《并购指南》,对在并购评估中如何考虑效率因素进行了较为全面的阐述,对效率申辩的态度比以前要温和很多。2008 年又对《并购指南》进行了修订,颁布了新的版本。根据《并购指南》第 5 章的规定,并购评估审查分为 5 个步骤。① 相关市场界定。根据地理、功能、产品和时间等维度对并购发生的相关市场进行界定。如果市场被认定为"实质性的"(substantial),那么需要进行进一步的分析;如果市场是非实质性的,并购可以进行②。② 市场集中状况分析。澳大利亚《并购指南》界定了相关的门槛条件,即如果该项并购导致并购后相关市场上的 4 企业集中度(CR_4)达到或超过 75%,并且并购企业至少占 15%,那么就

① 相关分析,请参考 Rowley, D., and W. Baker, *International Mergers—The Antitrust Process*, Sweet & Maxwell, London, 3rd edition, 2000, pp. 211—213.

② 参见《并购指南》第 5 章第 34—86 条的相关规定。

将启动进一步的审查;如果并购导致并购企业在相关市场上的市场份额达到或超过40%,那么就将启动进一步的审查。如果并购没有达到以上门槛条件,那么反垄断当局将直接批准该项并购。③ 进口竞争状况。反垄断当局将考虑进口品竞争对于并购企业的影响,如果进口竞争不足,将继续对市场结构进行分析;如果进口竞争较为充分,并购将批准。④ 市场进入壁垒分析。如果新企业进入相关市场较为容易,则认为该市场的进入壁垒较低,该项并购不具有明显减少竞争的可能性;如果进入壁垒较高,就需要考虑其他因素。⑤ 其他因素分析。如果反垄断当局认为该项并购可能显著减少竞争,那么就要考虑其他因素。其他因素包括能够抵消对竞争不利影响的所有尚未考虑的因素。

14.2.2　执法体系及机构

澳大利亚的竞争法执法体系是,竞争与消费者委员会(the Australian Competition and Consumer Commission, the ACCC)行使执法权,国家竞争理事会提供竞争政策咨询,竞争仲裁庭(the Australian Competition Tribunal)进行复议,联邦法院做出判决,财政经济部制定竞争政策、修订竞争法律。立法、执法、司法既相互牵制又相互配合,保证反垄断法的有效实施。

(1) 竞争与消费者委员会①。根据澳大利亚《贸易惯例法》,竞争与消费者委员会是联邦竞争执法机关,负责《贸易惯例法》和《价格监控法》的实施。澳大利亚竞争特别法庭受理对竞争与消费者委员会决定的上诉。竞争与消费者委员会的决策机构是由主席和六位全职委员组成的特别委员会。该特别委员会处理的事务包括兼并、授权和告示等等,涉及法庭程序的开始以及基础设施准入决定等各个方面。其主要职责是:促进市场上的有效竞争;建设信息公开的市场,促进公平交易;推动市场中的价格竞争,抑制价格上涨;向社会公众公布《贸易惯例法》和《价格监控法》的执行情况,宣传这两部法律,使经营者和消费者知晓这两部法律对其日常生活和经营活动的影响。根据《贸易惯例法》,竞争与消费者委员会行使下列职权:收集市场信息,受理并调查经营者、消费者的投诉;审查企业购并申报,作出批准或不批准决定;审查经营者对其限制竞争行为的豁免申请,作出给予豁免或不予豁免决定;向联邦法院起诉从事违反该法第三章规定的

---

① 竞争与消费者委员会是在1995年11月由贸易惯例委员会(the Trade Practices Commission, TPC)和价格监控局(the Price Surveillance Authority, PSA)合并而成。

限制竞争行为的经营者,诉请法院给予处罚。竞争与消费者委员会虽然在行政序列和经费来源上隶属于财政经济部,但它是依《贸易惯例法》设立的机构,独立行使执法权。

(2)国家竞争理事会。国家竞争理事会是根据《贸易惯例法》设立的竞争政策咨询机构,由各个相关的政府部门共同成立,是一个监督和评估机构,负责监督全国竞争政策的执行①。理事会由一名理事长和四名以上理事组成。理事长和理事由财政经济部长在征得联邦各州同意的基础上提名,总督任命。理事会在行政序列和经费来源上同样隶属于财政经济部,但独立行使咨询权。

(3)竞争特别法庭。澳大利亚竞争特别法庭是根据《贸易惯例法》设立的独立的复议机构,负责对竞争与消费者委员会所作决定的复议②。如果当事人不服竞争与消费者委员会有关限制竞争行为豁免和企业并购批准的决定,可以向竞争仲裁庭申请复议。竞争仲裁庭由一名联邦法院法官主持,其裁定是终局的。

(4)联邦法院。联邦法院是澳大利亚竞争和消费者委员会能够提起诉讼以执行贸易法相关竞争条款的唯一法院。很多澳大利亚竞争和消费者委员会的决定取决于联邦法院根据行政法所做的审查。联邦法院行使对限制竞争行为的处罚权。竞争与消费者委员会完成调查取证工作后,无权对违法者实施惩罚措施,须依法将违法者诉之联邦法院,由法院决定是否有违法行为,如果有违法行为应如何处罚。

(5)财政经济部。财政经济部负责竞争政策的制定和竞争法律的修订。《贸易惯例法》的历次修改,都是由财政经济部准备草案,经内阁批准后,交议会审议通过。

14.2.3 相关案例分析

自《贸易惯例法》1974 年颁布以来,只有少数几个并购案进入充分评

① 国家竞争理事会在实施澳大利亚竞争改革中的职能包括:对各个政府在实施全国竞争政策改革中取得的进展进行评估,提出竞争补偿付款的建议,补偿付款的目的是使改革取得的利益为全体国民共同分享;就全国准入制度下准入规则的设计和覆盖范围提出建议;以及为全体国民提供具体改革执行内容以及整体全国竞争政策的教育和信息沟通。

② 澳大利亚竞争特别法庭是根据贸易法成立的准司法审查机构。该法庭的主要职能包括:对澳大利亚竞争和消费者委员会做出的申请、撤回以及批准决定进行审查,就该委员会做出的独占交易通知进行审查;对相关的部长或者澳大利亚竞争和消费者委员会所做的有关重要基础设施第三方准入的决定做出审查;以及对兼并授权的申请做出决定。澳大利亚竞争法庭设庭长 1 人,副庭长及委员数人,由总督任命。庭长必须由联邦法院的法官来担任,其他委员应有企业、商业、经济、法律或公共管理知识背景或从业经验。

估审查阶段，并且都没有进行效率抗辩。《并购指南》承认，如果一项并购能够提高并购企业的竞争力，那么该项并购可能促进（或不明显减少）相关市场上的竞争。因此，效率因素被纳入了竞争分析的框架，但是还没有当作 SLC 的替换因素考虑。不过，反垄断当局已经发现，“并购对并购企业竞争能力和相关市场竞争程度产生（或可能产生）的影响，应当包括效率因素的影响”[①]；并购产生的效率能够抵消（或部分抵消）减少竞争而产生的消极影响[②]。在反垄断当局进行的非正式的评估审查中，效率因素已经纳入相关分析[③]。《并购指南》第 5 章的 17 条明确指出，“不同类型效率的权重和显著性应根据效率的大小和实现的可能性来确定，而且还应考虑到这些效率是否不仅可以提高并购企业的竞争力，而且能够提高（不减少）相关市场上的竞争程度从而有利于消费者”。如果效率能够产生或提高限制市场上其他企业单边行为的竞争力量，或有助于破坏相关市场上的协同行为（如串谋），那么这项并购将被认作“不会显著减少竞争”。如果某项并购产生的效率能够导致价格降低，产量提高或者产品和服务质量提高，那么该项并购将被认作“不会显著减少竞争”[④]。

从以上分析可以看出，澳大利亚横向并购反垄断控制的司法实践中虽然没有明显出现正式效率抗辩的并购案例，但是在评估审查和司法判定中都考虑到了效率因素，或是在评估并购对公共利益影响时考虑效率因素。例如，在 Arnotts Ltd. v. TPC 案中，法庭考虑了规模经济因素。在 Howard Smith Industries Ltd. 案和 7-Eleven Stores Pty Ltd. 案中，法庭对“公共利益”（public benefit）进行了界定，认为效率和其他利益必须从整个社会的角度考虑，效率是整个社会资源的最优使用，包括分配效率、生产效率和动态效率[⑤]。在 Howard Smith Industries Ltd. 案中，法庭认为“如果一项并购能够获得明显的经济性和大量的成本节约，从而降低商品和服务的供应成本，

---

① Rowley, D., and W. Baker, *International Mergers—The Antitrust Process*, Sweet & Maxwell, London, 3rd edition, 2000, pp. 211—213.

② William, P., and G. Woodbridge, “Antitrust Merger Policy: Lessons from the Australian Experience”, in Ito, T., and A. Krueger (eds.), “Privatization, Corporate Governance and Transition Economies”, East Asia Seminar on Economics, Vol. 12, National Economics Research, Chicago: University of Chicago Press, 2003.

③ 澳大利亚反垄断当局在正式起诉一项并购案之前都要依据《并购指南》开展非正式的评估审查，根据审查结果与并购企业协商相关判决，并购企业不服判决就进入正式的司法程序。非正式评估审查结果不公开对外发布，因而几乎找不到效率抗辩的相关案例。

④ 《并购指南》第 5 章 172—173 条和 174 条。

⑤ Miller, R., *Miller's Annotated Trade Practices Act 1974*, Sydney, Lawbook Co., 23rd edition, 2002.

即使这一成本节约没有以降低价格的形式传递给消费者，也认为其构成显著的公共利益。然而，如果一项并购通过高利润和高红利的形式给该并购企业的少数股票持有者带来利益，那么这一利得会被法庭赋予很小的权重，因为它没有在社会成员之间广泛传播。”①

在 Email Ltd. v. Simpson Ltd. 案中，法庭认为效率提升和资源的更好利用而导致的单位成本下降是公共利益的表现，在反垄断评估审查中应予以考虑。在 Australian Pharmaceutial Industries Ltd. v. Sigma Company Ltd. 案中，反垄断当局发现该项并购带来的效率可以考虑，但这些效率“很可能随着时间而消散，相关市场上竞争程度的下降是由于缺乏驱动竞争的动态因素所致”。同时，反垄断当局认为该项并购带来的效率仅对其股东有利，对公共利益的贡献不够明显，因而拒绝了该项并购。根据《贸易惯例法》第 50 条，对并购进行判定时所认可的效率不要求传递给消费者。但在非正式评估中，并购指南要求在分析并购对竞争产生影响时，效率必须通过降低价格、增加消费者选择、改进质量等途径使消费者获益，或者有利于促进竞争。

在 Rural Traders Co-operative Ltd. v. Ors. 案中，反垄断当局强调了效率获得与消费者福利的关系，认为“效率获得不一定需要全部传递给消费者，但是需要分析竞争程度下降对于最终消费者的影响”。在 Dupont 案中，反垄断当局认为该项并购能够从生产氰化钠过程中节约电力和资本，从而产生资源节约、效率和明显的环境改善，并且可能通过降低价格使消费者获益。因而，即使在相关市场上只有三家企业（每家企业大约占 30% 的市场份额）且面临很低的进口竞争的情况下，反垄断当局还是批准了该项并购。在 Wattyl Pty Ltd. v. Courtaulds Pty Ltd. 案中，反垄断当局指出，第二大涂料公司兼并第三大涂料公司将提高市场集中度和并购企业的讨价还价能力，但是这种因讨价还价能力上升而导致的成本节约只是一种财富的转移，不能被认为是增进了公共利益；高度集中的市场的进入壁垒较高，进口竞争压力较小。在 Pasminco Ltd. 案中，Austrlian Mining & Smelting Ltd. 与 North Broken Hill Holding Ltd. 之间的并购被批准，理由是该项并购能够提高国际竞争力，从而扩大出口。同时，反垄断当局发现，虽然并购会使澳大利亚国内该市场上只剩下唯一一家生产商，但是该项并购能够通过协同生产和合理配置获得明显的效率。

---

① Corones, S., *Restrictive Trade Practices Law*, The Lawbook Company Limited, 1994.

14.3 英　　国

14.3.1 竞争法与效率抗辩①

英国的竞争制度有着较长的历史,早在 19 世纪时就有关于竞争限制方面的普通法判例。现代英国竞争法始于 1956 年的《限制性贸易惯例法》(*Restrictive Trade Practices Act* 1956)。1965 年的《垄断与并购法案》(*Monopolies and Mergers Acts*)首次将并购控制引入竞争政策。1973 年,英国制定了《公平贸易法》(*Fair Trade Act* 1973),该法创设了公平贸易局长(Director General of Fair Trading,以下简称 DGFT),规定了并购控制制度和垄断调查制度。英国议会于 1998 年通过了《竞争法》(*Competition Act* 1998),该法于 2000 年 3 月 1 日生效,其第一章与第二章分别规定了限制性协议与反竞争行为,该规定参照了《欧共体条约》第 81 条和第 82 条的内容。《1998 年竞争法》取代了《限制性贸易惯例法》,但它对于《公平贸易法》中的垄断与并购制度并没有做出重大修改②。《2002 年企业法》对英国并购控制的现存框架进行了修订,完善了《公平贸易法》有关并购控制的大部分条款。其中,有两个最有意义的变化:① 大多数并购控制的决定由公平贸易局(Office of Fair Trading,以下简称 OFT)和竞争委员会(Competition Commission,以下简称 CC)作为独立的反垄断当局做出,而不再由国务秘书做出,也就是说,增加了反垄断当局的权限,限制了国务秘书的权限;② 除了第 4.8 条和第 4.11 条规定的特别案件以外,并购的评估将依据纯粹的显著减少竞争测试(the substantial lessening of competition tes)而不是

---

① 组成英国的竞争政策的法律除了《公平贸易法》以外,还有一部重要的法律,即《2002 年企业法》。2001 年 7 月 31 日,英国财政部与贸易产业部公布了一部白皮书——《生产力与企业:一个世界级的竞争制度》,确信竞争与消费者的信心将提高生产力。在该份文件里,明确提出了竞争制度改革六原则:第一,竞争决定应由强大的、积极的和独立的竞争主管机构做出;第二,竞争制度应该铲除所有形式的反竞争行为;第三,竞争制度应该有强大的震慑作用;第四,受到伤害的当事人应该得到实际赔偿;第五,政府和竞争主管机构应该努力进行更广泛的国际协调和合作;第六,竞争政策应该高度清晰。在此背景之下,《2002 年企业法》于 2002 年 3 月 26 日提交议会平民院(即下议院)讨论,4 月 10 日通过二读,6 月 17 日三读通过。6 月 19 日提交议会贵族院(即上议院),11 月 7 日由英国女皇签署颁布。该法共 281 条,26 个附件。《2002 年企业法》发展了英国竞争法,它再造了竞争主管机构,更新了企业合并控制制度,引进了一种新的犯罪——卡特尔犯罪,修正了市场调查制度,导入了超级控诉和取消董事资格制度。

② 本部分内容参考了王健所著的“《2002 年企业法》与英国竞争法的新发展”(《环球法律评论》,2005 年第 2 期)一文和英国公平贸易局网站上的相关内容,见 http://www.oft.gov.uk/enterpriseact/htm。

以前运用的更广泛的公共利益测试(the public interest test)。《企业法》保留了原有竞争政策中的一些合理制度,例如,在特殊情况下,当反垄断当局认为某项并购总体上有利于消费者福利时,它可以采用较宽松的竞争补救措施允许或批准该项并购;工业和贸易部长可以继续使用公共利益例外条款直接处理少数并购;继续实施两阶段并购调查,OFT执行第一阶段调查,决定大部分并购的判定结果,竞争委员会继续执行第二阶段的调查,对需要进行深入审查的并购进行评估分析。一般来说,如果并购可能导致一个英国市场竞争的实质性减少,那么并购将被禁止或需要采取补救措施。需要指出的是,《企业法》并没有采纳《欧共体企业并购控制条例》(*European Community Merger Regulation*, ECMR)有关达到一定标准的并购需要强制通知的制度,它继续沿用英国的自愿通知制度。OFT将调查符合营业额测试或市场份额测试的并购。假如目标公司的英国营业额超过7 000万英镑,那么需要进行营业额测试;假如并购当事人在英国或英国某一特定区域某一特定商品或服务市场的市场份额达到至少25%,并且并购后市场份额将增加,那么将需要进行市场份额测试。营业额测试标准规定的营业额是指被收购企业(目标公司)的营业额,它并不包括收购公司的营业额。也就是说,如果目标公司的营业额超过7 000万英镑,那么该并购就应该接受调查。如果并购后,参与并购企业的主体资格均丧失,形成一个新的公司,即如果这个并购是一个新设并购,那么应合计所有参与并购的企业的营业额。法令规定,OFT应该持续关注营业额测试标准,要经常向国务秘书建议现在的营业额测试标准是否仍然合适。国务秘书有权决定营业额的构成要素、营业额的计算日期及如何判断英国营业额的连接点等。市场份额测试可以涉及英国整个国家,也可以是英国的重要部分。至于何谓重要部分,法令没有规定判断标准。OFT以前在判断时,通常要考虑市场大小、人口、社会、政治、经济、金融和地区等因素。法令允许反垄断当局在判断25%市场份额门槛是否合适时,可以考虑价值、成本、数量等标准;允许反垄断当局考虑是否将不同供应方式的商品与服务的市场份额相加;给予反垄断当局在判断是否应将商品或服务作为一个独立特征的商品或服务时有自由裁量权。为了增强政策透明度、可预期性和可操作性,OFT颁布了《并购:实质评估指南》。OFT认为,并不是所有的并购都会产生竞争问题。首先,一些并购有利于竞争或者对于竞争而言是中性的;其次,许多并购虽然减少了竞争但还未构成实质减少竞争;只有当并购削弱竞争达到损害消费者利益的程度时才可以视为竞争的实质减少。OFT进一步指出,这种所谓"竞争的实质减少",可以通过导致公司之间竞争性行为的减少并且通过减少商品选择、提高价格、减少产量或者损害商品质量和创新来损害消费者的利益。OFT 规定，指南所规定的竞争实质减少标准适用于各种形式的并购，即横向并购、垂直并购和混合并购，并详细规定了每种并购如何进行评估。OFT 将效率作为公共利益的一部分进行评估分析，但同时指出“鼓励并购企业进行效率申辩，但 OFT 不会对效率获得进行单独具体评估。任何需要在效率获得与对竞争的潜在损害之间的权衡和判定的工作都要留到竞争委员会的具体调查阶段进行。”①因而，OFT 的并购指南没有规定哪些类型的效率可以被接受，如何测算效率，如何对效率因素与反竞争效应进行权衡。但是，竞争委员会也没有发布相关指南对效率抗辩进行明确界定。

14.3.2　执法机构及其权限

在《2002 年企业法》实施之前，英国的竞争主管机构主要是公平贸易局长（DGFT）和竞争委员会（CC）。它们在执行竞争政策的过程中还时常受到国务秘书（部长）的牵制，因此，独立性并不强，受到政治因素的干扰，执法效果不明显。英国政府认为，要建设一个世界级的竞争体制，必须要对原来的竞争主管机构进行全面改造，强化它们的独立性，并给予广泛的权力。《2002 年企业法》（以下简称《企业法》）首先创设了两个独立的执法机构公平贸易局（OFT）与竞争上诉法庭（Competition Appeal Tribunal，以下简称 CAT），然后赋予了 CC 新的任务，并对国务秘书（部长）在竞争决策过程中的权力进行了限制。在原有的 1973 年《公平贸易法》框架下，OFT 不是一个独立的法律实体，仅仅是 DGFT 的一个内部机构，为 DGFT 的工作提供行政支持。在新的法律框架下，DGFT 已经被取消，它的功能、财产、权力与责任将移交给 OFT②。OFT 有权做它认为有利于或有助于 OFT 职能发挥的任何事情，具体权力主要包括调查、发布指南、对竞争违法行为做出处理决定、罚款和赔偿措施等，它也有权授权其他组织来行使其职权。

---

① Merger Guide, OFT, para. 6.17.

② OFT 由一个主席和至少四名其他成员组成。他们共同构成 OFT 委员会，集体领导 OFT 的运作。主席由国务秘书任命，其他成员国务秘书经与主席协商后任命。国务秘书只有基于不胜任与不当行为的理由才可以解除委员会成员的职务。国务秘书经与主席协商后，还可以任命一个人担任 OFT 的首席执行官（Chief Executive of the OFT）。法令生效后的两年时间内，国务秘书可以任命一人同时兼任主席与首席执行官，但从 2005 年 4 月 1 日开始，首席执行官应该单独任命。OFT 委员会将根据执行任务的需要任命其他工作人员来履行其职责。因此，除了委员会这一核心机构外，OFT 还设置了竞争执行部（Competition Enforcement, CE）、消费者规则执行部（Consumer Regulation Enforcement, CAE）、市场和政策发动部（Markets and Policy Initiative, MPI）等内部机构。

《1998年竞争法》设立了CCAT。当时的CCAT仅是CC的一个内部机构。法令将CCAT从CC中剥离,使其成为一个新的独立的专家型的CAT来处理竞争法律事务①。CAT可以审理那些因违反竞争法而产生的损害赔偿诉讼请求。这种权力原来由高等法院和地方法院行使,当时的CCAT没有权力对损害赔偿问题进行判决,因此这是一个巨大的改变。CAT在审理损害赔偿案件时,OFT和欧盟委员会对于违反竞争法的事实的决定对其有约束力,这被认为可以减轻原告的举证责任。消费者团体可以就违反竞争法的行为向CAT提起代表诉讼。民事法庭在审理案件的过程中如遇到需要对是否有违反竞争法的行为做出决定的情况,应将该问题移交CAT,CAT的决定对民事法庭有约束力。另外,CAT已经实质上提高了对于并购和市场问题的管辖。它将审查CC的决定,同时也审查由OFT、部门监管者、国务秘书或其他相关部长做出的市场调查移交与相关程序性决定。CC最早由《1998年竞争法》所创设,它承担了1973年《公平贸易法》所设定的垄断和并购委员会(Monopoly and Merger Commission,简称MMC)的角色。在《1998年竞争法》的基础上,法令进一步规定,有关并购和市场调查事务的决定最终由CC而不是国务秘书做出,这在制度上是一个根本性的改变。CC的任务在于决定是否存在竞争的实质性减少;如果有,决定应该采取何种补救行动来解决问题或是否应该建议其他监管部门采取这种行动。在采取行动时,CC应该考虑综合的、合理的和实践中可执行的解决方案。同时,CC要基于任何消费者的利益来考虑行动的效果。关于补救措施,CC有两种主要权力:接受企业承诺的权力;当CC认为企业的承诺是不可执行时,它有权做出命令。在考虑是否接受企业的承诺或做出命令时,CC有权要求OFT与涉案企业协商,看是否有可能达成CC可以接受的承诺。OFT有责任进一步监督企业对其承诺和CC命令的执行②。

14.3.3 相关案例评析

公平贸易局(OFT)和竞争委员会(CC)(以下简称反垄断当局)根据

① CAT由一名主任(President)、一名主席(Chairmen)和其他普通成员组成。法令附表2规定,上议院大法官任命主任和主席,国务秘书任命其他普通成员。国务秘书有权制定CAT规则。每个案件必须由主席与其他两名成员进行审理。CAT的判决在高等法院登记后可以直接在英格兰和威尔士执行,它的判决与高等法院的判决具有同样的法律效力。CAT在运作过程中接受一个新的机构——竞争服务机构(Competition Service)的支持,这种支持主要是财政和人事方面的支持。

② Everett, A., and T. Ross, "The Treatment of Efficiencies in Merger Review: An International Comparison", Discussion Paper, Delta Economics Group Inc., 2002.

《公平贸易法》、《竞争法》和《企业法》的相关规定对并购是否损害竞争进行评估和审查，主要审查并购可能导致的竞争损害和对公共利益的影响。在实际执法中，反垄断当局将考虑特定环境下所有与公共利益和竞争相关的因素，要求并购能够：① 保持或促进英国境内的有效竞争；② 促进英国境内的消费者、购买商和其他使用者的利益；③ 通过竞争促进成本下降、新技术发明和使用、新产品开发，促进新竞争者进入已存在市场；④ 保持和促进英国境内的产业和就业机会的均衡分布；⑤ 保持和促进作为英国境内商品和服务生产商和供应商一部分的境外市场的竞争活动。Whish (1993)认为，由于反垄断当局在并购控制中的务实方法，虽然能够确定其在评估审查中关注的问题和因素，但很难从其判定中提炼出案例法。反垄断当局最为关注的是，并购可能给竞争带来的影响。在很多并购案例中，反垄断当局考虑到了并购可能给相关企业的经济效率带来的影响，并强调为了让效率能够纳入评估审查，效率必须足够大(例如 Mid Kent Holdings / General Utilities / SAUR)，必须是并购所特有的(例如 Capital / Virgin Holdings)、能够传递给消费者时(例如 P&O / Stena)。还有一些案例提到，并购带来的效率获得需要大于并购可能导致的对竞争的损害(例如 Stagecoach / Chesterfield Transport)①。英国反垄断当局也根据并购可能带来的消极的效率效应而做出禁止并购的判定。举例来说，反垄断当局认为管理风格相互冲突的企业之间的并购可能导致非效率。这一类案例出现在所谓的"恶意接管"中，目标企业利用反垄断当局的审查来防止恶意接管(Roller *et al.*,2000)。

在 Mid Kent Holdings / General Utilities / SAUR 案中，反垄断当局认为并购带来的效率"从公共利益的角度衡量不够明显，不能抵消潜在的损害"。这项并购涉及水务公司，因而同时也受到《水务法》(the Water Act)的规制。该项并购在并购企业做出一系列承诺的条件下最后被反垄断当局批准。在 Rockwool Limited v. Owens-Corning Building Products Limited 案中，反垄断当局承认该项并购可能带来明显的效率，并且能够改善环境。但是，效率获得不足以抵消竞争损害，因而该项并购被拒绝。Rockwool Limited 拥有石棉销售市场上 78% 的市场份额，被收购企业 Owens-Corning Building Products Limited 是一家石棉制造企业，拥有 18% 的市场份额。如果并购被阻止，被收购企业将被卖给另一家其他企业或者倒闭；无论是被

① Bridgeman, J., "Merger Efficiency—Fact or Fiction?", Speech given at Keele University, Feb. 3rd 1999, 具体内容参见：http://www.oft.gov.uk/html/rsearch/sp-arch/spe5-99.htm。

其他企业收购还是倒闭,效率所得都明显小于被 Rockwool Limited 收购。在该项并购中,雇员就业效应与效率、环境问题和公共利益一起被考虑。如果考虑到消费者,委员会认为:“该项并购将毫无疑问地产生效率,但是我们不认为那些效率获得能够通过降低价格的形式传递给消费者,因为 Rockwool Limited 的商业计划书显示,它将保留成本节约带来的利益,同时提高价格”。从这一案例可以看出,当一项并购明显减少竞争时,其效率获得必须传递给消费者。

在 Capital Radio Plc. v. Virgin Radio Holdings Limited 案中,该并购涉及广播电台之间的并购,并购企业申辩的效率来源于管理改善和财政实力增强。反垄断当局认为,该项并购导致的成本节约不够明显,并且这种效率可以通过并购以外的途径获得;该项并购将导致价格上升。因此,反垄断当局拒绝了该项并购。这一案例说明,并购带来的效率必须是并购所特有的。在 Stagecoach Holdings Plc. v. Chesterfield Transport Limited 案中,反垄断当局承认该项并购能够带来效率提升等“若干利益”,从而扩大船队规模,提升服务质量,以更具创新的方法开拓市场。Chesterfield 自身或者被任何其他潜在收购者并购都难以获得这些预期的效率;还有一个可能发生的事实是,Chesterfield 作为一个独立企业生存下去的可能性很小。基于以上原因,虽然 Stagecoach 收购 Chesterfield 将使并购企业在相关市场上的市场份额达到 63%,反垄断当局还是批准了该项并购。

在 Swedish Match v. Alleghany 案中,虽然该项并购将导致高度市场集中,但考虑到火柴市场属于衰落市场,反垄断当局还是批准了该项并购。在判定书中,反垄断当局认为:“这项并购将导致原本已经高度集中的市场更加显著集中。但是,我们相信,在已经趋于衰落的特殊市场上,该项并购不太可能导致价格无端上升,或者明显减少品牌数量,或者降低服务标准”。但是,事实证明竞争委员会的判断是错误的,并购批准后价格急剧上升,反垄断当局不得不采用价格规制措施①。在 Alanod Aluminium v. Veredlung GmbH & Co 案中,反垄断当局承认该项并购产生了成本节约,它有利于生产安全和 Milton Keyhes 城的就业,但是反垄断当局不相信这些利得足以抵消该项并购带来的竞争损害。该项并购使 Alanod Aluminium 在电镀铝线圈市场上的市场份额达到 75%,拥有明显的市场势力。然而,由于该项并购已经完成,反垄断当局只能要求并购企业实施补救措施,包括价格上限等。

① 案例的具体分析,请参见 Gardner, N., *A Guide to United Kingdom and European Union Competition Policy*, Macmillan Press, 3rd edition, 2000。

14.4 加　拿　大

14.4.1 竞争法案、执法机构与并购审查

加拿大有一套复杂的竞争法律,其内容包括:① 禁止卡特尔(即同业联盟)行为;② 禁止滥用自身的强势地位妨碍和损害竞争;③ 规范企业的兼并与收购;④ 制定企业与竞争对手、客户以及供应商之间的商业行为关系规范。加拿大涉及商业竞争方面的法律规范囊括于联邦政府单独制定的《竞争法》(*The Competition Act*)中①。《竞争法》由竞争管理局负责实施,隶属加拿大工业部。该管理局的局长即为竞争法首席专员(简称"专员"),他全权负责《竞争法》的实施和执行。该局的管理人员负责对商业竞争方面的公众投诉进行日常调查。《竞争法》还规定在案情需要的情况下,专员可以启动正式调查程序。一旦调查程序开始,专员拥有广泛的强制执行权力,而且在获得法院授权后可以:① 进入和询查有关场所和数据档案;② 要求当事人提供经宣誓确认属实的数据记录和书面情况材料;③ 要求某一个人出庭,并在宣誓后接受调查。竞争管理局还单独设立专门法庭(称为"竞争法庭",The Competition Tribunal,以下简称"法庭"),由联邦法院(诉讼部)的法官以及非司法界人士组成。该法庭职能如同法院一样,根据《竞争法》规定该法庭拥有审理非刑事犯罪案件的专门权利。对其判决可上诉,其上诉由联邦上诉法院受理,后者可以审理涉及法律,或事实与法律,或经认定的纯事实问题。

《竞争法》为审查和监管在加拿大的企业兼并和收购建立了完备的法律框架。如果并购交易的规模达到一定门槛界限,它还制定了事前申报机制并规定了相应的审查期。任何并购均有可能按竞争法规定由专员提交竞争法庭审查。专员可以将某一宗拟议中的,或已经完成的交易(如果完成未满 3 年)提交该法庭。法庭可以就拟议交易的全部或任何部分签发命令,也有权解除已完成的交易,或者剥夺交易的资产或股权。法庭还可以在专员和交易各方同意的基础上签发命令。在做判决之前,法庭必须确定该项交易阻止或削弱,或可能实质上大大阻止或削弱相关市场的竞争。如果一项并购阻止或削弱,或可能实质上大大阻止或削弱相关市场的竞争,

---

① 《竞争法》(The Competition Act)于 1985 年颁布实施,后经多次修改完善,最近一次修改完成于 2010 年 3 月 12 日。该法案的具体内容参见:http://www.laws.justice.gc.ca/eng/acts/C-34/index.html。

特别法庭可以发布禁止或剥夺该项并购的命令。法庭一般采用经济和法律分析来做出这种"决定",《竞争法》也列出了可能影响或损害竞争的一系列因素。与美国法院受理反垄断案相似,可能要考虑的因素有:外国竞争的可能性;被收购的生意是否失败了,或者可能会失败,有无合适替代的可能与替代程度;是否为市场准入和市场革新制造障碍。法庭也会考虑交易是否导致一家实力雄厚的竞争者退出市场,以及成交后有效的市场竞争是否会继续。不过,如果不与法律规定明显冲突,符合严格限制的特例范围,法庭也会批准某些违反竞争的交易。除了按竞争法规定的程序对投资交易进行实质性的审查外,某些大规模的交易必须事先申报。在申报过程中管理局将对并购可能带来的效率进行评估和审查,《竞争法》第 96 条提供了效率抗辩的依据。96 条第 1 款直接要求在以下情况下,法庭可以不签发相关命令:

> "…… 如果发现并购 …… 可能带来效率获得,这种效率获得大于或者能够抵消阻止或减少竞争的效应,…… 如果命令已经发布,那就意味着效率获得不可能实现。"

96 条第 2 款指明,在应用以上条款时,法庭必须考虑这些效率获得是否将导致出口实际价值的明显上升,或者国内产品对进口产品的明显替代。竞争管理局在解释这些条款时暗示,在并购评估审查中将应用社会总福利标准,即一项并购只要能够提高消费者剩余与生产者剩余之和,就应被批准。然而,在 1992 年的 Hillsdown Holdings 并购案中,竞争法庭似乎更倾向于使用消费者标准。

14.4.2 《并购实施指南》与效率抗辩

1991 年竞争管理局下属的调查与研究司发布了解释和实施《竞争法》并购条款的《并购实施指南》(*Merger Enforcement Guidelines*,以下简称《指南》)①。《指南》解释了《竞争法》第 96 款,认为该条款构建了一个并购可

① 该《指南》也经过多次修订,最近一次修订启动于 2011 年 2 月。据加拿大竞争管理局的新闻稿透漏,这次修订不是将《并购实施指南》全部改写,只是将其中不能完全体现竞争局的实践经验、现实经济情形和法律思想的部分内容进行调整。包括:另外增加关于买方垄断问题的相关指南,与《竞争者合作指南》和经合组织辩护意见中关于这方面的内容保持一致;澄清并购审查并非一个线性过程,必须从市场界定开始,而是一个反复的过程,市场集中度的证据和其他关于竞争后果的证据会被一同考虑,目标是确定某项并购是否会产生或增加市场力量;提供更为详细的关于反垄断当局如何评估单边效应的指南,特别是根据当前的经济思想评估并购的竞争效应;提供更为准确的关于如何评估纵向问题的指南,注重市场封锁效应,把效率报告吸收到《并购实施指南》中。

能带来的效率与可能的反竞争效应互相平衡的“替换框架”。《指南》明确界定,所谓的反竞争效应是指价格上升给整个加拿大经济带来的社会福利净损失[①]。然而,反竞争效应不仅包括价格上升,而且也应该包括服务、质量、产品多样化、创新和其他非价格竞争方面的下降和减少。《指南》要求并购可能带来的效率在加拿大境内实现的部分,要能够补偿该项并购给加拿大生产者和消费者带来的福利净损失。由于并购企业行使卖方垄断或买方垄断势力而导致的国外市场上的福利净损失,在并购评估审查中不予以考虑。特别法庭在审理并购案时,如果并购企业所声称的效率难以实现,或者要求弥补并购反竞争效应的命令已经下达,那么并购企业所申辩的效率就将不被考虑。这一审查涉及效率是否是并购所特有的,即评估该项效率是否可以通过其他途径(这一途径的反竞争效应小于并购)获得。其他替代途径的例子包括:内部增长、与相类似的其他第三方企业并购、合资生产、特殊协议、特许经营、租赁或其他契约协议。如果并购所申辩的效率在理论上可以通过其他可替代的途径获得,该效率仍不排除在评估审查之外。也就是说,其他可替代的途径必须是能够在普通产业实践中实施,而不是仅仅停留在理论上。在法庭效率抗辩时,并购企业需要提供可证实的解释,说明为什么其他途径难以获得该项效率。如果并购能够在其他市场上带来效率,并且这一效率与相关市场上的效率是不可分割地相互联系的,那么这一效率也可以纳入“替换分析”(trade-off analysis)。如果一项效率是通过收入在不同利益集团之间的重新分配而获得的,而不是因为资源节约而导致的,那么这项效率将不被反垄断当局考虑[②]。根据《竞争法》第5.3 款的规定,以上因收入重新分配而导致的成本节约和因产量下降而导致的成本节约将不予考虑。另一方面,《竞争法》第 5.5 款也指出,因产量水平下降而导致的成本节约可能与价格上涨同时出现。《指南》也提到了并购的国际因素,认为在评估审查一项并购是否能够带来效率时,也应该考虑这些效率是否来自于:① 实际出口额的显著上升;② 本国产品对进口产品的显著替代。

《指南》指出,反垄断当局所考虑的效率应是扣除获得该项效率所耗费的成本和其他支出以后的净效率。一些特殊类型的效率需要并购企业提供客观证据:① 工厂和企业水平的会计报表;② 内部研究材料;③ 战略

① 这一解释实际上使用的是威廉姆森使用的效率与反竞争效应之间替换的方法,参见 Williamson(1968)。

② 《指南》举例说明了这一点。并购导致并购方的讨价还价能力的上升,并购企业能够获得工资让步、供应商的折扣和税收优惠,以及服务和产品质量下降带来的成本节约等。

计划;④ 资本拨款请求;⑤ 管理咨询研究材料;⑥ 其他可以获得的数据资料。为了便于反垄断当局对效率申辩进行评估,并购企业所提供的信息必须能够明确、充分地描述并购可能带来的效率获得的类型、性质和大小。关于效率的类型,《指南》应用两类广义效率类型:生产效率和动态效率。由于生产效率能够量化测度,客观地确定,以及能够被工程、会计和其他类型数据支持,因而成为反垄断当局重点评估的对象。《指南》区分了产品层次、工厂层次和多工厂层次的效率,具体的效率获得包括:机械化、专业化、消除重复、减少停机时间、基数更少的备件、更小的库存要求、减少资本开支(并购前是必需的)和工厂专业化分工。产品层次的效率也可以通过并购企业之间的一体化整合实现。例如,一些在并购前需要由第三方承担的活动现在可以通过整合在并购企业内部完成。这类效率获得通常涉及与投入、分配和服务等相关的交易成本的下降。高级生产技术和工艺从参与并购的一方转移到另一方,也能实现成本节约,带来效率获得。然而,通过"高级管理经验"的扩散所获得的效率很难客观确认。动态效率包括新产品开发和推广带来的效率、更具效率的生产工艺的形成、产品和服务质量的提高等。并购可能带来的动态效率通常极难测度,因而反垄断当局在评估审查中往往是根据动态效率的性质赋予其一定的权重。《指南》指出,可以量化的效率获得要大于可以量化的反竞争效应,不能量化的效率获得要能够抵消不能量化的反竞争效应①。

14.4.3 执法实践与典型案例②

McFetridge(1998b)对加拿大20世纪90年代以前的并购案例进行了回顾评析,他认为《指南》在并购评估审查中所起的作用不大③。特别法庭和法院对《指南》进行了讨论,认为《指南》在实际实施中可能存在一些问题:其一,当产品差异化时,如何界定相关市场;其二,反竞争效应界定范围过窄,仅仅解释为社会福利净损失是不够的,并购的反竞争效应还应包括由于市场力量上升而导致的剩余的重新分配。由于效率难以观察和证实,在早期的司法实践中,效率因素对于竞争管理局的并购评估审查判定影响有限。在1987—1994年,有1 340起并购案接受反垄断当局的审查,只有

① McFetridge, D., "The Prospects for the Efficiency Defense", *The Canadian Business Law Journal*, 1998a, 26(3): 321—355.

② 本部分内容参考了加拿大竞争局网站资料、《〈竞争法〉年度报告》、特别竞争法庭的判定书和 McFetridge(1998a, 1998b)。

③ McFetridge, D., "Merger Enforcement under the Competition Act after 10 Years", *Review of Industrial Organization*, 1998b, 13(1): 25—56.

30 起并购案以重组、接管、许可、诉讼或者放弃交易告终。在效率抗辩中，特别法庭通常坚持以下三个标准之一。① 并购不能导致消费者剩余的减少。这一标准导致的问题是，只有高度集中产业内发生的并购才有可能被起诉；由于效率要求非常高，价格标准可能将效率抗辩排除在实践之外。② 所有的效率获得必须传递给消费者。这一标准的问题在于，只有当不存在任何市场问题时，这一标准才有可能达到。③ 效率获得必须超过消费者损失。这一标准也被称为 Hillsdown 标准，它比威廉姆森总福利标准要严格一些，比价格标准要更宽松一些。加拿大并购控制的反垄断司法实践中，直接以效率因素为依据进行判定的案例很少，涉及效率因素的典型案例有两个，即 Hillsdown Holdings 并购案和 Imperial Oil 并购案。

（1）Hillsdown Holdings 并购案。在 Canada v. Hillsdown Holdings Ltd.（41C. P. R. 289，1992）案中，法庭发现，Hillsdown Holdings（Rothsay Rendering 的母公司）并购 Ontario Rendering Co. Ltd.（Orenco）不太可能明显妨碍或减少相关市场上的竞争，因而拒绝了竞争专员关于剥离命令的申请。既然没有发现该项并购可能明显妨碍或减少竞争，那么法庭似乎没有必要考虑效率因素。然而，法庭认为，不仅需要考虑效率的大小，而且需要界定与效率因素进行比较的反竞争效应。在竞争专员申请剥离令时，Rothsay 和 Orenco 已经完成了业务整合，Hillsdown 所声称的效率获得大部分已经得以实现并被记录。法庭提出的主要问题是，这些效率获得是否真的是并购所特有的，是否是征用和关闭 Rothsay 在多伦多的工厂的结果。作为对此的回应，Hillsdown 提出了三种类型的成本节约。

① Rothsay 和 Orenco 的管理机构和行政职能的并购所产生的行政管理成本节约。这些成本节约来自于裁减的冗员的工资、福利和其他开支。法庭对 Hillsdown 所声称的（以加元计算的）效率大小没有提出异议。然而，竞争专员和法庭都对 Hillsdown 所声称的行政成本节约是否是并购所特有的提出了疑问。竞争专员认为，Hillsdown 所声称的行政成本节约能够通过其他并购、内部增长或者合资等形式实现，因而不是该项并购所特有的。法庭将竞争专员的观点概括为“只有与《竞争法》第 96 条相符的效率才是并购产生的效率”。竞争专员的这一观点与《指南》的相关解释不太一致①。法庭没有接受竞争官员的观点，采纳了 Hillsdown 的回应和《指南》中的观点，即合适的测试是看在该项并购没有发生时所申辩的效率获

① 参见 Bureau of Competition Policy, Merger Enforcement Guidelines,（Ottawa, CCA 1991）, p. 47。

得是否能够实现。法庭对 Hillsdown 所声称效率是否是该项并购所特有的也产生了疑问,认为 Hillsdown 所声称效率获得测度的基准不准确。Hillsdown 所声称的效率是建立在这种假设基础上,即如果不发生并购,Rothsay 在多伦多的被征用工厂的 2/3 的业务将被迫处置给其他竞争对手,1/3 的业务将转交给其在穆尔菲尔德(Moorefield)的工厂。Hillsdown 所声称的效率获得就是当 Rothsay 在多伦多工厂被征用时 Rothsay 采取以上假定反应所发生的成本与并购成本之间的差额。法庭认为,Hillsdown 在测度并购所能产生的效率时所采取的假定不可信。法庭发现,在不发生并购的情况下,Rothsay 很有可能在汉密尔顿(Hamilton)港口地区建设一个新的工厂,来替代被征用的多伦多工厂。这就暗示了,测度该项并购所能产生的效率获得应该选择后者为基准,即选择在汉密尔顿建厂这种替代方式为基准进行比较。虽然发现以上情况,法庭并没有采取合乎逻辑的进一步行动,利用已经获得的证据来测度(与替代途径相比较)该项并购可能产生的效率。这是因为,在考虑行政管理合理化所能产生的效率时,法庭的发现没有多大意义。在不发生并购的情况下,如果 Rothsay 在汉密尔顿建设一个新的工厂来替代多伦多工厂,Rothsay 和 Orenco 的行政人员不会发生变化。以替代方案为基准进行测度,行政职能合理化所产生的成本节约,仍然是该项并购可能带来的效率。

② Hillsdown 所声称的第二类效率获得是来自于线路重组而产生的交通成本节约。这种类型的成本节约被分解为里程、劳动力与资本的节约。法庭认为“毫无疑问,这些数字和成本节约并不准确”。交通成本节约中一部分来源于 Rothsay 和 Orenco 在多伦多交通线路的合理化,以及 Rothsay 在多伦多的一部分原材料分流到更近的 Orenco 在邓达斯(Dundas)的工厂,而不是稍远的穆尔菲尔德(Moorefield)所产生的成本节约。在如果不发生并购 Rothsay 只能保留多伦多工厂 1/3 业务的假定下,该项并购只能获得多伦多交通线路合理化成本节约的 1/3,以及 Rothsay 在多伦多的原材料从穆尔菲尔德分流到邓达斯所产生的成本节约的 1/3。法庭对交通成本节约有效性的质疑还是基于在不发生并购的情况下 Rothsay 可能在汉密尔顿建设一家新工厂这一发现。同样,法庭并没有采取合乎逻辑的进一步行动,利用已经获得的证据来确定(与替代途径相比较)该项并购可能产生的效率。如果该项并购的替代途径是在汉密尔顿建设一家新的 Rothsay 工厂,那么在这种替代途径下 Rothsay 将保留它在多伦多的所有运输线路。在这种情况下,从多伦多线路合理化中所产生的总成本节约($1 451 523)都属于该项并购带来的效率,而不仅仅是 1/3($483 841)。

至于 Rothsay 在多伦多收集的、从穆尔菲尔德分流到邓达斯的原材料，根据法庭的假定应被运输到在汉密尔顿的新工厂，并购后分流到邓达斯就不会产生进一步的成本节约。在这种情况下并购所产生的成本节约为零，而不是 Hillsdown 所声称的 $173 302。因而，法庭采取合乎逻辑的进一步行动，确定了该项并购可能产生的（相对于在汉密尔顿建设新工厂这一替代途径而言的）交通成本节约。法庭发现，一种来源的成本节约大于 Hillsdown 所声称的数量，而另一种来源的成本节约要小很多。如果采用替代途径进行比较，那么交通合理化所产生的净效率获得将从 $657 143 上升到 $1 451 523。

③ Hillsdown 所声称的第三类效率获得是来自于并购企业从其原材料中提取的优质牛脂量的增加。这是因为能够直接将 Rothsay 收集的牛内脏转移给 Orenco，而 Rothsay 以等量猪内脏为原材料，结果是 Orenco 生产的牛肉牛脂的含量和档次都提高了，而 Rothsay 生产的牛肉产量相应下降了，但档次没有下降。在这种情况下，效率获得就是在给定原材料质量的前提下，从该原材料中提取的牛脂的价值提高量，它等于更高等级牛脂的溢价乘以 Orenco 现在能够生产的更高等级的牛脂数量，扣除 Rothsay 现在生产的牛脂含量较低的牛肉的折扣值。Hillsdown 在申辩书中所提交的 Orenco 现在能够生产的高质量牛脂数量等于其原来从美国供应商那里购买的数量，它声称这些牛脂的溢价（加上部分生产成本）就是该项并购能够带来的效率获得。然而，法庭发现，Orenco 生产高质量牛脂的能力来自于其生产设备的更新升级和生产能力的拓展，而不是并购。法庭还详细讨论了真实的经济性与财务经济性的区别，虽然法庭承认这一讨论与以上发现无关。

法庭在评估 Hillsdown 所声称的效率获得时，要求 Hillsdown 举证说明效率获得是该项并购的结果，而不是 Rothsay 的多伦多工厂被征用的结果。在权衡各种可能性后，法庭认为 Hillsdown 未能符合举证责任的要求。因而，法庭在判决书中根据自己发现的事实，没有考虑哪些效率可能是并购带来的，也没有将并购与它所发现的 Rothsay 将在汉密尔顿建厂的替代方案进行比较。如果法庭进行了分析和比较，它将发现大部分效率在不发生并购的情况下难以实现。实际上，并购所带来的实际效率比法庭所使用的方法评估得到的效率要大很多：不仅是多伦多运输线路的合理化所产生的成本节约大于 Hillsdown 所声称的效率，而且建设一家新工厂的整个费用也属于成本节约。法庭估算了在汉密尔顿建设一家新工厂的费用为 $110 万— $1 000 万。如果该工厂的使用期为 20 年，那就意味着每年的成本节约在 $112 000 与 $1 019 000 之间。以法庭的评估方法测算，该项并购每年可能带来的成本节约将位于 $688 380 与 $1 595 380 之间,大于 Hillsdown 所声称的数量。

以上是对 Hillsdown 并购案中并购方所声称的效率的评估,下面我们来分析法庭判定中对效率获得的考虑和处理方式。法庭拒绝了竞争专员关于剥离该项并购的申请,因为它认为剥离该项并购在一个较长时间内不太可能更有利于竞争。特别是,法庭相信,在不发生并购的情况下,Rothsay 将于 1990 年在汉密尔顿新建一家工厂;如果 1992 年发布剥离命令剥离该项并购,Rothsay 将不太可能再在汉密尔顿建厂;穆尔菲尔德生产能力拓展的可能性也将下降。如果是这样,那么法庭在计算效率获得时,将 Rothsay 在汉密尔顿建厂作为并购的替代方案就是错误的。它混淆了 Rothsay 在不发生并购时将要干什么与在发布剥离令后将要干什么之间的区别。如果法庭相信并购前的情形难以恢复,那么 Rothsay 在不发生并购时的行为就不能作为测度效率获得的适当基准,适当的基准应是 Rothsay 在并购剥离令发布后的行为。法庭对此问题的讨论暗示了其对 Rothsay 在在汉密尔顿建厂、穆尔菲尔德工厂生产能力拓展或者与 Orenco 达成长期代工协议的怀疑。这就使"尽可能多地将多伦多的业务交由穆尔菲尔德处理,然后将其余的业务卖给竞争对手"成为一种选项。实际上,这就是 Hillsdown 在计算该项并购可能产生的效率时所采用的基准(并购的替代途径)。法庭的讨论与其先前关于 Hillsdown 假定的并购替代途径不可信的结论是相互矛盾的。对法庭推理的另一种不同的解释是,法庭相信,Rothsay 在面临剥离令时将在汉密尔顿建设一家新工厂。如果是这样,那么在比较并购效率获得时所选择的替代途径(基准)就是正确的。但是,如果法庭相信 Rothsay 对于竞争专员所申请的剥离令的反应是在汉密尔顿建设一家新工厂,那么法庭为什么不批准这一申请呢?唯一可能的解释是,法庭相信在市场需求下降和生产能力过剩的产业内,剥离该项并购是非效率的。具体地说,Hillsdown 为支持该项并购而援引的效率获得将被迫放弃。虽然法庭尽力掩饰,但是效率抗辩最终还是占了上风。

法庭考虑了竞争专员(原告)和并购企业(被告)提出的反竞争效应的界定问题。法庭认为,反竞争效应应该包括由于行使市场势力而导致的剩余的任何形式的重新分配和社会福利净损失。法庭指出,《竞争法》第 96 条没有暗示"任何妨碍或减少竞争的效应"应该解释为社会福利净损失。法庭进一步指出,《竞争法》的目的是向消费者提供竞争价格、促进效率和加拿大经济的适应性①。根据法庭的观点,《竞争法》中没有法理暗示其第1条第1款应被理解为效率优先于消费者的竞争价格。法庭指出,根据《竞争法》第96条第3款,任何通过剩余再分配而给并购企业带来的成本节约不能算是效率获得,但这并不影响反竞争效应的界定。Crampton (1990)认为,在控制一项并购时,只计算行使卖方垄断势力导致的再分配获得,而不计算行使买方垄断力量导致的再分配获得,这是不公平的。在《竞争法》第96条下,再分配获得不属于效率获得,因而不能纳入效率抗辩。再分配获得不属于效率获得的事实,并不意味着它们不能成为反竞争效应的一部分。事实上,法庭判定方法的一致应用要求,将再分配导致的成本节约当作控制并购的因素。在并购评估审查中,行使买方垄断力量的获得应与行使卖方垄断力量的获得得到同等对待。

法庭对并购评估中只对效率获得与反竞争效应之间的数量进行比较不太满意,它一直在寻找替代方法。法庭承认,将转移剩余纳入反竞争效应作为审查证据可能使能够明显提高效率的并购被驳回。为了解决这一不足,法庭建议对于那些不利影响(detrimental effects,包括转移剩余和社会福利净损失)"不随显著减少竞争程度正向变化"的并购,可以赋予其效率获得更大的权重。然而,很难理解一项显著减少竞争的并购怎么会不产生不利影响。如果竞争能够以不产生不利影响的方式而显著减少,那么开始就没有理由制定保护竞争的公共政策。从本质上讲,如果某项并购不会产生不利影响,那么也不会显著减少竞争;发现显著减少竞争,就是发现可能产生的不利影响。法庭可能是认为,当不利影响有可能产生但是较为"温和"时,效率因素可以赋予更高一点的权重。然而,如果转移的剩余和社会福利净损失都以加元计算,当它们变得更"温和"时它们在权衡分析中的"比重"会自动下降,不需要给予效率更高的权重。如果为了纠正法庭可能采用使社会低效率的并购标准的错误而赋予效率更高的权重,那么还不如在一开始就采用正确的标准更有意义。法庭可能试图区分"有可能的"与"几乎可以肯定的"不利影响。这可以很容易地通过使用这些不利影响可能产生的概率来加权测算转移剩余与社会福利净损失之和来实现。如果它们是"几乎可以肯定的"不利影响,那么概率将为1;如果它们是"有可能的"不利影响,那么概率就小于1。更一般地,成本—收益分析文献中,在分析并购产生的福利时总是假定以收益和成本发生的概率分别对其进行加权,然后测算其大小;这被称为预期价值。在并购的福利分析中,理

① 参见《竞争法》第1条第1款。

所当然地，反竞争效应与效率效应也应分别以它们可能发生的概率进行加权。这不会改变包括转移剩余的反竞争效应界定方法可能使福利改进型并购被驳回的程度。包括转移剩余的反竞争效应界定方法可能阻止社会总福利水平上升的并购，但不会阻止成本节约超过再分配效应的并购。

实际上，法庭暗示，只有当所有的成本节约都传递给消费者时，才可以使用效率抗辩。要求成本节约全部传递给消费者就相当于要求并购后相关市场上的市场势力没有上升。法庭提出了一个问题，救命药价格上升所导致的财富转移怎么可能被视为是中性的。这一例子说明了社会福利净损失这一概念的重要性。社会福利净损失是指产量退出市场而导致的剩余减少①。据此推测，社会更加关注因产品价格超过成本而被迫离开市场的使用者(或消费者)，而不是那些继续留在市场上遭受更高价格的使用者(或消费者)。特别竞争法庭考虑了并购可能带来的效率因素，然而在分析并购企业申辩的效率因素时存在两个方面的缺陷。一方面，法庭不同意并购企业在分析效率的并购特有性时所作的假定和对效率的测度，然而法庭根据自己的标准进行测度又得不到任何结果。如果根据判定中引用的证据进行推算，按法庭方案计算的效率将大于并购企业所声称的效率。另一方面，法庭十分重视分析并购企业在没有参与并购时的行为，但在稍后的判定中承认如果禁止该项并购，可能引起并购企业完全不同的反应，并且这些反应是无效率的。虽然法庭没有发现该并购可能显著阻止或减少竞争，但是强调效率获得必须超过消费者可能的损失。

(2) Imperial Oil 并购案。在 Canada v. Imperial Oil Ltd. (No. CT89/3, 1990)案中，反垄断当局(调查和研究专员)和并购企业双方都向法庭提供了 Imperial Oil 与 Tecaco Canada 之间并购可能产生的效率证据②。反垄断当局认为这些效率不足以抵消该项并购可能减少竞争负面效应。并购企业声称该项交易可能从以下几个方面产生效率：① 销售终端布局合理化和库存成本下降；② 广告和销售费用减少；③ 企业行政费用下降；④ Sarnia 和 Nanticoke 两家炼油厂的联合运营将提高吞吐量。特别法庭认为，该起并购中所申辩的效率大小“面临严重问题”。

---

① 社会福利净损失又为无谓损失，是指由于市场未处于最优运行状态而引起的社会成本，也就是当偏离竞争均衡时，所损失的消费者剩余和生产者剩余。社会净损失是由于垄断、关税、配额、税收或其他扭曲等因素引起的生产者和消费者都得不到的那部分，使资源得不到最佳限度的分配。例如，当垄断企业抬高价格时，消费者将减少消费，这样将导致减少的数量中本来可以实现的消费者剩余都流向了社会，这种社会性损失，就是我们所说的社会福利净损失。

② McFetridge, D., “The Prospects for the Efficiency Defense”, *The Canadian Business Law Journal*, 1998, 26(3): 321—355.

法庭提出的第一个问题是,并购企业所声称的成本下降是否不仅仅是并购企业产量(吞吐量)下降的结果,如果仅是产量下降的结果,那么就不能算是效率因素。例如,法庭质疑,来自于 Imperial 和 Tecaco 不在新地区建设相互竞争的加油站的成本节约是否算是效率获得。法庭认为,如果 Imperial-Tecaco 联合汽油销售量与并购企业运营的加油站数量等比例下降,那么因加油站数量减少而导致的成本节约就不能算作效率获得。然而,法庭没有正确地解决这一问题,因为它没有考虑是否存在社会效率。Tecaco 品牌名称的消失并不意味着汽油市场总需求的下降。这里的问题是,Tecaco 独立加油站建设项目的取消,是真正减少了新建加油站的数量,还是这些原本将由 Tecaco 占领的地方简单地被那些拓展业务的竞争对手或新进入者占领。即使是 Tecaco 的建站地被竞争对手占领,也仍然可能存在效率获得,这是因为如果 Tecaco 不让出建站地点,竞争对手不得不到不太理想的地点去建加油站。同样的问题也存在于销售终端布局合理化和营销费用节约的情况下。如果多余的销售终端只能卖给油气用户,那么就不存在效率获得,除非购买者原来准备再建新的终端。同样道理,如果 Tecaco 品牌的营销费用只是简单地被新的或已有的竞争者的额外广告费用所替代,那么对整个社会而言也不存在广告和销售费用方面的效率获得。法庭的失误在于仅局限于关注该项并购能否使 Imperial Oil 实现单位成本节约。实际上,无论是 Imperial Oil 还是相关市场上其他企业实现了单位成本节约,都可以算是效率获得。如果在位的竞争对手能够在不新建加油站(新的销售终端)或不新增额外广告费用的前提下,吸引 Tecaco 或 Imperial 的客户,毫无疑问,这也是与 Imperial Oil 保持这些业务时一样的效率获得。更一般地,如果并购企业失去的业务能够被不断壮大的竞争对手以更低的成本接收,那么这也是效率获得。如果 Imperial Oil 与它的竞争对手具有相同的可变成本,Imperial Oil 关闭加油站或销售终端而失去的业务能够被其竞争对手在无需增加生产能力(也就是不增加成本)的情况下接收,那么效率获得的大小就是 Imperial Oil 的固定成本节约,并且这一结果不依赖于 Imperial Oil 最终市场份额。如果竞争对手以更高的可变成本,或者新进入企业投资建设新的生产能力,接收 Imperial Oil 失去的业务,那么效率获得就小于 Imperial Oil 的固定成本节约。法庭似乎已经假定并购企业放弃的生产能力将被竞争对手重新分配或重复建设。正如法庭所指出的,反垄断当局(调查和研究专员)和并购企业双方都认识到,许可令要求部分生产能力在产业内重新配置后,并购所能产生的效率大小在某种程度上依赖于这些剥离资产中有多少能够继续保持在其原有用途上,换句话说，效率大小在某种程度上依赖于这些资产（加油站或销售终端）剥离给竞争对手后，有多少被废弃。法庭的意见旨在强调，评估效率获得不能脱离反竞争效应。在 Imperial Oil 案中，效率获得的大小依赖于在位竞争对手企业和潜在进入者对于 Tecaco 品牌和 Tecaco 加油站退出市场的反应。如果它们的反应是扩大生产能力或复制 Tecaco 的有形和无形资产，那么就不存在效率获得。然而，在这种情况下，很难判断并购是否显著减少竞争。妨碍效率实现的因素同样妨碍反竞争效应的产生。这要么是与效率实现相关的竞争问题，要么是不存在竞争问题。

法庭提出的第二个问题是关于优化联合炼油厂的经济性问题。分属于 Imperial 和 Tecaco 的 Sarnia 和 Nanticoke 两家炼油厂的联合运营之所以能够产生经济性，是因为这两家炼油厂生产的连续阶段上都有产能限制，因而能够通过将半成品（炼油）从一家炼油厂转移到另一家炼油厂，提高它们的联合产能。优化联合炼油厂可能形成的额外产能所产生的总炼油利润就是效率获得。法庭指出，以上利润只有在没有其他途径能够提高 Sarnia 和 Nanticoke 两家炼油厂产能的前提下才能算是该项并购所产生的效率获得。例如，如果两家炼油厂独立地“打破瓶颈限制”是一个可行的选择，那么效率获得就是“打破瓶颈限制”所产生的成本节约。法庭发现，Imperial 和 Tecaco 独立地打破 Sarnia 和 Nanticoke 两家炼油厂的“瓶颈限制”所产生的成本节约之和，要比优化联合炼油厂可能形成的额外产能所产生的总炼油利润小很多。法庭以上分析暗示，在它看来，Imperial 和 Tecaco 已经独立地在没有并购发生时“打破瓶颈限制”。法庭明确表示，并购可能带来的效率既小于 Imperial 所声称的效率，也小于反垄断当局（调查和研究专员）所承认的效率，因而在并购审判中不再使用这些效率信息。效率因素不是法庭批准“修订版同意书”（amended consent order）的决策依据。

从以上两个案例可以看出，法庭没有对以效率获得可以从会计数据中测算出的预期成本节约为基础提出异议。这看上去好像接受了企业支付的投入价格能够反映这些投入要素的机会成本的观点。正如法庭已经确认的，一项效率获得意味着单位成本节约（或者质量调整），不管是在并购企业内部实现的还是在相关市场上的其他企业内实现的单位成本节约，都算作效率获得。法庭已经接受了《指南》中阐述的真实成本节约与财务成本节约之间的区别。法庭不倾向于在并购评估中使用成本—收益分析框架，这可能是因为它不希望将其判定建立在经济学家所估计的、并购企业行使市场势力而导致的剩余获得与剩余损失的数量比较上。法庭也认为，经济模型不能提供并购导致的剩余净变化的充分而又准确的估计。相反，法庭似乎愿意用定性的、结构性的术语来界定显著减少竞争，这在某种程度上脱离了它所作的不利影响。这样做，法庭可能倾向于在并购分析中保留早期的结构主义方法，尽管它考虑了更为广泛的结构性要素。

14.5 德　　国

14.5.1 竞争法演进与横向并购反垄断控制

1957 年颁布、1958 年生效的《反对限制竞争法》（也被称为《卡特尔法》）是德国社会市场经济体制和德国竞争政策的集中体现，在德国被称为经济宪法，是德国经济法的核心。《反对限制竞争法》迄今已进行过 1966 年、1973 年、1976 年、1980 年、1989 年、1999 年和 2005 年七次修订。最新一次修订是从 2004 年开始，2005 年在联邦议院和联邦参议院获得通过。与前几次的修订相比，第六次修订和第七次修订不是对旧法的简单修补，而是从体例上重新作了安排，以使德国竞争法与欧盟法律相一致①。并购的反垄断控制方面，在决定对企业并购计划进行评估审查后，联邦卡特尔局不仅需要在禁止并购的情况下陈述理由，而且也需要在批准并购的情况下陈述理由，其目的是减少第三方通过法律手段阻碍并购的可能性，以保证那些得到联邦卡特尔局批准的并购能够得以顺利实施。在这一点上德国并购反垄断政策接受了欧共体竞争法的相关规定。与修订前的规定一样，根据新法第 54 条第 2 款，只有那些与联邦卡特尔局的判定有重大利害关系的当事人，并且他们经过申请且经联邦卡特尔局的同意参与了对案件的审理，才有权对联邦卡特尔局的判定提起抗诉。因此，第三方的抗诉权没有超出修订前的规定。《反对限制竞争法》保留了原第 22 条第 1 款中“市场支配地位”这一法律概念的双重涵义。根据修订后的第 19 条第 2 款，占市场支配地位的企业是指这个企业在市场上没有竞争者，或者不存在实质性的竞争，或者与竞争者相比这个企业占有“显著的市场地位”，这里特别要考虑企业的市场份额、财力、进入采购或者销售市场的渠道、与其他企业的联系、其他企业进入市场在法律上或者事实上所受的限制、事实

① 第七次修订使德国竞争法在很多方面发生了根本性的变化。由于它强调全面与欧盟竞争法的协调和对接，因此是一种比较彻底的“欧洲化”改革方案。但是，由于在报业并购的规制变革方面争议很大，最后为了能使新修订的《反对限制竞争法》获得通过，在立法过程中有所折衷和妥协，未对并购的反垄断控制条款进行很大的修改，只是在程序规定方面进行了修正。

上或者潜在的国内外竞争、将其供应或者需求转向其他商品或者服务的能力以及市场交易对手转向其他企业的可能性。关于“显著的市场地位”这个概念,在德国经济学界和法学界存在着争论。有人认为,为了与欧共体法相协调,德国法应当抛弃这个概念。但是也有人认为,德国法的企业并购控制基本是根据市场结构标准,取消“显著的市场地位”这个概念会导致法律不稳定。此外在实践中,“显著的市场地位”与“市场支配地位”的后果基本是相同的,因此,保留这个概念是站得住脚的。《反对限制竞争法》保留且强化了对具有市场支配地位企业的法定推断。根据第 19 条第 3 款,如果一个企业的市场份额至少占到 1/3,就可以推断这个企业是一个占市场支配地位的企业。如果 3 个或者 3 个以下的企业共同占到 1/2 的市场份额,5 个或者 5 个以下的企业共同占到 2/3 的市场份额,就可以推断这些企业共同占有市场支配地位,除非这些企业能够证明,它们之间存在着实质性竞争,或者它们作为一个共同体相对其他竞争者不具有“显著的市场地位”。根据这个规定,如果有寡头垄断之虞的企业不承认共同占有市场支配地位,它们就得提供相应的证据。关于证据的规定不仅适用于并购控制,而且也适用于滥用市场支配地位的监督。

14.5.2 执法机构及其职权

并购控制是由《反对限制竞争法》1973 年修订版引入的,执法机构为联邦卡特尔办公室(简称为卡特尔局)。在反竞争政策实施的早期阶段,卡特尔局仅以竞争标准做出判决。然而,如果一项并购被禁止,经济部长也可以在很广泛的范围内授权该项并购。德国经济部长事实上很少行使这种权力,除非在特殊的情况下。截至 2001 年,共有 133 项并购被禁止,其中有 16 项并购申请了部长的批准,但其中只有 6 项并购得到了经济部长的许可,而且大多被附加了特定的条件,其中有 1 项并购案件后又被中止执行。德国立法者在修订《反对限制竞争法》时,按照欧盟 2004 年《现代化条例》①的规定,强化了德国反垄断当局的权力配置,弥补了以前的权力不足②。其中,新增加的权力主要有以下几点。① 赋予了一般执行权力。与《现代化条例》第 7 条相协调,修订后的《反对限制竞争法》第 32

---

① 2002 年 12 月 16 日,欧盟理事会通过了执行《欧共体条约》第 81 条和第 82 条规定的竞争规则的第 1/2003 号条例(又称现代化条例,以下简称《现代化条例》)。该条例已经于 2004 年 5 月 1 日开始实施。

② 参见 Germany Reforms its Competition and Antitrust Law, http://www.faegre.co.uk/articles/article_1730.aspx, 2006-06-11。

条规定，除了原来就有的禁止行为的权力外，还增加了一般执行权力，即反垄断当局有权采取它认为必要的并且与违法行为相当的任何救济方式来有效停止《欧共体条约》第81条、第82条或本国竞争法规定的违法行为。② 有权采取临时措施（interim measures）。与《现代化条例》第8条相协调，修订后的《反对限制竞争法》第32(a)条规定，当出现紧急情况，对竞争有严重的不能挽回的损失时，反垄断当局可以依职权采取临时措施，但这种临时措施有时间限制，最长不能超过1年。③ 企业承诺的决定权（commitments decision）。与《现代化条例》第9条相协调，修订后的《反对限制竞争法》第32(b)条规定，在第32条规定的程序进行过程中，企业可以主动向反垄断当局承诺，由自己采取有效措施来消除反竞争行为的不良影响，反垄断当局经初步评估后，如果认为企业所承诺的措施是合适的，就作出决定，宣布企业的承诺是有法律效力的。但如果企业没有遵守自己的承诺，反垄断当局有权对其违约行为处以不超过上一年度营业总额10%的罚款。④ 没有理由行动的决定权（no grounds for action）。与《现代化条例》第5条相协调，修订后的《反对限制竞争法》第32(c)条规定，根据已经掌握的文件资料，如果本法第1条、第19—21条及《欧共体条约》第81(1)条和第82条规定的禁止条件没有满足，反垄断当局可以作出决定，它没有理由采取任何行动。申明"没有理由行动"并不意味着具有豁免的效果，它对第三人和法院都没有约束力。反垄断当局有权自由裁量是否颁发正式的决定，任何申请人都没有法律上的权利要求反垄断当局宣布不采取任何行动。⑤ 特别调查权。与《现代化条例》第17条相协调，修订后的《反对限制竞争法》第32(e)条规定，竞争主管机构可以对某些经济部门进行调查或对某类协议进行调查。即使没有违法行为的初步证据，只要价格的固定性和其他情形表明国内竞争可能会受到限制或扭曲，反垄断当局就可以发动这种调查。在调查过程中，反垄断当局可以实施本法或《欧共体条约》第81条、第82条规定所必需的询问，它们可以要求企业和企业协会提供文件资料，特别是所有与协议、决定和协调一致行动有关的文件资料。在调查过程中，反垄断当局还可以行使第57条、第59—62条规定的权力。

14.5.3　评估方法与效率因素

对于横向并购，依并购企业的市场份额推断并购是否形成或加强市场支配地位，进而决定是否干预，是一种带有浓厚结构主义色彩的推断方法。这种推断方法，反映在《反对限制竞争法》第22条第3款和第23(a)条第2款中。例如，依第22条第3款规定，并购企业就某种特定的商品或服务，总共至少占有 1/3 的市场份额，则推断并购后的企业为控制市场的企业，但并购企业在上届营业年度的营业额总共低于 2.5 亿马克的，不适用这一推断。又如，第 23(a)条第 2 款规定，3 个或 3 个以下总共占有的市场份额达到 50% 的企业实施并购，或者 5 个或 5 个以下的总共占有的市场份额达到 2/3 的企业实施并购，所组成的整体，都推定为控制市场的企业。根据《反对限制竞争法》和德国的司法实践，在审查企业是否形成和加强市场支配地位时，也要考虑其他因素，但是，其他因素常常未起到重要的作用，允许和禁止并购基本上是依并购企业的市场份额作出的。由此可以看出，德国控制企业并购的政策具有严厉性甚至武断的一面①。德国反垄断立法和实践中企业并购控制政策的宽容面也是明显的。这主要体现在以下几方面。首先，对中小企业并购不予干预。按照《反对限制竞争法》第 24 条第 8 款的规定，参与并购的企业在上届营业年度里的营业额总共不足 5 亿马克的企业的并购，一个独立的、在上届营业年度里的营业额不超过 5 千万马克的企业与另一企业并购，以及在一个存续了 5 年以上但总销售额不足 1 千万马克的市场上的企业并购，都不受干预。其次，对非横向并购基本上不予干预。《反对限制竞争法》第 22 条第 1 款和第 23a 条第 1 款也规定了非横向并购的干预标准，但在司法实践中，受到禁止的非横向并购并不多。如自 1973 年企业并购控制法实施至 1980 年，虽然在申报过的企业并购中非横向并购占 40%，但其中只有 1 项遭到了禁止。最后，对形成或加强市场支配地位的并购，允许以有利于改善竞争条件、有利于整体经济和社会公共利益、有利于增强国际竞争力等为由辩护和获得准许。

根据《反对限制竞争法》第 24 条第 1 款的规定，一项并购如果被预期能够产生或加强市场配地位，那么这项并购将被禁止。只有一项例外：并购企业能够证明并购将导致一个市场或几个市场上的竞争结构得到改善，并且这种改善能够超过市场支配地位的消极效应。改善竞争条件可能在产生市场支配地位的同一市场上实现，这可能是因为此时并购成为了作为具有支配地位的大企业竞争对手的企业生存下去的必要手段。然而，这一结果很难在实践中得到证实(Canenbley and Schutte，1996)。在效率抗辩中，规模经济、就业、提高企业在国际市场上的竞争力等因素将不被考虑。并购企业可以通过两种途径推翻反垄断当局的禁止命令：一是并购企业可以寻求柏林上诉法院的司法审查，提供司法和事实依据，以推翻禁止并购的命令；二是根据《反对限制竞争法》第 24 条第 3 款的规定，并购企业可以

① 卢代富："严厉与宽容：反垄断中的企业合并控制政策"，《现代法学》，1998 年第 4 期。

向经济部长(同时也是联邦内阁成员)申请准许并购的特批。这种特批只会在以下情况下出现:如果经济部长发现并购的经济利益超过了并购导致的竞争限制效应,或者这项并购被众所周知的公共利益所支持。Canenbley and Schutte(1996)认为,这些标准给予经济部长很大的机会做出政治的判决,而非经济判决。然而,现在部长给予此类特批已经成为例外①。

德国垄断委员会特别考虑到并购中的效率问题。因此,有些协作被视为并购控制概念中的一部分。并购控制与控制限制竞争的协议因为并购和协议对竞争的影响不同而有区别。横向协议的评价标准与并购控制的市场支配地位标准存在一定的差距。后一个标准对反竞争效果的程度要求更高。从竞争政策上说,这种差异是正当的,因为大家普遍认为,并购可以带来经济优势。这些优势即是并购的内在效率。这也意味着关于效率的辩护只是在极少数案例中才为合理,即它们不仅仅是一般的协作,而且还有明显超过一般协作的内容,如技术优势或创新。这种观点通常不会考虑并购案件中的效率。只是在极特别的案件中才会考虑效率这个因素。为了避免不确定性以及在许多案件中经常出现的关于效率的无根据的讨论,即使是关于这个例外的规定也不应放在竞争法中。

14.5.4 相关案例评述②

在联邦卡特尔局和法院的实践中,许可或者禁止一个横向并购,基本上都是依据参与并购企业的市场份额。例如在 Krupp-Total 一案中,因并购企业在消防器材市场上共同取得 40% 的市场份额,而最大竞争者的市场份额仅为 20%,第三号大企业的份额不足 10%,联邦卡特尔局就禁止了这项并购。在 Bruda-Spriger 一案中,市场上现有两个大企业 Gruner 和 Jahr 的市场份额分别是 21.1% 和 15.2%,Bruda 和 Spriger 并购后的市场份额将达到 23.8%。在这种情况下,因为并购后市场上三家最大企业的市场份额共同将超过 50%,而且参与并购的企业不能证明这三家大企业将继续开展竞争,从而禁止了该项并购。在这些案件中,卡特尔局也曾考虑过其他的因素(例如效率),但它们都没有起到重要的作用。在 1989 年的 Kampffmeyer-Plange 并购案中,柏林上诉法院的判决特别强调了市场份额

---

① 过去 20 年内,只有 15 起并购申请部长特批,其中的 6 起得到部长授权特批。参见 Canenbley, C., and M. Schutte, *International Merger—The Antitrust Process*, Second Edition, edited by Rowley, J., and D. Baker, London, Sweet &Maxwell, 1996.

② 此部分内容参考了王晓晔:"德国控制企业合并的立法与实践",中国竞争法网站,2006 年 3 月 15 日,http://cplaw.cupl.edu.cn/show.aspx? id=1138&cid=17。

对企业市场地位的重要意义。它说,在涉及市场竞争的各种因素中,市场份额有着特别重要的意义,"因为它说明了企业的经济实力,进而很大程度说明了其可能的行为方式。如果不是孤立考察企业在短时期内的市场份额,而是考察其多年的发展,说服力就更大。如果市场份额可以表明企业过去的经济实力,而且市场结构方面没有对之不利的条件,该份额无论如何都可以用来推断它将来的市场势力"。在德国控制企业横向并购的司法实践中,市场份额标准虽然一直发挥着极大的作用,但有的学者认为,德国在这方面尚不具备足够的经验。这是因为其他国家没有可比的法律规定,从而难以鉴别它们的合理性。德国有效竞争理论的集大成者康森巴赫(Kantzbach)认为,随着欧洲内部大市场的建立和共同体各国销售市场的扩大,作为推断市场支配地位的市场占有率标准应降低为20%—25%。此外,在寡头垄断市场上,市场份额标准也遭到许多学者的批评①。因为在实践中,这种市场结构的企业间一般仍然存在着竞争,企业的行为方式仍在很大程度上受到限制。康森巴赫也承认,过去把寡头垄断市场的后果估计得过分严重。因为工业经济的最新调查结果表明,超额利润大都来自市场份额过度分散的市场结构,而不是来自集中度很高的企业。这说明,大企业间的共谋还需要其他的前提条件。德国学术界占主导地位的观点是,整体经济的好处和社会公共利益只有通过市场竞争才能最大限度地得以实现。因为竞争政策和控制并购的目的是维护市场竞争,所以仅在例外情况下,联邦经济部长才能以整体经济和社会公共利益为由,批准一些严重限制竞争的并购。

在Thyssen-Hueller并购案中,保证职工的就业机会被看成是维护整体经济利益的重要因素。因为根据德国的经济稳定增长法第1条,高就业率是德国经济政策的重要目标。然而,这并不意味着以保障就业为目的的并购都能得到经济部长的批准。在1990年的MAN-Sulzer并购案中,经济部长豪斯曼(Hausmann)指出,鉴于几乎每一个要求并购的企业都存在保障就业的问题,以此为目的批准并购的前提条件是,申请并购的企业应当证明,如果没有并购,企业职工将长期处于失业境地。企业并购也可因生产合理化得到联邦经济部长的批准,前提条件是合理化生产对参与并购的企业非常重要,而且合理化的成果能够具体地得以证明。在MAN-Sulzer并购案中,虽然申请并购的企业提出,并购后的企业将每年增加3千万马克的利润,但联邦经济部长没有批准这个并购。其理由是,通过并购竞争者

① 转引自王晓晔:《竞争法研究》,中国法制出版社,1999年,第73—90页。

和限制竞争而实现的合理化，通常都不能使社会资源实现整体经济意义上的最优配置。他认为，真正可能出现合理化的情况是，随着并购实现了合理的规模经济，从而引进新的生产程序或者对整体经济有着特别重要意义的新技术。在这种情况下，如果没有企业并购就不能实现这个合理化，并购就应当得到批准。

1989年，联邦经济部长以整体经济和社会公共利益为由，批准了戴姆勒—奔驰公司和MBB公司的并购。其理由是，并购将促进MBB公司的私有化，并且将国家研制空中客车所承担的风险和费用逐步转移给企业界，从而减轻联邦财政的沉重负担。据估计，联邦政府到2000年由此可减少50亿马克的财政支出。此外，这个并购还可加强德国企业在航空航天以及军备领域的国际竞争力。然而，尽管有上述理由，因为这个并购的规模过大，经济部长豪斯曼为此还是受到了法律界和经济界人士的批评，并由此在德国引发了一场关于竞争政策和产业政策二者关系的热烈讨论。康森巴赫批评德国政府在企业并购上重视产业政策而轻视竞争政策。他总结了三条理由。第一，企业并购的好处在短期内就可以看到，而坏处则要经过很长时间才能表现出来。所以，这里存在着一个短期合理化和长期维护竞争机制的矛盾。第二，并购的好处例如保障职工就业，是集中表现在并购企业的方面，且非常容易看得见；而坏处则是分散表现出来的，且容易被人们所忽视。第三，德国的经济政策一向注重生产者的利益，而轻视消费者的利益。而消费者的利益只能在市场有效竞争的条件下才能得到保护。为此，康森巴赫指出，控制企业并购必须从维护有效竞争的原则出发，一般产业政策的目的或者社会公共利益不应作为考虑的内容。他还指出，以合理化为由的并购仅在这个合理化没有完全消灭竞争且合理化具有长期效益的条件下才能得到批准。

在并购评估审查中，德国企业的国际竞争力问题也是参考因素之一①。《反对限制竞争法》第42条第1款没有对"整体经济的好处"和"社会公共利益"作出具体解释，但是特别提到要考虑参与并购的企业在国际市场的竞争力。德国政府和联邦卡特尔局一向认为，通过并购扩大企业的规模不一定能够带来经济效益，提高企业的竞争力。因此，规模本身不等于竞争力。基于这种看法，德国的出口企业在并购问题上一般不享有任何特权。以1975年的Babcock-Artos并购案为例。Babcock股份公司是德国最大100家企业之一，全球的年销售额为32亿马克。被并购的Artos公司

① 参见王晓晔：《企业合并中的反垄断问题》第三章，法律出版社，1997年。

是一个出口外向型康采恩,95%的纺织机械用于出口,全球年销售额为1.7亿马克,其中1 150万马克来自国内市场。1974年以来,由于纺织机械国际市场的不景气,Artos的出口和生产遇到了很大的困难。为了摆脱困境,Artos准备接受Babcock的兼并。然而,联邦卡特尔局禁止了这个并购,理由是这个并购将会加强Babcock在国内纺织机械市场的地位,而且由于并购后企业的雄厚财力,中小企业将处于更加不利的竞争地位。后来,这个并购得到了联邦经济部长附加条件的批准。批准书虽然谈到了要挽救这个出口企业,但批准并购的决定性因素是保障职工的就业。在1989年MAN-Sulzer并购案中,联邦经济部长阐述了对国际竞争力的看法。MAN股份公司是德国生产慢速二冲程柴油发动机的独家企业,Sulzer是瑞士的一家股份公司,在许多国家经营柴油机的生产。MAN打算购买Sultzer的全部股份。因为该并购将加强MAN在德国国内市场的市场支配地位,联邦卡特尔局禁止了这个并购。联邦经济部长认可了联邦卡特尔局的这一禁令。他指出,MAN取得Sulzer虽然可以加强其国际竞争力,但这并不一定能够给整体经济带来好处。对此他解释说,根据《反对限制竞争法》第24条第3款,在考虑并购对整体经济的不利影响时,也要一并考虑对国际竞争的损害。一个以开放国际市场为宗旨的经济政策和竞争政策不应当鼓励企业通过并购的途径,在世界上谋求垄断地位。因此,如果一个并购可同时导致在国际市场和国内市场显著的市场势力,他将在职权范围内,从竞争政策出发,严格地审查并购。然而,应当指出,德国联邦卡特尔局在近年来事实上越来越重视德国企业在国际市场的竞争力。如1987年联邦卡特尔局批准Fichtel & Sachs(简称F&S)和Mannesmann并购的一个理由是,F&S在国际市场的占有率从1976年的80%降为1987年的50%。联邦卡特尔局指出,随着德国汽车工业的零部件生产越来越面向整个欧洲市场,随着汽车市场越来越国际化,从竞争法的角度界定市场的时候,应当将目光放得更远一些。1989年戴姆勒—奔驰和MBB的并购,实际上也是在德国政府一手推动和支持下启动的。除财政原因外,政府还特别考虑到德国企业在航天和航空领域的国际竞争力,认为在这个领域保持几个相互独立的竞争者,长期下去会削弱德国航空航天工业的国际地位。

14.6 法　　国

1986年12月1日,法国《关于竞争和自由定价法》法令开始实施,对于不正当竞争、企业并购、限制竞争的行为以及其他禁止的行为进行了具体的规定。该法令是法国竞争法的雏形，打破了以前产品和服务都是由政府定价的机制，重申了价格的自由。该法令第一条规定：价格通过竞争自由形成。自此，价格由市场主体根据成本和市场发展来自行确定。但是政府仍然保有在竞争因经济结构或市场行情的特殊原因不能正常发挥作用时进行干预的权力①。该法令于 2000 年 9 月并入商法典内。2008 年 8 月，法国《经济现代化法》被通过，对竞争主管机构和管理制度进行了改革，新的管理体制获得了法律基础。2008 年 11 月 13 日，法国开始依据《经济现代化法》组建竞争管理总局。2009 年伊始，经过一年左右时间的酝酿和改革，法国竞争管理总局正式挂牌成立，标志着法国竞争政策的执法管理新体制开始运行。新的竞争管理总局整合了原法国竞争委员会和法国经济部竞争总司的分列职能，合二为一。

14.6.1 《关于竞争和自由定价法》的相关规定

2000 年以前，法国《经营者集中控制条例》(以下简称《条例》)的法律依据来自于《关于竞争和自由定价法》(*The Title* Ⅴ *of the Amended Ordonnance* No. 86-1286)的相关条文②。2000 年《关于竞争和自由定价法》并入商法典内，以及 2008 年的《经济现代化法》的颁布实施，并不影响基本法律精神。《条例》第 38 条和 39 条对于“集中”(concentration)和“集中可控制的门槛”(threshold of concentration controllable)进行了界定。

> “集中是各种形式交易的结果，它意味着商品部分或全部所有权的转移，一个企业的权利和义务的转移，或者目的或效果是为了使一家企业或一群企业能够直接或间接地对另一家企业或一群企业实施决定性影响”。

这里有两个可供选择的标准：一是商品部分或全部所有权的转移，或者企业的权利和义务的转移；二是通过收购，一家企业或一群企业能够直接或间接地对另一家企业或一群企业实施决定性影响，而在收购前不存在这种影响。这一定义自然包括建立合资企业和资本控股的显著变化。《条例》第 38 条和 39 条对“集中可控制的门槛”也进行了界定，认为如果达到了以下两个可供选择的门槛条件之一，集中就是可控制的：

——市场份额门槛：参与集中的企业在全国商品或服务市场上的

---

① Röller, Lars-Hendrik, J. Stennek, and F. Verboven, “Efficiency Gains from Merger”, *European Economy*, 2001, No 5.

② 法国将并购行为称为经营者集中，本节内所说的集中行为就是企业并购行为。

联合市场份额达到25%；

——营业额门槛：参与集中的企业在法国市场上的税前营业额至少70亿法郎，或者至少两家企业的营业额达到20亿法郎。

在实践中，考虑市场份额门槛是否达到时，需要界定相关市场。对集中行为的通告是可以选择的：① 如果通知已经下达给并购企业，经济部长将有两个月的时间通知并购企业是否将评估审查提交竞争委员会征求意见；如果提交给竞争委员会，时间限制将延长4个月，使整个司法程序达到6个月；② 如果通知没有下达，经济部长可以在任意时间内命令启动调查程序，调查没有时间限制；如果可控制的集中行为被发现，经济部长会征求竞争委员会的意见。根据第41条的规定，委员会会判断该项集中是否会限制竞争。如果发现该项集中能够促进竞争（积极的竞争效应），或者不损害竞争（中性的竞争效应），审查就结束了。如果发现该项集中将限制竞争（消极的竞争效应），委员会将考虑“经济平衡”。委员会将审查该项集中是否有助于经济发展，或者提升国际竞争力，以抵消该项并购产生的反竞争效应。这就意味着启动了效率抗辩程序。需要注意的是，只有当发现某项集中有可能限制竞争时，才使用效率抗辩。这就暗示了福利标准既考虑了消费者，也考虑了生产者。根据竞争委员会1997年的年度报告，在分析集中的经济效应时，不仅考虑相关企业，也考虑了整个经济，特别是考虑到了消费者。这样，对集中行为的审查可能得到两个结论：一是发现的有利的经济效应不足以抵消该项并购产生的反竞争效应；二是有利的经济效果较为充分，能够抵消该项并购产生的反竞争效应。

14.6.2 相关案例评述

竞争委员会的评估审查结论将以《评估审查建议》的形式公布。《评估审查建议》包括两个部分：第一部分是一般性的结论；第二部分是供经济部长进行决策的评估审查结论，包括集中行为的性质、相关市场上的门槛条件是否达到、对于竞争的影响以及如果发现该项集中有限制竞争的风险，那么考虑该项集中对于经济发展和国际竞争力的贡献。在Tefipar-Seperef（1997）案中，竞争委员会认为，虽然并购后的企业将成为法国市场上的第二大PVC管生产企业，但是该项并购没有产生反竞争效应的风险。这是因为，法国国内市场上还有数量较多的制造商，进口数量在增长，进入该市场的投资数额不大。根据这一结论，没有必要进一步评估经济增长效应和对国际竞争力的影响，该项并购能够被批准。这个案例说明了评估效率的一般程序：如果没有发现某项并购具有反竞争效应的风险，那么就没有必要评估“经济增长”和“国际竞争力”等效率因素；反之，就需要启动效率获得评估程序。

在 Rowntree plc-Nestle SA(1989)案中，竞争委员会发现在三个相关巧克力市场上，并购后的联合市场份额超过了门槛条件，可能限制竞争。然而，竞争委员会认为，该项并购的经济增长效应将超过其预期反竞争效应。该项并购将在由少数几家跨国企业控制的世界巧克力产品市场上提高生产率和竞争能力。在 Eridiana Befhin-Say(EBS)收购 Compagnie Francaise de Sucrerie 案中，竞争委员会认为该项并购存在限制相关的糖市场上竞争的风险。然而在随后的“竞争平衡”分析中，委员会认为反竞争的风险将被经济增长效应抵消。这是因为，该项并购将通过关闭绩效较差的工厂、重新调整生产产量分布的形式来提高生产率。这也将同时提高法国糖产业的国际竞争力。以上两个案例说明的是，促进经济增长的效率效应较为充分，能够抵消并购可能带来的反竞争效应。而以下两个案例说明，经济增长的效率效应不够充分，不能抵消并购可能带来的反竞争效应。在 Callebaut AG(1997)案中，竞争委员会发现，并购后的企业在规模上将是位于第二位的竞争对手的三倍，将会产生限制竞争的风险。这项并购可能通过生产的合理化重新安排和集中科研带来经济增长效应，然而这些效率不是该项并购所特有的，可以通过其他途径实现。这是因为并购企业自身也承认，当超过一定门槛后，扩大规模将不再产生规模经济。与此同时，研发支出也会因为转包或与使用者之间的协作而受到限制。即使是考虑到经济增长效应和国际竞争力因素，竞争委员会也认为，没有令人信服的证据表明该项能够并购将促进出口①。正是由于以上原因，委员会认为限制竞争的风险很难被充分抵消。在 Coca Cola 并购 Pernod Ricard 公司所属的 Orangina 案中，竞争委员会发现该项并购存在限制竞争的风险，因而开展了对经济增长和国际竞争力等效率因素的进一步分析。委员会注意到了 Pernod Ricard 公司提交的申辩证据，该公司希望通过并购退出非酒精饮料市场，以获得资金扩展和保持在酒精饮料市场上的竞争力。委员会同时也注意到了 Coca Cola 公司提交的申辩证据，该公司认为自己的分销系统和营销经验将促进 Orangina 品牌产品向国际市场拓展。然而，委员会认为，Coca Cola 公司通过“Fanta”品牌产品的内部拓展能够实现国际拓展和分配的经济性；Coca Cola 公司没有说明在其他国家推广“Orangina”品牌产品的成功可能性。委员会接受了 Pernod Ricard 公司关于“酒精饮料和非酒精

① 该企业在国际市场上的地位在并购前就已经很强大。

饮料之间只存在微弱的协同效应,通过高价售卖其非酒精饮料品牌可以为其集中于发展酒精饮料产品提供很大的资金支持”的申辩。然而委员会认为,这与将自己的品牌卖给其他企业(即使是不存在竞争关系的其他企业)没有必然联系;如果 Coca Cola 公司支付的价格真的明显高于通过其他途径离开非酒精饮料市场而获得的价格,那么我们可以认为这个溢价不是对经济增长的贡献,而是削弱竞争的成本。以上两个案例中的判定都表明,委员会在效率抗辩中考虑了效率是否可以通过其他途径实现;除了经济增长标准以外,国际竞争力标准也很重要。

14.7 瑞　　典

14.7.1 竞争政策与效率抗辩

瑞典新的《竞争法》(*The Swedish Competition Act*)制定于 1993 年,目前施行的瑞典《竞争法》是 1998 年修订的,共 10 章 69 条加 4 个修正案①。该法以欧盟竞争法和欧盟案例法为基础,主要内容包括禁止反竞争合作、禁止滥用市场优势地位和企业并购的反垄断控制②。与禁止限制竞争协议和禁止滥用市场优势地位一样,控制企业并购也是瑞典《竞争法》的核心内容。该法第 37 条规定,如果参与并购的企业前一年度的营业额超过 40 亿瑞典克朗,该企业并购事项应通知瑞典竞争局。如果被收购的企业的上一年度的营业额少于 10 亿瑞典克朗,则无需通知竞争局,但竞争局可以基于特殊理由要求并购当事人申报该并购,同时并购当事人也可以自愿向竞争局进行申报。竞争局应当在接到企业的申报之日起 30 日内做出批准并购或不批准的决定。根据该法第 34 条的规定,如果该并购产生或加强了企业的市场优势地位,并严重阻碍或者可能阻碍有效竞争,或者该项并购

---

① 1980 年瑞典颁布了《价格法》,竞争机构主要负责对价格的监督。1993 年 7 月 1 日颁行瑞典《竞争法》,代替了 1982 年的《竞争法案》和 1991 年的《禁止限制农产品竞争法案》。1993 年瑞典竞争法施行后,于 1993 年、1994 年、1997 年、1998 年等进行过多次修订。1993 年第 681 号法案对竞争案件处理程序中法庭成员的组成等进行了修改。1994 年的 688 号法案在卡特尔禁令中增加了对农业部门的例外规定。1997 年 221 号法案扩大了瑞典竞争局在企业收购案件中的调查权限。1998 年 648 号法案对竞争法的修改最大,主要在禁止企业过分集中上,增加了禁止企业收购的例外规定、禁止收购的调查、禁止收购决定的做出等。另外,对竞争案件处理的程序、规则等也做了修改。修改后的 1998 年瑞典《竞争法》一直沿用至今。

② 瑞典《竞争法》中关于并购控制的内容与欧盟竞争法存在一些重要的区别。最明显的区别在于,瑞典的并购控制只考虑狭义上的并购,没有包括合资。然而,最近政府竞争委员会建议瑞典《竞争法》应根据《欧盟并购条例》进行修改,在这一点上也达到一致。

有损于公共利益，则应被禁止。《竞争法》的第二条款规定，被禁止的并购必须是“损害公众利益”，允许效率抗辩。瑞典政府议案（1992/1993:56, pp 42,100）指出，“明显的反竞争效应”通常应被认为是并购“损害公众利益”。如果并购具有积极的竞争效应，可以通过逐案（case-by-case）的方式进行申辩。该议案明确指出，积极的竞争效应可以替换反竞争的消极效应。关于什么是可以纳入评估审查程序进行考虑的促进竞争的积极效应，该议案也举例进行了说明，包括结构合理化、生产效率、瑞典企业在国际市场上的竞争力、国家安全利益等。但是，该议案同时也指出，与就业相关的效应不予考虑。根据议案的相关规定，评估审查也应包括本国企业通过与国外企业的合作或并购获得与国内并购同样的生产效率的可能性。然而，议案没有提到，对并购进行更一般的评估中的效率应是并购所特有的效率。还应注意到的是，《竞争法》在评估效率是否可以被接受时，没有要求消费者能够获得该效率的某一份额。

瑞典竞争法的执法体系包括瑞典竞争局、斯德哥尔摩城市法庭、市场法庭。瑞典竞争局隶属于瑞典工业、就业与交通部，但它是独立的机构，执法过程中不受任何部门的干预①。竞争局局长由政府任命，任期六年。竞争局的职责是：① 负责实施竞争法；② 提出修改竞争法律的建议；③ 宣传竞争文化；④ 促进研究。附属竞争局的部门是竞争研究理事会。禁止并购的决定由法庭根据瑞典竞争局的评估审查报告做出，竞争局负有证明并购应被禁止的首要任务。

14.7.2　相关案例分析

竞争局在评估一项并购是否损害公众利益时，会考虑到效率获得因素。在评估审查中，竞争局使用价格测试的方法，即并购带来的成本节约

---

① 瑞典竞争局的组成机构有：(i) 竞争执法部门。从事调查处理与竞争有关的案件。其中竞争执法一局主要负责建筑、食品、石油、化工、制药等领域的竞争执法，竞争执法二局主要负责金融、服务、电信、媒体、工厂、航运、铁路、能源等领域的竞争执法。(ii) 经济分析局。分析有关案例，起草经济分析研究报告。(iii) 信息局。传播竞争规则与发展知识，在社会上促进以竞争为主的文化。(iv) 国际秘书局。负责与欧盟及其他国家反垄断执法机构的合作交流。(v) 法律秘书局。由律师组成，负责处理具体案件，进行法庭辩论。(vi) 计划协调秘书处。负责处理竞争局内部事务。斯德哥尔摩城市法庭是瑞典竞争案件的上诉法庭，由四名成员组成，其中两名是依法具有资格的法官，另外两名是经济学专家，由一名依法具有资格的法官担任法庭主席。斯德哥尔摩城市法庭负责审理由瑞典竞争局起诉的竞争案件，并有权应瑞典竞争局的要求，对违反竞争法的企业处以罚金，或禁止企业合并。市场法庭是专门处理竞争事务的终审法庭，负责对不服斯德哥尔摩城市法庭判决而提起上诉的竞争案件做出最终裁决。资料来源：http://www.chinamark.net/a/200509/article_312.shtml。

应足以保证并购后的价格不会上升。然而，这一判断仍是定性的判定，因为定量分析一项并购的反竞争效应十分困难。竞争局要求，并购后应存在充分的竞争，以使并购企业在并购后真正有动机降低成本，从而影响价格。在消极的一面，竞争局也考虑并购企业整合的成本。根据《竞争法》的规定，各类成本节约都应纳入评估审查中的效率抗辩。然而在实际案例中，到目前为止只有生产成本节约和与研发相关的成本节约被纳入分析，其他类型的成本节约可能在不久的将来纳入效率分析。关于谁应负有举证责任，《竞争法》中的规定也不明确。根据《竞争法》的条文，竞争局有义务证明一项并购是否加强了市场支配地位，是否损害竞争，是否损害公众利益。这看上去好像是竞争局应证明一项并购是否存在成本节约（效率因素）。然而，竞争局认为，并购企业有义务提供与成本节约相关的证据。竞争局也没有程式化地要求并购企业提供什么类型的证据来证实效率（成本节约）的存在，只是要求并购企业将提交给董事会的所有信息都提供给评估审查小组[①]。竞争局通常也会要求并购企业进一步具体化它们的申辩，并征求竞争对手和其他企业的看法。在法庭上，外部专家作为证人可以提供一些附加信息[②]。截至目前，很少有并购案例将成本节约作为主要议题。在 Securitas Lock Group-Metra 案中，竞争局发现，由于并购后相关市场上的竞争不够充分，预期的成本节约不会有利于消费者。在 ICA-KIAB 案中，竞争局认为效率获得较为充分，因而批准了该项并购。

在法庭审判的相关案例中，有两起案件明确涉及成本节约（效率）问题。在 Optirock-NCC 案中，法庭发现该项并购只产生轻微的市场主导地位，不存在明显的反竞争效应。法庭认为，由于存在积极效应，该项并购在任何情况下都不会损害公共利益；该项并购的积极效应如此显著和充分，甚至不需要进行积极效应和消极效应的替换分析就可以给予其合法性。法庭提到了三项积极效应：① 瑞典制砖业需要进行结构的合理化调整，由于生产能力过剩，制砖行业出现亏损，一些工厂需要关闭，生产必须集中于剩余工厂内；② 在更为广义的市场上，即所谓的“干品”市场，需要发展新的生产方法和实现产品多样化；③ 可能帮助并购企业扩大出口，这要求较大的生产规模和较强的市场地位。第一项积极效应看上去既像失败企业抗辩，又像效率抗辩；第二项积极效应属于效率抗辩；第三项积极效应看上去有些像是应用所谓的“全国冠军”申辩。在 Sveriges Television-Schibsted-

① 这类信息中常常含有与成本节约相关的信息。

② 对于一些复杂或很严重的并购案，找到独立的外部专家，往往比较困难。

Skandinaviska Filmlaboratorier 案中,法庭批准了 Swelab 和 Film Teknik 之间的并购,这将导致瑞典市场上只存在一家电影技术处理的全业务供应商。批准这项并购的主要原因,一是考虑到来自外国公司的竞争压力,二是国内只存在一家这样的公司已经足够了。法庭还发现,并购将降低企业成本,成本节约可以量化成裁减25名职员。这一成本节约可以为新技术提供必要的投资。最后,法庭发现,Swelab 和 Film Teknik 作为独立竞争者生存下去的概率很小,因为这些企业很难跟上行业内快速的技术进步和不断增加的来自国外企业的竞争。从以上案例可以看出,瑞典的并购反垄断控制包括效率抗辩。然而,抗辩的确切程度并不清晰,在司法实践中也不太常用。大部分并购案通过了支配地位和竞争效应测试,不需要进行成本节约的评估。即使有些并购案可能产生反竞争效应,也会通过竞争局与并购企业之间的剥离协议而获得批准。在法庭的并购案中,效率因素得到考虑,但最终判决结果是否是主要依据效率因素而做出的,也不是很清晰。那些获得批准的并购好像是在支配地位和竞争效应测试阶段就已经获得了法庭的批准,效率分析只是用于进一步支持已经做出的判定。同时,效率抗辩的一些细节问题也是不明确的:效率是否必须是并购所特有的,谁承担举证责任,成本节约是否必须传递给消费者等,都没有明确的规定。

14.8　欧　　盟

14.8.1　欧盟竞争政策及其目标

从1951年4月欧洲煤钢联盟(the European Coal and Steel Community, ECSC)建立以后,竞争政策一直是欧盟政策的核心内容。1958年生效的《欧共体条约》(*The Treaty Establishing the European Economic Community*, EEC)进一步强化了竞争政策的重要性①。《欧共体条约》没有专门条款对并购进行规制,这是因为在条约制定时(第二次世界大战以后),欧洲产业还比较分散,产业集中被认为是欧洲一体化途径之一②。直到20世纪70年代中期,关于条约中应该包括企业并购内容的争论才开始出现。然而,直到1989年12月21日,欧盟(欧共体)才通过了第一部从竞争法角度规范企业并购的法规,即《关于企业并购控制的第4064/89号理事会条例》

---

① 《欧共体条约》也称为罗马条约。后文中的《欧盟条约》、《罗马条约》是同一条约的不同叫法。

② Lane, R., *EC Competition Law*, Pearson Education Limited, 2000.

（简称《并购条例》）。1990 年 9 月 21 日，《第 4064/89 号理事会条例》正式生效，用以规制在欧盟范围内造成影响的企业并购，成为欧盟竞争法的核心内容。1989 年《并购条例》是政治妥协的产物，没有包括任何明确的效率抗辩条款，不过倒是为并购评估审查中考虑效率因素打开了一扇窗户。1997 年欧盟通过了《第 1310/97 号理事会条例》，对《第 4064/89 号理事会条例》中“具有共同体影响的并购”等有关内容加以修订，扩大了欧委会的权限，确立了涉及多国企业的“一站式”（one-stop-shop）程序。欧盟 2004 年通过的《关于控制企业集中的第 139/2004 号理事会条例》（以下简称《欧盟并购条例》，取代了 1989 年的《并购条例》）。2004 年《欧盟并购条例》和《关于实施“关于控制企业集中的第 139/2004 号理事会条例”的第 802/2004 号欧委会条例及其附件（包括 CO 申报表、简化 CO 申报表和简化 RS 申报表）》均于 2004 年 5 月 1 日开始实施；《第 4064/89 号理事会条例》和《第 1310/97 号理事会条例》同时废止。此外，欧盟关于企业并购与新的《并购条例》相配套的现行有效的法律规定和相关文件还有：2005 年 3 月 5 日颁布的《欧委会关于第 139/2004 号理事会条例中处理某些企业并购的简化程序的通知》；2004 年 2 月 5 日颁布的《关于控制企业并购的理事会条例中横向并购的评估指南》；2001 年 3 月 2 日颁布的《关于第 4064/89 号理事会条例和第 447/89 号欧委会条例中可接受的补偿的欧委会通知》；《竞争总司关于欧盟并购控制行为程序的最佳实践》（简称《并购调查最佳实践指南》）和《欧委会关于企业并购的案件分配的通知》；等等。欧盟在并购控制中是否考虑效率，考虑到什么程度，一直颇受争议。例如，《欧盟条约》与《欧盟并购条例》在效率条框上存在一些显著差异；《欧盟并购条例》可以解释为包括效率抗辩，也可以解释为不包括效率抗辩；案例法中的相关应用也比较混乱。2000 年以后，由于在一些并购案中没有考虑并购可能带来的效率问题，越来越多批评接踵而至，要求委员会更积极地考虑并购的效率因素。尤其是在委员会拒绝了 GE-Honewell 并购案后，委员会不得不在 2001 年 12 月发布的绿皮书中承诺将对并购指南中的相关条款进行修订。

与其他国家不同的是，欧盟竞争政策目标除了保护有效竞争、促进经济效率以外，还要促进欧盟市场一体化①。有时候，市场一体化目标会与效率目标发生冲突（Geradin，2004），然而市场一体化的目的也是来自于提

① Geradin, D., “Efficiency Claims in EC Competition Law and Sector-Specific Regulation”, Working paper, 2004.

高经济效率的考虑:① 欧盟内部市场的形成能够刺激生产者之间的竞争,从而有利于提高配置效率;② 市场一体化能够扩大市场规模,从而允许企业扩大产量,实现规模经济,促进生产效率;③ 欧盟内部一体化市场的形成有利于生产技术和工艺在成员国之间扩散和传播,刺激创新和研发投资,从而促进动态效率。除了这两个主要目标以外,欧盟竞争政策还要考虑到其他目标,例如提高企业竞争力的产业政策、保护中小企业、社会融合和文化多元化等。正是由于欧盟竞争政策不仅包含了经济目标,而且包含了一些政治与社会等非经济目标,一些评论家认为"欧盟委员会没有认识到反垄断政策应是保护竞争,而不是保护竞争者"①。

14.8.2 《欧盟并购条例》与效率因素

根据《欧盟并购条例》第 2 条第 2 款和第 3 款,如果一项并购"产生或加强了市场支配地位,严重妨碍有效竞争",那么这项并购将被禁止②。由此可以看出,欧盟在并购评估审查中采用的是"市场支配地位测试"(the dominant test),而不是"明显减少竞争测试"(the substantial lessening of competition test, SLC test)。根据《欧盟并购条例》第 2 条第 1 款(b)部分的规定,在并购评估审查中,委员会将考虑以下因素:① 技术进步和经济发展,以使② 消费者能够获益,且③ 不会形成竞争的障碍。同时,能够被委员会考虑的效率因素必须是"并购所特有的、显著的、及时的和可证实的"。如果《欧盟并购条例》第 2 条第 1 款允许考虑效率因素,那么它是否可以构成效率抗辩呢? 乍看上去,答案似乎是否定的。特别地,如果"构成竞争障碍"与"明显阻碍有效竞争"是同义的,那么技术进步和经济发展只有在并购被批准的条件下才会被考虑。这就使得《欧盟并购条例》第 2 条第 1 款(b)失去了意义,对效率因素刚刚打开的大门又重新关

---

① Swaine, E., "Competition, not Competitor, nor Canards: Ways of Criticizing the Commission", *University of Pennsylvania Journal of International Economic Law*, 2002(23): 597—599.

② 2004 年新的《欧盟并购条例》第 2 条第 3 款规定:"并购如果在共同市场或其大部分将严重妨碍有效竞争,特别是通过产生或加强市场支配地位的形式,将被宣布与共同市场不相容"。由于 1989 年的旧条例中规定的"市场支配地位"的审查标准存在着对寡头垄断市场监管不利的漏洞,新条例以"结果"为重,借鉴美国"实质性减少竞争"(substantial lessening of competition, SLC)的规定,引进了"严重妨碍有效竞争"(significantly impedes effective competition, SIEC)这一实体性标准。这意味着,一切严重妨碍有效竞争的并购交易都属于该条例的调整范围,而产生或加强市场支配地位是其中应被重点审查的一种形式。对并购的审查应从市场集中度、HHI 级别、单边效应与协同效应、抵消并购反竞争效应的购买力、市场进入的可能性、及时性和充分性、效率以及破产诸多方面进行综合评估。

上了①。欧盟委员会(1996)也认为"在《欧盟并购条例》下进行效率抗辩,实际上没有法律可能性。只要没有达到市场支配地位的并购,都被假定为存在效率。在判断一项并购是否产生或强化了市场支配地位的整个评估过程中,所有的效率因素都将考虑,但不用于减轻或抵消支配地位的消极影响,以逃避将被禁止的判定。"委员会同时指出,市场支配地位的界定标准十分严格,很少有企业能够达到,因而根据《欧盟并购条例》审查的所有案例中,只有1%的并购被禁止。Whish(2001)总结了欧盟委员会决议中对待效率的三种类型:一是委员会认定该项并购不会加强市场支配地位,因而没有必要评估该项并购的效率因素;二是委员会不经过具体评估就做出决定,驳回并购企业的效率申辩;三是委员会发现效率难以传递给消费者,因而不予批准并购。很明显,委员会从来不会只根据效率而不考虑产生或加强市场支配来批准一项并购②。

欧盟委员会在2001年发布了一项公告(2001/C3/02)对《欧盟条约》81条第3款进行了解释,这一解释也可以用来理解《欧盟并购条例》中的相关条款。这一公告将经济发展和技术进步分别界定为委员会认可的静态效率和动态效率,但是必须源自并购自身,并且不能通过其他具有较低反竞争效应的途径获得。从产量下降、市场分割和行使市场势力而获得的成本节约,委员会将不予以考虑。《欧盟条约》81条与《欧盟并购条例》在认定效率方面存在一定差异。在《欧盟条约》81条中,并购带来的效率只要能够促进竞争,并且能够让消费者得到一个公平的份额,效率因素就可以用于抵消反竞争效应。在《欧盟并购条例》中,效率必须是有利于消费者的(consumer advantage)。有些竞争政策专家将其理解为效率必须完全传递给消费者。如果这一理解是正确的,那么这一标准比《欧盟条约》81条要严格很多,并且实现起来十分困难,因为只有在完全竞争的市场上,效率才会完全传递给消费者。有些竞争政策专家将其理解为消费者福利标准或者是价格标准,这样效率只要能够降低价格或者提高消费者福利,就可以被接受③。欧盟委员会在2001年发布的《并购条例绿皮书》(COM(2001)745/6 final, Para. 159—170)中对《欧盟并购条例》中的效率抗辩问题进行了讨论,认为欧盟委员会并购案例中对效率因素的关注不够充

---

① 《欧盟并购条例》的措辞十分模糊而又古怪,既然效率抗辩只能应用于当效率和竞争之间没有冲突时,那么效率抗辩也就没有必要了。参见 Neven, D. ,R. Nuttall, and P. Seabright, *Merger in Daylight: The Economics and Politics of European Merger Control*, Center for Economic Policy Research, London, 1993。

② Whish, R. , *Competition Law*, 4th edition, Oxford University Press, Butterworths, 2001.

③ Whish, R. , *Competition Law*, 4th edition, Oxford University Press, Butterworths, 2001.

分,支持正在进行的关于效率应该如何、在什么程度上纳入欧盟竞争政策的大讨论。

“竞争”一词在不同的文献中具有不同的含义。一些文献中,“竞争”与“缺乏市场势力”同义,市场势力可以用企业的价格—成本边际来测度。从这一定义出发,横向并购中大部分至少在较少程度上减少竞争(提高价格—成本边际),一部分将显著减少竞争。而其他一些文献中,“竞争”在另外的语义上被使用,常常用来表示价格水平。从这一定义出发,横向并购既具有促进竞争的效应(降低价格),也具有反竞争效应(提高价格)。如果我们假定《欧盟并购条例》中使用的“竞争”一词是第一种定义,那么显著提高价格—成本边际的并购将被禁止。因此,《欧盟并购条例》第 2 条第 1 款(b)不能用来拯救任何并购(无需效率抗辩),因为这些并购已经提高价格—成本边际,形成竞争障碍。如果我们假定《欧盟并购条例》中使用的“竞争”一词是第二种定义,那么第 2 条第 2 款和第 3 款的解释就是,当且仅当并购导致价格上升时才会被禁止。第 2 条第 1 款(b)就相当于效率抗辩。只有当并购带来的效率不会导致价格水平上升时,委员会才会考虑效率因素(技术进步和经济发展)①。由此可见,对《欧盟并购条例》的重新解释允许效率抗辩。然而,与《罗马条约》第 81 条第 3 款②下的效率抗辩相比较,《欧盟并购条例》下的效率抗辩(如果存在)还是很有限的。在效率分析方面,《罗马条约》第 81 条第 3 款与《欧盟并购条例》第 2 条第 1 款在语言上有两个明显的区别:①《欧盟并购条例》没有提及“生产与分配方面的改进”;② 在并购带来的消极效应方面,《欧盟并购条例》中使用的是“明显妨碍竞争”,而《罗马条约》第 81 条第 3 款使用的是“消除或排斥竞争”。Ilzkovitz and Meiklejohn(2001)认为,与其说《欧盟并购条例》和案例法中考虑的效率因素是效率抗辩(efficiency defense),还不如说是效率侵犯(efficiency offense)。这是因为欧盟委员会在并购评估审查中十分关注市场支配地位,而并购带来的效率有可能帮助并购企业获得竞争优势,产生或加强市场支配地位。③

---

① 成本节约是并购本身所必需的。然而,成本节约也可能具有负面效应。例如,如果两家企业并购,降低了可变成本,成为一个强有力的竞争者。如果成本节约足够大,并购企业可能将竞争对手驱赶出市场,或者阻止新企业进入。在这种情况下,成本节约具有反竞争效应。参见 Röller, Lars-Hendrik, J. Stennek, and F. Verboven, “Efficiency Gains from Merger”, *European Economy*, 2001, No 5.

② 原为《罗马条约》第 85 条,在 1997 年的修订中改为第 81 条。

③ 关于这一问题的详细讨论,请参见 Ilzkovitz, F., and R. Meiklejohn, “European Merger Control: Do We Need an Efficiency Defence?”, *European Economy*, 2001(5): 3—30.

2004年开始，欧盟委员会对效率的态度发生了明显变化，效率因素在并购评估审查中的作用逐渐得到重视。2004年1月，《欧盟理事会规制法案139/2004》发布，该法案又称为《经营者集中规制法案》，与原有的并购的反垄断控制法案相比较，该法案对效率因素的态度要“亲善”很多。2004年2月，欧盟委员会在其颁布《横向并购指南》[①]中增加了对效率考虑的详细说明，这一说明与美国《横向并购指南》中的相关效率条款惊人地相似[②]。不过，欧盟效率条款强调了效率必须有利于消费者，并且认为如果并购能够提高并购企业的能力或刺激并购从而使它们行使有利于消费者的竞争的行为，那么它也属于效率因素。欧盟委员会《横向并购指南》指出，一项并购的效率申辩要想得到委员会考虑，需要满足以下三个条件。① 效率获得必须有利于消费者。欧盟在指南中特别指出可变成本节约更有可能降低价格，从而有利于消费者；边际成本下降比固定成本下降更有价值，因为其更有可能传递给消费者。从新产品的开发、产品质量改进等研发和创新活动中获得的效率可能也是有利于消费者的。如果效率获得能够降低相关市场上企业之间发生协同行为的风险，那么这类效率也是有利于消费者的。② 效率必须是并购所特有的。欧盟委员会要求并购带来的效率不能通过具有与该项并购相似或更小程度反竞争效应的其他途径获得；效率并购特有性的举证责任在于并购企业。③ 效率必须是可证实的。关于效率的可证实性，欧盟比美国更为严格，欧盟要求效率能够量化，并且并购企业需要提供证据，以证实效率能够抵消并购给消费者带来的潜在损害。如果仅从字面分析，欧盟反垄断当局似乎是有意让效率抗辩变得十分困难，以至于并购企业很难通过效率抗辩使并购获得通过[③]。

---

① 该法案全称为《关于控制企业并购的理事会条例中横向并购的评估指南》，学者们将其简称为《横向并购指南》。对该法案的评论参见 Venit, J., and F. Depoortere, "The New EC Horizontal Merger Guidelines", *Global Competition Review*, 2004(29): 5—18。

② Pitofsky, R., "Efficiency Consideration and Merger Enforcement: Comparison of U.S. and EU Approaches", *Fordham International Law Journal*, 2007(30): 1413—1425.

③ 欧盟委员会在2004年发布了《欧盟条约81条第3款应用指南》对横向协议中效率评估提出了“10条戒律”(Ten Commandment)，这对于横向并购评估审查中的效率因素分析具有一定借鉴意义。这“10条戒律”是：效率必须是显著的；效率必须是客观的；对竞争的限制必须是获得这些效率的“必要条件”；申辩的效率效应必须超过该协议对竞争的限制效应；该项协议产生效率中，必须能让消费者享有一个“公平的份额”；协议对竞争的限制越大，效率必须越大，效率能够传递给消费者的部分也必须越大；无论多大的效率都无法让一个完全消除竞争的协议得以通过审查；效率必须是在特定市场上产生的；根据81条第3款对效率进行评估需要对事实或材料变化保持敏感；所申辩的效率不能是通过行使市场势力获得的。

14.8.3 《罗马条约》第 81 条下的效率获得①

根据《罗马条约》第 81 条(以下简称 81 条),所有限制竞争的协议都是非法的②。然而,根据 81 条第 3 款,满足以下四个条件的并购协议可以不被禁止(适用除外制度):① 该项协议必须能提高产品的生产或分配效率,或者能够促进技术进步和经济发展;② 该项协议能够使消费者从由此产生的利得中获得一个公平的份额;③ 该项协议给企业施加的限制是获得该项利得不可缺少的条件;④ 该项协议对于所涉及的产品的重要部分,不给予相关企业排除竞争的可能性。与《欧盟并购条例》相比较,81 条第 3 款在不同方面给予了效率申辩更多的空间。81 条第 3 款的豁免条件 1 既包括了商品生产和分配的改进,也包括了促进技术进步和经济发展;而《欧盟并购条例》第 2 条第 1 款(b)中的条件(a)只包括了技术进步和经济发展。这明确显示,相对于 81 条第 3 款而言,《欧盟并购条例》只包括动态效率,而不包括静态效率。81 条第 3 款的豁免条件 2 暗示了竞争政策的福利标准应赋予消费者福利公平的权重。权重应为多少,条文自身并未给出明确答案。然而,《欧盟并购条例》第 2 条第 1 款(b)中的条件(b)看上去消费者福利导向程度要更低一些,它只提到"有利于消费者"。81 条第 3 款的豁免条件 4 指出对于所涉及产品的主体部分,不能限制竞争;而《欧盟并

① 现在也将《罗马条约》称为《欧盟条约》。1957 年 3 月 25 日,法国、联邦德国、意大利、荷兰、比利时和卢森堡 6 国领导人在罗马签署了《欧洲经济共同体条约》和《欧洲原子能共同体条约》。后来人们把这两个条约统称为《罗马条约》。条约的签署标志着欧洲联盟的前身——欧洲经济共同体的诞生。《罗马条约》共分 6 章 248 条,并附有 11 份议定书和 3 个专约,以及若干清单。《罗马条约》在序言中强调它的目标是:消除分裂欧洲的各种障碍,加强各成员国经济的联结,保证协调发展,建立更加紧密的联盟基础等。《罗马条约》涉及的内容极其广泛,其中心内容是:建立关税同盟和农业共同市场,逐步协调经济和社会政策,实现商品、人员、服务和资本的自由流通。关于工业品关税同盟,条约规定在 12 年过渡期内分三个阶段逐步取消成员国间一切关税和贸易限制。《罗马条约》规定了对一些特殊商品允许采取例外措施并制定了保护条款。条约还对运输政策、贸易政策、经济发展政策、国际收支政策、竞争规则、财政收入等做出规定。

② 1957 年建立《欧洲经济共同体条约》(即《罗马条约》,实践中也被称为《欧共体条约》,后被称作《欧盟条约》)第 85 条是欧共体法上对限制竞争协议进行规制的核心条款。1992 年《欧洲联盟条约》(Treaty of European Union)即《马斯特里赫特条约》对原条约作了修改和补充,但在竞争法基本规范方面未有实质性变化。1997 年《关于修改欧盟条约和修改欧共体诸条约及有关共同体文件的阿姆斯特丹条约》也没有对竞争法的内容做出实质修改,但将该第 85 条的序号改为第 81 条。根据学界的一般惯例,本文统称之为《欧共体条约》第 81 条。该条第 1、2 款规定了违法的限制竞争行为的基本类型,第 3 款规定了可豁免的情形,但并不区分横向和纵向限制竞争行为。根据该条,如果一项纵向限制行为"限制"、"分享"了市场,以至于"可能影响成员国之间的贸易并且具有阻止、限制或者扭曲共同市场内的竞争的目的或效果的",将被禁止。不过,实践中对纵向限制竞争行为的规制更具直接意义的是欧共体委员会发布的一系列有关集体豁免(block exemption)的特别条例,具体规定了哪些情形是可以通过条约第 81 条第 3 款予以豁免的。

购条例》第 2 条第 1 款(b)中的条件(c)要求不得产生任何阻碍竞争的因素。81 条第 3 款的豁免条件 3 要求效率必须是该项协议所特有的,或者说,没有其他具有更少反竞争效应的途径来获得这些效率;《欧盟并购条例》第 2 条第 1 款(b)中没有相应的条款。然而,在实践中,《欧盟并购条例》下的效率抗辩要求效率是并购所特有的。

豁免可以通过两种途径获得:一是向委员会申诉,要求针对具体协议的个别豁免;二是协议条款满足委员会发布的集体豁免的要求①。要想实现个别豁免,协议必须满足 81 条第 3 款的四个条件,并且举证责任在申请人。Whish(1993)、Neven *et al.* (1998)等对欧盟案例法进行了简要总结和评论。Whish(1993)认为,协议产生的利益获得必须是对共同体整体而言的客观价值,而不仅仅是并购方的利益获得;并且所声称的利益获得应超过并购所产生的福利损失。例如,专业化协议被认为能够改进产品生产;R&D 协议被认为能够促进技术进步和经济发展;排他性交易协议被认为能够改进商品分配。Neven *et al.* (1998)认为,在一些案例中,委员会认可规模经济、重置固定成本的下降、互补性资产所产生的经济性是重要的效率获得。然而在其他一些案例中,委员会用较为模糊的语言描述的竞争政策总目标又与经济效率没有明确而又具体的联系。部分政策评论者认为,委员会在根据 81 条第 3 款进行决策时,并没有给予消费者利益足够的重视,也没有给予"公平份额"一个明确界定。发现委员会反对什么样的协议条款的有效的方法是,看一看集体豁免中的所谓"黑名单"。一些经济学家认为,委员会根据 81 条第 3 款所进行的效率分析只是在做表面文章,在 81 条第 3 款下形成的案例法对于在《欧盟并购条例》指导下效率抗辩处理没有参考价值。

14.8.4 欧盟并购的总体状况

20 世纪 80 年代欧盟并购浪潮在 1991 年达到了顶峰,其后六年并购数量起伏不定,但总量都低于 1991 年。1998—2000 年,受新经济浪潮影响,欧盟并购数量快速增加,2000 年企业并购数量比 1991 年上升了 58%。如果以并购所涉及的价值量计算,1999 年达到顶峰,是 1991 年的 9 倍。到 2001 年,并购浪潮开始消退,所涉及的价值降到顶峰时期 1999 年的一半,

---

① Jacquemin, A., "Economic Science and Practice: The Role of Academic Economist and Policy-makers", American International Distribution Corporation Williston, 1997a, 107—133.

其后几年继续下降①(见表 14-1)。

表 14-1　1991—2004 年欧盟 15 国的企业并购情况

年份	并购数量		名义总价值 (10 亿欧元)	实际总价值指数 1991 = 100
	数量	指数 1991 = 100		
1991	10 653	100	164.19	100
1992	10 084	95	166.48	97
1993	8 794	83	180.46	102
1994	9 070	85	187.05	103
1995	10 421	98	261.09	140
1996	9 437	89	316.50	166
1997	9 779	92	487.35	251
1998	11 228	105	853.28	432
1999	14 294	134	1 860.63	929
2000	16 788	158	1 623.39	799
2001	12 866	121	834.72	401
2002	9 529	89	564.78	265
2003	9 515	89	451.49	207
2004	9 811	92	627.36	282

资料来源:Meiklejohn(2006)。

2004 年欧盟东扩,10 个正处于转型经济中的中东欧国家加入欧盟②,这些国家的并购及其控制政策与原欧盟 15 国有些差异。这些国家中,除了塞浦路斯和马耳他以外,其他国家都是在 20 世纪 80 年代末 90 年代初从计划经济体制向市场经济体制转轨的。转轨初期,企业并购数量较少,但是随着私有化进程的推进,企业并购数量在 1993 年后开始增加。然而增长很不稳定,从并购数量看,1993 年、1995 年和 1999 年增幅很大,而 1996 和 1997 增幅略有下降(见表 14-2)。1994—2000 年,这 10 个新成员国的 GDP 增长率一直高于 3%。可见,在这期间并购数量并没有反映宏观经济发展状况。然而,2000 年之后的并购数量下降与 GDP 增长率放慢是相互关联的,并购数量的大幅波动反映了这些国家私有化进程的波动。

① Meiklejohn, R., "M&A Activity and Merger Control Since 1991", in Ilzkovitz, F. and R. Meiklejohn, *European Merger Control: Do We Need an Efficiency Defense?* Edward Elgar: Northampton, MA, USA, 2006, pp. 10—41.

② 这 10 个国家分别是塞浦路斯、捷克、爱沙尼亚、匈牙利、拉脱维亚、立陶宛、马耳他、波兰、斯洛伐克和斯洛文尼亚。

表 14-2 欧盟 10 个新成员国 1991—2004 年的企业并购情况

年份	并购数量		总价值	
	数量	指数 1991 = 100	名义值(百万欧元)	指数 1991 = 100
1991	186	100	1 413	100
1992	204	110	1 342	95
1993	435	234	3 731	264
1994	463	249	1 463	104
1995	960	516	6 790	481
1996	843	453	4 066	288
1997	595	320	6 506	461
1998	591	318	6 307	446
1999	1 338	719	18 442	1 305
2000	1 559	838	19 745	1 398
2001	1 191	640	21 955	1 554
2002	813	437	17 616	1 247
2003	789	424	8 352	591
2004	576	310	10 512	744

资料来源:Meiklejohn(2006)。

1991—2004 年,欧盟委员会共接收了 2 636 起并购申报,约占欧盟区内总并购数量的 2.5%,远远低于美国 1991—2003 年的 35 747 起并购申报和 23.4% 的申报比例。1991—2004 年,欧盟区内一共有 141 起并购案进入第二阶段的进一步评估审查,大约占申报并购数量的 5.3%。2005—2010 年,欧盟委员会共接收了 1951 起并购申报,一共有 57 起并购案进入第二阶段的进一步评估审查,大约占申报并购数量的 2.9%,低于 1991—2004 年的平均水平。可见,欧盟的并购控制政策趋向于宽松(见表 14-3)。

表 14-3 1991—2010 年的欧盟企业并购申报及审查情况

年份	企业并购的申报数量	占欧盟企业参与的总并购的比例(%)	启动第二阶段审查的并购数量	占申报并购的百分比(%)
1991	63	0.6	6	9.5
1992	60	0.6	4	6.7
1993	58	0.7	4	6.9
1994	95	1.0	6	6.3
1995	110	1.1	7	6.4

（续表）

年份	企业并购的申报数量	占欧盟企业参与的总并购的比例（%）	启动第二阶段审查的并购数量	占申报并购的百分比（%）
1996	131	1.4	6	4.6
1997	172	1.8	11	6.4
1998	235	2.1	12	5.1
1999	292	2.0	20	6.8
2000	345	2.1	19	5.5
2001	335	2.6	22	6.6
2002	279	3.0	7	2.5
2003	212	2.2	9	4.2
2004	249	2.5	8	3.2
1991—2004 小计	**2 636**	**1.7**	**141**	**5.3**
2005	313	—	10	3.2
2006	356	—	13	3.7
2007	402	—	15	3.7
2008	347	—	10	2.9
2009	259	—	5	1.9
2010	274	—	4	1.5
2005—2010 小计	**1 951**	—	**57**	**2.9**
1991—2010 合计	4 587	—	198	4.3

资料来源：Meiklejohn(2006)和 European Commission(2011)。

1991—2004 年，在申报的并购案中，只有 0.7% 的并购案被欧盟委员会禁止；87.7% 的并购在第一阶段就被无条件批准；4.7% 的并购在第一阶段由并购企业提出补救措施以解决并购可能引起的反竞争问题，欧盟委员会接受了并购企业的提出的补救措施，批准了这些并购。在 117 起第二阶段并购判定中，超过 20% 的并购被无条件批准，超过 60% 的并购在提出补救措施的条件下批准（见表 14-4）。2005—2010 年，在申报的并购案中，只有 0.05% 的并购案被欧盟委员会禁止；89.8% 的并购在第一阶段就被无条件批准；4.7% 的并购在第一阶段由并购企业提出补救措施以解决并购可能引起的反竞争问题，欧盟委员会接受了并购企业的提出的补救措施，批准了这些并购。在 57 起第二阶段并购判定中，有 36.8% 的并购被无条件批准，40.3% 的并购在提出补救措施的条件下批准；有 10 起被并购企业主动放弃（见表 14-4）。1991—2010 年，在申报的并购案中，只有 0.4% 的并购案被欧盟委员会禁止；88.6% 的并购在第一阶段就被无条件批准；4.7%

表 14-4 1991—2010 年欧盟委员会判定情况

时间＼判定类型	监管范围之外	完全移交给成员国	第一阶段无条件批准	第一阶段有条件批准	第二阶段无条件批准	第二阶段有条件批准	禁止并购	合计
1991—1995	32	1	307	12	7	13	4	376
1996	6	3	109	0	1	3	3	125
1997	4	1	118	2	1	7	1	134
1998	6	1	207	12	3	4	2	235
1999	1	3	236	19	0	8	1	268
2000	1	2	293	28	3	12	2	341
2001	1	1	299	13	5	10	5	334
2002	1	4	240	10	2	5	0	262
2003	0	8	203	11	2	6	0	230
2004	0	2	220	12	2	4	1	241
1991—2004 小计	52	26	2 232	119	26	72	19	2 546
百分比(%)	2.0	1.0	87.7	4.7	1.0	2.8	0.7	100
2005	11	6	276	15	2	3	0	313
2006	13	2	323	13	4	6	0	356
2007	5	2	368	18	5	4	1	402
2008	9	4	307	19	9	5	0	347
2009	6	1	225	13	—	3	0	259

（续表）

时间＼判定类型	监管范围之外	完全移交给成员国	第一阶段无条件批准	第一阶段有条件批准	第二阶段无条件批准	第二阶段有条件批准	禁止并购	合计
2010	7	7	253	14	1	2	0	274
2005—2010 小计	51	22	1 752	92	21	23	1	1 951
百分比（%）	2.6	1.1	89.8	4.7	1.1	1.2	0.05	100
1991—2010 合计	103	48	3 984	211	47	95	20	4 497
百分比（%）	2.3	1.1	88.6	4.7	1.0	2.1	0.4	100

注：在评估审查的第一阶段和第二阶段，都有部分并购被并购企业主动放弃，因而无需欧盟委员会做出并购判定；由于在并购评估审查过程中有部分并购由并购发生所在成员国移交给欧盟委员会，还有部分并购案由欧盟委员会移交给并购案发生所在成员国，因而部分数字之和与总数不符。

资料来源：European Commission（2011）。

的并购在第一阶段由并购企业提出补救措施以解决并购可能引起的反竞争问题，欧盟委员会接受了并购企业的提出的补救措施，批准了这些并购。在 198 起第二阶段并购判定中，超过 23.7% 的并购被无条件批准，48% 的并购在提出补救措施的条件下批准，只有 10.1% 的并购被禁止(见表 14-4)。从以上分析可以明显看出，20 世纪 90 年代以后，欧盟的并购反垄断控制政策的基本走向是趋于宽松。

14.8.5 相关案例分析

《罗马条约》第 81 条第 3 款与《欧盟并购条例》第 2 条第 1 款在对待效率的态度上稍有差异，然而在欧盟案例法中对待效率的态度不仅比较模糊，而且游移不定。在欧盟委员会的并购案例中有一些并购案明显讨论了效率问题，还有一些案例在评估市场支配地位时间接考虑了效率因素(Camesasca，1999)。1990—2002 年，欧盟委员会共接到超过 2 200 起并购申请，有大约 5% 的并购进入第二阶段的评估审查，高于美国的 2%。在第二阶段的评估审查中，大约 20% 的并购被撤回。在剩下的并购中，16% 的并购被无条件批准，50% 的并购在采取补救措施的前提下被批准，其余的并购要求并购企业主动放弃。在被委员会拒绝的并购中，有三起并购判定在上诉中被欧盟法庭推翻①。2004 年欧盟新的并购条例生效以后，欧盟委员会的并购司法实践也发生了一些微妙的变化，并购控制政策开始向美国看齐，在效率的态度上变得相对宽松一些。据欧盟委员会(2008)统计，在所有申报的并购中，进入评估审查阶段的比例由 2000—2003 年的 4.8% 降到 2004—2007 年的 3.5%；第二阶段禁止并购的判定从 17% 降到 6%；无条件批准的并购案比例由 23% 上升到了 41%②。

在 AT&T/NCR(Case No IV/M. 050，1991)案中，欧盟委员会认为，AT&T 并购 NCR 能够通过两种产品(工作站和网络设施)的结合实现技术和市场方面的协同效应(效率获得)。由于技术和市场营销知识的流动，AT&T/NCR 有机会以较低成本发展更高级的通讯产品。根据委员会的说法，并不排除这种协同效应将会产生或强化市场支配地位。然而在计算机产品和电信服务的结合中，以上"考虑"并没有出现。这是因为 AT&T/NCR 在这两个领域内都面临着重要的竞争对手。从以上分析可

① Levy, N., "EU Merger Control: From Birth to Adolescence", *World Competition*, 2003, 26(2): 195—218.

② 详细数据，请参见欧盟委员会网站，European Commission，"European Merger Control: Council regulation 139/2004 statistics"，http://ec. europa/comm/competition/mergers/pdf。

以看出,评估审查中的确考虑了效率因素,只是效率因素被当作可能损害竞争的“冒犯因素”:协同效应可能潜在地产生或加强市场支配地位。

在 Aerospatiable-Alenia / De Haviland(Case No IV/M.053,1991)案中,并购企业声称,它们并购的动机之一是为了降低成本。从生产过程的合理化、市场营销、产品支持等方面获得的潜在成本节约大约为每年 5 百万欧元,大约占并购后营业额的 0.5%。委员会没有考虑这些申辩,原因在于所谓的成本节约:① 不够充分;② 可以通过其他替代方式获得;③ 即使存在,也不会给消费者带来利益,反而可能增强并购企业的市场支配地位①。欧盟委员会以不够显著,而不是以不相关为由拒绝了效率申辩,看上去好像是委员会的确考虑效率因素。同时,委员会讨论获得成本节约的其他途径,暗示了效率必须是并购所特有的。最后,委员会指出消费者利益暗示了福利标准关注的是消费者剩余(价格标准);该项并购还将减少消费者在市场上的选择。该项并购最终被阻止,但是也引来一些专家对欧盟委员会在该项并购中界定相关市场方面的争论,认为相关市场界定过于狭窄②。

在 MSG Media Service(Case No IV/M.469,1994)案中③,委员会根据第 2 条第 1 款(b)关于并购不得形成妨碍竞争的障碍的规定,拒绝了并购企业关于该项并购能够促进技术进步和经济发展的效率申辩。委员会认为,该项并购将促进有线电视技术的发展,带来动态效率,但同时也会产生数字付费电视市场上的市场支配地位并妨碍竞争,阻止该市场的成长和发展。同样的情况也发生在 Berte/Smann/Kirch/Premiere(Case No IV/M.993,1999)案中。这两个案例表明,委员会在并购审查中不允许效率抗辩。

在 Nordic Satellite Distribution(Case No. IV/M.490,1995)案中,委员会认为,该项并购将毫无疑问地产生显著效率,有利于通讯领域的基础设施建设,然而也将使并购企业获得或加强几个相关市场上的支配地

---

① Aerospatiable-Alenia / De Haviland(Case No IV/M.053)案涉及法国企业 Aerospatiable 和意大利企业 Alenia,两家企业联合收购 De Haviland。两家企业的联合市场份额为世界第一,De Haviland 是世界第二大支线飞机生产商。该项并购将使并购企业的市场份额达到 50%,而其最大的竞争对手的市场份额才 19%。

② Greaney, T., “Not for Import: Why the EU Should not Adopt the American Efficiency Defense for Analyzing Mergers and Joint Ventures”, *Saint Louis University Law Journal*, 2000(8): 871—890.

③ 在这起并购中,两家德国媒体大亨 Krich 和 Bertelsmann 与 Deutsche Telekom 一起通过合资创建 MSG Media Service。如果合资成功,合资公司将覆盖数字电视的技术和管理,形成集中度较高的市场。

位。由于该项并购的反竞争效应不是为了获取所评估效率所必须付出的代价,委员会最终禁止了该项并购①。这一案例说明,效率必须是并购所特有的。

在 Saint-Gobain/Wacker-Chemie(Case No. IV/M.774,1997)案中,委员会同意将并购可能产生的潜在效率与并购可能带来的预期反竞争效应进行权衡比较。然而委员会最终还是拒绝了该项并购,原因是并购企业所声称的效率获得被价格上升的可能性抵消了,同时其不能传递给消费者。在 Ciba-Geigy/Sandoz(Case No IV/M.737,1997)案中,委员会承认该项并购将产生研发的协同效应和规模经济,增强并购企业潜在的研发能力,然而,这对于委员会的决策不会起到关键性的作用。这是因为,该市场上存在很高的进入可能性,预期的市场支配地位很快就将被打破,因而该项并购一开始就不具有反竞争效应,无需进行效率抗辩。

在 Accor/Wagon-Lits(Case No. IV/M.126,1992)案中,Accor 收购 CIWLT 后能够在法国高速公路餐饮市场上获得支配地位。Accor 声称,并购将使并购企业通过实现更大的规模经济而获得明显效率。欧盟委员会拒绝了这一申辩,原因在于:① Accor 所声称的生产率提高比较模糊,并且没有量化估算;② 即使这些效率存在,也没有说明这些利得将超过并购后企业的运行成本;③ 高速公路餐饮市场具有弱弹性需求结构,具有市场支配地位的新企业不会将效率获得传递给消费者;④ 很难确定该项并购是否具有有利于消费者的技术进步和经济发展效应,即使有,这些效应也可以通过其他替代途径获得。

在 DuPont/ICI(Case No. IV/M.214,1993)和 Shell/Montecatini(Case No. IV/M.269,1994)这两个并购案中,委员会认为并购带来的效率可能给并购企业提供产生或加强市场支配地位从而甩开竞争对手的机会,因而要求并购企业在从事并购前将并购可能产生的效率与竞争对手企业分享。DuPont/ICI 并购案涉及两家世界最大的尼龙纤维研发企业。委员会认为该项并购产生的效率很难传递给最终消费者,反而会使并购企业遥遥领先于剩余的竞争者,从而效率是并购企业在相关市场上获取市场支配地位的关键因素。因此,委员会要求 DuPont 和 ICI 若想并购获得批准,必须在并购前将自己所属的且研发能力可比的一家独立研发机构转让给第三方。在 Shell/Montecatini 案中,委员会要求 Shell 和 Montecatini 在

① 或者说,并购企业所申辩的效率可以通过其他途径获得,不需要以该项并购带来的反竞争效应为代价。

并购批准前在相关市场上剥离一家研发企业以作为聚丙烯技术许可的第二个独立来源。

在 Danish Crown/Vestjyske Slagterier(Case No. IV/M. 1313,1998)案中,并购涉及丹麦两家最大的屠宰、肉类加工和肉类贸易企业。如果并购成功,并购企业将成为欧洲最大的屠宰企业和世界最大的猪肉出口企业。欧盟委员会做出了有条件批准该项并购的决定,这一决定可能是在《欧盟并购条例》指导下处理效率问题最为清晰明确的判定。并购企业在申辩中认为,该项并购能够产生明显的成本节约,使并购企业扩大产品范围,从而帮助其保持在日本市场上的市场份额(美国企业正在进入该市场)。

从以上案例可以看出,委员会在不同的案例中做出了相互矛盾的判决。在 Aerospatiable-Alenia / De Haviland 案中,委员会似乎允许效率抗辩;而在 MSG Media Service 案中,委员会又不允许效率抗辩。结果是,很难判断欧盟案例法是否包括了效率抗辩①。20 世纪 90 年代以前的欧盟法院并购案例中,没有出现与效率抗辩直接相关的判例;进入 21 世纪以后,欧盟法院在并购案审判中也还是关注和考虑并购可能带来的效率,并且不再将效率与产生和加强市场支配地位联系起来(Malnar,2008)。

14.9　比较分析

从以上分析可以看出,各国并购控制的司法实践的发展趋势有一个共同之处,那就是对并购中可能产生的效率因素的态度在发生变化。尤其是在 20 世纪 90 年代以后,各国相继修订相关并购法规和政策,增加或修改相关的效率条款,并且在司法实践中开始关注并购可能到来的效率,将效率作为抵消反竞争效应的因素纳入并购评估分析。

根据上文的分析,我们将以上国家并购反垄断的控制政策及其对并购产生的效率的具体要求进行比较分析,可以发现各国并购控制政策的趋同性在增强(见表 14-5、表 14-6)。

---

① Camesasca, P. , "The Explicit Efficiency Defense in Merger Control: Does it Make the Difference?", *European Competition Law Review*, 1999(1): 14—28.

表 14-5 各国并购反垄断控制政策比较

国家(地区)	主要测试方法	效率因素分析	福利标准	主要反垄断当局	主要法律依据
美国	显著减少竞争测试	整体分析	消费者福利标准	联邦贸易委员会和司法部	《克莱顿法》第 7 条、《横向并购指南》
澳大利亚	显著减少竞争测试	单独分析	消费者福利标准	竞争与消费者委员会	《并购指南》
英国	公共利益测试与显著减少竞争测试	整体分析	消费者福利标准	公平贸易局和竞争委员会	《2002 年企业法》
加拿大	显著减少竞争测试	单独分析	社会总福利标准	加拿大竞争局	《竞争法》、《并购实施指南》
德国	显著减少竞争测试	整体分析	消费者福利标准	联邦卡特尔局	
法国	显著减少竞争测试	整体分析	消费者福利标准	竞争管理总局	《关于竞争和自由定价法》
瑞典	公共利益测试	整体分析	社会总福利标准	竞争局	《竞争法》
欧盟	市场支配定位测试	整体分析	消费者福利标准	欧盟委员会	《欧盟条约》第 81 条,《欧盟并购条例》(2004)

资料来源:作者根据有关资料整理。

随着竞争环境的变化,一些国家或地区所采用的福利标准和测试方法也发生了相应的变化。例如,欧盟在新并购政策中的市场支配地位测试与显著减少竞争测试正在此消彼长;英国从公共利益测试转向了显著减少竞争测试。各个国家对待效率的态度也趋向于"友善",加拿大、澳大利亚、美国、英国、欧盟等都明确允许效率抗辩。在福利标准的选择方面,法律条文与司法实践往往存在一些不一致的情况。在法律条文上,除加拿大和瑞典外,其他国家采用的是都消费者福利标准;但在司法实践中,两个标准往往混同,很多国家的反垄断当局实际采用的是社会总福利标准。

表 14-6　各国并购反垄断控制政策中对效率的要求比较

国家(地区)	可证实性	并购特有性	传递给消费者	不具有反竞争性	递加性
美国	是	是	是	是	是
澳大利亚	是	是	正式:否; 非正式:是	否	正式:否; 非正式:是
英国	是	是	是	否	否
加拿大	是	是	否	是	否
德国	是	是	是	否	否
法国	是	是	是	否	否
瑞典	是	是	是	是	否
欧盟	是	是	是	否	否

资料来源:作者根据有关资料整理。

所有国家的并购控制政策都要求效率是可以证实和并购所特有的。效率必须能够被证实,以便于反垄断当局能够合理地确定效率是否能够实现以及是否足以抵消并购可能带来的对消费者的潜在损害。效率必须是并购所特有的,意味着只有那些由所申报并购直接产生的效率才能进入相关的评估,并且要求这些效率不能通过其他具有较低反竞争效应的途径获得。并购必须能够传递给消费者,意味着并购产生的效率获得必须能够通过降低价格或者提高质量和服务等形式给消费者带来福利改进。比较表 14-5 和表 14-6 会发现,效率的传递性要求与福利标准的选择是相互联系的:选择消费者福利标准就意味着要求效率获得必须能够传递给消费者。美国在 1997 年《横向并购指南》中并未明确要求效率必须传递给消费者,而在 2010 年新颁布的《横向并购指南》中要求效率能够传递给消费者。美国、加拿大和瑞典明确要求效率因素不能具有反竞争性的,也就是能够得到反垄断当局承认的效率因素不能成为"侵犯因素"。所谓的效率的递加性是指,反垄断当局要求效率实现的大小取决于反竞争效应的大小,预期的反竞争效应越大,要求实现的效率就必须越大。这一点只有美国和澳大利亚在竞争法中明确提到。

第 15 章　中国并购评估审查中的效率抗辩

在传统的并购控制政策下，仅仅依据结构性指标对并购进行判定，可能出现以下情况：部分并购将提高市场集中度，但由于效率改进可能增进消费者福利，如果不考虑效率抗辩，这种并购很有可能被反垄断当局禁止；而部分并购不会导致市场力量的明显变化，但并购本身很有可能缺乏效率且损害消费者利益，而这种并购将被批准。也就是说，反垄断当局仅仅依据结构性指标对并购进行判定，可能提高犯Ⅰ类和Ⅱ类错误的概率。因此，横向并购的反垄断审查和评估中需要考虑效率因素，并将效率获得与反竞争效果进行权衡，从而决定是否批准该项并购。中国是一个新兴经济体，同时也是一个转型中的经济大国，企业并购将日趋活跃，逐渐成为经济活动中的一种重要现象。2012 年中国并购市场披露交易规模 3 077.9 亿美元，比 2011 年增长 37%，达近 6 年高值①。这些并购包括中国国内企业间并购、境外企业并购境内企业及中国企业的海外并购，驱动并购激增的重要因素在于中国经济的持续强劲增长以及行业整合的加剧。

正如我们在前文分析中所显示的，并购是一把“双刃剑”，既有可能产生反竞争效应，阻止或妨碍有效竞争，也有可能产生显著效率，增进社会福利。在《中华人民共和国反垄断法》颁布实施以后，制定相关配套性的并购反垄断控制政策，对并购进行反垄断评估审查，是一件十分紧迫的大事。在本章中，我们将分析中国并购控制政策中设置效率抗辩的必要性和可行性，提出效率抗辩的方法和程序。

15.1　反对效率抗辩的理由及其辩驳

在中国并购控制政策中是否允许效率抗辩，学界仍存在一些争论。在这里，我们对反对者的主要担忧进行逐一分析，并提出相应的辩驳理由。

---

① 腾讯财经，http://finance.qq.com/a/20130106/000157.htm。

15.1.1 信息问题

在信息方面反对效率抗辩的理由有二:一是证实效率因素的信息是不可获得的,二是即使能够获得,成本也过于高昂。在前文中已经讨论到了效率抗辩的信息成本问题,下面我们从信息问题的视角比较一下前文所提出的三种分析程序。一般推定方法避免了潜在的高信息成本问题,但是它以可能不可靠的结构性指标为依据去预测并购可能带来的效率,可能提高反垄断当局在进行并购决策时犯错误的概率。逐案分析方法可以不依赖于结构性指标去测度效率,但涉及明显的信息成本。序贯决策方法试图结合以上两种方法的优点,第一阶段使用一般推定方法,对于使用一般推定方法没有接受也没有拒绝的并购,在第二阶段分析其反竞争效应和效率效应。在司法实践中到底采用哪一种方法,取决于信息成本和结构性指标的可靠性。这里可能涉及价值判断问题,但是同时也与过去实际发生的一些并购案例中积累的常识和经验有关,价值判断、常识和经验都可能有助于反垄断当局决定采用哪一种评估程序。如果决定采用折中的解决办法,那么序贯决策方法就是最佳选择。序贯决策方法要求确定两个"门槛水平":低门槛条件以下的并购直接被接受,高门槛条件以上的并购直接被拒绝,只有处于两个门槛条件之间的并购才需要效率抗辩(参见图 11-1)。无论是确定门槛水平,还是确定门槛水平以后的效率抗辩,都涉及信息成本问题。同时,信息成本问题也影响到门槛水平的高低。实际上,反垄断当局在确定高低门槛条件和什么样的并购需要效率抗辩时,能够保持一定的政策弹性。如果反垄断当局对于效率分析的信息成本问题持乐观态度,高低门槛条件之间的距离会更大一些,即让更多的并购进入效率抗辩程序①;如果反垄断当局对于效率分析的信息成本问题持悲观态度,认为效率抗辩的信息成本太高,就会提高低门槛条件,或降低高门槛条件,使更多的并购在第一阶段就直接被接受或拒绝,即让更少的并购进入效率抗辩程序。对于那些进入效率抗辩阶段的并购,我们需要计算最低要求效率(MREs),与并购可能产生的实际效率进行比较。为了计算 MREs,我们提出了一个相对简单的方法,即只关注最坏情境下的反竞争效应。有了这一基准以后,就可以将降低反竞争效应(测度和证实实际效率)的举证责任交给并购企业,从而降低反垄断当局的信息成本,解决信息不对称问题。

---

① 极端情况是,低门槛条件很低,高门槛条件很高,这样就使得所有的并购案都可以考虑效率因素。例如,美国就是对所有的并购都进行逐案分析。

15.1.2 政治因素

Whish(2005)曾经指出,竞争政策不是在真空中制定和实施的,它是社会现有价值和目标的表达,它很容易受到政治因素变化的影响,不同的竞争法体系反映了不同的政治关注。同样道理,在决定是否采用效率抗辩程序时,政治因素是一个重要的影响因素。例如,在市场支配地位认定中,欧盟法院出于促进欧洲一体化的考虑,将企业联合市场支配地位和寡头垄断也界定为反垄断政策必须控制的市场支配地位。这就使得对待并购的政策比以前要严厉一些,同时也使得效率抗辩更加具有迫切性。认为效率抗辩未必可取的一个政治论据是,效率抗辩的透明度不够,可能成为强势并购企业(或利益集团)迫使反垄断当局批准该项并购的政治工具。正是由于一些并购企业试图以效率申辩为政治工具使反垄断当局相信并购能够带来净福利效应,现在一些国家的反垄断当局在正式评估审查中不再简单地考虑这些效率因素①。为了避免政治因素的干扰,要求反垄断当局提高效率评估的透明度,并通过一个明确的程序考虑效率因素②。在并购审查中引入效率因素,有可能被其他国家指控为实施保护本国产业的竞争政策,因而使得效率抗辩成为一项政治议题。需要注意的是,在并购审查中引入效率因素并不必然意味着实施更加积极的产业政策。证明这一点,需要给予反垄断评估审查程序充分的透明度。如果并购的反垄断评估审查程序不够透明,那么对于并购评估审查中的效率抗辩被利益集团俘获或政治因素影响的感觉就会更明显。反垄断当局需要澄清"效率"就是效率,效率抗辩不是为"其他竞争价值"的实现打开门户(Camesasca,1999)。

15.1.3 行政性垄断

中国正处于转型时期,经济性垄断与行政性垄断相互渗透,很多并购(尤其是国有企业之间的并购)属于政府行为,这就给反垄断当局的评估审查带来了很多困难。有人担忧,如果在评估审查中再增加效率抗辩,行政寻租的空间就更大了,原本一些会被直接禁止的并购会因为引入效率抗辩而被批准,或者说效率抗辩会成为行政干预的"遮羞布"。如果并购的反垄断评估审查程序模糊,透明度很低,评估方法不科学,效率标准不明

---

① Camesasca, P., "The Explicit Efficiency Defense in Merger Control: Does it Make the Difference?", *European Competition Law Review*, 1999(1): 14—28.

② Neven, D., R. Nuttall, and P. Seabright, *Merger in Daylight*, *The Economics and Politics of European Merger Control*, Center for Economic Policy Research, London, 1993.

确,那么这种担忧有一定的合理性。需要指出的是,如果真是那样,即使不引入效率抗辩,该发生的还是要发生。随着市场经济体制的日趋成熟,中国的行政性垄断程度总体上呈下降的趋势,并购评估审查条例的颁布可能对并购中的行政性垄断产生一定的约束,效率条款和效率抗辩在某种程度上能为地方政府和国有企业提供关于并购的明确的政策导向信息。同时,引入效率抗辩会为民营企业做大做强提供一些机会,民营经济的发展壮大在某种程度上会削弱行政性垄断。

15.1.4　消费者因素

一些反对效率的抗辩的学者认为,在并购控制中允许效率抗辩将损害消费者利益。这一观点有一定道理,但有三方面的问题被其忽视:一是效率抗辩不是以牺牲消费者利益为前提的,效率抗辩并不必然等于损害消费者利益;二是即使是不允许效率抗辩,一些短期内不损害消费者利益的并购,由于不能产生效率获得,长期也有可能损害消费者利益;而一些短期内可能影响消费者利益的并购,由于在长期内能够产生显著的效率,因而能够增进消费者利益;三是对于部分并购,即使是能够产生显著效率,如果并购导致垄断或接近垄断,将被直接禁止,效率抗辩也不能作为其获得批准的依据。为了既能够使有利于社会福利的并购被批准,又能够使消费者利益不受到损害,效率条款中往往需要对并购反垄断控制中的效率进行具体界定,要求效率必须是并购所特有、能够证实的,并且要求效率必须能够传递给消费者。因而,效率抗辩也充分考虑了消费者因素。

15.2　中国并购评估审查中效率抗辩的依据分析

1985 年开始,中国政府就酝酿制定《中华人民共和国反垄断法》(以下简称《反垄断法》),直到 2007 年 8 月才由中华人民共和国第十届全国人民代表大会常务委员会第二十九次会议通过,2008 年 8 月 1 日起施行。《反垄断法》的颁布实施,标志着中国的竞争政策开始走上体系化、程序化和规范化轨道。《反垄断法》作为“经济宪法”,其条文中的法律规定较为原则,为了确保其有效实施,需要制定释义性配套法规和可操作性较强的相关指南,而配套法规和指南的制定需要以大量研究为基础。横向并购的反垄断控制、市场支配地位及其滥用行为的界定、垄断协议的认定以及一些特殊企业行为的豁免等,均需要从经济效率和福利水平的角度予以研究。尤其是涉及横向并购的相关政策规定和操作性实施意见的制定,需要以深入、系统的经济学分析为支撑。横向并购的反垄断控制是现代竞争政策重点关注的三大领域之一(卡特尔、横向并购和滥用市场支配地位)。横向并购可能产生两方面的影响:一是通过并购产生规模经济或范围经济,从而降低成本,提升效率;二是参加并购的企业通过单边行为或协同行为产生反竞争效应,排除或限制竞争,从而降低社会福利水平。对横向并购进行审查和反垄断控制,需要全面评估其竞争效应,权衡其对社会福利水平的影响。为了增强横向并购反垄断控制中审查和评估的确定性,降低法律实施的成本,欧美、日本、澳大利亚、加拿大等世界主要发达国家和地区先后制定了《横向并购指南》,详细规定了对横向并购进行反垄断控制的依据、步骤和具体政策。中国是新兴的市场经济大国,横向并购既是市场经济中必然出现的正常现象,也是优化经济结构、提升经济竞争力的一种途径;同时,横向并购也有可能成为企业获取市场势力、攫取超额利润的一种市场策略。因此,对横向并购进行反垄断控制是规范市场行为、维护市场正常秩序的必然要求。

15.2.1 经济学理论依据

根据"威廉姆森替换"(Williamson tradeoff)的分析结论,任何并购都可能给社会福利带来积极影响(效率获得),也可能给社会福利带来消极影响(反竞争效应),并购评估审查就是要对其净福利影响进行权衡比较(Williamson,1968;Ilzkovitz,2003)。横向并购的确可能会带来反竞争效应,但也有可能产生效率获得。在并购评估审查中,如果只分析并购可能产生的反竞争效应,而不分析该项并购可能产生的效率,那么这一分析就是不完全的,甚至可以说是不科学的,可能使一项具有社会合意性的并购被拒绝。换句话说,反垄断当局可能犯下I类错误。

(1) 反竞争效应。一方面,参与并购的企业之间的联合行动可能产生或明显提高相关市场上的市场势力;另一方面,由于更易发现欺骗行为和较少的协调问题,相关市场上的企业数量的减少有利于串谋。因而,并购可能通过两种途径减少竞争:一是并购企业市场势力上升而通过单边行为妨碍竞争,二是并购企业通过与相关市场上的其他企业协同行动、相互串谋而减少竞争。减少竞争的主要效应是导致价格上升,而价格上升意味着剩余从消费者转移给了生产者。由于产量低于社会最优水平,这种再分配效应伴随着资源配置的非效率(产生了社会福利净损失)。如果并购企业的市场份额较低,进入该市场较为容易,或者存在强大的买方市场势力能够行使与并购企业相抗衡的讨价还价能力,那么并购可能导致的价格上升的风险是有限的(Ilzkovitz,2003)。并购导致的反竞争效应也可能削弱产品市场对于企业效率的约束力。当产品市场上的竞争程度下降时,经理层和雇员的努力程度也可能随之下降,这将导致人力资源和财务资源的次优配置,并使生产成本上升①。同样道理,竞争程度下降可能导致企业创新动机减弱,尤其是在当 R&D 存在较高风险时,主导企业宁愿享用现有垄断租金,而不愿承担风险而投资于 R&D②。

(2) 效率获得。并购能够通过多种途径产生效率:更好地实现和利用规模经济、范围经济和学习经济,促进技术进步,提高并购企业讨价还价的能力,消除管理松弛,提高管理效率等。一项并购可能通过消除重复的固定费用,生产在不同工厂之间的重新配置(生产合理化)等途径产生短期规模经济。如果并购企业的物质资本投资实现了联合和集成,那么该项并购可能实现长期规模经济。长期规模经济可能通过生产(例如,大型机器设备的单位产出能耗可能低于小型机器设备)、研发(例如,随着企业产量的提高,投资于复杂技术可能变得更有价值)和市场营销活动(例如,在市场营销中使用单一品牌可能降低广告费用)等得以实现③。并购还可能带来范围经济和学习效应。当两种产品需要同一种投入要素时,同时生产的成本将低于这两种产品分别单独生产的成本之和,我们称之为范围经济。学习效应是指,生产和管理经验会随着产量的增加而逐步实现积累,生产和管理经验的积累会降低单位产出的成本。并购可以通过促进专门技能(know-how)的扩散或者增强并购企业的创新动机提高技术进步率。并购企业间的工艺和技术扩散的实现途径包括低技能企业向高技能企业学习、吸收或接受生产工艺和专门技术,或者共享有助于并购企业汇聚互补的技术能力。并购能够实现研发收益的内部化,使创新活动获得足够租金,从而使研发投资是有利可图的。这将增强并购企业的研发动机。正是由于这一原因,Bennett *et al.* (2001)在评价欧盟竞争政策时指出,"如果某项并购在短期内会导致市场势力,但该项并购又是成功投资新技术所必需的,

---

① 可能导致 X-非效率,参见 Röller, Lars-Hendrik, J. Stennek, and F. Verboven, "Efficiency Gains from Merger", *European Economy*, 2001, No 5。

② 一般认为,创新和市场竞争程度之间的关系呈倒 U 形。当有很多企业在几乎同等条件下竞争时,创新租金很快消散,因而企业没有动机投资于 R&D。这种情况可以描述为较高的静态效率和较低的动态效率。随着市场竞争程度上升到一定程度,企业创新动机逐步增强,静态效率下降,动态效率上升。当市场超过这一集中度水平,如果进入较为困难,静态效率和动态效率都将下降,企业的创新动机也将逐步减弱。参见 Bennett, M., P. Bijl, and M. Canoy, "Future Policy in Telecommunications: An Analytical Framework", CPB Document, No. 005, 2001.

③ Ilzkovitz, F., and R. Meiklejohn, "European Merger Control: Do We Need an Efficiency Defence?", *European Economy*, 2001(5): 3—30.

依据现行欧盟并购政策将阻止该项并购，导致较高的静态效率和较低的动态效率。很明显，现在还没有以市场为导向的方法来解决这一问题。欧盟竞争法应该实现现代化，尤其是在技术和规模相对重要的部门。效率标准和动态考虑应该成为并购评估审查的一个重要组成部分。”并购后的购买经济性发生于投入要素市场按照购买者规模实行价格歧视时，或者并购企业提高了讨价还价能力，能够获得数量折扣时。并购也有可能降低资本使用成本，尤其是在中小企业加入大型企业的情况下，融资难度降低，融资成本将会下降。Seabright(2000)认为，由于可交易资产(有形资产)很容易通过并购以外的途径交换，并购的主要目的是联合并购企业的非贸易资产(无形资产)，例如声誉、客户关系、企业文化。因此，他建议，非贸易资产(无形资产)的联合应该是并购所产生效率获得的主要来源之一。然而，很多评论家认为，非贸易资产(无形资产)的联合也是并购的主要风险。并购将不可避免地扰乱已经建立起来的客户关系和员工关系。此外，从两种(或多种)独立的企业文化中提炼出一种共同的企业文化，并将它传输给企业经理和员工，说服他们接受它，可能是一件成本较高且很耗时的事情。企业被接管的威胁可能是经理层按照股东利益最大化行事的一种动机，一个运转良好的公司控制权市场能够降低管理的非效率。

(3) 经济学实证分析的证据。关于并购能够带来多大效率获得，实证分析文献较少，并且由于方法论问题，实证分析的结论也相互矛盾。很多实证分析是通过计算并购企业的会计利润和股票价格等绩效指标来测度并购可能带来的效率。如果发现并购后的企业绩效提高了，那么就认为该项并购要么产生了市场势力，要么产生了效率获得，要么是两者兼而有之。因此，为了区分开市场势力与效率获得，需要获得消费者价格、市场份额和竞争对手企业股票价格等证据，对并购可能导致的效率进行具体分析。如果消费者价格和竞争对手企业的股票价格上涨了，而并购企业的市场份额下降了，这就说明该项并购的市场势力上升效应大于效率效应①。实证分析的结果显示，横向并购会提高市场势力，并购后价格通常会上升，并购企业的市场份额可能会下降。实证分析同时显示，并购对并购企业的盈利能

---

① 并购后在市场势力的驱动下，并购企业通常会提高价格、降低产量，所以它的市场份额将下降。竞争对手企业将提高产量，但产量提高的幅度不会大于并购企业产量降低的幅度。竞争对手企业不仅能够从价格上升中获利，而且可以从市场份额上升中获利。参见 Ilzkovitz, F.,"European Merger Control: Do We Need an Efficiency Defence?" *Journal of Industry, Competition and Trade*, 2003(3): 57—85。

力的平均影响非常温和，很大比例的并购将导致并购企业盈利能力下降①。即使是一项并购导致并购企业盈利能力上升，也并不必然意味着效率获得，因为市场势力也同时在起作用。由于并购倾向于提高市场集中度从而提高市场价格，盈利能力的下降可以看作是生产效率降低的信号。如果是这样，那么效率下降的并购的数量好像要大于导致盈利能力降低的并购的数量。这一结论说明，并购控制不能以"并购能够产生效率"这一一般推定为基础。然而，也不能否定一些特殊类型的并购的确能够提高效率。也就是说，不同类型的并购，效率获得存在很大的差异。总而言之，经济学实证分析的证据告诉我们，在并购评估审查中分析并购可能产生的反竞争效应的是很重要的，但效率获得的存在和大小也需要进行逐案分析。

15.2.2　政治方面的考虑

以上经济分析告诉我们有必要在并购控制中引入效率分析，但现有的经济分析似乎很难对并购控制系统中引入效率抗辩的实用性做出明确决定。因此，需要引入了一些其他论据来支持效率抗辩。

（1）企业的国际竞争力。欧盟的一些产业经济学家认为，如果并购控制政策不考虑效率因素（或在并购评估审查中不纳入效率分析），可能损害欧盟的国际竞争力，尤其是高新技术产业的国际竞争力。实际上，一些欧盟委员会的产业政策文件就将并购作为提高竞争力的途径。例如，1997年的欧盟航天航空产业通讯就指出，"很少有其他产业像航天航空产业这样，规模如此重要，…… 航天航空市场的性质使得该产业内大部分部门只适合于一家企业生存，……"②。欧洲议会的一名委员在解释这一通讯时表达了欧盟的观点："欧盟竞争法，尤其是欧盟并购条例，现在应该在全球化不断发展的市场和提升国际竞争力的环境下进行解释"③。加拿大、美国、德国、澳大利亚等国也在近期的并购控制政策修订中将国际竞争力因素纳入了并购评估分析。中国是一个发展中的大国，也是一个亟须提升国际竞争力的新兴经济体，企业规模偏小、国际竞争力不强、多头对外等问题较为明显。如果在并购政策中不考虑效率因素，可能使一些有利于提升国际竞争力的并购被阻止，或者使得一些可能有利于提升国际竞争力的并购

① 然而，并购可能导致并购企业的股票价格上涨。出现这一相互矛盾现象的具体原因请见本书前文的分析。

② European Commission, "The European Aerospace Industry: Meeting the Global Challenge", Communication from Commission, COM (1997)466 of September 24, 1997.

③ European Parliament, "Report of the Committee on Economic and Monetary Affairs and Industrial Policy", PE 223.989/FIN. of 13/10/1998.

望而却步,“胎死腹中”。在全球市场竞争中,中国在一些高新技术产业(例如,信息技术产业)表现不佳,主要靠“代工”参与全球价值链的低端环节,靠要素低成本及其带来的价格优势参与国际竞争。这些优势难以为继,并且获利十分微薄。高新技术行业内的并购能够加快技术扩散,提高风险承担能力,拓展销售网络,从而加快产业发展和创新步伐。20世纪末21世纪初,美国在并购评估中考虑效率,实际上等于是并购控制政策的放松,导致了美国国防工业的几起重要的并购得以通过,提升了其国防工业在国际市场上的竞争力,军火武器出口额大幅度上升。由此看来,在并购分析中考虑效率因素既是促进竞争政策的现代化的一种重要手段,也是适应全球化浪潮和提高企业国际竞争力的一种战略举措。但需要注意的是,全球化本身并不意味着效率抗辩的必要性增加;如果以全球化为借口扩大相关地理市场的范围,可能使一些本来具有明显反竞争效应的并购很难发现其反竞争效应,从而降低本国市场上的竞争程度。理论和实践都已经证实,一个在国内市场缺乏竞争的产业很难提升其在国际市场上的竞争力。

(2) 政策的透明度。在并购分析中引入效率抗辩,将增加竞争政策的透明度,降低政策预期的不确定性,提升并购分析的严谨性和决策的科学性。政策透明度的提高将降低并购的交易成本,并购企业会在并购发生前根据相关政策和案例对即将发生的并购进行自我评估,以确定是否发起并购。这样将产生两种好处:① 原来一些准备发起的、具有明显效率的并购,因并购企业对反垄断当局的并购评估和审查政策的担心而自动放弃了该项并购。在明确效率抗辩后,将鼓励此类并购,使得这类并购能够发生。② 一些不具有社会合意度的并购将会在并购发生前根据相关政策和案例进行自我评估,从而主动放弃该项并购,节约并购企业的交易成本和反垄断当局的司法成本。由此可见,效率抗辩本身具有一定的政策导向性。

(3) 反行政性垄断。行政性垄断分为行业性行政垄断和地区性行政垄断,它是当前中国市场经济体制发挥资源配置功能的主要障碍。在行政性垄断的干预下,中国的很多企业并购打着“提高经济效率、提升竞争力”的幌子,进行“拉郎配”,实质上不仅没有产生效率,反而进一步强化了行政性垄断地位,既不利于自由竞争,也损害了消费者利益。抓紧制定和实施《经营者集中评估审查指南》,并在指南中纳入效率抗辩条款,给所有的并购留出效率评估分析的合法窗口和平台,可以减少行政性垄断力量干预企业并购的借口和机会,规范地方政府行为。

15.2.3　法律依据

《反垄断法》第四章(共12条)对经营者集中行为的反垄断控制进行

了规定,其中第27条指出:

> "审查经营者集中,应当考虑下列因素:① 参与集中的经营者在相关市场的市场份额及其对市场的控制力;② 相关市场的市场集中度;③ 经营者集中对市场进入、技术进步的影响;④ 经营者集中对消费者和其他有关经营者的影响;⑤ 经营者集中对国民经济发展的影响;⑥ 国务院反垄断执法机构认为应当考虑的影响市场竞争的其他因素"。

虽然在《反垄断法》没有明文规定经营者集中的评估审查需要考虑效率因素,但是其中的第3款、第5款包含了效率因素,"技术进步"和"国民经济发展"就是与效率相关的因素。《反垄断法》第28条规定:

> "经营者集中具有或者可能具有排除、限制竞争效果的,国务院反垄断执法机构应当作出禁止经营者集中的决定。但是,经营者能够证明该集中对竞争产生的有利影响明显大于不利影响,或者符合社会公共利益的,国务院反垄断执法机构可以作出对经营者集中不予禁止的决定。"

这里的"该集中对竞争产生的有利影响"和"符合社会公共利益"也暗示了并购评估审查中应该包括效率因素分析。

中国竞争政策的目标是"为了预防和制止垄断行为,保护市场公平竞争,提高经济运行效率,维护消费者利益和社会公共利益,促进社会主义市场经济健康发展"①。"提高经济运行效率"也是竞争政策的目标之一,也就是说,一项并购如果能够提高经济运行效率,并且不损害消费者利益和社会公共利益,就可能是社会合意的并购。

15.3　中国并购评估审查中效率抗辩的必要性分析

中国是一个发展中大国,并且市场经济模式与欧美国家有明显差异,因而中国的竞争政策不能照搬欧美。但是,我们在竞争政策制定中不能因为"恨屋及乌"而摈弃效率抗辩,而是需要实事求是。理论和实证分析均已显示并购过程中效率的潜在重要作用。即使是没有证据说明并购都能产生明显效率,也不能否认一些特定的并购还是能够产生效率,增加消费者福利或社会总福利水平。中国并购评估审查中纳入效率抗辩条款的必

① 参见《中华人民共和国反垄断法》第1条。

要性主要体现在以下几个方面。

15.3.1 产业政策与竞争政策的协调

产业政策主要是指政府对有关产业发展的系统设计,是政府为了实现特定经济和社会目标而对产业的形成和发展进行干预的(特别是引导产业结构演变的)政策目标和政策措施。竞争政策从广义上可以理解为规范竞争秩序的经济政策,其涵盖内容除了竞争法外,还包括其他规范竞争秩序的贸易政策、工业政策等市场政策;从狭义上理解的竞争政策是指为了减少企业垄断性行为、不正当竞争行为或行政垄断行为而采取的政策。学术界一般将竞争政策界定为狭义的竞争政策。产业政策与竞争政策作为政府干预经济的手段,有着各自的特点和各自的分工。竞争政策是为了维护市场自由竞争秩序,从维护合理的市场结构出发,以市场理性为根本,限制市场主体滥用市场支配地位、不正当并购、联合限制竞争等行为的政策。而国家实施产业政策的目的主要是发展特定产业,加强产业的竞争力。特别是转型国家实施的选择性产业政策,秉承赶超理论促使经济产业的快速发展。此时,产业政策就有可能限制竞争,压缩竞争政策实施的空间,不但不能规制垄断,反而会加速垄断的形成。因此,在引领市场竞争过程中,两者存在着一定的差异,甚至有时会产生一些冲突。但是,产业政策与竞争政策的最终目标是一致的。产业政策与竞争政策作为政府干预经济的手段,都是为了更好地配置资源,提高经济效率,促进经济的发展,提高本国产业的竞争力。然而,实施产业政策可能产生一些负面效应,例如,政府为了促进大企业发展,往往采用投资项目审批、土地供应、产业准入等市场准入产业政策,这些政策会成为经济发展的阻力。那些靠政府鼓励快速发展起来的大企业,当经济环境发生变化时形成停滞型寡头垄断,违法卡特尔行为非常严重。很多国家都是在品尝到产业政策的弊端之后开始强调竞争政策的作用。20 世纪 90 年代以来,电信、钢铁、纺织等很多行业内的并购都没有经过并购评估审查,而是直接在产业政策的驱动下完成的,这些并购行为可能强化行政性垄断,不利于保护公平竞争。实际上,在竞争政策中明确纳入效率抗辩条文,可以协调产业政策与竞争政策之间可能出现的冲突。或者说,产业政策的目标可以通过竞争政策来实现。

15.3.2 提升国际竞争力

转型时期,中国产业发展中的一个突出问题是,竞争性行业的市场集中度过低,很多行业面临着过度竞争甚至恶性竞争,这不利于企业的健康成长,也不利于产业竞争力的提升。尤其是一些外向度较高的行业,“多头对外,恶性竞争”导致利益流失,甚至使一些民族品牌在国际竞争中被外资收购或吞并。并购是企业扩大规模的捷径,但只有能够产生效率的并购才有利于降低成本、增强市场竞争力。在并购评估审查中加入效率抗辩,可以引导企业突出并购的效率动机,通过效率提升增强国际竞争力。

15.3.3　促进高新技术产业发展

技术创新是推动高新技术产业发展的主要动力。并购有利于企业整合创新资源,提高创新的预期收益,从而增强创新动机。同时,高新技术产业内的企业通过并购可以共享先进技术、生产工艺诀窍,有利于技术在并购企业之间的溢出和扩散,从而形成技术创新的协同效应。然而,并购带来的研发创新方面的利益属于动态效率,在一般的并购评估中很难也很少予以考虑。只有在并购评估中通过效率抗辩这一途径,才能让反垄断当局关注并购可能带来的动态效率。从这一意义上说,允许并购企业进行效率抗辩,有利于推进高新技术产业发展。也正因为如此,欧美国家的反垄断当局在涉及高新技术产业内的并购时,总是优先考虑并购可能产生的效率因素。

15.3.4　加快民营经济发展

行政性垄断是限制民营经济发展的一大因素,在一些垄断性行业内,民营经济力量十分微弱。民营经济的发展是中国经济保持快速发展的潜力之一,打破瓶颈制约,鼓励民营经济发展,也是提高中国经济发展质量和增强经济活力的措施之一。近年来,在政府持续支持和引导下,一些关系国计民生的行业(电信、钢铁、航空、石化等)内的国有企业经过了几轮大的并购,目前相当一部分国有企业的规模很大,进入了世界 500 强。然而,很多并购并非以效率为导向,企业在做大的同时并未做强,而是凭借自身的行政性垄断地位在国内市场牟取暴利,在国际市场上的竞争力仍很脆弱。这不利于中国经济的可持续发展。反观民营经济,一方面,20 世纪 80 年代建立的民营企业大多已经被市场大潮吞没,剩下来的少数民营企业经过市场洗礼,已经成为在管理、技术等方面领先的佼佼者。这一部分企业亟待通过并购等途径继续做大做强;另一方面,近年来大批中小企业不断涌现,这些民营企业亟需技术、资金和先进的管理经验,很多企业面临生存的危机。在并购评估审查中引入效率条款,允许并购企业进行效率抗辩,有利于鼓励民营经济通过并购提升效率、扩大规模,进而提升整个民营经济的发展质量。

15.3.5　符合国际趋势

从前文的分析中我们可以看到，欧美国家并购评估审查的司法实践中都已纳入效率分析，允许效率抗辩。尤其是在经济全球化趋势加快、国际竞争日益激烈的环境下，世界各主要国家都鼓励能够产生显著效率的并购，在并购反垄断控制政策方面出现了明显的趋同倾向。因此，在并购评估审查中引入效率条款，允许效率抗辩，既符合国际规范，也是竞争政策演进的国际大趋势。

15.3.6　保持竞争政策的完整性与系统性

作为一个新兴的市场经济大国，中国的竞争政策正在不断完善之中。市场经济的发展需要法律保障，以反垄断法为核心的竞争法体系的形成是市场经济走向成熟的主要标志之一。作为反垄断政策三大任务之一的横向并购反垄断控制是构成竞争政策的不可或缺的重要部分，而效率抗辩条款又是并购反垄断控制的核心内容之一。因此，尽快出台横向并购评估审查条例，并纳入效率抗辩条款，是保持竞争政策完整性和系统性的必然要求。

15.4　中国并购评估审查中如何进行效率抗辩

在设计并购评估审查系统时，关于并购中的效率因素，有两个重要问题需要考虑：① 是否将效率因素纳入并购控制分析系统之中；② 设计一种什么样的机制来权衡比较并购产生的效率获得与反竞争效应。竞争程度的测度和效率大小的测度是效率抗辩中面临的实际问题。关于竞争程度的测度，经济学家们常用的方法是衡量实际市场价格对竞争价格（在长期内等于边际成本）的偏离程度，这一偏离程度也被称为勒纳指数。但由于边际成本不易估算，因此经济学家们也通过使用市场上竞争者的数量、规模分布状况等方面的指标来描述市场竞争程度，例如市场集中度指数、赫芬达尔指数等。然而，效率大小的测度一直是困扰反垄断当局的问题，经济学界还没有一个十分明确的指标来测度效率大小，只能依靠一些代理变量（例如，边际成本下降）来近似地对效率大小进行评估。

15.4.1　确定政策目标

一般而言，世界各国的横向并购反垄断控制政策目标可以分为两大类,一是消费者福利标准,二是社会总福利标准。在确定并购控制政策目标时,是选择消费者福利标准,还是选择社会总福利标准,实质上不仅仅是一个经济问题,更是一个政治问题,它涉及竞争政策的价值判断。消费者福利标准受到那些认为反垄断当局应该阻止福利从一个集团转移给另一个集团者的青睐。只有当效率获得的性质和规模能够使得“即使是在减少竞争的市场上”消费者的福利水平不会比并购前更差时,消费者福利标准才接受效率抗辩。然而,当受并购影响的不止一个市场时,反竞争效应和效率将在这些不同市场上非对称地分布,此时替换还是可能发生。这就会在理论上提出一个问题,一部分消费者的福利改进是否可以权衡或抵消另外一部分消费者的福利损失。然而,在大多数情况下,还是有可能在不显著减少其他市场上的效率的前提下,找到抵消市场不利影响的补救措施。

《反垄断法》在阐述中国竞争政策的目标时比较含糊,“为了预防和制止垄断行为,保护市场公平竞争,提高经济运行效率,维护消费者利益和社会公共利益,促进社会主义市场经济健康发展”。一般而言,竞争政策包括的内容很多,包括卡特尔、滥用市场支配地位、经营者集中、行政性垄断等,其政策目标多元化是符合中国实际的。然而,我们认为,中国并购反垄断控制政策宜使用一元化目标,即应选择社会总福利标准。主要原因在于以下几点。① 与《反垄断法》的内在逻辑目标一致。社会公共利益(社会总福利)与消费者利益(消费者剩余)之间的关系是“将蛋糕做大”与“分蛋糕”的关系。选择社会总福利标准与《反垄断法》提出的“提高经济运行效率、维护社会公共利益”是内在一致的,与“保护市场公平竞争、维护消费者利益”也不矛盾。② 便于在并购评估分析中纳入效率因素。社会总福利标准允许效率抗辩,即如果并购产生的效率获得大于其带来的反竞争效应,那么就批准该项并购。而消费者福利标准只考虑并购是否侵害了消费者福利,如果不利于消费者,不管该项并购带来了多大的效率也将予以禁止。③ 标准明确,有利于提高经济效率,促进经济增长和技术进步。④ 减少利益集团和政治因素对并购判定的影响。《反垄断法》第 28 条所指出的“符合社会公共利益”也暗示了社会总福利标准。当然,在原则上确定社会总福利标准的同时,也要关注消费者利益,尤其是在司法实践中,对于明显损害消费者利益的并购,应采用一般推定方法直接予以禁止。选择社会总福利标准将会带来一个问题,即在评估并购的福利效应时如何界定相关的地理范围(相关地理市场),这需要考虑到市场的地域性,包括省域、国内和国际因素。

15.4.2　一般程序问题

（1）横向并购评估审查的法律程序。横向并购的反垄断评估审查要求审查机构（反垄断当局）获取并购及相关市场信息并进行全面的经济、法律分析以裁决集中是否应被禁止。申报人、其他当事人可以向审查机构陈述观点并进行抗辩。整个审查过程不是当事人与审查机构之间的单向信息传递，而是双方遵循法定的步骤和形式进行的互动，并保障审查活动按照预设路线层层推进，直至完成程序的每个步骤①。目前，我国横向并购反垄断评估审查程序的法律依据主要是《反垄断法》以及商务部颁布的《经营者集中申报办法》、《经营者集中审查办法》。《反垄断法》规定了审查的框架，两部办法则对审查程序进行了细化，增强了操作性。《反垄断法》勾勒的程序框架包括：审查主体承担反垄断执法职责；申报没有时间限制，审查机构确认申报文件的完整性后开始审查；审查分为两阶段，初审期限为 30 天，进一步审查阶段为 90 天，若有需要可有条件地延长 60 天；审查机构行使充分的调查权，包括检查权、问询权、查阅复制权、查封扣押权以及查询权等；当事人享有陈述权；审查机构的书面通知义务。《经营者集中申报办法》规定，集中的经营者可向商务部申请申报前商谈。除法定申报材料外，申报人可自愿提供其他文件。申报信息不完整的，商务部应通知申报人限期补交，逾期将视为撤销申报。商务部从收到完整的申报材料时起开始审查，并书面通知申报人。《经营者集中审查办法》规定，参与集中的经营者可以书面陈述和申辩，商务部应听取其意见和观点。商务部也可主动或应申请举行听证。听证应书面通知参与集中的经营者及其竞争者、上下游企业等参加。当事人可申请单独听证保护机密信息。商务部作出初审决定应书面告知申报人；对进一步审查且有可能被禁止的，商务部应给予经营者书面抗辩的机会，并设定合理期限。

（2）纳入效率抗辩的审查程序。纳入效率抗辩的并购评估审查可以分为五个步骤：第一步是界定相关市场；第二步是计算相关市场的集中度和并购企业的市场份额；第三步是依据这些结构性指标和安全港规则对并购进行一般推定，对符合安全港规则的并购予以直接批准，对可能导致垄断的并购予以直接拒绝，对处于二者之间的并购进入第四步，即进行竞争分析。竞争分析主要是允许并购企业进行效率抗辩，主要包括三部分内

---

①　李小明、徐祎："论我国经营者集中审查制度的缺陷与完善"，《湖南大学学报》（社会科学版），2010 年第 5 期，第 133—138 页。

容，即分析并购的反竞争效应，分析并购的效率效应，分析可能抵消反竞争效应的其他因素，然后进行权衡比较；第五步是对并购进行判定，决定是否批准该项并购。具体步骤见图 15-1 所示。

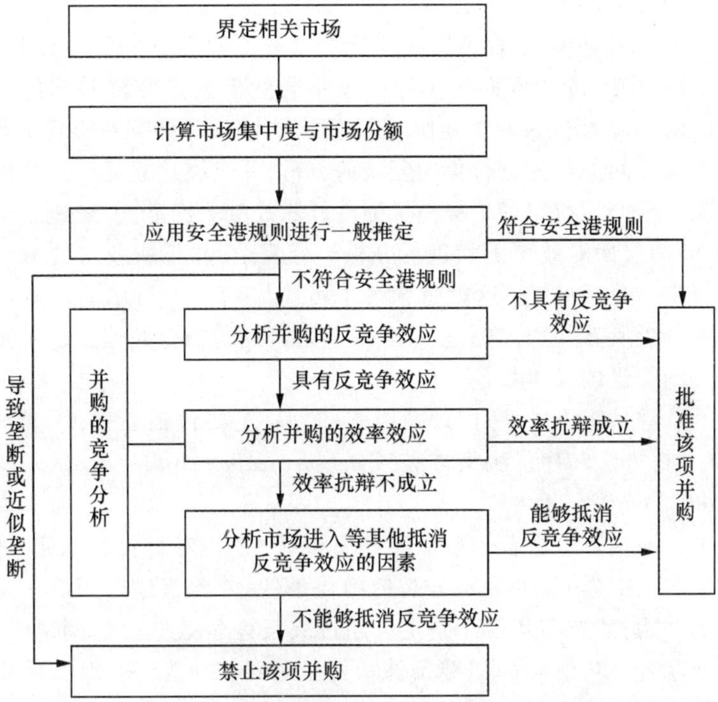

图 15-1　纳入效率抗辩的并购评估审查程序

资料来源：作者根据有关资料整理。

15.4.3　考虑效率因素的方法

现在的问题不是在并购分析中是否纳入效率因素进行分析，而是应在多大程度上纳入效率因素或者考虑潜在效率因素。既然在并购可能产生的效率与并购带来的市场势力之间存在一种替换关系（Williamson，1968），那么就需要界定一种方法用以比较并购的“收益”与“成本”，从而评估并购的整体净效应。换句话说，在并购评估审查中，反垄断当局不仅应能够测度并购产生的预期效率获得，而且应能够计算反竞争效应的大小。这就提出了两个挑战。① 需要界定并购控制的政策目标。如果政策目标是保护消费者利益，那么并购分析就要重点关注并购的价格效应。如果政策目标是提高社会总福利水平，那么就需要分析并购的总体效应。另外，如果我们不考虑质量问题，单一的效率计算公式可能产生误导。因为，价格上升不一定等同于消费者剩余减少。② 考虑效率抗辩突显了更加明确地、更加准确地模型化相关市场上竞争条件的必要性。即使是在价格标准这种最简单的情形下,反垄断当局也不得不评估市场势力上升(单边行为或协同行为)可能导致的价格上升。这需要预先假定一个现期(并购前)和预期(并购后)竞争程度的模型。经济学中有不同类型的竞争模型,相应地,实证分析中经济学家们使用过很多不同的模型来分析并购的价格效应。传统的SCP范式被新产业组织理论所取代,后者能够对市场上相互依存的竞争者之间的行为进行更为复杂的分析,并能够建立竞争过程的动态分析框架。新产业组织理论提高了测度并购效应的标准,并改进了分析工具,但在新的层面对效率因素进行分析十分复杂,并且所获得的分析结果对前提假定十分敏感①。这就意味着不可能应用一个简单的成本收益分析模型去分析所有并购。更进一步,反垄断当局所拥有的信息也不足以让其进行一项严谨的成本收益分析。

在并购评估审查中,考虑效率因素的方法主要包括三种:一般推定方法、逐案分析方法和序贯决策方法(Camesasca,1999;Roller *et al.*,1999;Ilzkovitz,2003)②。

(1)一般推定方法。一般推定方法使用一些能够量化的指标(如市场份额或集中度指数)作为并购分析的门槛条件,并含蓄地认为低于某一门槛条件的并购,其效率获得总是足以超过其反竞争效应。举例说明,如果并购企业联合市场份额的门槛条件指标上限设定为25%,那么就认为市场份额低于25%的并购是福利改进的,至少是福利中性的,在这一假定下该项并购将被反垄断当局接受。因而,这种方法是基于对效率的默认和假定确定门槛条件指标时已经使用了关于并购可能产生净福利效应的某些信息。在这种方法下,并不是所有的并购都将被禁止,只有那些显著减少竞争的并购才可能被拒绝。根据所选定的门槛条件指标判断,那些只是轻微减少竞争的并购,其效率获得比反竞争效应更为重要。这种方法避免了评估效率的逐案分析方法中所涉及的较高的信息成本。如果门槛条件指标设定在一个较低的水平上(例如,导致联合市场份额超过10%的并购都要进入评估审查),那么就反映了反垄断当局相信较低水平的门槛条件能够以一个合理的可信度预测并购能够产生净福利效应;平均而言,并购能够产生的效率处于一个较低水平。这就意味着一个较为严格的并购控制

① Jacquemin, A., "Theories of Industrial Organization and Competition Policy: What are the Links?", Working paper, 2000.

② 本书的第11章对这三种方法进行了介绍,这里仅联系中国并购控制进行简要分析。

政策。如果门槛条件指标设定在一个较高的水平上(例如,联合市场份额设定为 50% 或更高),这就意味着反垄断当局相信,平均而言,并购能够产生一个较高水平的效率;在一个集中度水平较高的市场上,效率因素往往处于主导地位①。中国正处于经济转型时期,在一些竞争性行业中市场过度分散的问题依然存在,并购是引导市场合理集中的有效手段,因而门槛条件指标不宜设定过低。如果门槛条件指标设定过低,一方面可能打击一些规模不太大,且能够产生净福利效应的并购;另一方面将使更多的并购进入司法程序,增加并购反垄断控制的执法成本。

(2) 逐案分析方法。逐案分析方法认为,每一项并购都可能存在效率,这些效率获得应与反竞争效应进行权衡比较,因而需要对每一起单个并购都直接进行效率抗辩分析。这一方法不需要使用代理变量来表示并购的净效应,因为这些净效应将被逐案分析。由于逐案分析方法涉及很高的信息成本,并且如果采用全面的成本收益分析,将产生一些方法论和实际应用方面的问题,因而这一方法很难付诸应用。因此,即使是这一方法从理论视角方面比一般推定方法要好,然而在量化市场势力效应和效率效应方面也还是存在很多的困难。美国和加拿大的反垄断当局倾向于使用这种方法,在并购评估审查中设定一个较低的门槛条件,明确允许效率抗辩;而相对而言,欧盟倾向于一般推定方法。当然,各国的司法实践也是随着时间和环境的变化而有所差异。我们认为,中国不宜对所有并购都进行逐案分析,需要通过门槛条件直接批准一批并购,直接拒绝一批并购,剩下的才进入逐案分析。这可能就是序贯决策方法。

(3) 序贯决策方法。正如前文所指出的,序贯决策方法是一种前述两种方法结合在一起的折中方法,目的是限制直接进行效率抗辩分析的并购案件数量。这种方法一开始应用结构类指标作为标准("安全港")对并购进行初步评估,以确定出那些需要进行深入效率审查的并购。反垄断当局可以根据一般推定方法界定出一个低门槛条件,对于那些不显著减少竞争(例如,低于某一市场份额门槛值)、效率获得比反竞争效应(假定)更重要的并购,不进行进一步的评估审查,而是自动接受。同样的,反垄断当局可以根据一般推定方法界定出一个高门槛条件,高于这一门槛值的并购,其反竞争效应将被假定处于主导地位,因而将被自动拒绝。因而,界定了低门槛条件(例如,25% 的市场份额)和高门槛条件(例如,60% 的市场份额)

---

① Camesasca, P., "The Explicit Efficiency Defense in Merger Control: Does it Make the Difference", *European Competition Law Review*, 1999, 20(1): 23—39.

以后,只需要对处于两个门槛值之间的并购进行更加具体深入的调查,包括明确的效率抗辩分析(如图 15-2 所示)。

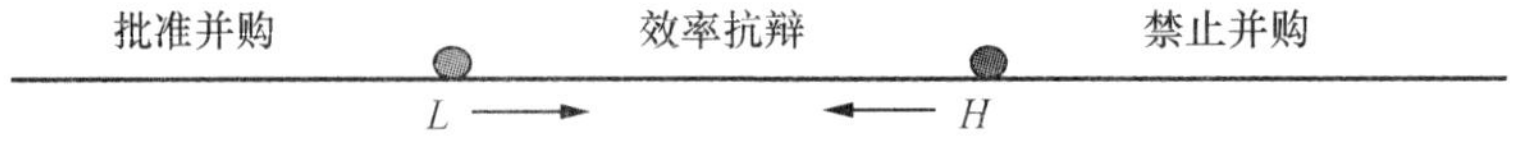

图 15-2　序贯分析方法中的门槛条件值与效率抗辩

当然,在某些特殊的情况下,即使是那些超过高门槛值、反竞争效应可能居于主导地位的并购,反垄断当局也不能排除并购企业援引效率证据进行申辩。不过,在这种情况下,反垄断当局是从“并购产生的效率不足以抵消其市场势力效应”这一假定出发,然后要求并购企业举证对此进行申辩,此时并购企业的举证责任很重。如果相关市场上的竞争程度显著下降,那么反垄断当局的以上假定就进一步得到确认,并购企业关于并购是出于效率动机的可信度进一步下降。

序贯分析方法使得反垄断当局可以在结构类指标的不确定性程度(一般推定方法的不足之处)与信息成本数量(逐案分析方法的不足之处)之间进行平衡。如果进行效率抗辩的信息成本和应用问题比较突出,就可以在第一步程序中通过甄别筛选出“临界案件”(borderline cases),效率考虑可能主导这类并购的判定。进一步的效率评估分析只需要应用于那些没有通过第一阶段测试的并购。这一方法的主要好处在于,它可以限制需要进行效率抗辩的并购案件数量;主要不足在于,在第一阶段筛选时需要界定一个准确的标准。举例来说,在这些标准中,必须考虑一个低门槛值和一个高门槛值,这些门槛值的确定需要使接受一项具有净损害效应的并购(Ⅱ类错误)和拒绝一项具有净福利效应的并购(Ⅰ类错误)的风险最小化。

(4) 序贯分析方法的应用。中国的并购控制政策实施的历史较短,执法经验相对不足,所以在现阶段可以采用序贯分析方法来评估并购控制中的效率因素。经济学理论能够提供评估并购带来的净福利效应的分析方法和分析工具,然而这些分析方法与工具需要大量的数据,并且有些方法仍然处于不断测试之中。虽然任何时候当能够量化的证据较为充分和可信时都应用于评估分析,但是在大多数并购案中,效率评估是同时基于定性的证据和定量的证据。在司法实践中,反垄断当局可以考虑分三个阶段进行序贯分析,即筛选测试、效率的定性分析和成本收益的量化分析。在这一框架内分析效率因素时需要考虑以下基本因素:① 效率分析应以社会总福利标准为基础,以确保并购可能带来的积极福利效应能够传递给消费者;② 效率必须是并购所特有的,不发生该项并购就不会产生那些效率;③ 纳入分析的效率类型应包括静态效率和动态效率,虽然静态效率和动态效率的实现有利于提高国际竞争力,但是国际竞争力是有别于静态效率和动态效率的政策目标;④ 效率分析不应随意地局限于一个很短的时间范围内,因为这有可能过分强调静态效率,而忽视动态效率,然而,考虑的时间范围越长,效率的不确定性程度就越大;⑤ 并购企业必须申报和解释,并购产生的效率足以抵消其带来的反竞争效应。为了保证评估审查的透明度,反垄断当局必须明确界定其所需的信息,以及它即将采用的评估效率申辩的方法。

① 筛选测试(the screening tests)。筛选测试的目的是在节约信息成本的同时最小化选择错误。在这一阶段,不需要直接分析效率因素,只需要通过使用一些结构类标准来确定那些进入第二阶段进行深入效率分析的并购。如果反垄断当局认为一项并购不会产生明显的反竞争效应,那么就没有必要(也没有理由)对其进行深入的效率分析。同样道理,如果反垄断当局认为一项并购将显著减少竞争,那么也没有必要对其进行深入的效率分析。在这种情况下,效率获得被假定为不足以抵消并购的反竞争效应。此外,在一个竞争程度很低的市场上,即使潜在效率相对较高,获得这些效率的动机也会较弱[①]。在确定并购是否具有显著的反竞争效应时,使用的标准是市场份额、市场集中度指数等结构类指标。然而,市场份额和市场集中度指数本身不能被认为是预测潜在市场势力的可靠指南。为了降低拒绝一项具有社会净福利效应并购的风险,反垄断当局还需要考虑一些其他的市场特征。例如,在一个技术进步十分迅速的市场上,企业在向市场提供新产品时,由于该市场上还没有竞争对手,因而市场份额可能很高。假定并购不会阻止未来新企业的进入,那么这些市场可能是高度可竞争的,并且潜在的动态效率可能会很高。如果仅以市场份额为依据,而不考虑动态效率获得,反垄断当局可能拒绝这类市场上发生的并购。因而,在筛选测试阶段,有必要将其他显示市场势力风险或者指向效率获得可能性的标准作为市场份额和集中度指标的补充。显示市场势力风险的指标包括进入壁垒、沉没成本的存在、需求的非弹性、产品差异化程度等,指向效率获得可能性的指标包括显著的规模经济、学习效应、显著的超额生产能力、生产合理化的需要、重要的无形资产、较快的技术进步等。

② 效率的定性分析(the qualitative analysis of efficiencies)。如果进行显性效率分析的条件已经满足,并且并购企业申辩该项并购将产生效率

---

① 因为在这类市场上,企业可以凭借市场势力获得垄断利润。

时,就可以进入第二阶段分析。为此,反垄断当局可以与并购企业进行公开对话,以更好地理解进行该项并购的理由。理解为什么并购企业要将它们的物质、人力和无形资产进行合并,它们希望从并购中得到什么,对于并购评估分析十分有帮助。如果并购的理由不够令人信服,那么就更难理解并购的动机到底是为了获得效率,还是为了获取市场势力。因此,反垄断当局应该将并购理由纳入其事实调查和分析。与此相关的问题包括:并购的预期获得是什么;为什么这些获得是并购所特有的;这些获得会在多长的时间内实现;这些获得怎样传递给消费者。并购企业还需要证明这些效率获得足以抵消并购的反竞争效应。然而,由于这一问题的复杂性,其分析和申辩过程需要相关指南进行引导和规范。当明确的效率分析开始时,反垄断当局应提供一个新的表格,让并购企业填写。表格的具体内容应包括什么,超出了本书分析的范围。不过,我们认为可能包括以下几个方面的信息:并购可能产生的协调效应的性质①、可能的成本效应、价格、产品质量和创新,以及这些可能的效应实现所需的时间跨度。并购企业还应证明,这些效率在该项并购不发生时无法获得,在获得这些效率时不会减少竞争。例如,规模经济能够降低单位产品的平均成本,但是也可能不利于新企业进入,尤其是存在沉没成本的情形下。反垄断当局在发布解释如何处理效率的公告时,也应将这些分析过程和分析中考虑的因素透明化。

③ 成本—收益的量化分析(the quantitative cost-benefit analysis)。在第三阶段中,需要对并购的净福利效应进行更为复杂的量化分析,并将并购企业市场势力变化所导致的反竞争效应与并购可能产生的效率进行权衡比较。成本—收益的量化分析应包括两个组成部分:计算能够抵消反竞争效应的最低要求效率和测度并证实预期效率②。为了界定最低要求效率,需要从分析并购的价格效应开始,这一效应可以分为三个独立的部分:一是并购企业成本不变的情况下,缘于市场势力上升的价格上涨;二是缘于并购导致的成本节约的可能的价格下降;三是成本节约传递到消费者价格的程度。价格上升的百分比除以传递弹性③就代表了用于抵消并购反竞争效应所需的最低成本节约。如果一项并购的成本节约(用百分比表示)乘以传递弹性大于价格上升的百分比,那么这项并购就可以导致价格

---

① 并购可能产生的协调效应包括:规模经济,范围经济,生产专业化和合理化,研发活动,管理、分配和广告等方面的成本节约,新企业文化,企业声誉等无形资产增加,等等。

② 前文对此已经进行了较为具体的分析。同时,也可以参见 Lars-Hendrik Roller, Johan Stennek and Frank Verboven, Efficiency gains from mergers, European Economy 31 (2001).

③ 传递弹性是表示如果成本下降 1% 时价格下降的百分点,计算公式为 $(dP/dC)/(C/P)$。

下降。这一结论用公式表示就是：

$$\left|\frac{\mathrm{d}C}{C}\left(\frac{\mathrm{d}P}{\mathrm{d}C}\frac{C}{P}\right)\right| > \left|\frac{\mathrm{d}P}{P}\right|$$

举例来说，假定 50% 的成本节约能够传递到消费者价格上，那么如果一项并购所实现的成本节约大于市场势力上升而导致的价格上升的两倍，那么这项并购将降低价格。实际上，并购的价格效应的三个部分都受到并购企业市场势力程度的影响：市场势力上升将提高价格，降低实现效率的动机，提高成本节约不完全传递的动机（Roller *et al.*，1999）。测度并购的反竞争效应面临的主要困难不仅在于选择合适的模型分析并购前后相关市场上的竞争模式，而且在于变量的界定和数据的获得。为了使并购分析中的测度问题简化，Roller *et al.*（1999）提出了最坏情景分析方法。这种情境假定在没有效率获得的情况下价格可能上升 5%—10%①。这一基准可能要求并购能够产生显著的效率获得，尤其是在并购评估审查中采用消费者福利标准来评价价格影响时。使用消费者福利标准时，预计的边际成本下降必须乘以传递率②，以确定并购的价格效应。在一个非完全竞争的市场上，传递率总是小于 1。如果传递率为 0.5，边际成本必须下降 10%—20%，才能通过最坏情景测试。然而，并购后传递率的良好估计只能在相关市场上描述和分析竞争的模型的帮助下获得。这是因为传递率的大小受到现有生产能力限制程度、需求的价格弹性、市场势力程度和并购企业市场份额等几个因素的影响。传递率还必须与不存在效率时假定的或估计的价格上升相一致。因此，应用以消费者福利标准为基础的效率抗辩，要求使用相关分析工具对缺乏效率时的价格上升和传递程度进行模拟分析③。一个完整的模拟分析需要使用能够估算相关弹性的详细数据。然而，很有把握地进行这种完整的模拟分析所需要的数据很难获得。以上介绍的成本—收益量化分析在实际应用前需要进行测试。由于没有收集测试所需的信息，在并购完成后进行测试似乎很困难。因此，尝试将其应用于新的并购时，在事前进行测试看起来似乎更为可行。解决测试主要困难

---

① 之所以假定为 5%—10%，是因为在相关市场界定中的假定垄断者测试中反垄断当局一般也是假定将该市场上的价格提高 5%—10%，以测试并购企业是否能够获利。

② 传递率是指在给定的市场结构和需求价格弹性的前提下，成本节约将传递给消费者的比例。

③ Werden, G., and L. Froeb, "Simulation as an Alternative to Structural Merger Policy in Differentiated Products Industries", in Coate, M., and A. Kleit (eds.), *The Economics of the Antitrust Process: Topics in Regulatory Economics and Policy Series*, Boston, Dordrecht and London: Kluwer Academic, 1996, pp.65—88.

的方法是,在一个较早的阶段确定合适的并购以便于有充足的时间收集测试所需的数据。那么,如何确定合适的并购案例呢？适合于使用成本—收益量化分析评估效率获得对于价格的影响的并购案例,需要满足三个前提条件:① 并购企业必须愿意合作,提供关于评估所需的所有信息;② 并购企业必须申报并从申报者的立场说明,价格降低作为并购产生的结果之一,能够在并购后实现;③ 必须有充分的、有独立来源的原始数据用于评估并购效应。

15.4.4 并购评估中分析效率因素时需要注意的事项

(1) 福利标准与价格效应。任何关于效率抗辩的条款都必须界定什么样类型的效率将被考虑。在并购评估审查中,在选择什么类型的效率获得将被反垄断当局予以考虑时,部分取决于福利标准的选择,部分取决于分析采用的时间范围,部分取决于证实并购企业所申辩效率的相对难度。效率获得不仅来自于成本节约,而且可能产生于产品和服务质量的改进。这种不导致成本下降的效率更难量化,但是它们能够在并购评估审查中起到一定的作用。在实践中,消费者福利效应的测度往往局限于价格效应,这是因为价格效应相对容易预测和量化。然而,产业组织理论研究的新成果显示,这种仅用简单公式计算效率的方法可能产生误导。消费者福利不仅与价格相关,而且与产品质量、供应的可靠性和速度等其他因素相关。因此,一项能够促进技术进步和产品质量提升的并购,即使是在价格小幅上升的情况下,也能增进消费者福利①。只是这些其他因素很难测度,不能纳入通常的量化分析方法之中。

(2) 高新技术产业中的效率分析。虽然传统方法能够应用于成本节约型的创新过程分析,但是对于那些具有快速产品创新特征的高新技术产业内的并购而言,这些方法可能不太准确。这些产业内的并购更有可能产生效率,并且这些产业内高技术生命周期较短、市场需求扩展较快,因而垄断的风险受到限制。在高新技术产业内,过分依赖传统的定量分析方法可能导致反垄断当局过于关注短期价格效应,而忽视了长期的动态效率。当并购企业宣称一项并购将加快技术创新时,反垄断当局应谨慎对其进行评估审查。当并购企业准备在不能发生并购时重复开展某项研究计划时,并购能够产生明显的研发规模经济。因为该项并购使分享技术和知识的机

① Jacquemin, A., "Theories of Industrial Organization and Competition Policy: What are the Links?", Working paper, 2000.

会最大化，并且最大程度地消除了重复研究。

(3) 效率的并购特有性。在分析效率时，反垄断当局需要考虑这些效率是否能够通过该项并购以外的途径获得。该项并购以外的替代途径很多，例如，内部增长、合资、其他反竞争效应更小的并购、其他合同协议等。在很多情况下，反垄断当局很难判定哪些替代途径是可行的，很难评估某一替代途径是否应该是首选。为了解决这一问题，反垄断当局应要求并购企业在效率申辩时尽可能多地披露替代途径的相关信息。反垄断当局应该注意到，并购企业提供的信息和分析很有可能严重地失之偏颇，尽量降低"信息俘获"(information capture)的风险。

(4) 信息与举证责任。效率抗辩中的一个十分关键的问题是信息问题。相对于反垄断当局而言，并购企业具有信息优势，因而并购企业应该负有举证责任，以证明(已经发现具有反竞争效应)并购能够产生充足的效率，从而使得该项并购不被阻止。不过，这可能带来三类问题：要求的证据标准是什么；如何核查企业说法的有效性；如果并购企业所声称的效率已经实现，反垄断当局是否对其进行事后检查，如何检查，如何检查这些效率获得是否传递给消费者。例如，Brodley(1996)认为，并购的事前分析会受到很多不确定性的影响，反垄断当局应当进行事后审核，以确定并购企业所声称的效率是否已经真的实现。如果没有实现，反垄断当局应当采取适当的补救措施，以恢复相关市场上并购前的竞争条件。乍一看上去，这一建议很有吸引力。然而，它会产生一些操作上的困难：① 当整个经济环境不断发生变化时，估计并购所带来的效率绝不是一件容易的事情，Brodley 的建议将引起大范围的法律和经济上的争论；② 目前中国的相关法律制度和政策很不完备，进行事后核查缺乏法律依据；③ 并购发生若干年后将一家企业的资产恢复原状将会十分困难。

(5) 成本—收益分析。对并购进行成本—收益分析可能产生方法论和应用方面的问题。首先，需要选择福利标准。如果竞争政策的目标是最大化社会总福利，那么反垄断当局就应当选择总福利标准。即使是在选择消费者福利标准的情况下，计算效率的简单公式也可能产生误导，价格上升并不必然等于消费者福利损失。其次，成本—收益分析需要权衡效率获得与反竞争效应的大小，因而反垄断当局需要对相关市场上现期和预期的竞争程度有一个清晰的认识，要做到这一点十分困难。常用的解决方案是进行模拟分析，而模拟分析也会在模型选择、变量界定、数据获得等方面产生一些困难。

15.5 本章小结

本章中,我们主要解决了两个问题:一是中国横向并购反垄断控制中是否需要引入效率抗辩;二是中国横向并购反垄断控制中如何引入效率抗辩。对于中国并购控制政策中是否允许效率抗辩的问题,学界仍存在一些争论。我们从信息问题、政治因素、行政性垄断和消费者因素等几个方面对反对者的主要担忧进行逐一分析,并提出相应的辩驳理由。中国是新兴的市场经济大国,横向并购既是市场经济中必然出现的正常现象,也是优化经济结构、提升经济竞争力的一种途径;同时,横向并购也有可能成为企业获取市场势力、攫取超额利润的一种市场策略。因而,对横向并购进行评估和分析,权衡其对社会总福利水平的净影响十分必要。从经济、政治和法律三大视角考量,中国横向并购反垄断控制中引入效率抗辩都具有充分的依据。中国是一个新兴的经济体,竞争政策正处于不断完善之中,在横向并购反垄断控制的评估审查中引入效率抗辩,既有利于协调产业政策与竞争政策,提升国际竞争力,促进高新技术产业发展,加快民营经济发展,也符合竞争政策发展的国际趋势,同时还能够保持竞争政策的完整性与系统性。

在设计并购评估审查系统、引入效率抗辩时,首先需要确定政策目标。确定并购控制政策目标是选择消费者福利标准,还是选择社会总福利标准,实质上不仅仅是一个经济问题,更是一个政治问题,它涉及竞争政策的价值判断。我们认为,中国并购反垄断控制政策宜使用一元化目标,即应选择社会总福利标准。这一目标既与《反垄断法》的内在逻辑目标一致,又便于在并购评估分析中纳入效率因素,有利于提高经济效率,促进经济增长和技术进步,同时还能减少利益集团和政治因素对并购判定的影响。纳入效率抗辩的并购评估审查可以分为五个步骤:第一步是界定相关市场;第二步是计算相关市场的集中度和并购企业的市场份额;第三步是依据这些结构性指标和安全港规则对并购进行一般推定,对符合安全港规则的并购予以直接批准,对可能导致垄断的并购予以直接拒绝,对处于二者之间的并购进入第四步,即进行竞争分析。竞争分析主要是允许并购企业进行效率抗辩,主要包括三部分内容,即分析并购的反竞争效应,分析并购的效率效应,分析可能抵消反竞争效应的其他因素,然后进行权衡比较。第五步是对并购进行判定,决定是否批准该项并购。在并购评估审查中,考虑效率因素的方法主要包括三种:一般推定方法、逐案分析方法和序贯决策方法。我们认为,中国不宜对所有并购都进行逐案分析,需要通过门槛条件直接批准一批并购,直接拒绝一批并购,剩下的才进入逐案分析,也就是有选择性地采用序贯决策方法。在司法实践中,反垄断当局可以考虑分三个阶段对横向并购进行序贯分析,即筛选测试、效率的定性分析和成本收益的量化分析。

第16章　主要结论与政策建议

自19世纪以来,世界经济的大发展往往伴随着企业并购浪潮的兴起。企业并购既是企业自身做大做强的推动器,也是国家经济发展的助力器。但是,如果并购导致垄断,阻止或妨碍有效竞争,那么并购可能不利于经济发展和技术进步。因此,反垄断当局需要在保护自由竞争与允许企业并购之间进行合理权衡。各种针对企业并购的竞争政策先后出台,并且这些竞争政策保持了"与时俱进",在实践中不断修改完善,形成了并购反垄断控制的政策体系。企业参与并购的动机很多,有政治的、经济的和社会的,甚至包括实现经理人员"个人抱负"的。在经济性动机中有两个动机最引人注目,一是获取市场势力,二是产生并购效率。并购企业为了能够使并购获得通过,往往强调并购的"社会合意性"——并购能够产生显著的效率。因此,需要反垄断当局在并购评估审查中对效率进行具体分析。

16.1　研究的主要结论

本书对横向并购评估审查中的效率抗辩问题进行了系统研究,得到以下主要结论。

16.1.1　横向并购可能产生效率获得

一起并购只有在能够带来成本节约或者产生其他形式的效率时,才有可能增进消费者福利或者社会总福利。我们可以根据不同的标准对并购可能带来的效率进行分类:第一种分类方法是根据生产函数的概念,将并购可能带来的效率分为生产合理化、规模经济、技术进步、要素成本节约和X-效率等五种类型;第二种分类方法主要应用于并购分析的特定环境下,效率来自于成本节约,将成本节约分为真实成本节约和再分配所带来的成本节约;第三种分类方法也是应用于并购分析的特定环境下,将成本节约分为固定成本节约和可变成本节约;第四种分类方法将效率分为企业层次的效率和产业层次的效率两种;第五种分类方法将效率分为相关市场上的效率和其他市场上的效率。另外,根据效率来源与效率特征,还可以将效率分为生产效率与分配效率,静态效率与动态效率,交易效率与管理效率,供给方效率与需求方效率,等等。经济学界常用的是第一种分类方法,但在特定场合下也从其他几种分类视角分析效率因素。

并购带来的效率具有一定的不确定性,一方面是因为效率比较难以证实和量化,另一方面是因为与效率相关的信息既是不完全的,也是不对称的。并购企业对于并购可能带来的潜在效率知道的比反垄断当局要多,即使反垄断当局能够获得并购企业知道的所有信息,对于效率能否实现及其大小还是存在大量的不确定性。效率的不确定性不仅在于效率是否实现及其实现的大小具有随机性,而且在于效率分析往往是事前评估,评估方法和工具的科学性,也会带来不确定性。效率的实现的不确定性将对并购企业的价格决策、消费者福利和反垄断当局的判定产生影响。

效率分析都有一定的福利标准。福利标准可以界定为"在经济分析中界定不同集团的福利时所采用的规则"。在并购评估审查中,福利标准的界定十分重要,它是进行并购分析的出发点。为了提高并购政策的确定性和透明度,政策制定者需要明确:应该分别给并购带来的积极效应和消极效应赋予多少权重,以及与此相关的,应该给相关市场上不同集团的利益赋予多少权重。这种权重选择就反映在福利标准之中。效率分析的福利标准主要包括价格标准、消费者福利标准、社会总福利标准、Hillsdown 标准和权重剩余标准等五种,其中较为常用的是消费者福利标准和社会总福利标准。不同的福利标准对待效率的态度不同,社会总福利标准与效率抗辩之间具有内在逻辑一致性。反垄断当局在并购评估审查中采用不同的福利标准,将会对不同的利益集团产生不同的影响,出现不同的收入分配效应。社会总福利标准与消费者福利标准的主要区别在于效率的处理方式上。在社会总福利标准下,一项并购,即使是导致价格上涨,消费者福利降低,只要能够增加社会总福利,也有可能被批准。也就是说,此时从并购中产生的效率获得必须足够大,能够超过给消费者带来的损害。在社会总福利标准下进行福利权衡比较时,没有哪一个个体或者利益集团会赋予比其他个体或利益集团更大的权重。在并购评估审查中,不考虑并购对于财富分配的影响。在消费者福利标准下,情况正好相反:只考虑并购对于消费者福利的影响。如果使用消费者福利标准,两起具有相同的社会总福利效应的并购可能具有不同的命运:一个被禁止,而另一个被批准。同时,一项具有较低效率的并购可能由于能够有利于消费者而被批准,而另一项具有较高效率的并购由于不利于消费者而被禁止。在并购评估审查中,反垄断当局在评估并购对于经济效率的影响时，需要应用社会总福利标准；即使是在考虑分配公平时，也没有充分理由背离这一标准。

在效率的辨识与测度中，反垄断当局需要考虑的因素包括，效率类型与来源、净效率、效率的举证与测度、效率的特性和未来效率获得的折现问题等。在如何分析效率获得与竞争之间的联系方面，反垄断当局需要考虑竞争模式、效率的反竞争效应与“效率侵犯”、效率传递率等问题。一般而言，在并购的效率获得方面，反垄断当局拥有的信息要明显少于并购企业。因此，在效率抗辩中，反垄断当局与并购企业之间的信息是不对称的，在评估方法的采用、举证责任的承担、证据标准、全部与部分抗辩的取舍、内部专家使用与并购后监控等方面需要考虑这一因素。最后，效率抗辩中需要区分采用效率抗辩与效率反驳的不同环境，妥善使用检察官自由裁量权，发挥并购指南和相关公告的作用，降低企业的不确定性，帮助并购企业将精力集中于预评估审查直接相关的事项上，提高评估审查的效率。

16.1.2 并购可能产生反竞争效应

并购能够通过产生或提高“单边”或“协同”市场势力减少竞争，同时也能够带来效率。效率抗辩就是要比较并购的“成本”和“收益”，拒绝那些反竞争效应大于效率效应的并购，批准那些能够带来社会福利改进并能增进消费者福利的并购。经济学理论的推导和分析能够证明并购控制系统中有必要纳入效率抗辩，然而实证分析的结果却比较含糊。实证分析的结论已经确认，横向并购将提高市场势力，因而控制并购的反竞争效应十分重要；但是没有清楚地表明效率是否存在及其大小。实证分析的结果显示，并购对并购企业的盈利能力的平均影响较为温和，很大一部分并购使得企业盈利能力下降；然而，在一些特定的情况下，并购的确能够产生效率。这就暗示了反垄断当局不应一般推定所有的并购都将产生效率，而应以逐案为基础对效率进行分析。

从市场后果的角度看，并购可能产生的反竞争效应包括以下几种。① 价格效应。一项并购可能通过两种途径损害消费者利益：一是通过减少企业数量而有利于串谋行为的发生，这被称为协同效应；二是通过提高市场集中度而有利于单边行为的发生，这被称为单边效应。由于横向并购减少了市场上竞争企业的数量，所以通常认为并购倾向于提高价格。然而，要全面了解并购的价格效应，需要针对不同竞争模式和不同效率类型进行具体分析。不同的竞争模式对应着不同的竞争模型，市场上企业之间的竞争模式受到企业所能获得的关于自己、竞争对手和所在市场的信息的影响。市场竞争模式影响并购的价格效应,不同的竞争模式可能使并购产生不同的价格效应。② 社会福利效应。并购可能因限制产量而产生社会福利净损失,也有可能因提高价格而将消费者剩余转化为生产者福利,还有可能因降低成本而增进消费者福利和社会总福利。③ 对竞争对手的影响。当相关市场上企业规模相等时,如果并购带来的效率低于某一门槛值,那么并购给竞争对手带来的利益大于给并购企业自身带来的利益。也就是说,某些并购既能够给并购企业带来利得,也可能给相关市场上的竞争对手带来好处,然而这将损害消费者利益。

从企业市场行为的角度看,并购的反竞争效应包括单边效应和协同效应。① 单边效应。单边效应就是当并购后的市场集中度足够高时,即使所有的企业都不具有独立的市场支配地位,也不进行默契串谋,它们对市场条件(独自竞争)的利润最大化反应就会产生损害竞争的效果。也就是说,即使并购没有产生具有市场支配地位的企业,只要并购使得竞争性限制消失,也会产生单边效应。在评估并购可能产生的反竞争效应,分析并购的单边效应时,反垄断当局首先关注的是并购对于市场势力的影响。而影响并购企业市场势力大小的因素,不仅包括并购企业的市场份额,而且包括相关市场上并购企业内部产品之间的替代性以及并购企业产品与非并购企业生产的产品之间的替代程度。后者可以用需求的自身价格弹性(分流率)和交叉价格弹性来表示。这就需要反垄断当局采用计量分析方法对这些变量进行估计。单边效应与市场集中度的变化紧密相连,为了简化并购评估审查程序,可以使用市场集中度指标设置简单的筛选机制,将明显不具有反竞争效应的并购排除在外,集中分析可能产生明显市场势力的并购。在评估并购的单边效应时,需要根据相关市场上的竞争性质和类型选择不同的计量模型,较常使用的模型主要为 Cournot 竞争模型和 Bertrand 竞争模型。两种模型下,竞争条件的差异使企业的策略行为选择不一样,而企业行为的差异导致了市场后果的差异,因而并购的单边效应大小也存在一定的差异。评估单边效应的实证方法可以分为两大类,一类是“简化形式的实证分析方法”,另一类是“结构形式的实证分析方法”。“简化形式的实证分析方法”包括相关性分析、回归分析、市场集中度指数测试等,它可以用作“结构形式的实证分析方法”的补充。使用“结构形式的实证分析方法”评估并购单边效应的程序也称为结构性程序,主要包括四个步骤,即估计需求函数、估计供给函数、稳健性和显著性检验以及市场势力和社会福利效应的模拟分析。② 协同效应。协同效应就是并购后企业以默契串谋的形式协调价格或生产行为,以获得超额利润而产生的损害竞争的效应。并购导致协同效应的原因在于，相关市场上竞争者数量的减少，使得本应相互竞争的企业可以协调各自行为，以设置高于竞争价格（边际成本）的价格。分析并购的协同效应需要关注两个基本要素，一是在无法公开沟通的情况下企业通过协同和互动达成默契串谋的可能性；二是在无法公开交流的情况下企业维持默契串谋的能力。并购将减少相关市场上的竞争者数量，可能改变相关市场的竞争条件，从而产生协同效应。然而，企业数量的减少并不必然意味着并购会产生协同效应，或者说，并不必然意味着并购明显提高了损害竞争的可能性。这是因为，并购对影响协同效应和默契串谋的因素所产生的影响十分复杂，需要联系特定产业进行具体分析。影响串谋形成与维持的因素很多，从产业和市场特性的角度看，包括竞争者数量、进入壁垒、市场透明度、创新因素和多市场接触等；从企业行为与不对称性的角度看，包括市场份额、企业互动频率、成本的不对称性、产能的不对称性、产品的不对称性（产品差异化）和行为的不对称性（“特立独行”企业的存在）等；从需求特性的角度看，包括需求增长、需求波动与商业周期、需求弹性等，其他因素则包括买方势力、结构上的联系、合作与其他协议和俱乐部效应等。在分析默契串谋是否产生时，这些因素之间并非孤立地发挥作用，而是相互联系、相互渗透的。一般而言，评估协同效应的传统方法包括结构性推定方法、市场因素清单分析方法、历史资料分析方法、事件分析方法等。20 世纪 90 年代以后，在协同效应分析领域取得了重大进展，评估并购的协同效应不再凭借猜测和直觉，而是通过建立模型进行量化分析。本文提出的评估协同效应的四个步骤，即评估内部因素、评估外部因素、评估并购对于竞争条件的影响和评估并购协同效应，有助于规范和指导反垄断当局的评估行为。

16.1.3 横向并购反垄断控制中的效率评估分析需要考虑到信息质量和信息的不对称问题

反垄断当局在权衡并购的利弊时，很难获得效率是否存在及效率大小的相关信息。相对而言，并购企业能够较为容易地获得这些信息，他们可能通过策略性地揭露信息或作弊通过评估审查。因而，并购的反垄断控制更有可能产生信息不对称问题，反垄断当局与并购企业之间存在着信号博弈。反垄断当局会设置不同的并购反垄断控制决策规则，并购企业根据对并购类型（高效率类型或低效率类型）的判断和反垄断当局的决策规则选择不同的产生信息证据的努力水平（高努力水平或低努力水平），反垄断当局根据并购企业努力水平和证据状况确定是否批准该项并购。通过构建信号博弈模型进行分析后，我们认为，并购评估审查中应该考虑效率因素，效率获得应该成为并购企业申请并购的一项依据；允许效率抗辩可以保持竞争政策的稳定性和可预期性，竞争政策的可预期性有利于并购企业选择产生证据的努力水平，从而能够帮助反垄断当局通过观察并购企业努力水平识别并购的效率类型；强调并购效率的可证实性，增加“坏”的并购模仿“好”的并购努力水平的成本，有利于实现分离均衡。

并购的反垄断控制还面临着信息不充分问题，即信息质量问题。信息的不充分和信息的不对称也是反垄断当局在并购控制中容易犯Ⅰ类和Ⅱ类错误的主要原因。在并购评估审查中，是否要求并购企业采取相关补救措施，很大程度上依赖于该项并购所能带来的效率大小，如果效率足够大，反垄断当局就可能在不需要任何补救措施的情况下批准该项并购。在信息不对称的并购控制框架内，是主动申请并购补救，还是声称并购能够带来高效率，在某种程度上具有信号价值。我们通过构建信息不对称条件下的动态博弈模型，对比分析了不同信息质量水平下不同决策规则预期的消费者剩余的大小，从而确定了并购评估审查中当反垄断当局面临不同信息质量水平时的最优决策规则。也就是说，在并购评估审查中，反垄断当局的最优决策规则取决于信息质量的高低：当信息质量足够高时，反垄断当局将采用“严格效率抗辩决策规则”；当信息质量很低时，反垄断当局将采用“补救决策规则”；当信息质量处于中间水平时，反垄断当局将采用“弹性效率抗辩决策规则”。给定反垄断当局的策略选择，并购企业将在是否提交并购补救措施上进行最优选择，从而将传递自己效率类型的信号，在一定程度上解决信息不对称问题。我们的研究结果显示，存在一个中等信息质量的范围，将效率抗辩与并购补救这两种决策程序相结合是最优的选择。当效率抗辩与并购补救同时存在时，并购企业可以进行自我选择，从而降低信息不对称带来的决策风险，同时还可以提高并购企业在并购前的努力水平。因此，在并购评估审查中，允许并购企业将并购补救与效率抗辩相结合优于仅允许并购企业选择并购补救。我们的研究结果还显示，效率抗辩的合理性随着信息质量的提高而增加。

16.1.4 效率抗辩的主要方法包括一般推定、逐案分析和序贯决策等三种

一般推定方法就是以一些结构类指标为标准，对并购进行直接判定，不需要进行进一步的评估审查。这一方法的主要好处是简便易行，消除了逐案分析方法评估并购时所涉及的高昂信息成本问题，但是需要测算一系

列暗示并购平均预期净效应的结构性指标。逐案分析方法就是对每项并购可能产生的效率进行具体分析,权衡其反竞争效应和效率效应,应用这一方法可能使反垄断当局将Ⅰ类错误和Ⅱ类错误保持在最低水平。其不足之处在于,它需要测算一系列预期值(例如,市场需求、市场势力、成本状况等),需要大量的数据信息,因而需要支付高昂的信息成本。序贯决策方法(也称为序列分析方法)的目的就是要将以上两种方法结合起来,扬长避短。一般而言,序贯决策方法首先根据一般的结构类标准对并购进行分析和初步筛选,如果该项并购低于低门槛值,就将直接获得批准;如果该项并购高于高门槛值,就将直接被拒绝;如果并购处于两个门槛值之间,就对该项并购的某些方面(如效率、市场势力等)进行进一步的细节分析。

在并购评估审查中,可以通过计算最坏情境下的最低要求效率(MREs)来解决补偿市场势力导致的消极效应的效率标准问题。在计算能够促使价格下降的MREs时要求一定数量的信息,例如成本下降幅度、传递率、价格等,这些信息都能够获取,因而这种方法具有一定的实用性。然而,这种方法的一个不足之处在于,它是从一个最坏情境开始的。在实际经济生活中,并购企业提价幅度很有可能小于假定的5%—10%。因此,这一方法可能导致过高的MREs,并拒绝那些可能具有潜在净福利效应的并购。我们应用同质产品市场上的Cournot竞争和异质产品市场上的Bertrand竞争两种类型的模型推导了计算MREs的显性公式,并提出了效率评估的基本程序。

16.1.5 效率抗辩的主要事项

效率抗辩的主要事项包括政策目标的选定、分析程序的确定、分析方法的选择、效率的辨识与测度等。并购反垄断控制中进行效率分析或效率抗辩时,首先,需要根据福利标准、竞争力等因素确定政策目标;其次,区分效率类型,对效率的测度提出具体要求;再次,对并购进行竞争分析,评估并购可能产生的反竞争效应、效率效应以及效率的传递率;接下去,对采用不同评估方法时所涉及的信息问题提出具体要求;最后,对检察官自由裁量权与诉讼、效率辩驳与效率抗辩、并购指南与并购公告等具体事项以及其他程序问题进行界定。

16.1.6 世界主要国家在并购控制政策中都较为关注效率因素

世界主要国家的并购控制政策中都引入了效率条款,部分国家允许效率抗辩。美国在1997年的《横向并购指南》中增加了效率抗辩条款,2010

年的新指南对其进行了补充和完善。欧盟在2004年并购条例中一改过去的对待效率的态度，不仅增加了效率条款，而且允许并购企业进行效率抗辩。加拿大一直奉行较为宽松的并购控制政策，对并购可能产生的效率持较为重视的态度。法国、德国、英国、澳大利亚和瑞典等世界主要发达国家也都在本国的并购控制政策中引入了效率分析条款，允许在并购控制中对并购可能产生的效率进行评估分析，以作为抵消反竞争效应的因素。

16.1.7　中国在横向并购评估审查中应引入效率抗辩

中国并购评估审查中需要纳入效率因素，部分并购允许企业进行效率抗辩。首先，我们对反对中国并购反垄断控制政策中设置效率抗辩的理由进行了辩驳，认为信息问题、政治因素、行政性垄断和消费者因素都不应成为反对效率抗辩的理由。其次，我们从经济学理论、企业国际竞争力、政策透明度、法律条文等多个角度分析了中国并购控制政策中设置效率抗辩的依据，从产业政策与竞争政策协调、高新技术产业和民营经济发展等方面讨论了中国并购控制政策中设置效率抗辩的必要性。最后，我们从政策目标、一般程序、分析方法和注意事项等四个方面提出了中国并购控制中实施效率抗辩的具体方案。

16.2　相关政策建议

中国的横向并购反垄断控制政策正在制定和完善的过程之中，在制定政策的过程中就将效率因素考虑周全，有利于提高政策的透明度和可操作性。

(1) 尽快制定和颁布《经营者集中评估审查指南》①。为规范并购的反垄断控制，引导企业的并购行为，为反垄断当局提供执法依据，需要抓紧制定出台《经营者集中评估审查指南》。中国已于2008年颁布实施了《反垄断法》，其中第三部分对并购行为(经营者集中)进行了规定，但是由于《反垄断法》的特殊定位，其只能对相关妨碍竞争的行为进行原则性的规定，在实际执法过程中仅仅依据《反垄断法》是不够的，需要制定具体的操作性法规，以指导相关执法行为。2008年以来的相关并购案例的判定实践已经显示，在没有《经营者集中评估审查指南》作为执法的具体依据的

① 中国商务部反垄断局正在着手编制《经营者集中评估审查指南》，对横向并购、纵向并购和混合并购进行反垄断控制。实际上，在以上三种类型的并购中，横向并购对于相关市场的影响最为明显，因而也是各国反垄断政策关注的重点领域。

情况下,反垄断当局在评估审查中显得信心不足,并且判定结果备受争议①。中国在竞争法方面的立法经验不足,尤其是涉及并购行为时,反垄断当局十分谨慎,所以《经营者集中评估审查指南》的制定工作在几年前就已经启动,但一直未能正式颁布②。实际生活中的经济行为十分繁杂,一部法规不可能将所有可能性包括其中,尤其是《经营者集中评估审查指南》,不可能在一开始就做到十全十美。反垄断当局可以尽早颁布实施《经营者集中评估审查指南》,然后在实际执法中积累经验,发现不足,并在适当的时候进行修订和完善。

(2) 横向并购反垄断控制要考虑效率因素,允许并购企业进行效率抗辩。在我国现有法律框架下,启动效率抗辩主要有以下依据:① 根据《反垄断法》第 27 条,主张集中将对技术进步和国民经济的发展产生有利影响;② 根据《反垄断法》第 28 条,主张集中对竞争产生的有利影响明显大于不利影响,或者符合社会公共利益;③ 根据商务部颁布的《经营者集中申报办法》,在集中申报过程中可以启动效率抗辩。在一般情况下,并购带来的效率提升能够增进社会总体福利,并且在一定的条件下可以传递到消费者价格,从而增进消费者福利。在某些特殊情况下,并购带来的效率提升对竞争可能产生的负面效应:阻止进入、市场支配地位形成,从而损害消费者福利。因此,需要对并购产生的效率进行具体分析。在并购评估审查中允许效率抗辩可以引导企业更好地选择和设计并购,使该项并购能够产生更多的预期效率获得,以通过反垄断当局的评估审查(Cosnita-Langlais and Tropeano,2009)。

(3) 明确效率抗辩的程序、步骤和方法。在《经营者评估审查指南》

---

① 2009 年 3 月,商务部禁止了可口可乐并购汇源案,商务部认为该项并购将产生如下不利影响:(i) 集中完成后,可口可乐公司有能力将其在碳酸软饮料市场上的支配地位传导到果汁饮料市场,对现有果汁饮料企业产生排除、限制竞争的效果,进而损害饮料消费者的合法权益;(ii) 品牌是影响饮料市场有效竞争的关键因素,集中完成后,可口可乐公司通过控制"美汁源"和"汇源"两个知名果汁品牌,对果汁市场的控制力将明显增强,加之其在碳酸饮料市场已有的支配地位以及相应的传导效应,集中将使潜在竞争对手进入果汁饮料市场的障碍明显提高;(iii) 集中挤压了国内中小型果汁企业的生存空间,抑制了国内企业在果汁饮料市场参与竞争和自主创新的能力,给中国果汁饮料市场的有效竞争格局造成不良影响,不利于中国果汁行业的持续健康发展。参见:《中华人民共和国商务部公告[2009 年]第 22 号》, http://fldj. mofcom. gov. en/aarticle/ztxx/200903/20090306108494. html。该项判定宣布后,立即引起了广泛的讨论和争议:禁止集中到底是阻碍了效率,还是维护了市场竞争、保护了消费者权益? 抑或是维护了民族品牌和产业安全? 中国并购反垄断控制的政策目标到底是什么?

② 1985 年国家立法机关就开始酝酿制定《反垄断法》,一直到 2008 年颁布实施,从制定到颁布耗时 13 年。《反垄断法》颁布实施后,中国反垄断当局就开始着手制定《经营者集中评估审查指南》,然而一直未能获得相关部门和立法机构的批准,颁布实施。

中,需要对效率抗辩的程序、步骤和方法进行明确界定。首先,要明确规定能够纳入效率抗辩的效率因素的具体要求,例如,效率类型、效率的可证实性、效率的并购特有性、效率的传递率、效率实现的时限等。其次,要明确并购评估审查中的信息要求和举证责任。对并购评估审查中,并购企业应该提供的资料和信息提出要求。明确效率的举证责任应由并购企业承担,这样可以避免"信息俘获"(information capture)的风险。再次,对并购评估审查和效率分析的程序进行界定,增强并购评估审查的规范性,防止"规制俘获"(regulation capture)的风险。最后,明确效率分析和效率抗辩的主要方法。虽然定量分析分析证据在其充分可信时应尽量加以使用,但定性的评估分析也应在大部分并购案中发挥主导作用。由于效率抗辩涉及较高的信息成本,在并购评估审查中可以采用序贯决策方法:在审查初期以结构性指标为标准对并购进行初步筛选,使得只有有限数量的并购需要进行效率因素分析;然后对这些进入第二阶段的并购进行效率的综合定性分析,并购企业需要说明效率能够实现并足以抵消并购的反竞争效应;第三阶段允许较少数量的并购进行效率抗辩,采用较为复杂的分析方法,量化并购导致市场势力上升而产生的反竞争效应和预期的效率效应,权衡比较后得到并购的净福利效应。这一过程中,需要计算最坏情境下的最低要求效率。实际上,第一阶段需要以结构性指标为基础,相当于使用一般推定方法;第三阶段的分析需要以逐案为基础,相当于使用逐案分析方法。

(4) 及时发布并购公告和相关信息。为提高执法的透明度,规范执法行为,反垄断当局应及时公布并购判定的相关信息。并购公告可以作为以后执法的依据之一,弥补指南的不足。及时对并购案例进行总结,逐步形成可供其他并购企业参考的并购判定案例,降低并购反垄断控制的交易成本。随着经济社会环境的变化,效率因素在并购评估审查中的作用可能随之发生变化。公告可以及时反映这一变化,增强并购反垄断控制的弹性。公告中详细说明效率因素是怎样评估、测算的,可以为拟进行类似并购的企业提供参考,使其能够提前预测该项并购被批准的可能性,因而从这个意义上说公告也具有一定的承诺价值。

(5) 并购发生后对效率因素进行跟踪评估。一项并购批准后,反垄断当局可以在某一时间内(例如3年)对该项并购所承诺的效率、该项并购对价格和市场份额的实际影响等进行跟踪评估,以发现并购评估审查中存在的不足、效率因素对消费者福利的实际影响(实际传递率)等。这一工作有助于反垄断当局获得对并购可能带来的效率的更加准确的认识,改进并购评估审查程序和方法,准确定位效率因素在横向并购反垄断控制中的作用。

最后需要提到的是,由于中国反垄断政策的实施起步较晚,横向并购反垄断控制的相关案例不多且评估审查的透明度较低,再加上获取相关行业微观数据的困难,因而本书对中国并购案例的实证分析还显不足,这也是作者后续研究的努力方向。

参考文献

Abreu, D. , D. Pearce, and E. Stachetti, "Optimal Cartel Equilibria with Imperfect Monitoring", *Journal of Economic Theory*, 1985(39): 251—269.

Abreu, D. , "External Equilibria of Oligopolistic Supergames", *Journal of Economic Theory*, 1986(39): 191—223.

Akhavein, J. , A. Berger, and D. Humphrey, "The Effects of Megamergers on Efficiency and Prices: Evidence from a Bank Profit Function", *Review of Industrial Organization*, 1997(12): 100—132.

Altavilla, C. , L. Luini, and P. Sbriglia, "Social Learning in Market Games", *Journal of Economic Behavior and Organization*, 2006(36): 192—231.

Armstrong, M. , and J. Vickers, "A Model of Delegated Project Choice", *Econometrica*, 2010(1): 213—244.

Ashenfelter, O. , D. Ashmore, J. Baker, and S. McKernan, "Identifying the Firm-Specific Pass-Through Rate", Federal Trade Commission Discussion Paper, 1998.

Asplund, M. , and R. Sandin, "Competition in Interrelated Market: An Empirical Study", working paper, Stockholm School of Economics, 1996.

Athukorala, P. , and J. Menon, "Pricing to Market Behaviour and Exchange Rate Pass-Through in Japanese Export", *Economic Journal*, 1994, 104: 171—181.

Azzam, A. , "Measuring Market Power and Cost-Efficiency Effects of Industrial Concentration", *The Journal of Industrial Economics*, 1997.

Bailey, E. , and A. Friedlaender, "Market Structure and Multiproduct Industries", *Journal of Economic Literature*, 1982(20): 1024—1048.

Bain, J. , "Output Quotas in Imperfect Cartels", *Quarterly Journal of Economics*, 1948 (62): 617—622.

Bain,J. , "Relation of Profit Rate to Industry Concentration:American Manufacturing , 1936-1940", *Quarterly Journal of Economics*, 1951, 65:293—324.

Bain,J. , "The Profit Rate as a Measure of Monopoly Power", *Quarterly Journal of Economics*,1941, (55)2:271—293.

Baker, J. , and C. Shapiro, "Reinvigorating Horizontal Merger Enforcement", Working Paper, 2007.

Baker, J. , and D. Rubinfeld, "Empirical Method in Antitrust Litigation: Review and

Critique", *American Law and Economics Review*, 1999(1): 386—435.

Baker, J., and T. Bresnahan, "The Gains from Merger or Collusion in Product Differentiated Industries", *The Journal Industrial Economics*, 1985, 33(4): 427—444.

Baker, J., and T. Bresnahan, "Estimating the Residual Demand Curve Facing a Single Firm", *International Journal of Industrial Organization*, 1985, 6(3): 283—300.

Baker, J., "Mavericks, Mergers and Exclusion: Proving Coordinated Competitive Effects Under the Antitrust Law", *New York University Law Review*, 2002(77): 135—203.

Baker, J., "Why did the Antitrust Agencies Embrace Unilateral Effect?", *George Mason Law Review*, 2003(12): 31—37.

Baldwin, J., and P. Gorecki, "Mergers Placed in the Context of Firm Turnover", in Bureau of Census, 1990 Annual Research Conference, Washington D. C.: US Department of Commerce.

Banerjee, A., and W. Eckard, "Are Mega-Mergers Anti-Competitive? Evidence from the First Great Merger Wave", *Rand Journal of Economics*, 1998, 29(4): 803—827.

Barnett, P., T. Keeler, and T. Hu, "Oligopoly Structure and the Incidence of Cigarette Excise Taxes", *Journal of Public Economics*, 1995, 57(3): 457—470.

Barton, D., and R. Sherman, "The Price and Profit Effects of Horizontal Merger: A Case Study", *Journal of Industrial Economics*, 1984, 33(2): 165—177.

Baumann, M., and P. Godek, "Could and Would Understood: Critical Elasticity and the Merger Guidelines", *The Antitrust Bulletin*, 1995,885.

Baumol,W.,R. Panzar, and R. Willig,*Contestable Markets and the Theory of Industry Structure*, New York:Harcourt Brace Jovanovich, 1982.

Berger, A, and D. Humphrey, "Mega-Mergers in Banking and the Use of Cost Efficiency as an Antitrust Defense", Antitrust Bulletin, 1992, 37(2): 541—600.

Berger, A., and D. Humphrey, "The Effects of Mega-Mergers on Efficiency and Prices: Evidence from a Bank Profit Function", *Review of Industrial Organization*, 1997 (12): 95—139.

Bergman, M., M. Coate, M. Jackobsson, and S. Ulrick, "Atlantic Divide of Gulf Stream Convergence: Merger Policy in the European Union and the United States", Working Paper, 2009.

Bergman, M., M. Jackobsson, and C. Razo, "An Econometric Analysis of the European Commission Merger Decision", *International Journal of Industrial Organization*, 2005 (23): 717—737.

Bernheim, D., and M. Whinston, "Multimarket Contact and Collusive Behavior", *Rand Journal of Economics*, 1990(21): 1—26.

Berry, J., "Econometric Analysis in FTC v. Staples", Available at http://www.ftc.gov/speeches/other/stspch. htm, 1998.

Besanko, D., and D. Spulber, "Contested Merger and Equilibrium Antitrust Policy",

Journal of Law, Industry, Economics and Organization, 1993, 9(1): 1—23.

Beutel, P., and M. Mcbride, "Market Power and the Northwest-Republic Airline Merger: A Residual Demand Approach", *Southern Economic Journal*, 1992, 58: 709—720.

Bian, L., and D. McFetridge, "The Efficiency Defense in Merger Case: Implications of Alternative Standards", *Canada Journal of Economics*, 2000, 33(2): 297—311.

Bishop, S., and A. Lofaro, "A Legal and Economic Consensus? The Theory and Practice of Coordinated Effects in EC Merger Control", The Antitrust Bulletin, 2004(summer): 195—242.

Bishop, S., and A. Lofaro, "Assessing Unilateral Effects in Practice: Lessons from GE/Instrumentarium", *European Competition Law Review*, 2005(26): 205—208.

Bishop, S., and M. Walker, *The Economics of EC Competition Law*, London: Sweet & Maxwell, 1999.

Bishop, S., and M. Walker, *The Economics of EC Competition Law: Concepts, Application and Measurement*, Sweet and Maxwell Limited U. K., 2002, pp. 280.

Bolton, P., and D. Scharfstein, "A Theory of Predation Based on Agency Problems in Financial Contracting", *American Economic Review*, 1990, 80(1): 93—106.

Bork, R., "Legislative Intent and the Policy of the Sherman Act", *Journal of Law and Economics*, 1966(9):7—48.

Bougette, P., and S. Turolla, "Market Structure, Political Surrounding and Merger Remedies: An Empirical Investigation of the EC's Decision", *European Journal of Law and Economics*, 2008(25): 125—150.

Bradley, M., A. Desai, and E. Kim, "Synergistic Gains from Corporate Acquisitions and Their Division between the Stockholders of Target and Acquiring Firms", *Journal of Financial Economics*, 1988, 21(1): 3—40.

Bresnahan, T., "Empirical Studies of Industries with Market Power", In Schmalensee, R., and R. Willig (eds.), *Handbook of Industrial Organization*, Amsterdam: Elsevier, 1989, Vol. 2, pp. 1011—1057.

Brock, W., and J. Sheinkman, "Price Setting Supergames with Capacity Constraints", *Review of Economic Studies*, 1985(52): 371—382.

Brodley, J., "Proof of Efficiencies in Mergers and Joint Venture: Testing ex ante Claims Against Ex post Evidence", Statement of Joseph H. Brodley, "Federal Trade Commission hearing on global and innovation-based competition", 7 November 1995, revised 1996.

Brouwer, M., "Horizontal Mergers and Efficiencies: Theory and Antitrust Practice", *European Journal of Law and Economics*, 2008(26): 11—26.

Buccirossi, P., *Handbook of Antitrust Economics*, The MIT Press, Cambridge Massachuestts, 2007.

Budzinski, O., and I. Ruhmer, "Merger Simulation in Competition Policy: A Survey", University of Southern Denmark: Department of Environmental and Business Economics, Working Paper, No. 82, 2009.

Bulow, J., and P. Pfleiderer, "A Note on the Effect of Cost Changes on Prices", *Journal of Political Economy*, 1983, 91: 182—185.

Cable, J., J. Palfrey, and J. Runge, "Federal Republic of Germany, 1964-1974", in Mueller (ed.), *The Detriminants and Effects of Mergers: An International Comparison*, Mass: Oelgeschlager, Gun&Hanin, 1980, pp: 99—132.

Cabolis, C., C. Manasakis, and E. Petrakis, "Horizontal Mergers and Acquisitions with Endogenous Efficiency Gains", Working Paper, 2008.

Capps, O., J. Church, and H. Love, "Specification Issues and Confidence Intervals in Unilateral Price Effects Analysis", *Journal of Econometrics*, 2003(113): 3—31.

Carree, M., A. Gunster, and M. Schinkel, "European Antitrust Policy: An Analysis of Commission Decision during 1964—2002", Amsterdam Center for Law and Economics Working Paper, No.6, 2008.

Chone, P., and L. Linnemer, "Assessing Horizontal Mergers under Uncertain Efficiency Gains", CREST-LEI, Paris, Working Paper, 2006.

Church, J., and W. Roger, "Industrial Organization: Strategic Approach", Chapter 19, McGraw-Hill, 2000.

Clark, R., and W. Davis, "Market Structure and Price-Cost Margins", *Economica*, 1982, 49:277—287.

Coate, M., and F. McChesney, "Empirical Evidence on FTC Enforcement of the Merger Guidelines", *Economic Enquiry*, 1992(30): 277—293.

Coate, M., and F. McChesney, "Enforcement of the US Merger Guidelines: Empirical Evidence on FTC Enforcement of Merger Guidelines", *Economic Enquiry*, 1992, 30(2): 277—293.

Coate, M., and S. Ulrick, "Influential Evidence in Merger Enforcement at the Federal Trade Commission", Issues in Competition Law and Policy: ABA Section of Antitrust Law, 2009.

Coate, M., and S. Ulrick, "Transparency at the Federal Trade Commission: The Horizontal Merger Review Process 1996—2003", *Antitrust Law Journal*, 2006(73): 531—570.

Coate, M., "Unilateral Effects in Merger Analysis: Models, Merits and Merger Policy", FTC Working Paper, 2010.

Collie, D., "Collusion and the Elasticity of Demand", Economics Bulletin, 2004(12): 1—6.

Comanor, W., "Market Structure, Product Differentiation and Industrial Research", *Quarterly Journal of Economics*, 1967, 81:639—657.

Compte, O., F. Jenny, and P. Rey, "Capacity Constraints, Mergers and Collusion", *European Economic Review*, 2002(46): 1—29.

Cosnita, A., and J.-P. Tropeano, "Defending the Efiiciency Defense", Working Paper, 2006.

Cosnita-Langlais, A., and J. Tropeano, "Do Remedies after the Efficiency Defense: An Optimal Merger Control Analysis", Working Paper, 2009.

Cotterill, R., "Market Power in the Retail Food Industry: Evidence from Vermont", *Review of Economics and Statistics*, 1986, 68(3): 379—386.

Cowling, K., and M. Waterson, "Price-Cost Margins and Market Structure", *Economica*, 1976, 43: 267—274.

Crampton, P., *Mergers and the Competition Act*, Tornonto, Carswell, 1990, p. 522.

Dansby, E., and R. Willig, "Industry Performance Gradient Indexes", *American Economic Review*, 1979, 69: 249—260.

Davidson, C., and R. Denechere, "Horizontal Mergers and Collusive Behavior", *International Journal of Industrial Organization*, 1984(2): 117—132.

Davidson, C., and R. Deneckere, "Excess Capacity and Collusion", *International Economic Review*, 1990(31): 521—541.

Davies, S., M. Olczak, and H. Coles, "Tacit Collusion, Firm Asymmetries and Numbers: Evidence from EC Merger Cases", *International Journal of Industrial Organization*, 2011(29): 221—231.

Davis, D., "Strategic Interaction, Market Information and Predictiong the Effects of Mergers in Differentiated Product Markets", *Internatioanl Journal of Industrial Organization*, 2002(20): 1277—1312.

Davis, P., and C. Huse, "Estimating the Coordinated Effects of Merger", UK Competition Commission Working Paper, 2010.

Davis, P., and E. Garces, *Quantitative Techniques for Competition and Antitrust Analysis*, Princeton University Press, 2010, Chapter 8, 382—435.

Davis, P., "Coordinated Effects Merger Simulation with Linear Demands", CEPR Working Paper, 2006.

De la Mano, "For the Consumer's Sake: The Competitive Effects of Efficiencies in European Merger Control", EC Enterprise Paper No. 11, 2002.

Deneckere, R., and C. Davidson, "Incentives to Form Coalitions with Bertrand Competition", *Rand Journal of Economics*, 1985(16): 473—486.

Dick, A., "Coordinated Effects Analysis: The Arch Coal Decision", *Antitrust Source*, 2005(3): 3—15.

Dickerson, A., H. Gibson, and E. Tsakalotos, "The Impact of Acquisitions on Company Performance: Evidence from a Large Panel of UK Firms", Oxford Economics Paper, No. 49, 1997, 344—361.

Draganska, M., and D. Jain, "Product Line-Length as a Competitive Tool", *Journal of Economics and Managenment Strategy*, 2005(14): 1—28.

Dubow, B., D. Elliott, and E. Morrioson, "Unilateral Effects and Merger Simulation Models", *European Competition Law Review*, 2004(25): 114—117.

Eckbo, B., "Horizontal Mergers, Collusion and Stockholder Wealth", *Journal of Financial Economics*, 1983, 11(4): 665—698.

Eckhoudt, L., and C. Gollier, *Risk-evaluation, Management and Sharing*, Cambridge: Harvester Wheatsheaf, 1995.

Ekelund, R., G. Ford, and J. Jackson, "Is Radio Advertising a Distinct Market? An Empirical Analysis", *Review of Industrial Organization*, 1999, 14: 239—256.

Epstein, R., and D. Rubinfeld, "Effects of Merger Involving Differentiated Products", Technical Report for DG Competition, European Commission, 2004.

Epstein, R., and D. Rubinfeld, "Merger Simulation: A Simplified Approach with New Applications", *Antitrust Law Journal*, 2001(69): 883—919.

Ericson, R., and A. Pakes, "Markov-Perfect Industry Dynamic: A Framework for Empirical Work", Review of Economic Studies, 1995(62): 53—82.

Evans, W., and I. Kessides, "Living by the Golden Rule: Multimarket Contact In the U.S. Airline Industry", *Quarterly Journal of Economics*, 1994(109): 341—366.

Ewing, K., "Competition Rules for the 21st Century: Principles from American's Experience", *Kluwer Law International*, 2003, pp. 46—65.

Fackelmann, C., "Dynamic Efficiency Considerations in EC Merger Control: An Intractable Subject or a Promising Chance for Innovation?", The University of Oxford, Center for Competition Law and Policy, Working Paper, No. 9, 2006.

Farrell, J. and Shapiro C., "Horizontal Merger: An Equilibrium Analysis", *American Economic Review*, 1990, 80(1): 107—126. Farrell, J., and C. Shapiro, "Horizontal Merger: An Equilibrium Analysis", *American Economic Review*, 1990(80): 107—126.

Farrell, J., and C. Shapiro, "Scale Economies and Synergies", *Antitrust Law Journal*, 2001, 68(3): 685—710.

Farrell, J., and M. Katz, "The Economics of Welfare Standard in Antitrust", *Competition Policy International*, 2006(3):673—701.

Feenstra, R., and J. Levinsohn, "Estimating Markups and Market Conducts with Multidimensional Product Attributes", *Review of Economic Studies*, 1995(62): 19—52.

Feenstra, R., "Symmetric Pass-Through of Tariffs and Exchange Rates Under Imperfect Competition: An Empirical Test", *Journal of International Economics*, 1989, 27(1): 25—45.

Fershtman, C., and A. Pakes, "A Dynamic Oligopoly with Collusion and Price War", Working Paper, 1998.

Feuerstein, S., "Collusion in Industrial Economics: A Survey", *Journal of Industry, Competition and Trade*, 2005(5): 163—198.

Fisher, A., and H. Lande, "Efficiency Considerations in Merger Enforcement", *Cali-*

fornia Law Review, 1983(71): 1582—1599.

Fisher, A., and R. Lande, "Efficiency Considerations in Merger Enforcement", *California Law Review*, 1983(71): 137—149.

Fisher, A., R. Lande, and W. Vandaele, "Afterword: Could a Merger Lead to Both Monopoly and a Lower Price?", *California Law Review*, 1983(71): 1697.

Flynn, F., "Identify Orientations and Forms of Social Exchange in Organizations", *Academy of Management Review*, 2005, 30(4): 737—750.

Foncel, J., M. Ivaldi, and J. Motis, "Identifying Merger Unilateral Effects: HHI or Simulation?" Working Paper, 2007.

Foncel, J., "Selection of Market Conducts in the Telephone Equipment Market in France", mimeo, 2002.

Frensch, F., "The Social Side of Mergers and Acquisitions: Cooperation Relationships after Mergers and Acquisitions", DUV Working Paper, 2007.

Fridolfsson, S., and J. Stennek, "Why Mergers Reduces Profits and Raise Share Price: A Theory of Preemptive Mergers", *Journal of European Economics Association*, 2005(3): 1099—1121.

Fridolfsson, S., "A Consumer's Surplus Defense in Merger Control", Research Institute of Industrial Economics, Working Paper, 2002.

Friedman, J., "A Non-cooperative Equilibrium for Supergames", *Review of Economic Studies*, 1971(28): 1—12.

Froeb, L., S. Tschanz, and G. Werden, "Pass-through Rates and the Price Effects of Merger, Owen Working Paper", Vanderbilt University, July 12, 2001.

Fudenburg, D., and E. Maskin, "The Folk Theorem in Repeated Games with Discounting or with Incomplete Information", *Econometrica*, 1986(54): 533—554.

Fudenburg, D., D. Levine, and E. Maskin, "The Folk Theorem with Imperfect Public Information", *Econometrica*, 1994(62): 997—1039.

Galbraith, J., *American Capitalism: The Concept of Counervailing Power*, Boston: Houghton Mifflin, 1952.

Gandhi, A., L. Froeb, S. Tschantz, and G. Werden, "Post-Merger Product Repositioning", Vanderbilt Law & Economics Working Paper 05-19, 2005.

Ganslandt, M., L. Persson and H. Vasconselos, "Endogenous Merger and Collusion in Asymmetric Market Structure", Working Paper, 2011.

Gayle, W., R. Marshall, L. Marx, and J. Richard, "Coordinated Effects in the 2010 Horizontal Merger Guidelines", *Review of Industrial Organization*, 2011(39): 39—56.

Geithman, F., F. Marvel, and L. Weiss, "Concentration Price and Critical Concentration Ratio", *Review of Economics and Statistics*, 1981, 63(3): 346—353.

Gellhorn, E., and W. Kovacic, *Law in a Netshell: Antitrust Law and Economics*, West Press, 1994.

Gifford, D. , and R. Kurdrle, "Rhetoric and Reality in the Merger Standard of the United States, Canada and European Union", *Antitrust Law Journal*, 2005, 72 (2): 423—439.

Goppelsroeder, M. , and M. Schinkel, "Quantifying the Scope for Efficiency Defense in Merger Control: The Werden-Froeb-Index", *The Journal of Industrial Economics*, 2008 (4): 778—808.

Gowrisankaran, G. , "A Dynamic Model of Endogenous Horizontal Mergers", *RAND Journal of Economics*, 1999, 30:56—83.

Grandy, C. , "Original Intent and the Sherman Act: A Re-examination of the Consumer Welfare Hypothesis", *Journal of Economics History*, 1993(3): 359—379.

Green, E. , and R. Porter, "Non-Cooperative Collusion under Imperfect Price Information", *Econometrica*, 1984(52): 87—100.

Grossman, S. , and O. Hart, "Disclosure Laws and Takerover Bids", *Journal of Finance*, 1980, 35(2): 323—334.

Gugler, K. , D. Muller, B. Yurtoglu, and C. Zulehner, "The Effects of Mergers: An International Comparison", *International Journal of Industrial Organization*, 2003, 21(5): 648—683.

Haltiwanger, J. , and J. Harrington, "The Impact of Cyclical Demand Movements on Collusive Behavior", *Rand Journal of Economics*, 1991(22): 89—106.

Hariton, C. , and G. Piaser, "Efficienc Defense: Possible Mitigating Effects in Presence of Imperfect Redistribution Tools", Woring Paper, Department of Ecoomics, Ca' Foscari University of enice, No. 31, 2006.

Harrington, J. , and A. Skrzypacz, "Collusion under Monitoring of Sales", *Rand Journal of Economics*, 2007(38): 447—463.

Harrington, J. , "Collusion Among Asymmetric Firms: The Case of Different Discount Factor", *International Journal of Industrial Organization*, 1989(7): 289—307.

Harrington, J. , "Detecting Cartel", in Buccirossi (ed.), *Handbook of Antitrust Economics*, The MIT Press, Cambridge, MA. , 2008.

Harris, B. , and D. Smith, "The Merger Guidelines vs. Economics: A Survey of Economic Studies", in ABA(ed.) *Perspectives on Fundamental Antitrust Theory*, 2001.

Harris, B. , and J. Simons, "Focusing Market Definition: How Much Substitution is Necessary?", *Research in Law and Economics*, 1989,12:207—226.

Hausman, J. , and G. Leonard, "Quantifying the Effects from Horizontal Mergers: The European Heavy Trucks Markets", *International Journal of Industrial Organization*, 2005 (23): 693—698.

Hausman, J. , G. Leonard, and J. Zona, "Competitive Analysis with Differentiated Products", *Journal of Economics and Statistics*, 1994(34): 159—180.

Hayward, M. , and D. Hambrick, "Expaining the Premiums Paid for Large Acquisitions: Evidence of CEO Hubris", *Administrative Science Quarterly*, 1997(2): 106—123.

Healy, P., K. Palepu, and R. Ruback, "Does Corporate Performance Improve after Merger?", *Journal of Financial Economics*, 1992, 31(2): 135—175.

Heidhues, P., and J. Lagerlof, "On the Desirability of an Efficiency Defense in Merger Control", *International Journal of Industrial Organization*, 2005, 23(10): 803—827.

Hermalin, B., "The Effects of Competition on Executive Behavior", *Rand Journal of Economics*, 1992, 23(3): 350—365.

Heyer, K., "Welfare Standard and Merger Analysis: Why Not the Best?", *Competition Policy International*, 2006, 2(2): 3—21.

Hirshleifer, J., and L. Riley, *The Analytics of Uncertainty and Information*, Cambridge: Cambridge Unversity Press, 1992.

Hitt, M., R. Hoskisson, R. Ireland and J. Harrison, "Effects of Acquisitions on R&D Inputs and Outputs", *Academy of Management Journal*, 1991, 34(3): 693—706.

Holmstrom, B., and J. Tirole, "The Theory of Firm", in Schmalensee, R. and R. Willig (ed.), *Handbook of Industrial Organization*, Amsterdam, Oxford and Tokyo: North-Holland, 1989, pp. 61—133.

Holt, C., "Industrial Organization: A Survey of Laboratory Reseach", in Kagel, J., and A. Roth (eds.), *The Handbook of Experimental Economics*, New Jersey: Princeton University Press, 1995, pp. 349—444.

Hooper, P., and C. Mann, "Exchange Rate Pass-Through in the 1980s: The Case of U. S. Imports of Manufactures", Brookings Papers on Economic Activity, 1989(1): 297—337.

Huck, S., H. Normann, and J. Oechssler, "Does Information about Competitors' Action Increase or Decrease Competition in Experimantal Oligopoly Market?", *Internatioanl Journal of Industrial Organization*, 2000(18): 39—57.

Hüschelrath, K., "Critical Loss Analysis in Market Definition and Merger Control", *ZEW Discussion Paper No. 09-083*, Mannheim.

Ida, T., "Horizontal Merger Efficiency Gain: Merger Remedy, Asymmetric Information and Incomplete Enforcement", Graduate School of Economics, Tyoto University, Working Paper, 2007.

Ilkovitz, F., and R. Meiklejohn, "European Merger Control: Do We Need an Efficiency Defense?", *Journal of Industry, Competition and Trades*, 2003(3): 57—95.

Ilzkovitz, F., and R. Meiklejohn, *European Merger Control: Do We Need an Efficiency Defence?* Edward Elgar Publishing Limited, Cheltenham, UK, 2006.

Ivaldi, M., and F. Verboven, "Quantifying the Effects from Horizontal Mergers in European Competition Policy", IDEI Working Paper, 2003.

Ivaldi, M., and F. Verboven, "Quantifying the Effects from Horizontal Mergers in European Competition Policy", *International Journal of Industrial Organization*, 2005, 23:

669—691.

Ivaldi, M. , B. Jullien, P. Rey, P. Seabright, and J. Tirole, "The Economics of Tacit Collusion", DG Competition Working Paper, 2003.

Jackson, R. , "The Consideration of Economies in Merger Case", *Journal of Business*, 1970(43): 439.

Jarrell, G. , J. Brickley, and J. Netter, "The Market for Corporate Control: The Empirical Evidence Since 1980", *Journal of Economic Perspective*, 1988, 2(1): 49—68.

Jaumandreu, J. , and J. Lorences, "Modeling Price Competition Across Many Markets", *European Economic Review*, 2002(46): 93—115.

Jayarante, J. , and C. Shapiro, "Simulating Partial Asset Divestitures to Fix Merger", *International Journal of Economics of Business*, 2000(7): 179—200.

Jenny, F. , Antitrust in a Global Economy, in Hawk B. (ed.) Fordham Corporate Law Institute, 1997.

Jensen, M. , and R. Ruback, "The Market for Corporate Control: The Scientific Evidence", *Journal of Financial Economics*, 1983, 11(4): 5—50.

Jorde, T. , and D. Teece, "Innovation and Cooperation: Implications for Competition and Antitrust", *Journal of Economic Perpectives*, 1990, 4(3):75—96.

Jullien, B. , and P. Rey, "Resale Price Maintenance and Collusion", mimeo, University of Toulouse, 2002.

Kadiyali, V. , K. Sudhir, and R. Vithala, "Structural Analysis of Competitive Behavior: New Empirical Industrial Organization Methods in Marketing", *International Journal of Research in Marketing*, 2001, (18): 161—186.

Kadiyali, V. , "Exchange Rate Pass-Through for Strategic Princing and Advertising: An Empirical Analysis of the U. S. Photographic Film Industry", *Journal of International Economics*, 1997, 43(3): 437—461.

Katz, M. , and H. Shelanski, "Merger and Innovation", *Journal of Antitrust Literature*, 2007(1): 74—95.

Khemani, R. , and D. Shapiro, "An Empirical Analysis of Canadian Merger Policy", *The Journal of Industrial Economics*, 1993(41): 161—177.

Kim, E. , and V. Singal, "Mergers and Market Power: Evidence from the Airline Industry", *American Economic Review*, 1993, 83(3): 549—569.

Kinne, K. , The Efficiency defense in the U. S. American Merger Policy, HWWA, Discussion Paper 67, 1998.

Kitching, J. , "Why Do Merger Miscarry?", *Harvard Business Review*, 1967(45): 87—90.

Klemperer, P. , "Markets with Consumer Switching Costs", *Quarterly Journal of Economics*, 1987, 102:375—394.

Kokkoris, I. , "Merger Simulation: A Crystal Ball for Assessing Merger", *World Com-*

petition, 2005(28): 327—348.

Kolasky, W., and A. Dick, "The Merger Guidelines and the Integration of Efficiencies in to Antitrust Review of Horizontal Mergers", *Antitrust Law Journal*, 2003 (71): 207—231.

Kovacic, W., R. Marshall, L. Marx, and P. Schulenberg, "Quantitative Analysis of Coordinated Effects", Working Paper, 2006.

Kreinin, M., "The Effect of Exchange Rate Changes on the Prices and Volume of Foreign Trade", International Monetary Fund Staff Papers, 1977, 24(2): 297—329.

Kuhn, K., "Righting Collusion by Regulating Communication between Firms", *Economic Policy*, 2001(32): 169—204.

Kuhn, K., "The Coordinated Effects of Mergers in Differentiated Products Markets", Bepress Legal Repository, Working Paper, 2004.

Kumps, A., and R. Wtterwulghe, "Belgium", 1962-1974, in Mueller (ed.), *The Detriminants and Effects of Mergers: An International Comparison*, Mass: Oelgeschlager, Gun&Hanin, 1980, pp. 67—98.

Laffont, J., and J. Tirole, *A Theory of Incentives in Procurement and Regulation*, MIT Press, 1993.

Lagerlof, J., and P. Heidhues, "Efficiency Gains and Information Lobbying: On the Costs of Discretion in Merger Control", CEPR Working Paper, 2001.

Lagerlof, J., and P. Heidhues, "On the Desirability of an Efficiency Defense in Merger Control", *International Journal of Industrial Organization*, 2005, 23: 803—827.

Lambertini, L., and C. Schultz, "Price or Quantity in Tacit Collusion?", Economics Latter, 2003(78): 131—137.

Lambson, V., "Optimal Penal Codes in Nearly Symmetric Bertrand Supergames with Capacity Constraints", *Journal of Mathematical Economy*, 1996(31): 151—167.

Lamm, R., "Price and Concentration in the Food Retailing Industry", *Journal of Industrial Economics*, 1981, 30(1): 67—78.

Lande, R., "Proving the Obvious: The Antitrust Laws were Passed to Protect Consumers, not Just to Increase Efficiency", *Hastings Law Review*, 1999(50): 963—966.

Lande, R., "Wealth Transfers as the Original and Primary Concern of Antitrust: The Efficiency Interpretation Challenged", *Hastings Law Journal*, 1982(34): 65—151.

Landes, W., and R. Posner, "Market Power in Anti-trust Cases", *Harvard Law Review*, 1981, 94: 937—939.

Langenfeld, J., and W. Li, "Critical Loss Analysis in Evaluating Mergers", *The Antitrust Bulletin*, *2000*, *46*(2): 299—337.

Lars-Hendrik Röller, Johan Stennek and Frank Verboven, Efficiency Gains from Merger, Discussion Paper, FS IV 00-09, Wissenschaftszentrum Berlin, 2000.

Lerner, A., "The Concept of Monopoly and the Measurement of Monopoly Power", *Re-*

view of Economic Studies, 1934, (3): 157—175.

Levenstein, M., and V. Suslow, "What Determines Cartel Success?", *Journal of Economics Literature*, 2006(43): 44—51.

Lindsay, A., E. Leechi, and G. Williams, "Econometric Study into EC Merger Decisions since 2000", *European Competition Law Review*, 2003(24): 673—682.

Lyons, B., "Could Politicians be More Right than Economists, A Theory of Merger Standards", CCR Working Paper No. 02-1, 2002.

Lyons, B., "Could Politicians be More Right than Economists? A Theory of Merger Standard", Norwich, UEA. Unpublished Manuscrip, 2002.

Mandel, M., "Goging for the Gold: Economists as Expert Witnesses", *Journal of Comparative Economics*, 1999, 13(2): 113—120.

Martin, S., "Competition Policy, Collusion and Tacit Collusion", *International Journal of Industrial Organization*, 2006(24): 1299—1332.

Martin, S., "Endogenous Firm Efficiency in a Cournot Principal-Agent Model", *Journal of Economic Theory*, 1993(59): 445—450.

Marvel, H., "Competition and Price Level in the Retail Gasoline Market", *Review of Economics and Statistics*, 1978, 6(2): 252—258.

McAfee, R., and M. Williams, "Horizontal Merger and Antitrust Policy", *Journal of Industrial Economics*, 1992, 40(2): 181—187.

McAfee, R., and M. Williams, "Can Event Studies Detect Anticompetitive Mergers?", *Economics Letters*, 1988, 28(2): 199—203.

McFetridege, D., "Merger Enforcement Under the Competition Act after Ten Years", *Review of Industrial Organization*, 1998(13): 25—56.

Medvedev, A., "Efficiency Defense and Administrative Fuzziness in Merger Regulation", CERGE-EI Working Paper No. 229, 2004.

Medvedev, A., "Efficiency Defense, Administrative Fuzziness and Commitment in Merger Regulation", ESRC Centre for Competition Policy, University of East Anglia, CCP Working Paper 06-8, 2006.

Meeks, G., *Disappointed Marriage: A Study of the Grains from Merger*. Cambridge University Press, Cambridge, 1977.

Morgan, E., "The Treatment of Oligopoly under the European Merger Control Regulation", Antitrust Bulletin, Spring 1996, pp. 203—246.

Motta, M., and H. Vasconcelos, "Efficiency Gains and Myopic Antitrust Authority in a Dynamic Merger Game", *International Journal of Industrial Organization*, 2005, 23(4): 777—801.

Motta, M., *Competition Policy: Theory and Practice*, Cambridge University Press, 2004, p. 18.

Mueller, D., "The United States, 1962-1972", in Mueller, D. (ed.), *The Detrimi-*

nants and Effects of Mergers: An International Comparison, Mass: Oelgeschlager, Gun&Hanin, 1980, pp. 299—314.

Mueller. D., "Merger and Market Share", *Review of Economics and Statistics*, 1985, 67(2): 259—267.

Neven, D., and L. Roller, "Consumer Surplus vs. Welfare Standard in a Political Economy Model of Merger Control", *International Journal of Industrial Organization*, 2005, 23(2):829—848.

Neven, D., R. Nuttall, and P. Seabright, *Merger in Daylight: The Economics and Politics of European Merger Control*, CEPR: London, UK, 1993.

Nevo, A., "Mergers with Differentiated Products: The Case of the Ready-to-eat Ceral Industry", *The Rand Journal of Economics*, 2000, 31(2): 395—421.

Nocke, V., and M. Whinston, "Dynamic Merger Review", CSIO Working Paper, No. 99, 2008.

Olczak, M., "Unilateral versus Coordinated Effects: Comparing the Impact on Consumer Welfare of Alternative Merger Outcomes", Working Paper, 2009.

Ordover, J., A. Sykes, and R. Willig, "Herfindahl Concentration, Rivalry and Merger", *Harvard Law Review*, 1982, 95: 1857—1863.

Ordover, J., "Coordinated Effects", in 2 Issues in Competition Law and Policy, 2008, pp. 1359—1383.

Osborne, M., and C. Pitchik, "Price Competition in a Capacity-Constrained Duopoly", *Journal of Economic Theory*, 1983(38): 238—260.

Padilla, A., "Efficiencies in Horizontal Mergers: Williamson Revisited", *Competition Law and Policy*, 2006(3): 35—57.

Paha, J., "Empirical Methods in the Analysis of Collusion", *Empirica*, 2011(2): 351—398.

Pakes, A., and P. McGuire, "Computing Markov Perfect Nash Equilibrium: Numerical Implication of a Dynamic Differentiated Product Model", *The Rand Journal of Economics*, 1994(25): 555—589.

Panzar, J., "Technological Determinants of Firm and Industry Structure", in Schmalensee, R. and R. Willig (ed.), *Handbook of Industrial Organization*, Amsterdam, Oxford and Tokyo: North-Holland, 1989, pp. 3—59.

Perloff, J., L. Karp, and A. Golan, *Estimating Market Power and Strategies*, New York, NY: Cambridge University Press, 2007.

Perry, M., and R. Porter, "Oligopoly and the Incentive for Horizontal Merger", *American Economic Review*, 1985, 75(1): 219—227.

Peter, C., "Evaluating the Performance of Merger Simulation: Evidence from the U.S. Airline Industry", Northwestern University, Center for Study of Industrial Organization, Working Paper, No. 32, 2003.

Pflanz, M. , and C. Cristina, "The Economies of GE Honeywell", ECLR, 2002(23): 115—129.

Pharma Strategy Consulting Economist, "Good Heavens, Good Governance and European Business Survey", *The Economist*, 2000, April 29, page 17.

Pindyck, R. , "The Measurement of Monopoly Power in Dynamic Markets", *Journal of Law and Economics*, 1985, 28(1): 193—222.

Pinkse, J. , and M. Slade, "Merger, Brand Competition and the Price of a Pint", *European Economic Review*, 2004(48): 617—643.

Pitofsky, R. , "Efficiencies in Defense of Mergers: 18 Months Later", *George Mason Law Review*, Antitrust Symposium: The Changing Face of Efficiency, Washington D. C. , October, 1998.

Pitovsky, R. , "Efficiency in Defense of Mergers: 18 Months After", Remarks Given at George Mason Law Review Antitrust Symposium: The Change Face of Efficiency, 1998.

Porter, R. , "A Study of Cartel Stability: The Joint Executive Committee, 1880-1886", *Bell Journal of Economics*, 1983(14): 301—314.

Posner, R. , *Antitrust Law*, 2nd, 2001.

Potters, J. , and F. van Winden, "Lobbying and Assymetric Information", *Public Choice*, 1992(74): 269—292.

Prager, R. , "The Effects of Horizontal Mergers on Competition: The Case of the Northern Securities Company", *Rand Journal of Economics*, 1992(23): 123—133.

Raith, M. , "Product Differentiation, Uncertainty and Stability of Collusion", London School of Economics, Discussion Paper, No. 16, 1996.

Rakovsky, C. , and V. C. H. M. Verouden, "Comments on the Role of Efficiencies in EC Merger Control", in Gotz Drauz and Michael Reynolds (eds), *EC Merger Control: A Major Reform in Progress*, Richmond: Richmond Law and Tax, 2003, Chapter 6.

Ravenscraft, D. , and F. Scherer, *Merger, Sell-offs and Economic Efficiency*. Washington, D. C. , Brookings Institution, 1987.

Renckens, A. , "Policy Preferences and the Choice of a Welfare Standard", Univeristy of Antwerp, Working Paper, 2006.

Renckens, A. , "Welfare Standards, Substantive Tests and Efficiency Considerations in Merger Policy: Defining the Efficiency Defense", *Journal of Competition Law and Economics*, 2007, 3(2): 149—179.

Roger, R. , and C. Durrance, "The Economics of Monopsony", in W. Collins(ed.), *Issues in Competition Law and Policy*, Amer Bar Assn, 2009.

Roger, R. , and D. Kaserman, *Antitrust Economics*, The MIT Press, 2nd ed. 2009.

Roger, R. , "Merger to Monopsony: An Efficiency Defense", The Antitrust Bulletin, 2010, 55(3): 689—698.

Roller, L. , *et al.* , "Efficiency Gains from Mergers", *European Economy*, 2001 (31):

1103—1156.

Roller, Lars-Hendrik, J. Stennek, and F. Verboven, "Efficiency Gains from Mergers", *European Economy*, 2001, 31.

Ross, T., "Cartel Stability and Product Differentiation", *International Journal of Industrial Organization*, 1992(10):1—13.

Rotenberg, J., and G. Saloner, "A Supergame Theoretic Model of Business Cycles and Price Wars during Booms", *American Economic Review*, 1986(76): 390—407.

Röller, Lars-Hendrik, J. Stennek, and F. Verboven, "Efficiency Gains from Merger", Discussion Paper, FS IV 00-09, Wissenschaftszentrum Berlin, 2000.

Salop, S. and J. Simons, "A Practical Guide to Merger Analysis", *29 Antitrust Bulletin*, 1984, pp. 663.

Salop, S., and S. Moresi, "Updating the Merger Guidelines: Comments", Horizontal Merger Guidelines Review Project, 2009.

Salop, S., "Question: What is the Real and Proper Antitrust Welfare Standard, Answer: The True Consumer Welfare Standard", Statement before the Antitrust Modernization Commission, Working Paper, Novermber 4, 2005.

Sanchirico, W., "Relying on the Information of Interested and Potentially Dishonest Parties", *American Law and Economics Review*, 2001, 3(2): 320—357.

Sanchirico, W., "The Burden of Proof in Civil Litigation: A Simple Model of Mechanism Design", *International Review of Law and Economics*, 1997(17): 431—447.

Scharfstein, D., "Product-Market Competition and Managerial Slack", The Rand Journal of Economics, 1988, 19(1): 147—155.

Scharfstein, D., "The Disciplinary Role of Takeovers", *Review of Ecnomic Studies*, 1988, 55(2): 185—199.

Scheffman, D., and J. Simons, "Unilateral Effects for Differentiated Products: Theory, Assumptions and Research", *The Antitrust Source*, 2010(4): 1—9.

Scheffman, D., and P. Spiller, "Geographic Market Definition under the U. S. Department of Justice Merger Guidelines", *Journal of Law and Economics*, 1987, 30(1): 123—147.

Schenk, H., "Merger and Concentration Policy", in Bianchi, P. and S. Labory (ed.) *International Handbook of Industrial Policy*. Cheltenham: Edward Elgar, 2006.

Scherer, F., A. Backstein, E. Kaufer, and R. Murphy, *The Economics of Multi-plant Operation: An International Comparison Study*, Harvard University Press, Cambridge, 1975.

Scherer, F., and D. Ross, *Industrial Market Structure and Economic Performance*, Third Edition, Houghton Nifflin Company, Boston, 1990.

Scherer, F., *Industrial Market Structure and Economic Performance*, Chicago: Rand McNally, 1980.

Schmalensee, R., "Competitive Advantage and Collusive Optima", *International Jour-*

nal of Industrial Organization, 1987(5): 351—368.

Schmidt, K., "Managerial Incentives and Product Market Competition", *Review of Economic Studies*, 1997, 64(2): 191—213.

Schumann, L., "Patterns of Abnormal Returns and the Competitive Effects of Horizontal Mergers", *Review of Industrial Organization*, 1993, 8(6):679—696.

Schwert., G., "Markup Pricing in Mergers and Acquisitions", *Journal of Financial Economics*, 1996, 41(2): 153—192.

Seabright, P., "Ten Years of European Merger Control", Working Paper, Toulouse: Institud'Economie Industrielle (IDEI), 2000.

Seldeslachts *et al.*, "Endogenous Mergers and Endogenous Efficiency Gains: The Efficiency Defense Revisited", *International Journal of Industrial Organization*, 2008(26): 69—91.

Shapiro, C., and J. Farrell, "Horizontal Merger: An Equilibrium Analysis", *American Economic Review*, 1990(80): 107—121.

Shapiro, C., "Theories of Oligopolistic Behaviour, in Schmalensee", R. and R. Willig (eds.), *Handbook of Industrial Organization*, 1989, vol. 1, pp. 329—414.

Simons, J., and M. Coate, "Upward Pressure on Price Analysis: Issues and Implications for Merger Policy", *European Competition Review*, 2010(6): 145—164.

Slade, M., "Merger Simulations of Unilateral Effects: What Can We Learn from the UK Brewing Industry?" UK ESRC Working Paper, 2006.

Snyder, J., "A Dynamic Theory of Countervailing Power", *Rand Journal of Economics*, 1996(27): 747—769.

Staiger, R., and F. Wolak, "Collusive Pricing with Capacity Constraints in The Presence of Demand Uncertainty", *The Rand Journal of Economics*, 1992(23): 203—220.

Starek, R., and S. Stockum, "What Makes Mergers Anticompetitive? Unilateral Effects Analysis under the 1992 Guidelines", *Antitrust Law Journal*, 1995(63): 801—821.

Stennek, J., and F. Verboven, "Merger Control and Enterprise Competitiveness: Empirical Analysis and Policy Recommedations", in Ilzkovitz, F. and R. Meiklejohn, *European Merger Control: Do We Need an Efficiency Defense?* Northampton, MA, USA: Edward Elgar, 2006, 242—292.

Stigler, G., "A Theory of Oligopoly", *Journal of Political Economy*, 1964(72): 44—61.

Stillman, R., "Examining Antitrust Policy toward Horizontal Mergers", *Journal of Financial Economics*, 1983, 11(1): 132—145.

Stulz, R., R. Walking, and M. Song, "The Distribution of Target Ownership and Division of Gains in Successful Takeovers", *The Journal of Finance*, 1990, XLV, 817—833.

Suetens, S., and J. Portters, "Bertrand Colludes More Than Cournot", *Experimental Economics*, 2007(10): 71—77.

Sumner, D. , "Measurement of Monopoly Behaviour: An Application to the Cigarette Industry", *Journal of Political Economy*, 1981, 89(9): 1010—1019.

Svetlicinii, A. , "Merger Control Regimes of EC and Republic of Serbia", *Pravizivot*, 2007 (14): 241—256.

Teece, D. , "Economies of Scope and the Scope of Enterprise", *Journal of Economic Behavior and Organization*, 1980(1): 223—247.

Thomas, C. , and R. Willig, "The Risk of Contagion from Multimarket Contact", *International Journal of Industrial Organization*, 2006(24): 1157—1165.

Thompson, S. , "Critique of Williamson's Economic Case for an Efficiencies Defense in Antitrust Merger Analysis: Are Rectangles Really Larger than Triangles?", UCLA School of Law Research Paper Series No. 03-15, 2003.

Tichy, G. , "What Do We Know about Success and Failure of Merger?", *Journal of Industry, Competition and Trade*, 2001, 1(4): 353—376.

U. S. Department of Justice and Federal Trade Commission, Horizontal Merger Guidelines 1992, Antitrust Trade and Regulation Report, No. 1559, 1992.

U. S. Department of Justice and Federal Trade Commission, Horizontal Merger Guidelines 2010, Download from http://www. ftc. gov/os/2010/08/100819hmr. pdf.

Vasconcelos, H. , "Tacit Collusion, Cost Asymmetries and Mergers", *Rand Journal of Economics*, 2005(36): 39—62.

Verboven, F. , "International Price Discrimination in the European Car Market", *Rand Journal of Economics*, 1996, 27(2): 240—268.

Verboven, F. , "The Markets for Gasoline and Diesel Cars in Europe", Center for Economic Policy Reseach Discussion Paper, No. 2069, 1998, London.

Von Ungern-Sternberg, T. , "Monopolistic Competition on the Pyramid", *The Journal of Industrial Economics*, 1991, 39(4): 355—368.

Weinberg, M. , "The Price Effects of Horizontal Mergers", *Journal of Competition Law and Economics*, 2008, 4(2): 436—451.

Weiskopf, D. , "Merger Simulation", *Antitrust Magazine*, 2003(17): 57—105.

Weiss, A. , "Using the Efficiencies Defense in Horizontal Mergers", *The Antitrust Bulletin*, 1992, pp. 123—132.

Werden, G. , and L. Froeb, "The Effects of Mergers in Differentiated Products Industries: Logit Demand and Merger Policy", *Journal of Law, Economics and Organization*, 1994, 10(2): 407—426.

Werden, G. , and L. Froeb, "Simulation as an Alternative to Structural Merger Policy in Differentiated Product Industries", in Coate, M. and A. Kleit (ed.), *The Economics of the Antitrust Process*, Kluwer, Boston, 1996.

Werden, G. , and L. Froeb, "The Entry-inducing Effects of Horizontal Mergers: An Exploratory Analysis", *The Journal of Industrial Economics*, 1998(46): 525—543.

Werden, G., and L. Froeb, "Unilateral Competitive Effects of Horizontal Mergers", in Buccirossi, P. (ed.), *Advances in Economics of Competition Law*, MIT Press, Cambridge, Massachasetts, 2006.

Werden, G., "A Robust Test for Consumer Welfare Enhancing Mergers among Sellers of Differentiated Products", *Journal of Industrial Economics*, 1996, 44(4): 409—423.

Werden, G., "Assessing the Effects of Antitrust Enforcement in the United States", Paper presented at NMA Conference Measuring the Effects of Competition Law Enforcement, 18-19 October 2007, the Hague.

Werden, G., "Demand Elasticities in Antitrust Analysis", *Antitrust Law Journal*, 1998, pp. 632—651.

Werden, G., "Market Delineation and the Justice Department's Merger Guidelines", *Duke Law Journal*, 1983, pp. 514—579.

Werden, G., "Simulating the Effects of Differentiated Products Merger: A Pratical Alternative to Structure Merger Policy", *George Mason Law Review*, 1997(5): 363—386.

Werden, G., "Unilateral Effects for Differentiated Products: A Response to Scheffman and Simons", *The Antitrust Source*, 2010(6): 1—6.

Whinston, M., "Antitrust Policy toward Horizontal Mergers", in Armstrong, M. and R. Porter, *Handbook of Industrial Organization*, Volume 3, Elsevier B. V., 2007, 2371—2440.

Whish, R., *Competition Law*, Oxford University Press, Butterworth, 5th ed., 2005, p. 17.

Williamson, O., "Economies as an Antitrust Defense Revisited", *The University of Pennsylvania Law Review*, 1977(12): 709, table 1.

Williamson, O., "Economies as an Antitrust Defense: The Welfare Tradeoff", *The American Economic Review*, 1968, 58, 18—36.

Willig, R., S. Salop, and F. Scherer, "Merger Analysis, Industrial Organization Theory, and Merger Guidelines, Brookings Papers on Economics Activity", *Microeconomics*, 1991, pp. 281—332.

阿瑞达、卡普罗:《反垄断法精析:难点与案例》(第五版),影印版,中信出版社,2003年。

安果、伍江:"基于协同效应的横向兼并的模型研究",《当代财经》,2007年第10期。

曹虹:"论反垄断法中相关市场的界定标准",《现代管理科学》,2007年第11期。

陈富良:《规制政策分析:规制均衡的视角》,中国社会科学出版社,2007年。

达芭:《反垄断政策国际化研究》,于立等译,东北财经大学出版社,2008年。

丁茂中:《反垄断法实施中的相关市场界定研究》,复旦大学出版社,2011年。

董红霞:《美国欧盟横向并购指南研究》,中国经济出版社,2007年。

杜志华、蔡继祥:“欧盟并购控制效率抗辩问题研究”,《武汉大学学报》(哲学社会科学版),2011 年第 4 期。

干春晖:《并购经济学》,清华大学出版社,2004 年。

葛拉雷兹、瓦罗纳、阿罗索和克里斯普:《欧盟企业合并控制制度:法律、经济与实践分析》,解琳等译,法律出版社,2009 年。

胡光志:《欧盟竞争法前沿研究》,法律出版社,2005 年。

黄坤、张昕竹:“并购审查中的安全港规则:一种非参数方法”,《中国工业经济》,2011 年第 9 期。

黄坤、张昕竹:“可口可乐拟并购汇源案的竞争损害分析”,《中国工业经济》,2010 年第 12 期。

黄勇等:《经济法学》,对外经济贸易大学出版社,2008 年。

霍温坎普:《联邦反托拉斯政策:竞争法律及其实践》,许光耀等译,法律出版社,2009 年。

柯武尔、怀特:《反托拉斯革命——经济学、竞争与政策》,臧旭恒等译,经济科学出版社,2007 年。

李虹:《相关市场理论与实践——反垄断中相关市场界定的经济学分析》,商务印书馆,2011 年。

李青原、田晨阳、唐建新、陈晓:“公司横向并购动机:效率理论还是市场势力理论”,《会计研究》,2011 年第 5 期。

刘志彪:“产业的市场势力理论及其估计方法”,《当代财经》,2002 年第 11 期。

卢代富:“严厉与宽容:反垄断中的企业合并控制政策”,《现代法学》,1998 年第 4 期。

马西莫 · 莫塔:《竞争政策——理论与实践》,沈国华译,上海财经出版社,2006 年。

戚聿东:“放松规制:中国垄断行业改革的方向”,《中国工业经济》,2009 年第 4 期。

戚聿东:《中国经济运行中的垄断与竞争》,人民出版社,2004 年。

乔伊:《反垄断研究新进展:理论与证据》,于立等译,东北财经大学出版社,2008 年。

全国人大常委会法制工作委员会经济法室:《中华人民共和国反垄断法:条文说明、立法理由及相关规定》,北京大学出版社,2007 年。

芮明杰、余东华:“西方产业组织理论中的技术创新思想的演进”,《研究与发展管理》, 2006 年第 4 期。

尚明:《企业并购反垄断控制:欧盟及部分成员国立法执法经验》,法律出版社,2008 年。

尚明:《中国企业并购反垄断审查相关法律制度研究》,北京大学出版社,2008 年。

尚明:《中华人民共和国反垄断法:理解与适用》,法律出版社,2007 年。

尚明:《主要国家(地区)反垄断法律汇编》,法律出版社,2004 年。

时建中:《反垄断法:法典释评与学理探源》,中国人民大学出版社,2008 年。

史建三:“完善我国经营者集中实质审查的抗辩制度的思考”,《法学》,2009 年第 12 期。

史建三等:《企业并购反垄断审查比较研究》,法律出版社,2010 年。

斯蒂芬·马丁:《高级产业经济学》,史东辉等译,上海财经出版社,2003 年。

泰勒尔:《产业组织理论》,张维迎等译,中国人民大学出版社,1999 年。

田明君:“横向并购的产业组织理论与反垄断政策”,《财经问题研究》,2006 年第 6 期。

王继平、吴瑨:“差异产品市场横向兼并单边效应的 Logit 模拟——以中国服务器产业为例”,《财经问题研究》,2010 年第 7 期。

王健:“2002 年企业法与英国竞争法的新发展”,《环球法律评论》,2005 年第 2 期。

王俊豪、肖兴志和唐要家:《中国垄断性产业管制机构的设立与运行机制》,商务印书馆,2008 年。

王俊豪等:《中国垄断性产业结构重组、分类管制与协调政策》,商务印书馆,2005 年。

王先林:《中国反垄断法实施热点问题研究》,法律出版社,2011 年。

王晓晔:《企业合并中的反垄断问题》, 法律出版社,1997 年。

威廉姆森:《反托拉斯经济学——兼并、协约和策略行为》,张群群等译,经济科学出版社,1999 年。

维斯库斯、弗农和哈林顿:《反垄断与管制经济学》,陈甬军等译,机械工业出版社,2004 年。

卫新江:《欧盟、美国企业合并反垄断规制比较研究》,北京大学出版社,2007 年。

温斯顿:《反垄断经济学前沿》,于立等译,东北财经大学出版社,2008 年。

吴汉洪:《垄断经济学》,经济日报出版社,2008 年。

吴汉洪、姜艳庆和张健:“企业横向并购反垄断审查的 UPP 方法评述”,《社会科学战线》,2011 年第 7 期。

希尔顿:《反垄断法:经济学原理和普通法演进》,赵玲等译,北京大学出版社,2009 年。

熊彼特:《资本主义、社会主义与民主》,商务印书馆,1999 年。

应品广:“反垄断效率抗辩适用模式及不确定性克服”,《北方法学》,2011 年第 6 期。

应品广:“论经营者集中效率抗辩法律制度的运行程序,《安徽大学法律评论》,2010 年第 2 期。

于立:“中国反垄断经济学的研究进展”,《广东商学院学报》,2010 年第 5 期。

于立等:《产业组织与反垄断法》,东北财经大学出版社,2008 年。

于良春:《反行政性垄断与促进竞争政策前沿问题研究》,经济科学出版社,2008 年。

余东华:“成本节约的不确定性、效率抗辩与判定规则”,《上海经济研究》,2012 年第8期。

余东华:“反垄断法实施中相关市场界定的SSNIP方法研究——局限性及其改进”,《经济评论》,2010年第2期。

余东华:“横向并购反垄断的福利标准研究”,《复旦学报》(哲学社会科学版),2012年第6期。

余东华:“横向并购反垄断控制中的效率因素分析”,《天津社会科学》,2012年第2期。

余东华:“横向并购效率抗辩中的最低要求效率研究”,《中国工业经济》,2012年第9期。

余东华:“美国反垄断政策的演变及对我国的启示”,《亚太经济》,2008年第1期。

余东华:“欧美并购规制政策中效率条款的演进及对中国的启示”,《天津社会科学》,2010年第3期。

余东华:《地方保护论:测度、辨识及其对资源配置效率的影响》,中国社会科学出版社,2010年。

余东华:《双重转型下的中国产业组织优化研究》,经济管理出版社,2009年。

余东华、乔岳和张伟:“中国经营者集中反垄断控制中的安全港规则研究”,《产业经济研究》,2010年第3期。

张昕竹、马源和冯永晟:《中国垄断行业规制与竞争实证研究》,中国社会科学出版社,2011年。

张昕竹等:《中国规制与竞争:理论与政策》,社会科学文献出版社,2007年。

植草益:《产业组织论》,中国人民大学出版社,1988年。

庄连平、李晶:“横向兼并的均衡影响:基于供给函数竞争的兼并模型”,《财经科学》,2006年第9期。

后　记

2010年9月，在国家留学基金委的资助下，我来到了美国的加州大学伯克利分校哈斯商学院，开始了为期一年的访学生活。伯克利是美国的经济学重镇之一，历史上出过5位经济学诺奖获得者、5位克拉克奖获得者，经济学研究生培养和教育水平一直位居全球的前五位。来到美国之后，我感觉到了中国经济学与国际先进水平的差距，尤其是在产业组织与竞争政策领域，这种差距不仅仅体现在研究方法与工具上，更多地体现在研究思路与理念上。在经过几天的"慌乱"之后，我直面差距，制订了一份详细的"补课"计划，决定先抓紧时间充实自己的理论储备，提升经济学的感觉和对经济问题的直觉。2010年秋季学期，我选修了博士研究生的三门主干课程：《微观经济学》《产业组织理论》和《政治经济学》，并定期参加"奥利弗·威廉姆森制度经济学"和"产业组织理论"的Seminar。2011年春季学期，我又旁听了博士研究生的《计量经济学》《宏观经济学》《博弈论》和《应用计量分析》四门课程，并参加了一些学术讨论会。近九个月的学期时间内，我天天在奔波和忙碌。虽然我不需要提交作业和参加考试，但是为了能够赶上上课节奏，我需要阅读大量的文献，做一些思考和训练，完成一些Problem Set，生活紧张而又充实。我不敢说我已经全部掌握了美国经济学博士研究生所应掌握的相关理论和知识，也不敢说我已经达到了"国际水准"，但是经过这些"历练"，我的治学观念、知识结构和研究技能发生了一些变化，对经济学的感觉和对经济问题的直觉有所提升；并且，我将在国内所学的"基本功"进行了系统的整理，并努力使其发生"熊彼特式的组合型创新"，与在伯克利课堂上所学的知识产生一些"联系"和"共鸣"。这对于我以后的学习和研究是有益的。

在美一年，我的生活十分有规律，每天清晨骑着自行车，迎着朝阳，驶过一路缓坡去学校，开始一天的学习和研究；中午在校园北门附近的一家规模不大的华人餐馆简单用餐，前后半个小时，既经济又省时；下午完成四个小时的学习之后又在夕阳的余晖中放车慢行回到住处，开始在有着105年历史的古式庭院中与我的房东（一位70岁的美国退休教授）交流中国文化;晚上,斗室之内安详而又宁静,或看书,或思考,或写作,沉着而又舒缓地度过睡前时光。周六和周日尽量参加各种集体活动,体会美国文化,领略美国山水,融入美国社区,传递中国元素。访美一年的主要收获除了学习和研究方面的感悟以外,还包括:(1) 改变了教学理念。利用便利条件,我先后到本科生、研究生的课堂随堂听课,感受了不同的教学风格,思考了美国高等教育成功的原因。大学教学是一个系统,课堂教学仅是这个系统中的一部分,助教答疑、学习讨论会(Study Section)、课后作业(Problem Set)、课外阅读、网络交流等都很重要。即使是课堂教学,过于依赖 PPT 的教师也是不受欢迎的,需要启发、互动和鼓励。学生是教学的主体,是校园的主人,学校工作应以服务于学生成长为目的。中国高等教育还存在一些不尽如人意的地方:在管理上过于重视形式,在培养上过于看重考试,在教育上过于追求雷同,在资源上过于依赖行政;工厂式运作,衙门式管理,庙宇式教学;中国建世界一流大学还有很长的路要走。(2) 丰富了人生阅历。在美期间,我到访过美国 22 个州,参观了大部分知名城市和哈佛、MIT、耶鲁、斯坦福、普林斯顿、加州理工等著名高校,游览了几十个景点,拜访了 10 多个美国普通家庭,基本做到了“行万里路”。生命有始必有终,生活是一个过程,幸福的含义是使这一过程更加丰富多彩,享受这一过程中的“耕耘、播种、灌溉和田间管理”,而不是仅仅专注于“收获”。执着但不执迷,平凡但不猥琐,从容但不傲慢;不迷恋于名利,不折腰于权贵,不沉沦于财富;清清白白,平平淡淡,坦坦荡荡,快快乐乐,一生足矣。(3) 恢复了“身心健康”。前几年,为了能够在强手如林的高校内“安身立命”,我拼得很“苦”,有时候感觉到身心疲惫。来美之后,跳出浮躁的氛围,对人生的看法发生了变化,功利心大减,不再一味贪图“荣华富贵”,不再对身外之物“强行追求”,因而心境平静了很多,待人接物也淡定了很多;吃得清淡、睡得安稳,坚持锻炼,充实生活,每天的精神状态和工作效率都不错,实现了由“三高人才”(高血压、高血脂、高胆固醇)到“清贫教授”(心清、气平、身体瘦)的转变。人生的真谛在于珍视当下,敬业乐群,寡欲清思,常怀感恩之心、奉献之情、欢喜之绪、平静之境;敬畏生命,敬畏自然,敬畏大众。中年是一个分水岭,人生之水由奔放的小溪变成了舒缓的河流,待人接物和为人处世由“不害怕”进入了“不后悔”,再加上“不比较”和“不计较”,这股清泉最后会缓慢融入大海,消弭于无形。

加州伯克利是一个位于美国西海岸的花园小镇,天蓝地绿,山清水秀,四季如春,气候宜人。伯克利校园位于伯克利山下,校园环境优美,学术氛围浓厚。游弋在校园里,徜徉在书山下,漫步于林荫中,往来于教室间,静坐于群雕旁，远眺于塔楼上，沉思于藏书楼，都是一种另样的感觉。万里无云的晴天，细雨蒙蒙的雨季，狂风大作的下午，只要你怀着静享的心态，都能留下别样的印象。能够在国外安心学习和研究一年，需要感谢的人很多。首先要感谢国家留学基金委，为我提供了丰厚的资助，使我能够安心在美学习一年；感谢我的亲朋好友、家人和同事，替我分担了很多工作，解决了我的后顾之忧；感谢我所指导的研究生们，他们为完成我交代的一些国内琐碎事务而付出很多，并且在没有导师“面对面监督”的情况下自觉地学习和研究。也要感谢美国的教授们，包括我的合作教授 Robert Harris 先生，他为我在美的学习和研究提供了很多便利条件，使我可以充分享受“学生待遇”，获得很多珍贵的学习机会和学习资料。感谢我的房东 Calvin Barajas 先生，他创造了很多机会让我了解美国的风土人情，介绍或带领我参加了很多 Party，并且对我的来访朋友十分友好。Calvin Barajas 先生大学期间主修的是欧洲艺术史，毕业后教授的也是欧洲艺术史。他虽然只会说几个简单的中文单词，但是他对中国文化较为了解，尤其是中国的艺术史。在他的客厅中摆放着很多来自中国的古式家具、字画和艺术品，浓厚中国氛围常使我忘记了自己身在美国。在美期间，我接触了很多教授，Williamson 教授的谦逊、Powell 教授的热情、Benjamin 教授的敬业、Romer 教授的冷峻、Christina 教授的大度、Train 教授的和善，都给我留下了深刻的印象。无论是功成名就的年长者，还是意气风发的年轻者，对来自中国的学者和学生都很友好；我所接触到的华人学生也都十分优秀，在各种课堂上都是“出人头地”的佼佼者。还需要提到的是韩国留学生朴在溪（Jaehee Park）同学，我们在一起讨论过很多问题，互相帮助，共度了一段十分美好的时光。

美国大学的假期很长，头尾加起来接近四个月。我的寒假和暑假是在学校图书馆度过的。每天上午，我几乎总是第一个进入图书馆的读者，在一个固定的学习区内，开始一天的工作。假期内的图书馆人很少，藏书楼内十分安静，我所在学习区域内往往只有我一人独享宁静。在近四个月的时间里，我不受干扰地对横向并购的反垄断控制问题进行了系统学习、研究和思考。可能是心无旁骛的原因吧，学习和研究的效率很高，收获颇丰，不仅全面了解这一领域的研究现状，而且产生了一些新的想法，深入思考了一些长期困扰自己的问题。

这篇研究报告的最初版本基本上也是在这一年内研究完成的。虽然需要充实、修改、完善，进行精雕细琢，但我对这些文字还是比较满意的。回国后，我申请了国家社会科学基金后期项目的资助并获得立项批准（项目批准号:11FJL013)。在国家社科基金的资助下,我又利用一年半时间对研究报告进行了系统修改,并结合中国实际对部分章节进行了调整和充实,并新增了几个章节,将研究报告初稿由30多万字拓展到近50万字,形成了这本专著。中国竞争政策的研究、实施和执行还处于起步阶段,尤其是横向并购的反垄断控制方面,需要研究的问题还很多。本书仅仅是在这一领域进行的一次小小尝试,以期抛砖引玉,共同推动中国竞争政策领域的研究,为中国竞争政策体系的形成和完善,贡献绵薄之力。在课题研究中,我参阅了大量的国内外文献资料,在此向本领域的专家学者表示敬意和谢意。

是为后记,以纪念那段难忘的留学岁月。